汲古叢書138

土肥祐子著

宋代南海貿易史の研究

汲古書院

前言

斯波義信

土肥祐子（旧姓草野）さんは日本女子大学文学部に在学のころ、講師として東西交渉史を講じていた榎一雄先生から受けた研究上の刺激に魅せられて、中国の海上貿易史に強い関心をもった。一九六〇年から東洋文庫の研究助手、ついで一九六四～六六年、同文庫に併設されることになったユネスコ東アジア文化研究センター（一九六〇～二〇〇三存続）の研究職員となり、その後も大妻女子大学などの講師を勤めながら、ライフワークとなる中国宋代の市舶制度の研究を始めた。おもな研究と資料調査の場所であった東洋文庫で研鑽をつづけ、一貫して宋代を中心とする市舶司の制度沿革とこれにまつわる南海貿易史、の実体の復原に精力を注ぎ、折々に学術誌に寄稿した研究の成果は鬱然として一つの系統的な論考となり、二〇一四年、関西大学から業績「宋代南海貿易の研究」に対して〈文化交渉学博士〉の学位号を授けられ、また同年、東洋文庫研究部の研究員の一員に列することになった。本書はこの永年の研鑽の結晶である。ここにその上梓を心より慶賀するとともに、土肥さんのひたむきな情熱に対して深く敬意を表すものである。

　土肥さんから前言ないしは解題を求められたので、本書を読む人々のために、蛇足ではあるが、本書の貢献の位置づけと特長についての所感を若干述べてみたい。総じて、本書の記述についてキーワードを求めるとすれば、それは〈宋代の市舶制度〉とその〈文献学的考証〉とに収斂するであろう。では、かつて桑原隲蔵、藤田豊八博士が先覚者として開拓したテーマ〈宋代の市舶制度〉を、現時点でさらに詳考する必要性やその意義は何であろうか。

中国史上、国が（分裂の時期には個々の独立政権が）辺境の窓口を介して遠隔地貿易を営む実態はかなり古くから連綿としてつづき、中国側は一般にこうした貿易を〈互市〉と総称してきた。秦漢帝国の統一がなると、互市は皇帝を中心に置きながら内廷（宦官、寵臣ら）が専掌する中央主宰の貿易行為という伝統が生じ、内容的には宮廷が需要する奢侈品プラス若干の軍事の必需品を入手する手段であるとみなされた。また、観念の上では、儒教が帝国の支配理念となるに伴って、儒家の農本・節倹・自足を唱える経済観から、互市の運営に対してしばしば倫理的・抑制的な批判を加えただけでなく、これにからんで儒家礼制の世界秩序の観念に即して、「朝貢と回賜」すなわち恩恵的・防禦的な貿易という定義づけを強調するようになった。（明初の約百年間における、時代逆行的な〈海禁〉政策と、これに表裏して運用された〈朝貢と回賜〉という礼制の強調はそのよい例である）。

しかしすでに識者（王賡武氏など）が唱えているように、朝貢がなければ貿易はない、古制がいつまでも額面どおりに、時代的な内容変化から独立して通用していた、と考えるのは理念に偏しまた事実にも反する過剰な解釈ないしは、神話ですらある。実際には宮廷中心に営まれる公式というべき互市及びそれに附随した観念と、これを辺上の互市場・海港で運営し、地方官僚および地元商人が参加して実務的に営んでいた貿易とは、往々にして同時に併存し混在していた。ゆえに、朝貢に擬制した、あるいは朝貢を抜きにした貿易、ひいては私貿易までを視野に収めてはじめて全貌がみえてくるのである。現に南朝（四二〇～五八九）では平均一・五年に一回というひんぱんな南海諸国からの「朝貢」が行われていていたが、その貿易実態としては、この当時伝来していた仏教・仏寺の需要にからむ仏具、梵鐘、香料、薬品、嗜好品の交易が盛んに行われていたのである。

互市の内容変化がはっきりと見えてくるのは〈唐宋の変革〉つまり晩唐・五代・宋の社会的、経済的な変動と並行し相関している。北魏このかた互市の主役を演じてきたシルクロード経由の貿易が九世紀前後に衰退に向かい、これに代わって海上ルートによる貿易が急成長する勢いが不可逆に発達して清末まで一貫してつづき、陸上の互市を相対的に圧倒する形となった。この画期的な変化の焦点に位するものが、中国の東南海岸沿いに点在する主な海港を拠点として営まれた市舶と呼ばれる海上貿易の管理制度である。市舶とは〈舶貨を市易する〉という意味であり、制度としては唐の玄宗期あたりに生まれ、明末の一五六七年までつづいたのち、清代では一六八四年から海関制度と名を改め、南京条約以後は条約港の制度に職能が変わっていった。つまり互市のなかの市舶は、帝国後半期の中外間の貿易の動態を捉える上での重要課題の一角を占めているのである。

ややアクセントを加えて、市舶制度の誕生をもって陸上の遠距離貿易から海上のそれへの重点のシフトであると考えると、それは直接、間接に中国史上の長期・中期の社会史・経済史・国家財政史の変動と連動するものであるから、その考察は社会、経済、財政枠組みの中・長期にわたる変化の見通しの中で語られ、同時にそうした構想を史料的に裏付けるに足る制度枠組みの知識を深めることが求められる道理である。

市舶にまつわる問題を文字通りはじめて開拓した桑原隲蔵博士（在世一八七〇～一九三一、市舶に関わる論著として「歴史上より観たる南北支那」（一九二五）、『唐宋時代に於けるアラブ人の支那通商の概況殊に宋末の提挙市舶西域人蒲寿庚の事蹟』（一九一五〜一八、一九二三）、および藤田豊八博士（在世一八六九〜一九二九、市舶に関わる論著として「宋代の市舶司及び市舶条例」〈一九一七〉がある）の両氏は、ともに抜群の漢学、西欧語学の力量を備え、研究の草創期であったにもかかわらず、この当時としては完成品に近い形で市舶をめぐる問題の要所について説明を与えた。強いて区別をたてれば、桑原氏は、ルートヴィッヒ・リース（一八六一〜一九二八）の直接の門弟として、総合人文学というべき人文地理学（十八・十九世紀に起こる）の分析法や総合の視角を身につけていたし、一方で藤田氏は、漢学・漢文学者から出発して漢籍の文献学・制度史からする説明により力を注いだ、というアクセスの違いが認められるくらいである。

ところで、桑原・藤田両氏が共に取り組んだ市舶問題にまつわる根本史料の利用状況からみれば、明治の末、大正期という時期に相応した制約があった。つまり市舶制度を記述する編年史料に対して、より根源的な一次史料の位地を占めている、清の徐松纂輯『宋会要輯稿』全冊（その編纂やその後の影印覆刻には不完全さはあるが）の影印本を北平図書館が刊行するにいたったのは、ようやく一九三六年のことであって、両博士の在世時期よりかなり後のことである。両博士はまず、清代同治期の人、梁廷枏撰の『粤海関志』巻二、三〈前代事実〉に引用されていて幸いに利用できた「宋会要」の〈市舶分門〉の諸条を使って研究をすすめ、一九一六年、藤田氏が羅振玉氏の斡旋で呉興人劉承幹氏の蔵書閣嘉業堂にこの頃帰していた徐松輯の「宋会要輯稿」の一セットのうちから、〈食貨門〉の分門《市舶》を抽出して抄写し、その副本を桑原氏の用にも供した。藤田氏の抄写本はやがて一九三〇年前後に東洋文庫に帰し、一方、桑原氏が手にした副本は没後に京大の桑原文庫に収まった。

以上のいきさつをチャートにまとめると、⑴『粤海関志』引用の「宋会要・市舶」→⑵嘉業堂蔵「宋会要」〈市舶〉の抄写、東洋文庫による〈食貨門〉と〈蕃夷門〉抄写→⑶北平図書館影印「宋会要輯稿」の刊行（一九三六）、→⑷陳智超編、北京全国図書館文献複写中心刊『宋会要輯稿補編』（一九八八）という形になる。陳智超氏の⑷『補編』は、一九三六年刊『宋会要輯稿』全冊に見いだされる不備を補正したものである。すなわち、徐松が『永楽大典』から「宋会要」を纂輯したとき、もと『大典』の排韻整理の下で門類、分門類に分かれて収録されていたものを集めて、宋時原存の「宋会要」に復原したわけだが、こうして成った徐松稿本は各条を仔細に彼此対校してみると、『大典』から『輯稿』を抄写した際に生じた誤写、誤記、逸脱ほか、門類・分門別の記述でも重複した纂輯や、分門に収載された記録の年代のカヴァーレージにも違いが見いだされ、もともと徐松はそれらを一々頭註、傍註、割註などによって書き入れを加えていた。一九三六年刊『宋会要輯稿』は、必ずしも徐松が付したこうしたメモを忠実に伝えていない。また一九三六年影印本の公刊に向けて北平図書館が徐松纂輯本を編輯していたとき、ほかに徐松輯本系の異本があったようであるが、その利用、対校はなされず、また編纂者の手で省略された部分もあったと推測されている。

陳氏の『補編』は忍耐強く精緻な校勘作業の成果であることは疑いないが、まだ完全な形の『補編』の出現を見るには、今後も相当な歳月がかかるだろう。たとえば東洋文庫蔵の抄写本「宋会要　食貨門〈市舶〉および〈蕃夷門〉」との対校には陳氏は及んでいないのである。ひるがえって土肥さんの本書に目を移すと、こと宋代の〈市舶〉の史料学に限っていえば、本源史料へのアクセスの努力においてきわめて徹底した努力の跡がみえる。

第二篇第五章に収まる「東洋文庫蔵手抄本『宋会要』食貨三十八市舶について」は、これまで少数の研究者のみが着目していた東洋文庫蔵の抄写本『宋会要』の食貨門〈市舶〉部分に対して、はじめてその日本へ伝来した経過を緻密に跡付け、さらに現行『宋会要輯稿』『補編』との系統的な対校を施している。陳氏の『補編』をさらに継続して完全にもたらしてゆく道程に向けて、土肥さんの労作は貴重な一石を投じたものと評価できるのである。

本書の全体を通じて〈市舶〉研究のための史料学、なかんずく本源史料に位置する『宋会要』の〈食貨門：市易、雑買務、榷易など〉、〈職官門：市舶、提挙市舶使など〉、〈蕃夷門：なかんずく歴代朝貢など〉などの各項目に分かれた史料の活用、という姿勢が終始その底流として流れていて、各個別論考でもそれは一貫している。なかでも特筆に値する考察としては、舶貨（市舶輸入品）の全容とその具体内容をめぐる精細な一連の研究がある。たとえば、本書第二篇〈宋代における南海貿易〉、第一章〈宋代の南海交易品〉では、主として『宋会要輯稿』市舶における四五〇種前後を記録した、詳細を極めた一一三三年、一一四一年の舶貨の記述を手掛かりとしながら、市舶司を通過した大量の舶来貨物が、まず官制上で区別する精粗の範疇（細色・粗色・粗重）によって個々の品目ごとに分類整理され、ついでそれぞれを範疇分けに按じつつ(a)中央政府への送達（起発）、(b)現地海港における商人への売却（変売）に付された状況が分析された上、末尾に舶貨の一点ごとに上記の範疇分類、および産地、内容説明の備考を付した一覧表が掲げられている。また本書の同じく第二篇第二〜四節では、舶貨の内容分析をさらに深めて、香料薬物ことにその中の重点品目であり、数量的にも厖大に上った乳香の輸入とその用途につき、『宋会要』の関連史料を徹底的に博捜した作業のなかで、北宋の神宗のころの人、畢仲衍が残した貴重な財政史料である輯佚『中書備対』および南宋の法律史料である『慶元条法事類』からも未発見史料を捜集した上で詳細に論究している。これらは貴重な先端的な業績と評して差し支えない。

こうした貢献は、土肥さんの研究の主眼である〈市舶制度の史料学〉の復原作業として重要であるだけでなく、「舶貨」に関わる官制の制度枠組み、その周辺に見え隠れする史実を理解する上でも貴重である。ただし望蜀の嘆というべきか、「貿易史」に関心のある読者の側に立ってこの論考を見ると、折角の表に付された「備考」の説明は簡単にすぎて、この詳考を生かしていない憾みがある。たとえば、「舶貨」データを一覧しただけで、随所に工業生産の原材料と判断できる鉄・鉛・錫など、同じく造船・建築・家具什器材料である木材の枋（角材）・板・柱など、織物や原料である木綿、吉貝、また夏着あるいは日常衣料に用いられる苧布、麻布、小布などの大衆需要と結びつく衣料や原料、食用需要にかかわる砂糖、胡椒、乾燥果物、鑊（鍋）などの物資が見いだされる。たしかに、「舶貨」の中で重きを占める香料・薬物のうちの良品・高価品（細色）が指定されて中央に起発されたことは、宮廷の消費ならびに外交上での転用についてその規模を直接に語っているものと理解できる。一方、それ以外の〈粗色〉、〈粗重〉範疇の香料・薬物がなお多量、多様に存在し、それらが挙げて変売に付されて市舶の収益財源にされたということは、宮廷需要のほかに存在した、都市・半都市、仏寺・道観、地方富裕層による日常的な総需要の規模、またそれぞれの用途（消費需要）の存在を立証するものである。この意味で、各品目に対する備考欄はもっと充実した記述であるに越したことはない。土肥さんにとって現時点で直ちに備考記述について、外延・内包を密にすることは容易ではないであろうが、少なくともできる範囲で、各物資の来源、数量、消費のされ方、中国内での需要の来源、地域・地方、どの社会層がそれらを需要していたかの分別、とその史料の提示がほしい。加えて、本書の表題が唱えている「貿易史」というテーマから考えれば、この詳しい舶貨の一覧は、すでに知られている密貿易、密輸出のデータと対置させることで、初めてバランスがとれた知識の体系に昇華するにちがいない。たとえば法禁の対象であった金・銀・銅・鉄、銅銭、絹・生糸、古典（漢籍、漢訳仏典とその版木）・地図などについては、これを犯した貿易を裏付ける史料はかなり多量に残されている。一方、陶磁は禁榷品ではないものの、考古研究（朝鮮半島木浦沖沈船の水中考古学研究、また日本、南海出土の貿易陶磁の研究など）の発達によって、文献史料を凌駕する新知識が提供され、器型ごとの生産規模、流通範囲、流通年代の概要が推定できる水準にまで達している。土肥さんが本書でしばしば「今後の課題」とされている論点が、果たして文献史料上の今後の発掘を指しているのか、あるいは分析の「切り口」を広げ深めることを指して述べているのか、判然としないところがある。

以上を纏めてみよう。宋代の官制史、財政史、経済史、社会史の研究は百年前の草創期とくらべれば、長足に前進しており、その駆動力の一因として、『宋会要輯稿』のごとき詳細な根源史料が、幸いに『永楽大典』が清末に散佚するより前に保存されて活用できたことが与っている。『宋会要輯稿』は『宋史』や『続資治通鑑長編』と並ぶ政書であるから、国や官僚が関心をもちその利害に結びつく事柄についての制度、政策枠組みには当然に詳しく、歴史事実やその変化の様相は、制度の周辺に垣間見られる、というのが真相である。宋朝は社会的な変化に対して柔軟かつ宥和的な姿勢で臨んだことがその特長であって、その一環として、神宗時期を中心として重商主義と形容できる〈市易〉政策を推進し、その余韻は一代を通じて見られる。また、〈市舶〉の運営には中央・地方の財務官僚が当たった。遠隔地貿易を管理する互市・市舶の制度史料が、『宋会要輯稿』をはじめとしてかなり豊富に残されたのは、こうした王朝の姿勢を反映しているとすべきであるが、さらに一段と広く考えれば、宋朝が当時の社会変動期の現実にしかるべく適応していた結果を語っている。

土肥さんは東西交渉史ことに市舶研究に関心を懐き、研究の原点を桑原・藤田両氏の業績に置きつつ、市舶の制度枠組の史料学全体の確立に向けて、克明丹念な研究を発展させた。本書はなかんずく〈市舶〉問題の史料学、文献学の上での確実な貢献であると評価できる。ただし、史料自体やそれが語る制度自体にはそれなりの限界がある。これを乗り越えてゆくためには「科学的なイマジネーション」（切り口、作業仮説、メタファー）を厳選して立て、鋭利であって照射を深める説明上の参照枠をもつことによって、史料の幅でも分析法でも新しいアクセスの道が開けるのである。とりあえずこの意味で推奨できる論考を挙げれば、王賡武氏『中国与海外華人』商務印書館、一九九四年、第六章「中国歴史上的〝公営〟與〝私営〟対外貿易」、Billy K. L. So（蘇基朗）、*Prosperity, Region, and Intensification in Maritime Trade: The South Fukien Pattern, 946-1135*, Harvard University Press, 2000. の二書であろう。王氏の前者は中国と東南アジアとの歴史的な交渉に携わる碩学が、その蘊蓄の中から南海貿易史を概観しつつ、「朝貢貿易」制度の建前と実態との乖離を論じるほか、歴代の海上貿易への取り組みにおいては(1)海外貿易への需要問題、(2)海外貿易に投資して貿易を営むための余剰資産の問題、(3)融資と金融の制度の問題、(4)航海技術の進歩水準の問題、(5)政治の安定の問題、の五項目を互いに総合参照して分析されるべきであることを説いている。全体を達観した先学の展望として参考すべきであると説いている。蘇氏の後者は、五代の閩国から宋末までを視野に収め、福建の泉州を中心とする海上貿易の繁栄に対して、その背景をなす財政・行政・政策枠組み、および造船業、陶磁業、製糖業などの産業構造を掘り下げた上で、それらの発見を総合的に関わらせて論じている。この蘇氏の手法はすでに桑原氏がその「歴史上より観たる支那の南北」の中で先見的に示している。すなわち、経済成長と社会的・地理的分業の発達、生産の特化の進展とが、相関し合うという、古典派経済学者アダム・スミスが唱えた説明法を援用し、また組織的な地理学的アプローチを使うこと（地域史手法）によって、元来は散漫な関連史料を、より緻密で説得的な論述にもたらす手法を示唆している。蘇氏の労作はいわば理想的な形でこうした手法を実践したものとして参考するに値する。

序

松浦　章

宋代中国の海外貿易史研究においてもっとも重要な研究問題は、〃市舶司〃組織の解明であり、日本では藤田豊八博士がその組織と運用等に関する問題解明に先鞭をつけられ、ついで桑原隲蔵博士が〃蒲壽庚研究〃において関連する問題を展開され、その後は研究の餘地が無いように見られていた。しかし本書の著者土肥祐子博士が永年にわたり詳細に検討され、新たな境地を開拓されたのである。

土肥博士は、大学時代より研究を開始され、結婚され家庭を持たれても研究を持続され、〃市舶司〃問題の解明のみならず、宋代の海外貿易品、海外貿易に関与したアラブ商人の研究など多岐にわたり、その宋代海外貿易史研究の歴史は半世紀を越えている。宋代の海外貿易史研究に半生をかけられ一途に究明してこられた。

本書『宋代南海貿易史の研究』は、宋代の海外貿易の発展として、宋代の市舶組織について論証され、とくに東洋文庫蔵の藤田博士の手抄本『宋会要』食貨三八、市舶に関して詳細な考証が行われ、ついで南海貿易に関する貿易品について具体的に南海交易品を『宋会要』市舶より四百数十種を抽出し、北宋から南宋にかけて貿易品が急増し、都におくる高級品である起発品と市舶司で売る変売品の問題、紹興十一年（一一四二）には変売品が九割を占めたことなど、また貿易港泉州や貿易対象国の一つであった占城国との関係史、アラブ人蒲亜里などの問題を新たな視点から深化された。

日本の近世南海貿易史の泰斗岩生成一博士が初代会長として発足した〝南島史学会〟の研究大会において、土肥博士としばしばお会いした機会に、永年の研究成果をおまとめになるよう進言していたことが、本書出版の契機となり、今回上梓されたことは、土肥博士の論文を若き時期に拝読した読者の一人として嬉しい限りである。

本書の出版は、日本が世界に誇る宋代史研究に、新たな成果を加えられたと言えるとともに、多くの識者から支持されるものと信じるものである。

丁酉年正月

自序

中国の歴代王朝の中で宋朝（九六〇～一二七九）ほど海に向かって開かれた時代はない。いくつかの制限はあるものの*、政府は国籍を問わず商人の往来、持参する商品や各国の特産品を歓迎し、朝貢に訪れる人々をもてなした。一貫して蕃夷招致政策をとった。そのため、海外から特産品などと共に各国の文化が流入し、中国から銅銭や陶器、絹と共に中国の文化が海外に出て行き、海を媒介として東西交流が行われた時代である。

なぜ宋代になって、陸上貿易と比べて海上貿易が盛んになったのであろうか。その要因の一つに、北方民族の台頭がある。西夏、遼、金などの国が興り、これまでの西アジアに通じる陸上交通（シルク・ロード）が阻害されたため、西方諸国との交通は陸上から海上に変わっていった。即ち西アジア、東南アジアとの交易は、海を媒介として急速に発展していった。二つには、羅針盤に依る航海術の発達、造船技術の発展と共に、遠距離を多くの物品を持して航海することができたことである。三つには、西アジア、東南アジア、インドなどの国々が海外に目を向ける体制があったこと、そこに需要と供給の関係が生じ、貿易の発展に繋がっていった。

中国と外国との交易は互市と言われてきた。宋代のころから陸上貿易が衰え、海上貿易が急速に進むと、海上貿易を市舶と言うようになり、陸上貿易は以前の通り互市といった。発展する海上貿易は港に市舶司という役所を置き、そこで貿易のすべての事務を行った。役人は中央から派遣され、提挙市舶といった。一方の陸上貿易の方は、国境に榷場を置き、そこで貿易が行われた。

本書では、先学の研究を基礎にして、宋代の南海貿易の実態ならびに発展状況について、具体例を挙げながら解明しようとするものである。

本書は二篇からなる。一篇は、市舶の制度の問題、二篇は南海貿易に関する問題である。

一篇では、提挙市舶という職官の成立と、職官体制の中で、どのくらいの地位になるのか。また、宰相蔡京との関係で市舶を考える。

二篇の第一章では『宋会要』職官四四市舶の中から、南海交易品（輸入品）を約五百品目を抽出し、政府はこれをどの様に処理したか、またどのような性質の品目なのかを調べ、これを通して当時の南海貿易の動向をみる。政府の要望が強い乳香についても考える。

二章は泉州を中心に南海貿易を考える。まず新旧両党下での市舶司の設置、泉州貿易の盛況、更に泉州に移住した宗室への過重な援助負担など泉州が抱える問題について考える。

第三章は、占城の朝貢について、これまであまり注目されなかった『中興礼書』に記された紹興二十五年と乾道三年の朝貢の記録から、朝貢の実態を復元してみる。単に朝貢を出すということに止まらず、その背後にある商人の誘発、朝貢品と回賜との関係、朝貢を出した二人の王などを碑文からも考察する。

第四章はアラブ商人蒲亜里の十年間の記録から外国商人蒲亜里の活動を見る。また福建商人と寺院との関係も考察してみる。

第五章は「東洋文庫所蔵『宋会要』食貨三十八市舶」は、藤田豊八氏が書写したもの（副本）である。『宋会要』の食貨門三十八に市舶があったことを証明できる唯一の貴重な資料である。通行本にはこの箇所が欠けているので、その存在が忘れられていた。この資料を再検討する。

以上の様な観点から宋代の南海貿易の実状の一端を垣間みてみたい。

なお、本文、資料は本字でなく常用漢字を使用した。ただ一部そのままにしたところもある。

＊宋代では、北方の遼、金国を警戒し、海を媒介とする高麗などの往来を禁止したこともある。自由に往来できたのは南海方面であった。

宋代南海貿易史の研究　目　次

宋代南海貿易史の研究

第一篇　宋代における貿易制度——市舶の組織——

第一章　北宋末の市舶制度——宰相・蔡京をめぐって——

はじめに

宋では、北方民族の擡頭による内陸アジアの陸上貿易阻害もあって東アジア諸国や、南アジア・西アジア諸国との海上貿易が盛んになった。市舶司はこの故に諸港に設置されたものであるが、市舶司職官の変遷、特に北宋末の消長には中央政情との関係が少くないようであり、既に藤田豊八博士も、「宋代の市舶司及び市舶条例」（『東西交渉史の研究』南海篇、岡書院、一九三二年）の中で、「市舶司、提挙市舶官の廃置が頗る当時中央の政情に関係があるをみるべし」としてこれを示唆しておられる。たしかに市舶だけの資料を追わず中央政界の動きにも目を転じてみる時、中央直轄である市舶は、中央政界の動きと密接な関係にあるのがみられ興味深いものがある。

北宋の市舶制度の発達は、三つの時期に分けられる。一、宋代初期の市舶、二、神宗の元豊三年以後の市舶、三、蔡京の政権得失を中心とする徽宗の崇寧・大観以降の市舶である。宋代の市舶に関しては藤田豊八博士の前掲論文や桑原隲蔵博士の『唐宋時代に於けるアラブ人の支那通商の概況殊に宋末の提挙市舶西域人蒲寿庚の事蹟』（一九三五年）など精密な資料の実証に基づく古典的論文がある。しかしこれらの論文には資料的にも『宋会要輯稿』職官四四、市舶（以後『宋会要』市舶と略称する）以外の蕃夷、刑法、黜降官の条や『皇宋十朝綱要』『皇朝編年綱目備要』『続資治通鑑長編』『続資治通鑑長編拾補』『資治通鑑長編紀事本末』『山堂先生群書考索』等が利用されていない。これらの資料には更に詳しい記事も見られるので、ここでは新たにこれらの資料も参看しながら北宋末の市舶、職官と中央政界の変動との関係、および蔡京の政権得失とそれに伴う市舶の変動を中心に考察してみたい。

一、宋代初期の市舶

北宋末の市舶制度を検討する前に宋代初期から市舶官制はどのような変遷をたどってきたかを簡単に述べてみる。

唐五代では市舶の仕事は宦官や、管内の港を領する節度使が司っていた。宋代に入り全国統一がなされると、南海貿易の重視と共に、貿易のすべてを司る市舶司が置かれるに至った。その最初のものが、開宝四年六月（九七一）、広州に置かれた、市舶司である。これについては『宋会要』市舶に、

市舶司掌市易*南蕃諸国物貨航舶而至者、初於広州置司、以知州為使、通判為判官、及転運使司掌其事、又遣京朝官、三班、内侍三人専領之（＊東洋文庫本食貨市舶では市易を市舶とする。本書六二七頁）

とあり、知州つまり州の長官は、同時に市舶司の長となり、通判はその判官となり知州の副官の如きものであった。その外、一路の財賦を総括する転運使及び毎年中央より巡遣された京朝官、三班、内侍を任命している[1]。以上の如くさまざまな職官の人々が同時に市舶に従事していたのである。その後、太宗の景徳年間に、「勧農之制」[2]が施かれるとその影響を受けて市舶官制はやや変化した。これについては『宋会要』市舶に、

其後二*州知州領使、如勧農之制、通判兼監而罷判官之名、毎歳止（差）三班内侍専掌転運使亦総領其事（＊東洋文庫本では二を三とする。本書六二八頁）

とある。「勧農之制」とは、唐代の宇文融の故事では勧農判官を設けて官制が乱れた事から判官を罷め、知州、通判共に勧農事を行い、これらを総括して転運使が本路勧農使を兼任したものであり、市舶もこの「勧農の制」にならい、通判が判官になる事[3]、すなわち、通判が副官たることを罷め、知州と共に市舶に従事し、これらを総括する転運使が

本路の市舶長官となったことを示す。後、元豊三年の市舶修定で転運使が提挙市舶（市舶長官）となるが、これに移行する過渡的なものであろうか。なお中央から派遣された京朝官は、廃止され、三班、内侍だけになっている。

以上宋代初期の市舶官制は、知州、通判、転運使、京朝官、三班、内侍等さまざまな人々が同時に市舶に従事している。なおこのころ、実際どの様な人々が市舶に任命されているかについて、元豊三年の市舶官制以前の資料をみる時[4]（表1参照）、その職官の多種なことがわかるであろう。

表1　開宝四年～元豊三年市舶修定までの市舶人名及び職官

月日	人名	所在	職官	出典
開宝四年六月（九七一）	潘美	広州	同知広州兼市舶使	宋会要・宋史二五八・広東通志二五一
開宝四年六月	伊崇珂	広州	同知広州兼市舶使	宋会要・宋史二五九・広東通志二五一
開宝四年六月	謝處玭	広州	駕部員外郎通判広州兼市舶判官	宋会要市舶
太平興国二年（九七七）	李鵬挙	広州	著作佐郎広南市舶使	宋会要市舶
太平興国九年	陸坦	広州	（市舶使）	宋史二八〇・王延範伝
太宗中	向敏中	広州	知広州兼市舶	宋史二八九
淳化中	石知顒	明州	宦官	宋史四六六
淳化三年四月（九九二）	張粛	杭州	監察御史	乾道臨安志二
至道元年四月（九九七）	楊守斌	両浙	内侍	宋会要市舶
至道元年四月	王澣	両浙	金部員外郎	宋会要市舶
咸平二年九月（九九九）	王渭	両浙	転運使	宋会要市舶
真宗中	任中師	広州	知広州	宋史二八八
景祐二年十月（一〇三五）	任中師	広州	知広州	宋会要刑法二
景祐二年十月	鄭載	広州	広南東路転運使	宋会要刑法二
熙寧中	張公	広州	前広南東路転運使	忠恵集四〇張公墓誌銘

二、元豊三年の市舶

宋代初期の市舶官制に続き、次に大きな変化をみるのは神宗時代元豊三年の市舶修定である。その内容に入る前に、市舶を背景とする時代情勢について述べてみたい。

神宗時代は、内政的にも、また対外的にも積極的な政策がとられた時代である。当時国家財政の建直しとして王安石の行った新法があり、青苗法、市易法、均輸法、保甲法及び保馬法、募役法等の諸政策が行われたが、政府直轄である市舶も新法の財政政策の一端として重要視され、東南開発の中で市舶は「東南の利」として注目された。それは『続資治通鑑長編拾補』巻五、熙寧二年九月の条に、

詔向（薛向）曰、東南利国之大、舶商亦居其一焉

とある如くである。それ故、南海貿易を活発にするための市舶司の設置請願が行われた。福建路の泉州においては、熙寧五年（一〇七二）発運使薛向の請願がなされた[5]。また、元豊六年（一〇八三）十一月十七日に范鍔が山東の密州に市舶司の設置を請願し[6]、その理由に六利をあげているが、これは、都転運使呉居厚の調査の結果、すでに市舶が設置されている広、明州の二州を牽制すること、開港により北方勢力侵入の恐れありとの理由で即座には設置されなかった。この様に泉州・密州では、設置の請願が早く出されていたが泉州においても直ちに設置されず、政権が変り旧法政権になるとともに元祐二年（一〇八七）泉州に、翌年には密州に設置されている。市舶の設置はともあれ、市舶の利に注目し設置請願が福建の泉州と山東の密州の板橋鎮に出された事は、市舶の利を認めてきたことを意味するものであろう。

表2　歳入額と市舶収益額（註15を参照）

年号	西暦	歳入銭数	市舶利益額	市舶官制	市舶請願及設置	政策
太平興国4	(979-980)	16,000,000.緡	太宗300,000緡	知州、通判、転運使、京朝官、三班、内侍		
至道3	(997-8)	22,245,800.	500,000			
天禧5	1021-2	26,530,000.				
皇祐	1049-1053	39,000,000.	530,000			
嘉祐	1056-1064	36,822,541.165				
治平	1064-8	44,000,000.	630,000			
治平2	1065-6	60,000,000.				
熙寧	1068-78	50,600,000.	市舶資本金千万緡		熙寧5，泉州請願	新法政策・銭禁解除（1074-85）
熙寧元豊	1068-1086	60,000,000.		元豊3，転運使，提挙市舶を兼任	元豊6，密州請願	蕃夷招致政策
元祐	1086-87	48,480,000.	420,000		元祐2，泉州設置	
					元祐3，密州設置	旧法政策
崇寧大観	1102-1110		1,100,000	専任の提挙市舶官の設置		新法復活・講議司設く。打套折鈔法
南宋初	1127-	10,000,000.	980,000			
紹興末	1150-	60,000,000.	2,000,000			
淳熙末	1174-	65,300,000.	3,000,000.～5,000,000（毎州1年？）紹興～淳熙か			
嘉定	1208-	35,000,000.				

一方市舶の収益額についてみれば、表2「歳入額と、市舶収益額」にも示した通り、太宗の時三十万緡から五十万緡[7]に増加し、仁宗の皇祐中には五十三万緡に、更に英宗の治平中には十万増して六十三万緡[8]に増加している。神宗の時には、福建、広東、両浙三路の貿易の準備金（市舶本銭）が千万緡[9]にも上昇した。この様に莫大な市舶本銭の設置は、当時の市舶の活発さを一面から裏づけているといえよう。その後、市舶の年間利益額は、益々上昇し北宋末には、一一〇万緡[10]、南宋の紹興末には二〇〇万緡[11]、孝宗の時には三〇〇万～五〇〇万緡[12]にも上昇している。

この外、貿易を助長し活発にし

たものに熙寧七年（一〇七四）より元豊八年（一〇八五）迄、十二年間行われた銅銭の国外流出に対する禁令、銭禁の解除がある。宋朝では、銅銭の流出を代々厳しく取締まっていたが[13]王安石の発意により、熙寧の編敕が発布された。すなわち熙寧七年正月一日に銅禁銭禁が解除され銅銭を自由に持ち出すことを許したのである。宋の銅銭は、周辺海外諸国の国際通貨として利用されており、又貿易品としての銅銭は非常に喜ばれて持ち出された。この時の状態は『宋史』巻一八〇食貨下二に、

自熙寧七年、頒行新敕、删去旧条削除銭禁、以此辺関重車而出海船飽載、而回聞沿辺州軍銭出外界、但毎貫収税銭、而已銭本中国宝貨今乃与四夷共用。

とある通り、中国の宝貨は四夷共用であるから車に重積して辺境地へ、船に積んで海外にどんどん流出した。十二年間の銭禁解除ではあったが銅銭が自由になったこと及び貿易の資本金（市舶本銭）も増加された事は[14][15]、貿易を助長し市舶にとり非常に有利であった事は云うまでもない。その他、神宗は諸外国が朝貢し、通商することを働きかけた蛮夷招致政策をとった。

この様に、市舶設置請願、市舶の利益額の増加、銭禁解除、蛮夷招致政策など市舶を促進する積極的な条件の中で市舶官制も中央の政策にともない、宋代初期の市舶官制を変えざるを得なかったのであろう。

ではどの様な点が、宋代初期の官制と変っているのであろうか。元豊三年の市舶修訂をみてみよう。『宋会要』市舶の元豊三年八月二十七日の詔に、

中書言、広州市舶条已修定、乞専委官推行。詔広東以転運使孫迥、広西以転運使陳倩、両浙以転運副使周直孺、福建以転運判官王子京。迥・直孺兼提挙遂行、倩・子京、兼覚察拘欄、其広南東路安撫使、更不帯市舶使

とある。この詔の内容を補って、『文献通考』巻六二、『山堂群書考索』巻一一、『福建提挙市舶司志』には、

元豊中、始令転運司兼提挙、而州郡不復預矣。

とある。これらによると、広南路の転運使の孫迥が広州の提挙市舶を兼任し、両浙路は、転運副使の周直孺が明州と杭州の提挙市舶を兼任し市舶司が設置されない福建および広西路は、転運使が覚察拘欄を兼任している。その場合広西路は転運使の陳倩、福建路は転運使判官の王子京であった。かくて一路の統轄権を有する転運使が提挙市舶を兼任する様になった。そして、このとき他の官、つまり知州、県令、通判、京朝官、三班、内侍等の官は全部除いてしまった。すなわち、財務官僚が専任になり、国家直属のものが市舶を司ることになったのである。市舶が設置されない所には、覚察拘欄の官が置かれるが、沿岸に去来する海船を見張り、市舶司の徴税、収買に洩れたものがあればこれを市舶司に赴かせる役目で、市舶司が設置されず海船が頻繁に通過する所に置かれた。この提挙市舶及び覚察拘欄の官は、転運使が司るが特に人名が指名されている事からみると特定の人が市舶を兼任する様任命されたようである。

なおこの時、安撫使の市舶兼任を廃止しているが、これは神宗熙寧末の交趾との戦以来、安撫使の権力が強くなりしかも交趾を征討するため海を利用した事から市舶に関係する様になったのを改めたものである。当時すでに交趾との戦は終り、官制改革で新しい文治主義に基づく方針も立った時であり、中央ではこの様な武官に任せる事は地方勢力を富裕強化する事になるとしてこれを抑制し、五代以来の武官の勢力の伸長を抑圧することが、宋代の方針でもあった事により罷免になったものと推察される。

以上元豊三年の市舶官制をみてきたが、それは宋初の如き多種の職官でなく、単一化した提挙市舶の設置および特に指名された転運使の兼任となったものであり、市舶の重要視と共に市舶制度が整えられたことを意味するものであろう。

表３　北宋末、市舶変動と蔡京政権得失

年代	蔡京政権の得失	市舶の変動
崇寧元年（1102）	７月５日　蔡京、右僕射となる。	７月11日　杭州明州市舶司を復置す。提挙官の設置か？
	12月　打套折鈔法を行う。	
２年（1103）		２月　泉州市舶復置
		８月　提挙広南路市舶設置
５年（1106）	２月　蔡京失脚、中太乙宮使となる。蔡京の政策一切罷む。	３月４日迄市舶の記事あり、それ以降に市舶廃止か？
大観元年（1107）	１月　蔡京、左僕射となる。	３月17日　広南、福建、両浙の市舶復置す。
２年（1108）		御史中丞石公弼、市舶を転運司に帰することを請うが、報ぜず。
３年（1109）	６月　蔡京失脚、中太乙宮使となる。	７月２日　両浙（福建）提挙市舶官を罷め、常平官が兼任。
４年（1110）	８月　提挙香塩司罷む。	
政和２年（1112）	５月　蔡京、右僕射となる。	５月24日　両浙、福建路市舶復置す。
３年（1113）		７月24日　秀州華亭県に市舶務設置。

三、崇寧以降の市舶

以上宋代初期からの市舶官制をみてきたので次に北宋末の市舶制度の変遷を検討しよう。中央政界は、新法から旧法に政権が移ったがやがて徽宗の崇寧年間、蔡京が宰相に立つや、講議司を設け、自ら提挙（長官）となり、新法の研究と実施を推進した。実施に邪魔な旧法の人々は排斥され、姦党碑を建てたり、彼等の政策学術、書物等を廃止し、王安石を廟廷にまつる等の新法の復活に努めた。蔡京の財政政策は、財政的に利益の多いものは政府直属にして財政の中央集権を計り専売制を強化することにあった。たとえば『三朝北盟会編』巻一に、

蔡京為国興利以備兵興支用、仍行香茶塩礬等法、令州県立逓年租額以最殿考賞罰、守令奉行罔敢少怠。

とある様に、香・茶・塩・礬等の専売制に注目して

いた。そのため蔡京の政権得失と共に専売制は変化している。彼の政権得失は短期間にくり返された。まず崇寧元年（一一〇二）宰相に立ち、五年（一一〇六）に失脚し、一年後の大観元年（一一〇七）宰相になり、三年（一一〇九）に再び失脚、政和二年（一一一二）に宰相になり、政和七年（一一一七）に失脚し、宣和年間に再び宰相に立った（表3「北宋末、市舶変動と蔡京政権得失」を参照）。この様な政権得失の変動する中央政界の影響を受けて、政府直属の市舶はどの様に変動しているのであろうか。以上中央政界の動きに対応して、専売制に関係が深い地方末端の市舶司がいかなる変化を辿ったかについてみてみよう。

（イ）提挙官の性格

前節において宋代初期、元豊三年の市舶官制をみてきたが、北宋末に市舶の職官の性格が大きく変っている。『山堂群書考索』後集巻一三、『文献通考』巻六二、『福建市舶提挙司志』に同記事で、

旧制雖有市舶司、多州郡兼領、元豊中始令転運司兼提挙、而州郡不預矣、後専置提挙而転運司不復預矣、後尽罷提挙官、大観元年続置、明年御史中丞石公弼請帰之転運司、不報。(16)

とあり、市舶司職官の変遷がわかる。つまり、この資料によると市舶司はあったがその官に就任する人々は、大部分が州、県令であった。元豊年間になり始めて転運司が市舶の長官となり、州県令は従事しなくなった。その後、市舶に専任の提挙官を置いたので転運使は参与しなくなった。後、一時全部の提挙官を廃止してしまったこともあるが大観元年には、再び設置された。翌年の大観二年に石公弼が独立した提挙官を罷めて元豊の時通り転運使が市舶に従事する様に請願したが採用されなかった。以上の資料から読みとれる様に大観二年の石公弼の請願の時にはすでに市舶は転運司から分離している。また、『宋会要』市舶に、

大観元年三月十七日、広南、福建、両浙市舶、依旧復置提挙官

とある如く、大観元年以前に独立した提挙官が設置されていることが知られるであろう。ここに元豊三年以来、転運使の兼任をやめ、独立した提挙市舶の出現を北宋末にみるのである。

(ロ)　提挙官の設置年代

それではいつ提挙官が設置されたのでろうか。大観元年以前に転運使と分離した事を前に述べた。では大観以前の資料をみてみよう。『文献通考』巻二〇に、

崇寧置提挙、九年之間収置一千万矣……元符以前雖有、而所収物貨、十二年間（元祐、元符）至五百万、崇寧経画詳備、九年之内（崇寧大観）収至一千万

とあり、崇寧年間に提挙を置き設備等を細かく整備した為、利益額が九年間（崇寧大観）に千万にも上昇し、それ以前、元祐元符年間の旧法の時には十二年間で五百万であったとある。この様に市舶の利益額上からも崇寧年間は、一つの転期に当っている。又朱彧『萍洲可談』巻二にも、

崇寧初、三路置提挙市舶官。

とあり、崇寧初年に三路つまり広南東路、福建、両浙に提挙市舶官が設置されている。『皇宋十朝綱要』巻一六に、

崇寧二年八月甲子、置提挙広南路市舶官。

とあり、日付も明確に崇寧二年八月甲子とあり、復置とは記されていない事から、この時、初めて広州に提挙広南路市舶官が設置されたと考えられる。つまり崇寧初年に独立した提挙市舶官の設置をみるのである。

しかし、『資治通鑑長編紀事本末』巻一三二に、

崇寧二年二月癸丑、講議司言、市舶合措置事、乞令逐路転運司相度以聞、従之。

とあり、講議司が市舶で処理する事は転運司が計って上奏する様に申出ている。この資料からみると、崇寧二年二月には、市舶官はあったが、転運司が市舶の重要なことに当っているのがみられる。講議司は崇寧の時、新法を復活させる為に設置されたものである。そのため、元豊三年の市舶官制に復た戻ろうとしたのであろうか。

さて、提挙官が設置された年代は場所によって違ったらしい。市舶司がおかれた、両浙、広州、泉州についてみてみよう。先ず、両浙についてみると、『宋会要』市舶の崇寧元年七月十一日の詔に、

詔杭州、明州市舶司、依旧復置、所有監官、専庫、手分等依逐処旧額。

とあり、杭州、明州の市舶の復置を云い提挙官については何も述べていない。しかし、提挙官の設置を崇寧初年にみる時、両浙には提挙官が崇寧元年七月十一日に設置されたのであろう。

また、広州については、『皇宋十朝綱要』巻一六に

崇寧二年八月甲子、置提挙広南路市舶官。

とあり、崇寧二年八月に提挙広南路市舶官が設置されたというが他の資料には見当らない。泉州についてみると、『輿地紀勝』巻一三〇に『九朝通略』を引用し、

九朝通略云、崇寧二年、泉州復置市舶

とあり、崇寧二年に復置している。『宋会要』蕃夷四、占城・蒲端の政和五年八月の条には、

福建路市舶司依崇寧二年二月六日朝旨、納到占城、羅斛二国前来進奉、内占城先累赴闕進奉、係是広州解発、福建路市舶中到外有羅斛国、自来不曾入貢市舶司。

とあり、福建路市舶司は、崇寧二年六月二日には設置されていたことが知られる。

以上、両浙は崇寧元年七月十一日、泉州は二年二月六日以前に、広州は二年八月に、転運使とは分離した提挙官の設置をみていることは市舶官制上一大転期といえよう。宋初からの市舶官制を省みると、宋初では知州、通判、京朝官、三班、内侍及び転運使等多数の者が各々市舶に係っていた。元豊三年には転運使が提挙官兼任となり、他の職官は除かれ、その後、崇寧初年に転運使より分離し、独立した提挙市舶官の出現をみる。ここに南海貿易の市舶利益額の増大と共に市舶官制の発展を窺うことが出来よう（表２「歳入額と市舶収益額」参照）。後、市舶が重視され提挙市舶・提舶としていろいろな資料に現われるが、その職官の源は崇寧初年にみられるのである。

地方の市舶がこの様な状態にある時、中央政界ではどの様な変動をきたしていたのであろうか。市舶の資料ばかりを追わず、中央政界の動きと市舶に対する積極政策をみてみよう。

（八）　蔡京登場と打套折鈔法

蔡京が中央政界に現われるのは崇寧の頃からで、このころから彼の活躍がはじまる。『宋史』巻一九には

崇寧元年七月戊子（五日）以蔡京為尚書右僕射兼中書侍郎、己丑焚元祐法。

とあり、又『二十五史補編』宋大臣年表には崇寧元年条に、

尚書左丞――佃（陸佃）六月出知亳州、蔡京　六月命七月遷平章
右僕射――布（曾布）閏六月出知潤州、蔡京　七月命

とみえ、蔡京は崇寧元年（一一〇二）六月に尚書左丞に、七月五日に尚書右僕射に任命されている。この崇寧元年は元祐、元符のときの旧法系の人を排斥した時である。すなわち、崇寧元年五月に韓忠彦が相位を退いて知大名府となり、六月には曾布も知潤州に退き、代って蔡京が七月五日に右僕射になるのである。最初、韓忠彦、曾布が相となる

や蔡京は、これを恨みに思っていたが、曾布と韓忠彦が互に合わず、その不和なるに乗じて入朝したのであった。

一方市舶についてみると、蔡京が崇寧元年（一一〇二）七月五日に右僕射になるや、六日後の七月十一日に三路の市舶司の中で最初に両浙路の杭州と明州が復置されている。ついで蔡京が政権を獲得するや、両浙路に市舶が復置され、翌年には、広州と泉州の市舶司も復置され、かつ提挙市舶官が設置されている。又市舶の整理と共に崇寧年間から市舶の利益額が増大してくる。旧法の元祐元符の時、一年に四十二万に対し、崇寧大観には、一年に一一〇万とその増加をみるのであり、この様な事からも、崇寧以降、蔡京の出現と共に市舶の活発な動きをみるに至ったことを知る（表3「北宋末、市舶変動と蔡京政権得失」参照）。

蔡京は、市舶に対してどの様な態度をとっていたのであろうか。蔡京は右僕射になる前、弾劾されて杭州で洞霄宮提挙の祠祿宮となっており、南海貿易で賑った杭州の状態を知っていたために、中央政界に入ると、すぐ廃止されていた杭州、明州の市舶の設置を計ったのであろう。

更に蔡京が市舶に対して着目していたと思われるものに、崇寧元年十二月に、借財返却のために行った「打套折鈔法」がある。今まで市舶と打套折鈔法の関係について記されていないので、「打套折鈔法」について述べてみたい。

蔡京が国家財政建直しの一政策として行ったものが崇寧元年十二月行われた「打套折鈔法」であり、『皇朝編年綱目備要』巻二六には、これについて、崇寧元年十二月の条に、

行打套折鈔法、蔡京初拝相（宰相）有巨商六七輩、負官鈔至庭下投牒索債、且曰、此章（惇）相公開辺時、此曽相公罷辺時、所用合三百七十万緡不能償者、至会罷辺弃（棄）地之費乃過於開辺也、京（蔡京）奏之、上（徽宗）蹙頞曰、辱国且奈何、京進曰、臣請償之、上喜曰、卿果能為朕償之耶、時国用常貫視三百七十餘萬緡為未易償、故京因創行打套折鈔之法命官剗刷、諸司庫務故弊之物、若幕帟漆器牙札錦叚之属、乃麄細色香薬皆入套為銭、其

直若干等、立字号而支焉、套始出、客猶不願、請有出而試者其間惟乳香一物足償其本、而他物利又自倍於是、欣然不半年尽償所費、然打套有三、或謂之折鈔套者此也、或謂之乳香套者皆乳香也、或謂之、香薬套者、麁細色香薬也。

とある。同じ内容のものが、『宣和遺事』上、崇寧元年の条の「蔡京償巨商債」には、

（略）……乳香価利頗高、京令吏将乳香附客試売客果得価数倍、後客欣然承受、不半年尽償訖。

とある。ここでは、三千七百万貫とある。蔡京が宰相になった時、巨商からの借財が三百七十万緡（三千七百万貫？）あった。巨商から請求があった時、徽宗が三百七十万緡を支払えないのは国の辱として蔡京に相談したところ、蔡京は打套折鈔の法を行い半年足らずでこれを償ったのである。打套折鈔法とは、この記事によると諸司庫務故弊の物から集めた漆器・（象）牙札、錦殷（緞）之属、麁細色、香薬等同種のものを一つにまとめ、例えば乳香なら乳香套と名前をつけて、銭とかえる方法である。最初、巨商はこれを望まなかったが試みに乳香を売ったら、すぐその元本を償うことが出来、他のものも倍の利益があった。そのため半年足らずで借財を返却することが出来た。なお打套には折鈔、乳香套、香薬套の三つがあったことを知るが、ここで注目すべき事は、香薬套の麁・細色・香薬・乳香套の乳香はすべて南海貿易品で、市舶司を通じて、中国に入ったものであり、南海貿易品の大部分は乳香や香薬で、特に乳香の値は非常に高い利益があったことである。蔡京は南海貿易品である乳香、香薬を、商人が欲しかつ利益がある事を知っており貿易の組織即ち、貿易品は政府専売であるため市舶司より権貨務に収め約十分の一～四の利益をとり商人に売られる組織になっている事情をも良く知っていた。それ故、蔡京が政権をとると市舶に対して積極的な政策を打出したことが推察出来る。なおその後南宋に香薬管理機構の金部に属する偏估局、及び打套局が設置されるが、これは崇寧元年に行われた打套折鈔法が発展して香薬の管理機構にまでなったのであろう。

いずれにせよ崇寧元年以前には市舶司は廃止されていたが、蔡京が右僕射になると、すぐ両浙の市舶が崇寧元年七月に復置されており、この打套折鈔法が、崇寧元年十二月に施行されるとその影響によるものであろうか、翌崇寧二年二月には泉州に、八月には広州に提挙広南路市舶官が設置されたのである。

（二）市舶司の廃止と蔡京失脚

次に崇寧初年の提挙官設置に続く市舶司廃置の変動をみよう。『宋会要』市舶に、

大観元年三月十七日、広南・福建・両浙市舶依旧復置提挙官

とあり、大観元年三月十七日以前に、一時全部の市舶提挙官が廃止されたことが知られる。いつ、どの様な理由で三路の市舶官が廃止されたのであろうか。市舶司廃止の年代は記されていないが、提挙官が設置された崇寧二年以降、再び復置された大観元年以前の約三年の間であろう。市舶の記事からこれ以上のことはわからないので、中央政界の蔡京の動きに目を転じてみよう。『皇宋十朝綱要』巻一六に、

崇寧五年正月丙子、蔡京罷為司空開府儀同三司安遠軍節度使中太乙宮使、趙挺之復為右僕射兼中書侍郎、始彗星初見、上震動責己深京之姦、由是旬日之間、凡京所為者一切罷。

又『二十五史補編』宋大臣年表、崇寧五年丙戌条に、

左僕射――京（蔡京）　二月罷為中太乙宮使

とあり、崇寧五年二月、蔡京は失脚して、趙挺之が代って右僕射に立ち、徽宗は蔡京の悪を知り蔡京の為したものすべてを廃止してしまったのである。『皇朝編年綱目備要』巻二七にも次の記事がある（『続資治通鑑長編拾補』巻二六同内容）。

崇寧五年正月罷方田等法（除党人一切之禁、罷方田及諸州歳貢六尚物、尋又罷縁辺諸路科歛、罷鑄当十銭、省非衝要処新置市易務、罷諸路提挙塩・香・礬・茶・学事・買木・水利等司、市易官、罷提挙保甲文臣、差武臣提挙仍兼提刑……）

とある如く方田、当十銭及び政府専売である諸路の塩・香・礬・茶・市易官を罷めており、保甲官も文臣ではなく武臣を任命したりして、蔡京が為した政策のすべてを廃止している。それ故、市舶も塩、茶、明礬と同じく政府専売であり、蔡京が宰相になった時、推進したものであるから、蔡京失脚の時、他の専売のものと共に市舶も廃止されたのであろう。市舶の記事は、崇寧五年三月四日に広州市舶司の記述が『宋会要』市舶に見られる事から、三月四日以降に廃止されたのであろう。蔡京の失脚や政策廃止の理由に、蔡京が利を貪る罪悪や彗星が現われたことが記されているが、積極的な理由は見当たらない。蔡京失脚により政策を変えようとすることは、新旧両党の党派争いを反映しているのであろう。

（ホ）　大観の市舶復置と蔡京の政権復帰

蔡京は失脚したとはいえ、まもなく政界に戻っている。『宋史』巻二〇本紀に、

大観元年正月甲午、以蔡京為尚書左僕射兼門下侍郎。

とあり、蔡京は、失脚後一年足らずで、大観元年正月に左僕射になった。そして失脚時に廃止されたものは蔡京の復帰と同時にまた行われている。市舶についても、『宋会要』市舶に、

大観元年三月十七日、詔広南・福建・両浙市舶依旧復置提挙官。

とあり、『文献通考』巻六二に、

大観元年続置、明年御史中丞石公弼、請帰之転運司、不報。

とある。蔡京が、大観元年正月、左僕射になると、三ヵ月後の三月十七日に、広南、福建、両浙の市舶が廃止されて

から一年目に再び元通り復置されている。蔡京の政権獲得の故に市舶も復置されるに至ったのであろう。しかし、この提挙官復置に問題があったのであろうか、又蔡京の政策に反対したのであろうか、御史中丞の石公弼が提挙市舶官を罷め元豊通り転運司が兼ねることを請うたが採用されなかった。この石公弼は、蔡京の政策に非常に反対し、大観三年に蔡京の奢侈を罪悪とし蔡京を失脚させた人でもある。『宋史』巻三四八、石公弼に、

　詔罷之、遂劾蔡京罪悪章数十、上京始罷……悉省丞在京、茶事帰之戸部、諸道市舶帰之転運司。

とある。石公弼は、蔡京の提挙官復置に反対し転運使に帰することを請うたのであろう。いずれにせよ、大観元年、蔡京の政権復帰と同時に市舶は復置されたのである。

（へ）　大観三年常平官の市舶兼任と蔡京失脚

大観三年になると再び蔡京と市舶に変動をみる。先ず、中央政界の動きからみてゆき、後に市舶と常平官の関係をみる。『宋史』巻二〇本紀に「大観三年六月丁丑、蔡京罷」とありまた『宋宰輔編年録』にも「……丁丑蔡京罷左僕射為太師守太一宮使」とある。大観三年六月に、蔡京は失脚させられ、再び太乙宮使となる。石公弼と張克公が蔡京の罪悪をあげ徽宗に上申した。蔡京の後に張商英が尚書右僕射兼中書侍郎となり何執中と並び相となる。何執中は、蔡京の与党でもあり、以前の如く蔡京失脚と同時に急変することはあまりなかったが、張商英は、泉貨、運輸、塩法、税歛等の諸政に改廃を加え、かつ徽宗にも奢侈を節する様上奏した。専売制について『皇宋十朝綱要』巻一七に、

　大観四年八月閏丁酉、罷提挙香塩司。

とあり、提挙香塩司の廃止が大観四年八月にみられる。張商英の政策は当時受入れられず、政和元年に相位を去るのである。

市舶についてみると、蔡京の失脚一ヵ月後に、市舶に変動がみられる。『宋会要』市舶に、

大観三年七月二十日、詔罷両浙路（福建路）提挙市舶官、令提挙常平官兼専功提挙、通判管勾。

とあり、両浙と福建の提挙市舶官が罷免され提挙常平官が市舶を兼任し、通判も従事する様になった。蔡京が失脚し提挙香塩司が廃止されたことは、市舶と関係があることからも市舶に対して積極的な政策ではなかった。両浙と福建の市舶が廃止され、政和二年に両浙と福建が復置されていることから、この三年間の提挙常平官の兼任をみるわけであるが、今提挙常平官と市舶との関係について考えてみたい。

提挙常平官は、新法の政策に基づく一政策として神宗熙寧二年九月九日に制置された。常平倉は新法の重要政策である青苗法を行う地方に提挙官が設置され全国的に派遣をみるに至った。はじめ常平倉は転運使によって動かされ常平司は一般的な新法の進行を主な目的とし各路二員が設置され、新法が進むにつれて常平倉も活発な動きを示したが、旧法に政権が移ると元祐元年四月常平司の許に蓄積されていた銭物は、提点刑獄に移され一時提挙常平司が廃止されたこともあったが、新法が復活されるや紹聖元年閏四月に復活をみ、北宋末迄、活発に活動した。そのため提刑司、転運使は影をひそめ常平司一人が活躍する状況となった。それ以後南宋になると影が薄くなって建炎四年常平司の廃止となり、これに反し提刑司の勢力が強くなってゆく。この常平倉の勢力が大きかった北宋末に、常平官が市舶を兼任しているのである。又南宋初期、提刑司の勢力が強くなると提刑司が市舶を兼任している。即ち勢力のあるものが市舶と結びついた傾向がみられる。

この常平倉と市舶との関係には、財政的な問題として貿易資本金（市舶本銭）がある。南海貿易が政府専売であるので、市舶司には香薬等を買上げるための貿易資本金（市舶本銭）が必要であった。それ故、貿易資本金（市舶本銭）をどの様に手に入れるかが問題であった。そのために貿易資本金（市舶本銭）は常平倉の常平庫銭を流用しているの

がみられる。元豊六年、密州に市舶を設置する請願の中で、『宋会要』市舶の元豊六年十一月十七日の条に、

密州范鍔言、欲於本州置市舶司……有此六利而官無横費難集之功、庶可行必而無疑、況本州及四県常平庫銭不下数十万緡、乞借為官本、限五年撥還。

とあり、密州市舶設置の際、市舶の貿易資本金（官本）の事に関しては、密州は常平倉の常平庫銭が数十万緡を下らない程豊かであるからこれを市舶資本金（官本）として借り市舶司が設置された五年内で返却すると范鍔は云っている。この資料からも読みとれる様に市舶本銭の観点より常平倉との関係が密接であったのであろう。それ故、崇寧年間より、蔡京の新法復活によって青苗法が行われ、北宋末の大観年間において、常平官の勢力が強く又財政的にも豊かで貿易資本金が集まりやすいため、常平官が市舶を兼任したのであろう。しかし、提挙市舶官が廃止され、市舶の貿易資本も常平倉の中に入ってしまうことは、市舶の発展を助長するものでなく市舶に対する消極的な態度といえよう。いずれにせよ蔡京失脚と同時に市舶官制がその発達上、不利な官制及び廃止へと変わっていることは、市舶が中央政界の動きを敏感に受けとめているからであろう。

（ト）　政和二年の市舶復置

政和元年に張商英が宰相の位を退くと蔡京は再び宰相に立った。『宋史』巻二一に、

政和二年二月戊子朔、蔡京復太師致仕、賜第京師（京自杭州召還）。

とあるのはこれを示し、政和二年二月に太師となり、杭州から中央に戻ってきている。『二十五史補編』宋大臣年表、政和二年壬辰に、

右僕射――蔡京　五月、太師三日一至都堂治事。

とある通り、蔡京は政和二年五月に右僕射となっているが、この時左僕射には何執中がなり、御筆手詔を降して群臣が蔡京を論難するのを禁じ、元豊の政への復帰を目的とした官制の改革を行った。中央政界がこの様な動きを示している時、市舶の方はどの様に変動しているのであろうか。『宋会要』市舶に、

政和二年五月二十四日　詔両浙福建路、依旧復置市舶、従福建路提点刑獄邵濤請也。

とあり、蔡京が政権を握ると市舶の方も、両浙と福建路の市舶司が復置されている。即ち、政和二年五月二十四日に市舶は、大観三年からの提挙常平官兼任より離れ再び市舶官に戻っている。ここで、福建の市舶が果して常平官兼任であったかについては不明であるが福建の提点刑獄の邵濤が請願したのであるから、福建における市舶の復置は切実なものであったのであろう。一方広州の市舶については変動がみられない。

その後、政和三年、両浙の秀州華亭県に市舶務の設置をみる。『宋会要』市舶に宣和元年八月四日の条に

政和三年七月二十四日、於秀州華亭県興置市舶務、抽解博買専置監官一員。

とあり、政和三年七月二十四日、華亭県に、市舶司の規模より小さい市舶務が設置され、提挙市舶官でなく監官一員が統制にあたっている。

なお、市舶の設置と関連して蔡京が南海貿易品を多く持っており珍重なものとして取扱っていたことがみられる。たとえば『宋史記事本末』巻四九に、

政和五年八月……蔡京献太子以大食国琉璃酒器、羅列宮庭太子怒曰、天子大臣、不聞以道義相訓、乃持玩好之具、蕩吾志邪、命左右砕之。

とある。蔡京が、政和五年八月に、太子に大食国（アラビヤ）の珍重な琉璃酒器を献上し、宮廷に羅列したところ、太子がこれを玩好の具として怒り、部下に命じて大食国の琉璃酒器を砕かせてしまったのである。玩好の具であるか

は別として、アラビヤの琉璃酒器というのは南海貿易品であり、この様な事からも彼が南海貿易にいかに関心を持っていたかの一端が知られよう。

その後、蔡京は宣和二年に退官し、宣和六年に復召、靖康元年に失脚しているが、市舶の変動は見当たらない。

以上、北宋末の市舶官制と市舶司の設置及び廃止の変動が、中央政界における蔡京の政権得失の変動と密接な関係のあることを年代順に対比させながらみてきたが、（表3「北宋末、市舶変動と蔡京政権得失」参照）最後にこれらの変動についての批判検討をもって結語に代えたい。

おわりに

北宋末の市舶変動と蔡京の政権得失との関係（表3「北宋末、市舶変動と蔡京政権得失」参照）を年代をおってまとめてみると、崇寧元年（一一〇二）七月五日、蔡京が新法復活の方針をたてて、杭州から政界に戻り宰相の右僕射になると六日後の七月十一日に両浙路の杭州と明州に提挙市舶官が設置された。十二月蔡京が南海貿易の利に着眼し、打套折鈔法が行われると、翌年の崇寧二年（一一〇三）二月、泉州に、そして八月には広州に提挙官が設置された。即ち崇寧初年に転運使と分離した提挙市舶官が設置されたのである。その後、崇寧五年（一一〇六）二月蔡京が失脚すると、彼の政策は一時全部廃止されてしまったが、市舶もこの時廃止されたのであろう。しかし一年足らずの大観元年（一一〇七）正月に再び蔡京が左僕射になるや、三月十七日に三路の市舶司が復置された。ついで、大観三年（一一〇九）六月に蔡京が利を貪るとの理由で失脚させられると、再び蔡京の政策は改められた。市舶もその一つとして七月二日両浙福建路の提挙市舶官を廃止して常平官が兼任する様になった。三年後の政和二年（一一一二）五月に蔡京が再び右僕射になるや、五月二十四日、両浙、福建路の市舶の復置をみ、三年には秀州の華亭県に市舶務を設置している。これらの現象から蔡京が政権を握ると直ちに市舶司に変動がおこり、廃止されていた市舶司が復置されるという一連の積極政策がみられる。しかし、その反面蔡京が失脚すると市舶司は直ちに廃止されるか又は他の職官が兼任するという消極的な傾向がみられる。蔡京が市舶の廃置を自由に出来たところに北宋末の時代的特色がみられる。

いずれにせよ、蔡京の財政政策は王安石に始まる新法に貫かれた財政策への復帰を意図するものであり、その具体策を市舶の利に求めたものといえよう。しかも彼の市舶に対する異常なる熱意はその利がいかに大であるかを熟知していたことによるものといえよう。事実市舶についてみると、市舶変動が蔡京の政権得失の年代と一致するほか、市舶の利益額も表2「歳入額と市舶収益額」に示す通り、宋初より三十万～五十万緡、治平年間の六十三万緡、北宋末には、崇寧大観年間で一千万緡、一年割にすると一一〇万緡にも増大したのである。

宋初より、徐々に増加してゆく市舶の利益額にともない市舶官制(17)（表4「宋代市舶司の設置及び廃止一覧」参照）も整備されていった。つまり、宋初、市舶司が設置された時市舶官制は、知州、通判、京朝官、三班、内侍及び転運使という多種の職官が兼任していた。その後、神宗時代、王安石の新法、銭禁解除、蕃夷招致策等の市舶に対する有利な条件の中で市舶官制も中央直属で財務官僚でもある転運使のみが提挙市舶を兼任し他の官を除いてしまった。その後、北宋末・崇寧初年、転運使と分離した専任の提挙市舶官の設置をみるのである。その他政界に南方出身者が多いことも影響されたのであろう(18)。

このように北宋末、蔡京の財政政策における中央集権化の一つとしての市舶をみる時、中央政界の政策変動を地方の末端の市舶司が敏感に受けとめ、中央政界の変動とともに市舶も変動していることを知るが、この現象は北宋末の官僚国家、君主独裁体制の性格の一端を物語るものといえよう。

註

（1）三班について藤田博士は、「宋代の市舶司及び市舶条例」（『東西交渉史の研究』南海篇所収）の中で『玉海』巻一一七の「三班院」より引き「供奉官、殿直、承旨」を三班としている。しかし、三班を東班、西班、横班とみる事も出来ないことはなく（『宋会要輯稿』職官五二、諸使雑録）三班については、なお明らかでない。市舶のみならず他の個所にも出てくる事から研究の余地があるのではないかと考える。

（2）『宋史』巻一七三、食貨志の農田

真宗景徳初詔……唐開元中、宇文融請置勧農判田（官）検戸口田、土偽濫、且慮別置官煩擾、而諸州長史、除当勧農、乃請少卿監為刺史、閤門使以上知州者、並兼管内勧農事（使）、及通判並兼勧農事、諸路転運使副兼本路勧農使。

（3）通判には、朝官が派遣され知州の下に置かれたが、皇帝の命により派遣され、知州の権を牽制するものであった。すなわち、地方の官僚勢力が一つに固まらない様に分割政策をとった宋代官制の特色ともいえる。

（4）表1「開宝四年～元豊三年市舶修定迄の市舶人名及職官」。

（5）『宋史』巻一八六食貨志、「熙寧五年、詔発運使薛向曰東南之利、舶商居其一、比言者請置司泉州、其剏法、講求之」。

（6）「続資治通鑑長編」巻三四一「知密州范鍔言……欲乞於本州置市舶司於板橋鎮、置抽解務籠賈人専利之権帰於公上其利六有」。

（7）『宋史』巻二六八、張遜伝、「太平興国初………歳可獲銭五十万緡、以済経費太宗允之、一歳中、果得三十万緡、自是歳有増羨至五十万」。

『宋会要』市舶にほぼ同文がある。

（8）『宋史』巻一八六、「皇祐中総歳入象犀珠玉香薬之類、其数五十三万有余至治平中又増十万」。

（9）『建炎以来朝野雑記』甲集巻一五、市舶司本息「神宗時、始分閩、広、浙三路各置提挙官一員、本銭無慮千万緡、海貨上供山積」。

（10）『文献通考』巻二〇、市糴一、「崇寧置提挙、九年之間収置一千万矣。

(11)『宋会要』職官四四、市舶　紹興二十九年九月二日「抽解与和買以歳計之、約二百万緡」。

(12)『松隠文集』巻二三、書、上皇帝書十四事「広泉二州市舶司、南商充物、毎州一歳不亦三五百万計」（孝宗の時）。
毎州一年に三～五百万の収益とすると、広州と、泉州二州で、六百万～一千万となる。

(13) 銅銭流出の禁令の刑法について宋初より銭禁解除がなされる迄をみてみると、建隆三年…十貫以上持出すと死罪、開宝元年…五貫以上死罪、開宝六年…銅銭三貫以上死罪、大平興国元年…百文以上死、太平興国三年…一銭でも携帯すると死罪、慶暦元年…一貫以上死罪、嘉祐…五百文迄許す。このように銅銭流出を厳しく取締まっているが熙寧編敕により流出が自由になった。しかし、元豊八年三月神宗が死ぬと旧法復活と共に嘉祐編敕に戻っている。

(14) 前掲の註（9）『建炎以来朝野雑記』甲集巻一五参照。

(15) 北宋歳入銭は、全漢昇の「唐宋政府歳入与貨幣経済的関係」歴史語言研究所集刊二十本・一九四八年によった。南宋の歳入銭は、『山堂考索続集』巻四五財用門によった。桑原隲蔵氏の『蒲寿庚の事蹟』の外国貿易に由る「宋の政府の収入」の中で（一九七～一九九頁）紹興二十九年は四千万～四千五百万緡とし（『建炎以來繫年要録』一八三による）、市舶司の利得二百万緡が当時の歳入の二十分の一にあたることを述べているが、『山堂考索』続集巻四五財用門によると、「紹興末年、合茶塩酒筭坑冶榷貨糴本和買之入凡六千余緡、而半帰内蔵」とあり、歳入が六千余万緡という。市舶司からの収益額は三十分の一にあたることになり、検討する必要がある。元祐元符及び崇寧大観年間の市舶司の利益額は『文献通考』巻二〇「十二年間（元祐元符）至五百万」とあり、一年割にすると四十二万緡（元祐元符）となる。又「九年之内（崇寧大観）収至千萬」とあり一年割にすると、一一〇万緡となる。

(16)『福建市舶提挙司志』に富公弼とあり、『山堂群書考索』には呂公弼とある。

(17) 表4「宋代市舶司の設置及び廃止一覧」の表

表4　宋代市舶司（広州、両浙、福建）の設置及び廃止一覧

月日	広州	両浙	福建
開宝四年六月（九七一）	初めて、市舶司設置知州、通判、転運使、京朝官、三班、内侍		
端拱二年五月（九八九）		杭州市舶司あり	

淳化中		明州に市舶司設置	
淳化三年四月（九九二）		杭州市舶司を明州定海県に移す	
淳化四年（九九三）		再び杭州に市舶司を復置	
仁宗	広州、杭州、明州に市舶司を置く		
熙寧九年正月二日（一〇七六）	広州一所で抽解するため杭州、明州廃止を欲すが、現状のままにする		
元豊三年八月（一〇八〇）	市舶修訂。轉運司が提挙市舶となる、転運使孫迥が提挙市舶を兼任	転運副使周直孺が提挙市舶を兼任	転運使判官の王子京は覚察拘欄を兼任
元祐二年十月（一〇八七）			泉州に市舶司設置
元祐三年三月（一〇八八）			（密州板橋に市舶司設置）
崇寧元年七月（一一〇二）		杭州、明州が復置	
大観元年三月（一一〇七）	広南、両浙、福建の市舶提挙官を復置する		
大観三年七月（一一〇九）		両浙（福建）路の提挙市舶官を罷めて提挙常平官が兼任する	
政和二年五月（一一一二）		両浙、福建路の市舶が復置する	
政和三年七月（一一一三）		秀州華亭県に市舶務を設置する	
建炎元年六月（一一二七）		両浙路と福建路の市舶司は轉運司に帰す	
建炎二年五月（一一二八）		不便なため両浙路と、福建路に提挙市舶司を復置する	
建炎四年十月（一一三〇）		華亭県市舶務、通恵鎮に移る	
紹興二年三月（一一三二）		両浙の市舶司、華亭県に移る	
紹興二年七月			市舶司は、提刑司の兼任
紹興二年九月			市舶司を罷め、提挙茶事司兼任
紹興十二年十二月（一一四二）			提挙市舶司を設置し、茶事司の兼任をやめる
紹興十五年十二月（一一四五）		江陰軍に市舶務あり	
紹興二十九年九月（一一五九）	広南、福建は各々一州に務（？）をおく	両浙は五つの務を置く。（明州、杭州、温州、江陰軍、華亭県）	

乾道二年六月（一一六六）		兩浙路の提挙市舶司罷める。市舶の仕事を知州、知県監官に委せ、轉運司に提督させる	
乾道九年七月（一一七三）	瓊州に置くことを欲す	臨安府、明州、秀州、温州の市舶務あり	
紹熙元年（一一九〇）		杭務廃	
寧宗		江陰、温、秀州三郡の務廃し、慶元（もとの明州）のみとなる	
淳祐六年（一二四六）		澉浦市舶官を創る	

これは、宋代市舶制度の変動をみるため表にまとめたものである。資料によって、日付も内容も違っているところがあり、各々に註釈をつけなければならないが、後の機会にゆずりここでは概略を記す。

（18）　蔡京も福建興化軍の仙遊県の人。

第二章　提挙市舶の職官

はじめに

宋代は、北方民族の擡頭により陸路貿易が阻害され、唐代以来の南海貿易が一層盛んになった時代といえる。当時、西方からはアッパース朝下のイスラム商人が活発に往来し、西アジア・東南アジアとの南海貿易が盛んに行われた。この南海貿易を司る機関として政府は、広州・泉州をはじめ、両浙地方などの特定の海港に市舶司を設置した。その長官を提挙市舶といった。この貿易方法は、中央政府の強い統制下にあったため、政府の貿易奨励とあいまって南海貿易は活況を示し、その利益額は南宋に入って特に重要な国家財源となっていったのである。では、この様に政府の保護をうけて発達した南海貿易を司った提挙市舶という職官は、宋代の職官体制の中において、いかに位置づけられるであろうか。また地方官である提挙市舶と、他の地方官との関係はどの様に関連づけられるであろうか。

この様な問題について、従来の研究では僅かに、故藤田豊八博士が、『東西交渉史の研究』南海篇（前掲書）「宋代の市舶司及び市舶条例」の中で、市舶官は、いかなる資格のものが任ぜられているかについて、提點坑冶・鋳銭は、初任通判資序以上の人を任命し、茶塩、市舶には、第二任知県資序以上の人を任命していると述べておられるだけである。(1) しかし現在においては、当時藤田博士が参見出来なかったと推察される資料も少なからず存在する。そこで本稿では、これらの資料をもとに、提挙市舶の職官には、どれ位の官品の人が任命され、具体的にはどのような職官から提挙市舶に転任し、さらにどのような職官に提挙市舶から移っていっているかという点についていささか考察を試みてみたい。

一、『慶元条法事類』にみえる職官

南宋の慶元年間に関する資料、『慶元条法事類』巻四、職制門一・官品雑圧、職制令に地方官の宮中席次に関する記載があり、そこには市舶官について、

諸発運使副在転運使之上。（京畿転運・提点刑獄在三路転運・提点刑獄之上。）転運使副在提点刑獄及知州中散大夫之上。提点刑獄・都大提點坑冶鋳銭官序官、仍各在発運判官之上。発運判官在知州朝議大夫・転運判官・提挙常平茶塩官之上。知州帯一路安撫・鈐轄及理三路転運使資序者、与発運・転運使副・提点刑獄・都大提点坑冶鋳銭官・発運判官序官。転運判官・提挙常平茶塩官、以資任為序、同者、序官。（発運判官・提挙常平茶塩官曾任本路転運使副・提點刑獄者、依転運使副・提點刑獄。）提挙市舶官在提挙常平茶塩官之下、仍各在知州朝請大夫武功大夫之上。

とある。慶元年間に規定されたこの職官席次は当時の職官に対する軽重の尺度となりうるものの一つではないかと考えられる。とすれば提挙市舶は当時、地方官の中でどの様な席次にいたのであろうか。右の記述を席次順に要約整理してみると、

〔1〕発運使・副　〔2〕転運使・副　〔3〕提点刑獄・知州中散大夫（従五品）　〔4〕提点刑獄・都大提点坑冶鋳銭　〔5〕発運判官　〔6〕知州朝議大夫（正六品）、提挙常平茶塩　〔7〕提挙市舶　〔8〕知州朝請大夫（従六品）、武功大夫（正七品）

となる。したがってこの場合には、提挙市舶は、〔1〕～〔8〕番中、7番目にあたることになり、記述によればそれは知州朝議大夫（正六品）、転運判官・提挙常平茶塩の下に位置し、市舶の下には知州でも官品の低い朝請大夫（従六品）、武功大夫（正七品）が続くことになる。官品についてみると、市舶は知州朝議大夫（正六品）と知州朝請大夫

（従六品）の中間にあるので、正六品と従六品の中間、おそらくは従六品ぐらいであったと思われる。即ち、地方官としてあげられる、発運使、転運使、提点刑獄、坑冶、常平茶塩などとくらべた場合、当時の市舶はこれらの中で一番低い地位にあり、官品の低い知州よりは上位にあって、官品は従六品位であったと考えられる。(2)

二、提挙市舶の職官

『慶元条法事類』にみえる記載から考えた場合、市舶の位置は前項のようになると考えられるが、それはあくまでも慶元年間の規定であり、これをもって宋一代を律するわけにはゆかない。したがって宋代における市舶の位置を考察するためには宋一代にわたる具体例をとりあげ、そこに果して時代的な変遷がみられるかどうかを検討する必要がある。そこでこの問題の検討を試みるために本項ではまず提挙市舶に任命された人々の中で官品が判明しているものを取上げて年代順にならべてみた。それが、次に掲げる表1である。

表1　官品がわかる提挙市舶

市舶人名	在任月日	職官	官品	出典
黄邦達	大観三年進士	朝請郎提挙福建市舶正	正七品	三山志27
蔡穡	宣和元年十二月十四日	奉議郎直秘閣提挙福建市舶	正八品	
*李則	建炎元年十月	（承議郎）	従七品	
呉説	建炎三年四月	朝請郎両浙路提挙市舶	正七品	建炎以来繋年要録21
沈（遼）	建炎三年六月	通直郎新提挙両浙路市舶	正八品	〃24
宇文師瑗	建炎四年十月	朝奉郎提挙福建市舶	正七品	〃40
姚焯	紹興三年八月	右承議郎新提挙広南市舶	従七品	〃67
林保	〃七年二月	左朝散大夫提挙広南市舶	従六品	〃109

王勳	〃七年七月	左朝散郎提挙広南市舶	正七品	〃 112
胡彦博	〃十二年十月	右奉議郎添差両浙市舶	正八品	〃 147
曹泳	〃十五年十一月	右朝散郎添差通判秀州提挙福建路市舶	正七品	〃 154
〃	〃十七年十一月	右朝奉大夫提挙福建路市舶	従六品	〃 156
趙士鵬	〃十五年十一月	右朝請大夫提挙両浙路市舶	従六品	〃 154
李荘	〃二十一年四月	右中奉大夫提挙福建市舶	従五品	宋会要職官44
韓進	〃二十二年七月三日～二十三年三月七日	右奉直大夫両浙市舶	正六品	乾道四明志
張子華	〃二十二年八月	右朝請郎添差通判平江府提挙福建市舶	正七品	建炎以来繋年要録163
陸升之	〃二十五年五月	左朝奉郎知大宗正丞提挙兩浙路市舶	正七品	〃 168
邵及之	〃二十六年八月	右朝請郎提挙広南市舶	正七品	〃 174
王伝	〃二十六年八月	左朝請郎通判臨安府為広南路提挙市舶	正七品	〃 174
陳之淵	〃二十七年三月	左朝奉郎提挙福建路市舶	正七品	〃 176
張闡	〃二十七年八月	左朝散郎提挙兩浙路市舶	正七品	〃 177
陳鼎	〃二十七年十月	右通直郎新福建（提）挙市舶司幹辦公事	正八品	〃 178
張闡	〃二十九年八月	左朝請郎提挙兩浙路市舶	正七品	〃 183
曾懐献	〃三十一年六月	右朝奉郎提挙兩浙路市舶	正七品	〃 190
（趙奇）	紹興？年	左朝請郎提挙福建路茶事常平等事兼市舶	正七品	閩中金石略8
潘冠英	淳熙十三年八月	朝奉大夫提挙福建市舶	従六品	宋会要職官72
	〔慶元年間〕		従六品	〔慶元条法事類〕
劉偉叔	嘉熙年間	奉直大夫知兼権福建市舶	正六品	泉州府志29
王会龍	嘉熙四年任	朝奉郎知泉州・知兼権福建市舶	正七品	泉州府志29
黄大名	紹興七年閏十月以前	朝奉大夫提挙広東市舶	従六品	宋会要職官75
	〔元朝初〕		従五品	元史

＊建炎二年七月広東市舶に任。建炎元年十月二十三日には、承議郎（従七品）李則となる。それ故、李則が市舶になった時にも従七品位であったろう。表中の〔　〕は本項の問題とするところではないので具体例は示さなかった。

さて、表1の官品をまとめてみると、

従五品＝1　正六品＝2　従六品＝5　正七品＝15　従七品＝1　正八品＝4

となり、正七品以下が二十八人中の二十人という多数にのぼることを知りうる。したがって六品以上というのは提挙市舶在任中の場合ではかなり特別な場合となる。そこで、六品以上の人についてみると、まず李荘の従五品が問題となる。この李荘は紹興三十一年閏四月四日、提挙市舶に任命されているが、その時、皇帝が云うには、提挙市舶官は重要なものであってけっして軽いものではない。したがって、もし市舶官に不適任者があれば、直ちにやめさせる様にといったことが『宋会要』にみえる。(3)この時に李荘が任命されたのであるから当時の市舶官よりも官品の高い人が任命されたのであろう。更に従六品の林保（紹興七年二月）は書を皇帝に進呈し三品服を賜っている。(4)従六品の趙士鵬も秦桧と親戚故に、市舶になっている。(5)また曹泳についてみると、福建の市舶在任中に右朝散郎（正七品）から、右朝奉大夫（従六品）に昇進し、従六品になると、両浙路転運判官に任命され、(6)実際市舶の職についていた時には正七品であった。また正六品の韓進の場合も紹興十九年に広州市舶となり、その他転運判官等を経て、紹興二十一年に両浙の市舶になった。その時の官が右奉直大夫（従六品）である。

『慶元条法事類』によると、提挙市舶の官品は従六品であった。しかし表1では正七品以下が多く、一品低い地位を示している。ただし表1の資料は南宋初期の建炎・紹興年間を主とするものであり、その時期では正七品となることを知りえよう。したがって両者の史料から、建炎・紹興以前は、八品・正七品であったものが、慶元年間になると官品が昇り六品になったものと推察される。そのため、紹興につぐ淳熙年間の市舶・潘冠英は、従六品であり、慶元につぐ嘉熙年間の劉偉叔は、更に正六品とみえる。(7)しかも元代になると提挙市舶は従五品と規定されるようになっている。元初は南宋末期をうけついでいるから元初に従五品であれば、その直前の南宋末期にはすでに従五品であった可能性も考えられる。いずれにせよ、以上の考察から市舶の官品は宋末に至る間に徐々に上昇していく傾向にあったことを知りえよう。

すなわち、南宋初期、建炎・紹興年間頃迄は市舶の官品はほぼ正八品から正七品の間であり、六品の場合には、特殊な例であったと考えられる。しかし、慶元年間になると、一品上昇して従六品となり、更に元初では従五品とみえることから、南宋末にはすでに従五品となっていたのではないかと推定もされる。この様に提挙市舶は、宋代を通じ八品七品より、従六品となり、更に従五品と上昇していったと考えられるが、この官品上昇と相応するかの様に、市舶の利益額もまた上昇していることを知りうる。(8) このことは南宋に入って政府が財源を江南に求め、その一つであった南海貿易を重視した結果、市舶の利益が増加すると共に、市舶の職官に対する官品も上昇していったことを示すものではないかと考えられるのである。

三、提挙市舶任命の前後の職官

前項までに提挙市舶の官品を対象として、その変遷を考察してきたが、次に提挙市舶任命者の前後の職官との関係について考察を加えてみたい。即ち、提挙市舶に任命される前はどの様な職官にあり、さらに市舶から、どの様な職官に移っていったかの検討である。その意図するところは、市舶という職官の前後の職官の検討を通じ、市舶がいかなる性格を有し、他のいかなる職官と関連性が濃厚であったかをいささかなりとも明らかにせんと試みることにある。しかし、この問題は、市舶の地位が低く、かつ資料も乏しいため、十分な解明はきわめて困難である。したがって本稿ではこれまでに蒐集した資料に基いて、作成した表から読みとれるものを示すにとどめたい。次に掲げる表2はこの意図のために市舶になる以前の官と以後の官を一覧表としてまとめたものである。その順序は、市舶在任の年代順にしたがった。

表2　提挙市舶就任の前、後の職官

人名	市舶以前の職官	市舶在任	市舶以後の職官
張粛		淳化三年四月（両浙）	皇祐六年二月知泉州 皇祐六年三月福建提刑
張苑	紹聖年間福建提刑 崇寧元年任広東転運判官	政和五年七月十八日（両） 宣和元年八月四日（両）	宣和二年浙東提刑
徐惕		政和四年四月任（広）	政和年任広東転運使 広東転運判官
折彦質		宣和六年五月（広）	紹興三年四月湖南按撫使 紹興二十六年八月広東帥臣 紹興二十八年一月江西按撫使
魯詹		靖康元年任（福）	建炎年間福建転運判官
李耽		建炎元年七月任（広）	紹興年間福建提刑
呉説		建炎二年六月（両） 建炎三年四月市舶免官	紹興九年三月福建路転運判官 紹興九年六月知台州　―　罷
宇文師瑗		建炎四年十二月（福）	紹興（初）福建転運判官
林孝淵	建州通判	建炎（福）	紹興三十二年広東転運判官
姚焯		紹興三年八月（広）	紹興九年十月陝西転運副使
王勳	知長興県	紹興七年七月（広） 紹興十年九月（広）	
楼璹	紹興二年～四年於潜県令 紹興五年邵州通判行在審計司	紹興十四年九月（福）	湖北転運 紹興二十一年湖南転運判官兼潭州按撫使 同年淮安転運判官

			淮東転運判官 紹興二十四～五年淮東制置使知楊州軍事
晁公邁	紹興八年任広東常平	紹興十年閏六月（広）のちに免官 紹興十一年八月五日以前（両）	以後提挙江南路茶塩公事
王伝	紹興二六年八月以前通判臨安府	紹興二六年八月（広）	
袁復一	紹興六年九月通判臨安府	紹興十二年十一月～紹興十五年四月（広）	紹興十六年九月福建常平公事
趙士鵬	紹興十五年十一月以前知江陰軍	紹興十五年十一月両浙市舶	紹興福建転運判官
曹泳	紹興十五年通判松江府	紹興十六年四月（福）	紹興十七年両浙転運判官 紹興二十年五月三日～二十二年六月十九日知明州 同年六月十九日以後知紹興府 紹興二十四年戸部侍郎 紹興二十五年六月提挙両浙路常平茶塩公事
李荘	紹興二一年閏四月四日以前知撫州	以降福建市舶	紹興二十三年四月二日～十二月十二日知明州 十二月十二日以降提挙台州崇道観
韓進	紹興七年六月直秘閣淮西転運判官 同年八月淮西転運判官 同年十一月江南西路転運判官→罷	紹興十九年六月任（広） 紹興二十二年七月三日～二十三年三月七日（両） （知明州兼市舶）	紹興二三年七月以降両浙路転運判官 紹興三二年五月知和州
邵及之		紹興二五年～二六年八月（広）	乾道年間転運判官
張闡	靖康年間知泉州	紹興二七年～二九年八月（両）	紹興二十九年八月御史台検法官
林孝沢		紹興二八年～三十年（広）	紹興三十二年広東転運判官
黄積		紹興年間（福）	紹興三十二年閏二月湖南転運判官
何紹		隆興年間（福）	淳熙福建常平茶塩 孝宗・両浙提挙茶塩

姜詵	隆興年間、福建常平茶塩	乾道二年六月二十七日（両）	
程祐之		乾道三年四月二十三日～四年九月二十九日（福）	乾道四年提刑司
黄洧		乾道四年（広）	乾道六年任広東転運判官
陳禾		乾道六年？・八年？広東市舶	福建提刑 江西転運使 湖北参議
黄良心		乾道八年十一月～九年七月十二日	淳熙元年広東転運 淳熙二年広東転運判官
陳峴	乾道年間、福建転運	乾道八年（福）	嘉定元年任知広州 嘉定三年広東転運使
蘇峴		淳熙元年十一月（福）	淳熙任福建転運副使
唐弼		慶元元年	慶元二年任広東常平
趙盛	孝宗、浙江提刑	開禧（福）	嘉泰四年任広東転運使
周章	紹熙五年県令	嘉定四年十一月任（広）	嘉定五年広東常平
趙汝傚		嘉定十四年（広）	嘉定十六年提挙常平（広）
趙師楷		紹定元年七月任	紹定四年広東転運使 嘉熙元年任知広州
黄朴		端平（福）知泉州兼	嘉熙四年広東転運判官 〃　広東転運使
王会龍		嘉熙年間知泉州兼市舶	淳祐元年太府少卿
趙師耕		淳祐七年十一月二十一日知泉州兼市舶	淳祐年間福建常平茶
尤煓		淳祐十年十一月（広）	淳祐十一年広東常平
陳煒	淳祐二年任広東転運使	景定四年十月任（広）	
郭晞宗	通判処州知道州	提挙福建市舶	安撫使

＊（福）＝福建提挙市舶、（広）＝広東提挙市舶、（両）＝両浙提挙市舶

まず、この表から読みとれる大きな特色は提挙市舶就任後、転運判官、転運使になる傾向が強いことである。そこで提挙市舶から転運判官・転運副使になった人についてのみ表2から摘出し、再整理してみると表3のようになる。

表3　提挙市舶満任後に転運使に就任した人

市舶人名	市舶在任年月	市舶就任後転運に移行
魯詹	靖康元年任（福）	建炎福建転運判官
呉説	建炎二、三年（両）	紹興九年福建路転運判官
宇文師瑗	建炎四年十二月（福）	紹興、福建転運判官
姚焯	紹興三年（広）	紹興九年陝西転運副使
楼璹	紹興十一年九月（広） 紹興十四年九月（福）	湖北転運 紹興二十一（以前）年湖南転運判官兼潭州安撫使 淮南転運判官 淮東転運判官
袁復一	紹興十二～十五年（広）	紹興、福建転運判官
曹泳	紹興十六年（福）	紹興十七年十一月両浙路転運判官
韓進	紹興十九年（広） 紹興二十二年七月～二十三年三月七日（両）	紹興二十四年十月両浙路転運判官
邵及之	紹興二十五年～二十六年八月（広）	乾道、福建転運判官
林孝沢	紹興二十八～三十（広）	紹興三十一年広東転運判官
黄積	紹興（福）	紹興三十二年湖南転運判官
黄洧	乾道四年（広）	乾道六年広東転運判官
黄良心	乾道九年（広）	淳熙元年広東転運 二年広東転運判官
蘇峴	淳熙元年（福）	淳熙、任福建転運副使
趙師楷	紹定元年（広）	紹定四年広東転運使
唐弼	慶元元年（広）	嘉泰四年広東転運使

黄朴	端平（福）	嘉熙四年広東転運判官 広東転運使

これによると提挙市舶を経て、転運判官・転運副使になった者は、十七名であり、そのうち転任の日付がはっきりして直接に転運判官になったことが明らかな者が四名いる。

さて、次にみられる特色は、市舶から常平茶塩官になる者が多いことで、その数は九名であり、転運判官についで多い。しかもその場合、市舶と常平茶塩官は同じ路の中で移行している傾向もみられる。

表4　提挙市舶満任後、常平茶塩に就任した人

市舶人名	市舶在任年月日	市舶就任後の常平茶塩官
王傳	紹興十一年八月五日以前両浙市舶	以後、江南路茶塩公事
袁復一	紹興十五年広東市舶	紹興十六年福建常平公事
曹泳	紹興十六年四月福建市舶	紹興二十五年両浙常平茶塩官
何偁	隆興、福建市舶	淳熙、福建常平茶塩官
唐弼	慶元元年広東市舶	慶元二年広東常平
周章	嘉定四年十一月広東市舶	嘉定五年広東常平
趙汝倣	嘉定十四年広東市舶	嘉定十六年任広東提挙常平
趙師耕	淳祐七年福建市舶	淳祐、福建常平茶
尤焴	淳祐十年広東市舶	淳祐十一年広東常平

以上は提挙市舶就任以後についての検討であるが、次に市舶になる以前の官にはどの様な傾向がみられるかについて考察してみたい。

楼璹は、於潜県令・邵州通判・行在審計司を経て、広東、福建市舶になっており、袁復一は、通判臨安府を経て広東市舶に、曹泳は通判松江府を経て、福建市舶に、また郭晞宗は、通判処州、知道州から福建市舶になっている。以上のことから通判を経て市舶になっている傾向を知る。知県から市舶になるのは特別で、王勲の如く、知長興県から広東市舶になった場合は、王勲が良く統治したということで、広東市舶に昇進したのである。それ故、市舶になるには、大体、知県、通判を経て市舶になっているようである。また知州から市舶になることもある。例えば、李荘は、知撫州→福建市舶→知明州となり、郭晞宗も知道州→福建市舶となっている。ただ、李荘の場合は秦檜の口ぞえで福建市舶になっていることから(10)この場合は有利な転任であったと考えられる。なお知州と市舶の関係では、南宋末に知州が福建市舶をある期間兼任するなど考察すべき問題もあり後日を期したい。一方、転運判官から市舶になる場合もある。張苑が広東転運判官→市舶となり、韓進が、淮西転運判官、淮南西路転運判官→広東・両浙市舶に、陳煒が広東転運使→広東市舶になっているのはその例である。また姜詵の様に、福建常平茶塩→両浙市舶になっている場合もある。この様に職官において、市舶の上位にある転運判官、常平茶塩官を市舶官にすることは、市舶の重要さを示すものともいえよう。

さて、ここで全体の傾向をみると、二つの型がみられる。一つは楼璹や袁復一・曹泳の如く、知県、通判、知州→市舶→転運判官、常平茶塩→主要知州、安撫使等を歴任し、順調に栄進した場合であり、他の一つは韓進のように、転運判官→市舶→転運判官→知州というように市舶・転運判官・茶塩官という同じ財政担当の職官の間を移動している場合である。更に市舶全般にわたる大きな傾向としては、市舶就任後、転運判官や常平茶塩官になっている傾きが強いということであり、そこには、市舶との密接な関係をうかがわせるものがある。以下その点についていささか検討を加えてみたい。

市舶官制の推移をみるに、はじめ北宋末の崇寧元年に提挙市舶が独立するまでは転運使が市舶の責任者であった。ついで同じ北宋末の大観元年から二年にかけての福建と両浙では提挙市舶をやめ、提挙常平官が兼任していた。その後、南宋になっては、建炎元年六月に福建と両浙の市舶が一時転運司に移されている。さらにその後、紹興二年から十二年までの十年間にわたり、福建では市舶司をやめて提挙茶事司が兼任している。また乾道二年以降、両浙市舶は転運司によって掌らされている。こうした提挙市舶官の変遷をみるとき、市舶と転運使・常平官との関係がきわめて密接であったことを十分推察できるであろう。このように宋代の提挙市舶司はたえず設置されたり、廃止されたりしており、その度に提挙市舶がやめたり又他の官に変ったりしているが、こうしたはげしい人事的移動や市舶の兼任改廃ははたして当時における貿易事務運営に支障をきたさなかったのであろうかという疑問も起る。しかし、これらの問題については、今後さらに、資料蒐集をかさね、検討を加えてゆく所存である。

おわりに

『慶元条法事類』の記述により、地方官における市舶の地位は、発運・転運・提点刑獄・坑冶鋳銭・発運判官・提挙常平茶塩官の下に位置し、官品の低い従六品・七品の知州よりは高い地位であった。つぎに、市舶の官品についてみると、南宋初の八、七品から、慶元年間には従六品となり、南宋末には従五品となっている。この官品上昇は、利益額と表裏しこれらは南宋朝の市舶に対する積極政策の反映とも考えられよう。提挙市舶になる以前と就任後の職官についてみた場合、市舶に就任以後は、大体、転運判官・転運副使・常平茶塩になってゆく傾向がみられ、就任以前は知県・通判・知州を経て市舶になる場合と、転運判官、常平茶塩より市舶になる傾向がみられた。これは、転運使・

常平茶塩官が、ともに市舶と同じく一地方の財政を担当していた官である故、市舶と密接な関係にあったのではないかと考えられる。つまり提挙市舶は、一地方の財政機関の一環として考えられていたのであろう。以上提挙市舶の職官をめぐり若干の考察を試みてみた次第であるが、なお不備な点も少なくないと考えられるので大方の御叱正、御教示をえて今後における研究への資としたい。

註

(1)『宋会要』職官四四、市舶「紹興七年七月二日、三省言紹興七年三月二十一日赦節文、監司・大蕃節鎮知州・差初任通判資序以上人、軍事州軍監、第二任知県資序以上人、検准紹興敕、諸称監司、謂転運・提点刑獄、其提点坑冶・鋳銭・茶塩・市舶、未有該載、詔提挙坑冶・鋳銭依監司、茶塩・市舶依軍州事已降指揮施行」とある。

(2) 提挙市舶の地位に関して『淳熙三山志』巻一二の職田の項に市舶の職田が記されている。職田の大きさは、転運使・常平茶事・市舶・通判等の順になっており、これは、『慶元条法事類』の席次順とほぼ一致しており、この職田の大きさからも市舶の地位を知ることが出来よう。

(3)『宋会要』職官四四、市舶に次のように見える。

紹興二十一年閏四月四日、右中奉大夫・直顕謨閣・知撫州李荘除提挙福建市舶。上曰、提挙市舶官委寄非軽、若用非其人、則措置失当、海商不至矣。

(4)『建炎以来繋年要録』巻一〇九、紹興七年二月癸丑

左朝散大夫・提挙広南市舶林保進中興亀鑑、詔賜三品服、其書令進入。

(5)『建炎以来繋年要録』巻一五四『紹興十五年十一月丙午

右朝請大夫趙士鵬提挙両浙路市舶、士鵬、秦檜友壻、自江陰軍代還而有是命。［割注（紹興二十七年十一月戊寅、王珪論士鵬再任提舶、凡珍異之物、専以奏秦檜、而盗取其半、以為私蔵、当攷。）

	田	園地
知府衙	1頃　8畝　54歩	
運使東衙	21畝1角59歩	16頃68畝　29歩
運使西衙	1頃24畝　9歩	1頃72畝 1角30歩
運使東衙西衙	1頃84畝 3角 8歩	6頃49畝3角32歩
提挙常平茶事衙	1頃82畝 1角 4歩	5頃88畝 1角20歩
提挙市舶衙	3頃19畝 1角19歩	
東通判	1頃　7歩	
西通判	3頃　2畝 2角22歩	1頃　4畝　20歩
運管衙	55畝 3角 15歩	2畝 2角50歩
運幹	1頃 71畝 3角 33歩	80畝 1角 1歩
帳管	15畝 1角 13歩	
常平提幹	76畝 3角 38歩	
茶提幹	1頃 41畝 1角 32歩	10畝 2角 6歩
簽判田	57畝 3角 51歩	

提挙市舶の田の内分けは
- 福清県　2頃 23畝 2角46歩
- 長渓県　4畝 6角36歩
- 長楽県　90畝 3角59歩

註　知府衙には山地870頃48畝2角40歩あり

淳熙三山志巻十二職田―淳熙五年―

（6）「建炎以来繫年要録」巻一五六、紹興十七年十一月丁亥

右朝奉大夫提挙福建路市舶曹泳為両浙路転運判官。

（7）『元史』巻九一、百官志に、「延祐元年弛其禁、改立泉州・広東・慶元三市舶提挙司、毎司提挙二員従五品、同提挙二員従六品、副提挙二員従七品、知事一員」とある。更に明代については『明実録』の永楽元年八月丁己の条に、「命吏部依洪武初、制於浙江・福建・広東、設市舶提挙司・隷布政司、毎司置提挙司一員、従五品、副提挙二員、従六品、吏目一員従九品」とある。

（8）市舶の利益額については、本篇一章の「歳入額と市舶収益額」表2を参照。

（9）『建炎以来繫年要録』巻一一二、紹興七年秋七月戊寅

左朝散郎王勲提挙広南市舶、勲知長興県、有薦其治状者、上召対而有是命

（10）『建炎以来繫年要録』巻一六二、紹興二十一年閏四月甲戌に、

秦桧奏、以直顕謨閣、知撫州李荘、提挙福建市舶、上曰、市舶委寄非軽、可令荘赴闕稟議、然後之任。

〔参考〕提挙市舶という専任の官が一応確立するのは崇寧年間である。それ以前は転運使を中心として知州

通判など、さまざまな人々が市舶を兼任していた。次の表は専任の市舶官が成立する前に、どの様な職官の人々がこの市舶の仕事を兼任していたかを知るための参考までに掲げたものである。これを官品の点よりみると六品が多く、提挙市舶の官品よりも高いが、それは兼任のためと考えられる。したがって市舶官の官品と直接結びつけることはできない。

表5　「提挙市舶」が成立する前の兼任の職官について

人名	月日	職官	官品	出典
謝処玭	開宝四年六月	駕部員外郎通判広州兼市舶判官		宋会要職官四四
李鵬挙	太平興国二年	著作左郎広南市舶使		〃
王澣	至道三年四月	金部員外郎内侍		〃
曾会	天聖二年	朝奉大夫尚書刑部郎中充集賢殿修撰知軍州兼市舶管内勧農事上護軍	五品	宝慶四明志
元絳	皇祐五年四月十九日	広南東路諸州水陸計度転運使兼提点市舶司本路勧農使朝奉郎尚書工部郎中直集賢院上騎都尉	正六品	広東通志二〇六 金石畧九
謝	慶暦二年二月	朝奉郎尚書都官員外郎通判軍州兼勾当市舶司及管内勧農事上騎都尉	正六品	以下同じ
馬	慶暦二年二月	広南東路諸州水陸計度転運使兼提点市舶司本路勧農使朝奉郎守尚書主客郎中兼発遣軍州事護軍	正六品	〃
謝処玭	〃	都大提挙修廟中散大夫行尚書駕部員外郎通判広州軍府事兼市舶官柱国	正五品	
孫□□	治平四年十月一日	朝奉郎守尚書職方員外郎通判軍州兼管勾市舶司騎都尉	正六品	
陸□□	〃	朝奉郎守尚書都官郎中通判軍州兼管勾市舶司軽車都尉	正六品	
沈遼	熙寧七年十一月	承奉郎行太常寺奉礼郎監市舶司	従八品	乾道四明志
程師孟	熙寧七年正月	朝散大夫右諫議大夫知広州軍州事兼管内勧農事市舶使提挙銀銅場公事充広南東路兵馬都鈐轄兼本路経略安撫使護軍永安県開国伯食邑九百戸賜紫金魚袋		広東通志二〇六 金石畧九

補注　提挙市舶の人名表等については一部出典を省略した。現在、提挙市舶に就任した人名等について、広東、福建、両浙の地域に分けて、各人毎に在任期間、さらに、その前後の官が明らかであれば書き加え、そこに出典と、関係資料を記す資料集の作成を進めている。中村治兵衛「宋代明州市舶司（務）の運用について」中央大学『人文研紀要』一一号、一九九〇（平

成二）年も参考にしながら、出典を入れて完成した形でな人名表を発表したいと考えている。

第二篇　宋代における南海貿易

第一章　宋代の南海交易品

はじめに

歴代の中国王朝の中で、宋元時代（十〜十四世紀）は海に向かって開かれた時代である。海外交易もある程度自由に行われた。特に宋代は北方諸国の台頭により、内陸、西アジアとの陸路による交易は阻まれたこともあり、海からの交易が盛んになった。東南アジア、インド、西アジア諸国との交易が多く、これらの国々の特産品が、アラビア海、インド洋、南シナ海、つまり南海を媒介として中国に運ばれ、中国の特産品が南海を通じて各国に運ばれていった。その背後には航海技術、ならびに造船技術の発達、各国の特産物による商業的な発展、それを運搬する商人たち、商品を消化する市場の発達、商品の需要と供給との関係、朝貢という形をとった国家間との友好関係とそれに伴う商業行為など、すべてが有機的に結びついて宋代の南海交易の発展があった。この発展を示すものとして、宋代の銅銭や陶器、磁器などが、西アジア、インド、東南アジアなど広範囲な地域で大量に発掘されている状況からもその盛況ぶりが伺える。一方中国では銅銭が海外に流出し、国内では銅銭不足になり流出を禁止したが密貿易は絶えなかった。

このような南海交易の中で、本稿では、当時どのような品物が中国に入ってきたか、どのような物品を政府は買い取ったか。つまり輸出品ではなく、輸入品に焦点を当てて考察していきたい。これを解明する手がかりとして『宋会要』職官四四市舶（以下『宋会要』市舶と略す）に記されている紹興三年十二月十七日の条ならびに紹興十一年十一月の条に記す数百という輸入品の品目を中心にその特徴を見ていく。交易品に関しては、文集、地方志などに、いくつかの代表的な品目についての記述があるが、系統的に輸入品目数百を掲載しているのは、管見の限り『宋会要』市舶の他にない。そこで、『宋会要』市舶を中心に分析をしていく。この分析を通じて宋代の南海貿易の実状と発達を考えていきたい。

先学の研究(1)を見てみると、宋代の市舶研究には藤田豊八氏がいる。彼は『宋会要』食貨三十八、市舶を世界に先駆けて紹介し、研究した人である。一九一六（大正五）年に、『宋会要』食貨三十八、市舶の部分を羅振玉氏の紹介により、劉承幹氏からそれを借りて、書写した。その副本が現在東洋文庫に「手抄本『宋会要』巻二百十八　食貨三十八市舶」として所蔵されている（原本は曾我部静雄所蔵）。藤田氏はこの資料（市舶）を駆使して、「宋代の市舶司及び市舶条例」（『東洋学報』七―二、一九一七（大正六）年）を発表した。その後、『宋会要』は中国国家図書館に入り、整理され、その途中で「食貨三十八　市舶」の部分は、『宋会要』職官四四市舶に重複するとして外され、現在、『宋会要輯稿』には、食貨門に市舶の部分はない。外された部分が東洋文庫にあるものである。市舶以外に外された資料を収集し整理し、それを陳智超氏が『宋会要輯稿補編』一九八二年に収めた。しかし、東洋文庫本の食貨市舶と職官市舶との関係については明らかにしてない（詳しくは第二篇第五章東洋文庫蔵手抄本『宋会要』食貨三八、市舶に就いて参照）。藤田氏は前述の論文のなかで、市舶の資料の大部分を紹介し論じているが、残念なことにこの舶貨の部分、紹興三年、十一年条だけは触れてない。山田憲太郎氏は乳香、沈香など主要な香薬について、産地、性質、効用など緻密な研究を行っている（山田一九七六）（山田一九八二）。林天蔚氏は香薬ついては広範の研究（林一九六〇）をしているが、両氏とも舶貨全体については論じてない。黄純艶氏もいくつかの舶貨について社会情勢との関係から論じている（黄二〇〇三）。藤善眞澄氏は『諸蕃志』に訳注をつけ『諸蕃志』に記されている品目について詳しく紹介されている（藤善一九九〇）。韓振華氏は更に詳しく注をつけて補充している（韓二〇〇〇年）。他の研究者も個別の香薬について触れているものの、全体的な輸入品の観点からは、殆ど進められてない。それに紹興三年、十一年の舶貨については数百という物品の羅列であることから、これまで関心が寄せられてこなかった。そこで本稿では、先学の研究を踏まえて、中国に入った輸入品は具体的にどのような品目であったのか、政府はそれをどのように利用し、管理しようとしたか、特に財政にも絡む交易品を政府は無視できなかったはずである。この様な観点から、舶貨を中心に見ていきたい。

なお、品目についてであるが、解読できない品目や、点の切り方によって品目数が異なる。例えば、牛皮筋角を牛皮、筋、角、とすると、品目の数は、一品目から三品目となり、品目の数が違ってくる。ここでは、牛皮筋角を一品目とした。したがって、品目の数字は概算であり、数字によって現れたデータは、正確なものではなく、そのような傾向があるということである。また、輸入品、香薬などの内容、性質などは、各々に詳しい説明をつけなければならないが省略した。少しの概略を記すにとどまってしまった。空白も多く不完全な表になってしまったが、いずれもう少し詳しい内容を加えていく所存である。

第一節　宋代の南海交易品・輸入品について

――紹興三年と紹興十一年の起発と変売――

一、北宋時代の舶貨――輸入品と輸出品――

『宋会要』職官四四市舶（『宋会要』市舶と略す）には南海交易品についてまとまった記述が四か所ある。次の様である。

（1）前文（概略）

（2）太平興国七年（九八二）閏十二月

（3）紹興三年（一一三三）年十二月十七日

（4）紹興十一年（一一四一）年十一月

以下、この四つの資料を中心にして説明していく。

（1）前文の舶貨

海外交易品について中国から国外に出ていくものつまり輸出品と、国内に入るもの、輸入品の代表的なものが、前文に簡潔に記されている。

金、銀、緡銭（銅銭）、鉛、錫、雑色帛（多種の絹織物）、精、粗の瓷器でもって、香薬、犀象、珊瑚、琥珀、珠琲（真珠の首飾り）、賓鐵（鉄）、鼊皮、瑇瑁（鼊甲）、瑪瑙、車渠（大きな貝、蛤）水晶、蕃布（外国産の布）、烏樠（黒檀）、蘇木（赤の染料）の物を交易した

とある。

中国の特産物である金、銀、銅銭、鉛、錫、絹織物、磁器などで、外国の香薬、犀角、象牙、珊瑚、玳瑁……布、蘇木などと交易した。これが一般的な中国の輸出品と輸入品との関係である。南宋に記された『諸蕃志』にも基本的にはこれらと同じ内容である。これから述べる舶貨（輸入品）約四五〇品も分類するとほぼ上記に記されたものに集約される。南宋になって品目が非常に多くなっているが、多種多様な品目の発展や利用の増加もあるが、一つの品目でも密度の濃淡、上中下、形などによって例えば乳香の様に名称も変わってくる場合もあり、それで数を多くしているところもある。

（2）太平興国七年の舶貨

宋初の太平興国七年には、政府は舶貨を二つに分け、政府専売品と抽解して民間に売り出す物とに分けた。政府専売品は八種で、瑇瑁、牙、犀、賓鐵、鼊皮、珊瑚、瑪瑙、乳香で、これらは高級品であり朝廷で使用するものであったため、政府が買い上げるものであった。後に紫礦（紫の染料で、ラック虫が原料）と鍮石（銅、大中祥符二年に禁榷）も加わり十種となった。一方、民間に売り出す通行薬物は三十七品目であったが、紫礦が移動して三十六種となった。合計四十六品目で、いずれも伝統的な香薬が主である。『宋会要』市舶には以下のようにある。

太宗太平興國七年（九八二）閏十二月

七年閏十二月、詔「……凡禁榷物八種、瑇瑁、牙、犀、賓鉄、鼊皮、珊瑚、瑪瑙、乳香。放通行薬物三十七種、木香、檳榔、石脂、硫黄、大腹、龍脳、沈香、檀香、丁香、丁香皮、桂、胡椒、阿魏、蒔蘿、蓽澄茄、訶子、破故紙、荳蔲花、白荳蔲、鵬沙、紫礦、胡蘆芭、蘆会、蓽撥、益智子、海桐皮、縮砂、高良薑、草荳蔲、桂心、苗没薬、煎香、安息香、黄熟香、烏樠木、降真香、琥珀。後、紫礦亦禁榷

これらが宋代初期のおもな舶貨、輸入品であった

二、南宋時代の舶貨・輸入品

（1）紹興三年（一一三三）の輸入品——起発と変売——

靖康の変により一一二七年に北宋が滅び、江南地方を中心とする南宋は、財政的にも有力な海外交易に目を向けるようになった。政府は、南宋になって早々に紹興三年に交易品、輸入品の見直しを行っている。輸入品（舶貨）の中で、政府が必要とするものは市舶司から政府に送り（起発）、特に欲しい物品は市場に出ているものも、政府が買い上げた（博買）。しかし一方で、政府（宮廷）に送る（起発）舶貨を限定しないと運送費ばかりが、かさむこと、また不必要な起発品が多くなると無駄になることから、舶貨の見直しが行なわれた。つまり起発品（都に送るもの）と変売品（地元で税を課して、民間に売り出すもの）に分けた。この二つに分類した品目が紹興三年、紹興十一年の資料に記載されているものである。物品の名前が記されているだけで、その数量、性質、生産地は記されてない。多数の品目、当時の輸入品全般であるが、特に西アジアの特産品等が多く見られることは、当時北方との争いがあったため、遼や金国や高麗などとの交流が制限されていたことによるのであろう。『宋会要』市舶紹興三年（一一三三）十二月十

七日の条に、舶貨の起発について次のようにある。

高宗紹興三年十二月十七日

戸部言「勘会三路市舶除依条抽解外、蕃商販到乳香一色及牛皮、筋、角、堪造軍器之物、自当尽行博買。其余物貨、若不権宜立定所起発窠名、窃慮枉費脚乗。欲令三路市舶司、将今来立定名色計置起発」。

戸部の言に「調べてみるに、三路市舶では条令によって抽解するのほか、蕃商が販売した乳香一種と軍器を造るに堪えられる牛皮、筋、角はすべて博買（官の買い上げ）にする。その他の物資については、もし適宜に処置し起発の品目の名前を定めておかないと、運送費ばかりが多くなり無駄である。そこで三路の市舶司に命じて、品目名を定め、起発を数え計かるようにしてほしい」とあり、起発の品目名が約一三二記載されている。

起発で特徴的なのは、乳香と武器を作る材料として牛皮、筋、角であることに注目したい。政府が必要としたものである。そのため、起発で都に送るものの外に、抽解（関税、約一割）を取った後、蕃商が乳香や牛皮等を販売していたら、それをすべて買い上げ（博買）よ、と命じている。牛皮等は武器に使用するので必要不可欠なものであった。『宋会要』食貨五二皮角場庫としての項目がある。しかし乳香の使用については記載がない。何に使用されたのであろうか。本条の少し前の紹興三年七月一日の条に「広南東路提挙市舶官は、今後祖宗を守れ。旧制では中国で有用の物、乳香・薬物や民間で使用している香貨のようなものは、すべて博買せよ。その中でも乳香の一種は客算（ここでは利益が多いこと）がもっとも広い。市舶官は（蕃商を）招誘し、博買せよ。……成績が良いものには、賞を授け、蕃商が来ない場合には、市舶官が悪いとする（要約）」とあるように、乳香に対する政府の切望は大きかった。乳香は他の香料と比べて、特別扱いをしているが、何にどの様に使われたか、あまり明白ではない（三節「乳香考」参照）。本条では続けて、乳香と牛皮以外の起発の項目を決めておかないと運送費ばかりが多くなるという。そこで以下に起発（都に送納すべきもの）の品目と変売（本処で変売するもの）の品目を記す。

下項名件

起發

金、銀、真珠、玉乳香、牛皮筋角、象牙、犀、脳子、麝香、沈香、上中次箋香、檀香、烏文木、鵬砂、朱砂、木香、人参、丁香、琉璃、珊瑚、蘇合油、白荳蔲、牛黄、膃肭臍、龍涎香、藤黄、血碣、蓽澄茄、安息香、縮砂、降真香、肉荳蔲、訶子、舶上茴香、茯苓、菩薩香、鹿茸、黒附子、油脳、蓯蓉、琥珀、上等螺犀、中等螺犀、下等螺犀、水銀、上等薬犀、中等薬犀、下等薬犀、鹿速香、赤倉脳、米脳、脳泥、木扎脳、夾雑銀、石碌、白附子、銅器、銀朱（朱、原文は未解読、補編、文庫本は朱。粤海関志は硃）、茾子、南蕃蘇木、高州蘇木、随風子、青木香、乾薑、川芎、紅花、雄黄、川椒、石鍾乳、硫（原文は瑠、粤海関志も瑠。補編、文庫本では硫）黄、白木、夾雑黄熟香頭、上等生香、茴香、烏牛角、白牛角（原文なし、補編、文庫本に白牛角とある）、沙魚皮、上等鹿皮、魚膠、海南蘇木、熟速香、画黄、亀、鼊皮、魚鰾、椰心簟、蕃小花狭簟、菱牙簟、蕃顕布、海南碁盤布、海南吉貝布、海南青花碁盤被（原文は皮、補編、文庫本では被。後も同じ）単、下色餅香、海南白布、海南白布被（同上）単、揀香、上色餅乳香、中色餅香、次下色餅香、上色袋香、中色袋香、下色袋香、乳香、塌香、黒塌香、水湿黒塌香、青碁盤布紬、生速香、斫削揀選低下水湿黒塌香、黄蠟、松子、榛子、夾煎黄熟香頭、白蕪荑、山茱萸、茅朮、防風、杏仁、五苓脂、黄耆、土牛膝、毛絶布、高麗小布、占城速香、生熟（原文は孰、補編、文庫本は熟、これに依る）香、夾煎香、上黄熟香、中黄熟香、下箋香、石斛

以上が起発であり、一三〇品目を数える。前述したが政府は乳香と武器に使う牛皮筋角（牛皮、筋、角と三品目にすることもできるが、一品目とした）を望んだ。この二種類を起発の項目から抽出すると次のようである。

武器は「牛皮、筋角」

乳香は「玉乳香（?）、下色餅香、楝香、上色餅乳香、中色餅香、次下色餅香、上色袋香、中色袋香、下色袋香、乳香、塌香、黒塌香、水湿黒塌香、斫削揀選低下水湿黒塌香」とあり、玉乳香は不明であるが十四種に分けている。これまで乳香は一語であったが、濃度、採取方法、形、などにより、何種類にも分別され、『諸蕃志』の乳香では十三等級に分別されている。このように、一つの乳香を十種以上に分別することは、それだけの供給と需要があったからである。また細かく分類しただけ、値段も違うし、利益もあったからであろう。

次に変売を見てみる。

変売

薔薇水、御碌香、蘆薈、阿魏、華撥、史君子、荳蔻花、肉桂、桂花、指環脳、丁香、母扶律膏、大風油、加路香、火丹子、紫藤香、篤芹子、荳蔻、黒篤耨、亀童、没薬、天南星、青桂頭、秦皮、橘皮、鱉甲、蒔蘿、官桂、楡甘子、益智、高良薑、甲香、天竺黄、草荳蔻、藿香、紅豆、草菓、大腹子肉、破故紙、苓苓香、蓬莪朮、木鼈子、石決明、木蘭皮、丁香皮殻、荳蔻、烏薬、柳桂、桂皮、檀香皮、薑黄、相思子、蒼朮、青椿香、幽香、桂心、大片香、薑黄熟纏末（?）、潮脳、三頼子、亀頭、枝実、密木、檀香、纏丁香、枝白膠香、椿香頭、鶏骨香、亀同香、白芷、亜湿香、木蘭茸、烏黒香、麤熟香、下等丁香、下等冒頭香、下等麤香頭、下等青桂、片香、麝香、木蕃、檳榔肉、連皮、檳榔旧香連皮、大腹（原文は復、補編、文庫本は腹、これに依る）、麤熟香頭、海桐皮、松搭子、犀蹄、土半夏（?）、常山、蕤仁、遠志、暫香、下速香、下黄熟香。

とあり九十六品目を数える。品目に下等という文字が目立つ。やはり起発は高級品で宮廷に、変売は地元で売るからであろう。起発一三〇品目と変売九十六品目を合わせた品目は、二二六品目となる。起発と変売の割合は起発が一三〇品目で全体の五八％、変売は九六品目で四二％である。起発が圧倒的に多い。それでも、運送費がかさむという条件を付け、起発を減らした結果である。品目の数え方は、資料の句点の切り方により、不明な品目などがいくつかある。したがって品目の数は概数であり、その傾向を表すものである。以下これから述べることもその傾向である。

紹興三年の起発が多いのは、南宋になって年月も経っておらず都（この時点では杭州に決まってない）に物品が不足していたからか、高級品であるゆえに、当然都に入るものだと考えていたのであろう。一方、変売は下級の物が多い。例えば、黄熟香の場合、上、中黄熟香は起発、下黄熟香は変売となっている。変売は下級なため、安い値段で民間に流れていったのであろう。

紹興三年の起発は一三〇品目と述べたが、そのうち北宋の品目にないものは、烏牛角、牛黄、膃肭臍など多く、新しい物品は一一七にも上る。一方の変売の方は九六品目のうち、薔薇水、大風油など高価と思える八〇品目が新しい物品として参入している。全体（起発と変売）で二二六品目のうち、新しく入ったものが、一九七品目である。南宋になって、殆どがこれまでとは違う品目が入ってきていることに注目したい。これは需要が多くなってきたこと、交易量の増加を表すものであり、内外の商人たちの活躍が紹興三年には著しく見られることが考えられる。表1「宋代南海交易品の年代別、起発と変売」を参照。

表1　宋代南海交易品の年代別、起発と変売

年代	起発	変売	変売	変売	合計
太平興国七年	禁榷　一〇	放薬　三六			四六
紹興三年	起発　一三〇 （内、新物）一一七	変売　九六 （内、新物品）八〇			合計　二二六 （内、新物）一九七

紹興十一年	起発　六〇 （品目の記載なし） 表より算出	変売（細）七五 （内新物品）二七	変売（粗色）一二一 （内、新物品）七二	変売（粗重）一四九 （内、新物品）一〇七	合計　四〇五 （内、物品）二〇六

（2）紹興十一年（一一四一）の輸入品――起発と変売（細色、粗色、粗重）――

紹興三年の舶貨（輸入品）は、国内に入ると、都に行くもの（起発）と地元で売られるもの（変売）とに分別され、その品目について見てきた。次に、その八年後の紹興十一年の舶貨（輸入品）について、政府の舶貨に対する政策の変化もあり、物品の分類が見直されている。つまり紹興三年の分類と異なり、紹興十一年では記録上では、起発の項目はなく、品目が細色、粗色、粗重の三項目に分かれて、品目が羅列されている。これは変売の分類で、起発ではない。起発の品目については、一つも記されていない。しかし紹興十一年にも起発の物品は、あったはずである。このことについては、複雑なので後に述べる。先に変売について見てみたい。変売の項目が三つに増え、品目の数も急激に多くなっている。それは何を示すのであろうか、その点についても考えてみたい。

(ア)　紹興十一年の変売

『宋会要』市舶の紹興十一年（一一四一）十一月には次の様にある。

戸部言、「重行裁定市舶香薬名色、仰依合起発名件、須管依限起発前来。所是本処変売物貨、除将自来条格内該載合充循環本銭外、其余遵依已降指揮計置起発施行、不管違戻、合赴行在送納。可以出売物色。細色……粗色……」

……

戸部が言うには、「市舶の香薬の種目を再び裁定した。起発の物貨（品目の記述なし）は、期間内に起発せよ。本処で変売する物貨は、規定に従って本銭（資本金）に充てる以外のものは、すでに降された指揮によって、起発（ここでは都に送る価銭の事。変売した代価のうち、資本金を差し引いた価銭）を施行する。都に送納（変売した代価）せよ。物貨を出売（変売）してもよい品目は細色の舶貨の品目……粗色の……品目……粗重の品目……」と続く。変売の物品の品名が、細色、粗色、粗重毎に記す。その数は、四～五百にも及ぶ。以下に資料に従ってその品目を記す。そこに、紹興十一年という何らかの交易に対する傾向、南海貿易の特徴を見ていきたい。

細色

呵子、中箋香、没薬、破故紙、丁香、木香、茴香、茯苓、玳瑁、鵬砂、蒔蘿、紫礦、瑪瑙、水銀、天竺黄、末硃砂、人参、鼊皮、銀子、下箋香、芹（文庫本は芥）子、銅器、銀朱（原文は珠、補編、文庫本は朱、銀朱と銀珠とは意味が異なる）、熟速香、帯梗（原文は根、補編、文庫本は梗、これに依る）丁香、桔梗、沢瀉、茯神、金箔（箔は原文無し、補編、文庫本は箔）、舶上茴香、中熟速香、玉乳香、麝香、夾雑金、夾雑銀、沈香、上箋香、次箋香、鹿茸、珊瑚、蘇合油、牛黄、血蠍、膃肭臍、龍涎香、蓽澄茄、安息香、琥珀、雄黄、鍾乳石、薔薇水、蘆薈、阿魏、黒篤耨、鱉甲篤耨香、皮篤耨香、没石子、雌黄、鶏舌香、香螺奄、葫蘆芭、翡翠、金顔香、画黄、白荳蔲、龍脳。有九等：熟脳、梅花脳、米脳、白蒼脳、油脳、赤蒼脳、脳泥、鹿速脳、木扎脳。七五品目（龍脳の中は、九等にわかれるが、龍脳も九等の品目もすべて数え、一〇品目とした）。

粗色

胡椒、檀香、夾箋香、黄蠟、黄熟香、吉貝布、襪面布、香米、縮砂、乾薑、蓬莪朮、生香、断白香、藿香、蓽撥、益智、木鼈子、降真香、桂皮、木綿、史君子、肉荳蔲、檳榔、青橘皮、小布、大布、白錫、甘草、荊三稜、

砕箋香、防風、蒟醬、次黄熟香、烏里香、茯苓香（原文になく欄外に追加として苓上香とある。補編、文庫本に茯苓香とある。これに依る）中黄熟香、冒頭香、三頼子、青苧布、下生香、丁香、海桐皮、蕃青班布、蕃班布（蕃班布、原文に無し。補編、文庫本により追加する）下等冒頭香、下等烏（烏は原文には五とある。補編、文庫本には烏とあるのでこれに依る）里香、苓牙簟（簟は、補編、文庫本に箋とある）、修割香、中生香、白附子、白熟布、白細布、山桂皮、暫香、帯枝檀香、鉛土、茴香、烏香、牛歯香、半夏、芎䓖布、石碌、紫藤香、官桂、桂花、花藤、粗香、紅荳、高良薑、藤黄、黄熟香頭、釵藤、黄熟香、片螺頭、斬（斬は補編、文庫抄本に漸とある？検討事項）剉香、生香、片水藤皮、蒼朮、紅花、片藤、瑠琉水盤頭、赤魚鰾、香纏、小片水盤頭、杏仁、紅橘皮、二香、大片香、糖霜、天南星、松子、粗小布、大片水盤香、中水盤香、獐脳、青桂香、斧口香、白苧布、鞋面布、丁香皮、草菓、生苧布、土檀香、青花蕃布、蓯蓉、螺犀、隨風子、紬丁、海母、亀同、亜湿香、菩提子、鹿角、蛤蚧、洗銀珠、花梨木、瑠璃珠、椰心簟、犀蹄、蕃糖、師子綏、枝實。一二一項目（原文にないものも補編、文庫本で補った）

粗重

窊木、大蘇木、小蘇木、硫磺、白藤棒、修截香、青桂頭香、蕃蘇木、次下（次下は原文に無し。補編、文庫本にて補う）蘇木、海南蘇木（海南蘇木、原文に無し、補編、文庫本にて補う）、鑊鉄、白藤、粗鉄、水藤坯子、大腹子、薑黄、麝香、木跳子、鶏骨香、大腹、檀香皮、把麻、倭板、倭枋板頭、薄板、板掘、短枝（枝は原文は板、補編、文庫本は枝、この項の末尾に短板肩がある）肩、椰子長薄板合簟、火丹子、蛙蛄、乾倭合山、枝子、白檀木、黄丹、麝檀木、苧麻、蘇木、稍靸、相思子、倭梨木、榼藤子、滑皮、松香、螺殼、連皮、大腹、吉貝花布、吉貝紗、瓊枝菜、砂黄、粗生香、硫（前に同じ。原文は琉）黄、泥黄、木柱、短小零板杉（杉は文庫本は松、補編は杉）枋、厚板松枋、海松板木枋、厚板令赤藤厚枋、海松枋、長小零板板頭、松花小螺殼、粗黒小布、杉板狭小枋、令団合雑木柱、枝条蘇木、水藤篋、三抄香団、鉄脚珠、蘇木脚、生羊梗、黄糸火枕煎盤、黒附子、油脳、薬犀、青木香、白朮、蕃小花狭簟、海南白布単、青蕃碁盤小布、白蕪荑、山茱萸、茅朮、五苓脂、黄耆、毛施布、生熟香、石斛、大風油、秦皮、草荳蔲、烏薬香、白芷、木蘭茸、蒺仁、遠志、海螺皮、生薑、黄芩、龍骨草、枕頭土、琥珀、冷餅、密木、白眼香、[illegible]香、鐵熨斗、土鍋、荳蔲花、砂魚皮、拍還脳、香栢皮、黄漆、滑石、蔓荊子、金毛狗脊、五加皮、楡甘子、菖蒲、土牛膝、甲香、加路香、石花菜、粗糸蛋頭、大佃香、五倍子（子は原文に無し。補編、文庫本にて補う）、細辛、韶脳、旧香、御碌香、大風子、檀香皮、纏香皮、纏末、大食芎崙梅、薫陸香、召亭枝、亀頭犀香、荳根、白脳香、生香片、舶上蘇木、水盤頭幽香、蕃頭布、海南碁盤布、海南青花布被（被は原文では皮、補編、文庫本で補う）単、長木、長倭条、短倭条（短倭条は原文に無し。補編、文庫本で補う）短板肩。

一四九品目（原文にない品目も補編、文庫本で補った）

とある。文字の校訂は、補編は『宋会要輯稿補編』、文庫本は東洋文庫蔵の藤田豊八氏の『宋会要』食貨三八市舶のものである。この藤田豊八の書写については（第五章参照）活字にした。その際に、藤田本と補編と職官四四市舶との文字の異同などを調べた。

以上の品目の統計をとると次のようである。

①細色（小さいもので高級品）	七五品	全体の　二二％	（内二八品が新品目）
②粗色（粗雑で大きいもの）	一二一品	全体の　三五％	（内七二品が新品目）
③粗重（粗くて重いもの）	一四九品	全体の　四三％	（内一〇六品が新品目）
合計三四五品		計一〇〇％	（内二〇六品が新品目）

変売の合計は三四五品目（品目名の切り方で、数が異なるため正確さを欠くが、その傾向を見ていきたい）。三種類の割合

を見ると細色が約二〇%で、粗色、粗重で八〇%を占めている。

細色が七五品目で二二%、そのうち、二八品目が紹興三年には入っていない新しい品目である。

粗色が一二一品目で全体の三五%、その中で紹興三年に入っていない新しい品目が七二品あり、これを新しい品目とした。

粗重が一四九品目で四三%、この内、一〇六品目が紹興三年に入っていない品目でこれを新しい品目とした。

全体の合計が三四五品目に対して、新しく加わった品目は、二〇六品目にも上り、全体の六〇%を占める。新しい品目は表2「宋代南海交易品の分析」の中で、紹興十一年の細色の項目を見ると、北宋と紹興三年にも入ってない項目を取り出すと、それが、新しい品目である。今、細色、粗色、粗重の各々に、新しく入った品目を以下に記す。粗色と粗重の大部分は、新しい品目である。どのような性質のものかは、表2の備考参照。

細色　新しい品目　二八品目（七五中）……紹興三年の変売に入っていないものを摘出

呵子、中箋香、末硃砂、銀子、芹（文庫本は芥）子（味が異なる）、熟速香、帯梗（原文は根、補編、文庫本は梗、これに依る）丁香、桔梗、沢瀉、茯神、金箔（箔は原文無し、補編、文庫本は箔）、夾雑金、上箋香、次箋香、血蠍、鱉甲篤耨香、皮篤耨香、没石子、雌黄、鶏舌香、香螺奄、翡翠、金顔香、熟脳、梅花脳、白蒼脳、赤蒼脳、鹿速脳、

粗色　新しい品目七二、（一二一中）……紹興三年の変売に入ってないものを摘出

夾箋香、吉貝布、襪面布、香米、断白香、木綿、青橘皮、小布、大布、白錫、甘草、荊三稜、砕箋香、蒟醤、次黄熟香、烏里香、冒頭香、青苧布、下生香、蕃青班布、下等烏（烏は原文には五とある。補編、文庫本には烏とあるのでこれに依る）里香、苓牙簟（簟は、補編、文庫本に箋とある）、修割香、中生香、白熟布、白細布、山桂皮、帯枝

檀香、鉛土、烏香、牛歯香、芎藭布、花藤、粗香、黄熟香頭、釵藤、片螺頭、斬（斬は補編、文庫抄本本に漸とある）剉香、生香、片水藤皮、片藤、瑠琉水盤頭、赤魚鰾、香纏、小片水盤頭、紅橘皮、二香、糖霜、粗小布、大片水盤香、中水盤香、獐脳、青桂香、斧口香、白苧布、鞋面布、生苧布、土檀香、青花蕃布、螺犀、紬丁、海母、亀同、菩提子、鹿角、蛤蚧、洗銀珠、花梨木、瑠璃珠、犀蹄、蕃糖、師子綏、

粗重　新しい品目一〇六（一四九中）……紹興三年に入ってないものを摘出

窊木、大蘇木、小蘇木、白藤棒、修截香、青桂頭香、蕃蘇木、次下（次下は原文に無し。補編、文庫本にて補う）蘇木、鑊鉄、白藤、粗鉄、水藤坯子、木跳子、把麻、倭板、倭枋板頭、薄板、板掘、椰子長薄板合簟、蛙蛄、乾倭合山、枝子、白檀木、黄丹、麝檀木、苧麻、蘇木、稍靸、倭梨木、榼藤子、滑皮、松香、螺殻、吉貝花布、吉貝紗、瓊枝菜、砂黄、粗生香、泥黄、木柱、短小零板杉（杉は文庫本は松、補編は杉）枋、厚板松枋、海松板木枋、厚板令赤藤厚枋、海松枋、長小零板板頭、松花小螺殻、粗黒小布、杉板狭小枋、令団合雑木柱、枝条蘇木、水藤篾、三抄香団、鉄脚珠、蘇木脚、生羊梗、黄糸火杴煎盤、薬犀、白朮、海南白布単、青蕃碁盤小布、毛施布、烏薬香、海螺皮、生薑、黄芩、龍骨草、枕頭土、冷餅、白眼香、鬱香、鐵熨斗、土鍋、拍還脳、香栢皮、黄漆、滑石、蔓荊子、金毛狗脊、五加皮、菖蒲、石花菜、粗糸蠒頭、大価香、五倍子（子は原文に無し。補編、文庫本にて補う）、細辛、韶脳、旧香、大風子、纏香皮、纏末、大食芎崙梅、薫陸香、召亭枝、亀頭犀香、荳根、白脳香、生香片、舶上蘇木、水盤頭幽香、蕃頭布、海南碁盤布、海南青花布被（被は原文では皮、補編、文庫本で補う）単、長木、短倭条（短倭条は原文に無し。補編、文庫本で補う）、短板肩

これらを紹興三年と比べると、六割はこれまでにない新しい品目であったことがわかる。紹興三年から十一年、わずか八年足らずで、変売の品目二〇〇以上のものが、新しい品目である。変売は、市舶司のあるところ、広州、泉州、

両浙などで、抽解（関税）を取って、売買する。その変売の数が多くなっていることは、明確に、取引の交易品が多いことを証明するものである。紹興年間には、南海を中心とする海外貿易の発展があったといわれていることにも繋がるものである。

なぜ舶貨を細色、粗色、粗重と区分したのであろうか。紹興六年に細色、粗色の舶貨の税率を定めていることについては、『宋会要』市舶の紹興六年十二月二十九日の条によると

舶貨の抽解率が細色の物は、法に依り十分の一分を抽解し、その余りの粗色はすべて、十五分の一分を抽解する。

とあり、舶貨を細色と粗色とに分けて税率も細色十分の一（一〇％）と粗色十五分の一（七％）とした。当然ながら高級な細色の方が粗色より税率が高い。細色と粗色についていては、南宋末の『宝慶四明志』巻六郡志六敍賦下の市舶に、品目が国別に記されており、その抽分率は、細色は「五分抽一分」、粗色は「七分半抽一分」とあり、宝慶年間（一二二五～二七）の方が税率が高い。つまり細税率は細色が二〇％、粗色が一三％である。『宝慶四明志』には、このほかに輸入品目（細、粗）も多く記されている。(2)税率についても詳細な記述があるので、合わせて稿を改めて検討していく。抽解について北宋の朱彧『萍洲可談』巻二によると、「細色は一分を抽し、粗色は三分を抽す」とあり、粗色が三〇％で、細色の一〇％より税率が高くなっている。これは記述の間違いだと思われるが、この『萍洲可談』の例が細色、粗色の税率では一般的に論じられているので、検討の余地がある。

これまで見てきたように、紹興十一年の変売の品目の多さと、細色、粗色、粗重に分け税率も一〇％、七％、多分それ以下の粗重があり、その税率をかけた（抽解）後に、商人や一般人に売られていった。その数は、変売の数三五〇にも及び、多くの舶貨が民間に流通されていった。一方、政府では変売の品目に、抽解（関税）をかけるのであるから、品目が多いほど、買い手が多いほど、収入は増加する。『宋会要』市舶、紹興二十九年九月二日の条に、皇帝

の市舶司の歳入はどのくらいか、との問に対して張闡は「抽解と和買で年に約二百万緡」と答えて皇帝を喜ばしたとある。この数字は当時の国家収入の三十分の一に相当した。その市舶の収入源は、抽解と和買（官に依る強制買上げ）であり、紹興十一年に見られる数の多い変売による抽解が功を奏したのであろう。和買は、政府が商人等から安く買い上げることを指し、それによって政府は利益をもたらしたのである。その合計が二百万貫という。変売の品目の多さと抽解による市舶の利益の多さとは、関係が深いことが理解される。当時、蕃商、中国商人たちは競って海外の品物を中国に運んできたのであろう。中国側は何でも受け入れたに違いない。世界で有数なものも、中国に持参すれば何でも買ってくれるということから高価なもの、珍しいものなども集積された。高価なものだけでなく、安価なものも、やはり中国に持っていけば売りさばくことが出来る。それを中国の専門の胥吏たちは素早く分別、分類していったのであろう。宋代の文化は庶民文化と言われる。その要素の一つとして、海外から来る交易品を消化し、高い文化を創り出していった。その担い手は庶民たちであるから、宋代のレベルの高い文化の原動力の一端は珍しい交易品にもあったのではないだろうか。北宋時代を描いた有名な「清明上河図」がある。その第二三・二四図に大通りの商店、そこに集まる生き生きとした庶民の様子が描かれている。その中に香の店の看板があり中に香を焚く容器と香が置かれており、軒下には亀（玳瑁）かスッポンを吊している。他の香薬なども乾燥させているのであろう、吊るしている様子が鮮明に描かれている。この香舗は南海交易品も売買していたのであろう。こんなところにも庶民生活と香とのかかわりをみることができる。

(イ)　紹興十一年の起発

これまで紹興十一年の変売について見てきたが、前述した如く資料には起発の品目については、何も記されてない。

清明上河図 第23・24図（大通りに面した香舗）

『宋会要』市舶の紹興十一年（一一四一）十一月に、戸部の言に「市舶の香薬の種目を再び裁定した。起発の物貨は、期間内に送る」とあるだけである。しかし、その起発の品目は記されてない。資料がないので正確な起発の品目は把握できないが、次のような方法で起発の品目を取り出してみる。表2「宋代南海貿易品の分析」の中に、紹興三年の起発の品目がある。この起発の品目の中で、紹興十一年に変売に移行した品目がある。一方、変売に移行しなかった品目もある。この移行しなかった品目が紹興十一年の起発として大過ないと考える。いま紹興三年の起発一三〇品目のうち、紹興十一年に変売に移行したもの、七十品目を除き、残った品目六〇が、起発の品目となる（表2、紹興十一年起発参照）。ただし、変売で見てきたように、これまでなかった新しい品目も必ずあるはずであるが、この資料からは出てこない。起発は六十品目プラスαとなる。

さて、紹興三年から取りだした起発の品目は以下の如くである。これをみると一つの特色が見られる。紹興三年の起発の条項に記されていた乳香と武器になる牛皮、筋角は、起発に入っている。これらは変売には移行されなかったし、朝廷が必要とするものは六、七年で変わるものではない。以下、同類でまとめると次の様である。

紹興十一年　起発の品目の推定

（乳香）乳香、楝香、上色缾乳香、中色缾香、次下色缾香、下色缾香、上色袋香、中色袋香、下色袋香、塌香、黒塌香、水湿黒塌香、斫削揀選低下水湿黒塌香

（犀）上等薬犀、中等薬犀、下等薬犀、上等螺犀、中等螺犀、下等螺犀

（牛、動物）牛皮筋角、烏牛角、白牛角、上等鹿皮、魚膠、亀、魚鰾

（布）蕃顕布、海南碁盤布、海南吉貝布、海南青花碁盤被単、海南白布、海南白布被単、毛絶布、高麗小布、青碁盤布紬、

（装飾、金属）金、銀、真珠、象牙、朱砂、瑠璃、血碣

（香、木）菩薩香、鹿速香、赤倉脳、占城速香、夾煎香、上黄熟香、生速香、上等生香、夾煎黄熟香頭、脳子（龍脳）、榛子、南蕃蘇木、高州蘇木、川芎、川椒、白木、菱牙簟、苛子、烏文木

起発六一品目の特色は、乳香と武器になる牛皮筋角。乳香は上級から下級の十三等まですべて起発の対象になっている。それと金、銀、布、香、魚などの高級品である。しかし、数の面からみると、紹興三年の起発品は一三〇品目もあったのが、紹興十一年には六十品目と減少し、紹興三年の半分以下である。なぜこの様に激減してしまったのであろうか。『宋会要』市舶の紹興八年七月十六日の条に、起発に対する政府の方針が変わったこと、それに伴い起発の品目の見直しが行われていることが記されている。

臣寮言う「広南、福建、両浙市舶司、抽買到る市舶の香薬物貨は紹興六年四月九日の朝旨に依りて合に起撥すべき本色幷びに本処に令して一面価銭に変転し、行在に赴きて送納せしむるの名件を立定す。合に起撥すべきの

内、尚お民間用の稀少等の名色有るに縁り、若し起撥を行えば、窃かに慮るに脚乗を枉費し、官銭を虧損するに及ばん」と。詔す「逐路市舶司に令して抽買到る和剤局の用無きもの、幷びに臨安府にて民間の稀少物貨の如きは、更めて本色を起撥せず。一面、価銭に変転し、行在の庫務に赴きて送納せよ。内、広南、福建路は仍お軽齎に起こせ」と。

とあり、「紹興六年四月九日の朝旨によって、起発するものと、変売するものを決めた。起発の内、民間で使用しないものを起発すると交通費の無駄になり官銭も虧損する。これまで抽買していた和剤局（太府寺所轄の薬局で、薬を調合して売る）で使用しないもの、また臨安府で民間の使用のないものは都に運ばなくてよい。一方変売した価銭は送納せよ。広南、福建は都から遠いので軽齎（金、銀、絹など、軽貨）に代えて（売上金）を送れ」というのである。つまり紹興三年のときには、何でも起発せよという方針であったが、紹興六年には品目の見直しがあり、都の薬局で不必要なもの、民間で使用しない高級品などは、起発の対象から外され、変売の方に移行せよということになったのである。紹興八年の事である。このような背景の中で、紹興十一年の起発品を見ると、三年の起発より、少なく半分以下になっているのは当然でもあるが、都で必要なもの、乳香、牛皮、薬剤その他真珠など装飾品などは、起発している。一方、起発以外の変売品については、地元で売り、その代金は行在（この場合は臨安の都）に送れと指示しているのは、紹興八年に都が臨安府に決まったからでもある。

起発から変売への移行の一要因として、都での経済の緊迫とそれに伴う南海交易品の贅沢の禁止がさけばれたこともある。一例をあげると、南宋はじめ、市舶司は無用の物ばかりを扱い、国用の枉費であるとして市舶司を廃止し、転運司に帰属させた（『宋会要』市舶、建炎元年六月十三日、十四日）。また紹興八年にはインドのキーロンから朝貢が来たが、張守が問題ありとしてこの朝貢をやめるようにと上奏している。それは朝貢品が贅沢品ばかりで、無用であるうえに、相手国へのお返し品（返礼品）が何倍も多くて、献上品が少ないため、中国では割に合わない、という。張守『毘陵集』巻二「大食故臨国の進奉を論ずる箚子」に詳しい（第四章「南宋来航のアラブ人蒲亜里の活躍」を参照）。このような贅沢品に対する見直しもあり、起発の制限が行われたのであろう。そのほかに前述した如く、都で使わない物、都の薬局で使わないものは、起発から除いたとある。どのような物品が取り除かれたのであろうか。起発品から変売への移行であるが、これは、変売の中でも高級品つまり細色の中に入ったものと考える。すると紹興三年の起発から紹興十一年に変売の細色に移行したものを掲げると次のようである。ほぼこのようなものが移行したと考えられる。

丁香、木香、茴香、茯苓、鵬砂、水銀、鼊皮、下箋香、銅器、銀朱、船上茴香、玉乳香、麝香、夾雑銀、沈香、鹿茸、珊瑚、蘇合油、牛黄、膃肭臍、龍涎香、蓽澄茄、安息香、琥珀、雄黄、画黄、白荳蔲、米脳、油脳、脳泥、木扎脳。

龍脳の類、沈香、水銀、龍涎香、香薬などの三十一品目が取り出されるが、皆、かなりの高級品である。それが変売の細色となり、民間に売り出されたのである。起発品の減少のひとつとして、必要なものは起発しても、都で売買できず、倉で余剰現象となり、持て余すより財政難の折、変売に回して抽解を取り、一般庶民に売買した方が政府にとって利益があったのであろう。

紹興三年の起発と変売、そして紹興十一年の起発と変売の品目の数を示せば、次の様になる。

紹興三年	起発	一三〇品目	変売	九六品目	合計	二二六品目
紹興十一年	起発	六〇品目	変売	三四五品目	合計	四〇五品目

（細色七五、粗色一二一、粗重一四九）

品目数から見ると紹興十一年は、起発について見ると、紹興三年の起発の半分以下であり、一方の変売は、紹興三年と比べると、逆に四倍になる。全体の品目数は、紹興三年と比べて二倍に増加しているが、変売が四倍というのは、紹興十一年の変売が三四五品目と非常に多く増加している結果である。これは紹興八年の起発の見直しが行われた結果、変売に移行されたことと海外交易の盛況の結果である。

では、紹興十一年に新しく加わった品目はどのような品目であろうか。それを摘出するために紹興十一年の品目の中で北宋年間と紹興三年に品目がないもの、これまでに見当たらなかった品目を取り出してみると、約二〇五品目になる。これが、紹興十一年に新しく加わったものと考えてよい。その特徴は、多岐に渉るが、まず、材木が圧倒的に多い。これは日本からのものである。紹興十一年までは材木は品目に上らなかった。また香でも、本来なら龍脳一種であるがその中を密度により名称を変えて品目を増やしている。また新しい香薬を増やしていることもある。その中にはけして高級なものでなく、上、中、下、根、水盤香（自然に枯渇した香木）など日常品を作る木、多種の布、生苧布、木綿、鞋面布（鞋用の布か）、更に桔梗（利尿）、蒟醬（香辛料）などもあらたに加わり、鉛土（書写、顔料）、蕃糖（砂糖）など多くある。これらの品目は多くの人々の需要が高いから、供給されるのである。これらは変売品として、市場に流通されるのであるから、安価なものは庶民の手に入り、漢方薬、工芸、香薬として、三五〇品目ものが民間に流れて行ったことは、注目に値する。変売として、大量の舶貨が商人たちの手に委ねられることは、商人によってそれだけ市場に流れることである。舶来品が民間に流れることは上流社会だけでなく、庶民の手により民間の文化が高められていくことになる。宋代は庶民文化が発達した時代といわれているが、舶貨の流用も文化の発達の一つと考えられる。一方、起発が少なくなった原因として、乳香など必要なものは宮廷に送るが、多く起発しても、都で売買できず、庫で余剰現象になるより、財政難の折、変売してその売上げ高を都に送納してもらった方が政府にとって有利であったに違いない。

表2「宋代南海交易品の分析——起発と変売——」

この表は、『宋会要』市舶に記載されている舶貨を抽出して、その項目を五十音順に並べたものである。太平興国七年、紹興三年、紹興十一年にこれらの舶貨がどの区画にはいっているかを示したものである。

表3「宋代南海交易品の説明」は表2の項目に、和名、学名、科名　説明、本草綱目などの出典を記したものである。次節一六五—二〇一頁参照。

註

(1) 藤田豊八「宋代の市舶司及び市舶条例」『東西交渉史の研究』南海編、岡書院、一九三二年。
林天蔚『宋代香薬貿易史稿』中国学社、一九六〇年。

山田憲太郎『東亜香料史研究』中央公論美術出版、一九七六年。

山田憲太郎『南海香薬譜——スパイス・ルートの研究——』法政大学出版局、一九八二年。

藤善眞澄訳注『諸蕃志』関西大学東西学術研究所訳注シリーズ5、一九九〇年。

韓振華『諸蕃志注補』亜洲研究中心、二〇〇〇年。

黄純艶『宋代海外貿易』社会科学文献出版社、二〇〇三年。

土肥祐子「占城の南宋期乾道三年の朝貢をめぐって——大食人烏師点の訴訟事件と中心に——」『史艸』四六号、二〇〇五年。

土肥祐子「東洋文庫蔵手抄本『宋会要』食貨三八　市舶について」(一)(二)『東洋文庫書報』第四二、二〇一一年、第四六号、二〇一五年。

土肥祐子「宋代の南海交易品について——『宋会要』職官四四市舶より——」『南島史学』七九・八〇号、二〇一三年。

(2) 斯波義信氏は物品について、『寶慶四明志』巻六、市舶に細色・粗色の指定があることを紹介している。『宋史食貨志譯註』

（六）互市舶、斯波義信、互市舶四二四頁。

なお元代の地志であるが、『至正四明続志』巻五市舶物貨にも細色、粗色に分けれられている。明州という日本、高麗に近い地の利を生かし特産品を輸入している。参考までに記す（割註は省略）。これらの品目も検討したいと考えている。

『寶慶四明志』巻六市舶

細色　銀子、人参、麝香、紅花、茯苓、蠟

粗色　大布、小布、毛糸布、紬、松子松花、栗、棗肉、榛子、椎子、杏仁、細辛、山茱萸、白附子、蕪夷、甘草、防風、牛膝、白朮、遠志、茯苓、薑黄、香油、紫菜、螺頭、螺鈿、皮角、翎毛、虎皮、漆、青器、銅器、雙瞰刀、蓆、合蕈

日本即倭国地極東

細色　金子、砂金、珠子、薬珠、水銀、鹿茸、茯苓

粗色　硫黄、螺頭、合蕈、松板、杉板、羅板

海南占城西平泉広州船……

細色　麝香、箋香、沈香、丁香、檀香、山西香、龍涎香、降真香、茴香、没薬、胡椒、檳榔、華澄茄、紫礦、畫黄、蠟、鰲魚皮

粗色　暫香、速香、香脂、生香、粗香、黄熟香、雜骨香、斬剉香、青桂頭香、藿香、鞋面香、烏里香、断白香、包袋香、水盤香、紅豆、蓽撥、良薑、益智子、縮砂、蓬莪朮、三頼子、海桐皮、桂皮、大腹皮、丁香皮、桂花、薑黄、黄蘆、木鱉子、茱萸、香柿、礚藤子、瓊萊、相思子、大風油、京皮、石蘭皮、獣皮、苧麻、生苧布、木棉布、吉布、吉貝花、驢鞭、釵藤、白藤、赤藤、藤棒、藤篾、窊木、射木、蘇木、椰子、花梨木、水牛皮、牛角、螺殻、蚜螺、条鉄、生鉄

外化蕃船

細色　銀子、鬼谷珠、珠砂、珊瑚、琥珀、玳瑁、象牙、沈香、箋香、丁香、龍涎香、蘇合香、黄熟香、檀香、阿香、烏里香、金顔香、上生香、天竺香、安息香、木香、亜湿（？）香、速香、乳香、降真香、麝香、加路香、茴香、脳子、木札脳、白篤耨、黒篤耨、薔薇水、白豆蔲、蘆薈、没薬、没石子、檳榔、胡椒、硼砂、阿魏、膃肭臍、藤黄、紫礦、犀角、葫蘆瓢、紅花、蠟

粗色　生香、修割香、香纏札、粗香、暫香、香頭、斬剉香、香脂、雑香、盧甘石、窊木、射木、茶木、蘇木、射檀香、椰子、赤藤、白藤、皮角、鱉皮、絲簟

『至正四明続志』巻五市舶物貨

細色　珊瑚、玉、瑪瑙、水晶、犀角、琥珀、馬価珠、生珠、熟珠、倭金、倭銀、象牙、玳瑁、亀筒、翠毛、南安息、蘇合油、檳榔、血竭、人参、鹿茸、蘆薈、阿魏、烏犀、膃肭臍、丁香、丁香枝、白荳蔲、茇澄茄、没薬、砂仁、木香、細辛、五味子、桂花、訶子、大腹子、茯苓、茯神、舶上茴香、黄芪、松子、榛子、松花、黄熟香、麤熟、黄熟頭、?香、沈香、暫香、箋香、蟲漏香、没斯寧、蟹殻香、蓬莱香、登楼眉香、旧州香、生香、光香、阿香、委香、嘉路香、吉貝花、吉貝布、木棉、三幅布罩、番花棋布、毛駝布、襪布、鞋布、吉貝紗、胡椒、降真香、檀香、糖霜、苓苓香、麝香、脳香、人面乾、紫礦、龍骨、大楓油、沢瀉、黄蠟、八角茴香、金顔香、硃砂、天竺黄、桔梗、麿香、剉香、鵬砂、新羅漆、篤耨香、烏黒香、塔泊香、水盤香、肉荳蔲、水銀、乳香、噴嗟香、龍涎香、梔子花、紅花、龍涎、修割香、硇砂、牛黄、雑骨香、雌黄、樟脳、赤魚鰾、鶴頂、羅紋香、黄緊香、頼核香、黒脳香油、崖布、緑礬、雄黄、軟香、脊蛉皮、三泊、馬鵶香、万安香、交趾香、土花香、化香、羅斛香、高麗青器、高麗銅器、茇撥、沙魚皮、桂皮

粗色　紅豆、殻砂、草荳蔲、倭枋板枰、木鼈子、丁香皮、良薑、蓬朮、海桐皮、滑石、藿香、破故紙、花梨木、射香、抓木、烏木、蘇木、赤藤、白藤、螺頭、鮓鮎、瓊芝菜、倭鉄、苧麻、硫黄、没石子、石斛、草菓、広漆、史君子、益智、香脂、花梨根、椰子、鉛錫、石珠、爐甘石、条鉄、紅柴、螺殻、相思子、荳蔲花、倭条、倭櫓、蘆頭、椰簟、三頼子、蕪荑仁、硫黄泥、五倍子、白朮、銅青、甘松、花蕊石、合蕈、印香、京皮、牛角、桂頭、鑊鉄、丁鉄、銅銭、麂皮、鹿皮、

鹿角、山馬角、牛皮、牛蹄、香肺、焦布、手布、生布、藤棒、椰子殻、生香粒、石決明、桅明、雲白香、真爐、黄丁、断白香、暫脚香、畫黄、杏仁、歴青、松香、磨珠、細削香、条截香

表２　宋代南海交易品の分析――起発と変売――（『宋会要』職官44市舶）

1）品目は、『宋会要』職官44市舶に記載されているものから抽出したものである。
2）品目の番号は、品目を五十音順に並び変えた順番である。
3）横列は1品目が太平興国７、紹興３、11年にどのような区分に分類されたかを示したものである。
横列に何回もでてくることは、その都度、区分が変わったことを示す。
4）備考は品目の性質を理解するために、要約、メモ書きしたものである。詳しくは表３「宋代南海交易品の説明」を参照。
＊起発は品目の記述なし、紹興３年と11年の表より抽出した。

番号	品目	よみ	太平興国７年		紹興３年		紹興11年				
			禁榷	放薬	起発	変売	起発＊	変売細色	変売粗色	変売粗重	備考（表３参照）
1	鞋面布	あいめんふ							紹興11年（粗色）		鞋を作る布か
2	阿魏	あぎ		太平興国7年（放薬）		紹興３年（変売）		紹興11年（細色）			鎮痛剤、解毒、イラン、アフガニスタン
3	蛙蛄	あこ								紹興11年（粗重）	蛙とオタマジャクシ
4	亞濕香	あしつこう				紹興３年（変売）			紹興11年（粗色）		乳香の一種か。
5	安息香	あんそくこう		太平興国7年（放薬）	紹興３年（起発）			紹興11年（細色）			香料の名。安息樹。ペルシャ
6	硫黄（磺）	いおう		太平興国7年（放薬）	紹興３年（起発）					紹興11年（粗重）	鉱物。火薬、腹痛
7	茴香	ういきょう			紹興３年（起発）			紹興11年（細色）	紹興11年（粗色）		多年生草本。黄色の花。薬用、香辛料
8	烏牛角	うぎゅうかく			紹興３年（起発）		紹興11年（起発）				
9	烏香	うこう							紹興11年（粗色）		黒檀か
10	烏黒香	うこくこう				紹興３年（変売）					黒檀か
11	烏文木	うぶんぼく			紹興３年（起発）		紹興11年（起発）				黒檀

12	烏薬	うやく				紹興3年（変売）					樟科、腹痛
13	烏薬香	うやくこう								紹興11年（粗重）	樟科、樟の香、薬用
14	烏里香	うりこう							紹興11年（粗色）		黒檀、黒色緻密、器物
15	烏樠木	うまんぼく		太平興国7年（放薬）							黒檀
16	益智（子）	えきち		太平興国7年（放薬）		紹興3年（変売）			紹興11年（粗色）		華南に産する果実、龍眼。腎臓、腹痛。
17	遠志	えんし				紹興3年（変売）				紹興11年（粗重）	根葉を乾燥、薬用、精神安定剤、頭痛
18	鉛土	えんど							紹興11年（粗色）		鉛。書写に使用。鉛白、鉛粉、薬用
19	膃肭臍	おっとせい			紹興3年（起発）			紹興11年（細色）			オットセイの陰茎、薬用
20	牙	が	太平興国7年禁榷物								象牙
21	海松板木枋	かいしょうばんぼくほう								紹興11年（粗重）	ちょうせんまつの板
22	海松枋	かいしょうほう								紹興11年（粗重）	
23	海桐皮	かいとうひ		太平興国7年（放薬）		紹興3年（変売）			紹興11年（粗色）		海桐は南方に産する刺桐、皮は薬用
24	海南吉貝布	かいなんきつべいふ			紹興3年（起発）		紹興11年（起発）				木綿
25	海南碁盤布	かいなんごばんふ			紹興3年（起発）		紹興11年（起発）				
26	海南青花碁盤被單	かいなんせいかごばんひたん			紹興3年（起発）		紹興11年（起発）				

27	海南青花布	かいなんせいかふ								紹興11年（粗重）	海南産の布か。
28	海南蘇木	かいなんそぼく			紹興３年（起発）					紹興11年（粗重）	赤の染料
29	海南白布	かいなんはくふ			紹興３年（起発）						
30	海南白布單	かいなんはくふたん								紹興11年（粗重）	
31	海南白布被單	かいなんはくふひたん			紹興３年（起発）		紹興11年（起発）				白布の上敷
32	海南碁盤布	かいなんごばんふ								紹興11年（粗重）	
33	海母	かいぼ							紹興11年（粗色）		
34	海螺皮	かいらひ								紹興11年（粗重）	法螺貝、楽器
35	畫黄	かくこう			紹興３年（起発）			紹興11年（細色）			中薬3860藤黄
36	藿香	かくこう				紹興３年（変売）			紹興11年（粗色）		香草
37	鑊鐵	かくてつ								紹興11年（粗重）	鉄の鍋釜
38	下黄熟香	かこうじゅくこう				紹興３年（変売）					沈香の一種
39	訶子	かし		太平興国7年（放薬）	紹興３年（起発）		紹興11年（起発）				使君子科、実、止血剤、咳
40	苛子	かし			紹興３年（起発）		紹興11年（起発）				実はタンニンを含み、渋紙の製造、革のなめしに使用
41	呵子	かし						紹興11年（細色）			訶子

42	下色袋香	かしょくたいこう			紹興3年（起発）		紹興11年（起発）				乳香の一種
43	下色餅香	かしょくへいこう			紹興3年（起発）		紹興11年（起発）				乳香の一種
44	下生香	かせいこう							紹興11年（粗色）		
45	下箋香	かせんこう			紹興3年（起発）			紹興11年（細色）			沈香の一種
46	下速香	かそくこう				紹興3年（変売）					
47	火丹子	かたんし				紹興3年（変売）				紹興11年（粗重）	火丹とは梅毒のこと。これに効く薬か
48	滑石	かつせき								紹興11年（粗重）	硅酸アルミニウムの石、利尿剤、解熱剤
49	滑皮	かつひ								紹興11年（粗重）	
50	花藤	かとう							紹興11年（粗色）		
51	下等五里香	かとうごりこう							紹興11年（粗色）		黒檀か
52	下等青桂	かとうせいけい				紹興3年（変売）					
53	下等粗香頭	かとうそこうとう				紹興3年（変売）					
54	下等丁香	かとうていこう				紹興3年（変売）					
55	下等冒頭香	かとうぼうとうこう				紹興3年（変売）			紹興11年（粗色）		
56	下等薬犀	かとうやくさい			紹興3年（起発）		紹興11年（起発）				犀
57	下等螺犀	かとうらさい			紹興3年（起発）		紹興11年（起発）				犀

58	花梨木	かりぼく							紹興11年（粗色）		カリンか。よいざまし、下痢止め、胸焼。
59	加路香	かろこう				紹興3年（変売）				紹興11年（粗重）	
60	官桂	かんけい				紹興3年（変売）			紹興11年（粗色）		官桂は神桂とも言う最良品。クスノキ科
61	甘草	かんぞう							紹興11年（粗色）		薬草、根を使用
62	龜	き			紹興3年（起発）		紹興11年（起発）				
63	桔梗	ききょう						紹興11年（細色）			根を用いる。胸脇痛、腹痛、蠱毒の治療
64	橘皮	きつひ				紹興3年（変売）					果実の皮、薬用
65	吉貝花布	きつべいかふ								紹興11年（粗重）	柔らかい木綿を機知布という。
66	吉貝紗	きつべいさ								紹興11年（粗重）	木綿
67	吉貝布	きつべいふ							紹興11年（粗色）		
68	龜頭	きとう				紹興3年（変売）					
69	龜頭犀香	きとうさいこう								紹興11年（粗重）	
70	龜童	きどう				紹興3年（変売）					
71	龜同	きどう							紹興11年（粗色）		
72	龜同香	きどうこう				紹興3年（変売）					
73	舊香	きゅうこう								紹興11年（粗重）	

74	芎䓖布	きゅうこふ							紹興11年（粗色）		
75	牛黄	ぎゅうこう			紹興３年（起発）			紹興11年（細色）			牛の胆石。鎮静、強心、解熱、
76	牛齒香	ぎゅうしこう							紹興11年（粗色）		
77	牛皮筋角	ぎゅうひきんかく			紹興３年（起発）		紹興11年（起発）				軍用物資、薬用
78	薑黄	きょうこう				紹興３年（変売）				紹興11年（粗重）	三年の老薑、腹痛、婦人病
79	夾雜金	きょうざつきん						紹興11年（細色）			
80	夾雜銀	きょうざつぎん			紹興３年（起発）			紹興11年（細色）			
81	夾雜黄熟香頭	きょうざつこうじゅくこうとう			紹興３年（起発）		紹興11年（起発）				煎香と黄熟香のこと。頭は樹根のこと。
82	夾煎香	きょうせんこう			紹興３年（起発）		紹興11年（起発）				
83	夾箋香	きょうせんこう							紹興11年（粗色）		
84	夾煎黄熟香頭	きょうせんこうじゅくこうとう			紹興３年（起発）		紹興11年（起発）				
85	杏仁	きょうにん			紹興３年（起発）				紹興11年（粗色）		杏
86	玉乳香	ぎょくにゅうこう			紹興３年（起発）			紹興11年（細色）			
87	魚膠	ぎょこう			紹興３年（起発）		紹興11年（起発）				魚の鰾で製した膠、上質。
88	魚鰾	ぎょひょう			紹興３年（起発）		紹興11年（起発）				魚鰾で膠を作る原料
89	御碌香	ぎょろくこう				紹興３年（変売）				紹興11年（粗重）	

90	金	きん			紹興3年（起発）		紹興11年（起発）				
91	金顔香	きんがんこう						紹興11年（細色）			安息香の一種、樹脂、
92	金箔	きんぱく						紹興11年（細色）			
93	金毛狗脊	きんもうくせき								紹興11年（粗重）	根を使用、腰痛。
94	芹子	きんし						紹興11年（細色）			芥子か。
95	銀	ぎん			紹興3年（起発）		紹興11年（起発）				
96	銀子	ぎんし						紹興11年（細色）			
97	銀珠	ぎんしゅ			紹興3年（起発）			紹興11年（細色）			
98	蒟醤	くしょう							紹興11年（粗色）		胡椒科。香辛料。
99	薫陸香	くんりくこう								紹興11年（粗重）	乳香の別名
100	桂	けい			太平興国7年放薬						肉桂
101	桂花	けいか			紹興3年（変売）				紹興11年（粗色）		肉桂
102	桂心	けいしん		太平興国7年（放薬）		紹興3年（変売）					桂のコルク層を除いたもの。
103	桂皮	けいひ			紹興3年（変売）				紹興11年（粗色）		
104	荊三稜	けいさんりょう							紹興11年（粗色）		婦人の血脈不調、心腹痛、かやつりくさ
105	鶏骨香	けいこつこう				紹興3年（変売）				紹興11年（粗重）	降真香に同じ、鶏骨という。焚香。

106	鶏舌香	けいぜつこう						紹興11年（細色）			丁香の花が鶏舌ににているから。
107	瓊枝菜	けいしさい								紹興11年（粗重）	
108	血蠍	けつかつ						紹興11年（細色）			樹脂、上質が血碣という。薬用ニス、歯磨き、
109	血碣	けつけつ			紹興3年（起発）						上に同じ
110	乾薑	けんきょう			紹興3年（起発）				紹興11年（粗色）		乾かした生姜、万病に効く。
111	乾倭合山	けんわごうさん								紹興11年（粗重）	日本の材木か
112	胡椒	こしょう		太平興国7年（放薬）					紹興11年（粗色）		インド産、実、香辛料
113	琥珀	こはく		太平興国7年（放薬）	紹興3年（起発）			紹興11年（細色）（粗重）			樹脂が変化した宝石
114	胡蘆芭	ころは		太平興国7年（放薬）				紹興11年（細色）			マメ科、薬用
115	蛤蚧	こうかい							紹興11年（粗色）		かえるとかげ、内臓を乾燥、食用。
116	甲香	こうこう				紹興3年（変売）				紹興11年（粗重）	貝の一種で、香と共に焚く
117	紅花	こうか			紹興3年（起発）				紹興11年（粗色）		赤色の繊維染料
118	紅橘皮	こうきつひ							紹興11年（粗色）		橘の皮、陳皮、紅皮という。
119	紅豆（荳）	こうとう			紹興3年（変売）				紹興11年（粗色）		相思子。小豆。頭痛、腹痛、首飾など。
120	黄耆	こうき			紹興3年（起発）					紹興11年（粗重）	まめ科。解熱、皮膚病などに効く。

121	黄芩	こうきん								紹興11年（粗重）	根を乾燥。熱、腸、婦人病、痰、肺
122	黄絲火杴煎盤	こうしかけんせんばん								紹興11年（粗重）	
123	黄漆	こうしつ								紹興11年（粗重）	韓国産、黄色の漆
124	黄熟香	こうじゅくこう		太平興国7年（放薬）					紹興11年（粗色）		沈香の一種
125	黄熟香頭	こうじゅくこうとう							紹興11年（粗色）		
126	黄丹	こうたん								紹興11年（粗重）	鉛丹。一鉛。他の物と一緒に加えて薬用
127	黄蠟	こうろう			紹興3年（起発）				紹興11年（粗色）		蜜蜂の巣の蠟の部分。化粧品、蠟燭
128	厚板松枋	こうばんしょうほう								紹興11年（粗重）	
129	厚板令赤藤厚枋	こうばんれいせきとうこうほう								紹興11年（粗重）	つるは細工、他は車の材料。厚い板
130	香纏	こうてん							紹興11年（粗色）		
131	香栢皮	こうはくひ								紹興11年（粗重）	
132	香米	こうべい							紹興11年（粗色）		上質で香りのよい米
133	香螺奄	こうらえん						紹興11年（細色）			
134	高麗小布	こうらいしょうふ			紹興3年（起発）		紹興11年（起発）				韓国所産の布
135	高州蘇木	こうしゅうそぼく			紹興3年（起発）		紹興11年（起発）				高州は広東省の地名、染料
136	高良薑	こうりょうきょう		太平興国7年（放薬）		紹興3年（変売）			紹興11年（粗色）		高良は広東省地名、腹痛、解熱

137	降真香	こうしんこう		太平興国7年（放薬）	紹興3年（起発）				紹興11年（粗色）		紫藤香、鶏骨香、降香と同じ。
138	榼藤子	こうとうし								紹興11年（粗重）	種を使用、解熱剤
139	五加皮	ごかひ								紹興11年（粗重）	種を使用し、解熱、解毒剤として使用
140	五倍子	ごばいし								紹興11年（粗重）	葉の付け根の虫コブ、染色用、髪染。
141	五苓脂	ごれいし			紹興3年（起発）					紹興11年（粗重）	五霊脂（？）なら鳥。糞が腹痛、婦人病
142	黒塌香	こくとうこう			紹興3年（起発）						乳香の一種
143	黒篤耨	こくとくじょく				紹興3年（変売）		紹興11年（細色）			香木の一種
144	黒附子	こくふし			紹興3年（起発）					紹興11年（粗重）	トリカブト
145	沙魚皮	さぎょひ			紹興3年（起発）					紹興11年（粗重）	鮫の鱗と皮は刀の飾り。
146	砂黄	さこう								紹興11年（粗重）	雌黄、雄黄か
147	犀	さい	太平興国7年（禁権）		紹興3年（起発）		紹興11年（起発）				帯具、薬用
148	犀蹄	さいてい							紹興11年（粗色）		
149	犀蹄（土）	さいていど				紹興3年（変売）					犀の蹄か
150	細辛	さいしん								紹興11年（粗重）	根が細く、薬用
151	碎箋香	さいせんこう							紹興11年（粗色）		沈香の一種
152	釵藤	さとう							紹興11年（粗色）		

153	山桂皮	さんけいひ							紹興11年（粗色）		
154	山茱萸	さんしゅゆ			紹興3年（起発）					紹興11年（粗重）	赤い実を用いる。強壮剤、風邪、胃腸
155	三抄香團	さんしょうこうだん								紹興11年（粗重）	
156	三頼子	さんらいし				紹興3年（変売）			紹興11年（粗色）		
157	杉板狭小枋	さんばんきょうしょうほう								紹興11年（粗重）	
158	珊瑚	さんご	太平興国7年禁榷物		紹興3年（起発）			紹興11年（細色）			
159	暫香	ざんこう				紹興3年（変売）			紹興11年（粗色）		沈香の一種
160	斬剉香	ざんざこう							紹興11年（粗色）		
161	史君子	しくんし				紹興3年（変売）			紹興11年（粗色）		蔓性大木。果実、虫駆除。
162	師子綏	ししすい							紹興11年（粗色）		
163	枝子	しし								紹興11年（粗重）	クチナシか
164	枝實	しじつ				紹興3年（変売）			紹興11年（粗色）		クチナシの実か
165	枝條蘇木	しじょうそぼく								紹興11年（粗重）	
166	枝白膠香	しはくこうこう				紹興3年（変売）					
167	指環腦	しかんのう				紹興3年（変売）					龍脳の一種
168	雌黄	しおう						紹興11年（細色）			硫黄と砒素との混合の黄土。黄色の顔料、絵画。殺虫剤

169	紫礦	しこう	太平興国7年（放薬）（禁権後）					紹興11年（細色）			赤色染料、ラック、蟻に似た小虫が樹木上につくる殻より製す
170	紫藤香	しとうこう				紹興3年（変売）			紹興11年（粗色）		降真香のこと。鶏骨香ともいう
171	次下色餅香	じかしょくへいこう			紹興3年（起発）		紹興11年（起発）				乳香の一種
172	次下蘇木	じかそぼく								紹興11年（粗重）	
173	次黄熟香	じこうじゅくこう							紹興11年（粗色）		
174	次箋香	じせんこう						紹興11年（細色）			
175	蒔蘿	じら		太平興国7年（放薬）		紹興3年（変売）		紹興11年（細色）			実は香辛料、胡椒と同種
176	斫削揀選低下水濕黒塌香	しゃくさくかんせんていかすいしつこくとうこう			紹興3年（起発）		紹興11年（起発）				乳香の一種
177	麝香	じゃこう			紹興3年（起発）	紹興3年（変売）		紹興11年（細色）（粗重）			チベットなどに住むじゃこうじかの雄の生殖分泌物、芳香、薬用。
178	麝檀木	じゃだんぼく								紹興11年（粗重）	麝香の香りのする木
179	朱砂	しゅさ			紹興3年（起発）		紹興11年（起発）				水銀。赤色の顔料（硫化水銀）、薬用
180	修割香	しゅうかつこう							紹興11年（粗色）		
181	修截香	しゅうせつこう								紹興11年（粗重）	
182	縮砂	しゅくさ		太平興国7年（放薬）	紹興3年（起発）				紹興11年（粗色）		実が根の下にあり、辛い。しょうが科、胃腸、胃。口臭

183	熟速香	じゅくそくこう			紹興3年（起発）			紹興11年（細色）			沈香の一種
184	熟纏末	じゅくてんまつ				紹興3年（変売）					
185	熟脳	じゅくのう						紹興11年（細色）			龍脳の一種
186	小蘇木	しょうそぼく								紹興11年（粗重）	
187	小布	しょうふ							紹興11年（粗色）		
188	小片水盤頭	しょうへんすいばんとう							紹興11年（粗色）		水盤頭は大きな木片。香木
189	召亭枝	しょうていし								紹興11年（粗重）	
190	松花小螺殻	しょうかしょうらかく								紹興11年（粗重）	
191	松香	しょうこう									松脂、薬用
192	松子	しょうし			紹興3年（起発）				紹興11年（粗色）		松の実
193	松搭子	しょうとうし				紹興3年（変売）					
194	稍靫	しょうそう								紹興11年（粗重）	
195	上黄熟香	じょうこうじゅくこう			紹興3年（起発）		紹興11年（起発）				沈香の一種
196	上色袋香	じょうしょくたいこう			紹興3年（起発）		紹興11年（起発）				乳香の一種
197	上色餅乳香	じょうしょくへいにゅうこう			紹興3年（起発）		紹興11年（起発）				乳香の一種
198	上箋香	じょうせんこう						紹興11年（細色）			沈香の一種

199	上中次箋香	じょうちゅうじせんこう			紹興３年（起発）					紹興11年（粗重）	沈香の一種
200	上等生香	じょうとうせいこう			紹興３年（起発）		紹興11年（起発）				沈香の一種
201	上等薬犀	じょうとうやくさい			紹興３年（起発）		紹興11年（起発）				
202	上等螺犀	じょうとうらさい			紹興３年（起発）		紹興11年（起発）				
203	上等鹿皮	じょうとうろくひ			紹興３年（起発）		紹興11年（起発）				
204	鍾乳石	しょうにゅうせき						紹興11年（細色）			石灰岩、薬用
205	獐腦	しょうのう							紹興11年（粗色）		樟脳の一種
206	韶腦	しょうのう								紹興11年（粗重）	樟脳の一種
207	薔薇水	しょうびすい				紹興３年（変売）		紹興11年（細色）			薔薇の花を蒸留したもの
208	菖蒲	しょうぶ								紹興11年（粗重）	薬用、眼、血液
209	蓯蓉	しょうよう			紹興３年（起発）				紹興11年（粗色）		内蒙古など、栄養剤
210	常山	じょうざん				紹興３年（変売）					ユキノシタ科の根、葉、薬用
211	榛子	しんし			紹興３年（起発）		紹興11年（起発）				
212	真珠	しんじゅ			紹興３年（起発）		紹興11年（起発）				
213	秦皮	しんひ				紹興３年（変売）				紹興11年（粗重）	陝西、甘粛に産す。眼に効く
214	水銀	すいぎん			紹興３年（起発）			紹興11年（細色）			赤色の顔料、薬用

215	水濕黒塌香	すいしつこくとうこう			紹興３年（起発）		紹興11年（起発）				乳香の一種
216	水藤坯子	すいとうはいし								紹興11年（粗重）	
217	水藤篾	すいとうべつ								紹興11年（粗重）	
218	水盤頭幽香	すいばんとうゆうこう								紹興11年（粗重）	大きい香木
219	隨風子	ずいふうし			紹興３年（起発）				紹興11年（粗色）		癩病に効く薬か。
220	蕤仁	ずいじん				紹興３年（変売）				紹興11年（粗重）	蕤の草木あり、その実を使用。眼、薬用
221	生薑	しょうきょう								紹興11年（粗重）	
222	生香	せいこう							紹興11年（粗色）		沈香の一種
223	生香片	せいこうへん								紹興11年（粗重）	
224	生孰（熟）香	せいじゅくこう			紹興３年（起発）					紹興11年（粗重）	
225	生速香	せいそくこう			紹興３年（起発）		紹興11年（起発）				沈香の一種
226	生苧布	せいちょふ							紹興11年（粗色）		木綿
227	生羊梗	せいようきょう								紹興11年（粗重）	梗はやまにれ
228	青花蕃布	せいかばんぷ							紹興11年（粗色）		
229	青橘皮	せいきつひ							紹興11年（粗色）		果実の皮
230	青桂香	せいけいこう							紹興11年（粗色）		沈香の一種

231	青桂頭	せいけいとう			紹興３年（変売）						沈香の一種
232	青桂頭香	せいけいとうこう								紹興11年（粗重）	沈香の一種
233	青碁盤布紬	せいごばんふちゅう			紹興３年（起発）		紹興11年（起発）				紬
234	青苧布	せいちょふ							紹興11年（粗色）		木綿
235	青椿香	せいちんこう				紹興３年（変売）					
236	青蕃碁盤小布	せいばんごばんしょうふ								紹興11年（粗重）	
237	青木香	せいぼくこう			紹興３年（起発）					紹興11年（粗重）	
238	石花菜	せきかさい								紹興11年（粗重）	南海の沙石に生ず。食用。ところてん
239	石決明	せきけつめい				紹興３年（変売）					アワビ。食用、眼
240	石斛	せきこく			紹興３年（起発）					紹興11年（粗重）	岩石に生え、葉は竹、花は紫蘭に似る
241	石脂	せきし		太平興国７年（放薬）							石の一種、薬用
242	石鍾乳	せきしょうにゅう			紹興３年（起発）		紹興11年（起発）				鍾乳石と同じ
243	石碌	せきろく			紹興３年（起発）				紹興11年（粗色）		緑塩、天然食塩。眼薬。
244	赤魚鰾	せきぎょひょう							紹興11年（粗色）		
245	赤倉脳	せきそうのう			紹興３年（起発）		紹興11年（起発）				龍脳の一種
246	赤蒼脳	せきそうのう						紹興11年（細色）			龍脳の一種

247	川芎	せんきゅう			紹興3年（起発）		紹興11年（起発）				セリ科多年草。強壮、鎮痛作用がある。
248	川椒	せんしょう			紹興3年（起発）		紹興11年（起発）				山椒、辛味。
249	占城速香	せんじょうそくこう			紹興3年（起発）		紹興11年（起発）				占城産、沈香密度五分
250	洗銀珠	せんぎんしゅ							紹興11年（粗色）		
251	煎香	せんこう	太平興国7年（放薬）								箋香におなじ
252	鑯熨斗	せんうつと								紹興11年（粗重）	
253	粗香	そこう							紹興11年（粗色）		
254	粗黒小布	そこくしょうふ								紹興11年（粗重）	
255	粗絲蕈頭	そしけんとう								紹興11年（粗重）	
256	粗熟香	そじゅくこう				紹興3年（変売）					
257	粗熟香頭	そじゅくこうとう				紹興3年（変売）					
258	粗小布	そしょうふ							紹興11年（粗色）		
259	粗生香	そせいこう								紹興11年（粗重）	
260	粗鐵	そてつ								紹興11年（粗重）	
261	蘇木	そぼく								紹興11年（粗重）	赤の染料
262	蘇木脚	そぼくきゃく								紹興11年（粗重）	

263	蘇合油	そごうゆ			紹興3年（起発）			紹興11年（細色）			癩病効くくすり。ヤシの実に似る
264	草菓	そうか				紹興3年（変売）			紹興11年（粗色）		荳蔻に同じ
265	草荳蔻	そうとうこう		太平興国7年（放薬）		紹興3年（変売）				紹興11年（粗重）	荳?の一種、香辛料
266	相思子	そうしし				紹興3年（変売）				紹興11年（粗重）	実は赤い、薬用、首飾り
267	蒼朮	そうじゅつ				紹興3年（変売）			紹興11年（粗色）		根を薬用。水腫、風邪く。白朮、赤朮は同種
268	象牙	ぞうげ			紹興3年（起発）		紹興11年（起発）				
269	帯梗丁香	たいきょうていこう						紹興11年（細色）			
270	帯枝檀香	たいしだんこう							紹興11年（粗色）		
271	大價香	だいかこう								紹興11年（粗重）	
272	大食芎崙梅	だいしょくきゅうろんばい								紹興11年（粗重）	
273	大蘇木	だいそぼく								紹興11年（粗重）	
274	大布	だいふ							紹興11年（粗色）		
275	大風子	だいふうし								紹興11年（粗重）	果実の名。大風は癩病、黄色の油。
276	大風油	だいふうゆ				紹興3年（変売）				紹興11年（粗重）	大風子に同じ
277	大腹（子）	だいふく		太平興国7年（放薬）		紹興3年（変売）				紹興11年（粗重）	檳榔の一種
278	大腹子肉	だいふくしにく				紹興3年（変売）					

279	大片香	だいへんこう				紹興3年（変売）			紹興11年（粗色）		
280	大片水盤香	だいへんすいばんこう							紹興11年（粗色）		
281	瑇（玳）瑁	たいまい	太平興国7年禁榷物					紹興11年（細色）			大亀の甲羅、ベッコウ
282	澤瀉	たくしゃ						紹興11年（細色）			水草、は、実は薬用、利尿、婦人病
283	短小零板杉枋	たんしょうれいばんさんぼう								紹興11年（粗重）	
284	短板肩	たんばんけん								紹興11年（粗重）	
285	斷白香	だんはくこう							紹興11年（粗色）		
286	檀香	だんこう		太平興国7年（放薬）	紹興3年（起発）（変売）				紹興11年（粗色）		樹心、根。白檀、紫檀、黄檀等がある
287	檀香皮	だんこうひ				紹興3年（変売）				紹興11年（粗重）	
288	中黄熟香	ちゅうこうじゅくこう			紹興3年（起発）				紹興11年（粗色）		沈香の一種
289	中熟速香	ちゅうじゅくそくこう						紹興11年（細色）			
290	中色袋香	ちゅうしょくたいこう			紹興3年（起発）		紹興11年（起発）				乳香の一種
291	中色餅香	ちゅうしょくへいこう			紹興3年（起発）		紹興11年（起発）				乳香の一種
292	中水盤香	ちゅうすいばんこう							紹興11年（粗色）		香木
293	中生香	ちゅうせいこう							紹興11年（粗色）		

294	中箋香	ちゅうせんこう						紹興11年 （細色）			沈香の一種
295	中等薬犀	ちゅうとうやくさい			紹興3年 （起発）		紹興11年 （起発）				犀
296	中等螺犀	ちゅうとうらさい			紹興3年 （起発）		紹興11年 （起発）				
297	紬丁	ちゅうてい							紹興11年 （粗色）		
298	苧麻	ちょま								紹興11年 （粗重）	麻糸。皮を剝ぎ、糸にして布。薬用。解毒。
299	長小零板板頭	ちょうしょうれいばんばんとう								紹興11年 （粗重）	
300	長木	ちょうぼく								紹興11年 （粗重）	
301	長倭條	ちょうわじょう								紹興11年 （粗重）	
302	潮脳	ちょうのう				紹興3年 （変売）				紹興11年 （粗重）	樟脳（潮は地名か）
303	沈香	ちんこう		太平興国7年（放薬）	紹興3年 （起発）			紹興11年 （細色）			香木の樹脂。桟香、速香、黄熟香、生香、
304	枕頭土	ちんとうど								紹興11年 （粗重）	沈香の一種か
305	椿香頭	ちんこうとう				紹興3年 （変売）					
306	丁香	ていこう		太平興国7年（放薬）	紹興3年 （起発） （変売）			紹興11年 （細色） （粗色）			クローブの花、実は香辛料、口臭を消す
307	丁香皮	ていこうひ		太平興国7年（放薬）					紹興11年 （粗色）		
308	丁香皮殻	ていこうひかく				紹興3年 （変売）					

309	泥黄	でいこう								紹興11年（粗重）	雄黄、雌黄か
310	鐵脚珠	てつきゃくしゅ								紹興11年（粗重）	
311	天竺黄	てんじくこう				紹興3年（変売）		紹興11年（細色）			インドに産す。竹の節の中の物質。解熱
312	天南星	てんなんせい				紹興3年（変売）			紹興11年（粗色）		天南星科、葉、根を用いる薬用、中風
313	纏香皮	てんこうひ								紹興11年（粗重）	
314	纏丁香	てんていこう				紹興3年（変売）					
315	纏末	てんまつ								紹興11年（粗重）	
316	土牛膝	どぎゅうしつ			紹興3年（起発）					紹興11年（粗重）	茎が牛膝にている。土は野生の意
317	土檀香	どだんこう							紹興11年（粗色）		
318	土鍋	どなべ								紹興11年（粗重）	
319	荳蔲	とうこう				紹興3年（変売）					
320	荳蔲花	とうこうか		太平興国7年（放薬）		紹興3年（変売）				紹興11年（粗重）	
321	荳根	とうこん								紹興11年（粗重）	
322	塌香	とうこう			紹興3年（起発）		紹興11年（起発）				乳香の一種
323	糖霜	とうそう							紹興11年（粗色）		砂糖
324	藤黄	とうこう			紹興3年（起発）				紹興11年（粗色）		樹皮は茶褐色、樹脂は黄色の絵の具。

325	銅器	どうき			紹興3年（起発）			紹興11年（細色）			
326	篤芹子	とくきんし				紹興3年（変売）					
327	南蕃蘇木	なんばんそぼく			紹興3年（起発）		紹興11年（起発）				
328	二香	にこう							紹興11年（粗色）		
329	肉桂	にくけい				紹興3年（変売）					
330	肉荳蔻	にくとうこう			紹興3年（起発）				紹興11年（粗色）		木は大きく花を乾したものが豆寇花、肉荳蔻は実の果実
331	乳香	にゅうこう	太平興国7年（禁榷物）		紹興3年（起発）		紹興11年（起発）				橄欖科の樹脂。アラビア半島に産す。成分により十三等に分ける
332	人參	にんじん			紹興3年（起発）			紹興11年（細色）			薬用、朝鮮人参
333	腦子	のうし			紹興3年（起発）		紹興11年（起発）				フタバガキ科の木より採取、濃度により八種に分別。龍脳。
334	腦泥	のうでい			紹興3年（起発）			紹興11年（細色）			龍脳の一種
335	把麻	はま								紹興11年（粗重）	
336	破故紙	はこし		太平興国7年（放薬）		紹興3年（変売）		紹興11年（細色）			マメ科薬草、舶来の薬草
337	梅花腦	ばいかのう						紹興11年（細色）			龍脳の一種、最高級
338	白眼香	はくがんこう								紹興11年（粗重）	
339	白牛角	はくぎゅうかく			紹興3年（起発）		紹興11年（起発）				牛の角

340	白細布	はくさいふ							紹興11年（粗色）		
341	白錫	はくしゃく							紹興11年（粗色）		錫
342	白熟布	はくじゅくふ							紹興11年（粗色）		
343	白朮	はくじゅつ								紹興11年（粗重）	
344	白蒼脳	はくそうのう						紹興11年（細色）			龍脳の一種
345	白苧布	はくちょふ							紹興11年（粗色）		木綿
346	白藤	はくとう								紹興11年（粗重）	白花藤、沙藤ともいう。織物にする
347	白荳蔻	はくとうこう		太平興国7年（放薬））	紹興3年（起発）			紹興11年（細色）			
348	白藤棒	はくとうぼう								紹興11年（粗重）	
349	白脳香	はくのうこう								紹興11年（粗重）	
350	白蕪荑	はくぶい			紹興3年（起発）					紹興11年（粗重）	高麗酸、実を使用、胃腸、殺虫剤
351	白附子	はくふし			紹興3年（起発）				紹興11年（粗色）		トリカブト、猛毒。薬用
352	白木	はくぼく			紹興3年（起発）		紹興11年（起発）				芍薬。薬用根、眼
353	白芷	びゃくし				紹興3年（変売）				紹興11年（粗重）	はなうど。根を使う。婦人病、頭痛
354	白檀木	びゃくだんぼく								紹興11年（粗重）	器具、仏像をつくる
355	拍還脳	はくかんのう								紹興11年（粗重）	龍脳の一種か。

356	舶上茴香	はくじょううきょう			紹興3年（起発）			紹興11年（細色）			
357	舶上蘇木	はくじょうそぼく								紹興11年（粗重）	
358	薄板	はくばん								紹興11年（粗重）	
359	半夏	はんか				紹興3年（変売）			紹興11年（粗色）		薬草、根を使用。痰を切る。
360	板掘	ばんくつ								紹興11年（粗重）	
361	蕃顯布	ばんけんぷ			紹興3年（起発）		紹興11年（起発）				
362	蕃小花狭簟	ばんしょうかきょうてん			紹興3年（起発）					紹興11年（粗重）	花模様のあるむしろ
363	蕃青班布	ばんせいはんぷ							紹興11年（粗色）		
364	蕃蘇木	ばんそぼく								紹興11年（粗重）	
365	蕃糖	ばんとう							紹興11年（粗色）		
366	蕃頭布	ばんとうふ								紹興11年（粗重）	
367	翡翠	ひすい						紹興11年（細色）			
368	皮單	ひたん								紹興11年（粗重）	
369	皮篤耨香	ひとくじょくこう						紹興11年（細色）			
370	蓽澄茄	ひっちょうか		太平興国7年（放薬）	紹興3年（起発）			紹興11年（細色）			胡椒の一種
371	蓽撥	ひつはつ		太平興国7年（放薬）		紹興3年（変売）			紹興11年（粗色）		香辛料、ペルシャ。胡椒と同じ。

372	苗没薬	びょうぼつやく		太平興国7年（放薬）							
373	賓鐵	ひんてつ	太平興国7年（禁榷物）								鋼鉄
374	檳榔	びんろう		太平興国7年（放薬）					紹興11年（粗色）		果実と種子
375	檳榔舊香連皮	びんろうきゅうこうれんぴ				紹興3年（変売）					
376	檳榔肉	びんろうにく				紹興3年（変売）					
377	斧口香	ふこうこう							紹興11年（粗色）		
378	茯神	ふくしん						紹興11年（細色）			サルノコシカケ科。薬用、貴重。
379	茯苓	ぶくりょう			紹興3年（起発）			紹興11年（細色）			サルノコシカケ科の菌がまつの根に寄生
380	米腦	べいのう			紹興3年（起発）			紹興11年（細色）			龍脳の一種
381	鼊皮	へきひ	太平興国7年（禁榷物）		紹興3年（起発）			紹興11年（細色）			
382	鼈甲	べっこう				紹興3年（変売）					
383	鱉甲篤耨香	べっこうとくじょくこう						紹興11年（細色）			スッポンの形をした篤耨香（樹脂）
384	襪面布	べつめんふ							紹興11年（粗色）		足袋の布か
385	片香	へんこう				紹興3年（変売）					
386	片水藤皮	へんすいとうひ							紹興11年（粗色）		
387	片藤	へんとう							紹興11年（粗色）		

388	片螺頭	へんらとう							紹興11年（粗色）		
389	菩薩香	ぼさつこう			紹興3年（起発）		紹興11年（起発）				
390	菩提子	ぼだいし							紹興11年（粗色）		
391	蓬莪朮	ほうがじゅつ				紹興3年（変売）			紹興11年（粗色）		生姜、薬用、江南に産するものを言う
392	鵬沙（砂）	ほうさ		太平興国7年（放薬）	紹興3年（起発）			紹興11年（細色）			鵬酸塩、塩湖が蒸発した後にできる。薬物、
393	茅朮	ぼうじゅつ			紹興3年（起発）					紹興11年（粗重）	
394	冒頭香	ぼうとうこう							紹興11年（粗色）		
395	防風	ぼうふう			紹興3年（起発）				紹興11年（粗色）		薬草・中風
396	没石子	もつせきし						紹興11年（細色）			果実はタンニン酸の原料、染色、インク、髪染、薬用。
397	没薬	もつやく				紹興3年（変売）		紹興11年（細色）			樹脂、ミイラを作成時の防腐剤、薬用
398	母扶律膏	ぼふりつこう				紹興3年（変売）					龍脳の一種か。
399	末硃砂	まつしゅさ						紹興11年（細色）			
400	蔓荊子	まんけいし								紹興11年（粗重）	解熱、強壮
401	密木	みつぼく				紹興3年（変売）				紹興11年（粗重）	沈香の一種か。
402	瑪瑙	めのう	太平興国7年（禁榷物）					紹興11年（細色）			宝石
403	毛施布	もうしふ								紹興11年（粗重）	毛織物か。

404	毛絁布	もうぜつふ			紹興3年（起発）		紹興11年（起発）				毛織物か。
405	木香	もくこう		太平興国7年（放薬）	紹興3年（起発）			紹興11年（細色）			
406	木扎腦	もくさつのう			紹興3年（起発）			紹興11年（細色）			龍脳の一種
407	木柱	もくちゅう								紹興11年（粗重）	
408	木跳子	もくちょうし								紹興11年（粗重）	
409	木蕃	もくばん				紹興3年（変売）					蕃蘇木とおなじか。
410	木鼈子	もくべつし				紹興3年（変売）			紹興11年（粗色）		
411	木蘭茸	もくらんじょう				紹興3年（変売）				紹興11年（粗重）	ウリ科、実を薬用。毒あり。腫毒を消す
412	木蘭皮	もくらんひ				紹興3年（変売）					木の芯が黄色なので黄心。皮が薬用
413	木綿	もめん							紹興11年（粗色）		
414	薬犀	やくさい								紹興11年（粗重）	毒消しの効能。
415	椰子長薄板合簟	やしちょうはくばんごうてん								紹興11年（粗重）	
416	椰心簟	やしんてん			紹興3年（起発）				紹興11年（粗色）		藤に似ており、糸にして織る。花ござ。
417	楡甘子	ゆかんし				紹興3年（変売）				紹興11年（粗重）	
418	油腦	ゆのう			紹興3年（起発）			紹興11年（細色）		紹興11年（粗重）	
419	雄黄	ゆうこう			紹興3年（起発）			紹興11年（細色）			硫化砒素、黄色の顔料、火薬、殺虫剤。

420	幽香	ゆうこう				紹興3年（変売）					
421	螺殻	らかく								紹興11年（粗重）	
422	螺犀	らさい							紹興11年（粗色）		
423	柳桂	りゅうけい				紹興3年（変売）					
424	龍骨草	りゅうこつそう								紹興11年（粗重）	
425	龍涎香	りゅうせんこう			紹興3年（起発）			紹興11年（細色）			マッコウ鯨の体内にできた結石、値が高い。香物
426	龍脳	りゅうのう		太平興国7年（放薬）				紹興11年（細色）			樹根にあり、濃度、形、色によって名がかわる。
427	菱牙簟	りょうがてん			紹興3年（起発）		紹興11年（起発）				
428	琉璃	るり			紹興3年（起発）		紹興11年（起発）				ガラス
429	瑠璃珠	るりしゅ							紹興11年（粗色）		
430	瑠琉水盤頭	るりすいばんとう							紹興11年（粗色）		
431	令團合雜木柱	れいだんごうざつぼくちゅう								紹興11年（粗重）	
432	冷餅	れいへい								紹興11年（粗重）	
433	苓牙簟	れいがてん							紹興11年（粗色）		むしろ
434	苓苓香	れいれいこう				紹興3年（変売）			紹興11年（粗色）		
435	楝香	れんこう			紹興3年（起発）		紹興11年（起発）				乳香の一種

436	連皮	れんぴ				紹興3年（変売）				紹興11年（粗重）	
437	欗香	れんこう								紹興11年（粗重）	
438	蘆會	ろかい		太平興国7年（放薬）		紹興3年（変売）		紹興11年（細色）			アロエ。王の遺体にはアロエ、龍脳を入れる。薬用
439	鹿角	ろくかく							紹興11年（粗色）		
440	鹿茸	ろくじょう			紹興3年（起発）			紹興11年（細色）			梅花鹿、馬鹿の未だ骨化しない幼角を採、花鹿茸、馬鹿茸と称し、強壮薬。
441	鹿速香	ろくそくこう			紹興3年（起発）		紹興11年（起発）				鹿は粗いの意。
442	鹿速腦	ろくそくのう						紹興11年（細色）			
443	倭板	わばん								紹興11年（粗重）	日本の材木
444	倭枋板頭	わほうばんとう								紹興11年（粗重）	日本の材木
445	倭梨木	わりぼく								紹興11年（粗重）	
446	窊木	わぼく								紹興11年（粗重）	蘇木の俗名

第二節　舶貨の内容別分類

第一節ですでに述べたが、舶貨がまとまって資料（『宋会要』市舶）に記されているのは、前文、太平興国七年、紹興三年、十一年の四カ所でそこに出てくる舶貨は約六一八品目で、そのうち重複をのぞくと約四五五になる（この数字は品目の読み方などによって、また記述の方法によって数え方が異なる）。重複という意味は例えば丁香の場合、太平興国七年は放薬、紹興三年では起発と変売（質の良い起発ものと質の悪い変売もの）、紹興十一年には細色と粗色（良いものと質が落ちるもの）と合計五回の記述があるが、それぞれ時代の分類に依った。この場合、数回記載されていても、丁香という品目は一つとして数えた。琥珀の場合も年代、品質により四回記載されているが一つとした。政府はどの様にこれらを処理しようとしたかを示したのが、表2「宋代南海交易品の分析」である。

第二節では、第一節で述べた資料、表2を基礎とし、品目ごとに内容、性質ごとに検討し、再分類した。その意図するところは、宋代に輸入品として入ってきた六百以上の品目はどの様なものであったのかを知るために、詳細な内容は別にしても、同類項を集めて検討することによって輸入品の特色が見えてくること、実際にどの様な品目であったのか、どの様な表現をしていたか、なにが必要とされていたのか、などが解明されてくると思われる。この作業は、なかなか難しく、内容がわからず、分類も少々無理なところもある。まず分類は大きくＡ　植物、Ｂ　動物、Ｃ　鉱物に分けた。その中を性質の同じもの、類似のものをまとめた。以下の様である。

A植物／B動物／C鉱物

A植物

A—1　香

a　乳香

b　沈香　箋香、黄熟香、熟香、速香、生香、など

c　龍脳

d　降真香、篤耨、檀香など

e　香　その他、未詳

A—2　香辛料　胡椒（桂、丁香、薑）など

A—3　薬用

A—4　布、簟

A—5　染色（蘇木）など

A—6　材木、工芸（藤）など

B動物

B—1　犀、象牙、牛、鹿、鳥

B—2　亀（玳瑁）、昆虫

B—3　魚　鯨

B—4　貝

C　鉱　物
C―1　金、銀、水銀、鉄など
C―2　石、砂など
C―3　琥珀、瑠璃、瑪瑙など　　装飾品（珊瑚）

以下、この分類にしたがって品目をこれらの項目に入れていった。備考に簡単な説明を加えた。詳しくは表2を参照。

A　植　物

A―1　香

a　乳香

橄欖科の香木の樹脂、一名、薫陸香ともいう。アラビア半島のイエメン、東アフリカのソマリアなどで産出。西アジアでは古くから伝統的に用いられ、『聖書』にも、シバの女王（イエメン）が乳香を携えてソロモン王を訪れたこと、また儀式等に多く使われたことなどが記され、イエス、キリストの誕生にも乳香が捧げられたという香薬である。十〜十一世紀、哲学者・医者でもあったイブン・シーナ（九八〇―一〇三七）は『医学典範』五巻を著した。最近そのすべてが英訳された。二巻に乳香の項目がある(1)（次の四節乳香考（二）を参照）。潰瘍、耳、眼、嘔吐、下痢、止血などに効くとあり、よく知られた薬であるという。この乳香が中国に大量に入り、貴重品として扱われた。大量に入った例をあげると『中書備対』によると、北宋の熙寧十年（一〇七七）に廣、明、杭州の市舶司で博買した乳香が三五万四四四九斤、二一〇トンもあり、その殆どが広州に輸入された。政府はこの乳香を国の財政の一助として使っている（次の第三節　乳香考（一）――『中書備対』の記述について、参照）。各国が乳香を持って朝貢に来ている例として、三仏斉は紹興二十六年に八万一六八〇斤もの乳香を献上している。さらに占城は、問題はあるが乾道三年には白乳香二万四三五斤、混雑乳香八万二九五斤、合計十万余斤を朝貢品としている（第三章第三節「占城の南宋期乾道三年の朝貢をめぐって」を参照）これらの例が示す如く乳香は大量に中国に入っている。これらは、何に、どのように使用されたかは、明確でないが乳香に関するいくつかの例をあげると、北宋末の財政難の時、宰相蔡京が庫から乳香を出して売るとすぐに商人が買い難を救ったという。医療に使う乳香が不足したため、提挙市舶の張堅が資本金を多くして乳香を確保したこと、また乳香を持ってきたアラビア商人に皇帝が奨励金を出したことなどの事例からも、政府が乳香を財政的にも必要とし、重要視していたことがわかる。その用途は、まず焚香、薬用、寺院の線香、宮中での儀式、埋葬の際の遺体保存や処置等に使用された。北方の遼や金国では乳香を熱望し、宋朝からの交易品として、茶と共に重宝がられた。紹興三年には乳香は、武器に使用する牛皮、筋骨などと同等に起発された。乳香の分類は厳しく『諸蕃志』によると、品質によって十三級品に分類されている。一品、揀香（滴乳）、二品、瓶乳、三品上瓶香、四品中瓶香、五品下瓶香、六品上袋香、七品中袋香、八品下袋香、九品乳榻（地に落ちて雑物が混ざる）、十品黒榻（黒色、不純物）十一品水湿黒榻（水に浸かり変色）、十二品斫削（砕けて雑物混入）、十三品纏末（塵状のもの）とある。一つの香薬が品質により、十三品にも分類されていることは、需要があるからであり、それぞれの用途があり、価格も、税も異なっていたのであろう。さらに十三種を見分ける胥吏の熟練者がいたことに驚く。形がなくなっても乳香という香りだけで塵状のものを纏末というランクに入れるのである。しかし、『宋会要』市舶をみると、もっと細かく分類されていることがわかる。十八～九に分類している（二〇八頁表1参照）。例えば「次下色瓶香」は上記の分類にはない。この表現は沈香にも出てくるが、次は、「中色瓶香」の後が「次下色瓶香」ということであろうか。とすると「中」と「下」の間に「次」がはいると、上、中、下に各々入るとしたら、十三品以上になる。「低下水湿塌香」も「低下」が入らないものと同じものか、違うものか、はっきりしない。実際に市舶司で取り扱った品目なので、確実にそのようにいわれていたものである。高級品扱いであった。すなわち、乳香（香木も含む）は形が変形しても、香は存在するので、分類が複雑になるのであろう。等級をつけなければならないほど、乳香は貴重だった。

宋代では、乳香は香薬で種類が一番多く、輸入品を代表するものであった。香の上品は上層階級、寺院、宮中で使われ、下品になると、値段も安価になり、庶民の人々にも手が届くようになるのではないか。庶民の高級文化への憧れもあり、庶民にも浸透していった。宋代の庶民文化の向上は、このようなところにもみられる。

b　沈香――（1）箋香、（2）黄熟香、（3）速香、（4）生香、（5）木香、青桂など

沈香の一種として一つにまとめた。乳香が樹脂であるなら、沈香は木の香りである。乳香と沈香は香の双璧である。沈香はカンボジア（真臘）、ベトナム（占城）が有名である。沈香は香樹が枯れ地中に埋まり、腐食し樹脂が染み出て香木になったものである。比重が大きいので水に沈むので沈香という。これは上質なものだけである。沈香として代表されるが、その香の含留量、形、幹、根、木質、葉などからいろいろな呼び方がある。いま香密度を十とすると沈香は十分、箋香は七～八分、生速（木質の部分を削り取る）五分、熟速（木質が朽ち、香が残ったもの）も5分であるが、生速の方が上品。暫香（熟香に次ぎ、木質が半分）三分。黄熟香は黄色であることからその名がある。黄熟香の中に、箋香を含む。これを夾箋黄熟香という。生香は樹脂が沈着してないが、香気が木質内にある（『諸蕃志』）。

沈香は樹膏が凝結したものであり、芳香で、焚香に使用されるだけでなく、疲労回復、喘息、安定剤など薬用とし

て珍重がられた。日本では加羅（マライ語でキャラという）、奇楠木といわれ、最高の香薬として、徳川家康などは、朱印船の交易の時、とくに所望したといわれている。表を見ると、殆どが起発、細色である。品目の名前でなく、質が悪いのは、粗色、粗重となっているのは、他の場合も同じである。

黄熟香は日本の正倉院にある香木、蘭奢待が調査の結果、これに比定されている。紹興三年の起発は「上黄熟香」「中黄熟香」であるが、「下……」となると変売となっている。起発と変売の差がわかる。紹興十一年は、良いものは起発するが、変売としている。変売を奨励する政府の方針である。また細色はすくなく、粗色に回されている。

A　植物

A—1　香　a　乳香

番号	品目	よみ	太平興国7年		紹興3年		紹興11年				
			禁榷	放薬	起発	変売	起発	変売細色	変売粗色	変売粗重	備考
331	乳香	にゅうこう	太平興国7年（禁榷物）		紹興3年（起発）		紹興11年（起発）				橄欖科の樹脂。アラビア半島に産す。成分により十三等に分ける。
86	玉乳香	ぎょくにゅうこう			紹興3年（起発）			紹興11年（細色）			
435	楝香	れんこう			紹興3年（起発）		紹興11年（起発）				乳香の一種
197	上色緋乳香	じょうしょくへいにゅうこう			紹興3年（起発）		紹興11年（起発）				乳香の一種
171	次下色緋香	じかしょくへいこう			紹興3年（起発）		紹興11年（起発）				乳香の一種
291	中色緋香	ちゅうしょくへいこう			紹興3年（起発）		紹興11年（起発）				乳香の一種

43	下色餅香	かしょくへいこう			紹興3年（起発）		紹興11年（起発）				乳香の一種
196	上色袋香	じょうしょくたいこう			紹興3年（起発）		紹興11年（起発）				乳香の一種
290	中色袋香	ちゅうしょくたいこう			紹興3年（起発）		紹興11年（起発）				乳香の一種
42	下色袋香	かしょくたいこう			紹興3年（起発）		紹興11年（起発）				乳香の一種
322	塌香	とうこう			紹興3年（起発）		紹興11年（起発）				乳香の一種
142	黒塌香	こくとうこう			紹興3年（起発）						乳香の一種
4	亜濕香	あしつこう				紹興3年（変売）			紹興11年（粗色）		乳香の一種か。
176	斫削揀選低下水濕黒塌香	しゃくさくかんせんていかすいしつこくとうこう			紹興3年（起発）		紹興11年（起発）				乳香の一種
215	水濕黒塌香	すいしつこくとうこう			紹興3年（起発）		紹興11年（起発）				乳香の一種
184	熟纏末	じゅくてんまつ				紹興3年（変売）					
315	纏末	てんまつ							紹興11年（粗重）		
99	薫陸香	くんりくこう							紹興11年（粗重）		乳香の別名
432	冷餅	れいへい							紹興11年（粗重）		

A—1　香　b　沈香（1）箋香

番号	品目	よみ	太平興国7年		紹興3年		紹興11年				
			禁榷	放薬	起発	変売	起発	変売細色	変売粗色	変売粗重	備考
303	沈香	ちんこう		太平興国7年（放薬）	紹興3年（起発）			紹興11年（細色）			香木の樹脂。桟香、速香、黄熟香、生香
198	上箋香	じょうせんこう						紹興11年（細色）			沈香の一種
294	中箋香	ちゅうせんこう						紹興11年（細色）			沈香の一種
199	上中次箋香	じょうちゅうじせんこう			紹興3年（起発）					紹興11年（粗重）	沈香の一種
174	次箋香	じせんこう						紹興11年（細色）			
45	下箋香	かせんこう			紹興3年（起発）			紹興11年（細色）			沈香の一種
151	砕箋香	さいせんこう						紹興11年（細色）			沈香の一種
251	煎香	せんこう		太平興国7年（放薬）							箋香におなじ
82	夾煎香	きょうせんこう			紹興3年（起発）		紹興11年（起発）				
83	夾箋香	きょうせんこう							紹興11年（粗色）		

A—1　香　b　沈香（2）黄熟香

番号	品目	よみ	太平興国7年		紹興3年		紹興11年				
			禁榷	放薬	起発	変売	起発	変売細色	変売粗色	変売粗重	備考
124	黄熟香	こうじゅくこう		太平興国7年（放薬）					紹興11年（粗色）		沈香の一種
195	上黄熟香	じょうこうじゅくこう			紹興3年（起発）		紹興11年（起発）				沈香の一種
84	夾煎黄熟香頭	きょうせんこうじゅくこうとう			紹興3年（起発）		紹興11年（起発）				
81	夾雜黄熟香頭	きょうざつこうじゅくこうとう			紹興3年（起発）		紹興11年（起発）				煎香と黄熟香のこと。頭は樹根のこと。
125	黄熟香頭	こうじゅくこうとう							紹興11年（粗色）		
224	生孰（熟）香	せいじゅくこう			紹興3年（起発）					紹興11年（粗重）	
256	粗熟香	そじゅくこう				紹興3年（変売）					
257	粗熟香頭	そじゅくこうとう				紹興3年（変売）					
173	次黄熟香	じこうじゅくこう							紹興11年（粗色）		
288	中黄熟香	ちゅうこうじゅくこう			紹興3年（起発）				紹興11年（粗色）		沈香の一種
38	下黄熟香	かこうじゅくこう				紹興3年（変売）					沈香の一種

A—1　香　b　沈香（3）速香

番号	品目	よみ	太平興国7年		紹興3年		紹興11年				備考
			禁権	放薬	起発	変売	起発	変売細色	変売粗色	変売粗重	
249	占城速香	せんじょうそくこう			紹興3年（起発）		紹興11年（起発）				占城産、沈香密度五分
441	鹿速香	ろくそくこう			紹興3年（起発）		紹興11年（起発）				鹿は粗いの意。
183	熟速香	じゅくそくこう			紹興3年（起発）			紹興11年（細色）			沈香の一種
225	生速香	せいそくこう			紹興3年（起発）		紹興11年（起発）				沈香の一種
289	中熟速香	ちゅうじゅくそくこう						紹興11年（細色）			
46	下速香	かそくこう				紹興3年（変売）					

A—1　香　b　沈香（4）生香

番号	品目	よみ	太平興国7年		紹興3年		紹興11年				備考
			禁権	放薬	起発	変売	起発	変売細色	変売粗色	変売粗重	
222	生香	せいこう							紹興11年（粗色）		沈香の一種
200	上等生香	じょうとうせいこう			紹興3年（起発）		紹興11年（起発）				沈香の一種
293	中生香	ちゅうせいこう							紹興11年（粗色）		
44	下生香	かせいこう							紹興11年（粗色）		

259	粗生香	そせいこう								紹興11年（粗重）	
223	生香片	せいこうへん								紹興11年（粗重）	
159	暫香	ざんこう				紹興3年（変売）			紹興11年（粗色）		沈香の一種

A―1　香　b　沈香（5）木香・青桂など

番号	品目	よみ	太平興国7年		紹興3年		紹興11年				
			禁榷	放薬	起発	変売	起発	変売細色	変売粗色	変売粗重	備考
401	密木	みつぼく				紹興3年（変売）				紹興11年（粗重）	沈香の一種か
304	枕頭土	ちんとうど								紹興11年（粗重）	沈香の一種か
405	木香	もくこう		太平興国7年（放薬）	紹興3年（起発）			紹興11年（細色）			
237	青木香	せいぼくこう			紹興3年（起発）						
230	青桂香	せいけいこう							紹興11年（粗色）		沈香の一種
231	青桂頭	せいけいとう				紹興3年（変売）					沈香の一種
232	青桂頭香	せいけいとうこう								紹興11年（粗重）	沈香の一種
52	下等青桂	かとうせいけい				紹興3年（変売）					

c　龍脳　樟脳

龍脳

高級な香薬である。表でもすべて起発、細色と貴重品扱いである。龍脳の中で最高級の梅花脳は、朝貢品として筆頭に掲げられている。

ボルネオ、スマトラ、アラビアを原産とする。木に結晶、根に精油がある。芳香、防虫剤など。形、香気により、十一種に分けられる。（1）梅花脳（氷片脳）、（2）油脳、（3）金脚脳、（4）米脳、（5）白蒼脳（木屑と混入）、（6）赤蒼脳（木屑と混入）、（7）聚脳（屑を蒸し焼き）、（8）熟脳、（9）木札脳（採集後の木片）、（10）脳泥、（11）鹿速脳である。この高級な龍脳は、後に樟脳に香りも似ていることから、樟脳に取って替わられ、衰えていった。龍脳に樟脳を混ぜても殆どわからないという。樟脳を混ぜて売ることが多かった。

A—1　香　c　龍脳・樟脳

番号	品目	よみ	太平興国7年 禁榷	太平興国7年 放薬	紹興3年 起発	紹興3年 変売	紹興11年 起発	紹興11年 変売細色	紹興11年 変売粗色	紹興11年 変売粗重	備考
426	龍脳	りゅうのう		太平興国7年（放薬）				紹興11年（細色）			樹根にあり、濃度、形、色によって名がかわる。
333	脳子	のうし			紹興3年（起発）		紹興11年（起発）				フタバガキ科の木より採取、濃度により八種に分別。龍脳。
185	熟脳	じゅくのう						紹興11年（細色）			龍脳の一種
418	油脳	ゆのう			紹興3年（起発）			紹興11年（細色）		紹興11年（粗重）	

337	梅花腦	ばいかのう						紹興11年（細色）			龍脳の一種、最高級
380	米腦	べいのう			紹興3年（起発）			紹興11年（細色）			龍脳の一種
344	白蒼腦	はくそうのう						紹興11年（細色）			龍脳の一種
245	赤倉腦	せきそうのう			紹興3年（起発）		紹興11年（起発）				龍脳の一種
246	赤蒼腦	せきそうのう						紹興11年（細色）			龍脳の一種
334	腦泥	のうでい			紹興3年（起発）			紹興11年（細色）			龍脳の一種
406	木扎腦	もくさつのう			紹興3年（起発）			紹興11年（細色）			龍脳の一種
349	白腦香	はくのうこう								紹興11年（粗重）	
442	鹿速腦	ろくそくのう						紹興11年（細色）			
167	指環腦	しかんのう				紹興3年（変売）					龍脳の一種
398	母扶律膏	ぼふりつこう				紹興3年（変売）					龍脳の一種か
355	拍還腦	はくかんのう								紹興11年（粗重）	龍脳の一種か
205	獐腦	しょうのう							紹興11年（粗色）		樟脳の一種
206	韶腦	しょうのう								紹興11年（粗重）	樟脳の一種
302	潮腦	ちょうのう				紹興3年（変売）				紹興11年（粗重）	樟脳（潮は地名か）

d　降真香・檀香

紫藤香、鶏骨香は降真香である。皇帝が臣下や祀りなどに際し地方に香を降すときには、降真香である。香を焚くと天に昇り、神を降すことが出来るといわれた。星辰を祀るときには、この香を使う。邪気を払う効能がある、泉州の人々は除夜にはこれを焚いた。値段は安価であったという

檀香

白檀、紫檀、黄檀などあり、香木である。木の性質によって、仏像、箱、家屋の装飾品として作られた。烏里香は黒檀といわれている。

e　薔薇水、安息香

西アジア特産の高級な香料である。安息とは、パルチアの地名。

f　香、その他未詳

未詳の香が二十八項目にのぼる。香とある品目をこの欄に入れた。これらの品目を調べていくのが今後の課題であるが、三八九菩薩香を除いて、変売であり、粗色、粗重に分類されている。

以上が一応、香として分類したものである。これらは、けして焚香だけでなく、薬として使われたものも多い。

A—1 香 d 降真香・黒𧂐・檀香・烏里香

番号	品目	よみ	太平興国7年		紹興3年		紹興11年				
			禁榷	放薬	起発	変売	起発	変売細色	変売粗色	変売粗重	備考
137	降真香	こうしんこう		太平興国7年（放薬）	紹興3年（起発）				紹興11年（粗色）		紫藤香・鶏骨香、降香と同じ。
170	紫藤香	しとうこう				紹興3年（変売）			紹興11年（粗色）		降真香のこと。鶏骨香ともいう。
105	鶏骨香	けいこつこう				紹興3年（変売）				紹興11年（粗重）	降真香に同じ、鶏骨という。焚香。
143	黒篤𧂐	こくとくじょく				紹興3年（変売）		紹興11年（細色）			香木の一種
383	鱉甲篤𧂐香	べっこうとくじょくこう						紹興11年（細色）			スッポンの形をした篤𧂐香（樹脂）。
369	皮篤𧂐香	ひとくじょくこう						紹興11年（細色）			
354	白檀木	びゃくだんぼく								紹興11年（粗重）	器具、仏像をつくる。
317	土檀香	どだんこう							紹興11年（粗色）		
270	帯枝檀香	たいしだんこう							紹興11年（粗色）		
286	檀香	だんこう		太平興国7年（放薬）	紹興3年（起発）（変売）				紹興11年（粗色）		樹心、根。白檀、紫檀、黄檀等がある。
287	檀香皮	だんこうひ				紹興3年（変売）				紹興11年（粗重）	
13	烏薬香	うやくこう								紹興11年（粗重）	樟科、樟の香、薬用
14	烏里香	うりこう							紹興11年（粗色）		黒檀、黒色緻密、器物

9	烏香	うこう							紹興11年（粗色）		黒檀か
10	烏黒香	うこくこう				紹興3年（変売）					黒檀か
51	下等五里香	かとうごりこう							紹興11年（粗色）		黒檀か

A—1　香　e　薔薇水　安息香

番号	品目	よみ	太平興国7年		紹興3年		紹興11年				
			禁権	放薬	起発	変売	起発	変売 細色	変売 粗色	変売 粗重	備考
207	薔薇水	しょうびすい				紹興3年（変売）		紹興11年（細色）			薔薇の花を蒸留したもの
5	安息香	あんそくこう		太平興国7年（放薬）	紹興3年（起発）			紹興11年（細色）			香料の名。安息樹　ペルシャ。
91	金顔香	きんがんこう						紹興11年（細色）			安息香の一種、樹脂

A—1　香　f　香・その他未詳

番号	品目	よみ	太平興国7年		紹興3年		紹興11年				
			禁権	放薬	起発	変売	起発	変売 細色	変売 粗色	変売 粗重	備考
271	大價香	だいかこう								紹興11年（粗重）	
59	加路香	かろこう				紹興3年（変売）				紹興11年（粗重）	
434	苓苓香	れいれいこう				紹興3年（変売）			紹興11年（粗色）		

328	二香	にこう							紹興11年（粗色）		
76	牛齒香	ぎゅうしこう							紹興11年（粗色）		
180	修割香	しゅうかつこう							紹興11年（粗色）		
181	修截香	しゅうせつこう								紹興11年（粗重）	
377	斧口香	ふこうこう							紹興11年（粗色）		
338	白眼香	はくがんこう								紹興11年（粗重）	
389	菩薩香	ぼさつこう			紹興3年（起発）		紹興11年（起発）				
69	龜頭犀香	きとうさいこう								紹興11年（粗重）	
285	斷白香	だんはくこう							紹興11年（粗色）		
166	枝白膠香	しはくこうこう				紹興3年（変売）					
437	欒香	れんこう								紹興11年（粗重）	
160	斬剉香	ざんざこう							紹興11年（粗色）		
385	片香	へんこう				紹興3年（変売）					
420	幽香	ゆうこう				紹興3年（変売）					
218	水盤頭幽香	すいばんとうゆうこう								紹興11年（粗重）	大きい香木
394	冒頭香	ぼうとうこう							紹興11年（粗色）		

55	下等冒頭香	かとうぼうとうこう				紹興3年（変売）			紹興11年（粗色）		
279	大片香	だいへんこう				紹興3年（変売）			紹興11年（粗色）		
280	大片水盤香	だいへんすいばんこう							紹興11年（粗色）		
292	中水盤香	ちゅうすいばんこう							紹興11年（粗色）		香木
188	小片水盤頭	しょうへんすいばんとう							紹興11年（粗色）		水盤頭は大きな木片。香木
253	粗香	そこう							紹興11年（粗色）		
53	下等粗香頭	かとうそこうとう				紹興3年（変売）					
130	香纏	こうてん							紹興11年（粗色）		
313	纏香皮	てんこうひ								紹興11年（粗重）	

A—2　香辛料

ヨーロッパでは、スパイスとして胡椒の需要が多い。宋代では、胡椒の需要は少ない。元代になると、使用量はマルコ・ポーロが言う如く多くなるが、紹興十一年の胡椒は細色ではなく、粗色であり、蒔羅、華澄加は細色である。胡椒に代わる蒔羅、華澄加、華發などがあったからである。248川椒は蜀椒とも言って、四川産の胡椒であろう。紹興三年では起発である。すると市舶司には国外だけでなく、国内産のものも入っていることになる。その他、香辛料として、肉豈蔻、白豈蔻、肉桂、丁香などがある。薑は体を温める効果もあるが、香辛料に入れた。高良薑は高州（広州）産のものである。川椒と同じ国内産と考えられる。

A—2 香辛料 （1）胡椒・茴香

番号	品目	よみ	太平興国7年		紹興3年		紹興11年				
			禁権	放薬	起発	変売	起発	変売細色	変売粗色	変売粗重	備考
112	胡椒	こしょう		太平興国7年（放薬）					紹興11年（粗色）		インド産、実、香辛料
98	蒟醬	くしょう							紹興11年（粗色）		胡椒科。香辛料
175	蒔蘿	じら		太平興国7年（放薬）		紹興3年（変売）		紹興11年（細色）			実は香辛、胡椒と同種
370	蓽澄茄	ひっちょうか		太平興国7年（放薬）	紹興3年（起発）			紹興11年（細色）			胡椒の一種
371	蓽撥	ひつはつ		太平興国7年（放薬）		紹興3年（変売）			紹興11年（粗色）		香辛料、ペルシャ産、胡椒と同じ。
248	川椒	せんしょう			紹興3年（起発）		紹興11年（起発）				山椒、辛味
356	舶上茴香	はくじょううういきょう			紹興3年（起発）			紹興11年（細色）			
7	茴香	ういきょう			紹興3年（起発）			紹興11年（細色）	紹興11年（粗色）		多年生草本。黄色の花。薬用、香辛料

A—2 香辛料 （2）桂

番号	品目	よみ	太平興国7年		紹興3年		紹興11年				
			禁権	放薬	起発	変売	起発	変売細色	変売粗色	変売粗重	備考
100	桂	けい		太平興国7年放薬							肉桂
101	桂花	けいか				紹興3年（変売）			紹興11年（粗色）		肉桂

102	桂心	けいしん		太平興国7年（放薬）		紹興3年（変売）				桂のコルク層を除いたもの
103	桂皮	けいひ				紹興3年（変売）			紹興11年（粗色）	
329	肉桂	にくけい				紹興3年（変売）				
153	山桂皮	さんけいひ							紹興11年（粗色）	
60	官桂	かんけい				紹興3年（変売）			紹興11年（粗色）	官桂は神桂とも言う最良品。クスノキ科

A—2　香辛料　（3）荳蔲

番号	品目	よみ	太平興国7年		紹興3年		紹興11年				
			禁榷	放薬	起発	変売	起発	変売細色	変売粗色	変売粗重	備考
319	荳蔲	とうこう				紹興3年（変売）					
330	肉荳蔲	にくとうこう			紹興3年（起発）				紹興11年（粗色）		木は大きく花を乾したものが豆蔲花、肉荳蔲は実のからの果実
347	白荳蔲	はくとうこう		太平興国7年（放薬））	紹興3年（起発）			紹興11年（細色）			
320	荳蔲花	とうこうか		太平興国7年（放薬））		紹興3年（変売）				紹興11年（粗重）	
265	草荳蔲	そうとうこう		太平興国7年（放薬）		紹興3年（変売）				紹興11年（粗重）	荳蔲の一種、香辛料
321	荳根	とうこん								紹興11年（粗重）	
264	草菓	そうか				紹興3年（変売）			紹興11年（粗色）		荳蔲に同じ

A―2　香辛料　（4）丁香

番号	品目	よみ	太平興国7年		紹興3年		紹興11年				
			禁権	放薬	起発	変売	起発	変売 細色	変売 粗色	変売 粗重	備考
306	丁香	ていこう		太平興国7年（放薬）	紹興3年（起発）（変売）			紹興11年（細色）（粗色）			クローブの花、実は香辛料、口臭を消す。
106	鶏舌香	けいぜつこう						紹興11年（細色）			丁香の花が鶏舌ににているから。
54	下等丁香	かとうていこう			紹興3年（変売）						
269	帯梗丁香	たいきょうていこう						紹興11年（細色）			
314	纏丁香	てんていこう			紹興3年（変売）						
307	丁香皮	ていこうひ		太平興国7年（放薬）					紹興11年（粗色）		
308	丁香皮殻	ていこうひかく				紹興3年（変売）					

A―2　香辛料　（5）薑

番号	品目	よみ	太平興国7年		紹興3年		紹興11年				
			禁権	放薬	起発	変売	起発	変売 細色	変売 粗色	変売 粗重	備考
136	高良薑	こうりょうきょう		太平興国7年（放薬）		紹興3年（変売）			紹興11年（粗色）		高良は広東省の地名、腹痛、解熱
110	乾薑	けんきょう			紹興3年（起発）				紹興11年（粗色）		乾かした生姜、万病。
221	生薑	しょうきょう								紹興11年（粗重）	

番号	品目	よみ	太平興国7年 禁権	太平興国7年 放薬	紹興3年 起発	紹興3年 変売	紹興11年 起発	紹興11年 変売細色	紹興11年 変売粗色	紹興11年 変売粗重	備考
78	薑薑	きょうこう				紹興3年（変売）				紹興11年（粗重）	三年経た老薑、腹痛、婦人病
391	蓬莪朮	ほうがじゅつ				紹興3年（変売）			紹興11年（粗色）		生姜、薬用。江南に産するものを言う。

A―3　薬用

香と薬と両者を兼ね合わせるものが多く、品目も一番多い。漢方は単独で使うことは少なく、幾種類のものを合わせて処方するものである。したがって多くの品を必要とするからであろう。高級な品もあるが、理解に苦しむものもある。多分中国に入った香薬はなんでも引き受けたようである。引き受けるだけの専門的な知識を持つ官吏、胥吏がいたことが分かる。香薬は、枯れており、特に根を使うので、同じように見える植物を見分ける知識人、そして値をつけるベテランがいたのである。未詳のものが一番多い。これらの中には地方志に記載されているものもあり、これらを総合的に調査することが今後の課題である。ここでは、未詳のまま、薬用に入れた品目もある。

A―3　薬用　その他未詳

番号	品目	よみ	太平興国7年 禁権	太平興国7年 放薬	紹興3年 起発	紹興3年 変売	紹興11年 起発	紹興11年 変売細色	紹興11年 変売粗色	紹興11年 変売粗重	備考
312	天南星	てんなんせい				紹興3年（変売）			紹興11年（粗色）		天南星科、葉、根を用いる薬用。中風
378	茯神	ふくしん						紹興11年（細色）			サルノコシカケ科薬用、貴重。
379	茯苓	ぶくりょう			紹興3年（起発）			紹興11年（細色）			サルノコシカケ科の菌がまつの根に寄生水腫、淋病、利尿。

277	大腹（子）	だいふく		太平興国7年（放薬）		紹興3年（変売）				紹興11年（粗重）	檳榔の一種
278	大腹子肉	だいふくしにく				紹興3年（変売）					
2	阿魏	あぎ		太平興国7年（放薬）		紹興3年（変売）		紹興11年（細色）			鎮痛剤、解毒、イラン、アフガニスタン
208	菖蒲	しょうぶ								紹興11年（粗重）	薬用、眼、血液
209	蓯蓉	しょうよう			紹興3年（起発）				紹興11年（粗色）		内蒙古など、栄養剤
210	常山	じょうざん				紹興3年（変売）					ユキノシタ科の根、葉、薬用
211	榛子	しんし			紹興3年（起発）		紹興11年（起発）				
182	縮砂	しゅくさ		太平興国7年（放薬）	紹興3年（起発）				紹興11年（粗色）		実が根の下にあり、辛い。しょうがが科 腎臓、胃。口臭
410	木鼈子	もくべつし				紹興3年（変売）			紹興11年（粗色）		
438	蘆會	ろかい		太平興国7年（放薬）		紹興3年（変売）		紹興11年（細色）			アロエ、王の遺体にはアロエ、龍脳を入れる。
93	金毛狗脊	きんもうくせき								紹興11年（粗重）	根を使用、腰痛。
397	没薬	もつやく				紹興3年（変売）		紹興11年（細色）			樹脂、ミイラを作成時の防腐剤、薬用
372	苗没薬	びょうぼつやく		太平興国7年（放薬）							没薬か
16	益智（子）	えきち		太平興国7年（放薬）		紹興3年（変売）			紹興11年（粗色）		華南に産する果実、龍眼。胃臓、腹痛。
359	半夏	はんか				紹興3年（変売）			紹興11年（粗色）		薬草、根を使用。痰を切る。

154	山茱萸	さんしゅゆ			紹興3年（起発）					紹興11年（粗重）	赤い実を用いる。強壮剤、風邪、胃腸、
395	防風	ぼうふう			紹興3年（起発）				紹興11年（粗色）		薬草、中風
400	蔓荊子	まんけいし								紹興11年（粗重）	苗が蔓、解熱、強壮
150	細辛	さいしん								紹興11年（粗重）	根が細く、薬用
336	破故紙	はこし		太平興国7年（放薬）		紹興3年（変売）		紹興11年（細色）			マメ科薬草、舶来の薬草
78	薑黄	きょうこう				紹興3年（変売）				紹興11年（粗重）	三年の老薑、腹痛、婦人病
61	甘草	かんぞう							紹興11年（粗色）		薬草、根を使用
161	史君子	しくんし				紹興3年（変売）			紹興11年（粗色）		蔓性大木。果実、虫駆除。
353	白芷	びゃくし				紹興3年（変売）				紹興11年（粗重）	はなうど。根を使う婦人病、頭痛
316	土牛膝	どぎゅうしつ			紹興3年（起発）					紹興11年（粗重）	牛膝は茎が牛膝にている、土は野生の意
350	白蕪黄	はくぶい			紹興3年（起発）					紹興11年（粗重）	高麗酸、実を使用、胃腸、殺虫剤
323	糖霜	とうそう							紹興11年（粗色）		砂糖
365	蕃糖	ばんとう							紹興11年（粗色）		砂糖
275	大風子	だいふうし								紹興11年（粗重）	果実の名。大風は癩病、黄色の油。
276	大風油	だいふうゆ				紹興3年（変売）				紹興11年（粗重）	大風子に同じ
219	隨風子	ずいふうし			紹興3年（起発）				紹興11年（粗色）		癩病に効く薬か。

263	蘇合油	そごうゆ			紹興３年（起発）			紹興11年（細色）			蠱病効くくすり。ヤシの実に似る
191	松香	しょうこう									松脂、薬用
192	松子	しょうし			紹興３年（起発）				紹興11年（粗色）		松の実
193	松搭子	しょうとうし				紹興３年（変売）					
47	火丹子	かたんし				紹興３年（変売）				紹興11年（粗重）	火丹とは梅毒のこと。これに効く薬か
267	蒼朮	そうじゅつ				紹興３年（変売）			紹興11年（粗色）		根を薬用。水腫、風邪。白朮、赤朮は同種
343	白朮	はくじゅつ								紹興11年（粗重	
393	茅朮	ぼうじゅつ			紹興３年（起発）					紹興11年（粗重）	
351	白附子	はくふし			紹興３年（起発）				紹興11年（粗色）		トリカブト、猛毒。薬用
144	黒附子	こくふし			紹興３年（起発）					紹興11年（粗重）	トリカブト
64	橘皮	きつひ				紹興３年（変売）					果実の皮、薬用
229	青橘皮	せいきつひ							紹興11年（粗色）		果実の皮
118	紅橘皮	こうきつひ							紹興11年（粗色）		橘の皮、陳皮、紅皮という。
85	杏仁	きょうにん			紹興３年（起発）				紹興11年（粗色）		杏
213	秦皮	しんひ				紹興３年（変売）				紹興11年（粗重）	陝西、甘粛に産す。眼に効く
352	白木	はくぼく			紹興３年（起発）		紹興11年（起発）				芍薬、薬用根、眼

114	胡蘆芭	ころは		太平興国7年（放藥）				紹興11年（細色）			マメ科、薬用
139	五加皮	ごかひ								紹興11年（粗重）	種を使用し、解熱、解毒剤として使用
63	桔梗	ききょう						紹興11年（細色）			根を用いる。胸脇痛、腹痛、蠱毒の治療
240	石斛	せきこく			紹興3年（起発）					紹興11年（粗重）	岩石に生え、葉は竹、花は紫蘭に似る
35	畫黄	かくこう			紹興3年（起発）			紹興11年（細色）			中薬3860、藤黄
23	海桐皮	かいとうひ		太平興国7年（放藥）		紹興3年（変売）			紹興11年（粗色）		海桐は南方に産する刺桐、皮は薬用
121	黄芩	こうきん								紹興11年（粗重）	根を乾燥。熱、腸、婦人病、痰、肺
266	相思子	そうしし				紹興3年（変売）				紹興11年（粗重）	実は赤い。薬用、首飾り
119	紅豆（荳）	こうとう			紹興3年（変売）				紹興11年（粗色）		相思子。小豆。頭痛、腹痛、首飾など。
374	檳榔	びんろう		太平興国7年（放藥）					紹興11年（粗色）		果実と種子。
375	檳榔舊香連皮	びんろうきゅうこうれんぴ				紹興3年（変売）					
376	檳榔肉	びんろうにく				紹興3年（変売）					
436	連皮	れんぴ				紹興3年（変売）				紹興11年（粗重）	
411	木蘭茸	もくらんじょう				紹興3年（変売）				紹興11年（粗重）	ウリ科、実を薬用。毒あり。腫毒を消す
412	木蘭皮	もくらんひ				紹興3年（変売）					木の芯が黄色なので黄心。皮が薬用
332	人蔘	にんじん			紹興3年（起発）			紹興11年（細色）			薬用。朝鮮人参

120	黄耆	こうき			紹興3年（起発）					紹興11年（粗重）	まめ科。解熱、皮膚病などに効く。
104	荊三稜	けいさんりょう							紹興11年（粗色）		婦人の血脈不調、心腹痛、かやつりくさ
247	川芎	せんきゅう			紹興3年（起発）		紹興11年（起発）				セリ科多年草。強壮、鎮痛作用がある。
39	訶子	かし		太平興国7年（放薬）	紹興3年（起発）		紹興11年（起発）				使君子科、実、止血剤、咳
41	呵子	かし						紹興11年（細色）			訶子
282	澤瀉	たくしゃ						紹興11年（細色）			水草。実は薬用利尿、婦人病
238	石花菜	せきかさい								紹興11年（粗重）	南海の沙石に生ず。食用。ところてん
131	香栢皮	こうはくひ								紹興11年（粗重）	
36	藿香	かくこう				紹興3年（変売）			紹興11年（粗色）		香草、
12	烏薬	うやく				紹興3年（変売）					樟科、腹痛
17	遠志	えんし				紹興3年（変売）				紹興11年（粗重）	根葉を乾燥。薬用、精神安定剤、頭痛
220	蕤仁	ずいじん				紹興3年（変売）				紹興11年（粗重）	蕤の草木あり、その実を使用。眼、薬用
49	滑皮	かつひ								紹興11年（粗重）	
162	師子綏	ししすい							紹興11年（粗色）		
163	枝子	しし								紹興11年（粗重）	クチナシか
164	枝實	しじつ				紹興3年（変売）			紹興11年（粗色）		クチナシの実か

155	三抄香團	さんしょうこうだん								紹興11年（粗重）	
156	三賴子	さんらいし				紹興3年（変売）			紹興11年（粗色）		
132	香米	こうべい							紹興11年（粗色）		上質で香りのよい米
335	把麻	はま								紹興11年（粗重）	
189	召亭枝	しょうていし								紹興11年（粗重）	
424	龍骨草	りゅうこつそう								紹興11年（粗重）	
33	海母	かいぼ							紹興11年（粗色）		
227	生羊梗	せいようきょう								紹興11年（粗重）	梗はやまにれ、
194	稍靸	しょうそう								紹興11年（粗重）	
122	黄絲火杴煎盤	こうしかけんせんばん								紹興11年（粗重）	
107	瓊枝菜	けいしさい								紹興11年（粗重）	
272	大食萬崙梅	だいしょくきゅうろんばい								紹興11年（粗重）	
326	篤芹子	とくきんし				紹興3年（変売）					
417	楡甘子	ゆかんし				紹興3年（変売）				紹興11年（粗重）	
73	舊香	きゅうこう								紹興11年（粗重）	
89	御碌香	ぎょろくこう				紹興3年（変売）				紹興11年（粗重）	

133	香螺奄	こうらえん						紹興11年（細色）			
235	青椿香	せいちんこう				紹興３年（変売）					
305	椿香頭	ちんこうとう				紹興３年（変売）					
311	天竺黄	てんじくこう				紹興３年（変売）		紹興11年（細色）			インドに産す。竹の節の中の物質、解熱。
423	柳桂	りゅうけい				紹興３年（変売）					

A—４　布

布は三十七点で、全体の品目の約一割を占める。紹興三年では、すべて起発であり、変売はない。貴重であったことがわかる。紹興十一年になると、起発はなく、粗色になり、粗重扱いとなる。布に対する政府の一つの傾向である。殆どが木綿（吉貝、苧麻）であるが、233青碁盤布紬、297紬丁に紬の名がある。国外で紡いだ紬が入ってきたのであろうか。それとも国内の紬が入ったのであろうか。もう一つ注意したいのは、海南、高麗と産地がついているものがある。海南は海南島のことであろう。表によると紹興三年に起発（変売はなし）の布、九点のうち五点は海南産である。またその一点は高麗産である。紹興十一年にも海南産の布が粗重として三点ある。つまり、国内産のものが、市舶司（広州）に入ったものである。どのような処理がなされたのか、明らかにできないが、外国商品扱いの方が、税が安かったからであろうか。なお中国特産の高級な絹織物ではなく、普段に使用する布が大量に輸入されたことは、注目に値する。

A―4　布

番号	品目	よみ	太平興国7年		紹興3年		紹興11年				
			禁榷	放薬	起発	変売	起発	変売細色	変売粗色	変売粗重	備考
24	海南吉貝布	かいなんきつべいふ			紹興3年(起発)		紹興11年(起発)				木綿
65	吉貝花布	きつべいかふ								紹興11年(粗重)	柔らかい木綿を機知布という。
66	吉貝紗	きつべいさ								紹興11年(粗重)	
67	吉貝布	きつべいふ							紹興11年(粗色)		木
413	木綿	もめん							紹興11年(粗色)		綿
298	苧麻	ちょま								紹興11年(粗重)	麻糸。皮を剝ぎ、糸にして布。薬用。解毒。
226	生苧布	せいちょふ							紹興11年(粗色)		木綿
345	白苧布	はくちょふ							紹興11年(粗色)		木綿
234	青苧布	せいちょふ							紹興11年(粗色)		木綿
233	青碁盤布紬	せいごばんふちゅう			紹興3年(起発)		紹興11年(起発)				紬
297	紬丁	ちゅうてい							紹興11年(粗色)		紬
403	毛施布	もうしふ								紹興11年(粗重)	毛織物か。
404	毛絶布	もうぜつふ			紹興3年(起発)		紹興11年(起発)				毛織物か。
29	海南白布	かいなんはくふ			紹興3年(起発)						海南産の布か。

30	海南白布單	かいなんはくふたん								紹興11年（粗重）	
31	海南白布被單	かいなんはくふひたん			紹興3年（起発）		紹興11年（起発）				白布の上敷
32	海南碁盤布	かいなんごばんふ								紹興11年（粗重）	
236	青蕃碁盤小布	せいばんごばんしょうふ								紹興11年（粗重）	
25	海南碁盤布	かいなんごばんふ			紹興3年（起発）		紹興11年（起発）				
26	海南青花碁盤被單	かいなんせいかごばんひたん			紹興3年（起発）		紹興11年（起発）				
27	海南青花布	かいなんせいかふ								紹興11年（粗重）	
366	蕃頭布	ばんとうふ								紹興11年（粗重）	
361	蕃顯布	ばんけんぷ			紹興3年（起発）		紹興11年（起発）				
228	青花蕃布	せいかばんぷ							紹興11年（粗色）		
363	蕃青班布	ばんせいはんぷ							紹興11年（粗色）		
1	鞋面布	あいめんふ							紹興11年（粗色）		鞋を作る布か
384	襪面布	べつめんふ							紹興11年（粗色）		足袋の布か
74	芎袴布	きゅうこふ							紹興11年（粗色）		
342	白熟布	はくじゅくふ							紹興11年（粗色）		
340	白細布	はくさいふ							紹興11年（粗色）		

番号	品目	よみ	太平興国７年 禁榷	太平興国７年 放薬	紹興３年 起発	紹興３年 変売	紹興11年 起発	紹興11年 変売細色	紹興11年 変売粗色	紹興11年 変売粗重	備考
274	大布	だいふ							紹興11年（粗色）		
134	高麗小布	こうらいしょうふ			紹興３年（起発）		紹興11年（起発）				韓国所産の布
187	小布	しょうふ							紹興11年（粗色）		
258	粗小布	そしょうふ							紹興11年（粗色）		
254	粗黒小布	そこくしょうふ								紹興11年（粗重）	
368?	皮單	ひたん								紹興11年（粗重）	
255	粗絲蠒頭	そしけんとう								紹興11年（粗重）	
	藩布										前文。『宋会要』市舶の前文にある。

A－4　簟

番号	品目	よみ	太平興国７年		紹興３年		紹興11年				
			禁榷	放薬	起発	変売	起発	変売細色	変売粗色	変売粗重	備考
416	椰心簟	やしんてん			紹興３年（起発）				紹興11年（粗色）		藤に似ており、糸にして織る。花ござ。
433	苓牙簟	れいがてん									
427	菱牙簟	りょうがてん			紹興３年（起発）		紹興11年（起発）		紹興11年（粗色）		むしろ
362	蕃小花狭簟	ばんしょうかきょうてん			紹興３年（起発）					紹興11年（粗重）	花模様のあるむしろ

A―5　染色（蘇木）

蘇木は東南アジア産の赤、紫の染料である。蘇芳、蘇枋、朱芳などと書く。幹を煎じて染料とする。一品目としては多く十三もある。木なので粗重が多い。産地を示す海南、南蕃があるが高州蘇木もある。前述した如く高州は広東省である。そこで産する蘇木であろう。窊木は蘇木の俗語。大、中、次下、小とある。染色は重要であり、蘇木のほかにも紅花、没石子、や紫鉱などがあった。

A―5　染色（蘇木）

番号	品目	よみ	太平興国7年		紹興3年		紹興11年				
			禁権	放薬	起発	変売	起発	変売細色	変売粗色	変売粗重	備考
261	蘇木	そぼく								紹興11年（粗重）	赤の染料
28	海南蘇木	かいなんそぼく			紹興3年（起発）					紹興11年（粗重）	赤の染料
327	南蕃蘇木	なんばんそぼく			紹興3年（起発）		紹興11年（起発）				
364	蕃蘇木	ばんそぼく								紹興11年（粗重）	
135	高州蘇木	こうしゅうそぼく			紹興3年（起発）		紹興11年（起発）				高州は広東省地名、染料
357	舶上蘇木	はくじょうそぼく								紹興11年（粗重）	
273	大蘇木	だいそぼく								紹興11年（粗重）	

186	小蘇木	しょうそぼく								紹興11年（粗重）	
172	次下蘇木	じかそぼく								紹興11年（粗重）	
165	枝條蘇木	しじょうそぼく								紹興11年（粗重）	
262	蘇木脚	そぼくきゃく								紹興11年（粗重）	
446	窊木	わぼく								紹興11年（粗重）	蘇木の俗名
409	木蕃	もくばん				紹興3年（変売）					蕃蘇木とおなじか。

A—5　染料・漆等

番号	品目	よみ	太平興国7年		紹興3年		紹興11年				
			禁榷	放薬	起発	変売	起発	変売 細色	変売 粗色	変売 粗重	備考
396	沒石子	もつせきし						紹興11年（細色）			果実はタンニン酸の原料、染色、インク、髪染、薬用。
117	紅花	こうか			紹興3年（起発）				紹興11年（粗色）		赤色の繊維染料
40	苛子	かし			紹興3年（起発）		紹興11年（起発）				実はタンニンを含み、渋紙の製造、革のなめしに使用
109	血碣	けつけつ			紹興3年（起発）						樹脂、上質が血碣という。薬用、ニス、歯磨き
123	黄漆	こうしつ								紹興11年（粗重）	韓国産。黄色の漆

A—6　材木

材木は舶貨（輸入品）として記述があるのは、この箇所だけである。『宋会要』市舶の前文の一般的な輸入品目には表れない。紹興十一年の品目に粗重として記されるのである。南宋になって材木が不足するようになったのか、二十品目を記す。そのうち「倭」（日本）と記されているのは五点にのぼる。倭とは記してないが、日本からのものが多いと思われる。『宝慶四明志』巻六郡志敍賦下、市舶に国別に輸入品目が記されている。それによると、倭国からの粗色に松板、杉板、羅板とあり、粗色六項目中三項目が左記の板である。

日本からの良質な材木の輸入が多かったことが分かる。これらの材木を運んだものの一人に南宋の中国商人　謝国明がいる。彼は一二四二（淳祐二）年に承天寺（日本、博多）を寄進した。翌年一二四三年には宋の万寿禅寺の再建（焼失）のため、再建の資として日本から材木一千枚を寄進し、寺から感謝状をもらっている（榎本渉『東アジア海域と日中交流——9～14世紀——』「中国と日本との交流」六六～九七頁、吉川弘文館、二〇〇七年）。

A—6　材木・工芸

番号	品目	よみ	太平興国7年		紹興3年		紹興11年				
			禁榷	放薬	起発	変売	起発	変売細色	変売粗色	変売粗重	備考
301	長倭條	ちょうわじょう								紹興11年（粗重）	
443	倭板	わばん								紹興11年（粗重）	日本の材木
444	倭枋板頭	わほうばんとう								紹興11年（粗重）	日本の材木
445	倭梨木	わりぼく								紹興11年（粗重）	

111	乾倭合山	けんわごうさん								紹興11年(粗重)	日本の材木か
21	海松板木枋	かいしょうばんぼくほう								紹興11年(粗重)	ちょうせんまつの板
22	海松枋	かいしょうほう								紹興11年(粗重)	
128	厚板松枋	こうばんしょうほう								紹興11年(粗重)	
129	厚板令赤藤厚枋	こうばんれいせきとうこうほう								紹興11年(粗重)	つるは細工、他は車の材料。厚い板
157	杉板狭小枋	さんばんきょうしょうほう								紹興11年(粗重)	
283	短小零板杉枋	たんしょうれいばんさんほう								紹興11年(粗重)	
284	短板肩	たんばんけん								紹興11年(粗重)	
299	長小零板板頭	ちょうしょうれいばんばんとう								紹興11年(粗重)	
300	長木	ちょうぼく								紹興11年(粗重)	
358	薄板	はくばん								紹興11年(粗重)	
360	板掘	ばんくつ								紹興11年(粗重)	
431	令團合雜木柱	れいだんごうざつぼくちゅう								紹興11年(粗重)	
407	木柱	もくちゅう								紹興11年(粗重)	
408	木跳子	もくちょうし								紹興11年(粗重)	
415	椰子長薄板合簟	やしちょうはくばんごうてん								紹興11年(粗重)	

A—6　工芸

番号	品目	よみ	太平興国7年		紹興3年		紹興11年				
			禁榷	放薬	起発	変売	起発	変売 細色	変売 粗色	変売 粗重	備考
11	烏文木	うぶんぼく			紹興3年（起発）		紹興11年（起発）				黒檀
15	烏楠木	うまんぼく		太平興国7年（放薬）							黒檀
178	麝檀木	じゃだんぼく								紹興11年（粗重）	麝香の香りのする木
58	花梨木	かりぼく							紹興11年（粗色）		カリンか。よいざまし。下痢止め。胸焼。
390	菩提子	ぼだいし							紹興11年（粗色）		
324	藤黄	とうこう			紹興3年（起発）				紹興11年（粗色）		樹皮は茶褐色、樹脂は黄色の絵の具。
346	白藤	はくとう								紹興11年（粗重）	白花藤、沙藤ともいう。織物にする
348	白藤棒	はくとうぼう								紹興11年（粗重）	
50	花藤	かとう							紹興11年（粗色）		
152	釵藤	さとう							紹興11年（粗色）		
386	片水藤皮	へんすいとうひ							紹興11年（粗色）		
216	水藤坯子	すいとうはいし								紹興11年（粗重）	
217	水藤篾	すいとうべつ								紹興11年（粗重）	

387	片藤	へんとう						紹興11年（粗色）		
138	榼藤子	こうとうし							紹興11年（粗重）	種を使用、解熱剤

B　動　物

Aが植物に対して、Bは動物である。五十三品目を数え、約一一%である。しかし数の上では少ないが、重要なものばかりである。先ず犀、角は、薬剤、帯につける装飾品など。値段は象牙より高い。上、中、下、さらに螺の形の犀角にも上、中、下があった。象牙は装飾品、皇帝の前に立つときの笏。アラブ産が大きく白くて良い。オットセイの陰茎。牛は武器として角、皮、骨を使用。龍涎香は鯨の結石で、香薬中の第一で、その値段も桁外れに高いものであるし、朝貢品にも、重さ　何斤として文書には最初に献上品として記されている。龍涎香と同じように貴重なのは麝香で、何斤と数字を書いて朝貢品として用いられた。亀は玳瑁。鼈は薬用。紫の染料は虫、ラックといわれる紫鉱。五倍子は虫こぶで黒の染料。鯨の結石の龍涎香は非常に麝香と同じく高価なもので朝貢品に何斤として記されている。他に貝のアワビや蛤は貴重であり、貝の甲香は香料に入れて焚くと良い香りがでるので、焚香には必ずもちいられた。数は少ないが貴重な物品である。

B—1 犀

番号	品目	よみ	太平興国7年		紹興3年		紹興11年				
			禁権	放薬	起発	変売	起発	変売細色	変売粗色	変売粗重	備考
147	犀	さい	太平興国7年（禁権）		紹興3年（起発）		紹興11年（起発）				帯具、薬用
414	薬犀	やくさい								紹興11年（粗重）	毒消しの効能。
201	上等薬犀	じょうとうやくさい			紹興3年（起発）		紹興11年（起発）				
295	中等薬犀	ちゅうとうやくさい			紹興3年（起発）		紹興11年（起発）				犀
56	下等薬犀	かとうやくさい			紹興3年（起発）		紹興11年（起発）				犀
422	螺犀	らさい							紹興11年（粗色）		
202	上等螺犀	じょうとうらさい			紹興3年（起発）		紹興11年（起発）				
296	中等螺犀	ちゅうとうらさい			紹興3年（起発）		紹興11年（起発）				
57	下等螺犀	かとうらさい			紹興3年（起発）		紹興11年（起発）				犀
148	犀蹄	さいてい							紹興11年（粗色）		
149	犀蹄土	さいていど				紹興3年（変売）					

B―1　象牙

番号	品目	よみ	太平興国7年		紹興3年		紹興11年				
			禁榷	放薬	起発	変売	起発	変売細色	変売粗色	変売粗重	備考
268	象牙	ぞうげ			紹興3年(起発)		紹興11年(起発)				
20	牙	が	太平興国7年禁榷物								象牙

B―1　膃肭臍

番号	品目	よみ	太平興国7年		紹興3年		紹興11年				
			禁榷	放薬	起発	変売	起発	変売細色	変売粗色	変売粗重	備考
19	膃肭臍	おっとせい			紹興3年(起発)			紹興11年(細色)			オットセイの陰茎、薬用

B―1　牛

番号	品目	よみ	太平興国7年		紹興3年		紹興11年				
			禁榷	放薬	起発	変売	起発	変売細色	変売粗色	変売粗重	備考
77	牛皮筋角	ぎゅうひきんかく			紹興3年(起発)		紹興11年(起発)				軍用物資、薬用
75	牛黄	ぎゅうこう			紹興3年(起発)			紹興11年(細色)			牛の胆石。鎮静、強心、解熱、
339	白牛角	はくぎゅうかく			紹興3年(起発)		紹興11年(起発)				牛の角
8	烏牛角	うぎゅうかく			紹興3年(起発)		紹興11年(起発)				

B—1　鹿

番号	品目	よみ	太平興国７年		紹興３年		紹興11年				
			禁権	放薬	起発	変売	起発	変売 細色	変売 粗色	変売 粗重	備考
177	麝香	じゃこう			紹興３年（起発）	紹興３年（変売）		紹興11年（細色）（粗重）			チベットなどに住む雄の生殖分泌物、芳香、薬用。
439	鹿角	ろくかく							紹興11年（粗色）		
440	鹿茸	ろくじょう			紹興３年（起発）			紹興11年（細色）			梅花鹿、馬鹿の未だ骨化しない幼角を採、花鹿茸、馬鹿茸と称し、強壮薬。
203	上等鹿皮	じょうとうろくひ			紹興３年（起発）		紹興11年（起発）				

B—1　鳥

番号	品目	よみ	太平興国７年		紹興３年		紹興11年				
			禁権	放薬	起発	変売	起発	変売 細色	変売 粗色	変売 粗重	備考
	翡翠	ひすい									赤、青の羽、緑の宝石がある。
141	五苓脂	ごれいし			紹興３年（起発）					紹興11年（粗重）	五霊脂はムササビ科（りす）『中薬』1771。寒号虫鶡、独春、屎を五苓脂という。『本草』XI、313。五霊脂（？）なら鳥。糞が心腹、婦人病、の薬用、両者な同じ

B―2　龜・玳瑁・鼊

番号	品目	よみ	太平興国7年		紹興3年		紹興11年				
			禁榷	放薬	起発	変売	起発	変売細色	変売粗色	変売粗重	備考
281	瑇（玳）瑁	たいまい	太平興国7年禁榷物					紹興11年（細色）			大亀の甲羅、ベルコウ
381	鼊皮	へきひ	太平興国7年（禁榷物）		紹興3年（起発）			紹興11年（細色）			
382	鼊甲	べっこう				紹興3年（変売）					
70	龜童	きどう				紹興3年（変売）					
71	龜同	きどう							紹興11年（粗色）		
72	龜同香	きどうこう				紹興3年（変売）					
68	龜頭	きとう				紹興3年（変売）					
62	龜	き			紹興3年（起発）		紹興11年（起発）				

B―2　昆虫

番号	品目	よみ	太平興国7年		紹興3年		紹興11年				
			禁榷	放薬	起発	変売	起発	変売細色	変売粗色	変売粗重	備考
140	五倍子	ごばいし								紹興11年（粗重）	葉の付け根の虫コブ、染色用、髪染。
169	紫礦	しこう	太平興国7年（放薬）（禁榷後）					紹興11年（細色）			赤色染料､lac,蟻に似た小虫が樹木上につくる殻より製す

番号	品目	よみ	太平興国7年 禁権	太平興国7年 放薬	紹興3年 起発	紹興3年 変売	紹興11年 起発	紹興11年 変売細色	紹興11年 変売粗色	紹興11年 変売粗重	備考
127	黄蠟	こうろう			紹興3年(起発)				紹興11年(粗色)		蜜蜂の巣の蠟の部分。化粧品、、蠟燭
108	血蠍	けつかつ						紹興11年(細色)			
115	蛤蚧	こうかい							紹興11年(粗色)		かへるとかげ、内臓を乾燥、食用。
3	蛙蛅	あこ								紹興11年(粗重)	蛙とオタマジャクシ

B—3　魚

番号	品目	よみ	太平興国7年		紹興3年		紹興11年				
			禁権	放薬	起発	変売	起発	変売細色	変売粗色	変売粗重	備考
87	魚膠	ぎょこう			紹興3年(起発)		紹興11年(起発)				魚の鰾で製した膠、上質。
88	魚鰾	ぎょひょう			紹興3年(起発)		紹興11年(起発)				魚鰾で膠をつくる原料
244	赤魚鰾	せきぎょひょう							紹興11年(粗色)		
145	沙魚皮	さぎょひ			紹興3年(起発)					紹興11年(粗重)	鮫の鱗と皮は刀の飾り。

B—3　鯨

番号	品目	よみ	太平興国7年		紹興3年		紹興11年				
			禁権	放薬	起発	変売	起発	変売細色	変売粗色	変売粗重	備考
425	龍涎香	りゅうせんこう			紹興3年(起発)			紹興11年(細色)			マッコウ鯨の体内にできた結石、値が高い。香物

B―4　貝

番号	品目	よみ	太平興国７年		紹興３年		紹興11年				
			禁榷	放薬	起発	変売	起発	変売 細色	変売 粗色	変売 粗重	備考
239	石決明	せきけつめい				紹興３年 (変売)					アワビ、食用、眼に効く
421	螺殻	らかく								紹興11年 (粗重)	
388	片螺頭	へんらとう							紹興11年 (粗色)		
116	甲香	こうこう				紹興３年 (変売)				紹興11年 (粗重)	貝の一種で、香と共に焚く
＊	車渠		前文								蛤、大きな貝、装飾
212	真珠	しんじゅ			紹興３年 (起発)		紹興11年 (起発)				
＊	珠貝										真珠　前文
＊	珠琲										真珠の首飾り　前文
34	海螺皮	かいらひ								紹興11年 (粗重)	法螺貝、身、楽器
158	珊瑚	さんご	太平興国7年（禁榷物）		紹興３年 (起発)			紹興11年 (細色)			

※印は、太平興国7年、紹興3年、11年に記されてないもの。本文、前文に記されているものである。

C　鉱　物

鉱物も四十一品目で全体の九％である。品目数は少ないが、貴重品である。金、銀、水銀、鉄、銅、鉛、硫黄など直接に使うもの。雄黄、雌黄の黄土は顔料、火薬、薬用に使用される。宝石として瑪瑙、翡翠、真珠、ガラスの瑠璃など高級品である。

C—1　金・銀・水銀・鐵・銅など

番号	品目	よみ	太平興国7年		紹興3年		紹興11年				
			禁榷	放薬	起発	変売	起発	変売細色	変売粗色	変売粗重	備考
90	金	きん			紹興3年（起発）		紹興11年（起発）				
92	金箔	きんぱく						紹興11年（細色）			
79	夾雜金	きょうざつきん						紹興11年（細色）			
95	銀	ぎん			紹興3年（起発）		紹興11年（起発）				
96	銀子	ぎんし						紹興11年（細色）			
80	夾雜銀	きょうざつぎん			紹興3年（起発）			紹興11年（細色）			
250	洗銀珠	せんぎんしゅ							紹興11年（粗色）		
214	水銀	すいぎん			紹興3年（起発）			紹興11年（細色）			赤色の顔料、薬用
97	銀珠	ぎんしゅ			紹興3年（起発）			紹興11年（細色）			
179	朱砂	しゅさ			紹興3年（起発）		紹興11年（起発）				水銀。赤色の顔料（硫化水銀）、薬用
399	末硃砂	まつしゅさ						紹興11年（細色）			
373	賓鐵	ひんてつ	太平興国7年（禁榷物）								鋼鉄
260	粗鐵	そてつ								紹興11年（粗重）	
37	鑊鐵	かくてつ								紹興11年（粗重）	鉄の鍋釜

252	钁熨斗	せんうつと								紹興11年（粗重）	
*	鍮石		禁榷（？）				紹興11年（起発）？				大中祥符2年禁榷。銅
325	銅器	どうき			紹興3年（起発）			紹興11年（細色）			
341	白錫	はくしゃく							紹興11年（粗色）		錫
318	土鍋	どなべ									

C—2　石・砂

番号	品目	よみ	太平興国7年		紹興3年		紹興11年				
			禁榷	放薬	起発	変売	起発	変売細色	変売粗色	変売粗重	備考
18	鉛土	えんど							紹興11年（粗色）		鉛。書写に使用。鉛白、鉛粉、薬用
126	黄丹	こうたん								紹興11年（粗重）	鉛丹。一鉛。他の物と一緒に加えて薬用
48	滑石	かつせき								紹興11年（粗重）	硅酸アルミニウムの石、利尿剤、解熱剤
241	石脂	せきし		太平興国7年（放藥）							石の一種、薬用
242	石鍾乳	せきしょうにゅう			紹興3年（起発）		紹興11年（起発）				鍾乳石と同じ
204	鍾乳石	しょうにゅうせき						紹興11年（細色）			石灰岩、薬用
392	鵬沙（砂）	ほうさ		太平興国7年（放藥）	紹興3年（起発）			紹興11年（細色）			鵬酸塩、塩湖が蒸発した後。薬物、

168	雌黄	しおう						紹興11年（細色）			硫黄と砒素との混合の黄土。黄色の顔料、絵画。殺虫剤
419	雄黄	ゆうこう			紹興3年（起発）			紹興11年（細色）			硫化砒素、黄色の顔料、火薬、殺虫
6	硫黄（礦）	いおう		太平興国7年（放薬）	紹興3年（起発）					紹興11年（粗重）	鉱物、火薬、腹痛、
243	石碌	せきろく			紹興3年（起発）				紹興11年（粗色）		緑塩、天然食塩、眼薬。
309	泥黄	でいこう								紹興11年（粗重）	雄黄、雌黄か。
146	砂黄	さこう								紹興11年（粗重）	雌黄、雄黄か
310	鐵脚珠	てつきゃくしゅ								紹興11年（粗重）	

C―3　琥珀・瑠璃・瑪瑙など装飾品

番号	品目	よみ	太平興国7年		紹興3年		紹興11年				
			禁権	放薬	起発	変売	起発	変売細色	変売粗色	変売粗重	備考
113	琥珀	こはく		太平興国7年（放薬）	紹興3年（起発）			紹興11年（細色）（粗重）			樹脂が変化した宝石
428	琉璃	るり			紹興3年（起発）		紹興11年（起発）				ガラス
429	瑠璃珠	るりしゅ							紹興11年（粗色）		
430	瑠琉水盤頭	るりすいばんとう							紹興11年（粗色）		

*	水晶										宋会要前文
367	翡翠	ひすい						紹興11年（細色）			
402	瑪瑙	めのう	太平興国7年（禁権物）					紹興11年（細色）			宝石
*	猫兒眼睛										建炎元年6月13日

＊印は太平興国7年、紹興3年、紹興11年に記されてないもので、本文、または前文に記されたものである。

おわりに

宋代では海外貿易が活発化し発展していったと言われている。その発展を論証する一要因として、本稿では中国に入ってきた南海交易品、輸入品を取り上げた。諸外国が中国製品と交易した物品、舶貨はどのようなものであったか、その種類、数、性質などを『宋会要』職官四四市舶に記されている資料から検討した。

(1)　第一節では北宋と南宋とを舶貨の数を比較すると、南宋の方が非常に多い。北宋の太平興国七年（九八二）では四十七品目であったのが、南宋の紹興三年（一一三三）には二一九品目と増加している。その内訳は、起発が一三二品目（六〇％）、変売が八十七品目（四〇％）である。起発が圧倒的に多い。その中でも、武器にする牛皮筋角と乳香は起発とすることは勿論のこと、政府が必要とする品目で、博買（官の買い上げ）せよということであった。その八年後の紹興十一年にはさらに増加し、品目が倍の四〇七品目となる。これらの品目に対して政府は複雑に規定している。複雑な規定は、品目に税をかけるためであり、細色は十分の一で、粗色は十五分の一の税をかけた。品目の内訳をみると、起発は運送費がかかるため極力少なくして、六十二品目で、乳香、牛皮筋角、犀、金、銀などであった。変売が三四五品目（細色七十五、粗色一二一、粗重一四九）で、粗色、粗重が多い。そして、その中で二百品目が新項目である。船貨の数の増減をみてきたが、南宋なって、急速に船貨の数が多くなっていることは、それだけ交易が盛んになっていることを示すものであろう。紹興十一年には起発から変売へと移行されていった品目が多い。変売は市舶司で税を取り物品を売ることであり、売上金が、政府に入ることである。売上金は、持ち運びが良いように金、銀、絹などで変えられ、都に運ばれた。その利益は南宋の財政難に役立った。朝貢品も都に運ばず、市舶司で売ることが北宋の元豊年間に決められてように、南宋時代になると、殆どが変売となっていった。

変売についてみると、地元で買うのは、商人か、庶民などである。下級、安価な品目は庶民の手に入りやすく、それだけ品目の流通が多くなることであり、社会的にも文化的にも宋代の庶民文化の向上が見られるのではないだろうか。清明上河図に見られるように、大通りの賑わいの中に香の店がある。大部分は南海交易品であったのであろう。

(2)　第二節では、第一節の総数約四四六品目を品目ごとにその性質、内容を検討し、分類した。先ず品目を植物、動物、鉱物の三種類に分類した。

植物	三五三品目	七九％
動物	五十品目	一一％
鉱物	四三品目	九％

植物が約八割、動物が一割強、鉱物が一割弱である。このことから、船貨は大部分が植物であったということになる。つまり南海交易品は植物であったということになる。

次に植物の内（三五三品目）、その内訳（詳細は次の機会にする）は、

香、薬用など	二二三品目	六三％（香三六％、薬用二七％）
香辛料（胡椒など）	三五品目	一〇％
布、簟	四二品目	一一％
材木、工芸	三五品目	一〇％
染色（蘇木など）	一八品目	五％

となり、香、薬用、香辛料を合わせると、七三％となる。植物の大部分が香と薬、香辛料である。布が一一％、材木が一〇％である。材木は殆どが日本からのものである。これらの舶貨の大部分は海外諸国からのものであるが、中国産のものもある。海南島産の布、蘇木、四川の川芎、川椒など国内産ものが多いことを指摘しておきたい。国内産のものは、需要があれば、どこかに集められて、市舶司を通して入ってきたのであろう。税との関係であろうか。

(3)　今後の課題として、これらの舶貨が中国国内でどのように吸収され、使用され、利用されていったか、またその流通を見ていきたい。北方の遼、金国が舶貨（香薬）を熱望し、財政的には交易品として使われたこと、また宮廷の儀式、仏教や道教の寺院（葬式、埋葬）、廟等に使用されたが、何といっても伝統的な漢方薬と共に薬として使用されたことが大きい。これらの香薬は、中国国内に留まらず、韓国、日本に再輸出されていった。このようなことも視野にいれて舶貨を考えていきたい。海外交易品は贅沢品、無用なものとして言われることも多いが、表2を見る限り、薬としてに使用される香薬など、命を繋げるものとしての植物が全体の八割が輸入されていたことに注目したい。本稿ではふれなかったが、これまで見てきたように中国では多種の香薬を輸入し、それぞれの用途に利用されてきた。その中で人々は、これらの香薬を原料として、何かを混入したり、精製して別の製品をつくり安値で、それを売り出すことはしなかったのであろうか、その製品を安値で外国に再輸出する商人はいなかったのであろうか。商品として再生産するという観点からも今後考察してみたいと考えている。

なお、本稿では市舶司に入った交易品、つまり輸入品を分析してきたが、貿易という観点からみると、これらの物品で、中国の何と交換したかということを追求しなければならない。しかし『宋会要』市舶には、輸出品について何も記されてない。今後、この様な点から、資料をみてゆきたい。私は、中国特産の絹織物、工藝品、銅銭（持ち出し禁止）の外に、銀、銀錠の需要があったのではないかと考えている。浦亜里が海賊に襲われ、被害目録の中に銀錠が非常に多かったことからも窺われる。銀との関係は施行記の中にも記されているので今後の課題としたい。

今回は、宋代に時代を限ったが、十五世紀ごろになると、大航海時代に入りポルトガル、スペイン人たちの来航の記録があり、アラビア、東南アジアでの香薬の種類商業的な取り引きの様子などがみられる。今後、これらの資料を参照しながら、宋代に限らず、時代を下げて研究していきたい。

《附記》

本稿の交易品は、『宋会要』市舶の記述から抽出したものであるが、句読点の切り方によって品目の名前、品目の数も違ってくる。不明な品目、また本草綱目等にも記されてない品目、たぶん土着の俗語ではないかと思われる品目もあり、筆者が無理に句点をつけたところもある。これらの品目については正確に判明次第、訂正する所存である。したがって明確でないまま品目を数えた箇所もあることをお断りしておく。ただ、大きな流れでの品目の傾向は、さほどに変わらないと考える。

註

（1）『医学典範』五巻は最近全巻の英訳が出版された。これまでは第一巻だけの邦訳であった。第二巻『自然の調剤学』の中に乳香の項目がある。次の四節乳香考の五、イブン・シーナー『医学典範』二巻、乳香を参照。

《参考論文》

藤田豊八　「宋代の市舶司及び市舶条例」『東西交渉史の研究』南海編、岡書院、一九三二年。
林天蔚　『宋代香薬貿易史稿』中国学社、一九六〇年。
山田憲太郎　『東亜香料史研究』中央公論美術出版　一九七六年。
山田憲太郎　『南海香薬譜――スパイス・ルートの研究――』法政大学出版局、一九八二年。
藤善眞澄訳注　『諸蕃志』関西大学東西学術研究所訳注シリーズ5、一九九〇年。
深見純生　「流通と生産としてのジャワ――『諸蕃志』の輸出入品にみる――」『東洋学報』七九―三、一九九七。
土肥祐子　「占城の南宋期乾道三年の朝貢をめぐって――大食人烏師点の訴訟事件と中心に――」『史艸』四六号、二〇〇五年。
土肥祐子　「東洋文庫蔵手抄本『宋会要』食貨三八　市舶について」『東洋文庫書報』第四二号、二〇一一年。
土肥祐子　「宋代の南海交易品について――『宋会要』職官四四市舶より――」『南島史学』七九・八〇合併号、二〇一三年。
『国訳本草綱目』十五冊、春陽堂、一九七九年。
『中薬大辞典』五冊、上海科学技術出版社、小学館編、一九九八年。
『本草綱目彩色薬図』一冊、貴州科技出版社、一九九八年。
韓振華『諸蕃志注補』香港大学亜洲研究中心、二〇〇〇年。

表３　宋代南海交易品の説明——『宋会要』職官四四市舶——（五十音順。本表は表２の品目に、和名、学名、科名　説明ならびに出典を加えたものである。出典は巻末に記した。なお品目は索引には入れなかった。）

	品目	よみ	和名	学名	科名	説明	備考	本草綱目	諸蕃志など
1	鞋面布	あいめんふ							
2	阿魏	あぎ	あぎ	Ferula foetida, Reg.	繖形科	イラン、アフガニスタン地方に産する香料、植物樹脂を合成して製する。鎮痛剤、解毒、香辛料に用いる。		Ⅸ236	諸蕃298-300 韓406～8
3	蛙蛄	あこ				蛙とおたまじゃくし			
4	亞濕香	あしつこう				乳香の一種？			
5	安息香	あんそくこう	あんそくかう	Styrax Benzoin, Dryand.	えごのき科（齊墩果科）	香料の名。安息樹（えごのき）より取った香料。benzoin treeの樹脂から製する。ペルシア、アフガニスタン、インド、東南アジアの各地で産する。安息はパルティア（イラン）の地名。香焚、薬用。安息香と同種。		Ⅸ215	山田129-138 林45-6 諸蕃266 韓337～9
6	硫黄（磺）	いおう	硫黄	Sulphur	——	鉱物。黄色で焼くと焰を出す。ベトナム、中央アジア、日本で産出。火薬の他に、腹痛、皮膚病に効く。	『国訳本草綱目』項目名は「石硫黄」	Ⅲ679	
7	茴香	ういきょう				多年生草本。黄色の花。薬用。腎臓、健胃。料理。芳香、香味料。			林67-8
8	烏牛角	うぎゅうかく				黒色の牛の角か。			
9	烏香	うこう				烏楠木か。			
10	烏黒香	うこくこう				烏楠木か。			
11	烏文木	うぶんぼく	こくたん	Maba ebenus,Spreng.	かきのき科（柿樹科）		『国訳本草綱目』項目名は「烏木」訳名「烏楠木」「烏文木」→No.15「烏楠木」	Ⅸ430	
12	烏藥	うやく	てんだいうやく	Lindera strychnifolia, Vill.	くすのき科（樟科）	霍乱、利尿に効く。		Ⅸ184	

13	烏薬香	うやくこう			樟科	薬用			
14	烏里香	うりこう				黒檀のことか。			
15	烏樠木	うまんぼく	こくたん	Maba ebenus, Spreng.	かきのき科（柿樹科）	「烏樠」は烏文、烏紋ともよび、黒檀ebonyのこと。材は黒色で緻密、加工して器物をつくる。漆のように光沢がある。	No.11「烏文木」に同じ。	Ⅸ430	諸蕃289 韓381～383
16	益智（子）	えきち	やくち	Amomum amarum	しやうが科（薑科）	華南に産する果実、龍眼。腎臓、腹痛。	『国訳本草綱目』項目名は「益智子」	Ⅳ493	
17	遠志	えんし	いとひめはぎ	Polygala tenuifolia,Willd.	ひめはぎ科（遠志科）	根葉を乾燥させて薬用とする。精神安定剤、頭痛。		Ⅳ173	
18	鉛土	えんど				鉛。書写に使用。鉛白、鉛粉（おしろい）など顔料に使う。薬用として解熱、痰、中風等に効く。		Ⅲ172	
19	膃肭臍	おっとせい	ヲットセイ	Otaria Ursina, Linn.	あしか科	陰茎、睾丸を薬用に使用。アラビア、東南アジア地方に産する。腎臓を取り出して油に漬け、薬とする。	『国訳本草綱目』項目名は「膃肭獸」欄外のオットセイ解説の学名は「Otaria Ursina, Gray」	Ⅻ398	諸蕃311-2 韓430～32
20	牙	が				象牙			
21	海松板木枋	かいしょうばんぼくほう				海松子は遼東、雲南に産する。松の実は薬用。ここでは松の木の板のこと。	松海子（ちょうせんまつ）	Ⅷ473	
22	海松枋	かいしょうほう				「海松板木枋」参照。	海松子⇒Ⅸ100		
23	海桐皮	かいとうひ	でいこ（梯沽）	Erythrina indica, Lam.	まめ科（荳科）	海桐は南方に産する刺桐、皮は薬用。霍乱、皮膚病。腎臓。	「本草綱目」巻35	Ⅸ317	
24	海南吉貝布	かいなんきつべいふ				吉貝はわたのこと（木綿）。海南産			
25	海南碁盤布	かいなんごばんふ				碁盤の模様の布か。海南産	32と同じ。		

26	海南青花碁盤被單	かいなんせいかごばんひたん				海南産、青の模様（花）で碁盤模様の敷物			
27	海南青花布	かいなんせいかふ							
28	海南蘇木	かいなんそぼく	すはう	Caesalpinia sappan, L.	まめ科（荳科）	赤の染料。	『国訳本草綱目』項目名は「蘇方木」	Ⅸ427	
29	海南白布	かいなんはくふ							
30	海南白布單	かいなんはくふたん					30と31はおなじか。		
31	海南白布被單	かいなんはくふひたん				白布の上敷（被單）	25と同じ。		
32	海南碁盤布	かいなんごばんふ							
33	海母	かいぼ							
34	海螺皮	かいらひ				法螺貝のこと			
35	畫黄	かくこう				カンボジア産、黄色の顔料、絵画に使用			
36	藿香	かくこう	かはみどり	Lophanthus rugosus, Fisch.	脣形科（脣形科）	東南アジア、領南に産す。香草など藿という。葉をかんそうして、衣類などにつける。薬用。		Ⅳ575	林64
37	鑊鐵	かくてつ				鑊はかま、鍋のこと。鉄製のなべかかまか。			
38	下黄熟香	かこうじゅくこう				下級の黄熟香。			
39	訶子	かし	はりら又からかし	Terminalia chebula, Retz.	しくんし科（使君子科）	39訶子、40苛子、41呵子は同じか。インド・タイ・マレーシア・華南産の植物の実から製する止血剤、鎮咳剤。異名に隋風子という。	「本草綱目」巻35、「薬中」267	Ⅸ380	

40	苛子	かし		myrobala	シクンシ科	myrobalan の實はタンニンを含み、漉紙の製造、染料のほか革のなめしに使用される。マルコ・ポーロが「またこの國では羊・水牛・野牛・犀その他の獸革が多量に鞣されている」とある。			諸蕃131-2
41	呵子	かし					訶子と同じか。		
42	下色袋香	かしょくたいこう				乳香の一種。			
43	下色餅香	かしょくへいこう				乳香の一種。			
44	下生香	かせいこう				下級の生香。			
45	下箋香	かせんこう				下級の箋香。			
46	下速香	かそくこう				下級の速香。薬用にも使用される。解熱剤。			
47	火丹子	かたんし				火丹とは梅毒のこと。これに効く薬か。			
48	滑石	かつせき	くわつせき・滑石	halloysite $Al_2Si_2O_5(OH)_4 \cdot 2H_2O$ (単斜)	——	白滑石を削り、粉にして、医薬品として用いる。桂林などで産出される。出産前の補助剤、利尿剤、解熱剤などとして用いられる。珪酸アルミニウム。		Ⅲ392	
49	滑皮	かつひ							
50	花藤	かとう							
51	下等五里香	かとうごりこう				五里香を見よ。			
52	下等青桂	かとうせいけい				青桂を見よ。			
53	下等粗香頭	かとうそこうとう							
54	下等丁香	かとうていこう				丁香を見よ。			
55	下等冒頭香	かとうぼうとうこう				冒頭香を見よ。			

56	下等薬犀	かとうやくさい				薬犀を見よ。			
57	下等螺犀	かとうらさい				螺犀を見よ。			
58	花梨木	かりぼく				カリンか。（本草⑧321-323）いばら科（薔薇科）Chaenomeles sinensis,Koehneよいざまし。下痢止め。胸焼けなど。熱帯地方から舶来する材、器具を作る。一説に紫檀とする。			
59	加路香	かろこう							
60	官桂	かんけい			クスノキ科	官桂は神桂とも言って、最良品。ベトナム、タイ、中国南部。			
61	甘草	かんぞう	かんざう	Glycyrrhiza uralensis, Fisch.	まめ科（荳科）	北方産の薬草、根を用いる。		Ⅳ1	
62	龜	き							
63	桔梗	ききょう	ききやう	Platycodon grandiflorus, A.DC.	ききやう科（桔梗科）	根を用いる。胸脇痛、腹痛、蠱毒の治療などに効く。陝西省、河南省、山東省などの産。		Ⅳ75	
64	橘皮	きつひ	きつ	Citrus sinensis, Osbeck	へんるうだ科（芸香科）	→橘⑧360-378頁。蘇州・台州・荊州・閩・広州・撫州などで産するが、温州が最上。14種あり。肺・胃・脾臓などに作用する。体を温めたり、食欲増進、利尿作用などがある。黄橘、青橘二種あり。肝臓・胆嚢に効く。他に発汗作用がある。		Ⅷ360	
65	吉貝花布 吉貝、	きつべいかふ		Gossypium	アオイ科ワタ属	吉貝はわたのこと（木綿）。南方の人々はその茸絮（わたぼ）を採取し鐵筋で種子を碾きとると、手で茸絮を握り紡（いと）にする。紡を織って布にする。最も堅く厚手のものを兜羅綿といい、次を蕃布、次を木綿、そのまた次を吉布という。			諸蕃291-3 韓386-394

66	吉貝紗	きつべいさ				吉貝見よ			
67	吉貝布	きつべいふ				吉貝見よ			
68	龜頭	きとう							
69	龜頭犀香	きとうさいこう							
70	龜童	きどう							
71	龜同	きどう				玳瑁			
72	龜同香	きどうこう				玳瑁の形をした香か。			
73	舊香	きゅうこう							
74	芎袴布	きゅうこふ							
75	牛黄	ぎゅうこう	うしのたま	英名＝Gall calculus of Cattle.		牛の胆石のこと。鎮静作用、強心、解熱、小児の百病などに効く。		XII89	
76	牛齒香	ぎゅうしこう							
77	牛皮筋角	ぎゅうひきんかく				軍用物資の一。当時、官設の皮角場庫があり、骨・革・筋・角・脂・硝等を原料として、軍用の火器や鞍・轡・氈・毬等の物資を生産していた。牛は本草⑫103-136頁。水ぶくれに効く、利尿作用がある。角は熱冷まし、頭痛などに効くが、いろいろな製品に使われる。			
78	薑黄	きょうこう	きゃうわう	Curcuma aromatica, Salisb.	しやうが科（薑科）	三年の老薑より生ずる根を用いる。江南産。391は海南に生ずる。腹痛、婦人病、など。		Ⅳ519	
79	夾雜金	きょうざつきん							
80	夾雜銀	きょうざつぎん							
81	夾雜黄熟香頭	きょうざつこうじゅくこうとう				84の夾煎黄熟香頭と同じか。			

82	夾煎香	きょうせんこう							
83	夾箋香	きょうせんこう							
84	夾煎黄熟香頭	きょうせんこうじゅくこうとう							
85	杏仁	きょうにん	あんず	Prunus armeniaca, L. var. Ansu, Maxim.	いばら科（薔薇科）	花、葉、枝、根、実も使用、薬用。結核、腹痛	→核仁『国訳本草綱目』項目「杏」	Ⅷ218	
86	玉乳香	ぎょくにゅうこう					玉乳で調べると、「梨」とでるが無関係か？		
87	魚膠	ぎょこう				魚の鰾で製した膠。質が良い。			
88	魚鰾	ぎょひょう				鰾とは白脬のこと。			
89	御篠香	ぎょろくこう							
90	金	きん	きん、こがね	Gold	——			Ⅲ139	
91	金顔香	きんがんこう				眞臘國に産出し、大食がこれに次ぐ。金顔香は樹脂であり、淡黄色のものがあれば黒色のものもある。ねじり開けてみて雪のように白いのが上質、砂や石がまじるものは下である。安息香の一種 sweet benzoin, 學名 Styrax benzoin の樹脂である。			山田138-151 林66-7 諸蕃262 韓328-330
92	金箔	きんぱく							
93	金毛狗脊	きんもうくせき				狗脊の和名はたかわらび。学名Dicksonia barometz.Link（Cibotium barometz.J.Sm.）根を使う。腰痛、関節痛などに効く。本草④160頁参照。			

94	芹子	きんし				芥子か。文庫本では芥。			
95	銀	ぎん	ぎん、しろかね	Silver	——			Ⅲ149	
96	銀子	ぎんし							
97	銀珠	ぎんしゅ				銀朱か。硫化第二水銀。水銀よりつくる。		Ⅲ341	
98	蒟醬	くしょう	きんま	Piper betle, L.	こせう科（胡椒科）	四川や広東の産。もとはペルシャ産。根葉子を用い、消化促進、腹痛などに効く。こしょうより辛い。		Ⅳ503	
99	薫陸香	くんりくこう	くんりくかう	Pistacia khinjuk, Stocks	うるし科（漆樹科）	乳香の別名とも言われる。松の樹脂。“血を活す”ため、かゆみ止めや腹痛に効き、安産などに効能がある。	『国訳本草綱目』項目』＝薫陸香乳香	Ⅸ197	山田72-109 林32-4（乳香）
			にうかう	Pistacia lentiscus, L.					
100	桂	けい	ほんにくけい（新称）	Cinnamomum cassia, Bl.	くすのき科（樟科）	肉桂、木犀などの総称。肉桂、薑と合わせて薑桂ともいう。広東、広西、ベトナム北部など南方産。桂花、桂心（粗皮をとったもの）。発汗作用、下痢止め、関節痛などいろいろな効能がある。桂皮（桂の日本名）。	『国訳本草綱目』項目では、桂の項の中で様々な種の桂を載せる。⇒No.103「桂皮」⇒No.329「肉桂」	Ⅸ116	
101	桂花	けいか							
102	桂心	けいしん				桂のコルク層を除いたもの。	桂心の説明については『国訳本草綱目』項目「桂」⇒Ⅸ135/137	Ⅸ127	
103	桂皮	けいひ	ほんにくけい（新称）	Cinnamonum nassia, Bl.	くすのき科（樟科）		桂皮は、桂の日本名とする。⇒Ⅸ116注（1）	Ⅸ117	
104	荊三稜	けいさんりょう	うきやがら	Scirpus maritimus, L.	かやつりぐさ科（莎草科）	湖北・湖南地方に生じた。婦人の血脈不調、心腹痛、産後の腹痛などに効く。水辺にはえる。根をつかう。		Ⅳ533	
105	鶏骨香	けいこつこう	らかほく（新称）	Acronychia laurifolia, Bl.	へんるうだ科（芸香科）	降真香に同じ、舶来のものを番降、鶏骨という。焚香。	『国訳本草綱目』項目「降眞香」No.137にあり。	Ⅸ175	林51

106	鶏舌香	けいぜつこう	ちやうじ	Eugenia caryophylla Willd.	てんにんくは科（桃金嬢科）	丁香と同種。実が鶏の舌ににていることからこの名がある。	『国訳本草綱目』項目「丁香」	Ⅸ162	林48-49 49-50（丁香）
107	瓊枝菜	けいしさい				瓊枝は木綿の別名、その葉か。			
108	血蠍	けつかつ				さそり			
109	血碣	けつけつ	きりんけつ	Calamus draco,Willd.	しゆろ科	大食國（スマトラ）に産出する。血碣は樹脂が自然に流れだしたもので、これが最も上質の血碣とされる。柴屑（きくず）とまざっているのが、つまり降眞香の脂で、俗に假血碣とよんでいる。つる性の特質を生かして茎をいわゆる藤細工や藤椅子に利用する。とりわけスマトラ産のDaemonorops draco, Bl. などの果實から分泌する紅色の樹脂が麒麟血で、薬用（止血）のほか、家具用ニス、歯みがき粉、飲料水の着色に使われている。		Ⅸ210	林66 諸蕃261 韓325〜327
110	乾薑	けんきょう			生姜科	水にさらして乾かした生姜。万病に効く。体を温め、寒冷腹痛、風邪、止血、下痢止めなどに効く。白薑ともいう。			
111	乾倭合山	けんわごうさん				材木か。			
112	胡椒	こしょう	こせう	Piper nigrum, L.	こしょう科（胡椒科）	インド原産のコショウ科植物。イラン系民族を表す胡の椒、椒は辛辣味のある。		Ⅷ547	諸蕃296-7 韓401-3 山田223〜261
113	琥珀	こはく	こはく	——	——	地中に埋もれた樹脂が変化した宝石	英名＝Amber, Succinite. 成分＝$C_{40}H_{64}O_4$	Ⅸ671	
114	胡蘆芭	ころは	ころは	Trigonella foenum-graecum, L.	まめ科（荳科）	「本草綱目」巻一五、広州南方産の植物、薬用。腎臓、腹痛。苦豆		Ⅴ144	

115	蛤蚧	こうかい	かへるとかげ	Phrynocephalus frontalis	とかげ科	内臓を取り、乾燥させる。肺病や咳嗽に効く。		Ⅹ442	中薬1362
116	甲香	こうこう	てつぼら	Thais rudolphi, Lamark	ほねがひ（骨貝）科	貝の一種で、その蓋を他の香に混ぜて焼けば芳しい香が出る。	『国訳本草綱目』項目では、「海蠃」「厴を甲香といふ」とある。	Ⅺ122	林60
117	紅花	こうか	べにばな、又、くれなゐ	Carthamus tinctorius, L.	きく科（菊科）	赤色の繊維染料。紅藍花、菊科一年生草本植物、夏季に紅黄色の花を開く。紅花は中医薬として活血に効あり。染色・婦人用顔色としても用う（燕支・烟支）。	『国訳本草綱目』項目は「紅藍花」	Ⅴ102	
118	紅橘皮	こうきつひ				朱色の橘の皮。痰を消し、胃に効く。橘皮は色紅くして久しきものを佳しとする。紅皮、陳皮ともいう。			
119	紅豆（荳）	こうとう	たうあずき	Abrus precatorius, L.	まめ科（荳科）	相思子のこと。小豆。頭痛、腹痛、皮膚病などに効く。首飾など。No.266	『国訳本草綱目』項目は「相思子」	Ⅸ463	
120	黄耆	こうき	わうぎ	Astragalus membranaceus, Fisch	まめ科（荳科）	まめ科の植物。他の薬と混ぜて使い、解熱、皮膚病などに効く。		Ⅳ17	
121	黄芩	こうきん	こがねやなぎ	Scutellaria baicalensis, Georgi.	脣形科（脣形科）	根を乾燥させて使う。熱、腸、婦人病、痰、肺などに効く。		Ⅳ254	
122	黄絲火杴煎盤	こうしかけんせんばん							
123	黄漆	こうしつ				漆の一種。金の如し、上質。高麗の特産、			
124	黄熟香	こうじゅくこう				黄熟香は諸外國どこでも産出するが、眞臘のものを上質とする。その香は黄色で熟脱したものであるところから黄熟の名がある。			諸蕃276 韓354-5
125	黄熟香頭	こうじゅくこうとう				沈香の一種。ベトナム、カンボジアのものが上質。日本の正倉院収蔵の秀木蘭奢待は黄熟香といわれる。			

126	黄丹	こうたん	たん・鉛丹（酸化鉛）	Red lead, Minium (Oxide of lead)		鉛丹。一鉛。他の物と一緒に加えて薬用とする。鉛を焼いて黄丹を作。		Ⅲ191	
127	黄蠟	こうろう				蜜蜂の巣の蠟の部分。化粧品、膏薬、蠟燭として使用。三仏斉、カンボジア			諸蕃317-8 韓442
128	厚板松枋	こうばんしょうほう				松の木の板。			
129	厚板令赤藤厚枋	こうばんれいせきとうこうほう				赤藤は藤の一種。つるは細工に、他は車の材料として使用された。回虫症に効く。ここでは厚い板。	「赤藤」＝Ⅵ429参照。		
130	香纏	こうてん				乳香の一種か。			
131	香栢皮	こうはくひ				ヒノキの皮か。			
132	香米	こうべい				良い米、良い香りのする米			
133	香螺奄	こうらえん				海贏の一種			
134	高麗小布	こうらいしょうふ				高麗布は朝鮮所産のもの。小布は巾が狭いもの。			
135	高州蘇木	こうしゅうそぼく	すはう	Caesalpinia sappan, L.	まめ科（荳科）	赤の染料。高州（広東省）で採れる蘇木。腹痛、熱冷ましとして使用。	No.28「海南蘇木」参照。「蘇木」でとった。	Ⅸ427	
136	高良薑	こうりょうきょう	かうりやうきやう	Alpinia galanga,Willd.	しやうが科（薑科）	高良は高州（広東省）		Ⅳ471	
137	降真香	こうしんこう	らかぼく（新称）	Acronychia laurifolia, Bl.	へんるうだ科（芸香科）	紫藤香・鶏骨香又は降香といい、舶来のものは俗に香降といった。香料の名。焚香として用いられた。三佛齊、闍婆などに産出。香を焚くと天に昇り、神を降すことができるといわれる。香気は勁（つよ）くて遠くまでとどき、邪気を佛う効能がある。泉州の人びとは徐夜ともなれば、貧富の別なく、どの家も柴を燔くように降眞香を爇（くゆ）らす。これで分るように、とても廉價なのである。	⇒No.105「鶏骨香」	Ⅸ175	林51 諸蕃282 山田219-223

138	榼藤子	こうとうし	もだま	Entada scandens, Benth.	まめ科（豆科）	東南アジア産。種を使用し、解熱、解毒剤として使用された。		Ⅵ194	
139	五加皮	ごかひ	うこぎ	Acanthopanax sieboldianum, Makino	うこぎ科（五加科）	一枝に五葉、主に根を用いる。鎮痛、強壮薬。		Ⅸ572	
140	五倍子	ごばいし	ふし	英名＝Nut galls.		ウルシ科ヌルデ屬 Rhus の葉の付け根に出來る虫コブで、ヌルデシロアブラムシの幼虫などの寄生による。虫を蒸殺して使う。皮を黒に染めたり、腹、腫痛などに効く。タンニン材として染色用、髪染め。		Ⅹ112	諸蕃288
141	五苓脂	ごれいし		Trogopterus xanthipes, Milne-Edwards	ムササビ科	五霊脂か。飛鼠などを乾燥した糞便。止血。婦人病、腹痛。河北、山西、青海、雲南など。			中薬17734
142	黒塌香	こくとうこう				乳香の一種。			
143	黒篤耨（篤耨香）	こくとくじょく						Ⅸ223	山田151-156
144	黒附子	こくふし				白附子を見よ。			
145	沙魚皮	さぎょひ	あをざめ	Isuropsis glauca, Müller et Henle	あをざめ科	沙魚の鱗と皮は刀靶の飾りとする。	『国訳本草綱目』項目名は「鮫魚」	Ⅹ608	
146	砂黄	さこう							
147	犀	さい	さい	Dicerorhinus sumatrensis lasiotis, Suc.	さい科	黄牛のような姿をしている。ただ角が一つ。角の紋は泡のようで、白紋が多く、黒紋は少ないのを上質とする。中国では薬材として輸入される（『本草綱目』巻51）ほか、腰帯の銙つまり帯具として用いられた。解毒、解熱、風邪。		Ⅻ242	諸蕃309-310 韓427～9
148	犀蹄	さいてい				犀の蹄。			

149	犀蹄土	さいていど							
150	細辛	さいしん	うすばさいしん	Asarum sieboldii,Miq.	うまのすずくさ科（馬兜鈴科）	根が細く、味が辛い。気管や瘡に効く。根を薬用に用いる。		Ⅳ357	
151	碎箋香	さいせんこう				箋香の砕いたものか。箋香とは沈香に次ぐ香のことである。品質は沈香に劣るが、それでも熟速香よりは優れている。			
152	釵藤	さとう				釵はかんざしの意			
153	山桂皮	さんけいひ							
154	山茱萸	さんしゅゆ	ミズキ科	Cornus officinalis, Sieb. et Zucc.	サンシュユ	赤い実を用いる。強壮剤として用いたり、風邪などに効く。胃腸、鎮痛。	⇒Ⅸ544欄外に注あり。中薬193	Ⅸ533	
155	三抄香團	さんしょうこうだん							
156	三頼子	さんらいし	ショウガ科	Kaempferia galanga L.	バンウコンの根茎	山奈のこと。広東、広西に産す。口臭をけす、歯痛、消化不良	中薬1983		
157	杉板狭小枋	さんばんきょうしょうほう				幅の狭い杉の板のことか。			
158	珊瑚	さんご	さんご・珊瑚	Coral		アラブ、インド、南海諸国に産す。海底に生じ、枝上のもので、紅、白ものが多い。装飾品。		Ⅲ261	韓411～2
159	暫香	ざんこう				熟速香の次を暫香という。ただし〔膏油が凝結し、木が朽ちて〕自然に出たものを熟速香、そして木質部分が半分ほど殘ったものを暫香とよび、生速香・熟速香の半價である。速暫香			諸蕃275-6 韓353
160	斬剉香	ざんざこう							
161	史君子	しくんし			シクンシ科	蔓性大木。シクンシ、シクンシの果実。熱帯アジア。回虫駆除。	『国訳本草綱目』中の「使君子」と同一 ⇒Ⅵ178参照。		

162	師子綏	ししすい							
163	枝子（梔）	しし	クチナシ	Gardenia jasninoides, Ellis	アカネ科	梔子、山梔子、黄色の染料、薬用。浙江、広東、広西などに産す。アラビア産	中薬2163		林38-9 韓340～1 山田301-304
164	枝實	しじつ				クチナシの果実か。			
165	枝條蘇木	しじょうそぼく	すはう	Caesalpinia sappan, L.	まめ科（荳科）	蘇木を見よ。		Ⅸ427	
166	枝白膠香	しはくこうこう							林60（白膠香）
167	指環腦	しかんのう				龍脳の一種か。			
168	雌黄	しおう	しわう・雌黄（三硫化砒素）	Orpiment（As_2S_3）	——	硫黄と砒素との混合して出来た黄土。黄色結晶体。黄色の顔料、又は絵画。毒があり、虫を殺す。薬用として冷症、肺病に効く。		Ⅲ365	
169	紫礦	しこう				赤色染料、lac、蟻に似た小虫が樹木上につくる殻より製す。ラックカイガラムシ。紫膠虫の分泌物から採取する染料である。ゴムや菩提樹などにつきやすく雌の卵巣にカルミン酸を含み紅色の染料がつくられ、インドのラックダイ・メキシコ特産のコチニールはサボテンに寄生するコチニール・カイガラムシ（臙脂虫）からとる。紫梗、紫鉚ともいう。			諸蕃131
170	紫藤香（降真香）	しとうこう	らかぼく（新称）	Acronychia laurifolia, Bl.	へんるうだ科（芸香科）	降真香のこと。鶏骨香ともいう。（沈香と同じ。）星辰をまつるには、この香を第一とする。効力有りという。東南アジア、ベトナム、中国南部産。	『国訳本草綱目』項目「降眞香」No.137にあり。	Ⅸ175	韓368～9
171	次下色餅香	じかしょくへいこう				乳香を見よ。	「餅香」については、『国訳本草綱目』Ⅳ570		

172	次下蘇木	じかそぼく	すはう	Caesalpinia sappan, L.	まめ科（荳科）	蘇木を見よ。		Ⅸ427	
173	次黄熟香	じこうじゅくこう				黄熟香を見よ。			
174	次箋香	じせんこう				箋香を見よ。			
175	蒔蘿	じら	いのんど	Anethum graveolens, L.	繖形科	東南アジア、アラビア産。実は辛香。食味を滋くす。「本草綱目」巻26（アラビア産の植物、薬用）・篳澄茄・胡椒と同種。		Ⅶ473	
176	斫削揀選低下水濕黒塌香	しゃくさくかんせんていかすいしつこくとうこう				乳香を見よ。			
177	麝香	じゃこう	じやかうじか	Moschus moschiferus, Linne	しか科	チベット、四川省などに住む麝。芳香、薬用。牡の生殖腺、分秘物。ムスク	麝臍を同種とする。	Ⅻ328	林40-1
178	麝檀木	じゃだんぼく				麝香の香りのする木。占城、カンボジアに産出			諸蕃283 韓370
179	朱砂	しゅさ	辰砂（硫化水銀）	Cinnabar	——	水銀。辰砂、丹砂ともいわれ、水銀と硫黄の化合物。深紅色をなし顔料、薬剤に供す。		Ⅲ295	諸蕃101
180	修割香	しゅうかつこう				修割香と修截香と同じか。			
181	修截香	しゅうせつこう							
182	縮砂	しゅくさ	しゅくしゃ	Amomum xanthioides Wall.	しょうが科	東南アジア、大食に分布、広東、広西にも野生。実が根の下にあり、仁が殼内にある。辛い。他の香薬と混ぜて薬用とする。疲労回復、腎臓、胃に効く。	『国訳本草綱目』中に、「縮砂酒」Ⅶ297、「縮砂蜜」Ⅳ488の項目がある。		

183	熟速香	じゅくそくこう				樹が自然に仆れ、木質部分が腐蝕して残ったものを熟速香という。生速香の気味は持續性があるが、熟速香のほうは焦（うつろ）いやすいので、生速香が上質とされ、熟速香がこれに次ぐのである。			諸蕃276
184	熟纏末	じゅくてんまつ				乳香の一種か。香木の一種か。			
185	熟腦	じゅくのう				龍脳を見よ。			
186	小蘇木	しょうそぼく	すはう	Caesalpinia sappan, L.	まめ科（荳科）	蘇木を見よ。		Ⅸ427	
187	小布	しょうふ							
188	小片水盤頭	しょうへんすいばんとう							
189	召亭枝	しょうていし							
190	松花小螺殼	しょうかしょうらかく				松花は別名松黄。これに似た貝殻か。薬用。			
191	松香	しょうこう	しなまつ	Pinus sinensis, Benth.	まつ科（松科）	松脂。松の幹から分泌した樹脂。千年の松脂は琥珀となる。伏苓となる。硬膏、蠟膏の原料、薬用。	『国訳本草綱目』項目名「松」	Ⅸ101	
192	松子	しょうし	ちょうせんごよう	Pinus Koraiensis Sieb. et Zucc.	マツ科	松の実。海松子、薬用。	中薬390		諸蕃241
193	松搭子	しょうとうし							
194	稍靸	しょうそう							
195	上黄熟香	じょうこうじゅくこう				黄熟香を見よ。			
196	上色袋香	じょうしょくたいこう				乳香を見よ。			

197	上色餅乳香	じょうしょくへいにゅうこう				乳香を見よ。			
198	上箋香	じょうせんこう				箋香を見よ。沈香に次ぐ			
199	上中次箋香	じょうちゅうじせんこう				箋香を見よ。			
200	上等生香	じょうとうせいこう				生香を見よ。			
201	上等藥犀	じょうとうやくさい				薬犀を見よ。			
202	上等螺犀	じょうとうらさい				螺犀を見よ。			
203	上等鹿皮	じょうとうろくひ				鹿の皮。			
204	鍾乳石	しょうにゅうせき	石鍾乳・鍾乳石	Stalactite		石灰岩。薬用。	No.242「石鐘乳」の和名が「鍾乳石」。	Ⅲ425	
205	獐腦	しょうのう			樟科	camphor。楠より採取するケトン化合物で、普通カンフルと呼ばれるものである。樟脳か。	『国訳本草綱目』の「樟腦」	Ⅸ233	諸蕃57
206	韶腦	しょうのう	くすのき	Cinnamomum camphora, Nees et Eberm.	くすのき科(樟科)	樟脳に同じ。樟脳を見よ。	『国訳本草綱目』「樟腦」	Ⅸ233	
207	薔薇水	しょうびすい				薔薇水は大食國の薔薇花の露である。ペルシア語gulābすなわちバラ花を水にひたし溶出した油skimを採取したもの。	『国訳本草綱目』各種薬露「薔薇露」		林38-9 諸蕃270 韓342-3 山田304-30
208	菖蒲	しょうぶ	せきしやう	Acorus gramineus, Soland.	てんなんしやう科（天南星科）	池沢に生じ、高くなる。薬用、腫痛、眼、血液の病。		Ⅵ462	

209	蓯蓉	しょうよう		Cistanche deserticola Ma	ハマウウツボ科	内蒙古・新疆産の植物で栄養剤多年生寄生草木。腎、腸、不妊など。	中薬4109		
210	常山	じょうざん	じやうざんあぢさゐ（新称）	Dicroa febrifuga, Lour.	ゆきのした科（虎耳草科）	根、葉を薬用。発熱、痰。		Ｖ566	
211	榛子	しんし	はしばみ	Corylus heterophylla, Fisch.	かばのき科（樺木科）	東部シベリア、朝鮮、蒙古、中国北部に分布　薬用、腸、胃。	『国訳本草綱目』項目名は「榛」	Ⅷ423	
212	真珠	しんじゅ	しんじゅ	Pearls		コロマンデル海岸、オマーン、キシユ、スマトラ、カリマンタンなどで産出。「珠琲」は真珠の首飾り。		Ⅺ79	諸蕃304-6 韓419～21
213	秦皮	しんひ	しなとねりこ（新称）	Fraxinus sp.	もくせい科（木犀科）	もと秦地は陝西省、甘粛省に産したのでこの名がある。石檀、梣皮、ともいう。眼に効く。		Ⅸ343	
214	水銀	すいぎん	みづかね・すゐぎん	Mercury		水の様で銀に似ていることからこの名がある。丹砂を焼くと水銀が採れる。赤色の顔料（硫化水銀）。毒性が強いが、薬用にも用いる。		Ⅲ316	
215	水濕黒塌香	すいしつこくとうこう				乳香を見よ。			
216	水藤坯子	すいとうはいし				水藤は山甘草の異名。根を薬用とする。			
217	水藤篾	すいとうべつ		Mussaenda pubescens, Ait. f	アカネ科	山甘草の異名、蔓性小低木、解毒、打撲傷	中薬1874		
218	水盤頭幽香	すいばんとうゆうこう				大きい香。水盤とは、彫刻ができるくらい大きい香木のこと。			
219	隨風子	ずいふうし				訶子の異名	中薬267		
220	蕤仁	ずいじん				蕤の草木あり。その実は薬用。眼に効く。			

221	生薑	しょうきょう	しやうが	Zingiber officinale, L.	しやうが科（薑科）	乾薑と同種。乾燥してない薑。ひねしょうが。食用。万能薬。	『国訳本草綱目』「しょうきょう」	Ⅶ426	
222	生香	せいこう				生香は〔主に〕占城と眞臘に産出するが、海南のいたるところに分布している。その値段は烏里香よりも安い。まだ古木となっていない香樹を伐り倒し、木質部分に香ができていたばあい、これを生香とよび、皮質の三分に結香したものが暫香、五分が速香、七・八分が箋香、十分がすなわち沈香である。			林67 諸蕃277 韓356-7
223	生香片	せいこうへん				生香のかけら。			
224	生孰（熟）香	せいじゅくこう							
225	生速香	せいそくこう				香樹を伐栽し、木質部分を除去して採取したものを生速香という。生速香の気味は持續性があるが、熟速香のほうは焦（うつろ）いやすいので、生速香が上質とされ、熟速香がこれに次ぐのである。			諸蕃275～6
226	生苧布	せいちょふ							
227	生羊梗	せいようきょう				梗はやまにれ。梗			
228	青花蕃布	せいかばんぷ							
229	青橘皮	せいきつひ					『国訳本草綱目』項目名「橘」		
230	青桂香	せいけいこう				沈香の一種で、小枝や樹脂がついていないもの。			林50-1
231	青桂頭	せいけいとう				青桂香を見よ。			

232	青桂頭香	せいけいとうこう				青桂香を見よ。			
233	青碁盤布紬	せいごばんふちゅう							
234	青苧布	せいちょふ							
235	青椿香	せいちんこう							
236	青蕃碁盤小布	せいばんごばんしょうふ							
237	青木香	せいぼくこう	もくかう	Inula racemosa, Hook.fil.	きく科（菊科）		『国訳本草綱目』項目名は「木香」	Ⅳ451	林64（木香）
238	石花菜	せきかさい	てんぐさ、ところてんぐさ	Gelidium amansii, Lamx.	てんぐさ科	南海の沙石に生ず。珊瑚のようで、紅、白の二色あり。食用。		Ⅷ166	
239	石決明	せきけつめい	あはび	Haliotis gigantea, Gmelin.	あはび（石決明）科	あわび abalone。鰒（魚）、鮑（魚）、蚫などと書かれる。決明とは、千里の光の意。食用。眼の障害に効く。		Ⅺ85	諸蕃241
240	石斛	せきこく	せつこく	Dendrobium monile, Kränzl.	らん科（蘭科）	山中の岩石、枯樹の上に生ず。葉は竹、花は紫蘭に似ている。		Ⅵ523	中薬3066
241	石脂	せきし				石の一種で薬に用いる。赤色・黒色あり。			
242	石鍾乳	せきしょうにゅう	石鍾乳・鍾乳石	Stalactite		鍾乳石と同種。		Ⅲ425	
243	石碌	せきろく				緑青の異名。クジャク石Malachite．痰、下痢。中薬5551．緑色の天然食塩、干した湖の底ににあり。カラシャール、波斯にあり。			
244	赤魚鰾	せきぎょひょう							

245	赤倉腦	せきそうのう				龍脳の一種。			
246	赤蒼腦	せきそうのう				龍脳の一種。			
247	川芎	せんきゅう	せんきゅう	Cnidium officinale, Makino	繖形科（繖形科）	せんきゅう。和名おんなかずら。嫗葛草。Cnidium officinale Makino. 中國原産のセリ科多年草。茎は30～60センチメートルになる。根茎を70℃程度の湯に15分ほどひたし乾燥させたものを川芎として生薬に用いる。強壮、鎮痛作用がある。	『国訳本草綱目』「芎藭」	Ⅳ405	諸蕃101
248	川椒	せんしょう	さんせう	Zanthoxylum piperitum, DC.	へんるうだ科（芸香科）	蜀椒ともいう。木、皮、実ともに辛味。調理用。	『国訳本草綱目』「蜀椒」	Ⅷ531	
249	占城速香	せんじょうそくこう				速香は占城、カンボジア。木は生速香、腐食したものを熟速香。生速香の方が上質。			諸蕃275
250	洗銀珠	せんぎんしゅ							
251	煎香	せんこう	箋香（同じか）			不詳。沈香の一種に箋香ないし桟香がある。			韓351～2
252	鐵熨斗	せんうつと							
253	粗香	そこう							
254	粗黒小布	そこくしょうふ							
255	粗絲蕈頭	そしけんとう							
256	粗熟香	そじゅくこう				黄熟香の粗なるもの。			
257	粗熟香頭	そじゅくこうとう							
258	粗小布	そしょうふ							
259	粗生香	そせいこう				生香を見よ。			

260	粗鐵	そてつ				鉄			
261	蘇木	そぼく	すはう	Caesalpinia sappan, L.	まめ科	赤色の染料、すおう蘇芳、蘇枋、蘇方、朱芳、蘇枋木とも書く。東南アジアに産す。幹を煎じて、赤、紫の染料とする。また漢方薬としては赤痢、腸炎の特効薬となった。俗に窊木とよんでいる。		Ⅸ427	諸蕃290～1 韓384～5
262	蘇木脚	そぼくきゃく							
263	蘇合油	そごうゆ				「蘇合香油」蘇合香油は大食国に産出する。その気味（におい）は篤耨香に類似している。濃度が高く滓（かす）が無いのが上質。外国人は蘇合香油を身体に塗るが、閩（福建）では大風に患った人々も、これに倣って身体に塗る。（龍涎）軟香と混ぜ合わせるとか、医薬品に使用できる。英訳はstrax油。「番油」大（楓）子油があり、椰子の実に似たHydnocarpus anthelmintica Pierreの油。ハンセン病の特効薬として用いられた。			林43-5 諸蕃265～6 韓333～6 山田157-168
264	草菓	そうか				別名草果。荳蔲と同じ。		Ⅳ479	
265	草荳蔲	そうとうこう	さうづく	Alpinia globosa, Horan.	しょうが科	荳蔲の一種、香辛料		Ⅳ479	
266	相思子	そうしし	たうあづき	Abrus precatorius, L.	まめ科（荳科）	南海地方に産す。実は赤く小さい。この実を首飾りなどにする。頭痛、腹痛に効く。紅豆No.119を見よ。			
267	蒼朮	そうじゅつ	おけら	Atractylis ovata, Thunb.	きく科	根を薬用。水腫、風邪、胃腸に効く。白朮、赤朮は同種。		Ⅳ142	

268	象牙	ぞうげ				象牙は大食諸國および眞臘と占城兩國に産出するが、大食産のものが上物で眞臘と占城産は質が劣る。大きなものは五十斤から百斤ほどの重さがあり、その牙はすらりと長く眞白い色をしている。紋様がきめ細かいのが大食産のものである。眞臘、占城産のものは株が小さく紅い色をしており、重さは十數斤より二・三十斤ほどにすぎない。			諸蕃308-9 韓425～6
269	帶梗丁香	たいきょうていこう				帯根丁香か。根のついた丁香か。			
270	帶枝檀香	たいしだんこう							
271	大價香	だいかこう							
272	大食芎崙梅	だいしょくきゅうろんばい							
273	大蘇木	だいそぼく				蘇木を見よ。			
274	大布	だいふ							
275	大風子	だいふうし	たいふうしかつたいぐすり	Hydnocarpus anthelmintica, Pierre.	べにのき科（紅木科）	果実の名。大風とは癩病のこと。南海諸国方面に産す。大風疾（ライ病）を治すことから、この名がある。大樹で椰子の様で、数十個の種があり、其の中に黄色の油（大風油）がある。薬用。		Ⅸ460	諸蕃37
276	大風油	だいふうゆ				大風子をみよ。			
277	大腹（子）	だいふく				檳榔の一種。採取した檳榔の大きくて平たいもの。			諸蕃285-6
278	大腹子肉	だいふくしにく							
279	大片香	だいへんこう							

280	大片水盤香	だいへんすいばんこう				大きな香木。水盤とは彫刻が出来るくらい大きな香木の片のことをいう。ただし、そのままでは香が無く、焚くと香がある。			
281	瑇（玳）瑁	たいまい	たいまい	Eretmochelys squamosa（girard.）	うみがめ科	南方海洋産の大亀の甲羅であり、服飾や薬に用いる。瑇瑁の甲羅。瑇瑁は龜竈（あおうみがめ）に似た形をしている。甲羅は十三片、黒と白の斑紋がまだらにくみあわさり、その甲羅のすそのふちは缺けて鋸のようにぎざぎざである。 玳瑁とも書き、ウミガメ科の海生 Eretmochelye ímbricata　の甲羅。ベッコウ龜。太平洋、インド洋、大西洋の暖海地域に棲む。		XI20	諸蕃316-7 韓440～1
282	澤瀉	たくしゃ	さじおもだか	Alisma plantago L.	おもだか科（澤瀉科）	水草。葉、実は薬用。利尿、婦人病に効く。		VI443	
283	短小零板杉枋	たんしょうれいばんさんほう							
284	短板肩	たんばんけん							
285	斷白香	だんはくこう							
286	檀香	だんこう	びやくだん	Santalum album, L.	びやくだん科（檀香科）	sandalwoodの樹心、樹根から製し、白檀、紫檀、黄檀等がある。南海各地域に産する香料で、紫檀、黄檀、白檀の別がある。黄色のもを黄檀、紫色が紫檀、輕くて脆いものを沙檀とよぶ。香樹の古木は皮が薄く檀香がつまっている。これが上物なのである。次が七・八分香のもの、それより品質の悪いものを點星香とよぶ。		IX172	林41-31 （白檀香） 諸蕃278-9 韓358-360 山田307-318

287	檀香皮	だんこうひ							
288	中黄熟香	ちゅうこうじゅくこう				黄熟香を見よ。			
289	中熟速香	ちゅうじゅくそくこう				熟速香を見よ。			
290	中色袋香	ちゅうしょくたいこう				乳香を見よ。			
291	中色餅香	ちゅうしょくへいこう				乳香を見よ。			
292	中水盤香	ちゅうすいばんこう				水盤香を見よ。			
293	中生香	ちゅうせいこう				生香を見よ。			
294	中箋香	ちゅうせんこう				箋香を見よ。			
295	中等薬犀	ちゅうとうやくさい				薬犀を見よ。			
296	中等螺犀	ちゅうとうらさい				螺犀を見よ。			
297	紬丁	ちゅうてい							
298	苧麻	ちょま	からむし、まお	Boehmeria nivea, Hook. et Arn.	いらくさ科	麻糸のこと。皮を剥ぎ、糸にして布にする。薬用。解毒。婦人病に効く。		V 133	
299	長小零板板頭	ちょうしょうれいばんばんとう							
300	長木	ちょうぼく							
301	長倭條	ちょうわじょう							
302	潮脳	ちょうのう				樟脳を見よ。			

303	沈香	ちんこう			じんちょうげ科	gharuwood,伽羅、沈丁花科の香木の樹脂から製する。中国南部から東南アジアに産し、数種がある。眞臘國のものが最上、占城産がこれにつぎ、三佛齊や闍婆などのものが最も質が落ちる。堅くて黒いものが上質、次が黄色いものである。結晶となった沈香をナイフできれいに採り出したものを生結沈、自然に朽ちて脱落したものを熟沈、下岸（大食、三佛齊など）諸國に産出したものを蕃沈という。わが國でも伽羅などと呼ばれ寺院その他で廣く使用されている。喘息、嘔気、腹痛、冷え、鎮静、疲労回復に効果があるという。沈香に屬するものは以下の棧香、速暫香、黄熟香、生香の五品である。ちなみにサンスクリット agaru （マレー語 agharu, agilao）は水に浮かばない意味。			山田168-218（棧香、速暫香、黄熟香、生香） 諸蕃271-3 韓344-350 林29-32 53-55 （餕香）
304	枕頭土	ちんとうど				香料の名。沈香の一種。			
305	椿香頭	ちんこうとう			センダン科	『中薬』3717、椿白皮、異名香椿皮、香椿、とあり、これか？。			
306	丁香	ていこう				cloveの花蕾や実から製する。丁香は大食や闍婆諸國に産出する。その形状が丁の字に似ているところからこの名がある。口臭をけす作用があり、郎官は奏事のとき咀んで行う。丁香の大きなものを丁香母とよぶが、丁香母とはすなわち鶏舌香のことである。丁香はクローブclove. Eugenia caryophyllata Thunb つまりフトモモ科の常緑高木の花蕾や實などを乾燥させて作る。鶏舌香と同種。ベトナム、広州でとれる。小さい実を丁香、大きい実を母丁香という。香辛料、薬用。			林49-50 （鷄下香） 諸蕃279-280 韓361-364 山田318-344 （肉荳蔻）

307	丁香皮	ていこうひ				丁香の皮、薬用。			
308	丁香皮殻	ていこうひかく							
309	泥黄	でいこう				雄黄、雌黄か。			
310	鐵脚珠	てつきゃくしゅ							
311	天竺黄	てんじくこう	たけみそ	Tabasheer		インドに産す。竹の茎（竹桿）の節の中に塊状物質があり、それを取りだしたもの。解熱。小児の薬。	項目には竹黄とある。	Ⅸ713	
312	天南星	てんなんせい	まひづるんなんてんしやう	Arisaema heterophyllum, Bl.	てんなんしやう科（天南星科）	葉と根を用いる。風邪、中風。根は蒟蒻、半夏に似ている。		Ⅵ30	
313	纏香皮	てんこうひ							
314	纏丁香	てんていこう							
315	纏末	てんまつ				乳香の一種か。			
316	土牛膝	どぎゅうしつ	ヒナタイコノコズチ		ヒユ科	ヒマラヤ、四川、福建、東南アジア。根を利用、牛のように力があるの意。		Ⅴ258	
317	土檀香	どだんこう							
318	土鍋	どなべ							
319	荳蔲	とうこう							
320	荳蔲花	とうこうか				肉荳蔲mace。			
321	荳根	とうこん							
322	塌香	とうこう				乳香の一種。			
323	糖霜	とうそう							
324	藤黄	とうこう	しわう	Garcinia morella, Lesv.	おとぎりさう科（金絲桃科）	東南アジア産。樹皮は茶褐色、樹脂は黄赤色で黄色の絵の具とす。緩下剤。		Ⅵ435	
325	銅器	どうき							
326	篤芹子	とくきんし							

327	南蕃蘇木	なんばんそぼく				蘇木を見よ。			
328	二香	にこう							
329	肉桂	にくけい				桂を見よ。			
330	肉荳蔲	にくとうこう	にくづく ししづく	Myristica fragrans, Houtt.	にくづく科（肉豆蔲科）	肉豆蔲の樹は、高さは十丈にも達する。枝や幹、條枚（こえだ）は鬱蒼として、四・五十人を蔽うほどの廣さにおい繁る。春の終り頃に花が咲き、それを摘んで天日で乾す。これが豆蔲花という。肉豆蔲の實は榧子のようで、その殻をむいて肉をとる。灰で藏（つけ）こむと長期間の保存が可能である。肉豆蔲の成分は身體を温める効能がある。		Ⅳ507	諸蕃281 韓365-367 山田318-344 （丁香）
331	乳香	にゅうこう	くんりくかう にうかう	Pistacia Khinjuk, Stocks. Pistacia Lentiscus, L.	うるし科（漆樹科）	橄欖科の香木で樹脂を香料とし、又、薬用にも供する。おもにアラビア半島、インドで産する樹脂系の香料で、東西世界で珍重された。乳香には十三等の品目がある。最上の「揀香（かんこう）」から最下の「纏末（てんまつ）」に至る十三等の品目と特質を以下に挙げる。 第一等　揀香　円くて指の頭ほどの大きさをしており、一般には滴乳と呼ばれている。第二等　缾乳（へいにゅう）　品質は揀香の二級品。第三～五等　缾（へい）香（こう）　採取する時、鄭重にあつかい缾の中に容れておくところから、この名がある。上・中・下の三等に区別される。第六～八等　袋香（たいこう）　採取する時、袋の中に容れておくところから、この名がある。缾香と同様に三つの等級がある。 第九等　乳榻（にゅうとう）　香に砂や石が入り雑ったもの。第一〇等　黒榻（こくとう）　香色が黒っぽいもの。		Ⅸ197	諸蕃256～8 韓319～322 山田72-109 林32-34

						第一一等　水湿黒榻（すいしつこくとう）　船で運送中、香が水に漬かってしまい、香気が変わり色がおちたもの。第一二等　斫削（しゃくさく）　第一等から第一一等までの品が雑りあい、砕けたもの。第一三等　纏末　箕（み）であおりあげて塵のようになったものを纏末という。			
332	人參	にんじん	にんじん、おたねにんじん、てうせんひんじん	Panax Schinseng, NEES. 又Panax ginseng, C.A.Mey.	うこぎ科（五加科）	高麗人參。		Ⅳ30	諸蕃241
333	腦子	のうし				腦子は渤泥國に産出する。腦子は縫（みぞ）の中に出てくる。これを割って採取するのである。チップ状になっているものを梅花腦というのは、形が梅花に似ているからである。次に棒状になったものを金脚腦という。砕けたものを米腦といい、砕けて木屑とまざりあったものを蒼腦という。腦子をすっかり採取したあとの杉片を腦札といい、これを砕いて鋸屑とまぜあわせ、瓷器の中に入れ瓷器のふたをし、容器とふたの縫（みぞ）を固くふさぎ、熱灰でむしやきにする。蒸發した腦気が鋸屑に結ばれて塊になるが、これを聚腦といい、婦人の花環などを作る材料になる。又一種の油のようなものがあり、これを腦油という。腦油の香気は強烈であり香合油に浸（ま）ぜたほうがよい。Dryobalanops aromatica。フタバガキ科の常緑高木より採取する香で、香気は樟腦に似ている。龍腦を見よ。			韓313～318 諸蕃253-5 山田37～72（龍脳） 林28-9（龍脳）

334	腦泥	のうでい				龍脳の一種。			
335	把麻	はま							
336	破故紙	はこし	おらんだびゆ	Psoralea corylifolia, L.	まめ科（荳科）	補骨脂とも婆固脂ともいい、舶来の薬草。		Ⅳ511	
337	梅花腦	ばいかのう				チップ状になっているものを梅花脳というのは、形が梅花に似ているからである。龍脳の高級品。			諸蕃253-5（脳子）韓313～8（脳子）
338	白眼香	はくがんこう							
339	白牛角	はくぎゅうかく				白牛の角。			
340	白細布	はくさいふ							
341	白錫	はくしゃく							
342	白熟布	はくじゅくふ							
343	白朮	はくじゅつ	オオバナオケラ		キク科	根を使用。安徽、浙江に産す。脾臓、胃、下痢に使われる。			中薬4535
344	白蒼腦	はくそうのう				龍脳の一種。			
345	白苧布	はくちょふ							
346	白藤	はくとう				白花藤。沙藤ともいう。「六尺白藤牀」とは、これで織った胡牀を指すものであろう。			諸蕃82
347	白荳蔻	はくとうこう				樹は絲瓜、實は葡萄のようであり、山谷に蔓延している。春に花が咲き夏に實がなる。カンボジア、ビルマ、ジャワなどに産する。中でもカンボジアが最も多い。			諸蕃295 韓399～400
348	白藤棒	はくとうぼう							

349	白腦香	はくのうこう				龍脳の一種か			
350	白蕪荑	はくぶい	にがにれ		楡科	高麗に生ず、朝鮮楡ともいう。実を蕪荑			
351	白附子	はくふし	はくぶし	Aconitum koreanum, R.	うまのあしがた科（毛茛科）。	Aconitum carmichaelii Debx。一般に鳥兜のこと。中國原産のキンポウゲ科多年草。主として根にアコニチンaconitine などのアルカロイドを含み猛毒であるが、塊根を薬用として用い、強心利尿ほか多くの効能がある。母根を烏頭、子根を附子といい、また直接乾燥したものを烏根、加工を施したのを附子ともいう。東海、新羅國、遼東に産する。			諸蕃241
352	白木	はくぼく				藤田、続編は白を勺とする。『中薬』では白木香は沈香とする。	項目名は芍薬。和名はしやくやく。学名はPaeonia albiflora, Pall. 科名はうまのあしがた科（毛茛科）。	Ⅳ435	
353	白芷	びゃくし	はなうど	Heracleum lanatum, Michx.	繖形科	『本草綱目』巻14白芷に芳草、澤芬、苻蘺、葉名莴などの異名がある。根を生薬に用いる。婦人病、頭痛に効く。		Ⅳ425	林57-8（芳香）
354	白檀木	びゃくだんぼく	びやくだん	Santalum album, L.	びやくだん科（檀香科）	東南アジア産。芯材は香気があり、焚香の他に仏像、器具などを作る材料とする。			
355	拍還腦	はくかんのう							
356	舶上茴香	はくじょういきょう				茴香を見よ。			
357	舶上蘇木	はくじょうそぼく				蘇木を見よ。			
358	薄板	はくばん							

359	半夏	はんか	はんげ、からすびしゃく	Pinellia ternata, Breit.	てんなんしやう科（天南星科）	三枚の葉で、花は白。根を用いる。痰を切る。		Ⅵ48	
360	板掘	ばんくつ							
361	蕃顯布	ばんけんぷ							
362	蕃小花狹簟	ばんしょうかきょうてん				小さな菌の模様のしきもの			
363	蕃青班布	ばんせいはんぷ							
364	蕃蘇木	ばんそぼく				蘇木を見よ。			
365	蕃糖	ばんとう				砂糖			
366	蕃頭布	ばんとうふ				布			
367	翡翠	ひすい				カワセミ（鳥）の羽、赤、青、緑、装飾。（緑の堅い宝石）			諸蕃313～4 韓433～4 （翠毛）
368	皮單	ひたん				敷物			
369	皮篤耨香	ひとくどうこう				篤耨香を見よ。（No.383）			
370	蓽澄茄	ひっちょうか	ひつちようか	Piper cubeba, L. fil.	こせう科（胡椒科）	胡椒の一種。樹は藤のように蔓が延び、春に花が咲き夏に実がなる。牽牛子（あさがお）に似て、花は白く実は黒い。天日で乾かし袋詰めにし、闍婆の蘇吉丹に出荷する。		Ⅷ554	韓404～5 （蓽澄茄） 諸蕃298
371	蓽撥	ひつはつ	ひはつ	Piper longum, L.	こせう科（胡椒科）	香辛料、薬草、ペルシア方面に産す。実は紫褐色。蔓生。胡椒、蒟醤と同じ。		Ⅳ498	
372	苗沒藥	びょうぼつやく							
373	賓鐵	ひんてつ				鑌鐵。鋼鉄。			
374	檳榔	びんろう	びんらうじ	Areca catechu, L.	しゅろ科（椶櫚科）	檳榔樹の果実と種子。種子は、東南アジア・華南では清涼剤として嚙む。泉、広州ではこれで数万緡の年入をあげる。		Ⅷ477	諸蕃285～6 韓374～6

375	檳榔舊香連皮	びんろうきゅうこうれんぴ							
376	檳榔肉	びんろうにく							
377	斧口香	ふこうこう							
378	茯神	ふくしん			サルノコシカケ科	茯苓を見よ。マツ属植物の根に寄生。？べにマツの根が通ったとも言い、貴重がられる。			
379	茯苓	ぶくりょう	さるのこしかけ	Pachyma Hoelen, Rumph.		サルノコシカケ科の菌。松の根に寄生し、乾燥すると白くなる。水腫、淋疾に効く。利尿剤。	不完全菌の類、無胞子類	IX655	
380	米脳	べいのう				樟脳の一種。砕けたものを米脳という。			
381	鼊皮	へきひ				亀の一種（cheloniamydas）の甲羅。			
382	鼈甲	べっこう		Eretmochelys squamosa (girard)	ウミガメ	玳瑁、甲羅、甲は13片、装飾用、解毒在			
383	鼈甲篤耨香 篤耨香	べっこうとくどうこう				鼈甲（スッポン）の甲の形をした篤耨香。篤耨香とはカンボジアに産する漆科の樹脂で香料。黒白二種がある。			篤耨香 韓331～332 諸蕃263-4 林67
384	襪面布	べつめんふ				足袋の布か。			
385	片香	へんこう							
386	片水藤皮	へんすいとうひ							
387	片藤	へんとう							
388	片螺頭	へんらとう							
389	菩薩香	ぼさつこう							
390	菩提子	ぼだいし	むくろじ	Sapindus Mukurossi, Gaertn.	むくろじ科	無患子、木患子、油珠子という。念珠、器をつくる。		IX373	

391	蓬莪朮	ほうがじゅつ	ほうがじゅつ、又がじゅつ	Kaempferia pandurata, Roxb.	しやうが科（薑科）	蓬莪茂　根を使用。インド、マレイシア、広南に産す。生姜のようで、解毒、消化。		Ⅳ529	
392	鵬沙（砂）	ほうさ				硼砂、蓬砂、医薬や冶金にもちいる。硼酸塩で塩湖などの蒸発した乾燥地帯に産出。洗剤、薬物。チベット、ペルシア。			諸蕃101
393	茅朮	ぼうじゅつ							
394	冒頭香	ぼうとうこう							
395	防風	ぼうふう	ぼうふう	Siler divaricatum, Benth. et Hook. f.	繖形科	薬草		Ⅳ285	
396	沒石子	もつせきし	もつしょくし（原植物未詳）	未詳	未詳	無食子、墨石子、麻荼澤ともいう。ペルシア、アラビアに産す。果実は一年おきに採れる。タンニン酸の原料となり、染色、インク、髪染、薬用に用いられる。沙没律、蒲蘆ともいう。	『国訳本草綱目』項目名「無食子」	Ⅸ377	諸蕃288-9 韓379～380
397	沒藥	もつやく	もつやく	Commiphora myrrha, Engl.	かんらん科（橄欖科）	アラビア半島に産する。樹脂。薬用。ミイラを作る時の防腐剤。ミイラの語源。		Ⅸ206	林66 諸蕃259 韓323～324 山田109-129
398	母扶律膏	ぼふりつこう				龍脳の一種か。			
399	末硃砂	まつしゅさ							
400	蔓荊子	まんけいし	はまごう	Vitex rotundifolia, L.f.	くまつづら科（馬鞭草科）	苗が蔓生だから、その名がある。解熱、強壮の他に浴場料にして使用。		Ⅸ611	
401	密木	みつぼく				密香樹、密木、密香は沈香を指す。			林62（木密）
402	瑪瑙	めのう	めなう	Agete		岩石の隙間に化成する宝石。		Ⅲ264	
403	毛施布	もうしふ				毛織物か。			
404	毛絶布	もうぜつふ				毛織物か。			

405	木香	もくこう	もくかう	Inula racemosa, Hook. fil.	きく科（菊科）	アラビアに産する。樹の根を採って、天日で乾かす。健胃、嘔吐、下痢に効く。蜜香ともいう。		Ⅳ451	林34-6 諸蕃294-5 韓396-8
406	木扎腦	もくさつのう				龍脳の一種。			
407	木柱	もくちゅう							
408	木跳子	もくちょうし							
409	木蕃	もくばん							
410	木鼈子	もくべつし	もくべつし	Momordica cochinchinensis, Spreng.	うり科（葫蘆科）	南海地方に産し、実を採る。毒あり、薬用。腫毒を消す。腫痛に効く。		Ⅵ181	
411	木蘭茸	もくらんじょう	もくれん	Magnolia liliiflora, Desr.	もくれん科（木蘭科）		和名などは木蘭による。	Ⅸ143	
412	木蘭皮	もくらんひ	もくれん	Magnolia liliiflora, Desr.	もくれん科（木蘭科）	香が蘭、花が蓮の様で、木の芯が黄色なので黄心ともいう。樹皮を薬用とする。	和名などは木蘭による。	Ⅸ143	諸蕃87
413	木綿	もめん							
414	藥犀	やくさい				犀角は西番、南番、滇南、交州に産する。毒消しの効能がある。		Ⅻ242	
415	椰子長薄板合簟	やしちょうはくばんごうてん				椰子			諸蕃287 韓377～8
416	椰心簟	やしんてん				ジャワに産出。椰心草は山に生えており、藤に似た形状をして一丈餘りの長さになる。紋縷はまっすぐでなめらかにのび、節目がなく、椰心草の名がある。現地の婦女は採取して絲のようにさき、織って簟をつくるが、紅や黒に染めあげた絲をまぜ織りにしたものを花簟という。ゴザ・ムシロ。		り	諸蕃293-4 韓395

417	楡甘子	ゆかんし							
418	油脳	ゆのう				龍脳の一種。			
419	雄黄	ゆうこう	ゆうわう・鶏冠石（二硫化砒素）	Realgar (As_2S_2)		硫化砒素。黄色で顔料、火薬に用いる。殺虫剤。		Ⅲ349	
420	幽香	ゆうこう							
421	螺殻	らかく							
422	螺犀	らさい							
423	柳桂	りゅうけい							
424	龍骨草	りゅうこつそう				『中薬』5476竜骨蓮？あり。			
425	龍涎香	りゅうせんこう				マッコウ鯨の腸内にできた結石性の分泌物。アフリカ、インド、スマトラ。高級、根が高い香物。			林27-8 諸蕃315-6 韓437～9 山田261-30
426	龍脳	りゅうのう	りゆうなうかう	Dryobalanops aromatica, Gaertn.	りゆうなうかう科（龍脳香科）	龍脳香のこと。熱帯アジア、西アジアに生息する大高木。樹根中の乾脂。膏は根下の清液。雲母の如く、色は氷雪。最高のものは梅花脳、一名氷片脳ともいう。精錬したものを油脳という。その他、形、色によって命名し、全部で九等ある。熟脳、梅花脳、米脳、白蒼脳、油脳、赤倉脳、脳泥、鹿速脳、木札脳。		X412	諸蕃253～260 韓437～9 山田37-72 林28-9、50（波律香）
427	菱牙簟	りょうがてん							
428	琉璃	るり				大食諸國に産出する。燒煉の技法は中國と同じである。中國の製法は鉛硝・石膏をつかって焼きあげるが、大食では南鵬砂をまぜるので光澤はあまりないけれども、寒暑にはとても強く水をためておいても壊れることはない。だから中國のものより珍重されるのである。	英譯名、Coloured glass.	Ⅲ272	諸蕃302-3 韓413～7

429	瑠璃珠	るりしゅ				ガラス玉か。			
430	瑠琉水盤頭	るりすいばんとう				水盤は大きいものに使われる。ガラスの大いいものか。			
431	令團合雜木柱	れいだんごうざつぼくちゅう							
432	冷餅	れいへい							
433	苓牙簟	れいがてん							
434	苓苓香	れいれいこう							
435	楝香	れんこう				乳香の最上級のもの。			
436	連皮	れんぴ							
437	臠香	れんこう				臠は切り刻んだ、細かく切ったものの意。細かい香か。			
438	蘆會	ろかい	ろゑ又ろくわい	Aloe vulgaris, Lam.	ゆり科	蘆薈、aloe,アフリカ、ペルシアに産す。アロエのこと。中國では王侯の遺體は、斂棺し蘆薈や龍腦の中に安置しておく風習があると語るのは注目される。	表記は盧會。	Ⅸ242	諸蕃300 韓409〜410
439	鹿角	ろくかく				鹿の角、解熱			
440	鹿茸	ろくじょう	あしあじか（亞細亞鹿）	Cervus elaphus, L.	しか科	梅花鹿、馬鹿の未だ骨化しない幼角（ふくろ角）を採ったもので、花鹿茸、馬鹿茸と称し、強壮薬として貴ばれている。その他、鹿類動物のふくろ角を鹿茸という。	鹿の項目にある。和名等は鹿のもの。鹿茸の詳細は12冊286頁。	Ⅻ286	
441	鹿速香	ろくそくこう				粗の速香の一種。沈香			
442	鹿速腦	ろくそくのう				龍脳の一種か。			
443	倭板	わばん				「材木」杉材や羅木が多く生えており、長さ十四・五丈、直径四尺あまりになる。土地の人は木をさき枋板にして、大きな艦でもって泉州に運搬し貿易する。『諸蕃志』。			

444	倭枋板頭	わほうばんとう				日本の材木			
445	倭梨木	わりぼく				日本の材木			
446	窊木	わぼく				蘇木を俗に窊木という。			
	貓兒睛					宝石			諸蕃
	硨磲								韓418

＊諸蕃は、『諸蕃志』藤善真澄訳注、関西大学、1990年
＊韓は、韓振華『諸蕃志注補』香港大学亜洲研究中心、2000年
＊山は、山田憲太郎『東亜香料史研究』中央公論美術出版、1979年
＊林は、林天蔚『宋代香薬貿易史稿』中国学社（香港）、1960年
＊本草綱目は、『新註校定国訳本草綱目』春陽堂書店、1979年
の説明箇所の巻数ならびに頁数である。

第三節　乳香考㈠――『中書備対』の記述について――

はじめに

宋代では、西アジア特産の乳香は、非常に珍重がられた。乳香は、市舶司に入ると、無条件に禁榷品（専売品）として、中央政府に送られる（起発）ほど重要視されていた。龍脳は品質によって九等に分類されているのに対して、乳香は高級品から下級品まで十三～十五等位まで分別されている。これだけ細分化されていることは、政府、そして一般の人々の需要が多かったからであろう。一方、政府は乳香の獲得に熱心で、西アジア（大食）から乳香を持ってくれれば褒美を与え、さらに、大食人の中国の長期滞在を許さず、大食より乳香を持参せよと、蕃商に要請しているほどである。また朝貢品としても大食、東南アジア諸国から大量の乳香がもたらされている。しかしそれほど重要な乳香は、政府は何に、どの様に使用したのであろうか。

畢仲衍『中書備対』に短い記述であるが、乳香についての記載がある。これは『粤海関志』巻三、前代事実二、宋の部分の中に引用されているものである。北宋の熙寧十年ごろ広州市舶司に大量の乳香が入り、その乳香を政府は買い取り、それを各部署に出売した金額が記されている。難解な文で、これまで、按文に広州貿易の繁栄を記す文があり、それだけを取り上げてその盛況を論じているが、乳香を記す本文は管見の限り誰も解読してないようである。山田憲太郎氏は「私にはどう分析してよいのかわからないから、単に史料の引用にとどめる……」（『東亜香料史研究』一九七六年、一〇三～一〇六頁）と資料の紹介のみをしており、林天蔚氏も『宋代香薬貿易史稿』（一九七五年再版、三三七～三三八頁、台北）で内容には触れてない。そこで、本稿では『中書備対』に記されている乳香に関する本文を読んでみて、その内容、乳香の状況、また政府はどのように使用しているかなどを検討してみたい。

一、広州の乳香

『中書備対』に記された記述は短く、本文と『粵海関志』の編者の梁廷枏の案文を入れて、七八六文字である。まず以下に原文を記す。文中では説明上、現代語訳を記した。語訳は文を囲み太字にした。［　］は原文の双行割注である。（　）は筆者が内容を説明するためにつけ、改行、句読点も適宜に行った。数字は見易くするためにアラビア数字を使った。巻末に書き下し文を附した。以下、資料に沿って検討していきたい。

原文『粵海関志』巻三、前代事実二

明・杭・広州市舶司博到乳香、計三十五万四千四百四十九斤［割注　三司売過香付］。広州［割注　熙寧十年帳内、不開説係用是何銭物博買到］収三十四万八千六百七十三斤［割注　四色瓶香二十一万七千九百九十五斤・三袋香一十万四千九百六十三斤。黒塌香一万五千四百五十斤・水湿黒塌香一千二百一十七斤・散纒香末九千四十八斤］。西・南香価。西香六等［割注　回紇、毎斤三貫三百文、第一等回紇瓶香、毎斤三貫三百文、回紇顆塊香、毎斤二貫文、回紇第一等瓶香纒、毎斤一貫二百文、回紇纒、毎斤一貫二百文、回紇纒末、毎斤三百文］。南香六等［割注　揀上第一等瓶香、毎斤四貫九百文、第一等瓶香、毎斤三貫八百文、第二等、毎斤三貫三百文、第三等、毎斤二貫文、黒場、毎斤一貫六百文、七香合、毎斤一貫三百文〕。三司三年、出売計八十九万四千七百一十九貫三百五文〔割注　元豊元年、香薬庫見在香、一百二万一千四百二十一斤、市易務下見在香、九千六百二十七斤見在〕。

熙寧九年、三十二万七千六百六貫一百四十七文〔割注　市易務二十二万六千六百七十五貫九百六十八文、外州軍、関到銭五万五千六十二貫六百九十五文、雑買場、関到銭五万七千六百五十九貫三百二十七文、已上計三千三万九千三百九十七貫九百九十文、内除薬銭一万一千七百九十一貫八百四十三文外、計到上項銭貫数〕。熙寧十年、三十一万三千三百七十四貫二百四文〔割注　市易銭一十七万七千三百七十貫八百四十八文、上界還到一万七千九百四十五貫九百五十文、関到売過密州板橋鎮香三万七千九百一十四貫八百三十八文、外州軍関到銭四万五千五百八十八貫九百五十三文、雑買場関到銭三万四千八百五十三貫六百一十五文〕。元豊元年、二十五万三千七百三十八貫九百五十四文〔割注　市易務一十九万二千三百七十五貫五百二十四文、上界関到売過密州板橋鎮香銭二万一百三十貫九百六十六文、外州軍関到三万三千一百六十一貫七百一文、雑買場関到銭八千七十貫七百六十三文。畢〔仲〕衍、中書備対〕。

謹按、備対所言三州市舶司乳香三十五万四千四百四十九斤、其内、明州収所、惟四千七百三十九斤、杭州収所惟六百三十七斤。而広州収者則有三十四万八千六百七十三斤、是雖三処置司、実祇広州最盛也。

『中書備対』のこの資料は、北宋の熙寧九年（一〇七六）～元豊元年（一〇七八）ごろの状況を記したもので、広州の海外貿易品の乳香、並びに専売品であった乳香は都に送られ、中央政府の財政機関、三司の管理のもとに置かれ、その運用を記したものである。この時期は、丁度、王安石の新法改革が行われていた時であり、このような時代背景のもとに、この資料を紐解いていきたい。

まず、広州の乳香の状況について記す。当時、市舶司が置かれていたのは、明州、杭州、広州の三市舶司であった。熙寧十年（一〇七七）に、乳香が海外貿易品として輸入された。その量は、非常に多く、専売品であるから、中央に送るため（地元で売らない）政府が買い取るつまり博買をして起発された（都に送る）。その額は三五万四四四九斤であった。これは三市舶司全体の量である。これをキログラムになおすと、宋代は一斤が約六三〇グラム位(1)であるので六〇〇グラムと計算して（354449×600g＝212669400g）、二一二トン六六九キロ四〇〇グラム、約二一二トンという膨大な分量と重さである。そのうち広州の乳香は、三四万八六七三斤を占め、それは全体の九八％に上る。乳香は広州がすべてと言って過言ではない。ちなみに三四万八六七三斤は、約二〇八・六トンという重さである。これは広州の繁栄をしめすもので、後に広州と同等位に発達する泉州には、十年後の元祐二年（一〇八七）に市舶司が設置された。それまでは南方諸国からの物品は、殆ど広州に集積されていた。つまり北宋の熙寧年間は、広州第一の時代であった。しかし、広州では乳香が、全体の九八％という数値であったが、貿易品すべてが九八％というわけではない。例えば、高麗や日本に近い明州では漆、人参などの特産品は、広州を越えていたに違いない。南方の乳香だから広州なのである。

割注に「三司が売った香」とあるのは三司が各部署に乳香を出売したことを指す。三司は(2)、国の財政の最高機関であり、市易務、推貨務などを統括していた。しかしまもなく元豊の官制改革により、元豊五年に三司は戸部の管轄下に入るが、本稿の時期は戸部に入る前で、三司が実権を握っていたころである。

割注に、「熙寧十年の帳簿には、乳香を博買するのに、どれだけの銭・物を用いたかという記録が無い」とあることから、この三四万斤の乳香の収得は熙寧十年と考えて間違いない。政府がこれだけの乳香を博買（政府の買上げ）するわけであるから、いくら安く買い取るといっても、かなりの金額であったのであろう。博買の記録がないとある明、杭、広州市舶司より博買（政府が買い取った）した乳香は、35万4449斤を数える［割注　ここには三司が売った香も附してある］。
広州は［割注　熙寧10年の帳簿には、博買（政府が買い取る）するために何を、どれだけ、銭物を用いたかについては記載がない］34万8673斤を収得した（それらの乳香の品質と数量は次の通りである）。

［割注　四色瓶香　21万7995斤　（62.5%）
三袋香　10万4963斤　（30.1%）
黒塌香　1万5450斤　（ 4.4%）
水湿黒塌香　1217斤　（ 0.3%）
散纒香末　9048斤　（ 2.6%）
（合計99.9%）
（合計　34万8673斤）

（乳香には）西と南の香の値段がある。
西香には6等（段階）ある。
1）回紇　毎斤　3貫300文
2）第一等回紇瓶　毎斤　3貫300文
3）回紇顆塊香　毎斤　2貫文
4）回紇第一等瓶香纒　毎斤　1貫200文
5）回紇纒　毎斤　1貫200文
6）回紇纒末　毎斤　300文
南香も六等ある。
1）揀上第一等瓶　毎斤　4貫900文
2）第一等瓶香　毎斤　3貫800文
3）第二等（瓶香）　毎斤　3貫300文
4）第三等（瓶香）　毎斤　2貫文
5）黒纒　毎斤　1貫600文
6）七香合わせて　毎斤　1貫300文　割注終わり］

が、当時このような詳細な記録、帳簿が存在していたこと、それがないとはいえ博買の金額を資料の著者が注意していたことに留意したい。

次に、広州に入った乳香三十四万余斤の品質と数量と一斤当たりの価格を記す。乳香が産地別であろうか、西香と南香にわかれている。西香は一名回紇と呼び、回紇……と記す。広州にはいったものは南香である。

北宋の熙寧年間の乳

表1　乳香の種類、等級、名称など、『中書備対』『諸蕃志』『宋会要』に見える対照表

中書備対		諸蕃志	宋会要　市舶　紹興3年、11年
1斤の値			玉乳香＊＊
揀上第一等瓶香	1斤4貫900文	揀香（滴乳）	揀香
		缾　乳	
第一等瓶香	3貫800文	上缾香	上色缾香
第二等瓶香	3貫300文	中缾香	中缾香
			次下色缾香
第三等瓶香	2貫	下缾香	下色缾香
上袋香	＊（1貫900文）	上袋香	上色袋香
中袋香	＊（1貫800文）	中袋香	中色袋香
下袋香	＊（1貫700文）	下袋香	下色袋香
		乳榻	榻香
黒搨香		黒搨	黒榻香
水湿黒搨香		水湿黒搨	水湿黒搨香
			低下水湿黒搨香
黒纏	1貫600文		
散纏香木（七香合）	1貫300文	斫削	斫削
			揀選熟纏末
		纏末	纏末

＊（　　）は筆者が資料より計算して書き加えたものである。
＊＊玉乳香は、資料にはこの名称があるだけで、最高のものであるとは記されてない。

香の実態が良くわかり、品質による価格までわかることは管見の限りこの資料だけであり、乳香の基準が分かり、貴重な記述である。

まず、乳香の種類をみる。広州の市舶司で分類したものであろう。乳香の品質による名称は、これまでの資料を見ると『諸蕃志』（乳香）は十三等に、『宋会要』職官四四市舶は十六等に、『中書備対』は十等に分けられている。この比較を一つの表にした。**表1**「乳香の種類、等級、名称など、『中書備対』『諸蕃志』『宋会要』に見える対照表」を参照。[3] 本稿に記されている種類をみると、「四色瓶香」の瓶香は高級品で、樹脂である乳香を瓶で受けたことによる。価格表と対照すると瓶香は四種で棟上第一等、第一等〜第三等の四種。その値は、一斤四貫九百文（棟上第一等）から一斤二貫（第三等瓶香）とずいぶん差があるが、その瓶香が二一万余斤で全体の六〇％をしめる。次が袋香で乳香を採取したという袋香は上、中、下の三

四色瓶香	21万7995斤	×	3.5貫＝	762982.5貫
袋香	10万4963斤	×	1.8貫＝	188933.4貫
黒塲香	1万5450斤	×	1.6貫＝	24720　貫
水湿黒塲香	1217斤	×	1.3貫＝	1582.1貫
散纒香末	9048斤	×	1.3貫＝	11762.4貫
		合計	＝	989980.4貫

種であるが値段が無い。しかし前後の文章から袋香の価格は一斤二貫～一貫六〇〇文の間で、上は一貫九百文、中は一貫八百文、下は一貫七百文であったことが推定される。この袋香が一〇万余斤で三〇％となり、瓶香と袋香で九〇％を占める。両者とも中等よりかなり上位にあり、質の良い乳香が広州に入っていたことになる。

次が黒塲香。これは自然落下したために砂や石が付着し、石が混じったもので七％。次が、航海中に海水が入ったもの水湿黒塲香、〇・三％、次に屑のようになったもの散纒香末、二・六％、以上、黒塲香以下合わせて、上級と言えない混ざりもの、湿気が入ったものが一〇％という構成になっている。屑のような乳香まで、購入の対象になり、値段までついていること、一斤一貫三百文という高値であることは興味深い。しかし、上級品に比べてこれでも下級品は安価なので用途によって、また一般の人々に売られたのであろう。

この三十四万余斤の乳香は価格にしてどのくらいになるのであろうか。試算してみる。南香六等の表により、品質の種類と価格表を基にして、概算を試みたのが上の図である。品質の一斤の価格は平均をとった。

約九九万、つまり乳香三四万八六七三斤は、約百万貫となる。これは正確な数字ではないが、ほぼこのくらいの数字になることは間違いない。熙寧十年に入った広州の乳香三四万八六七三斤の価格は約百万貫と考えてよい。

今、南香についてみてきたが、資料には西香についても記載がある。回紇香についてはは『宋会要』食貨五五権貨務、大中祥符七年五月十九日に「回紇香」とだけが記されている。

三司が３年間に売り出した（出売）金額は　89万4719貫305文である。
［元豊元年、香薬庫に有った香　102万1421斤
市易務下にあった香　9627斤］

回紇香の産地は中央アジア方面であろう。すると中央アジアの回鶻、亀茲、于闐などが乳香をもって朝貢にきておりそれは西香であったに違いない。価格も南香と比べて、安価である。熙寧十年于闐国からの使いが乳香三万一千斤で四万四千貫とし、三千貫下げて売ったとある（『宋会要』食貨三八—三二熙寧十年十月二十七日、蕃夷四于闐十月三日）。すると一斤一・三貫となり、回紇纏、回紇第一等瓶香纏の一貫二百文に相当し、安価で悪い。西香は『本草綱目』巻三四の乳香に西香はインドの南でとれる乳香を言うとある。西香と南香については、検討しなければならなし、今後の課題である。広州に入った南香は、西アジアのアラビア半島のイエメンを中心とする一帯、アフリカのソマリア地方の特産で、西香と比べて値段は高いが品質は良好であった。

二、三司が出売した乳香

三司が三年間に出売した金額は計八九万四七一九貫三〇五文である。割注に元豊元年には香薬庫には一〇二万一四二一斤と市易務下に九六二七斤あるという。ここで三年間に出売した八九万余貫と、割注の香の合計一〇三万余斤との関係がはっきりしない。斤と貫とでは単位が異なるので、比較が出来ない。しかしこの場合この香は約一斤が八百文の計算になる。しかし、出売は熙寧九年からはじまっている（後述）のに、元豊元年の香の蓄えを表していることである。在庫が多いことを示したのであろうか。前項の「広州の乳香」の数字から試算してみると、香薬庫（一〇二余斤）と市易務下（九万余斤）、つまり在庫の約一〇三万余斤の量は、三市舶司に入る（一年三五万余斤）三年分余の乳香の数量で

ある。さらに三司が三年間に出売した約九〇万貫は、広州の一年分の乳香（九〇～一百万貫）の価格に相当する。ここで問題なのは、三司が売出した香はすべてが乳香であったか、一般の香も交じっていたか、この文だけではあきらかに出来ないが、文全体の内容からして、乳香であった可能性は強い。

文中の語句についてみると、「香薬庫」とは中央政府管轄の庫で市舶司からの香薬等を中央で貯蔵した倉庫で、まず重要なものは内蔵庫に入り、次に香薬庫に入った。宮廷で使用される香薬類を収め、余剰は権貨務より商人に売られた。

「市易務下」とは、これまでの榷貨務（三司に属する専売を扱う役所）（『宋会要』食貨三六榷易）のことである。王安石の新法改革のもとで、市易法（『宋会要』食貨三七市易）が行われ、熙寧五年（一〇七二）七月五日から元豊七年（一〇八四）年四月十二日までの十三年間、榷貨務は市易務に入り、名称も「市易西務下界（市易下界）」とかわった（『宋会要』職官二七太府寺熙寧五年七月五日の条、元豊七年七月五日の条）。そして市易務は大きな勢力を持つようになる。本文の「市易務下」は正式には上に述べたように市易西務下界と言い、その仕事は、これまで通り、手形を発行して、商人に辺境地に銭をおさめさせ、市易下界（もと榷貨務）で銭や塩、茶、香薬などの専売品などで受け取らせ、販売権を与えた。一方、京師市易務も名称が変わり、市易東務上界とした（後述）。市易西務下界と対になる。そもそも市易法とは、物貨の流通をよくし、物貨の値段を安定させるために、物の豊富で安価な時に買い入れ、物が少なく高価な時に放出させた。そのためにはこれまでの大商人等による中間搾取を除き、国家財政の利益のためにも、国が率先してそれを行なおうと試みたものである。したがって、資本金は内蔵庫や三司などの官銭を資本金とした。本稿の記述もこのような意図のもとに三司からの資本援助つまり出売がなされていたのであろう。

では実際に、三司はどのくらいの金額をどの部署に香を出売したかを見てみよう。三司が三年間、熙寧九年、十年、

熙寧９年　32万7606貫147文		
［割注　市易務	22万6675貫968文	(69　%)
外州・軍より関到せる銭	5万5062貫695文	(16.8%)
雑買場より関到せる銭	5万7659貫327文	(14.5%)
33万9397貫990文［内、薬銭11791貫843文を除く32万7606貫147文］		
(33万9397貫990文―11791貫843文＝32万7606貫147文)		

元豊元年にわたって出売した金額と部署の名前が記されている。まず熙寧九年の場合、上の様にある。

熙寧九年に三司が出売したのは三二万余貫。今まで、数字の単位が斤であったのが、ここからは、銅銭の単位に変わる。市易務に出売した二二万余貫は全体の七割をしめる。王安石の新法の改革の一つとして市易法が施行された。市易法を推進させる資本金として出売したものであろう。三司が各部署に乳香を出売するということは、そのまま解釈すると問題で、各部が活動するために乳香を三司から持ち出した金額ではないかと考える。出売とは三司が各部署に乳香を出売するということであるが、三司が乳香を売り出すことではなく、各部が活動するために乳香を三司から持ち出した金額、つまり活動をする資本金として利用した金額ではないかと考える。

次に「外州軍関到銭」とあり五万余貫で一六・八％である。「外州・軍の関到せる銭」または「外州・軍より関到せる銭」の意味であろう。外の州、軍（辺境地を指す）に商人が銭、糧草などを届け、その分の金額、香薬などの手形を発行させ、都の榷貨務で優遇つきで支払った。関とは、関子のことで、官府が発行する約束手形であり見銭関子のことである[4]。この方法は、北宋の真宗の頃から使用されて、南宋になって盛んにおこなわれた。会子、交子と同じ用法である。一例を示すと商人が辺境地などに見銭を納入し、そこでその金額の関子を発行してもらい、それをもって榷貨務に行き関子と引き換えに見銭を受け取る。約一％の優遇措置があった。また引に記されている専売品の塩、茶、乳香などで受け

熙寧10年		31万3374貫204文	
［割注	市易務	17万7370貫848文	（56.6%）
	上界より還到	1万7945貫950文	（ 5.7%）
	関到して密州板橋鎮に売過した香	3万7914貫838文	（12.0%）
	外州・軍に関到した銭	4万5588貫953文	（14.5%）
	雑買場に関到した銭	3万4853貫615文］	（11.1%）
		（合計　31万3674貫204文）計	（99.9%）

取り、また生産地で受けとり、特定の地域での販売許可を得ることが出来た（『建炎以来繫年要録』巻四八紹興元年十月壬午）。つまり、関到銭とは、商人が現金を届け（入中）、関子をもらい、榷貨務で銭か乳香、専売品と販売許可書を受け取った。専売品は自由に販売することは許されなかった。そのことについては、『慶元条法事類』巻二八榷禁門、乳香、勅　令　格にいう「販官乳香引」があり、許可なしに販売できない規定が定められており、違反すれば厳しく罰せられた。この乳香の規定については次節で述べる。

「雑買場の関到銭」の雑買場とは宮廷や官用で必要な物品を購入する官署である。『宋会要』食貨五五雑買務に、商人たちが銭、香を入れ、関子を発行し市易西務外界で、銭、乳香などの専売品に変え、引をもらって乳香を販売する例が見られる。この雑買務は熙寧五年七月には、市易務に雑売場、在京商税院と共に統括されることになった。つまり、雑買場は市易務の管轄下に入ったことになる[5]。市易務の力は大きくなっていく。なお薬銭として使用されたのは除外されているが、乳香が特別薬として薬局に使用されたからであろう。乳香と薬銭との関係は乳香使用のことで、注目したい。

『粤海関志』では熙寧十年は三一万三三七四貫二〇四文であるが、内分けの項目の数字を加えていくと、三一万三六七四貫二〇四文となり三〇〇貫多い。多分内分けの数字で間違ったのではないだろうか。ここはこのままにしておく。

熙寧十年についてみると、市易務は一七万余貫と多い。「上界還到」の上界とは、

元豊元年　25万3738貫954文		
市易務	19万2375貫524文	75.8%
上界より関到し密州板橋鎮に売過した香の銭	2万0130貫966文	7.9%
外州・軍より関到した銭	3万3161貫701文	13　%
雑買場より関到した銭	8070貫763文	3　%
畢［仲］衍　中書備対		(99.7%)

前述したように、もとの京師市易務が市易東務上界と改名されたのである。熙寧五年一月のことで、十月には三司より独立し、都提挙市易司のもとに統括される。市易東務上界は元豊七年まで続く。「還到（銭）」の還は関ではないかとも考えられる。「関到銭」とするとこれまでの関子と同じで銭を入れて関子を受け取り下界で銭、香などを受け取る方法である。しかし、還は返すという意もあり、支還として使われていることが多い。例えば天聖元年二月、河北州、軍に糧草を納めたものは規則に従って茶貨、香薬、象牙で支還す（『宋会要』食貨三六、榷易務）の如くである。このように解釈すると字を訂正しなくても支還の意で使われたことも考えられる。したがって文を省略したとして解釈し、還到として置く。したがって「上界還到」は市易務銭に入るものであろう。

「関到して密州板橋鎮に売過した香」は四万余貫。次の元豊元年に「上界より関到して密州板橋鎮に売過せる香の銭」とあり、「上界」が付け加えられているが、同じものである。上界（市易東務上界）より関子を持参して、引と乳香を受け取り、引に指定された地域内で販売を許された。この地域は山東省密州板橋鎮であり、遼、高麗などとの交易の要所であり、乳香の需要も多く、高値で売ることができたのであろう。十年後の元祐三年（一〇八六）にここ密州板橋鎮に市舶司がおかれるようになったが、この時点で乳香の要望が高かったのであろう。

最後の元豊元年である。三司の出売が年々少なくなっているが二五万余貫とは少ない。項目は同じでも、金額が少なくなっている。項目については、これまで説明してきたので、説明は省く。全体の割合をみると、七五％が市易務への出売で雑買場、上界という市易務関係を入れると、八五％が市易務管轄への出売となる。

これまでみてきた三年間の三司の出売について、各部署への配分の金額を一覧表にした。表２「三司の出売金額（八九万四七一九貫三〇五文）と部署への内訳け」を参照されたい。全体を平均すると、市易務に六五・七％を融資している。次が外州・軍関到銭の一四・七％と比率は少ないが、三年連続で一〇％以上である。州・軍の地域名が分からないが、西夏、遼に接する辺境地域（戦闘）及びその準備金だったと考えられる。その他、宮中、官僚の必要品とし

表２　三司の出売金額（894719貫305文）と部署への内訳け

	熙寧９年（1076）		熙寧10年（1077）		元豊元年（1078）		合計	三司出売の割合
	貫文	％	貫文	％	貫文	％	貫文	％
市易務	226,675.968	69.2	177,370.848	56.6	192,375.524	75.8	596,422.340	66.6
上界還到	—		17,945.950	5.7	—		17,945.950	1.9
関到売過密州板橋鎮香	—		37,914.838	12	20,130.966	7.99	58,045.804	6.5
外州軍関到銭	55,062.695	16.8	45,588.953	14.5	33,161.701	13	133,813.349	14.9
雑買場関到銭	57,659.327	17.6	34,853.615	11.1	8,070.763	3.1	100,583.705	11.2
小合計	339,397.990	103.6	313,674.204	99.5	253,738.954	99.8	906,811.148	101.1
（除）薬銭	11,791.843		—		—		—	—
合計	327,606.147		＊313,674.204		253,738.954		895,019.305	粤海より300貫多い
『粤海関志』	327,606.147		＊313,374.204		253,738.954		＊＊894719.305	—

＊『粤海関志』では合計が313374.204とあるが、計算すると313674.204となり、300貫多い。
＊＊『粤海関志』の合計と一致する

謹んで（梁廷枏が）検討しますに、備対の言うところの三州市舶司の乳香35万4449斤について、その内分けを見ますと、明州の収めるものは、惟だ4739斤で、杭州の収める所は惟だ637斤のみであるのに対して、広州の収めるものは、34万8637斤で、是れ三処に司を置くと雖も、実に祇だ広州が最も盛んであります。

て雑買場へ一〇％、密州板橋鎮への乳香の売買が六％。高麗、遼との貿易であろう。密州での乳香の需要が高かったことが十分に考えられる。密州に市舶司が設置されるのは十年後の元祐三年のことである。

最後に畢［仲］衍　中書備対とあり、この記述が畢［仲］衍の按語として『中書備対』に記されていたことを指す。本文に対する畢［仲］衍の感想である。

最後のこの一文は、『中書備対』の文章ではなく、『粤海関志』の編纂者梁廷枏の言である。数字が少し違う。三市舶司の乳香は三五万四四四九斤としていると言っておきながら、三市舶司の乳香額（明州四七三九斤　杭州六三七斤　広州三四万八六七三斤）の合計は、三五万四〇四九斤と四百斤の不足である。どこかに数字のミスがあるのであろう。この明、杭州の数字は本文になく、梁廷枏が見ることが出来る資料の中に記されているものである。『粤海関志』の編纂者梁廷枏も記しているように、南海産（南香）の乳香は、北宋には広州が三十四万余斤も収得していたことに、更に当時広州最大の貿易港であったことを、清朝の広州の役人として、過去のこととはいえ誇らしく思って記したのであろう。

おわりに

『中書備対』の乳香に関する資料を紹介した。内容は二つに分かれ、⑴熙寧十年に広州に入った乳香の数量と品質、⑵財政を担う三司が三年間にわたり乳香を出売した記録である。これら資料は『宋会要』など他の資料と重なることはなく、貴重な資料といえる。しかし数字の羅列が多く、その数字に表れた意味、内容、その背景などを資料が少なく十分に検討することが出来なかった。今後の課題にしたい。

内容を見ていくと⑴の熙寧十年の広州の繁栄は、乳香三十五余万斤のうち、広州は九八％の三四・八万余斤、二〇八トンを占めていたこと、その品質も上級のものであった。乳香は専売品であったため、都に送られ、塩、茶などと共に財政的に利益を生むものとして用いられた。

⑵の三司の出売では、三司が乳香八九万余貫（三年間分）を出売している。その出売の理由を記していないが、出売した部署は、市易務が多く七〇％、外州・軍の関到銭が一五％、雑買場の関到銭一一％、密州の板橋鎮に売った乳香六％である。部署は市易務への割合が多い。雑買場も市易務の管轄になるのであるから、市易務が大部分を占めることになる。これは何を意味しているのであろうか。この頃、神宗のもとで王安石による新法の改革が行われ、その一環として国家財政の再建のため、中間搾取を除き、国が商業上の利益を求めて、市易法が行われた。その市易法を援助するために、三司は市易務に多額の援助として乳香を融資したのである。ここでの出売はその活動をするための資本金として、乳香を使用したことによる。当時の財政状態は、王安石の改革に沿って市易務が活躍した。そのために市易務への額が七〇％にもおよんでいるのである。その他外州・軍から関到銭を支払うのは市易下界（もとの榷貨務）、雑買場も上界、さらに密州板橋鎮での乳香の売買もすべて市易務の管轄に入っているのである。すると、当時の財政を掌る三司は市易法を施行するために資金を、広州から収得する乳香を使って、援助していたのではないかと思われる。

註

（1）『漢語大詞典』中国歴代衡制演変測算簡表、一八〜一九頁。
（2）三司　国家の会計を掌する所で、塩鉄、度支、戸部の三司を総括する。『宋史』巻一六二職官二、三司使。
（3）土肥祐子「宋代南海交易品・輸入品について——紹興三年と紹興十一年の起発と変売——」『南島史学』八一号、一七〇〜一一九頁、二〇一三年。「宋代の南海交易品について——『宋会要』職官四四市舶より——」『南島史学』七九・八〇号合併、七七〜一〇一頁、二〇一三年を参照。
（4）関子については加藤繁「交子・会子・関子といふ語の意味に就いて」「南宋初期に於ける見銭関子と交子及び会子」『支那経済史考証』下、東洋文庫、一九五二年、六五〜七一頁、七三〜一〇五頁。日野開三郎「南宋の紙幣見銭公據及び見銭関子の起源に就いて」『史学雑誌』四八編八〜九、一九三七年。
（5）『宋史』巻一八六食貨八市易、『宋史食貨志訳註』（六）「市易」渡辺紘良訳注、東洋文庫、二〇〇六年。

【付記】

『粤海関志』巻三、前代事実二、宋の条の訓読。句読点は筆者がつけた。

明・杭・広州市舶司の博到せる乳香は三十五万四千四百四十九斤を計す。［割注　三司の売過せる香もて附す］。広州は［割注　熙寧十年の帳内には、是れ何の銭物を用て博買し到れるに係わるかを開説せず］三十四万八千六百七十三斤を収む［割注　四色瓶香二十一万七千九百九十五斤・三袋香一十万四千九百六十三斤。黒塌香一万五千四百五十斤・水湿黒塌香一千二百一十七斤・散纏香末九千四十八斤］。西・南の香値あり。西香は六等［割注　回紇、毎斤三貫三百文、第一等回紇瓶香、毎斤三貫三百文、回紇顆塊香、毎斤二貫文、回紇第一等瓶香纏、毎斤一貫二百文、回紇纏、毎斤一貫二百文、回紇纏末、毎斤三百文］なり。南香も六等［割注　揀上第一等瓶香、毎斤四貫九百文、第一等瓶香、毎斤三貫八百文、第二等毎斤三貫三百文、第三等毎斤二貫文、黒纏毎斤一貫六百文、七香合毎斤一貫三百文］なり。三司の三年に出売せるは八十九万四千七百一十九貫三百五文を計す［割注　元豊元年、香薬庫見在香　一百二万一千四百二十一斤、市易務下見在香九千六百二十七斤見

在〕
熙寧九年三十二万七千六百六貫一百四十七文〔割注　市易務二十二万六千六百七十五貫九百六十八文、外州軍、関到銭五万五千六十二貫六百九十五文、雑買場、関到銭五万七千六百五十九貫三百二十七文、已上計三千三万九千三百九十七貫九百九十文、内除薬銭一万一千七百九十一貫八百四十三文外、計到上項銭貫数〕。熙寧十年三十一万三千三百七十四貫二百四文〔割注　市易銭一十七万七千三百七十貫八百四十八文、上界還到一万七千九百四十五貫九百五十文、関到して密州板橋鎮に売過せる香三万七千九百一十四貫八百三十八文、外州軍に関到せる銭四万五千五百八十八貫九百五十三文、雑買場に関到せる銭三万四千八百五十三貫六百一十五文〕。元豊元年、二十五万三千七百三十八貫九百五十四文〔割注　市易務一十九万二千三百七十五貫五百二十四文、上界に関到して密州板橋鎮に売過せる香銭二万一百三十貫九百六十六文、外州軍に関到せる三万三千一百六十一貫七百一文、雑買場に関到せる銭八千七十貫七百六十三文。畢〔仲〕衍、中書備対〕。

謹んで按ずるに、備対に言うところの三州市舶司の乳香三十五万四千四百四十九斤、其の内、明州の収所は、惟だ四千七百三十九斤、杭州の収所は惟だ六百三十七斤のみ。而して広州の収る者は則ち三十四万八千六百七十三斤、是れ三処に司を置くと雖も、実に祗だ広州　最も盛んなり。

第四節　乳香考㈡――『慶元条法事類』と乳香の用途――

はじめに

乳香は西アジア特にアラビア半島のオマーン、イエメン、東アフリカのソマリアなどに産した。乳香はカンラン科のニュウコウ樹から採取するゴム樹脂の香料で、焚くと強い芳香を放つ。採取は刃物で樹を傷つけ、そこから出る樹脂が固まったものである。二五〇頁「乳香の収穫」図参照。この乳香は古典的な香料で、旧訳聖書にも出てくる。西アジア特産の乳香はインド洋、東南アジアを通り、中国に運ばれてきた。宋代では乳香をどの様に扱ったのであろうか。香薬は三百種を超えるものが海外交易品として入っている。そのうちの乳香だけがなぜか政府にとって有用なものとして重要視されてきたことをこれまで述べてきた。政府は宋初から乳香を禁榷にしていて、その後も起発と言って中央政府に運ばせている。乳香を運んでくる商人たちにも奨励し優遇している。

これまで乳香については、山田憲太郎氏(1)の詳細な研究があり、林天蔚氏(2)も香薬全般について幅広く研究をされ、乳香についても論及されているなど、多くの人々によって論じられている。本稿では、これらの研究を基礎にして、宋朝政府は乳香に対してどのような政策をとったか。乳香は財政の利として重宝がられているが実際どの様なところに使用されていたのか、人々の間で乳香は何か必需品的なものがあったのではないだろうか。このような観点から検討していきたい。その一環としてまだ紹介されていない『慶元条法事類』、巻二八、榷禁門の乳香を紹介して乳香に対する政府の厳しい取り締まりを見てみる。さらに、乳香の原産地である西アジアで書かれたイブン・シーナーの『医学典範』の二巻が最近英訳され、その中に「乳香」の箇所があるので、それを紹介する。西アジアの観点からまた医者でもあったイブン・シーナーの薬としての乳香の取り扱い方を見る。

一、乳香取得のための招致政策

宋朝政府は宋初より海外交易品の中で代表的な輸入品の一つである乳香に関して、どのように取り扱ったかについては、前節でくわしく述べてきたので省略する。ここでは、乳香を持ってくる蕃商たちや中国商人に対する政府の態度、それを受け入れる官吏の動向の事例をいくつか挙げてみる。

(1)政府は、乳香に限らず、海外交易品を持参し、利益を上げたものには官を与えて奨励した。紹興六年知泉州の連南夫は市舶綱首（船長、経営者）が舶を誘導し、抽解の金額が、五万貫、十万貫に達すれば、官に補すことを提案した（『宋史』巻一八五食貨香）。これは効を奏し、蕃商、中国商人と国籍を問わず、多くの商人たちが集まってきた。たとえば蔡景芳は九十八万の舶貨の利益を出し承信郎（従九品）に補されているし、占城（チャンパ）の朝貢を誘発し実行した商人、陳惟安にも同じく武官の最下位承信郎を与えた。このような事例は多くみられる。

(2)次に、大食国、蒲囉辛が持参した乳香の例を見てみよう。そこには明白に政府の方針が記されている。紹興六年八月、大食の蒲囉辛は船を造り、乳香を載せて泉州に来て抽解銭（市舶の利益金）三十万貫をもたらした。皇帝は、喜んで承信郎の官位と公服、履、笏を与えて遠路の労をねぎらって言うに、「蕃国は乳香を広く販売している。このように多く乳香を中国に持って来れば、それ相応の推恩（皇帝からの褒美）もあるし、宴会を開き、銀や絹織物を支給するので、帰国したらその旨を人々に伝えてほしい」と言ったというのである（『宋会要』蕃夷四―九四大食紹興六年八月二十三日、七―四六歴代朝貢同日、『建炎以来繋年要録』は以下『要録』と略す、巻一〇四、同日）。皇帝の言として乳香への熱望が読み取れる。

⑶淳熙二年には乳香の科買（強制買上げ）を巡って郴桂の寇を起こしている。この事の詳細については、稿を改めたいと思っている。

乳香をめぐる官吏の昇進と降格

昇進

⑴蘇峴は、張堅の次に提挙福建市舶になり、乳香を三十八万斤も増加させている（韓元吉『南澗甲乙稿』巻二一「朝散郎秘閣修撰江西路転運副使蘇公墓誌銘」）。

⑵右迪功郎の于定遠は広南市舶司の乳香を行在に無事に届けたので一資を循じられた（一官を優転する恩典のこと）。（『苕渓集』巻四七）

⑶福建と広東の市舶司の官吏は乳香の抽買額が一百万両（貫か？）に及ぶ毎に、一官を転ずるとある（『宋史』巻一八五食貨香）とある。抽買とあるので買い取りの金額が百万貫（両？）以上になれば、一官の昇進である。

⑷乾道三年に占城（チャンパ）が乳香約十万斤を泉州市舶司に持ってきた。複雑な事情があったが、この乳香を貿易品として扱うことにした。その時の提挙市舶の程祐之は任期満了の後、提刑司に昇進している。これもこの例に類することになるのであろう。

以上は乳香に対する政府からの褒美であったが、官吏が乳香に関する損害、汚職等をしていた場合は降格させられている。

降格

(1)紹興十六年九月二十五日、三仏斉の王から最近販売の乳香が虧損されているとの書があり、皇帝は、市舶の利は国用を助けるものであるとして、当時広南市舶であった袁復一を、今は右朝散大夫福建路常平茶事となっている一官降格した（『宋会要』市舶）。乳香は西アジアから東南アジアを経て三仏斉に集まり、そこからまた各方面に分散された。乳香は三仏斉から入ってくることが多い。三仏斉には貿易センターのようなものがあったのであろう。

(2)王子淵　熙寧中、京東転運判官、知密州であった。彼は乳香を安い値段で私販したのが発覚し官に没収された。元祐年間になり販香者がこれを訴え、戸部が七分銭で返した（『龍川略志』巻五「王子淵為転運以賤値私販乳香」）。

(3)知江寧府陳繹は、市舶の乳香三十斤を流用して羊を買った罪で一官を降す。（『続資治通鑑長編』巻三四六、元豊七年六月己巳）

(4)元豊三年に転運副使の孫迥は犀の抽解をしなかったり、船の売買、三仏斉に溺水した臭腐の乳香を市したという一連の不祥事件で、七年四月十七日に降官となる。（『続資治通鑑長編』巻三三四）

二、中国に入った乳香の数量と政府の使用方法

政府が乳香を重視したことについては、上記の通りであるが、西アジア特産の乳香が中国にどの位の量が入ってきたのかについては明らかにできないが、資料を見るとかなりの量が入ってきている。いくつか例を挙げてみる。

(1)前節でも述べたが、『粤海関志』巻三、前代事実二に、『中書備対』を引用しての詳細な乳香の数字が記されてい

る。北宋、熙寧十年（一〇七七）に市舶司に入った乳香の量は、明、杭、広州市舶司で、三五万四四四九斤（二一二トン）、そのうち広州は三四万八六七三斤（二〇九トン、全体の九八％）であった。これを国、財務を担当する三司が博買（買い取り）した。それを三司は、これを大部分、市易務関係に出売している。資金の融資であろう。丁度王安石の新法の改革が行われた時期でもあり、市易法を援助するためにも、この乳香を市易務の方に回したと考える。このころ市易務は勢力を伸ばし、榷貨務も市易務の管轄に入っている。関到銭という語句が出てくるが、政府の命で商人が辺境地（外の州軍）へ銭、糧草などを届けてその見返りに政府は関子、手形を発行し、そこに金額、乳香、茶などを書き、それを都の榷貨務で受け取った。一％の優遇措置があったという。また販売権なども得ることが出来た。すなわち、市舶司に入った乳香は中央政府の財政機関三司のもとで、新法の改革のため市易法（物価の調節）の資金として使われたのではないだろうか。乳香はこのように専売品である故に、政府の財政に寄与することができたのであろう。この出売については不明確な箇所がいくつかあるので今後の課題にしていきたい。

(2)ほかにも財政面で乳香が活躍したのは、遼、金国との貿易である。中国からの輸出品として、茶や香薬、乳香などが輸出されていった。数量の記録はないが、多くの量が流出したと思われる。乳香は北方諸国でも需要が高かった。

(3)南宋の紹興年間に、三仏斉が乳香を九万一五〇〇斤持参し、値は一二〇余万緡であったという。計算すると一斤が一四貫となり、北宋の一斤で五～六貫と比べて、南宋では値が上昇している。かなりの高値である（『宋史』巻四〇四張運伝参照）。

(4)南宋の乾道三年（一一六七）に　占城（チャンパ）（中、南部ヴェトナム）が朝貢にきた。朝貢品は乳香が多く、白乳

香　二万四三五斤、混雑乳香　八万二九五斤、合計一〇万余斤（約六〇余トン）という大量の乳香である（『宋会要』蕃夷七歴代朝貢、乾道三年十月一日の条）。しかし、この乳香は大食国のもので、チャンパが海賊行為をして奪った。それを朝貢品として持参したものであることがわかり、中国では強奪品と判明した朝貢品を受け取ることは出来ないとした。結果的には、この十万余斤の乳香は一般の貿易品として取り扱われた。この時の福建提挙市舶は程祐之であり、大量の乳香を誘致したことであろう、提刑司に昇進している（前述）。

(5)巨商からの借財三七〇万緡の返却に困り、乳香を売って返還した事例である。北宋末、徽宗の時、崇寧元年に巨商からの借財三七〇万緡があったという。徽宗が宰相蔡京にその借財について相談した。すると蔡京は蔵にある乳香を売ることを思いついた。商人に売り出したら、商人が喜んで買求め、半年で足らずで全額返却できたという。打套折鈔法である。蔵から、香薬、乳香、陶器などを集めて、同類のものを集めて、乳香套などとして売り出す方法である。乳香の需要の高さを示すものである（『皇朝編年綱目備要』巻二六行打套折鈔法）。

以上みてきたように乳香は、三十五万余斤、九万余斤、十万余斤とかなり多い分量が入ってきている。西アジア、東南アジアの国々は、競って中国に乳香を持ってきたのである。その量が多いので政府も乳香を財政的に使用することが出来たのであろう。いくら高級でも、量が少なければ政府の役には立たない。次は、政府管轄の乳香について法令から見てみたい。

三、『慶元条法事類』巻第二十八　乳香

乳香は国内では採取できず、西アジアの産物である。中国政府では、これを専売とし財政的に利を上げていった。

ここでは法令である南宋時代の『慶元条法事類』の中から、巻二十八、禁榷門　一、乳香の項目を取り上げる。數ある香薬の一つに過ぎない乳香である。政府は乳香に対して、法的にどのような態度を取っていたのであろうか。それを条法事類から読み取っていく。

テキストは諸本を校訂している『中国珍稀法律典籍続編』第一冊所収『慶元条法事類』、（黒竜江人民出版社、二〇〇二年）を使用した。

内容の一覧は次のようである。

乳香

勅……衛禁勅　四条、　詐偽勅　一条、

令……賞令　五条、　職制令　二条、

格……賞格　命官　一条、　諸色人　二条　雑格　一条

以下、これらを一条ずつ読み、次に原文を入れて、簡単な訳注をつけた。まとめとして条ごとに要約を附した。これらの条令に関する具体例については稿を改め論じたい。ここでは資料を提示するにとどめる。

〔勅〕

衛禁勅

(1)諸（およそ）、乳香を私有するものは（乳香を偽造したり、それを知りながら販売するものも同じ）、一両ならば笞四十。二斤毎に一等を加える。二十斤ならば徒一年、二十斤ごとに一等を加える。三百斤ならば、本城に配す。

諸私有乳香、造假乳香及知而販賣者同。一両笞四十、二斤加一等、二十斤徒一年、二十斤加一等、三百斤配本

城
注
・勅……已に罪をおかした者を治める刑法。唐の律にあたる。断獄（裁判）にいたるもの。
・私有……政府の許可がなければ自由に売買することは禁じられていた。そのため乳香は自由に私有することはなかった。偽造を知りながら販売する人も私有と同罪。
・乳香の偽造……楓、松脂などを混ぜて作ることが多かった。次項参照。
・本城に配す……本城とは、罪人の配軍先として使われた部隊で、雑役や労役を行った。開封に置かれたこともあったが、各州に置かれた廂軍（雑役部隊）の一。
・まとめ：乳香の私有は、三八グラムで笞四十の刑である。二十斤（七六〇グラム）で徒一年。三百斤（一八〇キログラム）で本城である。乳香に対して厳しい掟である。以上が、私有の法である。

(2)諸、官が発行した乳香を販売する引の外に、有り余ったもの、及び、官に出向いて取り消さなければならないのに行かないもの、本州県の界から出してはいけないのに出したものは、私有として論ずる。

諸販官乳香引外、有剰及応赴官批銷而不赴、若不応出本州県界而出者、以私有論

・引……引とは官が発行した引、つまり手形、関子ともいう。本項では、官が発行した引以外の規定である。3参照。
・批銷……とりけす事。使用後の引を所管官庁に提出して、無効にする手続きを取ること。
・私有の法……前項の法による。

(3)諸、私有の乳香を案内や手引きしたり、交易したものは、犯人の法に依る。

諸引領、交易、私有乳香、依犯人法。

・犯人の法……未詳

(4) 諸、巡捕官が、私有の礬を透漏する者は、百斤は罰俸一月、百斤毎に一等を加え、三月に至りて止む。一千五百斤は差替す（両犯で合計二千斤に及ぶ者は此れに准ずる。私乳香一斤は、十斤の換算となる）。正官でない者は三斤のところ、一斤とする。犯人を捕まえたとしても、本人でなかったら、罪にしない。

諸、巡捕官透漏私有礬者、百斤罰俸一月、毎百斤加一等、至三月止、一千五百斤差替。両犯通及二千斤者、准此。私乳香一斤比十斤。不係正官者、三斤比一斤。雖獲犯人而本物不在者、並不坐。

・透漏……人目を偸んで逃れるもの
・罰俸……俸給を奪取する刑罰
・両犯……罰俸と配置替えのこと
・差替……配置替え
・礬は禁榷品、専売品であり、酒、塩、茶、と同様であった。
・乳香と礬との罰規定、分量も礬が十に対して私乳香は一で罰せられた。乳香のほうが、礬に比べて十倍厳しい。
・まとめ：本項は基本的には礬の規定である。百斤で、一か月の罰俸。一千五百斤は配置替え。両犯（罰俸と配置替え）で二千斤になるものは配置替えに準じる。正官でないものは一斤の罰であるが、正官は三斤の罰となる。犯人は本人でなければ罰にしない。

(1) 詐偽勅

諸、人を集めて共に乳香を偽造し、それを自首して他人をも告発し賞を狙うものは、徒二年（乳香を偽造して、自首し他人も訴える場合、他人が訴えるのを許す）。

諸糾合人共造仮乳香而首告以規賞者、徒二年。造假乳香而首告者、許人告。

・首告……自首して出て、他人の罪をも告発すること
・人告……他人の訴え
・まとめ：人を集めて乳香を偽造し、賞をもらうために自首して他人の罪を告発するものは、徒二年の罰、しかし乳香を偽造し、自首し、他人の罪を告発する場合、他人の訴えは許す。
　以上が勅である。

「令」

賞令

(1)諸、官員で私有の乳香を獲て賞すべき者で、まだ犯人を捕らえていなければ、三斤のところ、一斤とする。人を遣わして捕らえた者は一斤半のところ、一斤とする

諸命官獲私有乳香応賞者、未獲犯人、三斤比一斤、遣人獲者、各一斤半比一斤。

・令……してはならぬことを教え、その教令。
・命官……役人　ここでは、役人の賞令の規定である。
・まとめ：役人が、私有の乳香を捕らえた場合の賞は、犯人を捕まえることが出来なかった時は、三斤のところ一斤。人を遣わして逮捕した場合は、自分と捕まえた人各々一斤半のところ一斤とする。

(2)諸、私有の乳香を獲販すること五斤以上の者は、犯人と随行の乳香すべて給す（知情、停蔵、負載人の随行の己物も、すべてこれに准ずる）。其の賞銭及び物価は、仍お格に准ずる。

諸獲販私有乳香五斤以上者、犯人随行己物全給。知情、停蔵、負載人随行己物准此。其賞銭及物価仍准格。

・知情……事情を知っていること。
・停蔵……蔵はかくす。停はとどまる。隠しておくこと。窩蔵と同じか。窩蔵は盗賊や人をかくまう、盗んだ品物を隠しておく、その者や場所。
・負載……持ち運び
・随行……携帯
・己者……この場合は己の持っている乳香のこと。
・格……賞格のこと。
・まとめ：五斤以上私有の乳香を獲得した者は、犯人が携帯のものすべてを給す。事情を知っている者、隠している者、持ち運びしている人の携帯のものすべてこれに準じる。その賞銭や物価は賞格による。

(3)諸、私有の乳香を獲得しても、まだ犯人を逮捕できない場合、あるいは、まだ買わない人で自首しても、売人を逮捕できない場合は、値に準じて官銭を給すること三分とする。犯人と売人を逮捕した場合は、格に準じて、別に理めて之に銭給する。
　諸獲私有乳香而未獲犯人、或未買人自首而未獲売人者、唯准価給官銭三分、獲犯人、売人者、仍准格別理銭給之。
・まとめ：私有の乳香を獲得しても、犯人を逮捕出来ない場合、また買わない人で自首してきても、売人を逮捕できない場合は、値段に準じて三分を官銭で給する。犯人や売人を逮捕したときには、賞格（諸色人の第二条、私有乳香を押収するとともに犯人を逮捕した場合の告発者への賞金の規定に該当する）に準じ、これに銭給する。

(4)諸、告発して違法に開業した乳香舗を獲た者は、本舗の己の産業及び同じく財に係る、若しくは、主管と為って、情を知り、幹辦する人の輔内に所有する財物を以て、之に給す（告発した人に）。

諸告獲違法開乳香鋪者、以本鋪係己産業及同財若爲主管知情幹辦人鋪内所有財物給之。

この条は告発者への賞与の規定である。違法の乳香の店を、告発者にすべて（不動産、動産とも？）与えることをきめた賞与の規定。後項の賞格　諸色人の第二条に該当するのではないか。

・告……告発
・産業……生業、資産、生産、土地と建物。ここでは不動産を指すか営業権か、
・財……財産
・幹辦……主幹辦理の略。主任となって事件を取りさばく。
・本輔……本店
・主管……責任者
・まとめ：告発して違法の乳香の店を獲得したものは、本輔（本店）の自分の資産（不動産か、営業権か）、及び同居（？）の財（動産か）に係るもの、もしくは主管（責任者）となって、事情を知った上で、幹辦（店長）として働いた者の店内に所有する財物（動産か）を以て、之（すべての資産、財など）を（告発者）に与える。

(5)諸、人を集めて共に乳香を偽造するのを告するもの、首告して規賞を獲たものは、告発して私有の乳香を獲る法に依りて給賞する。

諸告獲糾合人共造仮乳香而首告以規賞者、依告獲私有乳香法給賞。

・首告……自首して出て、他人の罪をも告発すること。
・告獲私有乳香法……告発して私有乳香を獲得する法については未詳
・造仮乳香は後述する松脂を混ぜて作るということと関係するのであろうか。
・この条は前項と同じく、賞格　諸色人の第二条に該当する。
まとめ：乳香の偽造を告発し、首告（自首し、他人の罪も告発）して、規賞するものには、告獲私有乳香法によって賞を給す。

「職制令」

(1)諸、巡捕官は、私有の乳香を巡獲し、あるいは私有の乳香を透漏する者（透漏は別界に入りて他人に告され、捕獲されて、経歴の明白なものを謂う）、まだ賞罰を経てない斤両を以て、それを照らし合わせたりして数量に対して賞罰を許す。

諸巡捕官巡獲或透漏私有乳香、透漏、謂入別界被他人告捕獲、経歴明白者。許以未経賞罰斤両対行折除外拋数賞罰。

・透漏……人目を偸んで逃げる、見過ごす

・別界……担当外

・折……照らし合わせる、判断、採決。

・折除……減損の意もある。

・「対行折除するの外」……未詳。賞罰の対象となっていないもの、突き合わせて数値を入れ、合わせたうえでその数によってきめることか。具体的には不明。

・まとめ：巡捕官は、私有の乳香を獲得したり、透漏する者（透漏は別の担当地域に入り、他人に告発され逮捕されて、経歴がはっきりしたものを言う）は、まだ賞罰の未定分の重兩を照合したり差引し、計算して得られた数量によって賞罰を決定することか。

(2)諸、巡捕官が私有、偽造の乳香を獲得した場合は、所属の監司が歳末に比較する。（私有の乳香や偽造の乳香は提挙茶塩司の比較の類に係わる謂う）。その最多の人、最少の人は、（最少とは、担当地分内の透漏及び犯すものが数多くても、獲得した数が少ない者を謂う）、路毎に各二員に申し出て、上奏せよ。

諸巡捕官獲私仮香、所属監司歳終比較、謂私仮香係提挙茶塩司比較之類。其最多、最少之人、最少、謂地分内透漏及犯者數多而獲到數少者。每路各二員以聞。
・比較……一定の基準に照らして内容や価値を比べる
・最小とは違反の數ではなく、獲得人数がすくないことを言う。
・監司とは、一路を各分野で統括する役所で、転運司、提刑司、提挙常平司（茶、塩）の三司、安撫司を入れることもある（四司）。本項では、所属が提挙茶塩司であった。
・まとめ：巡捕官が私、偽造の乳香について、所属の監司が年末に基準に照らして内容、価値をくらべる。（私有、偽造の乳香は提挙茶塩司の内容価値の類に係る）最小と最多の人（最少とは、担当地分内の透漏及び犯すものが数多くても、獲得した数が少ない者を謂う）は各路毎に二員を皇帝に報告せよ。

［格］
賞格
命官
　自ら私有の乳香を獲得して、五十斤に及べば半年の名次に昇り、一百斤は免試し、二百斤は磨勘二年を減じ、三百五十斤は磨勘三年を減じ、五百斤は一官を転ず。
　親獲私有乳香、累及五十斤陞半年名次、一百斤免試、二百斤減磨勘二年、三百五十斤減磨勘三年、五百斤転一官。
・格……賞格にはどうすればどの様な賞を与えるか、それを規定。
・親……自ら
・命官……官員、官員に対して出された賞格。

・名次……席次
・磨勘……官吏の成績を考査し昇階すること。磨勘院を置き、官吏の成績を検覆した。成績がよければ昇進となった。半年、一年、二年、……とあり、成績などにより飛び級が許された。ここでは、三年分を免じられたこと。
・まとめ：自ら私有の乳香を摘発して獲得し、それが五十斤（三〇キログラム）になると、半年飛びの席次に昇り、百斤（六〇キログラム）になれば、試験が免除され、二百斤（一二〇キログラム）では二年の磨勘を減じ、三五〇斤（二一〇キログラム）だと、三年の磨勘を減じ、一官の昇進となる。

このように政府は官吏に褒美を与えながら、私有乳香の摘発を奨励した。

諸色の人

(1)告発して私有の乳香を獲得した者は、価に准じて官銭で五分を給される。

告獲私有乳香者、准価以官銭、給五分。

・五分……私有乳香を獲得したものは、官銭で五分給される。
・まとめ：賞令第二条、私有乳香を押収する共に、犯人を逮捕した場合の告発者への賞金の規定を参照。賞令第二条は、「諸、私有の乳香を獲得すること五斤以上の者は、犯人と随行の乳香すべて給す。（知情、停蔵、負載人の随行の己物も、すべてこれに准ずる）。其の賞銭及び物価は、仍お格に准ずる」とある。

(2)私有の乳香を獲得したるに（価に准じて給される外に、犯人に於いて別に理する者を謂う。即ち乳香を偽造し、及びその事情を知りながら販売するものも同じ）、一十斤に満たなければ、銭十五貫とす（一十斤毎に一十五貫を加え、七百五十貫に至りて止む）。

告獲私有乳香、謂准価給外、於犯人別理者、即造仮乳香及知而販売者同。不満一十斤、銭一十五貫。毎一十斤加一十五貫、至七百五十貫止。

・まとめ：本文だけ（註をとる）読むと、「私有乳香を獲得すると、十斤以下だと銭十五貫」となる。これは前項と同じく賞令第二条、私有乳香を押収する共に、犯人を逮捕した場合の告発者への賞金の規定。前項参照。

雑格

(1)有つを許す禁物

乳香、九品は一斤、八品以上は二斤、六品以上四斤とす。

乳香、九品一斤、八品以上二斤、六品以上四斤。

・乳香は禁物であるから、官吏も所持が制限されていた。

以上、乳香は官の統制下にあり、法律上では非常に厳しい。

四、乳香はどのように使われたか

上記で見てきたように、乳香は許可なく持っているだけでも罰せられ、かなり厳しい掟があった。そのような乳香を人々は何に使用したのであろうか。胡椒のような調味料として使用されることはない。政府は乳香を財政的に利があるものとして専売としているが、それを何にどの様に使用したのか、以下、乳香を使用した実例をいくつか掲げてみたい。資料を探していくと多岐にわたり出てくるが、ここでは紙数の関係で、代表的なものだけを見ることにする。

いつか稿を改めて紹介しようと思う。まず、医薬の使用である。

（1）医薬：薬剤として使用

（A）『夷堅志』丙巻一〇「公安薬方」に、「淳熙八年に向友正は江陵（湖北省、荊州）の支使摂公安（節度使）であった。その時に胸に疽（腫物、ようの一種）ができて半年苦しんだ。非常に痛くて困憊した。夢に老人が出てきて伝授するに、没薬、瓜蔞（からすうり）、乳香を酒に煎じて、飲めといった。その通りにして飲んだら、たちまち治った」という話である。腫物が治ったということである。次は同じく腫物、乳癰の例である。

（B）『聖済総録纂要』巻二二「乳香塗方、乳癰（腫物）を治す

乳香一両、末と為す　丹砂半両、研して末と為す　葱白三両切る

三味はまず研し、葱は細くして、二物の末を入れ、再び二研して匀せしめ（等しくする）て、乳上に塗傅す（ぬる）乾けば即ち之を易う」とあり、乳にできた腫物に乳香三八グラムと丹砂、葱白を混ぜて塗る、という。乳癰というのであるので、このような病気が多かったのであろう。（今でいう乳癌であろうか）

（C）筋脈攣釣りなどに、乳香が使われている。

『太平恵民和剤局方』指南総論中巻によると「……偏風は筋脈攣釣り、急なれば、駆風丸、乳香趂痛散、乳香丸、七宝丹を与う可し。風湿を論ず。……若し骨節煩痛するものは、乳香趂痛散を与う可し」とある。これによると痙攣や骨節痛などに乳香趂痛散、乳香丸という薬がすでにあり、それを使用している。痛み止めである。

（D）腹痛、下痢である。

『寿親養老新書』巻一に、「瀉痢（下痢）を治す。乳香散、気を和し、蔵毒、瀉血、腹内の疞（急に腹痛になる）などを

止む。

乳香少許　訶子皮一分　当帰半両　木香半分

右、細剉して（刻む）、乳香と与に微かに炒り、当帰の乾くを俟ちて度（?）と為し、杵いて末と為す。毎服は、二銭、陳米（古米）第三度、泔（米のとぎ汁）六分を用いて、一盞とし……患、百余日に及ぶ者も之を服せば皆な愈す」とある。乳香は他の香薬とともに下剤にも効を奏している。

（E）淳熙二年（一一七五）、福建提挙市舶の張堅は、「治薬は乳香を須う。朝廷は年に経総制銭や度牒を降して乳香を博買するが、数は常に不足している。今後は変売するのに、銭を十の内、三を留めて専ら本銭に充ててほしい。これにより本銭は余り、商船は滞ることはなくなった」（『京口耆旧伝』巻七張堅）という。彼が言う「治薬は乳香を須う」という言葉が示すように、乳香は薬剤つまり医薬として必要であったことに注目したい。

（F）死体の保存

『物理小識』巻三、留屍法に、「物理所曰く、童男の髪一は舍利を粘起す可し。乳香は久しく留まりて能く舍利を生かしむ」とある。死体を保護するときにも乳香は使用されている。

（G）前節でも述べたが、『中書備対』の中で三司が各署に出売する時、薬銭として乳香を約一万余貫を除いている（説明はない）。多分乳香を薬として使用していたのであろう。

（2）宗　教

（A）焚焼

『東家雑記』上に、「大中祥符元年（一〇〇八）五月に勅が出て、毎日乳香一分を焚焼せよ」とある。これは真宗の時で泰山での皇帝封禅があった時期である。皇帝の宗教行事で、毎日乳香一分が使われている。宮中の宗教行事や、祭祀、皇帝が出席するもろもろの行事には必ず香が焚かれている。乳香も他の香料と共に使用されていたに違いない。宮中行事であれば、その量はかなり多く使用されていた。

（B）明教（マニ教）乳香を焚く。

『老学庵筆記』巻一〇に、「福建に左道（邪道、不正な道）を習う者がいた。明教といって明教経もある。終わると必ず乳香を焚き、必ず紅蕈（赤いきのこか）を食べる。だからこの二物（乳香と紅蕈）の値段が高騰している」とある。明教に乳香を焚くと明言しているので、福建なので乳香は入手しやすかったであろうが、かなりの量が使用されていた。

（3）封印、印行、薫衣など

（A）封印するときの材料

『五礼通考』巻五二、「（太平興国中に玄宗の社首、玉冊、蒼璧を得て旧所に移す）。玉冊を治める金匱の封印には、金泥（泥に金粉を入れる）に乳香をまぜて作り封印する。印は受命の宝を以てす」とある。

（B）印香　線香をつくる

印香（多種の香料を細かく砕いて、よく混ぜて平均にして作った香）

『香乗』巻二一「印篆諸香」に和州公庫印香に、沈香十両、……麻黄二両、……麝香七銭……乳香二両……、龍脳七銭……十四種を混ぜて乾燥させ、幃張の中で焼いてもよい。また篆（篆字のような形、渦巻き線香）に作ってこれを薫じる、とある。その他この書には材料の違いなどによって良い香りのよい印香の作り方があり、人物名まで記されている。

良い香りの線香はいろいろな場所で香りを放つ。例をあげなかったが衣に香りをつける方法があり、一般におこなわれているものである。香りを衣につけると同時に虫よけにもなった。

（C）啞銅をつくる

『物理小識』巻七　銅　一洗則新に「啞銅」銅をして無声ならしめんと欲すれば、葱、蒜、韮の実を以て煅伏し、南蕃の乳香は汁と成し、鵬砂と合して以て淬（浸す）すれば、銅即ち啞す。」とある。銅を加工する方法であろうか。

（4）偽の乳香を作る　偽乳香

『慶元条法事類』にも見られたように「造仮乳香」とは別なものと混ぜて、乳香を作ることで、摘発されたら、罰せられた。いわゆる偽乳香である。高価なものほど、偽乳香は、隠れて一般に広まり安価で売買されたと思われる。その方法は簡単である。

『香乗』巻二によると、「偽乳香は、白膠香（楓香脂の異名）を以て糖をまぜてこれを為す。但だ、之を焼けば、烟散す。叱声多きは是なり。真の乳香は、茯苓（サルノコシカケ）とともに嚼めば則ち水と成る。皖山石（安徽省にあり）乳香は、璒瓏として蜂窩有るものは真と為す。毎にまず之を爇き、次に沈香の属を爇けば、則ち乳香と為す。烟罩（込める）定して散じ難きは是なり。否なれば則ち白膠香なり」とあり、偽乳香は白膠香に糖を混ぜて作る。偽乳香と真乳香との違いを述べたものである。

寇宗奭『本草衍義』十三巻、楓香「楓香と松脂とは皆、乳香と乱されてしまう。区別しなければならない。これを焼くと真偽がわかる」とある。乳香に楓の膠、松脂を混ぜて作ることで、乳香ができる。

『物理小識』巻五乳香にも「乳香　楓膠、松脂、皆乳香に混ぜるべく、而して功も亦彷彿たり」とあってこの方法でほとんど変わらない乳香ができるという。同書に中通を引いて乳香の作り方が詳細に記している。このような作り方があったのかと驚くほどである。中通に曰く「近ごろ、乳香を作る法を得たり。瘻有る松樹を択び、鋸来て瘻を開き、上に就きて一孔を鑿ち、糯米一斗を以て飯をつくり、塩一升を入れて拌匀し、糍を成し、孔中にいれ、却するに（もとに戻し）前に鋸を下した瘻を以たこれを封じ、塩泥にして封固し、百二十日足するを俟ちて之を取れば、則ち乳香を成す」とある。つまり松の木の瘻の中に、米と塩を入れて餅にしたものをこの瘻を開いて入れて塩泥で封印して百二十日放置する」とある。すると乳香ができるという。詳しく、記されておりこれによると、松の木から乳香が簡単にできることになる。『慶元条法事類』に見られる乳香の偽造とは、どのような関係があるのであろうか。この様に偽乳香が簡単に安価に一般の人々との間で作れるということは、流通の面でも大きな影響をもたらすことになるのではないだろうか。

以上、海外からきた乳香がどのように使用されていたかをいくつかの例を出して考えてみた。乳香は何といっても香りであり、焚香であろう。祭祀、国家行事などにはもちろんの事、葬儀にも使用された。調べていく過程で、薬剤として、使用されているのが見逃せない。焚香は、薬として精神安定剤として、また衣の虫よけなどにも使われた。ほかに、腫物、骨節の痛み、身体の痙攣などにも効用があり、腹痛、下痢にも効くという。「治薬は乳香を須う」と福建提挙市舶の張堅は言って、乳香を得るための資本金獲得に努めたが、薬剤として人々に利用されたのではないだろうか。単に贅沢品、高級品としてだけでなく、医薬の必需品として使われたことが多かったと考える。それ故に、乳香は上品から下品まで約十三品等まで細別され、それによって価格も変わっているのである。それだけ乳香は需要が高かったことを意味する。

五、イブン・シーナー『医学典範』二巻　乳香

イブン・シーナー（九八〇～一〇三七）、ラテン名はアヴィケンナ。ブハーラーにうまれる。サーマーン朝につかえる。哲学者であり、医学者であった。彼は、有名な『医学典範』五巻を著す（The Canon of Medicine）。アラビア語からラテン語に訳された。日本語には第一巻、「医学概論」が五十嵐一氏によってアラビア語から全訳が翻訳された（『イブン・スィーナー『科学の名著』8　一九八一、朝日出版』。最近、英訳が出され、一巻は一九九九年に出版されている。二巻は二〇一二年、三～五巻は二〇一四年にラテン語から英訳されている。(3)本稿では二巻であるが編集はラーレ・バクティヤール〔Laleh Bakhtiar〕である。二巻の題名は『Natural Pharmaceuticals（自然の調剤学）』の四六二～四六六頁にFrankincense（乳香）と題する項目があり、一枚の乳香の写真を含む五頁のものである。これを訳したものが以下である。全訳ではなく、註は抜いた。次の通りである。

乳香（*Frankincense*）はアラビア語名：*Kundur*・ペルシャ語名：*Kundur*・ギリシャ語名：*Libanon thus*。

（性質）乳香は良く知られた薬である。様々な樹液や松脂を混合してかさ上げする。インド産の乳香は緑がかった色である。乳香は樹液、葉、細粉、細片、煙の何れの形でも用いる。

（選び方）雄株の乳香が最上とされ、色は白、形は丸みを帯びて内側に粘性のあるものがよい。

（治療効果）体内の組織や管を収縮させる。出血を止める。赤い乳香は白の乳香より浄化作用が強い

（外用薬）蜂蜜と共に使用することで、乳香は爪の感染症を除ける。樹皮は生傷に対し穏やかに作用する。Marukabaと呼ばれる痛みに対して酢とオリーブオイルで作った湿布が良い。

（腫物・吹き出物）胸部の熱を持った腫れ物に対しては *Camolian* 土（?）とローズオイルと共に用いられる。体腔内の炎症を解消する湿布を用いる。

（負傷・潰瘍）負傷時の治療、特に新しい傷の時良く効く。悪性の潰瘍が広がるのを防ぐ。白癬には鴨（家鴨）の脂と共に用いる。また、熱を持った潰瘍・腫れていない裂傷にはラードと共に用いる。火傷による潰瘍も治療できる。

（頭部器官）空腹時、胃に定期的に飲むと、記憶力を高める。しかしながら、過度に用いると頭痛を引き起こす。洗髪にも用いられる。ふけや潰瘍の乾燥のため、硝酸塩と共に用いる。葡萄酒と共に作った点滴薬は耳痛の手当てに用いられる。ひどい鼻血を止める。耳の挫傷の手当てに有効である。

（視覚器官）眼の潰瘍や腫れ物の化膿を治す。煙は熱をもった腫れ物の手当てに有効である。眼からでる液をとめ、潰瘍を治し、膿があるものを清める。結膜炎や眼の癌の手当てに使われる重要な薬である。

（呼吸器官と胸部）乳香は女性の乳房の熱を持った炎症に有効である。*Camolian* 土とローズオイルと共に用いる。気管の薬も含む。

（消化器官）嘔吐を止める。吐血の場合でも、細片は胃を強くして、弱った胃の力を修復させ、消化を助ける。

（排泄器官）下痢、小腸の吸収不良による慢性症状、子宮・肛門からの出血を止める。赤痢にも効く。座薬は肛門周りの悪性潰瘍が広がるのを防ぐ。

（発熱）発熱にも有効である。

（毒性）乳香を葡萄酒と共に過剰に摂取すると、生命の危険がある。酢と共に用いる場合も同様である。

内容はこの様である。主語はすべて乳香である。これを読むと乳香は万能の薬で、常備薬のようである。イブン・

シーナーの活躍した年代は、中国では北宋の初期である。宋代では乳香を切望していたことは述べてきたが、原産地である西アジアでも、薬として使用されていたことが分かる。非常に多岐にわたっている。中国でも明末の李時珍『本草綱目』に記されている薬としての効用に同類のものもあれば、異なるところもある。このイブン・シーナーの医学書は、中国にいつ頃入ったのであろうか。アラビア語、ラテン語からの翻訳であろうが、その経過は今のところ解らない。その接点はどこにあるのか、これからの研究である。漢方薬の発達とともに、西アジア産の乳香は病を治すために大きな役割を果たしたと思われる。今後、乳香が西アジア、ヨーロッパの方面でどのように使われていたか究めてみたい。

おわりに

国内生産ではなく、海外から入ってくる乳香についてみてきた。政府は宋初から禁榷品（専売）として政府の管理下に置いた。市舶司から入る乳香は起発と言って中央政府に運ばれた。南宋の紹興三年には、政府は乳香と武器に使用する牛皮筋角だけは博買（政府買上げ）させ、さらに蕃商が販売しているものも乳香は博買せよと命じた。紹興十一年に、交易品の見直しが行われた。海外交易品の殆どが（三五〇品目）運搬費用節約のため、起発から地元で販売する変売に変っていったが、乳香は依然として起発であった。皇帝は、乳香が欲しいので、国籍を問わず乳香を持参するように商人たちに要請し、持参すれば優遇した。乳香に損害を与えた官吏には罰を課した。

乳香の品等についてみると、十三〜十四以上の等級に分けられている。このように細かく品質を分けるということはそれぞれに用途があるからであろう。上品から下品まで、値段が違うことは、それ相応の需要があったからであろう。

乳香が政府の財政政策によって使用されたという事例がある。『中書備対』に記されているが、熙寧十年に広東市舶司を中心に三五万斤（二一二トン）もの大量な乳香が入った。早速財政責任者の三司が三年間で、市易務とその管轄下の役所に大部分出売している。財政援助をしているのであろう。王安石の市易法が行われた時期で、新法の改革の一助として使用されたと思われる。乳香は大量に持ち込まれたのでこのようなことが出来たのであろう。少量の香薬では財政面では役に立たない。また交易品は定期的に入手できるものではないので、計画性がない。そのために、乳香が港に入った時には、政府の買上げがおこなわれたのである。

政府にとって禁榷品であった乳香は、『慶元条法事類』、巻二十八、榷禁門　乳香をみると、法令によってそれぞれ厳しい規定があった。偽造、私有、不正な乳香引、乳香輔、経営、隠匿などに対する罰則、さらに官品によっても乳香の所持の量が決まっていた。罰則も明礬の十倍である。数ある香薬のなかで、乳香だけが『慶元条法事類』の中に記されているのは、やはり乳香が量も多くかつ重要視されたのであろう。

次に乳香は、何にどの様に使われたのであろうか。用途が明らかにされてもよいのであるが、明確なことはわからない。胡椒のように調味料として毎食使用されることはなかったが、皆が欲していることは大量なものが消費されていることである。大部分は焚香（線香）として使用されたのであろう。国家行事、祭祀、宗教、薫衣、など、欠くことが出来ない。乳香の香りは、珍重がられたのである。そのほかに、死体保護とか、紙の衣を作るときに使用したことなど多岐にわたる。

しかし、もう一つの使い方があったのではないかと考える。福建提挙市舶張堅が、「治薬は乳香を須《もち》う」とある如く、乳香は薬剤として、医薬として使われた。病気は万人がするものである。資料には多く医薬書、本草綱目などにその用途が記されている。民間人の資料を収集したいと考えたが、あまり収集できなかったが、いくつかある。『夷堅志』の話に、腫物が出来て半年も苦しんできたが、乳香で治ったことが記されている。また痙攣、下痢、腹痛、関節痛などにも使用されている。乳香単独ではないが、いろいろな香薬を混ぜて使用する。一般の人々にも下等な安価な乳香は手に入りやすかったのではないだろうか。乳香は医療として必需品的要素がある。この様な観点から乳香の必要性を考える余地があるのではないだろうか。

西アジアで、宋代と同時期に活躍したイブン・シーナーがいる。前述したが彼は有名な『医学典範』（五巻）の著者である。これはヨーロッパの医学の基準になったといわれている本である。ラテン語に訳されて広まっていった。日本語には一巻だけが翻訳されていたが最近全巻英訳された。その二巻「自然の調薬」に薬剤乳香としての使い方が詳細に記されている（前述）。ヨーロッパで乳香がどの様に使われていたかについてはまだ調査中であるが、影響を及ぼしたことは確かである。一方、中国にも大量に運ばれた乳香は、いろいろな使い方のひとつに医薬の知識が入ってきたことは、たしかであろう。商人や民間レベルでは一般に知られていたことであろう。中国でも同時代、北宋初期に著わされた『太平聖恵方』があり、この中にも乳香のことが記されている。これと、二巻「自然の調薬」とを対照することが今後の課題である。この二巻「自然の調薬」の中にさまざまな生薬とその使い方とその効用が記されているので、それを調査、分類し、『宋会要』の南海交易品五百～六百の品目と比較対照しながら、よくわからなかった品目の解明もできるのではないかと考えている。

【付記】

イブン・シーナーの『医学典範』、二巻の英訳につきましては東洋文庫研究員太田啓子氏からご教示いただいた。

註

（1）山田憲太郎『東亜香料史研究』中央公論社、一九七六年。
山田憲太郎『東亜香料史』同朋舎、一九七九年（初版一九四二年）。

（2）林天蔚『宋代香薬貿易史稿』香港中国学社、一九七五年（初版一九六〇年）。

（3）イブン・シーナの『医学典範』についての二巻〜五巻のタイトルと出版年は次の通り、
"The Canon of medicine" Chicago:KAZI Publications
v.2. National pharmaceuticals/compiled by Laleh Balhtiar,2012
v.3. Special pathologies/translated by Peyman Adeli Sardo ; edit by Laleh Bakhtiar,2014
v.4. Systemic diseases, orthopedics and cosmetics/translated by Hamidreza Doostbar ; edited by Laleh Bakhtiar,2014
v.5. Phaemacopia/compiled by Laleh Bakhtiar,2014

「乳香の収穫」

The Harvest of Frankincense in Arabia Facsimile of an engraving in Thevet's *Cosmographie Universelle* (1575). reproduced from The *Bible Educator.*
The book of Ser Marco Polo. the Venetian, concerning the Kingdoms and marvels of the East. Henry Yule (tr.). 2nd ed., London, 1875 (preserved in the Tokyo Bunko), p.445

（説明）

アラビアの乳香の採取の様子。これは、『アンドレ・テベットの宇宙論大全』（1575年）からの版画の複製で、『Bible Educator』（百科事典　1873年　ニューヨーク）から再生したものである。『偉大な東方の王国に関する、ベネチアのマルコ・ポーロ卿の本』ヘンリー・ユール翻訳。第２版、ロンドン、1875年、東洋文庫蔵、445頁より。

第二章　宋代の泉州の貿易

第一節　『永楽大典』にみえる陳偁と泉州市舶司設置

はじめに

周知の如く、福建省泉州は宋代に海外貿易港として繁栄した地である。しかし、泉州に市舶司（貿易事務を司る役所）が設置されたのは他の港に比べて遅く、北宋後期の元祐二年（一〇八七）のことであった。ちなみに広州では宋代初期の開宝四年（九七一）に市舶司が設けられており、杭州でも端拱二年（九八九）には設置されている。したがって泉州は広州に遅れること一一六年、杭州に遅れること九八年ということになる。王安石の新法政策のもとで、泉州は海舶の利をもって注目されながら、市舶司は設置されず、旧法政権になってはじめて設置をみるに至っている。

これまでの研究により、泉州の市舶司設置に努めたのが知泉州の陳偁であったことは、成田節男氏[1]等の『文献通考』や地志等を利用した研究により明らかにされている。しかしこれらの資料にみられる記述は少なく、詳しいことはわからなかった。ところが本稿でとりあげようとする『永楽大典』巻三一四一、陳偁の項目には、市舶司設置に関する詳しい記述があり、最近、陳高華氏[2]や傅宗文氏[3]等によってその一部が紹介されている。本稿はこの『永楽大典』中の陳偁の項目に収録されている諸資料について検討を試みると共に、市舶司設置をめぐる諸問題とその過程について若干の考察を試みようとするものである。

一、『永楽大典』所収の陳俌の記載について

『永楽大典』巻三一四一に「陳俌」の項目がある。しかし、その記述内容には、いささか問題があるので、まずその検討から試みたい。「陳俌」に関する記述は全十三頁にわたっており、そこに収録されている関係書は『延平志』『陳了斎集』『黄氏日抄』『朱子語類』『呂東萊麗澤集』『宋葉水心集』の六点である。

最初にあたる『延平志』には、陳俌についての二頁余にわたる記載がある。今、嘉靖乙酉（四年、一五二五）の『延平府志』巻一七の陳俌をみると『永楽大典』（以下大典と略す）に引用する『延平志』のものとは大幅に異なっており、文も短く誤字も多い(4)。『大典』所収の『延平志』は散佚し現存していないと思われる。ただ『大典』をみると陳俌の項目以外にも『延平志』の引用記述は多くみられる。したがって、引用の『延平志』は『大典』中にのみ残存しているものといえよう。この『延平志』がいつ頃編纂されたか不明であるが、馬端臨『文献通考』巻六二職官一六提挙市舶に「俌子斎之父也、俌伝延平志」とあり延平志の書名がみえる。これが『大典』の『延平志』とすると、『文献通考』は元代の延祐四年（一三一七）に編纂されているので、これ以前、すなわち南宋末から元代初期に編纂されたことになる。ところで「陳俌」の内容をみると、この記述の約八割は『陳了斎集』の要約である。ただ一部『陳了斎集』にない記述もみられるので(5)、更に別の資料で補足したものと考えられる。

そこで次に陳瓘『陳了斎集』をみると、「先君行述」と題して「公諱俌、字君挙」ではじまり「陳瓘泣血述」で終るその記述は、七頁に及ぶ詳細なものである。著者の陳瓘は俌の子であり、父子という関係から贔屓目に記されている個所もあるが、同時代の記述だけに信頼性は高い。陳瓘については(6)『大典』巻三一四三～四に記述があり、「陳了

翁年譜」を含む。この年譜によると、陳瓘は俌の三男で字を蛍中、謚を忠粛といい、了翁、了斎と号し、『陳了斎集』四十巻を著したとある。とすれば『大典』所収の「陳俌」は『陳了斎集』四十巻の一部となる。年譜によればこの『陳了斎集』は、一旦散佚したのを陳瓘の孫、松磵がみつけ元代の大徳元年（一二九七）ごろに復元したという。(7)しかしその後、再び散佚したらしく、『宋史』巻二〇八芸文志によると「不知名」とある。(8)現在『了斎集』(9)として『四庫全書』珍本第六集に収録されているのは、わずかな詩だけである。したがって『大典』の「陳俌」の部分は現存する貴重な記述といえる。

ところで、残る四点の資料については問題がある。葉適『葉水心集』は「祭陳君挙中書文、嗚呼……」にはじまる祭文で著者の葉適が君挙中書の死去に際して書いたものである。この一文は、葉適『水心文集』巻二八、祭文の項に記すものと同文である。しかし、この祭文は次の理由から陳俌と同一人物ではないと考える。第一に陳俌は中書省の官職についたことがなく知州で卒している。第二に葉適は南宋の紹興二十～嘉定十六年（一一五〇～一二二三）の人であり、北宋期の陳俌の祭文を書くことは不可能である。とすれば祭文の君挙とは誰であろうか。『水心文集』巻十六に陳傅良の墓誌銘がある。そこには「公姓陳氏、諱傅良、字君挙……除中書舎人……（嘉泰）三年（一二〇三）十一月丙子卒」とあり、陳傅良の字は君挙でかつ中書舎人に任じられている。葉適は陳傅良と儒学仲間として親しく、かつ傅良より二十年後に没しており、彼の祭文を書くことは可能であった。したがって右の祭文にみえる君挙中書は陳傅良と考えて間違いない。陳傅良と陳俌の字がともに君挙であるために、『大典』の編纂者が同一人物と思い、内容も検討せずに、陳傅良の項目に入れるべきものを陳俌の中に入れてしまったのである。陳傅良は南宋期に中央政府で活躍し『止斎先生文集』を著した著名な人物である。なお『大典』の陳傅良の項目は散佚し現存していない。

次の『朱子語類』にみえる「君挙得書云。……君挙胸中有一部周礼。……」の一文は朱熹『朱子語類』巻一二三の陳君挙の条と同文である。陳傅良には著述として『周礼説』があることから、陳傅良に間違いない。『黄氏日抄』は短い文であるが、葉正則（適）と並んで「永嘉之学」とあることや「陳君挙有周礼類数篇」とあることから、陳傅良に関するものといえる。

残る『呂東萊麗澤集』には「祭陳君挙　嗚呼……」とありこれも祭文である。そこで著者の呂東萊を調べると、呂祖謙[10]（紹興七〜淳熙八年、一一三七〜八一）と呂本中[11]（〜紹興十八年、〜一一四八）の二人がおり、両人とも『東萊先生文集』を出している。しかしその中に『麗澤集』はみあたらない。ただ呂祖謙については『宋史』巻四三四に「晩年会友之地曰麗澤書院」とあることから、著者は呂祖謙に間違いない。問題は呂祖謙の方が陳傅良より二十二年前に没しているので、陳傅良の祭文を書くことはありえない。そこで本文をよくみると「祭陳君挙　嗚呼……」とある。したがって、これは完全な文章でなく、君挙に続く記述があったか、または、中途になっていることも考えられる。すると陳君挙が呂祖謙の祭文を書くことも考えられる。そこで陳傅良『止斎先生文集』巻四五の祭文をみると、「祭呂大著」と題して、嗚呼以下のほぼ同文（最後の部分が少し違っている）が記されている。更に呂祖謙『東萊呂太史文集』附録巻二、祭文に「陳通判君挙」と題して同文のものがある。つまり呂祖謙の死去に際して陳傅良が祭文を書いたものである。これは『大典』の編者が「祭陳君挙」とさも君挙が死んだ様に書いたため、混乱してしまったのである。あるいは編者もわからずに書いたのかもしれない。いずれにせよ、この項目は前述した如く、陳傅良が呂祖謙のために書いた祭文であり、陳俌とは関係のないものである。

以上から『大典』の「陳俌」の項に収録されているもののうち、『延平志』『陳了斎集』は陳俌の生涯を記したものであるが、その他の四点は陳俌のものではなく、陳傅良のものである。『大典』の編者には二人の区別がつかなかったのである。現存する『永楽大典』には、この様な事例が他の項にもあるのではないかと思われるが今は略す。

二、陳偁の経歴

陳偁については、これまで知泉州であったこと以外に、殆ど知られていない。本来なら『陳了斎集』の記述を中心にして彼の経歴を紹介し検討すべきであるが、紙数の関係から後の機会に譲ることにし、ここでは彼の職歴だけを述べることにする。彼が歴任した職官等については後掲の「陳偁年譜」を参照されたい。

陳偁は字を君挙、諱を偁と云い福建省南剣州沙県の人。父世卿の第五子として大中祥符八年（一〇一五）六月に生まれる。明道元年（一〇三二）二月十八日蒙恩によって太廟斎郎となり、ついで漳州司法参軍（福建省）、龍渓簿（漳州）、羅源県令（福州）、知台州黄巌県（浙江省）、処州安遠県（浙江省）、知循州（広東省）、通判蔡州（河南省）などを経て知恵州（広東省）となる。知恵州在任の陳偁は、魚租が残る廃湖に堤を築いて湖を回復させて、民に利を得させたり、麦の栽培を教えて、租を年に五十万緡免じたりした。また寇（海賊）が海から来るという噂に人々は動揺して逃げ出す者もあり、提点刑獄の晁宗恪もこれを懼れて閉門し、武装する中で、陳偁は海船の帰還と信じて動じなかったが、果して寇ではなかったという記述もみえ、彼が海船の知識を十分に持っていたことをうかがわせる。彼は次いで知宿州（安徽省）となったが、避親によって開封県令となり、更に知泉州となったが前任時の罪に坐して罷免された。しかし釈明を認められて知舒州（安徽省）となり、再び知泉州となって二期務めた後、洪州に赴き、元祐元年（一〇八六）七月に没している。任地での彼は、治水、開墾、獄事の解決、貧者、病人の保護等に業績をあげている。またその経歴は江南地方を中心としながら一般の地方官がたどる知県、通判、知州などの官を歴任しているに過ぎない。この様に中央政府で活躍した高官ではなく、地方の一官吏として一生を終えた者の経歴がこれ程、克明に記録され現在に残っていることは珍しく、貴重なものといえる。

三、知泉州陳偁

本項では、知泉州としての陳偁についてとりあげてみたい。彼が知泉州に就任した年次について、乾隆『泉州府志』巻二六、知州事の項には、

陳　偁　熙寧八年（一〇七五）任……すぐに罷免
　　　　元豊二年（一〇七九）権知州事
　　　　元豊五年（一〇八二）再任
王祖道　元豊七年（一〇八四）任

とある。『陳了斎集』には就任年次を記していないので以下、府志の記載に従うこととする。府志にみえる彼の元豊五年再任について、『曾鞏集』巻二二「制誥」には知湖州唐淑問と同時に再任されたとある。そこで同治『湖州府志』巻五をみると唐淑問は、元豊五年八月に知湖州に再任されており[14]、『泉州府志』がしるす陳偁の五年再任と時期は一致する。さて陳偁は右の記述によると、三回も知泉州に任じられているが、就任三回に及ぶのは陳偁だけである。ちなみに再任者をみると、すべて在任中に著しい業績をあげた人々であり蔡襄、真徳秀など六名を数える。したがって三回というのは異例である。ただ『陳了斎集』によると、最初の知泉州就任は、前任地における罪ですぐ罷免となっているので、実質的には再任といえないようである。しかし、短期とはいえ、三回任命され、約六年間その任にあったことは、泉州についていかに熟知していたかをうかがわせる。ともあれ、熙寧八年（一〇七五）の最初の知泉州就

陳　偁　年　譜

年　　代	職　　歴	出典ならびに備考
大中祥符8年6月(1015)	出生，父世卿の第5子，南劍州，沙縣の人	『永楽大典』巻3144，陳偁の「陳了翁年譜」。
明道元年2月18日(1032)	太廟齋郎 漳州司法参軍（福建省） 龍渓簿（漳州）	同　上。 『陳了斎集』
慶暦（1041～48）	羅源縣令（福州） 大理寺丞 知台州黄巖県（浙江省）4ヵ月 處州安遠縣（浙江省）1年 太子中舎 知循州（広東省） 殿中丞国子博士 通判蔡州（河南省） 虞部員外郎 比部員外郎	『八閩通志』31，秩官，荒地を開墾，灌漑し，数百十畝を田とする。 獄事問題を解決。
治平3年（1066）	知恵州（広東省）	光緒『恵州府志』巻19，39。堤防を築いて廃湖を回復させたり，麦の栽培を教えた。租を年に五十万緡免じた（『延平志』）。海から寇（海賊）が来るという，噂に人々は動揺したが海船が帰還するものと信じ，動じなかった。果してその通りであった。
熙寧6年8月在任(1073)	駕部員外郎から虞部郎中となる。 知宿州（安徽省） 開封県令	『続資治通鑑長編』巻246，丙戌の条に「知宿州比部郎中」とあり，風紀を取締まる。『延平志』には開封県令とある。『宋会要』選挙19の15，熙寧2年8月14日「開封府挙人虞部郎中陳偁」とある。衣糧，医薬等を支給する。
熙寧8年（1075）	知泉州（すぐにやめる。）駕部郎中となり，知舒州（安徽省）	乾隆『泉州府志』26。開封事に坐して罷。 堤を築き水患を防ぐ。
元豊2年（1079）	知泉州再任	乾隆『泉州府志』26.民田4万頃を灌漑していた東湖が涸れてしまったので，牛車で潮水を湖に入れ，回復させた。転運判官王子京と，市舶のことで対立。
元豊5年（1082）	知泉州再任	乾隆『泉州府志』26、泉州に市舶司設置の請願を出すが，不報。王子京と対立。『曾鞏集』22「制誥」に唐淑問と同時に再任。唐淑問は五年八月に再任（『湖州府志』5）。
元豊8年（1085） 元祐1年(1086)4月 7月	（神宗没，旧法の復活） 病により退職 陳偁没す，72歳。	獄事問題で無罪。『永楽大典』年譜によると，最後の職官は知洪州となっている。 朝議大夫（正六品）。
元祐2年10月26日(1087)	泉州に市舶司設置。	『続資治通鑑長編』巻406。『宋会要』職官44，市舶では，10月6日。両者に20日のずれがある。

任について『陳了斎集』には次の様に記す。

移公開封……乃除泉州。未幾卒坐開封事罷。去州、人方怙冒徳政、始聞欷歔相語太守。以陥失青苗銭、被罪能裒銭五千余万、輸之県官、当還我父母、合辞相唯無一人、以罄匱辞、多者至捐百千、少者一二銭、期三日而五千万之数、積於州門。然後相与詣部使者言之、部使者以聞。公至闕下、一年事釈。転駕部郎中、除知舒州。

右の記述によると偁は知泉州に任じられたが、前任地開封での事で罪となり、すぐに罷免となっている。罷免の理由は明確でないが、開封県令在任中のこととして『大典』所収の『延平志』には「熙寧之初、詔令一新、条目万緒圧於司農、事当一一稟承、不得少出意見。公詣執政、請得一州自効」（『陳了斎集』には詳しい記述がある）とあり、陳偁は新法施行に対して不満を持っていた様である。それ故に旧法に荷担する者として、新法政策に反対した者とみなされたのであろう。いずれにせよ、最初の知泉州は短期間で罷免となったのである。しかし、偁が短かい在任中に、青苗銭の陥失を自ら罪としたことが、泉州の人々に知れ、感激した人々は陥失した五千万を三日で出すと共に、彼が州を離れる時は別れを惜しんだという。しかもこのことが朝廷に聞え、許されて知舒州となったのち、再び知泉州となった時、人々から喜んで迎えられている。元豊二年のことであった。この様に彼は泉州の人々から慕われたが、一方において彼は転運使の賈青と対立していた。『陳了斎集』に次の様にある。

時賈青為転運使、青貴家子。駃駻残刻……以苛察相勝。民大凋困。……青等不自得於泉事、務為挫擾。常咄咄毀公。……

賈青はおろかにして残酷な性格であり、民を大いに苦しめかつ泉州での仕事をおろそかにし、偁をけなしている。一路の財政を司る転運使と意見が合わないとすれば、知州にとってやりにくかったに違いない。しかも、偁が知泉州在任中の六年間には、転運使、都提挙市易司に賈青のほか、転運判官、副使に王子京（後述）が在任していたのである。買青は『続資治通鑑長編』（以下長編と略す）によると、通判大名府から元豊二年福建路転運使兼提挙塩事となっており、偁の知泉州就任と同じ年次であった。在任中の青は塩税で利益をあげ、私塩売買を取締まったりしたという。元豊四年河北路転運副使となっている。赴任した青は、福建路は山川険阻で人材は短少であるなどと酷評している。ところが、その年、都提挙市易司となり、再び福建転運使となった。[15]この様に財政を司る転運使、貿易にも関わりのある都提挙市易司、また塩事等を担当した買青の権限は大きかったに違いない。こうした中で偁は市舶司の設置をめぐって、買青や王子京と意見が合わず（後述）、対立したのであるから、偁の主張は問題にされなかったと考えられる。

ともあれ、偁は泉州でも灌漑をすすめ、かつて民田四万頃を灌漑していた東湖が涸れたのを、牛車で潮水を入れ湖を回復させたりしている。しかし知泉州後半には主として市舶の問題にとりくんだとみえ、市舶司の設置に関する記述が多くみられる。

四、市舶法と市舶官制

泉州は三方を山に囲まれて耕地面積が少なく、古くから海外貿易を行う泉州商人や蕃商の往来で賑わっていた港である。したがって陳偁も歴代の知泉州と同じ様に貿易には大きな関心をもっていた。陳偁が知泉州に就任した頃、市舶法と市舶官制が変わった。これは泉州にとって大きな変化をもたらすものであり、かつ不利な条件を伴なうものであった。そのために陳偁は市舶司の設置に努めたのである。この点については『文献通考』や府志等に記されているが、[16]いずれも断片的な記述であり詳細なことはわからなかった。ところが『陳了斎集』には市舶司設置に至る経過が記されているので、以下この記述を中心に紹介してゆきたい。まず熙寧年間の市舶法の改正について同書には次の様にある。

泉人賈海外、春去夏返、皆乗風便。熙寧中始変市舶法、往復必使東詣広、不者没其貨。

この部分は同内容で他の資料にも記されている。「泉州商人は順風に乗って春に発船し、夏に帰国していたが、熙寧年間に始めて市舶法が変わり、往復とも東して広州に詣らなければならなくなった。違反者は貨を没する」という。右の記述にみえる「使東詣広」の東であるが、広州は泉州の南西に位置するので、東に進むと台湾の方向になり広州に至らない。万暦『泉州府志』巻十には、

元豊五年、復知泉州、旧法番商至、必使詣広東、否則没其貨。

とあり、東が広の後にきて広東としている。諸資料の記述をみると、『大典』の『延平志』『文献通考』は東であり、明末以降に編纂された府志等は広東（『閩書』は東広）となっている（註（16）参照）。さてこの東であるが、当時泉州から広州への航路は直線的に南西に進むのではなく、一旦東行してから広州に行ったものと考えられる。陳偁が当時の現状を述べた中に（後述）、「今迂詣広、必両駐冬。……又道有焦石浅沙之険」とあり、広州に至るに迂して（遠回りして）行き、焦石、浅沙の難所があり、時間がかかることを述べている。このことから、遠回りとは東に進むことをいったものであろう。この場合、東が正しく、明代になって府志の編纂者が、東では意味が通じなかったのであろうか広東にしてしまい、それ以降広東を踏襲したものと思われる。なおこれに関連して、前掲の府志にみえる「旧法番商至、必使詣広東」の旧法をどう解釈するかが問題になっている。成田氏は不明とし（前掲論文）、陳高華、傅宗文氏は新法の誤りとしている（前掲論文）。資料的に調べてみると、東と同じく明末以降の地志等には旧法と記されており、『大典』所収の『陳了斎集』『延平志』や『文献通考』等つまり原本となるべきものには旧法とは記されていない

（註（16）参照）。したがって、明代の府志の編纂者が書き加えたものである。どの様な意味で書いたのか疑問であるが、この旧法を、新旧両党の旧法とすると、元豊年間は新法であるから旧法は誤記となる。しかし、単に市舶司が設置される前の法、旧い法と解すると旧法でも意味は通じる。この場合、旧い法の意と考える。

さて本論に戻ると、この市舶法については『宋会要』職官四四市舶（『宋会要』市舶と略す）や『長編』にも記録がなく、その時期、内容等については明確でない。蘇軾『東坡先生全集』巻五八「乞禁商旅過外国状」に熙寧編勅の一部があるが、泉州についてはふれていない。しかし同書にみえる元豊三年（一〇八〇）八月二十三日、中書箚子節文には、

諸非広州市舶司、輒発過南蕃綱舶船、非明州市舶司、而発過日本高麗者、以違制論、不以赦降去官原減。

とあり、南蕃に行く船は必ず広州市舶司から、また日本、高麗に行く者は明州市舶司から出航しなければならないという。熙寧の市舶法もこれと同じもので、熙寧年間の末年ごろ施行されたと思われる。この頃、政府は銭禁解除令を出した。そのため、諸外国からの銅銭の需要が多く貿易が活発化した。銭禁解除と市舶法とは関連があると思われる。いずれにしても市舶法は厳しく施行された。朱彧『萍洲可談』巻二には崇寧年間以前（一一〇二年以前）の状況を記して、「朝廷嘗併泉州舶船、令就広、商人或不便之」とあり、広州に行くので商人は不便であったという。また『文献通考』巻六二職官十六にも「海道回遠、窃還家者過半、年抵罪衆」とある様に遠回りして竊に家に帰る者が大半をしめ、年毎に罪にあたる者が多く、この法が泉州商人にとり不利なものであったことを知りうる。

ではこの市舶法が施行される前の泉州貿易はどの様な状況にあったのであろうか。晁補之『鶏肋集』巻六二、「朝散郎充集賢殿修撰提挙西京嵩山崇福宮杜公行状」の中に次の様にある。

公諱純、字孝錫……改泉州司法参軍、舶商歳再至、一舶連二十艘、異貨禁物如山。吏私与市者、価十一二售、幸

不諸何、遍一州吏争与市。惟守関詠与公不買一毫……

同内容の記述が『宋史』巻三三〇、杜純伝にもあり、「……以蔭為泉州司法参軍、泉有蕃舶之饒、雑貨山積。時官於州官、私与為市價、十不償一。惟知州関詠与純無私買。……」と記している。文中に記す関詠は、嘉祐八年（一〇六三）、知泉州になったが（乾隆『泉州府志』二六）、治平三年（一〇六六）、貿易上の罪で罷免（『宋会要』黜降官六五）となった人物である。それ故、前掲の記述は熙寧以前の状況であるが、泉州には舶商が年に二度、二十艘を連ねて到着し、貿易品が山積されていたという。ここで年に二度とあるのは南方から六月ごろ、北方から十一月ごろ、季節風に乗って商船が入港したことを示すものであろう。このことから市舶法施行以前の泉州では商人の出入が自由であり、徴税もここでなされ、貿易による繁栄がみられた。また熙寧年間の初め、福建転運使羅拯は泉州商人を通じて絶えていた高麗との国交を回復させたりしており（『宋史』巻三三一、羅拯伝）、北方諸国との往来も活発であった。

さて、市舶法により南方諸国に往来する蕃商や泉州商人は広州経由を余儀なくされた。しかも政府は市舶法を強化するために転運判官王子京を任じており、『陳了斎集』には、

至是、命転運判官王子京、拘攔市舶。

とある。これが元豊三年（一〇八〇）八月二十七日のことであることは『宋会要』市舶の項（『長編』巻三〇七、丁巳の条）にみえる。

中書言、広州市舶條已修定、乞専委官推行。詔広東以転運（副）使孫迥、広西以転運使陳倩、両浙以転運副使周直孺、福建以転運判官王子京。迥、直孺兼提挙推行、倩、子京兼覚察拘攔。其広南東路安撫使更不帯市舶使。

これは元豊年間に王安石の官制改革の一環として行われたものであり、市舶官制ではこれまで、知州、通判、転運使等が市舶の仕事を行っていたのを、転運司直轄に改めたものである。つまり、市舶司のある広東と両浙では転運使、

副使が提挙（市舶司の長官）を兼任し、市舶司がない広西と福建では転運使、判官が覚察拘攔を兼任した。覚察拘攔とは沿岸を通る海船を調べ、まだ市舶司の徴税を経ず収買を完了していない場合には舶を市舶司に赴むかせることを任とし、市舶司が設置されていないところに置かれていた。福建の場合には、泉州に転運判官の王子京が覚察拘攔として赴任したのである。このため王子京が市舶の仕事をすることになり、知泉州の陳偁は、制度上、貿易に直接関与することは出来なくなったのである。

市舶法及び市舶官制の改正によって、王子京が泉州に着任してから、泉州では大きな変化がみられるようになった。これについて『陳了斎集』には次の様に記されている。

子京為尽利之説、以請拘其貨、止其舟、以俟報。公以貨不可失時、而舟行当乗風便、方聴其貿易、而籍名数以待。子京欲止不可。於是縦跡連蔓、起数獄、移牒譙公沮国法。取民誉、朝廷所疾、且将幷案。会公得旨再任。詔辞温渥。子京意沮、而捕益急。民駭懼、雖薬物燔棄不敢留。

記述には、王子京と陳偁の貿易上の処理の違いがみられる。王子京は利益を得ることを優先し、泉州に往来する船を取調べ、商人の積荷を拘束して朝廷からの指示を待つ立場をとった。また違反者は貿易品を没収し、獄に入れるという厳しい取締りを行った。一方、偁は季節風の利用という時期を重視し、貨物の名と数を明記させて貿易を許す方法を主張した。こうした王子京と陳偁との対立の中で、泉州の人々は陳偁を支持し、ついに元豊五年、偁は知泉州に再任された。王子京は再任に驚き、偁の再任にあたり、益々商人を捕える様になった。このため商人は捕えられる位ならと高価な香薬を焼却して州に留まらなくなったというのである。熙寧元豊年間における王安石、神宗によってすすめられた新法政策に基づく市舶法と官制の改革は泉州にとって、いずれも不利な立場をもたらすものであったといえよう。ここに熙寧十年（一〇七七）の乳香の貿易額の統計がある。梁廷枏『粤海関志』巻三、畢仲衍の『中書備対』

に

三州市舶司乳香三十五万四千四百四十九斤、其内明州所収惟四千七百三十九斤、杭州所収惟六百三十七斤、而広州所収者則有三十四万八千六百七十三斤。是雖三処置司、実祇広州最盛也。

とあるのがこれである。この記述は北宋の広東貿易の繁栄を示すものとして、よく引用されているものである。乳香は南方諸国の特産であるから、広州での貿易額が多いのは当然であるが、広州は三十四万余斤と全体の九八％を占め、三市舶司の中で最盛であるという。しかし、熙寧十年というと、市舶法が改正され、南方諸国への往来の船はすべて広州で手続をしなければならなくなった時期と一致する。乳香の九八％という数字に示された広州貿易の繁栄の背後には、広東市舶司が南方諸国から入港する船を独占し、貿易品に課税した結果であり、市舶司が設けられてない泉州には徴税が終了した船しか入港出来ないしくみになっていたからである。

五、市舶司設置請願

陳偁は賈青や王子京等と意見が合わず、市舶司の設置問題が進まないので、直接朝廷に設置請願を出している。その事情について『陳了斎集』は次の様な興味深い記述を残している。

公乃疏其事請曰、自泉之海外率歳一往復。今迻詣広必両駐冬、閲三年而後返。又道有焦石浅沙之険、費重利薄。舟之南日少、而広之課歳虧、重以拘攔之弊、民益不堪。置市舶於泉、可以息弊止煩。

この請願は元豊五年以降のものであり、すでに六十八歳位になっていた偁の最後の仕事となった。この請願の内容をみると、第一に泉州より海外へはほぼ年に一往復出来るのに、遠回りして広州に至れば二冬し、三年を閲《かぞ》えてしかる後に泉州に返ってくること、第二に広東への道は焦石、浅瀬の険悪な難所があること、第三に費用が多くかかり利益が少ないことから南行する舟は日に日に少なくなり、広州での課税も歳毎に減少していること、第四にその上、拘攔の弊害があり民は益々堪えられないことを指摘しており、泉州に市舶司を置けばこれらの弊害は解消し、煩しさもなくなるというのである。これは在任中の知泉州陳偁が泉州商人の実状を述べたものであり、真実性がある。ここで彼が泉州から南方諸国に直行すれば年に一往復出来るが、広州に立寄ると必ず二冬し、三年を閲えると述べているが、厳密にいうと、年に一往復というのは、冬に出航して、翌年の夏に帰国するので二年目に帰ってくる。それが広州に立寄ると三年目に帰国するという意味である。この点については他の資料には全く言及されていない。したがってなぜ三年かかったのか、これだけでは明らかでないのでいささか検討してみたい。

船の出入が季節風によって左右されることは諸資料が示す通りであり、『萍州可談』巻二には「船舶去以十一月十二月就北風、来以五月六月就南風」とある。また泉州の九日山に残存する祈風石刻碑文十点(17)（崇寧三年（一一〇四）～宝祐六年（一二五八））もこれを物語っている。碑文は航海の順風と安全を祈ったものであり、年に二度、船が出帆する十一月頃と、帰国する五月頃とに祈風儀式を行い、それを石に刻んだものである。偁が舟行は風によるといっているのは当時いかに順風が船の出入を左右していたかをうかがわせる。南方諸国への日程を南宋の趙汝适が記す『諸蕃志』によってみると、次のようである。泉州を起点として、順風で占城まで二十日余、真臘、三仏斉まで一ヵ月余、闍婆は昼夜こぎ続けて一ヵ月余であるという。また大食の場合には四十日で藍里（藍無里国）につき、そこで越冬した後、翌年の順風に乗って行けば六十日余で着くとある。したがって大食を除く南方諸国には一ヵ月余で到着し、一年に一往復出来る。まさに偁のいう通りである。それが広州経由になると二冬し、三年目に帰ってくるという。

一体、泉州から広東まで当時どの位の日数を要したのであろうか。『諸蕃志』によると前述のように、順風二十日余で占城に着くとある。広州はその途中であるから、それ程の日数はかからないはずである。しかし実際はそうではない様である。南宋期に各市舶司から都の杭州まで香薬等を運ぶ日数が『宋会要』市舶にみえる。乾道七年（一一七一）十月十三日の条によると広州から杭州まで五ヵ月を限度としている。また淳熙二年（一一七五）二月二十七日の条では、福建市舶司（泉州）から杭州までは三ヵ月、広州から杭州までは六ヵ月を限度として運んでいる。ただし順風という条件は記されてない。これらの記述は日数の限度を示すものであり、実際はもっと早かったと考えられる。しかし、泉州商人は出港する際に王子京の厳しい検閲をうけた後、出発した。しかも広州までは前述した如く、南西に直行したのではない。焦石、浅沙等の障害があったためか、一旦東に進み、遠回りして広州に行っているのである。それ故かなりの日数がかかったものと思われる。

さて、泉州商人は十月ごろ順風に乗って出航し、広東市舶司で出国手続きをとったが、まずこの手続きに手間どったのではないかと思われる。商人たちは広東市舶司で公憑＝出国許可書を発行してもらう。公憑は重要なもので、帰国の際にこれがないと貨物を没収される。前掲の『東坡先生全集』巻五八に公憑についての記述はあるが、具体例はない。その具体例は日本の『朝野群載』巻二〇にあり森克己氏の研究がある。(18)記載の公憑は崇寧四年（一一〇五）に両浙提挙市舶司が泉州商人李充の日本渡航を許して発行したものである。博多に入港した李充の商船を大宰府の官吏が臨検した際、報告書の中にその全文を引用したものである。長文にわたるこの公憑には、まず船は自己船一隻で綱首は李充であることを記し、以下梢工、雑事、部領の名に続いて乗組員六七名というふうに計七一名の名が列記されている。ついで物貨の品目、数量を記し、保証人三名の名がみえる。また守るべき条項や罰則規定として、北方の登莱州や遼への入界禁止、兵器の積載や逃亡者の乗船禁止等をはじめ、帰国の場合における出帆港への帰港、貿易品の点検や徴税、転買等について詳細に記されている。公憑の末尾には両浙市舶の官吏四名の名と印があり、崇寧四年六月の交付日を記す。この六月というと南風に乗って日本へ渡航する時期と一致するので、出航直前に発行したものと考えられる。この公憑が示す様に、船、乗船者、貿易品等すべてを調べて記載するのであれば、出国手続きにかなりの期間を費やしたことが考えられる。また、南宋期の市舶制度を受け継いだ『元典章』巻二二「市舶」の項をみても、帰国する商人に対するものは少なく、大部分が出国する商人に対する厳しい規定が記されていることからも伺える。この様に複雑な出国手続等によって泉州商人は、冬の順風をのがし、一年後の順風を待つ結果となって、広州で二冬目を過したと考えられる。したがって、泉州を出てから三年目に帰ってくることになり、結局一年多くかかることになったのである。そのために滞在費もかかり、利益も少なく、その上泉州に帰ると、王子京が再度検査を行い、不当な没収も行ったりしたので、商人達は南行しなくなり、広東市舶司の船税も年毎に減少していったというわけである。それ故に偁は拘攔の弊害をも述べて市舶司設置の請願を出したのであるが、『陳了斎集』に、

未報、而子京倚法籍没、以鉅萬計。

とあり、請願は報ぜられず、王子京は法によって貨を没収し、その額は鉅萬を数えたという。

それではなぜ偁の請願は受諾されなかったのであろうか。これに関する記述はないが、その理由としてまず市舶法、官制を改正した直後だけに、政府の方針としてこれを変更することは出来なかったと考えられる。熙寧九年には、程師孟が、他の市舶司を廃止して、広州市舶司だけにしようとする案を出しており（『宋会要』市舶）、政府はこれに反対せず協議している時期でもあった。したがって、熙寧九年というと、市舶法が改正された頃である。この様な状況にあって泉州に市舶司を増置するということはありえなかったのであろう。この程師孟は熙寧年間に六年にわたり広州で、安撫使、知広州等を在任し、西城修復をした時、大食の蕃商辛押陁羅[19]に銀の援助を頼もうとした人物である。この程師孟が広州貿易繁栄のために、他の政府は許さなかったが、蕃商とのかかわりをもっていた人物といえよう。

市舶司を廃止させようとし、政府がこの案を取上げていることは、政府の方針に合致するものがあったためであろう。そのために転運使賈青、王子京は泉州に市舶司を設置することに強硬に反対したのであろう。しかも泉州に市舶司が設置されなかったために、王子京によって没収された香薬は鉅萬であったというのである。次に、泉州市舶司設置反対の人々は、広州には多くいたと推測される。元豊六年（一〇八三）十一月には、密州でも市舶司設置の請願が知密州范鍔によって出されているが、都転運使呉居厚の見解により、明州、広州市舶司を牽制するものとして却けられている（『宋会要』市舶）。泉州もこれと同様であり、広州は泉州が競争相手になることを恐れたのであろう。事実、のちに泉州に市舶司が置かれると、三十数年にして、政府からの貿易資金額が広州と泉州とは同額となっており（『宋会要』市舶、宣和七年三月十八日の条）、このことは泉州の貿易が、広州と同じ位の貿易量になっていることを示している。ともあれ、この様な理由から、当時の新法政権下においては、偁の市舶司設置の請願は受け入れられなかったのである。

六、旧法政権と市舶司の設置

泉州の市舶設置問題で、陳偁と子京との対立が続く中で政局は急変する。新法を支持した神宗の死と哲宗の即位による宣仁太后の執政、そのもとにおける新法の廃止がこれである。『陳了斎集』にはこれ以降、直接市舶に関係する記述はない。しかし、哲宗即位後の子京と偁との関係については、次のように記している。

上即位、子京始懼、而遽以所籍者還民、州有獄死者十有八人、疑可宥、而請事下監司覆案、子京得之喜宣言曰、是非死獄朝廷欲生之、使某人往鞫獄変劾公。公曰、活死者本郡守之意、又欲辨之乎。獄官避失入、重讁問之不承。

……公欲引年乞謝、以是不得請。

神宗が没したのちの子京の態度の急変と、罪を侔に負わせて窮地に追い込もうとする様子は父侔に同情する陳瓘の文だけに詳しい。ここにみられる獄死者十八人は王子京によって捕えられた人達であり、釈放された人を加えると多数の商人が捕えられていたことになる。[20]泉州における厳しい取締りを物語るものであり、それ故に商人達は香薬を焼き棄て泉州に留まらなくなったのであろう。

さて、『陳了斎集』はこの獄事の結末と侔の死について、

明年（元祐元年）三月獄事始報、公以無累。是月公請致仕。……未幾公得疾既病、……以覃恩進階朝議大夫、至是守本官致仕、授告之夕以壽終、元祐元年七月丙寅也、享年七十有二。

と記す。元祐元年（一〇八六）三月、獄事に関して報ぜられた結果、侔は関わりなしとされた。同月侔は辞職願を出し洪州に赴いて報を待った。まもなく恩恵をもって朝廷より朝議大夫（正六品）を与えられ、本官をもって辞職を許されたが、侔は授告の夕方没した。侔の念願であった市舶司はついに生前、設置されることはなかったのである。

ところで、彼が無罪になったのは、政治が旧法政権に急変したことにあると考えられる。本来なら侔は新法政権のもとで知泉州に再任しているので一般的に考えれば旧法政権下では何らかの圧力がかかるはずである。しかし侔が新法政策の一つであった市舶の広東経由に反対して不利な立場に置かれたことから、新法に反対した者とみなされ、無罪となったうえ、特進させられたのであろう。

それでは王子京の方はどうなったのであろうか。[21]神宗が没した翌月の元豊八年（一〇八五）四月丁丑の条（『長編』巻三五四）は「監察御史安惇言、福建転運副使王子京擘畫官買臘茶歳三百萬斤、訪聞抑認、乞委官采訪、遂詔昨先帝以諸路監司責任不軽……福建路遣監察御史黃降」とあって、子京が官買の臘茶三百萬斤を処分したことを調べるため

に監察御史黄降を福建に遣わしている。さらにその結果が二ヵ月後の六月（『長編』巻三五七・戊子）に「……茶塩法使者之刻剝害民、如呉居厚、霍翔、王子京等、内臣之生事歛怨、如李憲、宋用臣等皆従罷去……」とあり、茶塩法使者として刻剝、民害をなした呉居厚、霍翔、王子京等は罷去されている。呉居厚は前述の密州市舶司設置に反対した人物である。その後、子京は知泰州となっているが十一月には罷免されている。元豊八年十一月丙午（『長編』巻三六一、『宋会要』職官六六に同文）の条に、「知泰州王子京罷、……子京在福建日買茶抑配……」とあり前任の福建転運副使の時、茶を無理に割当てて買わせたという抑配により罷免となったのである。新法政策が次々と廃止される中で、新法を支持した人々を罪とする記述が続くが、そこには賈青と共に王子京の名も多くみられる。ということは福建でいかに大きな権限を持っていたかをうかがわせる。例をあげると、元祐元年二月癸酉（『長編』巻三六六）条には「福建路転運副《ママ》使賈青……転運副使王子京……先是福建路按察張汝賢言、青兼提挙塩事不究利害、厳督州県……子京相承行遣、又違法過為督迫」とある。賈青はすでに元豊八年（一〇八五）十月、罷免となっているが、元祐元年（一〇八六）にも王子京と共に利を究めず州県を厳督、違法に督迫したことで追及されている。また同年閏二月乙丑（『長編』巻三六八）にも「黜呉居厚、……賈青、王子京、……皆有罪」とあって賈青、王子京とともに有罪となっている。同年三月戊辰（『長編』三七二）の条には「降黜呉居厚、……王子京……皆以立法害民、且黜其人、改其法、不数月而民復業矣」とみえ、呉居厚、王子京は法で民を害したとして官を退けられている。この様な記述は新法策を施行した人々の失脚を意味し、旧法政権に移る過程を示している。いずれにせよ王子京は哲宗が元豊八年三月に即位した直後の四月から取調べられ、六月には罷免となっているのである。前述のように子京は泉州で急に態度を変え、獄事問題で侔に罪を負わせて自分を有利な立場に置こうとしたが、結果的には子京の有罪と対照的に侔は無罪となったのである。

さて、旧法政権への交替の中で、泉州市舶司の設置も実現された。元祐二年十月甲辰（『長編』巻四〇六、『宋会要』市

舶、二年十月六日の条）の条に、

泉州増置市舶、従戸部尚書李常請也試

とある。市舶司設置の日付けについて、『宋会要』市舶では十月六日（陽暦十一月三日）とあり、『長編』では十月甲辰、つまり二十六日（陽暦十一月二十三日）とあって両者に二十日のずれがあることを指摘しておこう。ともあれ、元祐二年十月二十六日（『長編』に従う）の設置は、偁が没してわずか一年三ヵ月後のことであった。直接には戸部尚書李常(22)の請願によるとあるが、これに関する詳しい記録はみあたらない。これまで述べた如く、泉州市舶司の必要性を認め、設置に努めたのは陳偁である。『大典』の『延平志』にも「二年始詔泉置市舶、實公兆其謀也」とみえ、偁がその先駆者であることを記している。しかし『陳了斎集』には偁が没した後のことなので記されてはいない。

図　泉州市舶司遺跡

一体、市舶司はなぜ旧法政権になると設置されたのであろうか。まず前述したように新法政権の失脚により、設置に反対していた呉居厚、賈青、王子京等は罷免され、反対する者がいなくなったことをあげえよう。また、新法政権下で抑圧されていた案の一つであったため、その反動として直ちに設置を実現したものともいえよう。とすれば、泉州市舶司の設置は泉州商人や蕃商の不便さとか、州の事情とかによるものというよりも、新旧両党の政治上の対立、官僚相互の対立抗争という形勢の中で設置されたものという要素が強い。

後に、旧法政権が失脚し、新法政権が再現すると、旧法政策はあいついで廃止された。しかし泉州市舶司は廃止されず新法の財政に寄与するものとして、北宋末の宰相蔡京[23]の政策にみられる様に新法政権下で支持されたのである。

こうして市舶司が設置された泉州では、泉州商人や蕃商達の活躍によって着実に発展し、新旧両党の政策を越える存在として、また、なくてはならない貿易港として、南宋期にその繁栄をみたのである。

おわりに

『永楽大典』巻三一四一の陳偁の項目は『延平志』『陳了斎集』と他の四点の資料からなっている。この四点の資料にみえる記述は、陳偁のものではなく、南宋期に儒者であり、また中央政府で活躍し、『止齋先生文集』を著した陳傅良のものであることを明らかにした。この誤りは二人とも字が君挙であったことによる。また四点中の二点は祭文であり、個人の業績、年代の記述が殆んどないためにわかりにくかったこともある。しかし『永楽大典』を編纂する際、陳傅良の方が有名ではるかに多くの資料があったはずである。字が同じであるとはいえ、両者を混同しているこ とには、理解しがたいものがある。陳傅良の項目は、散佚しているが、当時この四点は陳傅良の項目から欠けていたとも考えられる。いずれにしても、この四点はそれぞれの著述の中に現存しているのである。

さて陳偁の方は『陳了斎集』『延平志』とも『永楽大典』にしか残存していないので、その記述はきわめて貴重なものである。特に『陳了斎集』には市舶司の設置を望む泉州商人の状況が記されているので、本稿ではその内容を中心に検討した。

陳偁が知泉州であった元豊年間は神宗による新法政策が実施されていた時で、市舶体制もこの政策のもとに国家の強い統制下に入り、市舶法と市舶官制が改正された。即ち、従来の市舶司以外からは諸外国への往来を禁じ、転運使の管理下にいれたのである。この改正で打撃を蒙ったのが泉州商人であった。商人達はこれまで一年に一往復出来たものが、広州市舶司に行き、手続きを完了して出港するのに、広州で二冬しなければならなくなり、帰国するのに足掛け三年の年月を必要とする様になったという。その上泉州出入の際には、転運判官王子京による検査と不当な没収が行われたため、香薬を焼却する商人も出る程であった。この状況をみた陳偁は朝廷に泉州貿易の不便さを訴え、市舶司設置の請願を出すが、新法政策の方針のもとでは受諾されなかった。この様な硬直状態を打開したのが神宗の死による政局の急変である。旧法政権のもとに新法政策が次々と廃止される中で、新法政策下では施行されなかった泉州市舶司設置が可能になったのである。陳偁の死後、一年余りのことであった。この様なことから、泉州市舶司の設置は貿易や商人の便利さを考慮するというより、新旧両党の政治上の対立を反映したものとみなされる面が強いといえよう。問題は単なる一地方の港に市舶司を置くか否かということであるかにみえるが、海外貿易が市舶司を通じて行われ、貿易品も専売制で、国家の強い統制をともなうものであった。それ故に簡単に設置されることはなかったし、それだけに市舶司設置の重要性もあったといえる。一方、福建商人の立場からすると、市舶司の設置がいかに海外貿易を容易にするものであったかを伺わせる。

泉州ではこれ以降、市舶司の廃置があったものの、順調な発展をとげ、広州と並ぶ貿易港となっていったのである。このことは、泉州貿易をになう福建商人や蕃商達の活動の基礎がすでにできていたことを示すものであろう。

註

（1）成田節男「宋元時代の泉州の発達と広東の衰微」『歴史学研究』旧六の七、一九三六年。

（2）陳高華「北宋時期前往高麗貿易的泉州舶商——兼論泉州市舶司的設置——」『海交史研究』二、一九八〇年。

（3）傅宗文「宋代泉州市舶司設立問題探索」『泉州文史』八、一九八三年。
（4）この記述は乾隆三十年修同治十二年補刊『延平志』巻二八の陳偁の項とほぼ同文である。知尉州は舒であり、再知恵州は泉である。東湖は泉州にあり恵州になく、東湖溉田は知泉州再任の時である。なお乾隆『延平志』の車航は提船である。
（5）例えば「免緡銭五十余万」、知宿州で「繳九月」同じく「五月朝廷以其事付中書」。偁が官を致仕した後の子、陳瓘の記述。これは『大典』巻三一四三「陳瓘」にもない。
（6）荒木見悟「宋儒陳瓘について」『宇野哲人先生白寿祝賀記念東洋学論叢』同記念会、一九七四年。陳瓘については『大典』巻三一四三〜四、陳瓘の項に詳細な記述があるが、これは参照されていない。
（7）『大典』「陳了翁年譜」に「是先生（陳瓘）有文集行于世、吾邦甫惟兵火煨燼無存、……松磵（陳瓘の孫）……悉心殫力、四出捜訪、去年春聞訪得了齋文集於他郡、手自繕写。」とあり、この文集は松磵が苦労して見つけたものである。去年とあるが何時のことかわからない。ただ「今其孫松磵生於嘉熙丁酉（元年一二三七）之四月、是編之作、又見於大徳元年丁酉（一二九七）之四月……」とあり、年譜が編纂されたのが大徳元年であるので文集はそれ以前に見つけ出されたものである。陳瓘の著作については「公著述不一有文集四十巻、有易説、有尊尭集、有責沈碑文、有年譜」とある。
（8）『宋史』巻二〇八の芸文志七「陳瓘集四十巻、諫垣集、四明尊堯集五巻、尊堯余言一巻」とあり「以上不知名」とあるので、このころ四十巻も散佚してしまっていたのであろう。
（9）『大典』の中に『陳了斎集』より引用している記述が多くみられる。例えば巻三一五四「陳憲之」、三一四六「陳伯瑜」、三一四七「陳之顔」、三一四七「陳了真」等である。『大典』中のこの文集の記述を抽出すると一部が復元され、宋代の研究に寄与するものとなるであろう。『延平志』にも同じことがいえる。
（10）『東萊呂太史文集』巻一「壙記」「年譜」。
（11）『文定集』巻二三「枢密院計議銭君嬪夫人呂氏墓誌銘」。
（12）『閩書』巻一〇二「陳世卿」。
（13）前掲の『大典』の年譜に陳偁の記述があって、「……至知洪州、元祐元年四月致仕」とみえ、最後は知洪州であったとしている。しかし『陳了斎集』には偁の母が洪州におり、洪州に赴いているが知洪州とは記されてない。子の陳瓘は最後の様子まで克明に記録しているのに、最後の官を省くとは考えられないが、元豊七年から元祐元年（一〇八四〜六）までの職官が不明であるので検討の余地がある。なお雍正『江西通志』巻四六秩官の項には知洪州に彼の名はない。

（14）『曾鞏集』巻二二「制誥」に「知泉州陳偁……湖州唐淑問並再任制」とある。唐淑問については同治『湖州府志』巻五職官表、郡守に「唐淑問……元豊三年八月二十九日到任……五年八月再任」とあり、五年に再任となっており、陳偁もこの年に再任となっている。乾隆『泉州府志』記載の再任年次と一致する。

（15）賈青は『長編』（（　）の中は巻数）によると、熙寧五年には京西路提点刑獄（二三七、八月己卯）、七年ごろには通判大名府（二五八、十二月甲戌）に在任している。元豊二年、福建路転運兼提挙塩事（二九九、七月戊辰）として売塩等の仕事をし、四年には、河北路転運副使（三一二、四月乙丑、五月甲申）から再び福建路転運使（三二一、十二月丙辰）となり、さらに十二月には都提挙市易司（三二一、十二月庚申）となっている。また元豊五年正月には福建路転運使、都提挙市易司であった（三二二、正月乙巳）との記述があり、七年にも福建転運使（三四五、四月乙亥）とみえる。したがって賈青は転運使と市易司の仕事を同時にしていたことになり、福建路の財政を担っていた。そしてその時期は陳偁の知泉州在任と一致する。賈青の失脚は元豊八年十月のことである。

（16）陳偁と市舶司設置に関する資料は次の通りである。編纂年代の古い順に掲げる。

A　泉人賈海外、春去夏返、皆乗風便。熙寧中、始変市舶法。往復必使東詣広、不者没其貨……略（『陳了斎集』これ以降の記述については本文で記す。）

B　泉為州瀕海、人多賈販海外。在法往復必使東詣広、否則没其貨。公慨之奏疏、願置市舶於泉。哲宗即位之二年、始詔泉置市舶。実公兆其謀也。（『大典』所収『延平志』）

C　熙寧中、始変市舶法。泉人賈海外者、往復必使東詣広、否則没其貨。海道回遠、竊還家者過半、年抵罪衆。太守陳偁奏疏、願置市舶於泉、不報。哲宗即位之二年、始詔泉置市舶。（『文献通考』巻六二職官一六）（付言、成田節男氏（前掲論文十三頁）と傅宗文氏（前掲論文、六頁註五）は『文献通考』には「必使詣広東」としている。また傅氏は広東が正しいとしている。）
D　元豊五年、復知泉州。旧法番商至必使詣広東、否則没其貨。偁請立市舶司于泉。詔従其議。（万暦『泉州府志』巻十、古今宦蹟の陳偁）
E　元豊五年再知泉州……旧法番商至必使詣東広、否則没其貨、偁請立市舶司于泉。哲宗立、詔従其議（何喬遠崇禎二年『閩書』巻一〇二）
F　熙寧中、始変市舶法。泉人賈海外者、往復必使東詣、否則没其貨。海道回遠、窃還家者過半、歳抵罪者衆。太守陳偁奏疏、願置市舶於泉、不報。哲宗置泉舶（高岐『福建市舶提挙司志』沿革）。これは『文献通考』によったものであろう。
G　乾隆『泉州府志』巻二九名宦はDと同文。
H　同治『延平志』巻二八の陳偁はEとほぼ同文。
(17)　最近のものとして黄柏令『九日山志』福建省晉江地区出版、一九八三年。李玉昆「南安九日山摩崖石刻校記」『泉州文史』八、一九八三年。拙稿「宋代の泉州貿易と宗室」『中嶋敏先生古稀記念論集』下巻、汲古書院、一九一八年、一八五～一八七頁参照。
(18)　森克己『日宋貿易の研究』国立書院、一九四八年、三六～四二頁。
(19)　『宋会要』蕃夷四、大食、熙寧五年六月二十一日。
(20)　森克己前掲書四三～四四頁にイブン・バットゥータの旅行記（Samuel Lee "The Travels of Ibn Batuta" p.210）が紹介されている。これは元代のものであるが、それによると、出帆の際、人数等が申告され、帰港の時一人でも欠員があり理由が明白でないと船の船長は投獄される。また貨物も前に差出した船荷目録にない貨物が見付け出されると、船は貨物諸共に中国の皇帝に没収されるとある。王子京の投獄や貨物没収も、広州市舶司で検査を受けたとはいえ、再びこの様な取締りを行ったのであろう。この個所はイブン・バットゥータ、前嶋信次訳『三大陸周遊記』（角川書店、一九六一年）の中には入っていない。
(21)　王子京については『長編』に多くの記述がみられる。その詳細は後の機会にゆずることにして、ここでは職官の変遷と罷免にとどめておく。（　）は『長編』の巻数である。

王子京の職官の変遷　（　）は『長編』の巻数

両浙提挙	熙寧八年九月乙丑（二六八）
淮南提挙官	〃　〃　〃　（割註には八月十一日在任とある）
提挙淮南常平等事	〃　九年五月辛巳（二七五）『宋会要』方城一七、同年五月二十六日
（福建）転運判官	元豊三年四月庚申（三〇三）
転運判官兼覚察拘攔	元豊三年八月丁巳（三〇七）『宋会要』市舶八月二十七日
転運判官	元豊四年十二月丙辰（三二一）
福建路転運副使	元豊七年三月甲寅（三四四）
	〃　七年十月癸未（三四九）『宋会要』食貨三六の三一　十月十七日
	〃　八年正月辛未（三五一）
	〃　八年二月七日『宋会要』食貨三〇の二五
罷去	〃　八年六月戊子（三五七）
知泰州を罷去	〃　八年十一月丙午（三六一）『宋会要』職官六六の三十一同日

（22）『長編』巻四〇九、元祐三年三月乙丑に密州市舶司設置の記述があり、割註に「泉密市舶皆李常建請常伝可考」とみえる。密州も直接には李常が請うたものである。

（23）拙稿「北宋末の市舶制度—宰相、蔡京をめぐって—」『史艸』二号、一九六一年、本書第一篇第一節参照。

補註　密州市舶司設置については、近藤一成『宋代中国科挙社会の研究』汲古書院、平成二十一年、四三八—四六六頁参照。

第二節　宋代の泉州貿易と宗室
――趙士㣟を中心として――

はじめに

周知の如く、宋代の泉州は北宋中期に市舶司が設置されたのを契機として発展し、南宋に入り紹興乾道年間を中心に一層の活況を呈した貿易港である。南宋期の泉州において、海外貿易に関与したもの、即ち貿易の事務を行う福建提挙市舶や福建商人の活躍[2]についてはすでに多くの研究者によりその実態が明らかにされてきた。しかし提挙市舶や[1]福建商人のほかに、南宋期から泉州に在往した南外宗室の存在も無視することは出来ない。何故なら、泉州には多くの宗室が在住し、彼らの中には貿易に直接関係している例がみられるからである。宗室の貿易関与については、広東における関係史料には殆どみられないので、これは泉州貿易の一つの特色であると考えられる。この問題については、宗室という性格を反映してか記述が少なく、あまり研究が進められていない。そこで本稿では泉州貿易の側面を知る一つの手がかりとして、紹興年間に知南外宗正官（知宗）であった趙士㣟をとりあげ、士㣟の貿易行為、ならびに宗室の存在が泉州貿易にどの様な影響を及ぼしたかなどについて若干の考察をしてみようと思う。

藤田豊八博士は朱熹『朱文公文集』巻八九の范如圭の神道碑を引用して「これは市舶官にあらざるも……浮海の巨艦を奪ふに至りてはたとえ宗室の人なりとはいえ、その暴また極ならずや」と宗室が蕃商の艦を奪った暴挙を指摘された(3)、桑原隲蔵博士も同史料を引用して宗室の勢力が大きかったことを述べておられる(4)。その後同史料は多くの研究者によって引用されているが進展はみられない。諸戸立雄氏(5)は宋代の宗室、ならびに両外宗室について詳しく論考されており、その中で右の事件についてふれ、艦を奪った宗室は趙士劆（㓉）ではないかと指摘しておられる。従来の研究は右の事件に限って論じられてきたが、ここではこれをも含めた宗室の貿易関与について検討してみたい。

一、趙士㓉の知宗在任期間

まず泉州在住の宗室についてふれておこう。ここにいう宋代の宗室とは皇室趙氏一族のことである。はじめ宗室は京師に住み大宗正司が統轄していたが、宗室の人口増加により北宋末に両（西・南）外宗正司が設けられた。その後靖康の変により北宋が滅びた際、難をのがれた宗室達は江南に移住した。この時、南外宗室（南外宗正司に所属する宗室）に属する三百四十余人は建炎三年十二月二十日に鎮江より泉州に移ってきた(6)。このために南外宗正司が泉州に置かれることになった。一方、大宗正司や西外宗正司は移転地が定まらず、その居を転々としたのち大宗正司は四度目の移転で行在に、西外宗正司は七度目の移転で福州に落着いた(7)。南外宗正司だけが鎮江から泉州に移り、泉州を安住の地としたのは、泉州が行在にも近く、また海外貿易港として栄えていたことなどによるものであろう。泉州定住を機に南外宗室の数は急速に増え、慶元年間（一一九五〜一二〇〇）には一七四〇人、紹定年間（一二二八〜三三）には二三一四人(8)を数え、宋末には三千人以上にもなったと思われる。これらの南外宗室を総括していたのが知南外宗正官＝

知宗である。知宗は宗室の中から選ばれ、大宗正司がその人事を司っていた。

さて、本節でとりあげる趙士㲄が泉州の知宗に就任していたのは紹興年間のことである。趙士㲄については『閩中金石略』巻九に墓誌銘があり、つぎのように記す。

……公諱士㲄、字彦明、太宗皇帝六世孫曾祖……大観二年八月二十五日生……政和元年十月十日蒙恩賜名授右班殿直……（紹興）二十有一年正月九日特旨転建州観察使、二十有四年五月九日以観察使知南外宗正事任内、二十有六年三月十日転保康軍承宣使、二十有九年五月九日特旨転建寧軍節度使、以枢密院使臣、押賜節鉞于南外任所以其善於糾族也、公凡三任南外実歴九年、倦於久任之労、屢飛章焉、閑三十有一年夏六月、遂得請太平興国之祠禄、踰年而赴召、未幾而終焉。……

また彼については『建炎以来繋年要録』（以下要録と略称）にも二十一年一月辛巳（巻一六二）、二十六年二月庚寅（巻一七一）、二十九年五月壬戌（巻一八二）、三十一年二月甲子（巻一八八）の条に墓誌銘と同内容の記述があるが、肝心の二十四年の知南外宗正就任の記述は見えない。彼の経歴をみると、諱を士㲄、字を彦明といい、太宗の子孫で大観二年に生れ、政和元年に右班殿直となり、防禦使、観察使、節度使等、宗室に名目上与えられる官を経て、紹興二十四年五月九日に知南外宗正事となり、二十九年に趙氏一族をまとめた功により節鉞をもらっている。彼は三任、九年間その職にあったが三十一年六月急に退職し、翌年卒したという。士㲄が貿易に関与したことについては宗室の官吏として不名誉なことと考えてか何も記されていない。知南外宗正の期間だけは明記されており、二十四年五月より三十一年六月までで、九年と記されてあるが、実質は七年一ヵ月にしかならない。趙士㲄の前任の趙士珸についてみると紹興十八年七月五日ごろ知宗に任じられており（『宋会要』職官二〇の三九）、二十三年十一月乙亥に在任のまま卒している（『要録』巻一六五）。士㲄がこの直後任に就いたとすると、二十三年末から三十一年までで足掛九年になる。

彼の退職については（後述）『要録』巻一八八の紹興三十一年二月甲子の条に「知南外宗正事士劇《ママ》（劏）並罷」とあり、『宋会要』職官二〇の大宗正司の同日の条には士劏の名は記されていないが、南外宗正官の罷免のことが記されており、三月六日に後任が任じられている。従って士劏が罷免となったのは三十一年二月二十一日となり、彼は、二十三年末〜二十四年から三十一年二月二十一日まで、その任にあったことになる。

二、趙士劏と貿易

さて、趙士劏がこの知宗在任中に貿易に関与していたことは、次にあげる知泉州范如圭の罷免をめぐる記事などから明らかになる。まず朱熹『朱文公文集』巻九四の范如圭の墓記には、

（紹興）二十九年秋、起知泉州、十月到郡革弊、抑強人方受其賜、而貴勢不以為便、俄有旨與宮観、理作自陳、越明年正月始被命、即日罷帰……六月乙丑卒。

とある。これによると范如圭は二十九年に知泉州（『要録』巻一八二、六月甲戌）となり、赴任して州政の弊害を革めたところ、不満を持つ権勢家から圧力がかかり突然罷免になったという。彼を罷免させた者が南外宗正官であることは、藤田豊八博士が紹介する朱熹の前掲文集巻八九の范如圭の神道碑に次の様に記されていることから知られる。

南外宗（正）官寄治郡中、挾勢為暴、前守不敢詰、至奪賈胡浮海巨艦、其人訴於州於舶司者、三年不得直、占役禁兵以百数、復盗煑海之利、乱産塩法、為民病苦、公皆以法義正之、則大沮恨、密為浸潤以去、公遂以中旨罷。

ここに南外宗正官の名前は記されていないが、南外宗正官が（知宗）趙士劏であることは、范如圭罷免の時期が士劏の南外宗正官在任中であることから明らかとなる。右の記述によると宗正官の趙士劏は泉州で横暴を振っていたが前

知州はこれを黙認していた。このため彼は賈胡の巨艦を奪うに至った。そこで賈胡はこれを知州や提挙市舶に訴えたが、三年経ても回答が得られなかった。また彼は禁兵による占役や塩の乱産などを行って人々を困らせていた。そこで知州范如圭が法によって正すと彼はこれを恨み密かに范如圭を罷免させる様に計らい、罷免させてしまったというのである。この様に士劄は泉州で横暴行為をしているが、ここでは賈胡の巨艦を奪ったことについていささか考察を加えてみる。

この巨艦の持主は「賈胡」とあるので中国商人ではなく外国商人つまり蕃商である。紹興年間には蕃商の往来が多く泉州にも蔡景芳や蒲囉辛等の蕃商が乳香を持参し、多くの利益を州にもたらしていた。士劄もこれらの蕃商達と交易していたのであろう。そして士劄は蕃商との取引きに支障をきたしたためか、強制的に蕃商の巨艦を没収したのである。おそらく彼はその艦で貿易を行っていたと思われる。知宗が船を所有する例は士劄に限らず、知西外宗正官趙士衎にもみられる（後述）。ともあれ、船を没収された蕃商は知州や提挙市舶に訴えたが回答は得られなかった。この様な士劄の不法行為に対して州の官吏は黙認しており、これを問題にしようとした范如圭は逆に罷免させられる結果となったのである。とすれば知宗士劄は州の官吏の口を封じたり、罷免させたりする程の権勢を有していたことになろう。

次に『宋史』巻一八〇食貨志銭幣の記述をみると、

紹興末、臣僚言、泉広二船司及西南二泉《ママ》（宗）司、遣舟回易、悉載金銭、四司既自犯法、郡県巡尉、其能誰何。

とあり、『文献通考』巻九銭幣にもほぼ同文の記載があるが、そこでは泉司が宗司とあり、泉は宗の誤りであろう。また遣舟は建州となっているが、これは遣舟で誤りなかろう。いずれにせよ右の記述には紹興末とあるので、南外宗正司は趙士劄と考えられる。西外宗正司は『淳熙三山志』巻二五、西外宗正官に、趙士衎が紹興二十一年から三十一年までその任にあるので、士衎に間違いない。すると西・南外宗正司の士衎と士㔮は泉州と広東の提挙市舶と共に舟を遣わして回易し、禁を犯して金銭を載せているが、郡県官吏はどうすることも出来ないとある。つまり銅銭を流出して回易をしているのである。当時は銅銭の流出が厳しく禁じられており、紹興二十八年の規定をみると「諸以銅銭蕃商博易者、徒二年千里編管……凡経由透漏巡捕、州県知通……市舶司……並減犯人一等」（『要録』巻一八〇、九月辛未）とある如く蕃商と銅銭で交易しただけで罰せられたし、監督所管の知州以下市舶司も罰せられた。また乾道年間にも三仏斉が銅瓦三万片を鋳することを願い出た時も禁を犯すとして許していない程であった（楼鑰『攻媿集』巻八八、汪大猷の行状）。この様に当時は、銅銭ならびに銅の鋳造に対する規定が厳しかったのである。しかし銅銭は諸外国が求望していたものであるから、持ち出すことが出来れば大きな利益を得ることが出来た。士㔮と士衎は銅銭流出を監視すべき提挙市舶と共謀しており、かつ知州は黙認しているのであるから銅銭を容易に待ち出すことが出来た。そして彼らは自らの船で交易し大きな利益をあげていたものと思われる。この場合、士㔮だけでなく西外宗正官の士衎もまた自ら貿易を行い、更に当時の貿易の中心港である広州と泉州の両州の提挙市舶が彼らと共謀したのであるから、厳しい禁令下にあってもかなり自由に貿易が出来たわけである。近年泉州港で宋末のものと思われる船と積荷が発掘された。その中に銅銭が五〇四枚もあり、中唐銭三十三枚、北宋銭三五八枚、南宋銭七十枚でその下限は宋末の咸淳元宝である（『文物』一九七五年第一〇期、一～三五頁）。この様に多くの銅銭が発見されること自体、銅銭を用いて諸外国と貿易が行われていたことを示すものといえよう。

さて右の資料に「遣舟回易」とあるが、回易とは政府が軍事費や官費を捻出するために官銭や公の物資を用いて国内で交易し、その利益をそれらの費用に充てるもので政府が公認していたものである。しかしこの場合の回易は銅銭と提挙市舶が関わっているので回易先は海外諸国となる。宋代では政府が蕃商から品物を買うことはしたが外国へ舟を遣わして回易する例はみられない。ただ羅大経『鶴林玉露』巻二「老卒回易」に回易の例があり、これは回易使と偽称して交易を行っている。即ち武将張循王（張俊）[10]は一老兵に五十万貫を託し、老兵はそれで船を造り、中国の物資を持って外国に行き、回易使と偽称して外国の君臣に会い厚遇され、綾錦と名馬、珠、香薬と交換して数十倍もの利益を得たというのである。この回易は政府が行っているのではない。この様に士㓨の場合も回易と称して私的な貿易を行っていたものと思われる。

以上、士㓨が福建提挙市舶と共に銅銭の流出を行ったことを述べてきたが、つぎに当時の福建提挙市舶についてみてみたい。士㓨が知宗になる直前の紹興二十二年八月に張子華[11]が福建提挙市舶となっており、同二十三年八月には広東提挙市舶に就任している。張子華は提挙市舶在任中に宰相秦檜や秦熺、鄭時中等に貿易の珍品数千緡を賄賂として贈り、かつ私腹を肥したとして二十七年二月に家財を没収されている。次に提挙市舶になったのは鄭震[12]である。彼は二十五年八月二十一日にはすでに在任していることから、士㓨の知宗在任中の提挙市舶であり、かつ士㓨が蕃船を奪った事件を黙認した提挙市舶である可能性もある。范如圭の罷免が二十九年で、それ以前蕃商が舶司に訴えて三年経ても回答がないという記述から考えると、士㓨の蕃船強奪が二十五年頃と思われるからである。この鄭震も二十三年二月に両浙提挙市舶となり、ついで福建提挙市舶に就任している。彼は州県の官を経ないで提挙市舶という地位に不当に就いたことや貿易品の半分を着服したことが発覚し、二十五年十一月に新任の知厳州を罷免されている。これは秦檜の死後、秦檜派が弾圧された際に、張子華や鄭震も一連の弾圧を受けたものと思われる。いずれにせよ当時の福建提挙市舶が中央政界と結びついていたことを示すものといえる。なお提挙市舶に二度就任することは貿易の実績をあげた場合とか、中央政界と結びついた時などにみられるもので通常行われたものではない[13]。張子華や鄭震も宰相等と結びつくことによって再任されたものと思われる。これ以後の福建提挙市舶については人名はわかるが、在任年次等詳しくはわからない(14)。いずれにせよ当時の提挙市舶の綱紀が乱れており、士劃の貿易行為に対して協力こそすれ、これを制する様なことはなかったものと考えられる。

以上のほかにも知宗が貿易を行いうる有利な条件があった。それは知南外宗正丞（副官）が通判であったことである。紹興年間には通判を提挙市舶の補佐とし、実務を行う様に任じている。紹興十一年には銅銭の流出を防ぐために通判を充てており（『宋会要』職官四四市舶、十一月二十三日）、また二十一年にも提挙市舶を補佐することにしている（同書七月八日）。これは淳熙年間のことではあるが、周必大『周益国文忠公文集』巻七二、江文叔の墓誌銘に「（淳熙）通判泉州兼南外宗正丞……大商王元懋因押解、例輸白金、君峻却之」とある。江文叔はのちに広東提挙市舶になった人であるが、通判兼南外宗正丞のとき、大商王元懋を押解した際、王元懋は賄賂として白金を出したが、江文叔はこれを退けたというのである。この王元懋は『夷堅三志』己六巻にも記述があり、彼は占城に行き巨万の富を為して帰国後、淳熙五年頃に貿易経営をしていた大商人である。この商人を知宗の副官が取締っていることは興味深い。また袁燮『絜斎集』巻一八の石範の墓誌銘にも「諱範、……通守泉南兼南外宗正丞又佐舶司」とあり、嘉定年間の記述であるが、やはり南外宗正丞が提挙市舶を補佐している。この様に知宗の副官が貿易の実務を行っていることは、士劃の如く長官自ら貿易を行っている者にとっては何かと有利であったに違いない。

三、宗室と官吏

宗室の不法行為に対して知州はこれを黙認し、手を下せない状態であったことを見てきたが、宗室には州県官吏を黙認させたり、罷免させせる程の特権を実際に有していたのであろうか。その具体例を見てみよう。

北宋末のものであるが、『宋会要』職官二〇敦宗院に「大観三年三月二十三日、宗子之在都、或軽犯法、吏弗能禁、民以為擾」とあり、宗室の犯罪を官吏は裁くことが出来ないため民は困窮したとある。また陳宓が淳熙二年に主管南外睦宗院になった時、泉州在住の宗室が平民をおびやかし、平民は直を求めない状態をみた陳宓は、その横暴の取締りを知州ではなく知宗趙不敵に頼んでいることが、陳宓『龍図陳公文集』巻二三の陳宓の行状に「淳熙二年遷主管南外睦宗院、清源（泉州の県）大郡姦宄所集、悪少無頼、挾宗室之勢、以凌駕平民、民不敢求直、公曰宗正趙公不敵、厳為陪渉之禁、以脱其爪」とあることからわかる。この様に一般官吏には宗室の行為には干渉出来ないばかりか、裁く権限すら持たなかったことは、安撫使の如き高官においても同じで、朱熹『朱文公文集』巻八八の呉芾の神道碑に「改知紹興府充両浙東路安撫使、始至宗室子有横於市者、公致之獄、宗正司遣吏索之、相持訩、公即自劾、以聞詔公無罪」とあり両浙東路安撫使呉芾が宗室の横暴を取締ると、宗正司から圧力がかかり呉芾は自らを劾した。しかしこれを聞いた朝廷は呉芾を無罪としたというのである。しかしこれは特例であり一般には安撫使すらも宗室に対しては権限外であったことがわかる。

ここに宗室が海賊行為をおこなった記述がある。知泉州真徳秀は嘉定十一年に大規模な海賊平定を行い賊首趙希郤以下五百人と八船を捕えた。[16] 一方、陳郁『話腴』には、真徳秀が捕えた賊首でかつ宗室である趙を処分する話があるので、この趙は趙希郤と同一人物であると思われる。この宗室趙を真徳秀がどの様に処分するかが人々の関心を集めたらしく『話腴』によると、真徳秀は海賊達を死罪とし、最後に残った趙に対して「西山（真徳秀）呼趙問之、趙称宗室不絶、西山曰宗室為賊首、則非宗室矣、宜正以王法決」といって、宗室が賊となれば宗室ではないとして趙を処罰したというのである。通常、知泉州が宗室を処罰することは出来ないし、ましてや一般の人々は手も下せない状態であったので、右の記述は彼の断罰に対して驚きと称讃をもって書かれたものであろう。この場合、知州は海賊なるが故に処罰も出来たが、宗室が犯す数々の不法行為については知州は権限外であった。以上の様な事例からみると、士㓻や士衎は単なる宗室ではなく知宗である故に、その特権を利用すれば、州県官吏や提挙市舶などは全く手を下すことは出来なかったとみられる。そこに彼らが公然と銅銭をもって、私的貿易を行いうる立場にあったのである。知宗が貿易を行うからには、一般の宗室達も知宗と同様に貿易に関与する者も多かったと想定することは可能である。なお、紹興年間というと、泉州貿易が最も盛んな時期であり、泉州の宗室達もまた私的貿易によって多くの利益をあげていたと見られる。

四、士㓻、士衎の罷免

趙士㓻と趙士衎はついに貿易行為が発覚し、紹興三十一年に罷免される。その経過が『要録』巻一八八の紹興三十一年二月甲子（二十一日）と『宋会要』職官二〇―三〇の同日の条に記されている。まず『要録』についてみると、

知西外宗正事士街（衎）……知南外宗正事士劇《ママ》（㓻）並罷。……会士街（衎）強市海舟、為人所訴、右諫議大夫何溥奏其事、因請申厳両宗司、興販蕃舶之禁、不惟官課増、而民業広、庶幾銅銭出界之令、可以必行……

とあり、この記述は人名の誤記が目立つ。士街は士衎である。士衎と士街とは別人で、(17) 両人は兄弟であり、士街は知大宗正事にもなった人である。士劇も士㓻で『要録』ではこの個所だけが士劇となっている。さてこの両人は罷免となるのであるが、それはたまたま士㓻が海舟を強市したことを訴えられたことによる。士㓻の行為については具体的に記されていないが、何溥が両宗司に申ねて厳しく番舶の興販を禁ずることと、銅銭出界の令を守らすべきであることを述べていることから、士㓻も同罪であったことがわかる。『要録』によれば続けて大宗正司はこれを重視し後任

を厳選し、かつ今後は知宗に武官ではなく文官を任ずることとし、士礽と子游を後任に充てている。両人の罷免の発端となった士衎の海舟売買については『宋会要』職官二〇—三〇に詳細に記されているので見てみよう。

紹興三十一年二月二十一日、詔令大宗正司選択保明宗室二員、代西南外両司見任人　先是臣僚言……比有漳州百姓黄瓊商販南番、其父客死異郷、物貨並已乾没、空舟来帰、所有逋負、官司追索、估売其舟、知宗士衎借名承買、雖必有委曲、小人迫切、不能訴於州県監司、此所以不遠数千里、銜冤抱枉投匭而赴愬、此聞朝廷行下本路提刑、雖先給還其舟、而前人所負倍称之息、蓋有未易償者、如此則是舟必折而入於知宗之家、叵恐小民無以自免、乞令有司立法、如両宗司今後興販番舶並有断罪之文、井画降毎歳往泉南、議事指揮、亦乞寝罷、況両司知宗在任年深、欲乞別選宗英往代其任故也。

とある。右の記述を要約すると「朝廷は大宗正司に命じて西南外宗正司の後任として二人を厳選させた。臣僚が言うに、漳州の百姓黄瓊は南蕃貿易をしていた。彼の父が異郷で死去し荷物は奪われ空船で帰ってきた。負債を調べた官吏がその舟を売り、知宗士衎が他人名儀で買った。黄瓊はこの処置を不満とし朝廷に直訴した。提刑司が調査した結果、黄瓊が倍称の息を払わなければ舟は知宗のものとなる。そこで両宗司に番舶興販の禁令を出すこと、そしてこれを徹底するために毎年泉南に行き取締ること、更に知宗の在任年次が長いので、彼らを罷免させ後任を厳選すべきであることを願い出た」というのである。そこには海外貿易の一型態が記されているといえる。商人が資金を借りて貿易を行う際の利息等についての記載は朱彧『萍州可談』巻二にもみえる。(18)「広人挙債総一倍、約舶過廻償、住蕃雖十年不帰、息亦不増、富者乗時畜繒帛陶貨、加其直与求債者、計息何啻倍蓰、広州官司受理有利債負、亦市舶使専敕、欲其流通也」とあり、これは北宋の記述であるが、広州商人が貿易資金を借りると、すべて利息は一倍（十割）で商舶が帰還したら元利と共に返却することを約束する。もし住蕃して十年帰らなくても利息は増さない。富者は帛陶等を加えるとその利息は数倍になる。広州の官吏は契約通りの利息負債を調べ、市舶使はその流通を行うとある。これらのことは南宋期においても同じで黄瓊の例にみられた通りである。黄瓊の場合も貿易の失敗により空船が帰ってくると、すぐに官司がその負債を調べ舟を売りに出している。このことは彼が貿易資金を可成り多く借りていたからであろう。その利息は「倍称之息」で元金の十割である。黄瓊はこの負債を返却出来ず舟を手離すことになり、知宗士衎が他人の名で買上げたのである。これは原則として官吏は表面上、商業行為を許されていなかったからであろう。しかしこの場合、士衎が貿易の出資者であり、その代償に元利として舟を取り上げたとは考えられないだろうか。士衎は前述した如く貿易を行っていることから、黄瓊の背後に士衎がいたことが十分に考えられる。

一方、不満を持つ黄瓊は朝廷に直訴しこの事件が発覚するわけであるが、一商人が直訴することは稀である。黄瓊は父の代から貿易を行っており、州の事情にも詳しく多分士劄が以前蕃商の巨艦を強奪したことも知っており、その結果がどうなるかも知っていたが故に直訴したものと思われる。この事が発覚しなければ士衎は知宗という特権で貿易を行っていたのである。さて調査した提刑司は知宗の蕃舶興販の禁令と、これを徹底するために毎年泉州に官を遣わして監視するという強行策を出している。このことはこれまでに士衎・士劄が貿易をいかに大きくやっていたかを示すものである。また西外宗正官の士衎が行っていることは、士衎だけでなく福州在任の西外宗室も泉州で貿易を行っていたことをうかがわせる。

この様にして士劄は八～九年の、士衎は十年間の知宗を退くことになるが、果して右の処置をもってこれ以後宗室が貿易に関与しなくなったとは考えられない。南外宗室の人数が増加していることや宗室の経済的な貧困からも、宗室の貿易はむしろ多くなっていったと考えられる。

五、祈風と宗室

知南外宗正官が私的に貿易を行っていたことを述べてきたが、次に公的な立場で貿易に関与した祈風についてみてみる。

祈風とは航海の順風と安全を祈るもので年に二度、船の出入の時期にあたる四月と十一月頃に泉州では、知泉州が主礼者となり、九日山で行われた。そしてこの祈風を行うと期日、参列者、廟名等を岩に刻む習わしであったらしく、その碑文が現存している。この碑文は『閩中金石略』巻四などにも収録されているが、宋晞（「宋泉州南安九日山石刻之研究」『学術季刊』第三巻四期一九五五年、『宋史研究論叢』一九六二年所収）、呉文良（「泉州九日山摩崖石刻」『文物』一九六二年一一期）の両氏が各々現地調査を行い未解読であった個所を大幅に解読している。[19] しかし碑文の磨滅がひどく、宗全なものは少ないために両氏の解読が異なっている個所も多い。

祈風碑文は十点現存しており、北宋の崇寧三年のもの一点（呉氏による。宋氏は、祈風とはしていない）を除く九点は南宋のもので、淳熙元年（一一七四）、十年（一一八三）、戊申（淳熙十五年（一一八八））の四月と十月、嘉泰辛酉（元年（一二〇一））、嘉定癸未（十六年（一二二三））、淳祐癸卯（三年一二四三））、丁未（七年（一二四七））、宝祐丁巳（五年（一二五七））、戊午（六年（一二五八））の紀年をもつ。このうち淳熙元年、十五年、嘉定十六年の三点は参列者の名前だけしか記されていないが、他の七点には職官名も記されている。

さてこの祈風の参列者をみると、知宗が参列している。一例をあげると「淳熙十年……郡守司馬仍、同典宗趙子濤、提舶林劭、統車韓俊、以遣舶祈風于延福寺……」とあって知宗は主礼者知州の次に記されており、次に提挙市舶、統軍と続いている。南宋の祈風碑文九点中四点に現職の知宗の名がみえる。前述の趙子濤、淳熙十五年の趙公迥、嘉定十六年の趙善𦁖（欠席）、淳祐三年の趙師恕（欠席）がこれである。そして知宗が欠席する時には「淳祐癸卯……宗正徽猷趙師恕、適拝開国命・弗果至也」と欠席の理由が記されていることからも、知宗は原則として祈風に参列することになっていたことがうかがえる。

すると知宗はどの様な職務で参列していたのであろうか。祈風に参列した人々の職官をみると、知州（主礼者）、提挙市舶とその属僚（貿易の事務）、統軍（海賊等の取締）や知県・通判等貿易に関係ある者が参列している。知宗の場合、直接貿易の職務を行っていたか明らかに出来ないが、泉州に在住する高官として国家的典祀に参列していたものと思われる。宋代の海外貿易は朝廷の強い統制下にあり、輸入品は専売であり、かつ香薬珍宝の類は天子直属の内蔵庫に収められた。この様な貿易の性質上、朝廷に関係の深い知宗にとって貿易には特別の関心があったのであろう。更にもう一つの理由として、南外宗室の財政問題があげられる。これは紹定年間であるが、朝廷から南外宗室に与えられる生活費は泉州貿易の利益の一部から支給されている。真徳秀『真文忠公文集』巻一五「申尚書省乞撥降度牒添助宗子請給」に「朝廷両項度牒亦不復給、而止撥提舶司銭二万二千四百余貫」とあって朝廷は従来の度牒（八十道、六万四千貫）の支給をやめて提舶司銭から二万二四〇〇余貫を支給しているのである。当時の泉州貿易の利益額は同文集に「嘉定間某（真徳秀）在任日、舶税収銭猶十余万貫、及紹定四年纔四万余貫、五年止収五万余貫」とあり、紹定年間の舶税は少なく四〜五万貫であったが、そのうち二万二四〇〇貫を朝廷は南外宗室に支給している。これは舶税の半額にあたる。この様な状況をみると、知宗にとり泉州貿易の繁栄は宗室の生活費にも影響を及ぼすことから、祈風には積極的に参列したものと思われる。紹興年間の碑文が残存していないので明らかに出来ないが、知宗趙士𥃩も祈風には列席していたに違いない。すると趙士𥃩は公的な立場で、他方では自分の貿易という私的な立場で祈風を行っていたものと思われる。

さて、この祈風碑文の人名をみると趙氏の多いのが目立つ（別表、「九日山祈風碑文の趙氏」参照）。南宋の碑文中約七十六人の名が記されているが、そのうち趙氏は十八人を占める。知宗四人、知州兼舶一人、舶幞一人で、あとの十二人には職官名が記されていない。この中には貿易関係者として個人的に参列していた人もいると考える。ここに趙汝适（宋氏は趙汝□とする）[20]の名が見えるのは興味深い。この嘉定十六年（一二二三）の碑文には職官名が記されていないので明らかに出来ないが、趙汝适とすると、彼は二年後の宝慶元年（一二二五）九月に名著『諸蕃志』を著わし、自序に「朝散大夫提挙福建路市舶」とあり、また『八閩通志』巻三〇と『同治福建通志』巻九〇の提挙市舶司の嘉定年間に趙汝适の名がみえることから、この時には提挙市舶として参列していたことが考えられる。ただこの碑文で疑問に思うことは彼の参列者の順位が知州、通判、主管南外睦宗院等の人々に続き、十七人中十五番目にその名があることである。もし当時彼が提挙市舶でかつ朝散大夫（従六品）位の高い官位を持っていたとすれば、当然知州の次に名を連ねるのが通常である。それが最後の方にその名があることは彼が提挙市舶ではなく、個人として参列していたことも考えられる。また宋氏が趙汝□、と解読していることは、趙汝适と別人であったのかもしれない。その点多少問題があると思われる。次に呉氏によると趙善軿が三度出てくる。淳熙十五年の四月と十月（宋氏は、いずれも軿を罙とする）と嘉定十六年である。同一人物であるとすると、淳熙十五年～嘉定十六年まで三十五年間あり、淳熙年間には個人として、三十五年後には欠席しているが知宗として参列することになっていた。するとその間貿易に関与していたことも考えられる。また趙夢竜が宝祐五年（宋氏は□□竜とする）と六年に名が記されており、職官名が記されていないことから彼は個人的に参列していたものと思われる。この他にも多くの趙氏が参列していることは宗室の貿易への関心の深さを示すものであろう。

九日山祈風碑文の趙氏

期　日	趙　氏	職官	碑文の人数	備　考
1　崇寧3年8月 (1104)	ナシ		3人	北宋期であるから趙はいない。宋氏は祈風碑文としていない。
2　淳熙1年12月1日 (1174)	趙徳季 趙幾孚 (宋氏璲) 趙子張		9人中 趙氏は3人	
3　淳熙10年11月24日 (1183)	趙子濤	同典宗	4人中 1人	「乾隆泉州府志」26知南外宗正官
4　淳熙15年4月 (1188) 〃　〃　10月	趙公迵 趙善軿 (宋氏罙) 趙善軿 (宋氏罙) (宋氏罙) 趙不桐 (宋氏湯)	(知宗)	6人中 2人 5人中 2人	「乾隆泉州府志」26の淳熙に人名あり。『宋会要』職官73—16慶元元年在任中。 「乾隆泉州府志」27　紹熙に知宗として趙不湯あり。
5　嘉泰1年11月1日 (1201)	ナシ		8人中	
6　嘉定16年4月26日 (1223)	趙汝适 (宋氏□) 趙與官 趙善軿	 (知宗)	18人中 3人	趙汝适は「諸蕃志」の著者であるが、疑問。趙與官は『宋会要』職官62—17、欠席。『宋会要』職官75-36趙善軿は嘉定17年1月24日の条に在任中とある。
7　淳祐3年4月19日 (1243)	趙師恕 趙崇亖	宗正 舶幙	8人中 2人	趙師恕は欠席。
8　淳祐7年11月21日 (1247)	趙師耕	郡兼舶	1人中 1人	
9　宝祐5年11月 (1257)	趙之父 (宋氏趙師□) 趙夢竜 (宋氏□□竜)	宗正	10人中 2人	
10　宝祐6年4月12日 (1258)	趙夢竜 趙時僠		7人中 2人	

この表は原則として呉文良「泉州九日山摩崖石刻」『文物』1962—11によった。宋氏と異なる人名には△印をつけた。

祈風とは直接関係はないが、南宋期に福建提挙市舶に就任した人を地志や文集等から抽出してみると約百人余りになる（兼舶も含める）。その中で趙氏は十五人みられ中期以降には十二人を占めている。[21] 一方泉州とならぶ広東提挙市舶の人名をみると八十二人みえ、趙氏は七人と少ない。[22] また知泉州の趙氏は十一人と多く、知広州は四人である。

これは単に数量だけの比較であるが、同じ貿易港でも広東には宗室が在住していなかったためか趙氏は少なく、泉州の提挙市舶、知州に宗室が多いことは、泉州の特色である。またこの現象は貿易の面でも宗室の勢力の影響が広東よりも大きかったことをうかがわせるものである。

おわりに

南外宗正官趙士䵣による蕃商の巨艦強奪や銅銭の流出、西外宗正官趙士衎の蕃舶の興販等、彼らが半ば公然と私的な貿易を行っていることをみてきた。この様なことを成し得た背景には泉州には南外宗室、福州には西外宗室という宗室の大きな集団があり、両人はそれぞれを代表する知宗であったことが指摘されよう。しかも知宗の権限は強く、彼らの不法行為は朝廷や大宗正司に届かない限り、州県官吏は勿論のこと安撫使、提挙市舶すらも干渉することが出来なかった。これは知泉州范如圭が趙士䵣の横暴行為に対してこれを裁こうとして、趙士䵣によって罷免させられている事実からも明らかである。また両知宗自ら貿易を行っているのであるから、宗室達もまた貿易を行っていたことは十分考えられ、祈風碑文に趙氏の名が多くみられる如く、宗室の貿易への関心は極めて強かったといい得るであろう。

士䵣、士衎の罷免により宗室の貿易行為が厳しく規制されたとはいえ、泉州には年毎に増加する南外宗室が在住し、かつ朝廷より支給される宗室への生活費は少なく、[23]法を冒して貿易行為を行う者が多かったとみられる。
この様な宗室の貿易行為は泉州貿易にどの様な影響を及ぼしたのであろうか。この問題は今後に残された課題であるが、結果的には宗室の貿易は泉州商人を圧迫し、更に泉州貿易の衰退にも影響を与えたのではないかと筆者は考えている。士剴、士衎が罷免された時、知宗の貿易行為は「不惟官課増、而民業広」とある如く商人の活動を阻むものであった。また南宋後期の紹定年間になると、泉州商人が広東方面に移動していることが、真徳秀前掲文集に記されている。「富商大賈積困誅求之惨、破蕩者多、而発船者少、漏泄於恩広潮恵間者多、而回州者少、嘉定間某在任日、舶税収銭猶十余万貫、及紹定四年纔収四万余貫、五年止収五万余貫」。この記述は過重な南外宗室への生活費を泉州に課したために、泉州財政が困窮し、その影響が貿易にも表われたことを述べたもので、泉州の富商大賈に対する徴税が厳しいため、破産する者も多く、泉州より発船する者も少なくなった。そして商人達は広東に逃げて行き、泉州に戻らないので舶税も嘉定の十万貫から四～五万貫に半減したというのである。この様な泉州商人の広東への移動は宗室による州財政の緊迫が原因であるが、宗室達の貿易行為が商人の活動を圧迫し、宗室のいない広東で貿易を行う様になったと思われる。そのために舶税も少なく、泉州貿易の後退がみられる様になるのである。この様に考えていくと、南外宗室の存在が泉州貿易さらに州財政に[24]与えた影響は、極めて大きかったものと思われる。

註

（1）藤田豊八「宋代の市舶司及び市舶条例」『東西交渉史の研究』南海篇岡書院、一九三二年所収。
桑原隲蔵『蒲寿庚の事蹟』（昭和十年岩波書店、のちに『桑原隲藏全集』五巻に所収。昭和四十三年岩波書店）。石文済「宋代市舶司的設置與職権」『史学彙刊』一号、一九六八年。

（2）和田久徳「東南アジアにおける初期華僑社会（九六〇―一二七九）」『東洋学報』四二―一、一九五九年六月。斯波義信「商人資本の形成――宋代における福建商人の活動とその社会経済的背景――」『宋代商業史研究』風間書房、一九六八年所収。

（3）藤田豊八前掲書三九一頁。

（4）桑原隲蔵前掲書一七九～一八一頁。

（5）諸戸立雄「宋代の宗室に関する二、三の問題――特に両外宗室を中心として――」『秋田大学学芸学部研究紀要、社会科学』第七、一九五七年。趙士劇は剗で、本文四章「士剗、士衎の罷免」参照。

（6）『建炎以来繋年要録』（以下要録と略す）巻三〇。『宋会要』職官二〇の三八、同日の条。

（7）『宋会要』職官二〇、『要録』の記述によると、南外宗正司は建炎元年八月一日に鎮江府に移り、三年十二月に泉州に移住した。西外宗正司は建炎元年八月一日に楊州、二年正月九日に泰州高郵軍、三年十二月二十日に福州に移り潮州に移る。四年六月八日に南雄州へ、紹興元年十月九日には湖州におり、二年に福州に定住した。大宗正司も建炎元年八月一日に江寧府、三年四月十四日虔州に、七月三十日に広州、紹興二年正月十四日に行在に移った。

（8）真徳秀『真文忠公文集』巻一五「申尚書省乞撥降度牒添助宗子請給」。

（9）曾我部静雄『日宋金貨幣交流史』宝文館、一九四九年、六一～九六頁。

（10）『宋史』三六九張俊伝に「追封循王」とあり、周必大『周文忠公集』巻一八二「張循王賜第」に「張循王俊」とあるので張循王は張俊であり、紹興年間の武将である。林天蔚『宋代香薬貿易史稿』二二二頁（一九六〇年香港）にも説明はないが張循王は張俊としている。また回易について、『後村先生大全集』巻六二、外制に「郎仍翁宦為講回易、視舶司歳解捌倍、各転一官」とある。仍と翁は提挙市舶が年に八倍の利益をあげているのをみて回易する様に講じたとあるが、舶司が回易をしたかどうかはこれだけの資料ではわからない。

（11）張子華について『要録』巻一六三、紹興二十二年八月乙丑「右朝請郎添差通判平江府張子華提挙福建路市舶、子華叔献子也」。また『嘉靖広東通志』巻九、広東提挙市舶に「張子華、紹興二十三年八月任」とある。罷免については『要録』巻一七

三、紹興二十六年七月丁未「知撫州張子華目不識字、初以玩好結託時相、逐遷福建広東両路市舶、貪汚之声、伝于化外……詔並罷」とあり更に詳しくは、『要録』巻一七六、紹興二十七年二月丁未「右朝散大夫張子華除名勒停、送万安軍編管、仍籍没家財、子華嘗提挙広南市舶、言者奏其贓汚不法……濛又言、秦檜、秦熺、鄭時中、丁禩受子華所賂、計直皆数千緡」とあり、子華の中央政界との結びつきがわかる。また士劄とあるいは交流があったことも十分考えられる。

(12) 鄭震について『要録』からみてみると以下の通り。巻一六四、紹興二十三年二月庚辰、「直秘閣主管台州崇道観鄭震、提挙両浙路市舶」とある。福建提挙市舶については巻一六九、紹興二十五年八月丙申、「宰執進呈直秘閣提挙福建路市舶鄭震劄子、占城国遣使齎到致進奉表章方物幷書信……」とある。すると鄭震は、二十三年に提挙両浙路市舶に、二十五年に、提挙福建路市舶に就任しており、両浙と福建と続けてその任についていることは、珍しい。ベテランであったのであろう。第三章、占城の朝貢（参照）の時も、鄭震であった。しかし、彼はすぐに罷免となる。罷免について巻一七〇、紹興二十五年十一月辛未、「直秘閣新知厳州鄭震…罷…震不歴州県、緊臘監司、頃為福建市舶、毎有貨物、半入私帑」とある。同内容のものが『宋会要』職官七〇の四一、二十五年十一月二十七日の条などである。このほかに政界と結びついて提挙市舶になった者に趙士鵬がいる。彼は両浙市舶を二度歴任し秦檜秦熺に南海の珍物を送り、罷免となっている（『要録』紹興十五年十一月丙申、二十七年十一月戊申の条）。

(13) 貿易の実績をあげて再任した者に程祐之（『宋会要』職官六〇の二四、『閩中金石畧』巻四）、魯詹（張守『毘陵集』巻一三の五）等がいる。一般に再任の例は少ないが、地志や文集等で調べると南宋期で、再任された人は十六人おり建炎～紹興年間が十四人を占める。

(14) 二十七年三月に陳之渕が罷免（『要録』巻一七六、三月己巳）、黄績、何俌、林之奇（林之奇『拙斎文集』巻三、七、一五、一九。『諸蕃志』）などがいる。

(15) 『乾隆泉州府志』巻二六「知宗正司事一員、丞一員以本州通判一人兼」とある。

(16) 真徳秀『真文忠公文集』巻一五「申左翼軍正将貝旺乞推賞」に嘉定十一年海賊を拿捕した記述があり「一船八十余人、而当賊之八船五百余衆、賊舟高大如山……」と大規模な海賊団であった。また「申枢密院乞修沿海軍政」に「某昨守本州、自捕賊首趙斉郤等……」とあり賊首は趙斉郤であったが、宗室であるとは記されていない。

(17) 士衔は『宋会要』職官二〇の三〇、紹興二十九年三月十七日、三十年四月九日の条に知大宗正事とある。また士衎と士衔については、『宋会要』帝系六の二十、紹興二十年十二月四日詔宣州観察使士衎特許用兄士衔所得回授一官……とあり、彼らは兄弟であったことがわかる。

(18) 和田久徳「東南アジアの社会と国家の変貌」『岩波講座世界歴史』十三、一九七一年、四八八～四八九頁参照。

(19) 祈風については宋晞「呉文良「泉州九日山摩崖石刻」読後」(『史学彙刊』創刊号、中国文化学院史学研究所、台北一九六八年)。方豪「宋泉州等地之祈風」『文史哲学報』三期(一九五一年、後に『方豪六十自定稿』下冊に収める)は、宋晞の手録をもとに研究したものである。また劉銘恕「泉州石刻三跋」『考古通訊』(一九五八年六号)参照。

(20) 呉文良前掲論文の図版一三「西峯上宋嘉定癸未題名石刻(拓本)」をみると、趙汝适と読める。しかし宋氏は趙汝□としている。

(21) 趙奇(紹興七年茶事司兼任)趙子鳴(紹興)、趙汝彧(紹熙)、趙汝儻(慶元、嘉泰)、趙盛(開禧)、趙亮夫(開禧)、趙不熄(嘉定)、＊趙崇度(嘉定)、趙汝适(宝慶)、趙彦侯(紹定)、趙涯(嘉熙)知州兼舶。趙希楙(淳祐)、趙師耕(淳祐)知州兼舶。趙隆孫(宝祐)、趙孟傅(景定)の十五人で、＊は、宗室とはっきりわかる人で五人。その他の趙氏も宗室であろう。

(22) 趙師雄(紹興)、趙公紹(慶元)、趙伯鳳(嘉定)、趙汝倣(嘉定)、趙師楷(紹定)、趙汝佺(淳祐)、趙師光(宝祐)の七人。

(23) この問題については、拙稿「南宋中期以後における泉州の海外貿易」『お茶の水史学』第二三号、一九八〇年四月の表参照。

(24) 註(23)参照

第三節　『諸蕃志』の著者・趙汝适の新出墓誌

はじめに

『諸蕃志』は、南宋期に趙汝适によって著述された南海諸国に関する地誌で、海外貿易、交渉史にとって重要な資料である。『諸蕃志』については、これまで多くの研究者によって研究が進められてきた。ヒルトとロックヒルによる『諸蕃志』の英訳と訳註(1)。ペリオはこの訳註に対する書評と趙汝适の自序を紹介し、『諸蕃志』の成立年代を論述した(2)。馮承鈞氏は『諸蕃志校注』(3)を著し、和田久徳氏は『諸蕃志』と『南蕃香録』ならびに『島夷雑誌』との関係を論証した(4)。その後、藤善眞澄『諸蕃志』、韓振華『諸蕃志注補』の訳注も刊行された。

しかし、著者趙汝适の墓誌については殆どふれられていない。石田幹之助氏が『南海に関する支那史料』（昭和二十年、生活社）の中で次の様に述べているのがこれまでの研究状況である。「撰者趙汝适はどういう人かと云いますと、その事蹟がさっぱり分りません。『四庫全書総目提要』（巻七一、地理類四）は『諸蕃志』解題中に『宋史』の宗室世系表を引いてその系譜だけを掲げてありますが、それ以外には一向徴すべきものがありません。……趙善待という人の第五子であり、泉州の提挙市舶になる前に臨安に通判たりしことがあるということが辛じて分るのみであります」とある様に資料がないこともあって研究が進んでいなかった。

ところが、一九八七年に趙汝适の墓誌が浙江省臨海市で発見されたという報告が、徐三見氏によって発表された。

「浙江臨海市発現宋代趙汝适墓志」（『考古』一九八七年十期）と題するものである。しかし一頁の説明と墓誌の拓本写真一葉「宋趙汝适墓志拓本」が掲載されているのにとどまる。

そこで本稿では墓誌拓本の写真にもとづいて全文を紹介し、墓誌の記述を文集や地志、『宋史』等から検討し、墓誌の資料的価値、問題点等を指摘しながら、趙汝适とはどの様な経歴をもち、どの様な人物であったのか等を考察してみたい。最後に九日山祈風石刻に記されているといわれている趙汝适についてもふれる。

一、墓誌の録文

趙汝适の墓誌は徐三見氏の報告によると、一九八三年、浙江省臨海市、大田区、岭外郷、岭外村に住む農民・銭元璋の家で発見された。墓はすでに壊されており、墓誌だけは現在、臨海市博物館に所蔵されている。この墓誌は縦九九、横六七、厚さ五センチの石である。墓誌について神田喜一郎氏は「墓誌とは、死者を埋葬するにあたって、多くの場合、方形の石に死者の履歴を刻し、その上に蓋といっておなじ大きさの石を重ね、それに死者の姓氏を刻し、墓穴の中に埋めたものである。……墓誌は久しく土中に埋められ、しかもその表面には蓋がおかれている関係上、文字の磨滅が少なく、大体字画の明瞭なのが特色…」[5]と説明している。趙汝适の場合、蓋は佚失しているが、墓誌に刻まれた文字は磨滅も少なく明確な楷書で書かれている。一行三十六字で二十一行あり、全部で六三〇字を数える。明瞭とはいえ、一部磨滅、損傷しており解読出来ない字、また拓本写真のために不明瞭な字もあり、解読困難な個所もある。ここでは拓本の写真をもとに、墓誌の録文を記す。□は判読出来なかった字、□の中、右の字は前後の文章などから判読したもの。固有名詞の場合は調べて記した。

次に録文を書き下し文にした。書き下し文中の番号は、内容毎に附したもので、目次の項目と同じで、〔一〕先祖、〔二〕経歴（1）～（6）、〔三〕家族とした。また（　）の中は筆者が補充したものである。以下、番号の順序にしたがって説明していく。なお、文中には重複を避けるために、汝适墓誌の原文を掲げなかった。

〔一〕先君、諱は汝适。字は伯可。太宗皇帝八世の孫にして、濮安懿王六世の孫なり。曾祖、諱は士説。保順軍節度使・開府儀同三司・安康郡王たり。妣は向氏夫人。祖、諱は不柔。承議郎・通判潮州たり。銀青光禄大夫を贈らる。妣は郭氏・大寧郡夫人。考（父）、諱は善待。朝請大夫・知岳州たり。少保を贈らる。妣は季氏衛国夫人。

〔二〕（1）先君は乾道庚寅（六年）三月乙亥（二十四日）に生る。紹熙元年、少保の遺沢を受けて、将仕郎に補せらる。二年銓して第一に中《あた》る。廸功郎、臨安府余杭県主簿を授けらる。慶元二年鎖試にて進士及第を賜い、修職郎を授けらる。

（2）五年従政郎に循す。人使に応弁するを以て賞せられ、文林郎に循す。六年知潭州湘潭県丞たり。開禧元年、紹興府観察判官と為す。三年奏挙を以て、宣教郎に改む。嘉定二年、知婺州武義県たり。五年奉議郎に転ず。六年行在点検贍軍激賞酒庫所主管文字に充てらる。八年任満にて、賞して承議郎に転ず。九年朝奉郎に転ず。二月通判臨安府たり。十一年四月、衛国の憂に丁《あた》る。十三年朝散郎に転ず。十五年皇帝、受宝の恩もて、朝請郎に転ず。十六年知南剣州たり。十七年、朝奉大夫に転ず。八月、上登極の恩もて朝散大夫に転ず。

（3）～（4）九月提挙福建路市舶に除せらる。宝慶元年七月権泉州を兼ぬ。

（5）十一月知南外宗正事を兼ぬ。

（6）三年六月、知安吉州に除せらるるも、未だ上らず、知饒州に改む。紹定元年二月朝請大夫に転ず。三年閏二月、

［趙汝适墓誌］（原名に墓誌題なし）

1 先君諱汝适字伯可
2 □太□宗皇帝八世孫而
3 濮安□懿王六世孫也曽祖諱士説保順軍節度使開府儀同三司安康郡王妣向氏夫人祖諱
4 不柔承□議郎通判潮州贈銀青光禄大夫妣郭氏太寧郡夫人考諱善待朝請大夫知岳州贈
5 少保妣季氏衛國夫人先君生於乾道庚寅三月乙亥紹熙元年受少保遺澤補將仕郎二年
6 銓中第一授廸功郎臨安府餘杭縣主簿慶元二年鎖試賜進士及第授修職郎五年循從政
7 郎以應辦人使賞循文林郎六年知潭州湘潭縣丞開禧元年爲紹興府觀察判官三年以奏
8 擧改宣教郎嘉定二年知婺州武義縣五年轉奉議郎六年充　行在點檢贍軍激賞酒庫所
9 主管文字八年任滿賞轉承議郎九年轉朝奉郎二月通判臨安府十一年四月丁衛國憂十
10 三年轉朝散郎十五年
11 皇帝受寶恩轉朝請郎十六年知南劍州十七年轉朝奉大夫八月
12 上登極恩轉朝散大夫九月除提擧福建路市舶寶慶元年七月兼權泉州十一月兼知南外
13 宗正事三年六月除知安吉州未上改知饒州紹定元年二月轉朝請大夫三年閏二月被
14 旨兼權江東提刑以疾三上祠請三月依所乞主管華州雲臺觀四年
15 壽明仁福慈睿皇太后慶壽恩轉朝議大夫二月　召爲主管官告院七月屬疾乞致仕丙申
16 卒享年六十有二是年十月癸酉葬于臨海縣重暉郷趙□嶼?山之?原娶陳氏獻肅詹事諱良翰
17 之孫寶制侍郎諱廣壽之長女封恭人先卒一紀矣子二人崇縝從事郎嚴州司戸參軍崇絢
18 從事郎紹興府餘姚縣主簿孫必恊將仕郎孫女尚幼先君端方凝重廉潔之□操?始終不渝教
19 子以義方理家有法度居官所至有聲績而壽不百年哀痛罔極崇縝等忍死裏大?事?未□及?丐
20 銘於立言君子敢叙世系官□歲月書石以臧諸幽孤哀子崇縝泣血謹記
21 忝戚朝奉郎主管建昌軍倦都觀陳　成之塡諱　王紹?祖刊

旨を被りて、権江東提刑を兼ぬ。疾を以て、三たび祠請を上《たてまつ》る。三月乞う所に依りて、華州雲台観を主管す。四年、寿明・仁福・慈睿・皇太后の慶寿の恩もて、朝議大夫に転ず。二月召されて、主管官告院と為す。七月疾に属し（かこつける）致仕するを乞う。丙申（十二日）卒す。享年六十有二なり。是年十月癸酉（二十一日）臨海県、重暉郷、趙嶼《？》山《？》之原に葬る。

〔三〕陳氏を娶る。献蕭、詹事にして、諱は良翰の孫、宝（？）制侍郎、諱は広寿の長女なり。恭人に封ぜらる。先に卒すること一紀なり。子二人あり。崇縝は従事郎・厳州司戸参軍たり。崇絢は従事郎・紹興府余姚県主簿たり。孫の必協は将仕郎。孫女は尚幼なり。先君、端方凝重にして、廉潔の□《操？》、始終渝《かわ》らず。子を教うるに義を以てす。方に家を理《おさ》むるに法度有り。居官至る所に声績有り。而れども寿は百年にあらず。哀痛極まり罔《な》し。崇縝等は死を忍び、大事を襄《ほうむ》る。未だ立言を銘するを丐《？》うに及《？》ばず。君子は敢えて、世系、官遷《せん》、歳月を叙して石に書し、以て諸《これ》を蔵《おさ》む。幽孤の哀子・崇縝、泣血して謹記す。戚を忝けなくし、朝奉郎主管建昌軍・僊都観陳、之を成す。諱を塡《ふさ》ぐ。王紹《？》祖刊す。

二、祖先について

周知の如く、趙氏は宋代の創始者趙匡胤の子孫で宗室である。趙汝适も趙氏一族の子孫である。そのため祖先については明確に溯ることが出来る。汝适の祖先については、墓誌に記された記述以外に三点の資料をみることが出来る。

第一は、汝适の父善待の墓誌銘である。袁燮『絜斎集』一七「朝請大夫贈宣奉大夫趙公墓誌銘」（「善待墓誌銘」と略す）に先祖のことが記されている。(6) 汝适の墓誌とほぼ同じであるが、善待の曾祖仲忽から記されている。

第二は、『宋史』巻二三一、宗室世系十七、商王房の世系に、宗治から汝适そして宋末までの系譜が記されているいることである。もう一人は太宗第七子楚王元偁の八世にいる（『宋史』巻二三三、宗室世系十九）。この様に同名の者が同世系にいるので、世系を明確にしておかないと、名前だけでは混乱する。また祖父不柔と同名の者（『宋史』巻二二九、宗室世系十五）、父善待と同名の者（『宋史』巻二二四、宗室世系十）もいる。

第三は、『四庫全書総目提要』巻七一『諸蕃志』の解題に系譜が記されている。[7] 文中の簡王元份房の簡は商であり、福州は泉州の誤りである。また、同書提要の巻一三五に汝适の子、崇絢が著した『鶏肋』の解題に簡単な系譜がある。[8]

以上の資料を参照しながら、祖先をみてみよう。まず、趙汝适の字は伯可。諱は汝适。太宗八世の孫。太宗八世は排行で汝がつく。八世の汝字行の人は三四〇五人もいる。[9] 太宗には九人の男子がおり、四男が商恭靖王元份である（『宋史』巻二四五）。その元份には男子が三人おり、第三子が有名な允譲で、墓誌にある濮安懿王である。『宋史』巻二四五に、

濮安懿王允譲、字益之・商王元份子也。……追封濮王、謚安懿……乃以王第十三子宗実為皇子。仁宗崩、皇子即位。是為英宗。

とあり、允譲は濮王と追封され、謚が安懿である。そして允譲の第十三子、宗実が仁宗の死後、五代目の皇帝、英宗となった。允譲は英宗の実父である。このことは子孫にとって名誉なことなので、墓誌にも濮安懿王と特別に記している。汝适の祖先は允譲の子、宗治であるが、第何子であるか記述がない。『宋史』巻二三一、商王房の世系に宗治以降の系譜があり、汝适の名もある。したがって允譲の子宗治から汝适までの系譜がはっきりする。つまり、太宗―元份―濮安懿王―宗治―仲忽―士説―不柔―善待―汝适となる（表「趙汝适の系譜」参照）。この様に、約二五〇年も

趙汝适の系譜

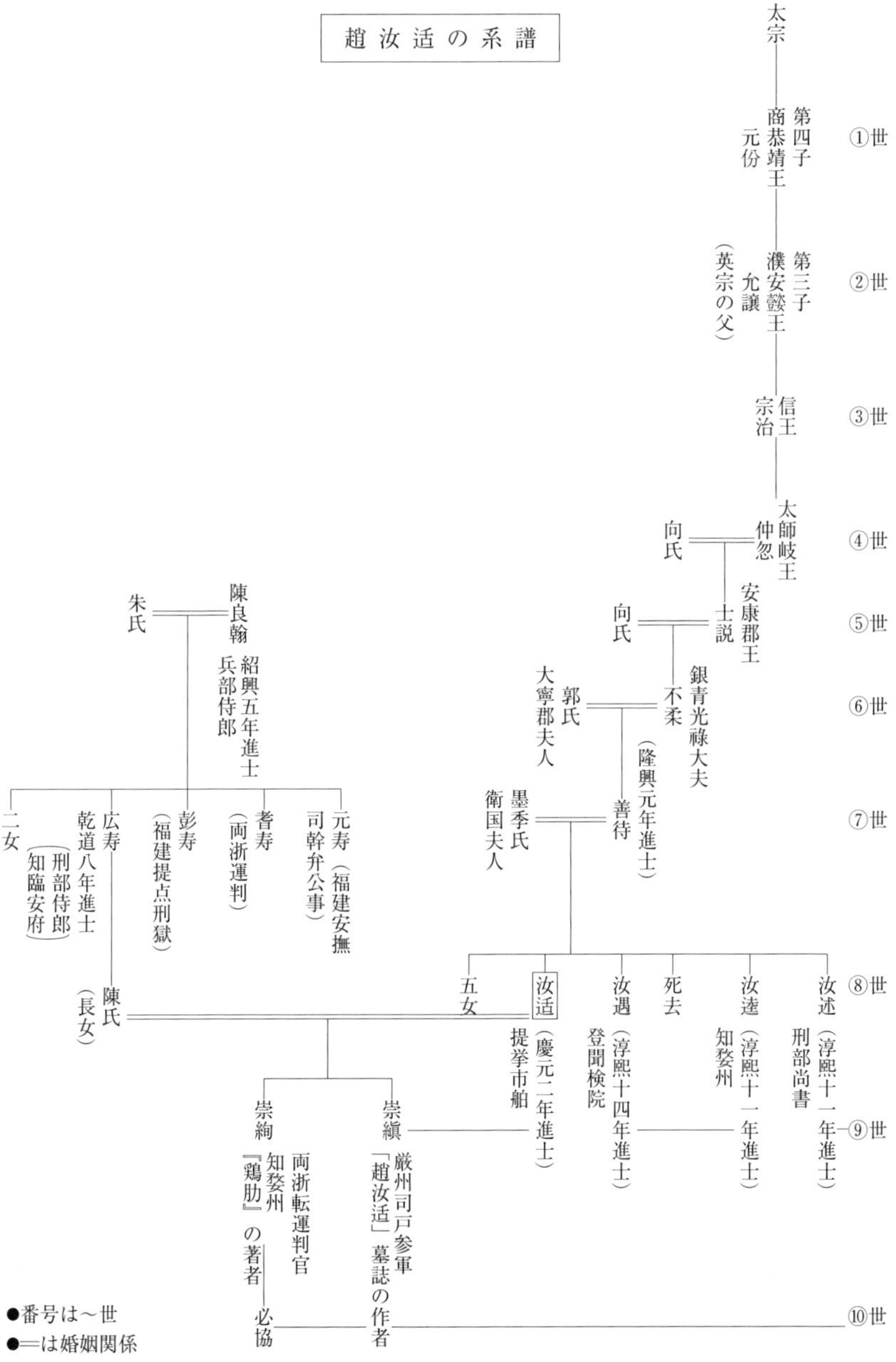
太宗
①世　第四子 商恭靖王 元份
②世　第三子 濮安懿王 允讓（英宗の父）
③世　信王 宗治
④世　太師岐王 仲忽
向氏
⑤世　安康郡王 士説
向氏
⑥世　銀青光祿大夫 不柔
郭氏 大寧郡夫人
⑦世　善待（隆興元年進士）
墨季氏 衛国夫人
⑧世　汝述（淳熙十一年進士）刑部尚書
汝逵（淳熙十一年進士）知婺州
死去
汝遇（淳熙十四年進士）登聞検院
汝适（慶元二年進士）提挙市舶
五女
陳良翰 紹興五年進士 兵部侍郎
朱氏
元寿（福建安撫司幹弁公事）
耆寿（両浙運判）
彭寿（福建提点刑獄）
広寿 乾道八年進士（刑部侍郎 知臨安府）
二女
陳氏（長女）
⑨世　崇績 厳州司戸参軍「趙汝适」墓誌の作者
崇絢 両浙転運判官 知婺州『鶏肋』の著者
⑩世　必協
●番号は～世
●＝は婚姻関係

溯ることができるのは宗室趙氏であるからである。仲忽は善待墓誌銘に太師・岐王とある。次の士説は曾祖父である。『台州府志』巻九九、寓賢録の不柔に、

趙不柔、字正之、開封人。安康郡王士説之子。官至承議郎通判潮州。毎悼其父死靖康之難、不楽仕進。紹興初、秦檜当国、避地天台、招之不出。

とあって士説は靖康の変の時、金と戦い敗北し戦死した。一族は疎属の宗室であったのであろうか、金への拉致は免れて台州に移住している。士説は死後、開府儀同三司（従一品）という高官を贈られている。曾祖母は向氏夫人。

祖父の不柔は前掲の『台州府志』にある如く、字は正之。承議郎（正八品）通判潮州（広東省）と職官が低いのは、不柔が父士説の死を悼み、秦檜の政策に反対し、招かれても出仕しなかったことによる。銀青光禄大夫（従二品）。祖母は郭氏大寧郡夫人。

父は善待。善待については前述した如く、詳細な墓誌銘が残されているので、彼の事跡は詳しくわかる。しかしここでは、彼の経歴等については省略し、汝适に関係する事柄について述べたい。汝适の墓誌と善待墓誌銘とで、記述が異なるものが二つあり、その一つは善待の贈官少保であり、もう一つは母の卒年である。汝适墓誌には少保が二回記されているが、善待墓誌銘にはその記載がない。贈官とは死去してから授かる官であるが、生前の官に対比して与えられるものである。少保とは天子や皇太子に仕え、官品も正一品と高く、臨時的なものであったが位の高い職である。この少保については、『宋元学案補遺』巻六九「参議趙先生善待」や、嘉慶『湖南通志』巻一一三、名宦等の趙善待の条にも少保の記載はない。善待の経歴をみると、彼は初め祖免の恩で官に補せられ、監四明作院となり、それ以後四明（明州）に住む様になる。隆興元年（一一六三）に進士になり、江陰縣通判や知吉州を経て知岳州となり、浙東安撫司参議となるも任地に行かずして、淳熙十五年（一一八八）に病没。生前は朝請大夫（従六品）であったが、宣

奉大夫（正三品）を贈された。この様な善待の経歴からみて、少保という高位の職官にはほど遠い様に思われる。また善待に少保が贈られたならば、名誉なこととして墓誌銘に書くはずである。この墓誌銘は善待の死後、三十年を経て妻が卒した嘉定十一年の直後に、長男汝述〔中大夫（正五品）、兵部侍郎〕の友人袁燮が書いたものである。

しかし一方、汝适墓誌では、汝适の長男崇縯が、祖父の少保と、父汝适がその恩蔭で官に入ったことを伝えている。すると崇縯は汝适の家に伝わる別な資料を使用したことも考えられる。善待が少保を贈官されたかどうかということは、小さな問題にみえるが、この墓誌の記述の信憑性ならびにその性質を検討する時には大きな問題となる。

次に、のちに提挙市舶になる汝适と関連性のあるものとして善待が江陰県通判のとき、市舶務も兼ねている。善待は貿易上の不正行為をしなかったために、これまで高麗から来航する船が一艘であったのが、明年には六～七艘にもなったという。この時期は善待の経歴からみて乾道年間で、汝适は乾道六年に生れている。汝适が幼少の時、あるいは後に父から貿易の状況等を聞いたことも考えられる。母は季氏衛国夫人。善待の最初の夫人は崔氏で死去。汝适の兄弟の母は季氏夫人である。

善待は淳熙十五年に卒し、五男である汝适が十八歳の時である。善待墓誌銘によると、五男五女で、嘉定十一年頃の職官は、長男汝述は、中大夫、兵部侍郎。次男汝逵は朝奉大夫（従六品）、新知婺州。三男死去。四男汝遇は朝奉郎（正七品）監登聞検院。五男汝适は朝奉郎（正七品）通判臨安府である。これらは母の卒年時の職官であるから、これ以降昇官している。更に善待一家全員が、進士に合格（後述）するという優秀な一家である。孫は六人中三人が死去。汝适の長男崇縯（善待墓誌銘では鎮とあるが縯の誤り）と次男崇絢は進士をめざして勉強中とある。以上が汝适の祖先と兄弟等の系譜である。次に汝适自身の経歴について述べよう。

三、趙汝适の経歴

（1）進士合格まで

汝适は乾道庚寅年三月乙亥（六年三月二十四日）に生れた。善待四十三歳である。本貫であった開封は金の占領下に入っているため、本貫は記されていない。父善待が紹興二十四年に四明作院となって、四明（浙江省明州）に赴任して以来ここに住んだ。祖父不柔の時に開封から台州に移住したことは述べたが、善待のときに明州に移住した。移住先を調べることは、科挙の解試（郷試）をどこで受験したかを調べるために必要になる。善待一家は明州で解試を受けて全員進士に合格していることが地方志に記されている（後述）。

汝适は紹熙元年（一一九〇）、父の少保の遺沢で将仕郎になる。恩蔭は一般に二十歳で入官した。汝适も二十歳である。少保については前述した如く、墓誌以外の資料にはその記述がない。多少問題があると思われる。翌年の紹熙二年（一一九一）、第一に選ばれて迪功郎（従九品）臨安府餘杭県の主簿となる。五年後の慶元二（一一九六）年、鎖試で進士に及第し、修職郎（従八品）となる。汝适二十六歳である。

鎖試とは現職の官員が科挙の試験を受けることである。科挙に合格すると、恩蔭で官吏になった人より出世が早いために、進士をめざして鎖試を受けるのである。[10]趙氏宗室は一般の人々とは違い、鎖試でも問題が考慮されていた。但し趙氏といえども、この様な優遇を受けることが出来るためには、一定の条件があった。『資治通鑑長編紀事本末』巻六七「裁定宗室授官」熙寧二年十一月甲戌に、

中書枢密院言……願鎖庁応挙者、依外官条例、其祖免親、更不賜名授官、只許令応挙。応進士者、止試策論、明

経者止習一大経、試大経大義及策。

とあって、北宋の煕寧年間の規定であるが、鎖試を受ける者は、袒免《たんぶん》の親の場合、進士は策だけでよかった。この様に恩恵に預かれるのは袒免の親までであった。袒免親とは五服（斬衰・斉衰・大功・小功・緦麻）以外で、緦麻より一まわり疏遠な親族のことで、ほぼ五世にあたる。喪に服するために五世が親族のためにする服として袒免という服があった。つまり五世の袒免のものまでは、恩恵に預かるが六世からは預からなくなったというのである[11]。前掲書の煕寧二年十二月乙酉にも

詔、近制皇族非袒免以下、更不賜名授官、止令応挙。

とあって、ここでも非袒免以下の宗子は授官されず科挙に応じなければならなかった。すると汝适の場合はどうであったのであろうか。善待墓誌銘に父善待が入官する際、「公初以袒免、恩補官」とあって袒免とある。高宗から数えて彼は袒免になるのかはっきりしない。善待から溯って五世というと、濮安懿王となる。ともあれその子汝适は、非袒免である。すると汝适は宗室優遇を受けられないことになる。汝适は宗室という特別な枠ではなく、いくらか配慮されていたとはいえ、実力で鎖試によって進士に合格したことになる。汝适の兄達も同じ条件であるから、汝适兄弟は優秀であったのであろう。

さて、汝适は慶元二年に進士に及第している。『宝慶四明志』巻一〇、進士に、

慶元二年、鄒応龍榜……趙汝适　善待子

とあって墓誌の記述通りである。更に同書から、父、兄達の進士及第の記述を取り出してみると次の様である。

隆興　元年（一一六三）　趙善待

淳煕十一年（一一八四）　趙汝述　　善待子

趙汝逵　　善待子

淳熙十四年（一一八七）　趙汝遇　　善待子

とある。更に『延祐四明志』巻六、人物、兄弟同榜の条に、

趙汝述　　弟　汝逵

とあって、汝述と汝逵兄弟でそれも同じ年に進士に及第するという名誉を記録に残している。父善待、兄汝述、汝逵、汝遇、汝适と親子全員が解試を明州で受けて進士となっているのである。本来は本貫で受験しなければならないが、趙氏の場合、開封が金に占領されたため、移住した場所で受けている。前述した如く宗室という恩恵がなかった中での合格は、兄弟とも優秀であったことを示す。汝适の子、崇縝と崇絇は進士勉強中と善待墓誌銘にあったが、合格しなかったとみえ『四明志』『臨海県志』にも彼らの名前はない。進士及第は宗子といえども困難であったことがわかる。

ところで『四明志』の進士の条をみると、南宋の中期頃から、趙氏の名が異常に多い。例えば汝适が進士になった慶元二年には、進士合格者二十六人中、趙氏が九人と三分の一を占め、宝慶二年（一二二六）には、四十五人中、趙氏が二十四人と半数以上である。また乾隆『泉州府志』三三、宋進士の条をみても、嘉定四年は十七人中七人、七年は二十人中六人、宝慶二年には二十人中十人、紹定二年は十五人中六人、紹定五年は二十一人中七人、端平二年は十九人中七人と、趙氏の割合が三割から五割を占めている。この様に趙氏の進士及第が多いのは、都に近い明州や、南外宗正司が置かれていて、宗子の集団があった泉州という地域的なものなのか、またなぜこの様に異常な程多くの合格者を出す背景は何であったのか。宗室対策も含めて稿を改めて考えてみたい。

趙汝适の年譜

西暦	年号	経歴	備考（他の史料との対比）
一一七〇	乾道六年 三月二十四日	出生。諱汝适。字伯可。	太宗皇帝八世孫。曾祖士説。祖不柔。父善待の五男。
一一九〇 二十歳	紹熙元年	将仕郎（従九品）	父善待の少保の遺沢による。『絜斎集』十七、善待墓誌銘には、少保の記述なし。
一一九一 二十一歳	紹熙二年	迪功郎（従九品） 臨安府余杭県主簿	
一一九六 二十六歳	慶元二年	鎖試にて進士となる。修職郎（従八品）	『宝慶四明志』十、進士の条。父善待、兄汝述、汝逵、全員進士及第。
一一九九 二十九歳	慶元五年	従政郎（従八品） 文林郎（従八品）	
一二〇〇 三十歳	慶元六年	知潭州湘潭県丞（湖南省）	『周益公大全集』六六、陳良翰神道碑に「文林郎新潭州湘潭県丞趙汝适」とある。
一二〇五 三十五歳	開禧元年	紹興府観察判官（浙江省）	
一二〇七 三十七歳	開禧三年	宣教郎（従八品）	
一二〇九 三十九歳	嘉定二年	知婺州武義県（浙江省）	
一二一二 四十二歳	嘉定五年	奉議郎（正八品）	
一二一三 四十三歳	嘉定六年	行在、点検贍軍、激賞庫所、主管文字	
一二一五	嘉定八年	承議郎（従七品）	

四十五歳		朝奉郎（正七品）
一二一六　四十六歳	嘉定九年　二月	通判臨安府
一二一八　四十八歳	嘉定十一年　四月	母衛国夫人死去
一二二〇　五十歳	嘉定十三年	朝散郎（正七品） 妻陳氏死去
一二二二　五十二歳	嘉定十五年　一月	朝請郎（正七品）
一二二三　五十三歳	嘉定十六年	知南剣州（福建省南平）
一二二四　五十四歳	嘉定十七年	朝奉大夫（従六品）
	八月	朝散大夫（従六品）
	九月	提挙福建路市舶
一二二五　五十五歳	宝慶元年　七月	兼知南外宗正事
	九月	『諸蕃志』を著す
	十一月	兼知南外宗正事
一二二七　五十七歳	宝慶三年六月	知安吉州（浙江省湖州）　未上
		知饒州（江西省鄱陽県）

『絜斎集』十七、善待墓誌銘に「汝适朝奉郎通判臨安府」とある。『宋会要』崇儒一―二〇宗学に「嘉定十年三月二十七日国子監言…通判臨安軍府事趙汝适有親子崇縝崇徇《ママ》（絢）」とある。

善待墓誌銘では、母の死去を嘉定十年四月とする。一年のずれがある。『南宋館閣続録』九に兄汝述が嘉定十一年三月まで兵部侍郎であった記述がある。十一年四月死去が正しい。斉衰二七ヵ月。

妻の死去は「先卒一紀矣」から逆算し、汝适より十二年前に死去。杖期一年間、服喪。

皇帝の宝恩を受けて昇進。『宋史』四十、本紀寧宗四「嘉定十五年正月己未、以受宝大赦、文武官各一秩一級、大犒諸軍」

『閩書』四四、『延平府志』三四に趙汝造の条あり。『延平府志』一二、知州人名表に嘉定年間の最後に汝适の名あり。

寧宗八月に死去。理宗が即位し、その恩により朝散大夫となる。

地志（『閩書』四三、乾隆『福建通志』二十一、同治『福建通志』九十、乾隆『泉州府志』二六）の提挙市舶の人名表には、嘉定年間の最後に汝适の名がある。

自序「宝慶元年九月朝散大夫提挙福建路市船趙汝适序」とあり、権泉州を兼任していたことにはふれてない。

『宋史』四一理宗「宝慶二年十月、改湖州為安吉州」

一二二八 五十八歳	紹定元年二月	朝請大夫（従六品）	
一二三〇	紹定三年 閏二月	兼権江東提刑	
	三月	華州雲台観（陝西省）	このころ、宋は陝西省を回復し、金と和睦している。
一二三一 六十一歳	紹定四年 一月	朝議大夫（正六品）	皇太后の慶寿により、昇進。『宋史』四一、「紹定四年春正月戊子皇太后年七十有五、上詣慈明殿行慶寿礼、大赦、史弥遠以下進秩有差」
	二月	官告院	
	七月	病のため辞職願を出す	
	七月二十一日	死去	
	七月二十一日	臨海県重暉郷に葬る	一九八三年臨海市大田区岭外村で、汝适の墓誌を発見。発見地は埋葬地と一致する。

○妻は陳良翰（臨海県の人）の孫、良翰の四男広寿の長女。
○長男崇縝が、父汝适の墓誌を書く。
○歳は満年齢とした。

（2）母の死去と知南劒州まで

汝适は進士に合格して三年後、慶元五年に従政郎（従八品）となり、更に人に賞せしめたため、ランクが一つ上がり文林郎（従八品）となる。一年に二段階、官階が上っている。この間の実職は記されてないのでどの様な仕事をしたのか不明である。ついで慶元六年（一二〇〇）には潭州（湖南省長沙）湘潭県丞となる。この湘潭県丞については、陳良翰（汝适の妻の祖父）の神道碑に記されている。周必大『文忠集』巻六六「敷文閣直学士陳公良翰神道碑」嘉泰元年に、

　文林郎、新潭州湘潭県丞　趙汝适

とあって、彼は慶元六年に任命されて翌年嘉泰元年（一二〇一）に在任中であることがわかる。一般に地方志には縣丞など低い官の記述はないがこの場合、偶然に神道碑に記述があり、それが墓誌の記述と一致しているのである。なお『永楽大典』三一五〇の陳良翰の条にも、前掲書が収録されているが、趙汝适の名前が「趙适」とあって汝の字が脱落している。

次に汝适は開禧元年（一二〇五）に紹興府（浙江省）観察判官となり、三年に宣教郎（従八品）となる。そして二年後の嘉定二年（一二〇九）に知婺州（浙江省金華県）武義県となり、嘉定五年（一二一二）に奉議郎（正八品）となる。官階は上っているものの、従九品から正八品になるまでに二十二年もかかっている。しかも彼は進士に及第していてである。彼が例外ではなく、南宋中期になると官階の上昇は難しかったことがうかがえる。

汝适は嘉定六年（一二一三）に行在（杭州）の点検贍軍、激賞酒庫所[12]の主管文字となる。激賞酒庫とは三省枢密院管轄の酒庫で戦に備えたものである。八年（一二一五）に任満にて、承議郎（従七品）になり、九年に朝奉郎（正七品）に転じ、二月に通判臨安府となる。臨安府は南宋の都があった所であるから、この通判は彼にとって栄転である。彼がこの職にあったことは『宋会要』崇儒一の二〇、宗学に、

　嘉定十年三月二十七日国子監言……通判臨安府事趙汝适有親子、崇縝崇狥《ママ》（絢）。

とあって、嘉定十年三月には在任中であった。善待墓誌銘にも「汝适・朝奉郎通判臨安府」とあり、官階も墓誌の記述と一致している。

ところが母衛国夫人が嘉定十一年四月に死去し、彼は喪に服した。そして十三年（一二二〇）に朝散郎（正八品）に転じたと墓誌は記している。しかし、善待墓誌銘によると、母の卒年は十年四月とあり、汝适墓誌の十一年四月との

間に丁度一年のずれがある。この点について考えてみたい。まず善待墓誌銘には卒年について次の様にある。

嘉定十年四月丁卯、終于弐卿之官舎、享年八十有三。……十一年某月丙午、祔葬于宣奉公之墓。弐卿既除喪、語某日、今無親也・豈不痛哉……

母は十年四月丁卯弐卿（汝述、兵部侍郎）の官舎で八十三歳で卒し、十一年に夫善待の墓に祔葬したこと等を記している。この墓誌銘は、善待の死後三十年を経て母が死去し、その直後に書かれたものである。

一方汝适墓誌の方は十一年四月に卒し、十三年に朝散郎となっている。南宋期の服喪規定はどの様になっているのであろうか。『慶元条法事類』巻七七服制令[13]によると、母の喪は斉衰《しさい》三年である。三年といっても足かけ三年で、十三月で小祥、二十五月で大祥の儀式を行い、二十七月で潭祭をし、翌月の吉日から喪が明けるのである。つまり実質二十七月の服喪である。

この場合、十一年四月から二十七月とすると、十三年八月以降に除喪となり、そのあと八月以降に朝散郎になるのは問題ない。

卒年について、両者の記述からは明らかに出来ないが、服喪は兄達も同じ条件であるので、汝述について調べてみると、興味深い記述が『南宋館閣続録』巻九に「同修国史」の項、ならびに「実録院同修撰」の項にある。両者は同文である。

趙汝述　嘉定十年十月以権兵部侍郎兼十一年三月為真仍兼。

趙汝述　（嘉定）十三年九月以刑部侍郎再兼十四年九月為権刑部尚書仍兼、

汝述は十年十月に権兵部侍郎として同修国史の任にあり、十一年三月もなお兼任中とある。また『宋会要』選挙十八の十七に「嘉定十年十二月十二日兵部侍郎趙汝述言……」とあり、十年十二月も在任中であることがわかる。この様な記述から、善待墓誌銘の十年四月卒年は問題となる。なぜなら母が十年四月に卒すると、子は、斉衰で在職することはないからである。右の記述によると十一年三月まで任に就いていることから、母の卒年は墓誌の十一年四月ということになる。更に墓誌の記述が正しいことは、汝述が右の記述にある様に十三年九月に刑部侍郎として再び同修国史を兼任していることである。これは喪が明けるのが十三年八月であるから、除喪と同時に刑部侍郎となったことを示す。つまり兵部侍郎に就任してない時期、十一年四月から十三年八月までの二十七ヵ月が、服喪期間であったのである。『宋史』巻二四七趙汝述伝には、それが明確に記されている。

俄遷兵部侍郎、以母憂去服闋。改刑部侍郎、遷尚書。

とあって、兵部侍郎と刑部侍郎との間に母の服喪があったことを記している。汝述は尚書（長官）にまで、昇進している。さて、母の卒年についてみてきたが、善待墓誌銘は卒年の月日、場所、祔葬まで克明に記していながら、十年と誤って記している。この様なことから、汝适の墓誌がいかに正確で信頼性が高いものであるかをうかがうことができる。

次に汝适は嘉定十五年に皇帝の受宝の恩により朝請郎（正七品）となる。受宝については、『宋史』巻四十寧宗に「十五年春正月庚戌朔、御大慶殿、受恭応天命之宝……乙未、以受宝大赦、文武官各一秩一級、大犒諸軍」とあって、寧宗は一月一日に天寿の宝を受けたので、十日に恩赦を行い官吏に一秩一級昇進させた。汝适も一級上がり朝請郎となったのである。そして十六年知南剣州（福建省南平県）となる。

汝适が実職についたのは臨安府通判の嘉定十一年以来、五年ぶりである。その間に母の丁憂があったものの、十三年八月には喪が明けており、その後も実職の記録がなく空白である。これはどういうことなのであろうか。汝适墓誌の最後の部分に、

　広寿之長女、封恭人、先卒一紀矣。

とあって妻が死して一紀、十二年を経ている。これは汝适の卒年を起点としているので逆算すると嘉定十三年になり、この年に妻が卒したことになる。妻の服喪は、夫は杖期一年である。すると汝适は母の喪が明けた十三年八月以降に朝散郎となり、再び妻の喪に一年間服し、除喪してから、十五年一月に朝請郎となる。十一～十四年までは母と妻の喪に服していたために、実職の記述がないのであろう。この様にみてゆくと、服喪期間、除喪すると官階の昇進と、実に規則通りに行われており、宋代の職官体制の厳格さがうかがえる。

汝适は十六年に知南剣州となる。乾隆『延平府志』巻二二知州に、嘉定年間の最後に汝造の名がある。同書三四名宦に、

　趙汝造、嘉定間知州事、博学通敏、剖断如流、黠吏不能困。沙県巌前郷山。僻民悍盗賊、窃発造《ママ》拠険立寨置帑庾、養士兵防之患、頓息。

『閩書』巻四四に同じ内容の記述があり、そこでは造は汝适とある。造は适の間違であろう。彼は博学で裁決も早い。盗賊退治に寨を作って帑庾（倉庫）を置いて兵を養って、退治したという善政を伝えている。汝适は嘉定十七年に朝奉大夫（従六品）となり、同年八月に寧宗の崩御にともない、理宗が即位すると、登極（即位）の恩により朝散大夫（従六品）に昇進する。『宋史』四一理宗、嘉定十七年閏八月丁酉に「命子昀嗣皇帝位、大赦」とあって即位と共に大赦があったことを記す。それ故に汝适は年に二回の官階昇進となるのである。そして昇進一ヶ月後の九月、提挙福建路市舶となって泉州入りするのである。

（3）　提挙市舶と権泉州

嘉定十七年は汝适にとって躍進の年である。前述した如く知南剣州で朝奉大夫となり、理宗即位の恩で朝散大夫となり、九月には提挙福建路市舶となる。福建省の南剣州から泉州への赴任である。汝适は提挙市舶在任中に、権泉州を兼任（宝慶元年七月）し、更に知南外宗正事（宝慶元年十一月）も兼任する。提挙市舶の在任期間は知安吉州に任じられる（実際は赴任しなかった）。三年六月までであるから二年九ヵ月となる。

汝适が提挙市舶であったことは福建の地方志にその名がみえる[14]。一例をあげると『八閩通志』巻三〇、提挙市舶司の条に人名表があり、嘉定年間の最後に汝适の名がある。次が謝釆伯で紹定年間任とあり、宝慶年間の人名が抜けている。墓誌によると、彼の在任期間は、嘉定十七年九月から宝慶三年六月までの二年九ヵ月であることがわかり、地志の空白部分を墓誌により埋めることが出来る。

汝适は提挙市舶在任中に、周去非『嶺外代答』[15]等を参考にして、名著『諸蕃志』を著している。この書が汝适をして有名にさせたのである。彼は提挙市舶である特権をいかして、泉州市舶司にある図籍を調べたり、蕃商から直接に南海諸国の事情や産物等を聞いたりして書いている。そのため諸外国への日程、距離等は泉州を出発点として記されている。彼は自ら序を書き、最後に次の様に記している。

宝慶元年九月日朝散大夫提挙福建路市舶趙汝适序

彼が任についたのは嘉定十七年（一二二四）年九月であるから、丁度一年後の宝慶元年（一二二五）九月に『諸蕃志』を著したことになる。序に朝散大夫とあるが、墓誌にもこの時期は朝散大夫であり、墓誌の信頼性が高いことをうかがわせる。

彼の職官について厳密にみると、彼は二ヵ月前の七月から、権泉州を兼任している。するとなぜ序で、肩書きに「兼権泉州」と書かなかったのであろうか。権泉州の権について、梅原郁氏の研究によると、[16]位階が必ずしも高くない人が実職につく時には寄祿官を与え、かつ権の字を冠するきまりがあった。権には「仮の」「真より一級下」という意味があるとする。汝适の場合、知泉州より権泉州では低くみられるために公表をひかえたのであろうか。ともあれ彼は提挙市舶のほかに権泉州を兼任しているのである。地方志等には汝适の権泉州の記述はない。南宋末期には、知州が提挙市舶を兼任する例は多くみられた。筆者は前に知州の提挙市舶兼任について述べた時、宝慶年間には趙汝适がおり『諸蕃志』自序から、知泉州を兼任していなかったことを述べたが、墓誌の発見により、兼任していたと訂正しなければならない。[17]

さて、汝适の権泉州の期間であるが、提挙市舶在任中に兼任とすると、宝慶元年七月から三年六月まで、約二年となる。丁度この時期に、別の知泉州が在任していることに注目したい。『永楽大典』巻八八四二、游九功の条に『建安志』を引用して次の様にある。

游九功……上（理宗）即位。除職知泉州。豪族有撓政者、必裁以法。賈胡犯禁、即縦之使去。嘗摂互市貨之出入、聴於司存、無毫髪私。

游九功は理宗即位後（嘉定十七年八月以降）、知泉州になった。游九功は豪族を法で裁き、一方、蕃商も禁を犯すと直ちに退去させ、交易上の貨の出入にも役所を重視して、少しも私物化しなかったという。彼の知泉州在任期間は、乾隆『泉州府志』巻二九名宦に「游九功、宝慶元年、守泉在郡以清厳」とあって、宝慶元年に就任している。なお同書二六の知州事で年代の明らかな人を掲げると、

王棟　　十七年任、宝慶元年致仕

游九功　宝慶元年（一二二五）
方淙　　紹定三年任（一二三〇）

とあって游九功と方淙の間に別の知泉州がいたと思われるが、宝慶元年以降、彼は知泉州であり、業績を上げていることからして短期ではなく、二〜三年の在任であったはずである。すると宝慶年間という同時期に、汝适が権泉州として二年間その任についている。これは知泉州交替時期の短期間の重複ではなく、知州が複数に在任していたことになる。ここでは二人の知州がいたこと、そして二人とも海外貿易に関与していたことを指摘しておきたい。

（4）祈風石刻の趙汝适への疑問

泉州の九日山には磨崖石刻が七十余点あり、その中に祈風に関する石刻が九点（呉文良氏は十点）ある。祈風とは宋代に航海の順風と安全を祈ったもので、年に二回船の出入の時期に、関係者が集まって祈風儀式を行った。祈風を行うと参列者の名、廟名等を岩に刻んだ。これが祈風石刻とよばれているもので、主礼者は知泉州で、知南外宗正、提挙市舶、知県等が参列した。この祈風石刻の中に趙汝适の名があるとして、石刻拓本写真と共に、呉文良氏は「泉州九日山摩崖石刻」（『文物』一九六二年十一期、三三〜四七頁、「西峯上宋嘉定癸未題名石刻（拓本）」十三。拓本写真一枚）と題する論文を発表し、宋代研究者の注目をあびた。この石刻は西峰十三（呉文良氏による）として嘉定癸未の年号をもつものである。この「嘉定癸未」の石刻は長文なので、趙汝适の個所を呉文良氏によって記すと次の様である。

嘉定癸未、孟夏二十六日戊戌、東陽章棶
敬則……開封趙汝适千里……以祈風于昭恵
祠下……期而不至、浚儀趙善𦓔載卿……

とあって、嘉定十六年四月二十六日に、章棶（知泉州）が主礼者として祈風を行い、その参列者の中に、「開封出身、趙汝适、字は千里」がいる。趙汝适の名は、掲載された拓本写真からはっきり読める。そして呉氏は趙汝适の職官は地志に嘉定年間の最後に名があることから、提挙市舶であったとしている。この「嘉定癸未」の祈風石刻はこれまで『閩中金石略』巻四、『福建通志』巻十一や宋晞氏の筆録[18]にも収録されており、この個所は趙汝□とあり、适とは読まれていない。またこの石刻の拓本写真は『文物』に発表されているだけで、他のものには掲載されてない。

筆者は前に、この「嘉定癸未」石刻の趙汝适に疑問を持った。というのは、この中には祈風を行った際の参列者の名前が十七人いる。汝适の名は十五番目にある。もし彼が提挙市舶で朝散大夫ほどの高官であれば、知州の次、二番目に名を連ねるのが通常で、末尾にその名があるのは提挙市舶ではない。参加するとしたら公でなく個人として参列していたことも考えられる。また『閩中金石略』等で趙汝□と読んでいることは、趙汝适ではなく、別人である可能性があることを述べたことがある[19]。

一九八七年十一月に福建省泉州で開催された「中国泉州市舶司設置九百年学術討論会」に出席した際、筆者は九日山の石刻を調査する機会を得た。泉州市から北西に約七キロのところに小高い九日山があり、そこから泉州市、泉州港の全貌を見渡せる。かつては出入の蕃船をみながら祈風を行ったにちがいない。狭い岩肌にはびっしりと上から下まで石刻がある。さて、問題の「嘉定癸未」の石刻は一番下にあり、丁度足元のところにあった[20]。趙汝适の适は下から二番目の字である。しかしどう見ても适とは読めない。手で岩を触ってみたが、辶を刻した形跡が全くみられない。八百年も経過しているので磨滅があるのは当然であるが、磨滅があってもそれらしき字は残存しているはずである。この場合、适ではなく別の字である。では何という字であろうか。上は艹（くさかんむり）で下がはっきりしない。石刻の字は朱を入れて読みやすくしてあるが、下の方の字は朱が脱落しているために适の字も朱がなく、写真を撮ってきたがはっきりしない。帰国してから再び『文物』に掲載されている拓本写真をみると、やはり趙汝适と読める。しかしよく熟視してみると、适という字が他の字より太くなっており、書体が異っている。これはどういうことなのであろうか。明確なことはわからないが、石刻から拓本をとり、これを撮影する段階で人為的に操作がなされたのではないのだろうか。どうしても适と読ませたかったのであろうか。であるから『文物』の拓本写真をみる限り誰がみても适と読めるのである。

今仮にこれを趙汝适と読んだとしても、墓誌の提挙市舶の趙汝适ではない。第一に汝适の字が違う。祈風石刻では千里で、墓誌は伯可であるから、全くの別人である。第二に嘉定十六年というと墓誌の趙汝适は知南劒州として現地におり、提挙市舶ではない。そのため、泉州九日山での祈風に参加することはない。つまり、墓誌の趙汝适と祈風石刻の趙汝适?は別人であることを指摘しておきたい。

祈風の趙汝□は排行で汝のつく人が三四〇五人いる中の一人であり、字が千里とわかっているので何かの資料から見出せるかもしれない。最近、祈風石刻を調査した報告がありこの個所は黄柏齡氏(21)は「趙汝芪」と読み、李玉昆氏(22)は「趙汝茂」と読んでいる。筆者はどちらにも似ているが、断定は出来ない。

（5）　知南外宗正

汝适は提挙市舶で権泉州を兼任し、かつ宝慶元年十一月からは知南外宗正事（知宗）をも兼任している。地志には汝适が知宗を兼任したという記述はない。乾隆『泉州府志』巻二六の南外宗正司知宗正司事の人名表には

趙善軿　趙筱夫　倶宝慶間任

とあって汝适の名はない。趙善軿は前述した嘉定癸未（十六年）の祈風石刻に欠席者として名があり、知宗であった

と考えられる。汝适は趙善𨋩の後任として知宗になったのであろう。泉州に南外宗正司が設置されたのは、南宋の初め、靖康の変で難をのがれた南外宗室達が泉州に移住してきたからである。(23)泉州に住む南外宗室を統轄するのが知宗であり、趙氏から選ばれた。提挙市舶で権泉州も兼ねていた宗室汝适が、知宗も兼任することになったのである。この三つの職官に関係する汝适は、泉州では大きな力を有することになる。宗室にとっては三つの職官は相互関係にあった。汝适が知宗として任についた宝慶元年頃には、南外宗室の人数が急増し二一〇〇人位になっていた。泉州としては増加する宗室に対して政府の援助が少ないために、その経済的負担が重く、その捻出は知州の仕事であった。歴代の知泉州を悩ませたのが宗室への援助であったことは、知州眞徳秀や葉適らの上奏によってもわかる。一方、朝廷は、朝廷直属の市舶司から、貿易収入の一部を宗室にまわしている。(24)この様に宗室と提挙市舶と知州とが密接な関係にあった。汝适は、提挙市舶として南宋の繁栄した泉州の海外貿易を担当し、利益の一部を宗室に援助し、知州として州から宗室への援助金を出し、かつ宗室を総括していたのである。およそ泉州の特色といえば、市舶司と宗室の存在である。汝适はこれらの仕事に関係するのであるから、可成り大きな力を有していたと考えられる。彼が『諸蕃志』を著わしたのは、この時期で、生涯の中で一番活躍した時である。

南外宗正、提挙市舶に関係して、近年興味深い発掘がなされたので、一部紹介してみたい。一九七五年に南宋期の墓が福建省福州市で発見された。これは福建解放以来の最大規模の発見という（福建省博物館「福州市北郊南宋墓清理簡扱」『文物』一九七七年七期）。これは趙氏に嫁いで、一年後の淳祐三年（一二四三）に十七歳で死去した女子、黄昇の墓であった。この墓から墓誌銘、買地券や、紅漆棺内の調度品や高価な絹織物等四百十余点が発掘された。黄昇の父黄朴は紹定二年（一二二九）に状元で進士に及第した。黄朴は福州の人だったため福州から黄昇の墓が発見されたのは郷里であったからであろう。黄朴は端平二年（一二三五）に知泉州兼提挙市舶となる。汝适が泉州を去って八年後であるから、ほぼ同時代といえる。一方、黄昇の夫趙与駿は父母が早死し、祖父趙師恕に育てられた。黄昇の墓誌銘も趙師恕が書いているし、婚礼のための絹織物や調度品等も趙師恕がそろえた。趙師恕は淳祐三年まで知南外宗正であった。趙師恕は淳祐三年四月七日の日付がある九日山の祈風石刻に知宗として名がみえる。十六歳で嫁ぎ十七歳で没した若い黄昇の埋葬品は婚礼のために用意されたものであろう。その中には、絹織物の両端に墨で「宗正紡染金糸絹官記」と記されているものや、「趙記」と印で押されているもの、朱印で□□□司とあるものもある。「宗正」とあるのは泉州の南外宗正を指すのではないだろうか。福州にも西外宗正司が設けられているが、この場合趙師恕が知南外宗正事として、宗正直属の絹糸の染色や織物専門の官に織らせたものであろう。また宗室のものとして「趙記」という印を絹織物に押していることから、余程多く用意したのであろう。

これらの多くの絹織物は泉州の南外宗正司で、特別に宗室用として高級に作られたものではないだろうか。宋代の泉州の絹織物については資料が殆どなく、研究が進められていないため明確には出来ないが、元代になると、泉州を訪れたイブン・バットゥータは泉州の絹について次の様に記している。(25)

ザイトゥン（泉州）は立派で華麗である。ここでは、サテンと同様のベルベットのダマスコ織（緞子《どんす》）を製造している。このサテンはザイトゥニア（泉州）という町の名をとって、こうよばれている。サテンは杭州や北京のものより、すぐれている。

と、泉州では杭州や北京にまさる絹を作っているという。榎一雄氏も「泉州は……絹織物の製造が盛んで、とくに繻子（生地の厚い絹織物）が有名であった。繻子を指すサティン（statin）及びそれに類似する名称は泉州の一名ザイトゥン［zaytun］から出ているという(26)」とある様にサティンはザイトゥン（泉州）といわれる程に絹織物の産地であった。『諸蕃志』にも産地は記されてないが、重要な輸出品として絹製品をあげている様に、南宋期には泉州でも製造されていたのであろう。時代は下るが、万暦『泉州府志』巻二四古蹟類に「南外宗正司、旧在粛清門外。正統三年、奉例織造。知府尹宏以其故址之半、改為織染局」とあり、明代の初期に南外宗正司の跡が織染局になっていることから、伝統的に南外宗正司の場所で絹織物が製造されていたことも考えられよう。ともあれ、黄昇の墓から出土した数多くの高級な絹織物は、義祖父が知南外宗正であったこと、そして父が知泉州兼提挙市舶を歴任したことなどによって、特別に豪華な絹織物を入手出来たからだ考えられる。泉州では宗室の在住により、他の地域とは異なった高級な、貴族的な文化があったことがうかがえる。今後これらの出土品を詳しく調査することによって、文献には記されていない多くのことが解明されることを期待したい。

（6）死去と埋葬

汝适の生涯の中で全盛期は提挙市舶時代である。その後、官品が上っているものの、実質的な活躍はみられない。提挙市舶の後、宝慶三年六月に知安吉州（浙江省湖州）に任命されるが、任地に行かずして知饒州（江西省、鄱陽県）となる。安吉州は『宋史』巻四一、本紀理宗の宝慶二年十月甲申の条に「改湖州為安吉州」とあり、湖州が安吉州と改名したのは宝慶二年であることを知る。そのため、三年には墓誌に安吉州という地名を使っている。彼は紹定元年（一二二八）二月に朝請大夫（従六品）に進み、三年（一二三〇）閏二月に、権江東提刑を兼任する。この時彼は六十歳となっている。のち、彼は病を得て、三度祠請を乞い、同年三月に華州（陝西省）雲台観を主管した。権江東提刑はわずか一ヵ月の兼任であった。華州雲台観は『宋史』巻一七〇、宮観の条に、華州雲台観の名がある。華州は南宋初期には金の支配下に入っていた。しかし開禧三年（一二〇七）に宋は陝西省を回復し、嘉定元年には金と和睦を結んでいる。そこで汝适は華州雲台観となったのであろう。病のため任地には赴むかなかったにせよ、華州という地名が紹定三年に使われていることは、宋の支配下に入っていたことを意味する。そしてこの年に蒙古の太宗の軍が陝西省に入り、蒙古の支配下に入ってしまうのである。(27)

紹定四年（一二三一）に壽明・仁福・慈睿皇太后の慶寿の恩にて、朝議大夫（正六品）となる。皇太后の尊号が次々と長くなっていく過程と七十五歳の慶寿で官位を与えたことについて、『宋史』巻四一本紀理宗の条には次の様にある。

○宝慶三年春正月辛亥朔、上寿明皇太后尊号冊・宝于慈明殿。
○紹定元年春正月丙子朔、上寿明・慈睿皇太后尊号冊・宝于慈明殿。
○紹定三年十二月癸未、　上寿明・仁福・慈睿皇太后尊号冊。
○紹定四年春正月戊子、皇太后年七十有五、上詣慈明殿、行慶寿礼、大赦、史弥遠以下進秩有差、

皇太后の尊号の寿明・仁福・慈睿は紹定三年のことであり、それは墓誌に記す尊号と同じである。そして四年五月に皇太后七十五歳の慶寿の礼を理宗が行い、その時に大赦して官吏に進秩させた。墓誌では、この大赦によって一階級上っているのである。この様に『宋史』と墓誌の記述が一致している。

そして四年二月に、華州雲台観（十一ヵ月の在任）から、官告院（官の辞令や封贈を掌る）となるも、七月には病のため辞職を乞い、同月丙申（十二日）に死去している。六十一（数え六十二）歳であった。そして十月癸酉（二十一日）に臨海県（浙江省台州）、重暉郷、趙嶴《?》山の原に埋葬した。

次に、汝适を埋葬した場所と、今回墓誌が発見された所とが一致するかどうかについて調べてみる。まず埋葬地の重暉郷について、嘉定十六年『赤城志』巻二、郷里には、

重輝郷　在県東北三十里……

とあって、重輝（墓誌は輝を暉に作る）郷は県の東北三十里のところにあるという。『臨海県志』巻四二には、

重暉郷、在県東北三十里

西渓荘、大田荘、白石荘、嶺外荘

とあり、重暉郷の中に、大田荘、嶺外荘などがあることを知る。ところで汝适の墓誌が発見されたのは、現在の地名で臨海市・大田区・岭外郷・岭外村である。これを地図でみると大田区は臨海市の中心より北東方向にある。重暉郷も東北三十里である。発見地の大田区嶺外郷は、大田荘が嶺外荘を吸収して、大田区嶺外郷となったのであろう。したがって汝适が埋葬された重暉郷趙嶼山の原は、発見地の大田区嶺外郷嶺外村に比定して間違いあるまい。つまり埋葬地と発見地とが一致するのである。まさに汝适が埋葬されてから七五一年ぶりに彼の墓が発掘されたことになる。

ではなぜ、臨海県に汝适は埋葬されたのであろうか。『台州府志』巻九九、趙不柔の条に、

汝适字伯可、慶元二年中第、提挙福建市舶、嘉定中遷臨海。

とあるように、汝适は嘉定年間に臨海に移住している。また、この臨海の地は汝适夫人陳氏の出身地であったので、ここに埋葬されたのであろう。

四、家　族

汝适は陳氏を娶る。陳氏の祖父は陳良翰で、献粛は追謚。詹事は太子、皇后の家事等を行う名誉的な役職である。陳良翰については多くの資料がある。嘉定『赤城志』巻三三、人物門や『永楽大典』巻三一五〇の陳良翰の条が詳しい。『永楽大典』には朱熹『朱文公文集』巻九七、行状や周必大『周益大全集』巻六六、神道碑等が収録されている。

詳しい経歴は省くが、陳良翰は臨海県の人で紹興五年に進士となり、知建寧府、福建転運副使等を経て兵部侍郎、太子詹事となり、敷文閣直学士となった。妻は朱氏。四男二女がいる（表「趙汝适の系譜」参照）。元寿（福建安撫司幹辦公事、早逝）、耆寿（両浙運判）、彭寿（福建提点刑獄）、広寿（汝适の妻の父）と各々相当な職官についている。四男の広寿は乾道八年に進士に及第。兄弟で広寿だけが進士になっている。広寿は知臨安府を経て刑部侍郎となる。広寿の長女で、良翰の孫女が汝适夫人である。陳良翰には孫女が八人おり、そのうちの三人が宗室趙氏に嫁いでいる。趙氏に嫁いだ黄昇の埋葬品の豪華さをみてきたが、地方の有力者は宗室趙氏との関係を有したかったのであろう。一方趙氏も臨海県の名門から娶りたかったのであろう。いずれにせよ、当時の知識階級で両家とも進士及第者で、名門同士の陳家と趙家との婚姻である。汝适夫人は汝适が死ぬ十二年前に死去しており、恭人（中散大夫以上の夫人）に封ぜられた。(28)

汝适には二人の子がいる。長男は崇縯。従事郎（従八品）厳州（浙江省金華道）司戸参軍。二男は崇絇、従事郎・紹興府（浙江省会稽）余姚県主簿である。これらの職官は汝适が死去した時点のものである。善待墓誌銘に「崇鎮《ママ》（縯の誤り）、崇絇習進士」とあって二人とも進士を目指しているとあるが、地志の選挙志に彼らの名はない。二男崇絇は、父汝适の文才を継いだのであろうか『鶏肋』という本を著わしている。故事を当世のものと比較したりしたものである。自序があり、非常に書が好きであること、本貫を未だに汴と記している。彼はその後、出世して直秘閣知婺州、咸淳二年には両浙転運判官となり更に淮東総領になっている。(29)この墓誌を崇絇が書いたら、もっと違った記述になっていたと思う。孫の必協は将仕郎で崇絇の長男（『宋史』巻二三一）。孫女は幼少。

墓誌には最後のしめくくりとして、汝适を讃え、崇縯が墓誌を書いたことを述べている。大事は喪事をいう。襄《ほうむ》るは葬るであろう。立言は後世まで伝わる立派な言葉を述べること。畚は畀に同じで、うつる、高くのぼるの意。官畚は官が次々と高くなっていくことであろう。汝适は正義を行い声績があったが、寿命があるので仕方がない。崇縝が大事をとむらったが、まだ言立を銘じてない。君子たる者は世系の官爵の歳月を叙すというので、哀子（父の喪服の子）の崇縝もこれにならって泣血して謹記したというものである。崇縝が墓誌を書き、それをを筆写した人は、親戚で、朝奉郎（正七品）主管建昌軍（江西省・南城県）、倦（僊・仙に同じ）都観（仙都観は宮観）の陳。諱を塡ぐ。陳とあるので母方の親戚であろう。文字を刻した人は王紹祖。刊は刻すの意。

おわりに

趙汝适については、これまで太宗の子孫で、提挙市舶在任中に『諸蕃志』を著したこと以外に殆どわからなかった。その汝适の詳しい経歴が、一九八三年に臨海市で発見された彼の墓誌により明らかになった。この墓誌は埋葬されてから七五一年ぶりに日の目をみたのである。墓誌は長男崇縝によって書かれたものだけに史料的価値は高い。その内容は崇縝が汝适の職官の変遷を中心にして書いたものなので、職官の変遷にとどまる。しかし汝适の生没年次や職官の変遷すらも知られていなかったので、墓誌の記述は貴重である。例えば汝适が歴任した職官は兼任も含めて十五にのぼるが、従来の資料からわかるものは湘潭県丞、通判臨安府、知南劒州、提挙市舶とわずかに四つの職官にすぎない。また従九品から順次昇進していった階官は十四もあるが、他の資料からは三つがわかるだけである。この様に墓誌独自の記述も多いが、他の関係資料から、墓誌の記述を検討すると、進士及第や皇帝即位にともなう階官の昇進期日や地名変更等は、すべて他の資料と一致する。ただ善待墓誌銘の記述と一致しないものに少保と母の没年があったが、少保は検討するとして、母の没年は、他の資料から検討すると、汝适墓誌の年次が正しいことが判明した。この様なことから、墓誌の記述の信憑性がいかに高いものであるかがうかがわれる。

さて、汝适は鎖試で進士になっているが、疎属の宗室のため、宗室という恩恵を殆ど受けずして進士に合格しているので、彼の優秀さがわかる。父、兄弟四人とも進士という名門趙氏一家である。妻の方も祖父、父ともに進士及第で、臨海県の名門である。宗室の趙氏一家と浙江省臨海県の有力者陳氏との婚姻である。

汝适の職官の変遷をみると、やっと通判臨安府になったところで、母そして妻の死去による服喪が続いたからであろうか、五年間実職がなく空白である。年齢も四十八歳～五十三歳という一番活躍出来た時期である。その後、知南剣州、提挙市舶になるだけで、あまり活躍していない。しかし提挙市舶在任中に『諸蕃志』を著しており、また同時に、知州と知宗と提挙市舶の三つの職官を兼任している。ここに泉州特有の海外貿易と宗室との密接な関係も考えられ、泉州の絹織物とともに今後の課題となろう。

なお、呉文良氏が九日山の嘉定癸未（十六年）祈風石刻に見える人名を趙汝适と読み、提挙市舶としているのは誤りであろう。汝适はこの時期には知南剣州の任にあり、提挙市舶に就任していない。また字も伯可で千里ではないからである。拓本写真の趙汝适の适は人為的に修正した要素が強い。現地でこの石刻を調査したが适とは読めなかった。

考古学的な発掘が進むことによって、碑文や埋葬品等から多くのことが解明されてきているが、今後、体系的な文献資料の調査と併行して研究を進めていくことが必要である。

註

（1） Friedrich Hirth and W.W.Rockhill “Chau Ju-kua. His work on the Chinese and Arab Trade in the twelfth and thirteenth Centuries. Entitled Chu-Fan-Chi” St.Petersburg 1911.

（2）P.Pelliot T’oung-Pao XIII.1912.

（3）馮承鈞『諸蕃志校注』台湾商務印書館、一九四〇年。

（4）和田久徳「南蕃香録と諸蕃志との関係」『お茶の水女子大学人文科学紀要』一五、一九六二年。「宋代南海史料としての島夷雑誌」同紀要五、一九五四年。

（5）『書道全集』六中国・南北朝Ⅱ八頁、平凡社、一九七四年。

（6）「公諱善待。字時挙。太宗皇帝之七世孫。而濮安懿王之五世孫也。曾祖太師・岐王諱仲忽。妣夫人向氏。祖開府儀同三司。安康郡王。諱士説。妣夫人向氏、焦氏。考銀青光禄大夫。諱不柔。妣太寧郡夫人郭氏」とある。士説の夫人は向氏、焦氏と二人いるが、墓誌では向氏だけである。

（7）諸蕃志二巻。宋趙汝适撰。汝适始末無考。惟據宋史宗室世系表。知其為岐王仲忽之元孫。安康郡王士説之曾孫。銀青光禄大夫不柔之孫。善待之子。出於簡《ママ》王元份房、上距太宗八世耳。……故汝适得於福《ママ》州見其市易、然則是書所記皆得諸見聞。

（8）宋趙崇絢撰。崇絢字元素。據宋史宗室世系表。蓋簡《ママ》王元份之八世孫。作諸蕃志之趙汝适即其父也。書首自称汴人、不忘本耳。

（9）『建炎以来朝野雑記』甲集二集「三祖下宗室数」の中に「宗正寺仙源類譜……太宗下元字行九人、允字行十九人、宗字行七十五人……汝字行一千二十二人……以淳熙八年計之……」とあって宗室は宗正寺の仙源類譜に登録されており、淳熙八年（一一八一）の統計によると、汝字行は一千二十二人という。汝适はこの時には生れているので数に入っている。『宋史』宗室世系に記されている汝字行の人数をかぞえると、まちがいがなければ三四〇五人にのぼる。

（10）梅原郁『宋代官僚制度研究』同朋舎、一九八五年、四七三～四七四頁。

（11）曾我部静雄『中国社会経済史の研究』「宋の宗室」吉川弘文館、一九七六年、一九一頁。

（12）『咸淳臨安志』巻九「三省枢密院激賞酒庫、在銭塘県南」。同巻五三官寺参照。

（13）「斉衰参年、正服、子為母」とあり母の場合、斉衰《しさい》で三年である。三年についての内分けは次の様にある。「子参年。諸参年之喪、拾参月小祥、除首経、弐拾伍月大祥、除衰裳去経杖。弐拾柒月　禫祭、踰月従吉」。

(14) 提挙市舶の趙汝适の名は『閩書』巻四三、乾隆『泉州府志』巻二六等に嘉定年間の最後に名がある。『万暦泉州府志』には人名の記載がない。

(15) 周去非については長谷川誠夫「『嶺外代答』の著者周去非の仕歴について」『宋代の政治と社会』宋代史研究会、三集、一九八八年。

(16) 梅原郁、前掲書、知州の項。

(17) 拙稿「南宋中期以後における泉州の海外貿易」『お茶の水史学』二十三号、一九八〇年、「知州が貿易に関与することはあったが、諸史料にあたってみると、嘉定・宝慶・紹定年間とも、ほぼ知州と提挙市舶は別々に任じられている。」註（23）。

(18) 宋晞「宋泉州南安九日山石刻之研究」『学術季刊』三―四、一九五五年。佐久間博正「泉州南安県九日山の祈風――華人の海上交通と民間信仰の一事例――」『駒沢史学』三六号、一九八七。

(19) 拙稿「宋代の泉州貿易と宗室――趙士劏を中心として」『中嶋先生古稀記念論集』下巻汲古書院、一九八一年、一八八頁。

(20) この石刻は足元にあり非常に傷つきやすい場所にある。この「嘉定癸未」石刻から二メートル位しか離れていない所に焚火のあとがあった。自然条件の中で石刻は日々風化していくので、この重要な文化財を保護し、写真、拓本、ビデオ等で記録する処置がとられることを願うものである。

(21) 『九日山誌』晋江地区文化局文管会出版一九八三年。

(22) 「南安九日山摩崖石刻校記」『泉州文史』一九八三―八。

(23) 南外宗正司が泉州に設置されるまでの過程、ならびに南外宗室への州の過重な経済援助については註（17）の拙稿参照。

(24) 註（23）参照。

(25) Henry Yule and Henri Cordier "Cathay and the way thither" 1916 London.vol 4 p118. 註参照。
・イブン・バットゥタ　前嶋信次訳『三大陸周遊記』角川文庫、一九六一年、二八八頁に抄訳がある。
・ザイトンはサテンからきているというのは Dr.Hans von Mzik "Die Reise des Arabers Ibn Batuta durch Indian und China." 1911 Hamburg. の八章、二四七頁の註にも詳しい説明がある。

（26）榎一雄「東西文明の交流」『中国の歴史』十一、講談社、一九七七年、一六〇頁。

（27）外山軍治『金朝史研究』東洋史研究叢刊十三、京都大学、一九六四年。

（28）元寿は早死。耆寿と彭寿は『嘉定赤城志』巻三三　陳良翰に「耆寿直宝謨閣両浙運判、彭寿福建提點刑獄」とある。耆寿は『後楽集』二「特授提挙両浙西路常平茶塩公事制」。広寿は『嘉定赤城志』巻三三、陳広寿、『臨海県志』巻五、『咸淳臨安志』。

（29）崇絢は『咸淳臨安志』巻五〇　両浙転運の項に「咸淳二年二月為運判十二月陳淮東総領」。劉克荘『後村大全集』巻六八「趙崇絢除将作監」「趙崇絢除直秘閣知婺州」。

第四節　南宋中期以降の泉州貿易

はじめに

福建省の泉州は北宋中期に市舶司が設置されたのを契機として発展していった貿易港である。南宋期の泉州貿易の発展について、桑原隲蔵博士は『蒲壽庚の事蹟』（岩波書店、昭和十年、のちに『桑原隲蔵全集』巻五、昭和四十三年、に所収）の中で、「杭州に近き泉州は地の利を占めた上に南宋時代を通じて、支那政府は国庫の収入を増加せんが為に頻に外蕃の通商を奨励したから、泉州の貿易は年一年と長足の発展をして広州と頡頏して譲らざる位置に立ち、更に南宋末から元時代にかけて泉州の勢力は遂に広州をも凌駕するに至った」と泉州貿易の盛況を述べ、更に泉州は南宋朝を通じて発展の一途をたどり、元代の貿易の繁栄に結びついたとしておられる。

しかし、南宋期（一一二七～一二七九）約一五〇年間の市舶関係の史料をみてゆくと、泉州貿易は必ずしも発展の一途をたどっていたとはいえず、その発展過程に消長のあることが認められる。確かに南宋初期の紹興年間を中心とする蕃商の往来や貿易の利益額の上昇等から桑原博士の論ずる如く、その繁栄にめざましいものがあるといえる。しかし中期以降になると初期の如き貿易の発展を示す記述はなく、泉州財政の緊迫や貿易の不振を示す記述が多くみられるのである。これまで初期の貿易状況については多くの先学による研究があり成果をみているが、中期以降の実態についてはほとんどふれられておらず明確を欠くうらみがある。(1)そこで本稿では中期以降、特に嘉定（一二〇八～一二一四）

紹定（一二二八～三三）年間とそれ以降を中心とする泉州貿易の実状について検討を加え、元代に繁栄をみるに至る一過程として若干の考察を試みてみたい。

一、舶税の減少

南宋期に、嘉定十～十二年（一二一七～一九）と紹定五～六年（一二三二～三三）の二度にわたり知泉州となった真徳秀[2]は、泉州貿易の消長について自ら著わした『真文忠公文集』巻一五、「申尚書省乞撥降度牒添助宗子請給」（以下巻一五はこの上奏文を指す）の条で次の様に記している。

慶元之前……本州田賦登足、舶貨充羨、称為富州……自二三十年来……富商大賈積困誅求之惨、破蕩者多、而発舶者少、漏泄於恩広潮惠間者多、而回州者少、嘉定間某在任日、舶税収銭猶十余万貫、及紹定四年、纔収四万余貫、五年止収五万余貫、是課利所収、又大不如昔也。

これは真徳秀が知泉州に再任した紹定年間に書かれたものである。この記述によると、南宋期の中頃にあたる慶元年間（一一九五～一二〇〇）以前の泉州は舶貨が充ち富州と稱される程豊かであったが、慶元以降二三十年の間に富商大賈は苛酷な税のために破蕩する者が増え、泉州から発船する者が少なくなるとともに、恩・広・潮・惠州（いずれも広東省）に逃げる者が多くなり、州に帰る者が少なくなったという。また彼が嘉定年間に在任した時期は、衰えたとはいえ、なお舶税十餘万貫を数えたのに、紹定四年になるとわずかに四万貫となり、五年も五万貫にすぎず、もはや昔日の如き収益はなくなったと慶元以降の貿易の不振と舶税の減少ぶりを述べているのである。

ここで嘉定・紹定年間の舶税額が明記されているが、貿易の消長を知る手がかりとして南宋初期のものと比較してみたい。まず三路（両浙・福建・広東）の市舶司の収益をみておこう。『宋会要』職官四四市舶の紹興七年（一一三七）閏十月三日に「上曰、市舶之利最厚、若措置合宜、所得動以百萬計」とあり、市舶司の運営が適切であれば、百万貫程度の収入を期待しえた。また『建炎以来繫年要録』（以下要録と略称）巻一三五の紹興十年四月丁卯に「上論大臣曰、……又広南市舶利厚、提挙官宜得人而久任、庶蕃商肯来、動得百十万緡」とみえ、『宋会要』の記述とほぼ同趣旨で百十万緡（貫）を期待しえたという。この百十万貫は北宋末の収益とほぼ同額である。その後貿易は急速に伸びており、『宋会要』職官四四市舶の紹興二十九年（一一五九）九月二日には「朕嘗聞闡、市舶司歳入幾何、闡奏、抽解與和買以歳計之、約得二百（万）緡」とみえ、抽解と和買で二百万緡を数えている(4)。記事中の張闡は二十七年から二十九年七月まで両浙提挙市舶の任にあった人物であるから、この歳入額は確かなものと考えられる。次に孝宗期のものであるが、曹勛の『松隠文集』巻二三「上皇帝書十四事」をみると「窃見広泉二州市舶司、南商充牣、毎州一歳不下三五百万計」とある。文集の序によると曹勛は淳熙元年（一一七四）に卒しているので、この記述は乾道年間（一一六五〜一一七三）の状況を記したもので、両浙市舶司にふれていないのは両浙は乾道二年に貿易不振により市舶司が廃止されているからであろう。この記述によれば、広泉二市舶司の活動は盛んであり毎州の年収は三〜五百万貫を下らないという。とすれば二州を合わせると六百〜一千万貫にもなる。紹興二十九年の二百万貫から数年で六百〜一千万貫に増加したとすればその額は多すぎる様に思われる。またこの数字には抽解銭、浄利銭等と明記されていないので、収益額を指すのか、取引額を指すのかもはっきりしない。ともあれ広東、泉州市舶司が順調に発展していたことは明らかであり、真徳秀が述べる如く慶元以前の貿易が極めて盛況であったことは確かであろう。

次に泉州市舶司の収益についてみてみよう。『宋会要』職官四四市舶の紹興六年十二月十三日に「詔蕃舶綱首蔡景芳特与補承信郎、以福建路提挙市舶司言、景芳招誘販到物貨、自建炎元年至紹興四年収浄利銭九十八万余貫、乞推恩故也」とあり、この記事は一人の蕃商から得た収益額を記すものであるが、蕃商蔡景芳が建炎元年（一一二七）〜紹興四年（一一三四）の八年間にもたらした浄利銭は九十八万貫であり、これを年平均にすると、十二万貫となる。更に紹興六年には大食の蕃商蒲囉辛が抽解価銭三十万貫を入れていることは『宋会要』蕃夷四大食の紹興六年八月二十三日に「提挙福建路市舶司上言、大食蕃商蒲囉辛、造船一隻般載乳香投泉州、市舶計抽解価銭三十万貫」[7]とあることからわかる。これらに見える抽解価銭、浄利銭とは、政府が輸入品に課した税の収益であり、舶税と同じものである。するると嘉定の舶税十余万貫は当時の蕃商一人からの収益より少ないことになる。この様に紹興年間は蕃商の来航も多く、広東でも蒲亜里等[8]の活躍もみられる様に貿易は活況を呈したのである。

泉州市舶司の年間収益を見てみると、紹興二十九年には三路市舶司の収益が二百万貫であったが、七年後の乾道二年には両浙市舶司の収益がわずか一万三千貫（後述）になっていることから、この二百万貫は、広泉二舶司からの収益が大部分を占めていたことになる。また広東と泉州の貿易額は同等であった様で、それは『宋会要』職官四四市舶の宣和七年（一一二五）三月十八日に「詔降給空名度牒広南福建路各五百道、両浙路三百道付逐路市舶司、充折博本銭」とあり、泉・広市舶司には各々五百道を支給していることからわかる。また前引の『松隠文集』でも広・泉とも三〜五百万計と同等に記されていることから紹興二十九年の二百万貫のうち、泉州は百万貫に近い収益があったと考えられる。なお乾道年間は三〜五百万貫とあるが、それを収益とみてよいか問題がある。

その後、利益額を具体的に示した記録はなく、先に揚げた嘉定、紹定年間の記述が残っているだけである。したがって紹興末年より嘉定十年まで約五十年の空白があるが、嘉定年間の十余万貫は紹興年間の百万貫に対してわずか十分の一に過ぎず、十年後の紹定年間の四〜五万貫は二十分の一から二十五分の一となる。乾道年間の数字とは比較にならない。

これを国家歳入との関連でみてみると、紹興末年の国家歳入六千万貫に対して泉州の収益を百万貫とすると、その比は六十分の一となる。嘉定年間の国家歳入は三千五百万貫と半減しているが、嘉定の船税は十余万貫であり、三五〇分の一と少なくなる。紹定年間の歳入は明らかでないが、船税四～五万貫との比は更に少なかったと考えられる。(9)この様に中期以降、船税の国家歳入に占める割合は初期と比べれば極めて少なかったといえる。

以上これらは単に船税の数字上からみた比較とはいえ、嘉定、紹定年間の泉州貿易は南宋初期と比べて著しく不振になっていることが窺える。

二、泉州貿易の状況

前節で嘉定、紹定年間の船税の減少をみてきたが、当時の泉州貿易はどの様な状況にあったのであろうか。嘉定年間以後になると市舶関係の記述は極めて少なく、また朝貢の記述(10)も紹熙年間以後は殆どなく、安南と真理富の来貢にとどまる。この朝貢の減少は南宋の国力が北方民族の台頭によって弱体化したことによるとされているが、通商のあった諸外国の国内事情にも関係があったと思われる。(11)占城についてみると、淳熙三年頃までは朝貢回数も多く、乾道三年には海賊行為までして大食船を奪い、強奪した品物を朝貢品として持参する等しており、淳熙三年頃まで中国との交渉を続けてきた。(12)しかし、十二世紀中頃から強盛になってきたカンボジアとの戦が続き、十三世紀の初めに、占城はカンボジアに併合されて中国との交渉は絶えてしまった。(13)また北宋朝より海外貿易で繁栄したシュリーヴィジャヤ(三仏斉)も十一世紀中頃から急速に衰え、十三世紀初めには国が解体して東部ジャワに政権が移り中国との交渉はない。西方の大食でもアッバース王朝の内部分裂が続き衰退の一途をたどり、大食商人の来航はなくなる。この様に中国と通商のあった諸外国にとって、十三世紀は国内分裂と新旧交替の時期に当っていた。この点についてセデスは『インドシナ文明史』で「東南アジア諸国は十三世紀に一つの新しい時期を迎え、インド文明によって基礎づけられた貴族社会は崩壊し、新しい土着文化が生れた」(14)と論じている。この十三世紀は南宋中期の慶元年間以後に当る。したがって、東南アジア諸国が興亡する状態の中で、中国への朝貢や王室貿易を行うことは以前より困難な状態にあったといえる。そのために蕃商の往来も南宋初期の如き活発さはなくなってきたものと考えられる。しかし蕃商の往来は少なくなったとはいえ、中国商人の東南アジアに対する進出(15)にも留意する必要がある。前引の真徳秀は嘉定、紹定年間の泉州貿易の不振の一因として泉州商人の広東への移動をあげているが、蕃商往来の増減については何ら述べられていない。このことは当時既に蕃商の活躍は少なく、中国商人がこれに代って貿易を行っていたことが考えられる。この点については後日検討を試みてみたい。

さて、当時の政府の方針は従来通り国家の財源を貿易に求めて度々蕃舶招致策を出しているが、その効果はあまりあがっていない。『宋会要』職官四四市舶、開禧三年（一二〇七）正月七日に、「比年蕃舶頗疎、征税暗損、乞申飭泉広市舶司、照条抽解和買入官外、其余貨物、不得毫髪拘留巧作名色、違法抑買。如違許蕃商越訴、犯者計贓坐罪……従之」とあり、蕃舶の往来が少なく税収も減少しているので、市舶司に対し不正行為がない様にすると共に、蕃商に越訴を許すという蕃商保護に努めている。また十二年後の嘉定十二年にも同じ様に官吏の不正を取締まっており、『宋会要』食貨三八和市、嘉定十二年十二月二十三日に「臣僚言、泉広舶司、日来蕃商寖少、乞厳飭泉広二舶及諸州舶務、今後除依条抽分和市外、不得衷私抽買、如或不悛、則贓論。従之」とみえ(16)、やはり蕃商の来航が少ないため、蕃商招致のためにも私的な課税を厳しく禁じている。

この様に政府は蕃商を保護する一方、市舶司の取締まりを厳しくしているが、そのためであろうか、『宋会要』職官七四〜七五黜降官をみると、嘉泰から嘉定年間にかけて、広東・泉州ともに提挙市舶の罷免が多い。黜降官という史料の性質上、罷免の記述に限定されるが、ここには泉州だけの例を掲げてみたい。同書七四の嘉泰三年（一二〇三）九月二十三日に、

福建提挙市舶曹格並放罷……格移易乳香

とあり、曹格は乳香を移易したことで放罷となっている。次に同書七四、開禧元年（一二〇五）閏八月一日に、

新福建提挙市舶黄敏徳、楊檽年並祠祿、理作自陳、以臣僚言、敏徳貪饕鄙猥、檽年、癃老疾病

とあって、黄敏徳は利をむさぼり、楊檽年は老齢で病弱故に罷免されている。ここで提挙市舶が正副の区別なく二人を任じられているのは政府が市舶貿易を重視したからであろうか。次に同書七四、嘉定二年（一二〇九）八月二日に、

新提挙福建市舶徐大節、並罷新任、以臣僚言、大節誅求辺民。

とあり、徐大節は辺民を誅求したために新任の提挙市舶の職を解かれている。同書七四、嘉定五年（一二一二）二月三日に、

新提挙福建市舶黄士宏罷新任、以臣僚言、其頃知沅州、政以賄成、民冤莫伸。

とあって、黄士宏も知沅州在職中に賄賂を使い新任の職を解かれている。同書七五の嘉定六年（一二一三）十月二十三日に、

提挙福建市舶趙不熄更降一官、先因臣僚言、其多抽番舶、抄籍誣告、得旨降両官放罷。

とあり、趙不熄は蕃舶の品物を多く抽解し、偽の報告をした故に放罷となっている。黜降官の条にはこの年以後嘉定十七年までの記述があるが、福建提挙市舶についての記述はない。以上嘉泰三年（一二〇三）から嘉定六年（一二一三）までの十年間に六人が貿易上の不正や前任の賄賂等が発覚して罷免となっている。[17] そのうち四人は新任直後に罷免さ

れている。この様に任免が厳しいことは政府が提挙市舶を重視していたことが考えられるが、同時に右にみた様な連続的な罷免は適任者がいなかったことであり、貿易が順調に行われていなかった一面を示すものといえる。

さて、右の罷免直後の嘉定十年に真徳秀は知泉州になり、提挙市舶の趙崇度と共に貿易の刷新を図ったのである。これについては、真徳秀前掲文集巻四三に趙崇度の墓誌銘がある。

公名崇度、字履節……論提挙福建市舶兼泉州、先是浮海之商、以死易貨、至則使者郡太守而下惟所欲刮取之、命和買実不給一銭……以故舶之至者滋、少供貢闕絶、郡赤立不可為、及是公（趙崇度）以選来、余（真徳秀）亦代公守郡相與剗碶前弊、罷和買、鐫重征、期季至者再倍二年而三倍矣。

ここには嘉定十年以前の状況がみえる。提挙市舶が知州を兼任し、商人が来ると知州が和買と称して品物を取上げ、銭を支払わないため、来航する舶も少なくなり州は財政的に窮地に陥っていた。この様な時に二人が各々任に就き、和買、重税等の前弊を取り除いたため、州に来る者は二倍となり、二年の間に三倍になったというのである。『宋史』巻四三七真徳秀にも同じ様な記述がある。

番舶畏苛征、至者歳不三四、徳秀首寛之至者驟増、至三十六艘。

ここには蕃舶が三〜四艘から三十六艘にも増えたとあるが、この記述はいささか誇張にすぎると思われる。実際には真徳秀自身が記しているように二年間に三倍になったというのが事実であろう。これらの記述には舶税額を記していないが、この貿易促進の結果が「嘉定間某在任中、舶税収銭猶十余万貫」と真徳秀の述べる十余万貫になったものと考えられる。とすれば、これ以前は十余万貫より少なかったことになる。この様にみてくると市舶司における責任者の施策の良否によって、商人の往来や舶税額が大きく左右されるという流動性が窺われる。

次に紹定年間についてみてみよう。真徳秀が十三年後の紹定五年に再び知泉州として赴任したとき、前年度の舶税は四万貫に減じていた。五年には彼の努力によってか一万貫増えて五万貫になってはいるものの、嘉定中の十餘万貫からみると確実に半減しており、商人たちも泉州から広東に移動していることに留意すべきである（真徳秀前掲文集巻一五）。これは真徳秀をしても以前の如き効果をあげることが出来ない状態に陥っていることを窺わしめる。(18)

もう少し紹定年間の実状をみてみよう。朝廷が、減少している船税の半額を泉州在住の南外宗室（南外宗正司に属する宗室）に支給していることに注目してみよう。真徳秀前掲文集巻一五に

朝廷両項度牒（八十道）亦復不給、而撥提舶司銭二万二千四百余貫、

とあり、紹定年間には南外宗室の生活費として朝廷はこれまでの度牒八十道（一道八百貫）六万四千貫の支給をやめ、提舶司銭二万二千四百余貫を支給したというのである。この提舶司銭とは朝廷に入った船税の一部と考えられ、市舶司の運営費＝市舶本銭と同じものであろう。紹定中の船税四万貫とすると、提舶司銭二万二千四百貫は船税の半分以上にもなる。市舶司を運営していくには乳香、象牙等を購入する市舶本銭を必要とするが、残りの二万貫程度で果して市舶司の貿易活動を順調に行いえたか疑問である。ここに両浙市舶司廃止時の収益額がある。『両朝聖政』巻二九に、(19)

乾道二年……是月（五月）罷両浙市舶、以言者論両浙路市舶、所得不過一万三千余貫、而一司官吏請給、乃過於所収故也。

とあり、両浙市舶司の収益が一万三千余貫では、一司の人件費にも足りないので市舶司を廃止した。両浙の一万三千貫と、泉州の四万貫から宗室への支給額を差し引いた一万七千貫とはほぼ同額になる。これでは両浙と同様に泉州市舶司の人件費にも不足がちであったといえる。泉州の場合、両浙の如く市舶司の廃止はみられないが、貿易の不振を反映したのであろうか、紹定年間以後提挙市舶の官制に一つの変化がみられるのである。即ち提挙市舶が任命される

ことは殆どなく、知州が提挙市舶を兼任することになるのである。次にその具体例をあげながら、紹定年間以後の貿易状況を検討してみよう。

三、知州の提挙市舶兼任——端平元年から景定三年まで——

宋代の提挙市舶という官制の発展過程をみると、北宋初期には提挙市舶という独立した官はなく、知州・通判・転運使等が兼任で行っていた。その後、貿易の発展と共に専任の提挙市舶が任じられる様になったのは北宋末の崇寧年間からである。それ以後は原則として提挙市舶が任じられている。泉州の場合、南宋初期に転運司[20]や茶事司[21]の管轄に入ったり、また知州兼船[22]の例もみられるが、ほぼ提挙市舶がその任についている。紹興年間には提挙市舶の再任も多くみられ、開禧年間には複数の提挙市舶も任じられている。さて、知州兼船が行われたことについて『万暦泉州府志』巻九官制に「時州有市舶官……自嘉定後、皆以知泉州事権」とあり嘉定年間以後は知州兼船であったという。確かに真徳秀にみられる如く、知州が貿易に関与することはあったが、諸史料にあたってみると、嘉定・宝慶・紹定年間とも、ほぼ知州と提挙市舶は別々に任じられている[23]。しかし、次の端平年間からは連続的に知州兼船の事例がみられる様になる。そこで、端平年間より史料の関係上景定三年までの約三十年について、その実例をみてみよう。次に述べる知泉州と提挙市舶の人名は『乾隆泉州府志』巻二六の知州事の条、提挙市舶司の条が他の地志より詳しいので原則としてこれによった。〔表1　知泉州の提挙市舶兼任表（端平～景定三年）〕

端平年間（一二三四～六）では同書の知州事に李韻、葉宰、黄朴の名がみえる。このうち提挙市舶司の条には黄朴を除く二人に「知州兼権」とある。黄朴については『閩書』巻九三提挙市舶、ならびに『重纂福建通志』巻九〇の同

表1　知泉州の提挙市舶兼任表（端平～景定3年）

知　州	就任年	兼任	出　典
●李　韻	端平1年（1234）	兼	
●葉　宰	端平2年（1235）	兼	
●黄　朴	端平2年（1235）	兼	「重纂福建通志」90「閩書」93
●劉偉叔	嘉熙1年（1237）	兼	「閩中金石畧」10
趙汝騰	嘉熙1年（1237）	兼？	提挙市舶の条に人名なし、しかし「嘉熙年間任倶知州兼権」とあるので、兼任の可能性がある
●趙　涯	嘉熙3年（1239）	兼	「閩書」53
●王会龍	嘉熙4年（1240）	兼	
×顔頤仲	淳祐2年（1242）		呉文良『文物』1962—11「後村先生大全集」143
濮斗南	淳祐4年（1244）		
×劉克遜	淳祐5年（1245）	不兼	「後村先生大全集」153
●陳大猷	淳祐7年（1247）	兼	
●趙師耕	淳祐7年（1247）	兼	呉文良『文物』1962—11
韓　識	淳祐9年（1249）		
楊　瑾	淳祐12年（1252）		
汪応先	淳祐12年（1252		
●趙隆孫	淳祐12年（1252）	兼	「宝慶続会稽志」2
×謝　堊	宝祐2年（1254）	不兼	宋晞「宋泉州南安九日山石刻之研究」
呉　昺	宝祐6年（1258）		
●方蒙仲（澄孫）	宝祐6年（1258）	兼	呉文良『文物』1962—11「後村先生大全集」162
湯　挙	景定1年（1260）		
×呉　潔	景定2年（1261）	不兼	「後村先生大全集」68
●趙孟伝	景定3年（1262）	兼	「後村先生大全集」69

※　「乾隆泉州府志」二六の「知州」と「提挙市舶」の条から、知州の提挙市舶兼任について記述した表である

※　出典は、同書に記されている以外のものを記した。

※　●印は知州兼任、×印は兼任とは記されていないもの。

項に知州兼任とある。すると知州三人とも兼舶であったことがわかる。

嘉熙年間（一二三七〜四〇）では同書の知州事に劉偉叔、趙汝騰、趙涯、王会龍の四人があげられ、このうち提挙市舶司の条には趙汝騰を除く三人に「倶知州兼権」と記されている。劉偉叔の兼舶は『閩中金石略』巻一〇「万安祝放生石刻」にもみえ「嘉熙二年冬二月初四日……知泉州軍州事兼内勧農事権提挙福建市舶劉偉叔」とある。趙涯についても『閩書』巻五三文蒞志、長吏の趙涯に兼舶であることを記している。

次の淳祐年間（一二四五〜五三）には同書の知州事に顔頤仲（淳煕、「煕は祐の誤記」二年任）、濮斗南（四年任）、劉克遜（五年任）、陳大猷（七年六月任八月致仕）、趙師耕（七年任）、韓識（九年任）、楊瑾（十二年任）、汪応先（十二年任）の八人で、提挙市舶司には劉克遜、趙希楙、陳大猷（知州兼権）、趙師耕（知州兼権）、楊瑾、張理の六人がおり、二人は知州兼舶で、劉克遜と楊瑾は両方に名がある。さて劉克遜であるが、提舶寺丞、福建提舶兼泉州、閩舶と史料によって三種の云い方で記されている。祈風碑文には提舶寺丞とある。呉文良「泉州九日山摩崖石刻」（『文物』一九六二年一一期）に

太守弌郷顔頤仲禱回舶南風、遵彝典也、提舶寺丞劉克遜、倶禱焉重司存也……時淳祐癸卯孟夏己丑也……

とあり、淳祐三年四月に知州顔頤仲と共に祈風を行ったものである。ここにみえる提舶寺丞の丞とは一般に副官的なものを意味するというが、副官とすると長官がいることになるが、碑文には知州しか記されていない。したがって知州が長官的な存在であったとも考えられる。しかし顔頤仲の神道碑には知州とあり、兼舶とは記されていない（劉克荘『後村先生大全集』巻一四三）また劉克遜には兄の劉克荘が書いた墓誌銘がある。『後村先生大全集』巻一五三、工部弟、

除福建提舶兼泉州、擢知泉州……無競名克遜、以父任補承務郎、外歴海口鎮、沙県丞……潮州、閩舶、知泉州……

泣琛台以清禁官吏強買、明論賈胡、以寛征意、風檣鱗集、舶計驟増。

とあるのがこれである。ここには提舶兼泉州とある。すると祈風碑文の提舶寺丞と提舶兼泉州は同内容のものとなる。しかしこの時には知州顔頤仲がいるので彼は知州の補佐的な存在だったのであろう。また墓誌銘には閩舶とも記されている。この様に三種の記述があり、その内容も厳密に考えると異なってくるのであるが、当時知州兼舶が続き、提挙市舶という職官がはっきりしなくなっていたのではないかとの疑問をいだく。いずれにせよ、彼が在任中に官吏の強買を禁じ、蕃商の来航に努め、税を寛めたため船が集まり、舶計が急増しているのである。彼はこの功により知泉州に抜擢されているが、兼舶とは記されていない。

さて劉克遜の次の知州は陳大猷、趙師耕で、両者とも兼舶であり、趙師耕は呉文良前掲論文の祈風碑文中にも兼舶とある。

淳祐丁未仲冬二十有二日、古汴趙師耕以郡兼舶、祈風遂遊。

とあることはこれを示す。提挙市舶の韓識、楊瑾、汪應先については関係史料がないため明らかに出来ない。

次の宝祐年間（一二五三〜八）になると、同書の提挙市舶司の条には、これ以後人名の記述はないので知州だけになる。同書の知州事には趙隆孫、謝堲、呉昺がおり、趙隆孫は『宝慶続会稽志』巻二常平倉に、

趙隆孫……宝祐二年五月除直秘閣知泉州兼提挙市舶、

とあって、常平倉から知泉州兼舶となっている。次の謝堲は祈風碑文にその名がある。宋晞「宋泉州南安九日山石刻之研究」(24)（『宋史研究論集』一九五五年所収）に、「宝祐丁巳仲冬下澣、郡守天台謝堲元道口祈風于昭恵廟……」と碑文は続いているが、宝祐五年郡守謝堲は多くの参列者と共に祈風を行っている。これらの参列者をみると、通判、知県、市舶司に所属する権舶幹、監舶等がいるが、肝心の提挙市舶の名はない。この時には既に提挙市舶は任じられてお

ず、知州謝堇が実質上の兼舶であったとも考えられる。次に『同書』の知州事には欠けているが、宝祐六年には知州方蒙仲（名は澄孫）がおり、兼舶であったことが祈風碑文にある。呉文良の前掲論文には

宝祐戊午四月辛卯、莆陽方澄孫、被旨摂郡兼舶、越十有八日戊申、祈風于延福寺、

とあり方澄孫は宝祐六年（一二五八）四月十二日に知州兼舶に任じられ、早速十八日後には祈風を行っていることから、知州にとり祈風は大きな任務の一つであったことがわかる。また彼には墓誌銘があり、劉克荘前掲文集巻一六二「方秘書蒙仲」に

蒙仲、名澄孫、以字行、倅南劒州改泉州摂郡兼舶……

とやはり知州兼舶になっている。以上のことから、宝祐年間は知州兼舶であったと考えてよい。

景定年間（一二五九～六四）には知州に湯挙（元年任）、呉潔（二年任）、趙孟傳（三年任）と三人いる。呉潔については特別に兼舶でなく、知州のみに任ずるという外制が劉克荘前掲文集巻六二にある。

呉潔知泉州

温陵為閩巨屛、旧称富州、近歳梢趨凋敝、或謂非兼舶不可為、朕猶記臣徳秀出牧者、再未嘗兼舶、而郡何嘗不可為哉。

近年泉州は衰退しており、兼舶にしなければいけないというが、かって知州真徳秀は兼舶ではなかったとして、呉潔を知州だけに任じている。当時知州兼舶が通例であったことが、このことから明らかになる。ここで真徳秀を範としているが、既に貿易は不振状態である。景定中は真徳秀の時期以上に後退していることが窺える。

しかし翌年の景定三年には趙孟傳が知州兼舶となっている。劉克荘前掲文集巻六九の外制「趙孟傳依旧秘閣修撰除提挙福建市舶兼知泉州」と題して

互市置使、非宝遠物也、所以来遠人也……幸登于岸、重征焉、強買焉……商賈失業、民夷胥怨……

とあり、知州だけというのは不都合であったのであろう。旧例により兼舶とし、その任務は強買、重税を禁じ、貿易を盛況にすることにあるという。この二人の外制をみるに、一方では知州、他方では知州兼舶であるが、両者とも貿易促進の任に変りなく、政府もそれを期待していたことがわかる。

これ以後、同書に六人の名をみるが、兼舶かどうかについては関係記述が少なく明らかに出来ない。また宋末に提挙市舶として文集等に王茂悦と蒲壽庚がいる。知州兼舶についてははっきりしないので、ここでは一応景定三年までにとどめておく。

ここで景定三年までの兼舶について一つ付け加えておきたいことは、蒲壽庚の福建提挙市舶としての在任期間である。従来の研究では蒲壽庚は淳祐六年（一二四六）頃から景炎元年（一二七六）に至る三十年間その任にあり、泉州貿易の実権を把握した人物とされている（桑原隲蔵、前掲書一五～一八四頁）。これに対して、羅香林氏は前引の祈風碑文（宝祐六年）の知州兼舶から就任年次を下げながらも、景定元年（一二六〇）には任についたとしている。[25] しかしこれまで述べてきた如く、端平年間から景定三年（一二六二）までは連続的に知州兼舶であり、その間の淳祐年間以降蒲寿庚が提挙市舶として任につくことはなかったと考える。私は蒲寿庚の就任年次は諸々の地志が記す如く咸淳末年頃で、その期間も二、三年位であったと考えているが、その詳細については稿を改めて考察してみたい。

さて、端平元年から景定三年に至る約三十年間の知州兼舶についてみてきたが、この期間中、専任の提挙市舶就任という積極的な記述は、多少問題はあるが、劉克遜を除いてみあたらない。知州の方も、兼舶でない者もいるが、劉克遜を除くと、呉潔は特例の知州であり、謝
塈、顔頤仲も、兼舶的な存在であった可能性は強い。したがって、この三十年間は原則として知州兼舶であったといえる。するとこの知州兼舶という官制の変化は、泉州の貿易史上どの様

に考えたらよいのであろうか。両浙市舶司の廃止については前述したが、当然提挙官も罷めている。両浙の市舶司は廃止されたが、小規模な五つの市舶務を置き、知州、通判、知県がこれらの実務にあたり、転運司が提督している（『宋会要』職官四四市舶乾道二年六月三日）。しかし五つの務があったとはいえ、実際に海船の来航があったのは明州だけだったらしい。[26] 泉州の場合も、知州が兼船しているということは、両浙と同じく、官を置く程貿易は盛況ではなく、船税が四〜五万貫と減少した直後から知州兼船が行われていることは、やはり人件費節約のためでもあり、貿易衰退の一処置であったといえる。

両浙と泉州がこの様な状態であったが、広東は少しく異なっている。『嘉靖広東通志』巻九をみると、広東提挙市舶に就任した人名と就任年月とが、景定四年（一二六三）十月まで連続的に克明に記されており、知州兼船はみられない。また、文集等をみても、兼船の記述は殆どないことから、広東では宋末の景定四年頃までは、泉州の様な官制の変化はなかったのではないかと思われる。すると、広東では宋末まで、可成り活発な貿易活動が行われていたことになる。その二三の例をあげてみると、景定四年（一二六三）十月に就任した陳煒は、貿易の余剰金二万貫で抵当庫を作り、貿易の便を計っており（劉克荘『後村先生大全集』巻一五五「陳光仲常卿」）、また、景定三年四月任の卓夢卿の外制があり、彼は提挙市舶として任じられているが、広東貿易の衰退の記述はみえない（同書巻六四、「卓夢卿直章閣広南市舶」）。淳祐九年（一二四九）九月任の葉彦昞も、貿易上の不正を改め、老胡から感謝されている（同書巻一六三、「葉寺丞」）こと等を合わせ考えると、広東は南宋中期から宋末にかけて衰微し、泉州が広東に代って盛んになったとする[27]一般的見解には俄かに賛成しがたい。むしろ、中期以降、両浙・泉州ともに貿易が不振状態に陥っているので商人達は広東に集まり、広東が宋末まで唐代以来の伝統的な貿易港の地位を保っていたと考えるべきであり、再検討する必要があるのではないだろうか。

四、宗室への銭米支給

最後に、なぜ泉州貿易は中期以降その活動が停滞したかについて考えてみたい。その原因について、市舶関係の史料から明らかにすることは、記述が少ないこともあって困難である。そこで、泉州の財政問題をとりあげ、この面から検討を加えてみる。なぜなら、泉州は中期以降泉州に在住する南外宗室に対して過重な銭米支給を強いられており、そのために州財政が破綻状態に陥っているからである。しかも、広東には宗室が在住していなかったため、宗室への銭米支給は広東にはなく、泉州に課せられていることに留意する時、この州の財政緊迫が貿易活動にも何らかの影響を及ぼしたものと考えられる。泉州の銭米支給については諸戸立雄氏の研究(28)がある。氏が看見されなかった葉適の『水心文集』等もあるので、ここではこれも含めて、中期以降の嘉泰、紹定年間を中心にして財政状況と貿易との関係を検討してみる。なお南宋初期の問題については別に稿を改めたい。

泉州の南外宗室への銭米支給額は、淳熙年間を境にしてほぼ二分される。前期はその支給額の大部分が朝廷と転運司によって支給されているため、泉州の負担は少なかった。後期は逆に泉州の負担が多くなっている（真徳秀前掲文集巻一五）。

前期についてふれておくと、南外宗室が泉州に移住した当初は、朝廷が生活費を支給しており、紹興元年に宗室三四九人(29)に歳費銭六万貫が支給されている（『要録』巻四七紹興元年九月壬子）。続いて、紹興三年にも朝廷は度牒二百五十道、（当時一道二百貫）約五万貫を支給しており、転運司もいくらか支給している（『宋会要』職官二一紹興三年五月十二日）。したがってこの時期には泉州の負担はなかったと思われる。淳熙年間になると、朝廷は度牒八十道（一道八百貫）＝六万四千貫、転運司は五万八千三百貫（銭四万八千三百貫と米一万貫）を支給しており、泉州は転運司と同額程度支給していたものと思われるが、その額は泉州にとってあまり負担にはならなかった（真徳秀前掲文集巻一五）。

しかし、後期の淳熙年間以後になると、泉州の支給額が急増している。嘉泰二年（一二〇二）に知泉州になった葉適は、州財政の衰退原因の第一は南外宗室の請受銭にあるとして、詳細な数字をあげてその実状を述べている。葉適『水心文集』巻一「上寧宗皇帝劄子　嘉泰三年」の劄子三に次の様にある。

臣切以泉南素有楽郡之名……恨望楽郡之名、自此不可復得矣。臣仔細考究……其一南外宗子等請受銭準元降指揮、転運司与本州各応副一半、今照嘉泰二年計支一十三万余貫、而転運司自淳熙十五年止応副四万八千餘貫又増撥漳州有名無実者、其実毎年只取惟二万一千余貫而已。其米価銭転運司合撥一万五千貫、近年只応副一半、三項截日計虧少、本州銭四十二万三千余貫。……睿旨転運司須管照元降指揮今後毎歳応副本州一半、宗子米価等銭並令支実価。……

南外宗室の費用は本来転運司と州で折半すべきであるが、州は嘉泰二年（一二〇二）に十三万余貫も支給し、転運司は淳熙十五年（一一八八）より四万八千貫に止まり、漳州の増発分も有名無実で、実質は二万一千余貫で、米も従来の一万五千貫の半分、七千五百貫しかない。その上この三項（四万八千貫、二万一千貫、七千五百貫）とも減少の一途をたどっている。このため州は泉州銭四十二万三千餘貫を支出したというのである。ここには四十二万三千貫という数字の内容が記されていないが、転運司の不足分を州が淳熙十五年頃より嘉泰二年まで負担した額ではないかと考えられる。つまり嘉泰二年の南外宗室の費用は、州の十三万貫と転運司の七万六千五百貫を合わせると、二十万六千五百貫となる。これを半額負担にすると、十万三千貫となる。しかし転運司は七万六千貫であるから、約三万貫の不足となる。この不足分は淳熙十五年（一一八八）から嘉泰二年（一二〇二）まで約十四年続いたとすると、四十二万貫となり、本文中の本州銭四十二万三千貫の数字とほぼ一致する。したがって泉州はすでに淳熙十五年より転運司の不足分を負担してきたことになる。泉州は十三万貫に対して、転運司は七万六千餘貫であり、泉州の約半分である。この不合理さを葉適は朝廷に訴えたわけである。しかし当時の転運司の権限は弱く、転運司への期待は薄い。それにしても、泉州の十三万貫は、嘉定年間の舶税十餘万貫を上回るものであり、可成りの負担であったに違いない。ここで問題なのは、朝廷が淳熙年間まで六万四千貫を支給していたのに、右の記述には朝廷の支給についてなにも記されていないことである。しかし葉適がふれていないところをみると、この時期には朝廷の支給は無かったものと考えられる。(30) このために泉州負担が多くなったのであろう。また負担額の増加は南外宗室の人口増加にもよる。嘉泰年間には一八二〇人にもなっており、宗室一人の平均支給額を計算すると月に九・四貫となり、移住当初の月十四貫よりは少なくなってはいるが、泉州の十三万貫は宗室千五百人の生活費を支給したことになる。〔表2　南外宗室への支給分担額〕参照。

次に三十年後の紹定年間の状況を真徳秀前掲文集巻一五からみてみよう。知州真徳秀も葉適と同じく、「蠹耗之甚、則惟宗子銭米事而已」とし、州財政の緊迫は専ら宗子銭米にあるとして当時の実状を述べている。

朝廷両項度牒亦不復給、而止撥提舶司銭二万二千四百余貫……又漕司所撥四万八千三百余貫、其実催到者、三万二千余貫……毎歳支一十四万五千余貫、而漕舶両司所給之銭僅五万四千四百貫、而本州出備者九万六百貫也。以米言之、毎歳支二万二百余碩、以中価計之、毎碩為銭三貫文、計銭六万六百余貫、運司所撥興化軍通判庁幾僅七千五百貫、而本州自備者、五万三千一百貫也、合銭米計之凡出備一十四万三千七百余貫……故曰淳熙以後、至今日朝廷運司応贍之数少、而本州出備者多也。

ここには、南外宗室への支給額を朝廷・運司・泉州に分けて詳細な数字を掲げて記している。これによると朝廷は従

表２　南外宗室への支給分担額

	紹興１年９月19日（1131）	紹興３年５月12日（1133）	淳熙12～15年（1185～88）	嘉泰２年（1202）	紹定５～６年（1232～33）	紹定６年？
泉州			（58300）貫 ＊＊	130000貫	143700貫 {銭 90600 米 53100	
朝廷	60000貫	度牒250道（50000貫）＊	64000（度牒80道）{銭 40000（度牒50道） 米 24000（度牒30道）		22400貫（提舶司銭）	80000貫（度牒100道）（臨時）
転運司		20000貫	58300貫 {銭 48300 米 10000	76500貫 {銭 48000 21000 米 10000	39500貫 {銭 32000 米 7500	
合計	60000貫		（180600）貫	206500貫	205600貫	
出典	『要録』49	『宋会要』20	『真文忠公文集』15	『水心文集』1	『真文忠公文集』15	左同
南外宗室人数	349人			1820人	2314人	
宗室１人当りの支給額	年172貫　月14貫			年113.4貫　月9.4貫	年88.8貫　月7.4貫	

＊　１道200貫として計算。
＊＊　転運司と泉州とは同額負担（折半）と史料にあるので転運司と同額にした。

来の度牒八十道＝六万四〇〇〇貫をやめて、提舶司銭二万二四〇〇貫とし、転運司は三万九五〇〇貫（米七五〇〇貫、銭二万二千余貫）を支給している。これに対して、泉州は一四万三七〇〇貫（米五万三一〇〇貫、銭九万六〇〇貫）を支給する様になったとある。前引の嘉泰年間の転運司の負担額と比べると、紹定年間は半額に減じているし、朝廷も淳熙年間と比べると、三分の一に減じている。今、右の朝廷、転運司、泉州の総計二〇万五六〇〇貫を各々の比率でみると、朝廷が二万二四〇〇貫で約一割、転運司が三万九千余貫で二割、泉州は一四万三〇〇〇貫で、実に七割も占めている。この朝廷の提船司銭二万二四〇〇貫が泉州貿易の収益の一部であるとすると、南外宗室への支給額の八割が、泉州の財政収益でまかなっていることになる。そもそも泉州は地理的に三方山に囲まれ、耕地面積も少なく、州財政は公私共に海外貿易によるとされているが、貿易が不振である状態で、州のどの様な財源から年に十四万貫をも捻出できたか問題である。(31)

一方、南外宗室の人数は増え続け、紹定年間には二三一四人にもなっている。右の総額二〇万五六〇〇貫から一人平均額を割り出すと、年に八十八・八貫、月に七・四貫と嘉泰年間の月九・四貫と比べると少なくなってはいるものの、月に七・四貫は衣川強氏の研究(32)によると、正九品（八貫）～従九品（七貫）の官吏の俸給に相当する。泉州は七割を負担しているので、一六二〇人分である。たとえ官吏の官品は最下位であっても、一六〇〇余人も養うことは、州財政にとって相当な負担であったことはいうまでもない。ただ紹定の一四万貫と嘉泰の一三万貫と比べると、あまり増加していない。しかし一四万貫という額は泉州にとって、もはやこれ以上負担出来ない限界であったのではなかろうか。なお真徳秀の記述は更に続き、彼は宗室による州財政の荒廃ぶりを述べ、朝廷より度牒百道＝八万貫を支給させることに成功している。これは知州の功績でもあろう。ただこの八万貫は一時的な支給であろう。翌年の端平元年には次の様な詔が出ている。『宋史』巻四一端平元年四月丁丑（九日）の条に、

詔比年宗親貪饕、或致失所甚、非国家睦族之意、大宗正司、南外西外宗司、其申厳州郡以時贍給、違者有刑、

とあり、朝廷は州郡に宗室の費用を厳しく取り立てている。

なお南外宗正司とならぶ西外宗正司は、同じ福建省の福州に置かれていたが、宗室の人数も泉州の半分位(33)であったと思われ、その支給額も少なかったのであろう。真徳秀は知泉州再任後、知福州になっているが、彼の文集には福州

における西外宗室への支給については何ら記されていない。このことは福州の西外宗室に対する支給負担が、泉州ほど過重なものではなかったことを示すものではなかろうか。

以上、嘉定、紹定年間を中心に、宗室への銭米支給についてみてきた。結局、泉州は嘉泰年間以降、紹定年間に至る三十年間は、毎年一三〜四万貫もの銭米支給をしてきたことになる。この状態は宋末まで続いたものと見られる。この様に泉州の負担が過重になったのは、朝廷や転運司の支給が極端に減少したことと、南外宗室が急速に増えたことによる。泉州にとってみれば、たまたま南外宗正司が泉州に設置されたが故に、その支給を強いられる結果になったものといえる。この宗室の問題は、泉州に限らず、国家財政にとっても深刻であり、朱熹『朱子語類』巻一一一財に「宗室俸給、一年多一年、駸駸四五十年後、何以当之」と記されている通りである。泉州はこの宗室への銭米支給の直接の被害を被ったものといえる。

おわりに

泉州は南宋中期以降、毎年一三〜四万貫の南外宗室への銭米支給を強いられてきた。この銭米支給が州財政を圧迫し、州の発展を阻害したことは、歴代の知泉州が「蠹耗之甚、則惟宗子銭米事而已」と述べているが如きである。この様な州財政の影響を強く受けたのは州財政と表裏一体をなす泉州貿易であったと考えられる。嘉泰・紹定年間にみられる宗室による州財政の緊迫とほぼ時を同じくして、泉州貿易の活動は停滞しており、重税による泉州商人の破蕩と広東への移動は紹定年間の舶税を半減させ、紹定年間以後は専任の提挙市舶すら任命することなく、知州兼任という事態が続くのである。この様に宗室による州財政の貧困と貿易不振との間には、密接な関係があったことが明白である。

一方、泉州とならぶ広東には宗室への銭米支給がなかったからであろうか、宋末の景定四年まで専任の広東提挙市舶を任命しており、かつ商人達の活動もみられることから、南宋初期の紹興・乾道年間の如き貿易の繁栄はみられないにしても、泉州よりは貿易活動が活発であったことが窺われる。

元代になると、支配体制も変り、世祖の積極的な海外貿易政策によって、泉州は再び盛況となり、泉州を訪れたマルコ・ポーロをして、世界的な貿易港と賞讃させる程に発展していく。その一つの原因として、泉州にはもはや宗室による財政負担がなかったことが、再び泉州を発展させることにもなったのではないだろうか。

註

（1）陳裕菁『蒲壽庚考』（中華書局、北京、一九五九年）は桑原隲蔵『蒲壽庚の事蹟』を漢訳したもので、陳氏は註で（三五〜六頁）中期以降の泉州貿易の不振の史料を二、三紹介しているが論じられてはいない。

（2）『乾隆泉州府志』巻二六知州事に「真徳秀（嘉定）十年任十二年改知隆興府」と「（紹定）五年再任六年除福建安撫使」とある。なお再任の時期は『宋史』巻四一本紀の紹定五年八月乙卯（七日）「起真徳秀為徽猷閣待制知泉州」、六年十月庚寅（十九日）「以顕謨閣待制知福州真徳秀兼福建安撫」とあり、紹定五年八月七日に知泉州となり、六年十月十九日に知福州に転出するまで、その任にあった。

（3）拙稿「北宋末の市舶制度――宰相蔡京をめぐって――」（『史艸』二号、一九六一年）の表二参照。

（4）『宋史全文』巻二三、紹興二十九年九月壬午の条には三百万緡とある。

（5）張闡は『要録』の紹興二十七年八月十四日に両浙路提挙市舶に就任し（巻一七七）、二十九年八月一日に御史台検法官に転出している（巻一八三）。なお周必大『周益文忠公集』巻六一に彼の神道碑があり、二十五〜二十七年までその任にあったとあるが、『要録』の記述が詳しいのでこれにしたがう。

(6) 『建炎以来朝野雑記』甲集巻一五、市舶司本息には建炎元年が二年とある。

(7) 『要録』巻一〇四、紹興六年八月戊午の条。

(8) 蒲亜里については『宋会要』職官四四市舶の紹興元年十一月二十六日、七年閏十月三日。同書番夷四―九三紹興四年七月六日。汪應辰『文定集』巻二三、王公（師心）墓誌銘。『要録』巻一一六紹興七年閏十月辛酉。同巻一三六紹興十年閏六月癸酉の条等にみられる。これらの記述から大食の蒲亜里は、紹興元年に広東市舶司に象牙二百九株、大犀三十五株を持参し、政府は市舶本銭五万貫を用意した。この功により授官。四年帰国の途中、海賊に金銀を奪われ、官吏が監督不十分であったとして罰せられている。七年官吏の娘と結婚。政府より蕃物を運ぶため帰国を勧告。十年広東提挙茶塩権市舶の晁公邁は、彼に不当行為をしたために免官。この様に蒲亜里は十年以上も中国に滞在し、政府の保護を受けている。当時はこの様な蕃商達が多く在住していたと思われる。本書第四章第一節「南宋来航のアラブ人蒲亜里の活躍」参照。

(9) 曾我部静雄『宋代財政史』（生活社、一九四一年初版、一九六六年再版、中国学術研究双書一）三八～三九頁参照。『山堂考索続集』巻四五財用門参照。

(10) 林天蔚『宋代香薬貿易史稿』（香港中国学社、一九六〇年）一七四～二一六頁。占城は張祥義「南宋時代の市舶司貿易に関する一考察――占城国の宋朝への朝貢を通して見た――」（『青山博士古稀紀念宋代史論叢』省心書房、一九七四年）。三仏斉は内田（白石）晶子「三仏斉の宋に対する朝貢関係について」（『お茶の水史学』七、一九六七年）。大食は渡辺宏「宋代の大食国朝貢」（『白山史学』一三、一九六七年）。

(11) 十二～三世紀の東南アジア諸国の興亡と中国との交渉については、和田久徳氏の研究に詳しい。「東南アジアの社会と国家の変貌」（『岩波講座世界歴史』一三、一九七一年、所収）「東南アジア国家の成立」（前掲講座三、一九七〇年、所収）参照。

(12) 『宋会要』蕃夷四占城乾道三年十一月二十八日、四年三月四日、九日の条。

(13) 前掲書　乾道七年。淳熙四年五月、慶元己未の条。

(14) セデス『インドシナ文明史』（辛島昇、内田晶子、桜井由躬雄訳　みすず書房、一九六九年）一四五～一六二頁。

(15) 中国商人の活躍については、和田久徳「東南アジアにおける初期華僑社会（九六〇―一二七九）」（『東洋学報』四二―一、一九五九年六月）。斯波義信「商人資本の形成――宋代における福建商人の活動とその社会経済的背景――」（『宋代商業史研究』風間書房、一九六八年所収）。張祥義前掲論文参照。

(16) 劉克荘『後村先生大全集』巻八三にこの玉牒初草がある。

(17) 『乾隆泉州府志』巻二六提挙市舶司の条には、曹格から趙不熄の間に六人の提挙市舶の人名が記されている。曹格、趙汝讜、敦晞宗、（以上嘉泰）趙盛、趙亮夫、（開禧）朱輔、王枢、趙不熄とあり、黜降官の条に記されている人名の名はない。すると、この時期中、提挙市舶の任免が多く行われていたことになる。

(18) 真徳秀は嘉定十一年と紹定五年に泉州の海寇を平定している。『重纂福建通志』巻二六六。紹定中は、真徳秀前掲文集巻一五「申左翼軍正将具旺乞推賞」以下、三点の詳細な記述がある。しかし海寇を平定しているわりには、舶税の効果はない。

(19) 広東市舶司から舶税は入るが、南外宗室の費用には広東の分は含まれていないと思われる。転運司も支給しているが、他路からの税ではなく、福建路の分を充てている（真徳秀前掲文集巻一五）。

(20) 『宋会要』職官四四、市舶、建炎元年六月十四日。

(21) 前掲書紹興二年十月四日と十二年十二月十八日の条に、紹興二～十二年まで茶事司の兼領とあるが、前述の「舶税の減少」でも例をあげた如く、提挙市舶がおり、兼任の記述はないので、茶事司が実際に行っていたか疑問である。ただ『閩中金石略』巻八の十五に「提挙福建路茶事常平等事兼市舶趙奇……紹興丁巳（七年）十月甲申」と兼任の例がある。

(22) 葉庭珪が紹興十八～二十一年まで兼任、和田久徳「南蕃香録と諸蕃志との関係」（お茶の水女子大学『人文科学紀要』第一五巻、一九六二年）ほかに前引の嘉定十年以前の趙崇度の条。

(23) 『乾隆泉州府志』巻二六、『宋会要』職官七四―五（前述）にも嘉定中の兼任はみられない。宝慶中は趙汝适がおり、彼は宝慶元年に『諸蕃志』を著わし、序に「朝散大夫提挙福建路市舶趙汝适」とあり、兼任ではない。紹定中も真徳秀がおり、知州である。ただ前掲府志巻二六の知州事に孫夢観がいる。彼の墓誌銘には「知泉州兼提挙市舶事」（呉潜『履斎先生遺集』三の十三）とある。しかし『重纂福建通志』巻九〇には淳祐中に彼の名があり知州兼舶とある。就任年次が紹定と淳祐とはっきりしないため表1には彼の名を入れなかった。

(24) 呉文良前掲論文には「宝祐丁巳仲冬下浣、郡守天台真□□」とあり、謝堇とは記されていない。そのためこの個所は宋晞氏の研究によった。氏は一九四九年に現地調査を行っており、呉文良氏の解読と異っている個所もいくつかある。宋晞「呉文良「泉州九日山摩崖石刻」読後」（『史学彙刊』創刊号、中国文化学院史学研究所、台北、一九六八年）。

(25) 羅香林『蒲壽庚研究』（中国学社、香港、一九五九年）三九―四一頁。周密『癸辛雑識』別集、林喬の条の蒲八官人を蒲壽庚ではないかとし、この時期が景定元年～咸淳五年までのものであるので、景定元年には任についたとしている。しかしこの時期には舶使王茂悦がいるので、咸淳五年以前には、蒲壽庚はその任にいなかったと考える。

(26) 『宋会要』職官四四市舶　乾道二年六月三日、三年四月三日の条。

(27) 成田節男「宋元時代の泉州の発達と広東の衰微」『歴史学研究』六の七、一九三六年七月。

(28) 「宋代の宗室に関する二、三の問題――特に両外宗室を中心として」『秋田大学学芸部研究紀要社会科学』第七輯、一九五七年三月。

(29) 南外宗室の人数は以下の通りである。

年代	人数	出典
建炎三年一二月二〇日（一一二九）	三四〇余人	『要録』三〇
紹興元年九月一九日（一一三一）	三三九人（宗子　一二二人、宗女　一二六人、宗婦　七八人、生母　一三人）	『宋会要』職官　二〇の三七
	三四九人 *	『要録』四七
慶元中（一一九五～一二〇〇）	一七四〇人（在院　一三〇〇人、外居　四四〇人）	真徳秀　前掲文集　巻一五

嘉泰中（一二〇一～四）	一八二〇人	『万暦泉州府志』二六
紹定中（一二二八～一二三三）	二三一四人 在院　一四二七人 外居　八八七人	真徳秀　前掲文集　巻一五

＊『宋会要』と『要録』では十人の差がある。『要録』に支給額が出ているので、これによった。

(30) 劉克荘『後村先生大全集』巻一〇〇に「泉州歳賜宗室度牒」と題して「先朝歳賜祠以助廩、稍後不復賜顓責之……臣愚謹上其事尚書請復歳賜……歳賜百牒……」とあり真徳秀の上奏により度牒百道を賜ったことを記したものであるが、ここで「稍後不復賜」とあるので、嘉泰中には度牒の支給はなかったものと考えられる。

(31) 真徳秀前掲文集巻五〇　祈風文に「泉為州所恃、以足公私之用者番舶也」とある。

(32) 衣川強「宋代の俸給について――文臣官僚を中心として――」『東方学報』第四一、京都、一九七〇年四月）

(33) 『要録』巻四七、紹興元年九月壬子「南外三百四十九人……西外一百七十六人」とあり南外宗室の約半数が西外宗室である。これ以後の人数の記述はないが、多分泉州の半数位の状態が続いたものと思われる。

第三章　占城（チャンパ）の朝貢

第一節　南宋期、最初の宮殿での占城（チャンパ）の朝貢

——泉州出発、都での儀礼、帰路につくまで——

はじめに

宋代は、海に開かれた時代であるといえる。歴代の王朝の中でも、いささかの制限はあるものの、各国との交流が朝貢も含めて、外国商人のみならず中国商人たちも自由に往来ができた時代である。特に北方民族の台頭により北半分を占領された南宋期では、海外貿易に力をいれた。このころ、紹興二十五年（一一五五）に、占城（チャンパ。中、南部ヴェトナム地域）の朝貢があった。中国では、それを受け入れ、都（杭州、臨安）で、皇帝が謁見するという正式な朝貢儀礼を行った。これは大きな出来事で都での朝貢は、南宋になって東南アジア諸国では始めてのことであったと思われる。南宋になって朝貢のために闕（宮殿）に至ったという記述は、紹興六年七月大理蒲甘国、紹興七年三仏斉などにみえるが、どの様なものであったか詳しく記されてない。というのは『宋会要』職官三五、四方館（『宋会要』四方館と略す）の記述によると、南宋になってはじめての紹興二十五年の占城朝貢のために儀礼、条例の作成を急いでいるなどとあるからである。これまでは、都も定まらず（紹興八年に杭州に定める）、朝貢は「闕（宮廷）に来ることを免除する」といって進奉使たちは、闕に行かず、国境や市舶司などで簡単に行なわれていた。やっとこの時期になって、朝貢を闕で受け入れる体制が出来上がったと考えられるからである。

なぜ小国の占城が最初だったのであろうか。一般に東南アジア諸国の代表は交趾（明、清代も同じ）であり、他国は交趾に見習うのが通常である。その交趾はたびたび朝貢に来ている。紹興二十四年にも朝貢に来ているが、入見した形跡はみられない[1]。占城の朝貢の後、紹興二十六年に朝貢にきた交趾には、中国では占城を意識してか優遇処置がとられている。占城が最初に選ばれた理由は明らかにできないが、たまたまであろう。当時泉州には、占城だけでなく、真臘、三仏斉等が待機していた。その中で占城はかなり運動したのであろう。『建炎以来繋年要録』（以下『要録』と略す）巻一六九、紹興二十五年八月己丑（十四日）では、占城は馴象を献上しようとするが、真臘が進献するというので重複を避けていること、同月丙申（二十一日）では、占城は宰臣らに贈物を献上しようとするが、皇帝は前例にしてはならないということで退けている。それを指示したのは毎年占城を往復していた、そしてこの朝貢を企画した商人陳惟安であったのであろう。

第三章では、このようなことも踏まえて占城の紹興二十五年、乾道三年の朝貢を中心に占城の王たちの動向なども含めて取り上げてみたい。資料は今まであまり知られてない『中興礼書』を解読することによってその中に記されている詳細な一連の朝貢の流れを見てみる。

占城の朝貢に関する先行論文については[2]、和田久徳氏が『中興礼書』の占城の朝貢を紹介し、張祥義氏は朝貢の回数などを調べ、重松良昭氏は朝貢の回数をはじめとしてこれまでの研究を整理して占城の朝貢の実態を解明した。黄純艶氏は中国、交趾、占城との朝貢関係を論じ（二〇〇八）、続いて同氏による宋代のすべての朝貢国の事例から朝貢の全体像を追求しようとした研究（二〇一四）がある。一方、占城について、最近ヨーロッパで基礎的な研究が進められている。Walter が Maspero, Georges の "Le Royaume de Champa" 一九二八（再版）の英訳（二〇〇二）を行い、更に Golzio, Karl-Heinz はこれまでのチャンパの碑文を新しく調査、整理し修正を行い、サンスクリット語を英訳していること等である（後述）。占城のミーソン遺跡が世界遺産に一九九九年に登録されてから、遺跡の修復や碑文の調査、解読などの研究が各国共同で進められ日本でも研究が進められている。

本稿では、これらの研究を基礎にして、『中興礼書』を基礎にしながら占城の朝貢を受け入れた中国、そして朝貢を出した占城の王、それを援助した中国商人らとの関係などを考慮しながら検討していきたい。以下、第一節では、占城の朝貢使たちが泉州を出発して都に入り、皇帝に謁見して朝貢儀礼を終えて帰路につくまでの一連の朝貢行程を記す。第二節は、占城の朝貢品と朝廷からの回賜、礼物を取り上げる。第三節では、乾道三年の朝貢では占城の大食国への海賊行為が発覚し、占城の朝貢を中止させられた事件の背景を探る。第四節では、乾道年間ごろ朝貢品一割に対して回賜を授け、残り九割は政府の買い取りとなったことを述べる。

一、『中興礼書』の「占城」の記述とその特色について

はじめに、本稿の資料の中心となる『中興礼書』巻二二七賓礼の占城（以下、『中興礼書』占城と略す）について少し述べておきたい。『中興礼書』はこれまで所在が分からなかった書で、『宋会要』などに引用されていた。占城の朝貢には、『宋会要』蕃夷四占城（『宋会要』占城と略す）に、『中興礼書』を引用しているのは、紹興二十五年十一月二十八日の条の割註と、乾道六月八日の条の割註の二ヵ所である。そこには他の資料にはない朝貢の記述があった。近年になって『中興礼書』が『続修四庫全書』に所収されていると知り[3]（後述）、早速、関係のある『中興礼書』巻二二七賓礼の目次を見ると、東南アジア関係の交趾、三仏斉などに続いて占城があった。そしてそれらの国々の箇所を開くと驚くことに占城以外はすべて欠本であった。そこで、占城の項目を開くとその記述は、前述した『宋会要』蕃夷

四占城にある紹興二十五年十一月二十八日の条の割註と乾道六月八日の条の割註の二ヵ所に記されている『中興礼書』の引用のものと、同じであった。つまり『続修四庫全書』（八二三）所収の『中興礼書』巻二二七賓礼にある占城の記述は、『宋会要』占城引用の『中興礼書』と一致しているということである。字の間違いとか改行などの違いがあるものの、ほぼ同じである。ただ『宋会要』引用の『中興礼書』の方が誤字が少ない。そのため本稿では『宋会要』の方を採用した。新しい記述がないためこれまでの研究そのものには影響はなかったが、『中興礼書』賓礼によって朝貢全体像がわかる。かつては、東南アジアの多くの国々が記載されていたこと、そしてそれらが残っていれば東南アジア諸国朝貢の詳細がわかり、占城との比較も可能であったのにと惜まれるが、占城だけでも残存していることは貴重であり、それだけに占城の記述を深く掘り下げて見ていく義務と資料的な価値を見ていかなければならない。ちなみに、『宋会要』、『中興礼書』はともに清代の徐松が『永楽大典』から密かに抽出したもので、それ故に両者が現在残存しているのである。

さて、『中興礼書』とはどのような書なのであろうか。本論に入る前に少しく述べておきたい。本書は淳熙十二（一一八八）年に史弥大の上言により太常寺が内禅、慶寿などの礼を編した八百余巻の書である。この書ははじめ欧陽脩が、嘉祐年間に礼の類を編した書が散佚したため、まとめて『太常因革礼』を編した。その後、紹興年間には『続因革礼』が編纂された。以後、それに次ぐものとして本書『中興礼書』がつくられ一朝の大典として皇帝よりその名を賜った（『朝野雑記』甲集巻四「中興礼書」ならびに『玉海』巻六九礼儀「淳熙中興礼書、嘉定続中興礼書」、『宋史』巻九八礼一などを参照）。巻数については『玉海』では三百巻、『宋史』巻二〇四芸文志三に「中興礼書　二巻、淳熙中礼部太常寺編」とするが、二巻は間違い。その後、この書は大部分が散逸し、清代の『四庫全書総目』によると、『中興礼書』は散佚し、『永楽大典』にも完本がなく、わずかに一部が残存しているとある。石田幹之助氏によると徐松氏は……『永楽大典』を自由に利用し得た地位を善用して元の「河南志」、宋の「中興礼書」及び「宋会要」を抄出し学会に不朽の貢献を致した……（『史学雑誌』四三―九「三松庵読書記」）

とある。『河南志』と『宋会要』はすでに刊行されているが、『中興礼書』だけが所在がわからないと思っていたが、『続修四庫全書』（一九九五～二〇〇二［平成七～十四］）年が上海古籍出版社より出版された。『続修四庫全書』の第八二二冊に『中興礼書』と第八二三冊に『中興礼書続編』があることがわかった。本稿の該当箇所の賓礼では、目次に賓礼一～賓礼八（巻二二一～二二九）とあるが、残存しているのは賓礼一、二（巻二二一～二二二、金国の上寿、入賀）と賓礼六、巻二二七の占城だけで、これ以外は欠巻であることは前に述べた。欠巻の中には交趾、三仏斉、真臘などが含まれており、特に交趾は東南アジアの代表であっただけに残念である。しかし、占城のみが残存することは、占城を研究する者にとっては、非常に貴重な資料といえる。

さて本稿で取り上げるのは『宋会要』占城の紹興二十五年十一月二十八日の条の割注に引かれた『中興礼書』であるが、長文で約三五〇〇字にも及ぶ。日付け順に儀礼を記している。参考のために節末に紹興二十五年の全文と書き下し文を附した。日付順に文頭に（A）～（Q）をつけた。

次に、この『中興礼書』の紹興二十五年の朝貢儀礼の作成者または、下原稿を作った人はどのような人だったのであろうか。恐らくは四方館の客省承受であると思われる。四方館とは宮中の儀式、儀礼を行い、外国からの朝貢使などの関係事務を取り扱うところである。『宋会要』職官三五、四方館の紹興二十五年十月八日と十一月三日の条によると、「紹興二十五年の占城の朝貢儀礼の文書がなく、これから作成する」という。十月八日の条に、

客省が言うに、すぐに占城国の進奉使が宮廷に到着する。しかし駅（懐遠駅）で行われる儀範は、旧の案牘（文書）がないのでわからない。そこで（準備しなければならない）礼数（礼儀、格式）の儀範、行馬などを箇条書きに

して（皇帝に）示すと、皇帝は立案通りにせよ、と。

とあり、実際に客省が文書の作製に携わっている。客省はそれに続けて礼数の儀範の内容の、六項目にわたり詳細に記している。その内容は一、相見・二、朝見（皇帝に謁見）の儀を習う・三、朝見・四、節料（皇帝からの贈り物）・五、御筵（皇帝からの宴）・六、起発（帰路への出発）である。この順序で朝貢儀礼は進んでいく（後述）。これが原案として『中興礼書』に記され、これに沿って占城の進奉使たちがこれらの項目を実行していく過程が日毎に克明に記されている。そしてこれを引率し、案内するのが客省であった。上記の儀礼の作成は十月八日であったが、それから一ヵ月後の十一月三日には、再び客省が言うに、今度は進奉使を迎えるのに条令（準備すべき細則）がないという。進奉使到着の三日前のことである。次の様にある。

客省が言うに、占城の進奉使が間もなく来るのに今度は現存の条令がない。案牘を調べて排弁（準備しなければならない事柄）などの項目を立案する。それを皇帝に伺うと、立案した通りにせよ。

といわれた。その条令の準備事項は（後述）、完全には揃っていない。三日前の六項目は、一、局の設置　二、進奉使の出迎えと接待　三、朝見の準備　四、起発　五、馬の手配　六、文書を宮廷に提出する兵士　などで、局の設置や兵士が文書を提出する際の手形など実行の際の細かい規定を作成している。つまり、進奉使の朝貢の儀礼や宮廷の儀式、朝貢などを司る「四方館」の客省は、占城の朝貢に合わせて、儀範、条令を急いで作成して、やっと間に合わせた過程が記されている。（表1「都での儀礼」参照）。

以上のことから、やはり占城の朝貢が南宋では初めての闕での正式な朝貢であったことが言えるし、それを実行に移すのは客省であるから、これらの項目の原案を作ったのは、客省であろう。

さらに「四方館」の記述と『中興礼書』の記述を比較すると、『中興礼書』は皇帝に献上した書であるから、あわ

表１　都での儀礼

	『中興礼書』儀礼	『宋会要』四方館、儀礼	『宋会要』四方館、条令
1	相　見	相　見	1、局の設置
2	朝見の儀を習う	朝見の儀を習う	2、出迎えと接待
3	朝　見	朝　見	3、朝見の準備
4	節　料	節　料	4、起発
5	御　筵	御　筵	5、馬の手配
6	起　発	起　発	6、文書を宮廷に提出する兵士（手形の発行）

1、『宋会要』の職官35「四方館」の条による。条令は準備事項のこと。
2、『中興礼書』と「四方館」の宮中の儀礼は同じ。本文にもあるように、「四方館」で作成され、その通りに実行され、その記録が『中興礼書』に記述されたと考えられる。

て作成したなどということは一切記されていない。また、『中興礼書』は、作成された儀礼を基にして日付順に一つ一つ実行された記録であるが、これは、案内役の客省の承受が四方館で作成された条令をその通りに施行したものが基礎になっている。そして客省の承受が進奉使たちを案内したことは、『宋会要』四方館の紹興二十六年七月十三日に、

先に占城の入貢の時、客省が承受一名を差わし、駅に入って儀範、引接を掌管させた。

とあることから明白になる。翌年の交趾朝貢の際には占城の時より一人多い承受二人を案内役としている。この様なことからも、儀範通りに日を追って実行したのが承受で、それを基礎にして編纂されたのが『中興礼書』であったといえる。

編纂された『中興礼書』を見ると一つの特色があり、客省承受が案内役をしているところは非常に詳しいが、殿（宮廷）の中は概観的には記されているが、案内はしていない。承受は殿の中には役職が違うので入ることが出来ずそれ故に記録がないのである。したがって宮中の内部のことは、何も記されてない。進奉使が殿中に入る前後は承受の案内であるので詳しい。この落差は正直な記録の表れであり、これが特色の一つである。もうひとつは、一般に朝貢の記録は『政和五礼新儀』巻一四八～九の賓礼や『太常因革礼』を見ると、宮中に入っ

てからの記録で宰相以下の席次、行動、皇帝の謁見、万歳を唱えることなど細かく規定されているが、この『中興礼書』には、宮中の儀礼の記載がなく、宮殿に入る前後の様子、たとえば、皇帝から贈り物が届くと宮廷に向かって拝礼するとか、朝見の予行演習をするなど、駅では一商人・陳惟安が占城の朝貢使に礼儀作法を教えるために一緒に宿泊していることが、他の儀礼書にはない、承受の観点から見たものを記している。この点がこれまでの朝貢の記録と違うものであり、それが『中興礼書』の特色であると思う。以下、順を追って朝貢の過程をみていく。

客省とは、四方、諸蕃の朝貢、進奉、宴賜、朝見などを掌る役職で、北宋では客省使二人、従五品。南宋では引進司、四方館と共に閤門に属した。客省承受は、客省に置かれた内侍の官で承受といった。

これから、『中興礼書』に基づいて見ていくが、『中興礼書』に記されてない朝貢の前後などは、『宋会要』蕃夷四占城、同、礼六二―六六賚賜、『建炎以来繫年要録』（『要録』と略す）、『慶元条法事類』などで、補充した。その都度書き加えていく。朝貢の項目が多くあるので、占城の朝貢日程表を作成した。下の段のA～Qは巻末の『中興礼書』の資料の日付順の文頭に入れたものである。

表2　紹興二十五年占城の朝貢　日程

年月日	事　項	出　典	原文の文頭
八月	占城国王鄒時巴蘭は王位につき、父と同じ爵位を求めて入貢	宋会要蕃夷四占城	
八月十四日	占城は、馴象を進奉しようとする。返事は保留。	宋会要蕃夷四占城	
八月二十一日	占城は、表章、進奉品を持参。	宋会要蕃夷四占城	
九月二十五日	尚書省は、朝見使、朝辞使に与える礼服の許可をとる。	宋会要蕃夷四占城、礼六二―六六賚賜	

十月一日ごろ	進奉使たち、福建省泉州市舶司を出発か。	中興礼書	
十月二日	礼部言う、回賜以外に与える衣服などの準備をせよ。	宋会要蕃夷四占城	A
十月二日	尚書省は、礼、戸、兵部に朝貢の準備にかかれ。	中興礼書	A
	1．鴻臚寺の条　護衛兵三十人　道順の準備	中興礼書、慶元条法事類	A
	2．主客の条例　回賜以外の衣服、費用は戸部、製造は工部、馬は、麒驥院。	中興礼書	A
十月八日	進奉使が闕に来たとき、駅での儀礼について	中興礼書　四方館	B
	1．進奉使と押判官との対面	中興礼書	B
	2．朝見の儀を習う。	中興礼書	B
	3．朝見	中興礼書	B
	4．駅で節料、節儀を賜う。	中興礼書	B
	5．御筵	中興礼書	B
	6．起発の日　進奉使と押判官と相別　五盞	中興礼書	B
十月八日	進奉使が闕に入れば、駅の諸司官は監駅官と臨安府の準備係と共同でせよ。	中興礼書	B
十月十二日	進奉使たち、建州に到着	中興礼書	D
十月二十八日	四方館は進奉使たちに、大礼の参加決める。大礼は十一月十九日	中興礼書	C
十一月一日	行程計画と進奉使などの姓名を提出する。	中興礼書	D
十一月三日	進奉使に対する接待　六項目　排辦	中興礼書　四方館	E
十一月五日	馬の手配　二十四匹	宋会要　四方館	F
十一月六日	進奉使たち、都に到着	中興礼書	G
十一月六日	中国商人陳惟安、通訳と礼儀を教えるため、同駅に宿泊する。この朝貢を誘導した人。	中興礼書	G
十一月九日	朝見は十三日とする。	中興礼書	H
十一月十一日	朝見の時の通訳二人の通行証明書の発行	中興礼書	I
十一月十三日	朝見	中興礼書	J

十一月十五日	占城国王への書簡を学士院で作成	中興礼書	K
十一月十六日	御筵を駅に賜う	中興礼書	L
十一月十九日	大礼に参加	中興礼書	C
十一月二十一日	進奉品（香、象牙）、と回賜（絹織物と銀）	中興礼書	M
十一月二十二日	帰路の伴送も来程と同じ、韓全ら八人	四方館	N
十一月二十二日	回賜以外に賜う物品を贈る	中興礼書	N
十一月二十六日	出発する前日、音楽を賜う。駅で御筵。	中興礼書	O
十一月二十七日	伴送者、押判官などへの手当	中興礼書	P
十一月二十七日	朝辞は十二月三日とする。	中興礼書	P
十一月二十八日	進奉人の回程は来程と同じ	中興礼書　四方館	Q
十一月二十八日	占城国王への勅書	中興礼書	
十二月三日	朝辞	中興礼書	P
十二月六日	占城国王、礼物を賜る。薩達麻に帰徳郎将の称号を賜る。	『宋会要』蕃夷占城	
十二月九日	占城国王鄒時巴蘭は父と同じ称号を賜る。	『宋会要』蕃夷占城	
十二月九日	御筵、音楽	『宋会要』蕃夷占城	
十二月十日	起発、帰路	『宋会要』蕃夷占城	
紹興二十六年二月二十八日	陳惟安は朝貢の功績により承信郎を賜る。	『宋会要』蕃夷七歴代朝貢	

二、泉州に着いてから都に到着するまで

（1）泉州での準備

紹興二十五年八月には既に占城の一行は、広東でなく、福建省泉州に到着している。泉州には来遠駅という来賓のための宿泊所があったので（『宋会要』占城、政和五年八月八日）、ここに宿泊していたのであろう。泉州滞在中、献上

品の調整をしている。占城は馴象を献上したい旨を伝えると、真臘（カンボジア）、羅斛（タイ）が献上するという。それで占城の献上品には入っていない（『宋会要』占城紹興二十五年八月十四日、『要録』巻一六九、八月己丑）。ということは、泉州にはすでに真臘国などが集まっており入貢品の調節を行い互いに重複しないようにしている。朝貢のための事務処理をしたのは、提挙福建市舶鄭震である。彼によると、八月には占城は表章、方物、書信を持参して泉州に着いていること、さらに占城人の闕（宮廷）への引率者は、熟練者の使臣、韓全を自分が選んだことを述べている（『要録』同八月丙申）。提挙市舶には朝貢の全行程を付き添う押判使臣を選ぶ権限があたえられていたことがわかる。泉州に東南アジアの国々が朝貢の準備のため集まってきているのに、その中でなぜか占城が最初に闕に入り、朝貢を行ったのである。

（2）『慶元条法事類』の進貢令にみえる護衛の人員、十人

占城の進奉使たちが都に向かうに際して、中国側から護衛の人員が付く。朝貢であるから、泉州から都、杭州まで、その往復である。どのくらいの人数が付いたのであろうか、その構成人員はどの様なものであったのか見てみよう。この護衛の規定について、『慶元条法事類』七八蕃夷門、進貢令に次の様にある。

> 諸蕃蛮入貢して初めて州に至れば、国号、人数、姓名、年甲及び齎す所の物の名数を録して尚書、礼部、鴻臚寺に申す。其の縁路の州の往来の待遇は礼のごとくし、並びに予め相い関報す。仍お各々到発の日時および供張、送遺、館設の礼を具して本寺に申せ。

とあり、州に入ると、人数、姓名、物の名を書き、尚書、礼部、鴻臚寺に申告し、縁路の礼をうける。到発の日時、歓待の館も鴻臚寺に申せとある。さらに続けて

諸蕃蛮の入貢するに、押判は承務郎以上の清強の官を差し、引伴は衙前の所属より選差す。過る所は程に依りて行き、故なく住まるを得ず。……

とあり、進奉人に付き添う押判は、承務郎（文階、京官、従九品）以上の清強の人で、ここでは、潮・梅州（広東）巡轄馬逓鋪・押伴占城進奉使・韓全であった。これにより韓全は承務郎以上の資格をもっていることがわかるし、最後にかれはこの朝貢が無事終わり、皇帝から礼物と希望する職に就任できる権利をもらっている。引判は衙門から一人選ぶ。そのほかに護衛として、手分一人、軍兵五人、通訳二人、と上記の押判と引判の二人を加えて合計十人が往復付き添った（『中興礼書』紹興二十五年十月二日、十一月二十七日）。

（3）　歩軍司の兵士三十人

このほかに、一行の檐擎（荷物を担ぐ）、防護（護衛）の役目をする兵士三十人が歩軍司から派遣されている。責任者は節級（班長）一人。これらの兵士は州を越える前に次ぎの州に連絡して交代する。すなわち押判所でまだ出発する前に、人を遣わして境界のところで交代した（『中興礼書』紹興二十五年十月二日）。

（4）　占城の進奉人　二十人　その職種と人名

占城の進奉使人たちは二十人と定められている。そのメンバーについて詳しい資料がある。（『中興礼書』十一月一日の条）。これは一行の全行程、随行する責任者つまり押伴占城進奉使の韓全の報告があり、都への日程報告と一行全員の名前と職種が記されている。十（今月）月十二日に建州に到着。十一月六日には闕に入るという。

十一月一日、客省言う「潮・梅州巡轄馬逓鋪の押伴占城進奉使韓全状するに、今月十二日進奉人を押伴して建州に到る。約十一月六日に闕に到らん。使副已下の職位、姓名、呼称、等第を会問するに及ぶに、下項なり。

進奉使、　部領、　姓は薩、　名は達麻、　部領と呼ぶ。是れ官資なり。

進奉使副、　滂、　姓は摩、　名は加奪　滂と呼ぶ。是れ官資なり。

判官　　　姓は蒲　　名は都綱　　大盤と呼ぶ。是れ官資なり。

蒲翁団、翁但、翁加艶、……已上八名。番に在りては幹弁掌執の人に係わる。

翁儒、翁鶏、翁廖……、以上九名、親随して礼物を防護する人に係わる。

とあり、進奉人の職種と人名がわかる珍しい資料である。進奉使、副、判官の三役が主役である。一般に蕃夷の朝貢の資料ではこの三役のみを記す。この三役の名は、薩達麻、摩加奪、蒲都綱であるが、名前から見て中国人ではなくいずれもイスラム系かインド人らしい。進奉使の薩達麻は、次の乾道年間にも進奉使　楊卜薩達麻として来貢しており、多分同一人物であろう。すると、専門的な進奉使がいたことになる。歴代の占城の進奉使の名前を調べてみると、中国人ではなく、西アジア系と思われる者が多い。三役三人のほかは、幹弁掌執（事務を行う）が八人、礼物を護衛する人、九人で、合計二十人である。三役以外には翁の姓の者が多い。『島夷雑誌』占城に「国人多姓翁」とあり確かに三役をのぞくと、現地の人であろう十七人中翁姓は八に及ぶ。

以上、占城朝貢の一行は、引率者十人、檣擎、防護する兵士三十人、進奉使たち二十人　合計六十人という進奉集団で十月初め泉州から都に向かって出発した（表3「朝貢の構成メンバーと人数」参照）。

（5）　朝貢品は都に運ばず、市舶司に置く

出発の際には、進奉品は市舶司に置いて、進奉使たちだけが都に出発している。これまで献上物を都に持参しない

表3　朝貢の構成要員と人数

60人（占城側　20人、中国側付添　40人）

1、占城の進奉使たち———20人
　進奉使———薩　達麻
　進奉使副——摩　加奪
　判　官———蒲　都綱
　事　務———8人
　防　護———9人
2、中国側の護衛———40人（10人（全行程付添）と30人は荷物運搬）
　a，押伴占城進奉使———韓全（往復の総責任者）
　　引判———1人
　　手分———1人
　　通訳———2人
　　軍兵———5人
　b，歩軍司——30人　荷物の運搬、防護、州毎に交替する。

進奉使たちがいるのであろうか。宋代は市舶司に置いていくのである。『中興礼書』十一月二十一日の条によると一行が都についてしばらくしてから、太府寺の使いが泉州の市舶司に行き、置いてきた進奉品と目録とを調べ、銅銭で換算して報告している。ということは持参していないことである。しかしどのくらいの献上物をもらったかは、知らないといけない。それ相応の回賜（礼品）を用意しなければならないからである。進奉物を都に運ばないことは、これまで注意されてこなかったが、北宋時代からみられる。今回も運ばないのは「熙寧六年（一〇七三）の指揮により」とあって北宋から都に持参しない。『宋会要』職官四四市舶の宣和四年（一一二二）五月九日に「すべての諸蕃国からの進奉品は元豊法によって、さらに起発（都に送る）せずに、本処（市舶司）で出売せよ。もし、違反があれば市舶司の官は自盗したとする」という。元豊（一〇七八～八五）法にある如く、進奉物は都に送らず、市舶司で出売していたことがわかる。これは王安石の新法政策の一環としてなされたものであろう。都（北宋は開封）まで進奉物を運搬するのは費用がかかるため、市舶司で出売（変売）して、その価格の銭を都に送った。このような例は南宋でも見られ、紹興元年

（一一三二）の進奉使蒲亜里が持参した象牙と犀角のうち、半分は都に、半分は市舶司で出売し、売った分は市舶の資本金の一部に充てている（土肥二〇〇三）。また乾道三年（一一六七）の占城の場合も、規定により十分の一は都に送り、十分の九は市舶司で出売しているのもこれらの流れを汲むものであろう（土肥二〇〇五）。進奉品を市舶司に置くということは、他の時代にはないことではないかと考える。宋代の市舶司はそれだけ政府、朝廷の信頼が大きかったと同時に宋代の官僚体制が整っていたことを示すものであろう。横にそれるが、市舶司で取り扱う海外からの輸入品五百～六百種の物品を、起発（都に送る）と変売（地元で出買）とに政府は分類している（『宋会要』市舶紹興三年十月十七日、十一年十一月の条）。高級品は起発に分類されているが（土肥二〇一三）、その起発品の中には進奉品が入っていたのであろうか。このような観点からも市舶司で取り扱う品物の起発、変売について再検討しなければならない。

（6）　泉州から都に到着するまでの日数

一行は十月初めには出発している。『中興礼書』十一月一日の条（前出）によると、十月十二日に建州（福建省）に到着している。建州といえば麻沙本で知られる書籍、印刷、出版で有名なところである。そして十一月六日に都に着くという。すると三十六日の行程である。その行程は泉州から福州に行き、閩江を遡り、南平に出てさらに建州を北上して蒲城に行き、浙江省に入り、杭州に行くコースである（表4「進奉使の朝貢にかかる日数について――泉州―都―泉州　紹興二十五年八月～二十六年一月」参照）。

表４　進奉使の朝貢にかかる日数（泉州―都―泉州）紹興25年８月～26年１月

月　日	事　　項	備　　考
８月頃	占城人たち泉州に入る。朝貢品の調節	中国商人陳惟安の活躍
10月１日頃	福建省泉州市舶司を出発	
10月12日	福建省建州に到着	
11月６日	都（杭州）に到着。	泉州を出て、36日目
11月13日	朝見	
12月３日	朝辞	
12月９日	占城国王、称号を賜る	
12月10日	帰路につく。	都の滞在、34日間
翌１月16日頃	泉州に到着	往時と同じ36日とする

１、泉州を出発して、都（杭州）に到着までの日数　36日
２、都の滞在日数　11月６日～12月10日　34日間
３、泉州に到着　往時と同じとする　36日間
４、合計　106日間、３カ月16日間、一朝貢にかかる日数

三、都での朝貢儀礼

都に着いた進奉使たちは、数々の儀礼を行う。礼数の儀範六項目、条令の準備事項六項目を資料に沿って日付け順に見ていく。紙数の都合で、内容は要約とする。（表５「宮中での朝貢儀礼の日程表　紹興二十五年十一月六日～十二月十日」参照）。

（1）十一月六日　進奉人の到着　［準備事項　一、局の設置、二、進奉人の出迎えと接待　三、馬の手配］

進奉使たちが国門に到着すると、承受は馬と人従をつれて出迎え懐遠駅に誘導する。駅ではすでに局が設置されて担当官が待機している。

（1）―一　十一月六日（前項と同日）進奉使と押伴官との対面

［儀範一、相見］

進奉使たちは、駅（懐遠駅）で押判官と対面。導引するのは承受。その様子が詳しく記されているが、簡単に記すと次の様である。

（一）、進奉使（占城）が駅に着くと、承受は通訳をつれて押判官のところに行き到着を知らせ、押判官の遠路ご苦労という言葉を承受は進奉使に伝える。（二）進奉使と客省の承受が対面する。（三）

表５　宮中での朝貢儀礼の日程表　紹興25年11月６日～12月10日

月　日	朝貢儀礼の行程	備　考
11月６日	１、進奉使たちは都に到着する。懐遠駅が宿舎。 ２、進奉使と押判官との対面。	儀範１、相見 条令１局の設置 ２、出迎えと接待
11月９日	朝見の儀を習う。朝見の予行演習。閤門、教習儀範、押判官など立ち合いのもとで練習。拝数の礼儀など。	儀礼２、朝見の儀を習う 条令３、朝見の準備
11月13日	朝見　（宮中内の記録なし）朝４時から準備が始まる。朝貢使たち各々衣服を賜る。 入見の後、酒食を殿門外で賜る。	儀礼３、朝見 条令５馬の手配 ６、手形の発行
11月14，15日	懐遠駅で節料、節儀を賜う。（皇帝から賜目と品物を賜う）	儀礼４、節料
11月16日	御筵を懐遠駅に賜る	儀礼５、御筵
11月19日	大礼に参加する	
11月21日	進奉品に対して、回賜品がきまる。	
11月22日	回賜品以外に賜う物品	
11月27日	朝貢に携わった人への手当	（金国の半分）
11月28日	回程は来程と同じにする。（待遇） 占城国王へ勅書	
12月３日	朝辞　（朝貢使たち、各々衣服を賜る）	
12月９日	国王に称号と礼物を賜う、進奉使にも官位を授与 起発の前日、御筵と音楽を賜る。	
12月10日	起発（帰路）	儀礼６
紹興26年２月28日	陳惟安はこの朝貢の功績により承信郎を賜る。	

承受は首領（進奉使）をつれて押判官の席に行き「ご苦労様」という。（四）進奉使の下の人にも同じ。（五）進奉使たちは名刺を押判官に渡すように頼む。（六）押判官を導いて進奉使副と共に庁に上り、対面し言葉を交わす。（七）席に着き、点茶する。（八）テーブルを出させ五盞酒食する。（九）食事が終わると、テーブルをしまい、点湯す。（十）押判官と進奉使たちは挨拶して退席。ここで対面の儀礼は終わる。

進奉使と押判官との対面はこの様な儀礼のもとに行われる。

（2）十一月九日　朝見の儀を習う　[儀範二、朝見の儀を習う　準備事項三、朝見の準備]

朝見の日は十三日とするという詔が下った。都に到着して一週間で朝見。早速朝見のための儀礼（予行演習）を習う。閤門（蕃国の朝見、辞謝を導く）が駅（懐遠駅）に着くのを待ち、教習儀範と承受と共に押判官に挨拶する。通訳を通じて、進奉使に本色の服を着用をすることを請う。ここで本色の服とは、現地か中国の服かどちらの服であろうか。唐代の『大唐開元礼』賓礼、蕃主奉見、『政和五礼新儀』巻一四八賓礼、遣使迎労にも同じく「蕃主、其の国の服を服す」とある。伝統的に其国の服で、其の国とは中国ではなく蕃国を指すと考える。この場合は占城の服を着用して謁見するということになる。その後、客省承受は通訳を連れて教習儀範に挨拶して、朝見の儀を教習する。朝辞（帰る時の挨拶）もこれと同じである。駅に閤門、教習儀範、押伴官たちの重要なメンバーが集まっての教習である。何をどのように習ったのかは記されていないが、朝見の時に立ち会う閤門がいることは、拝数の礼儀、閤門の儀があるからで、次項によると通訳が必要なのは、拝跪の時であるという。宮中の儀礼について詳しく記されていないのは、承受の管轄外であるから、その場に立ち会っていなかったからであろう。一般に朝貢というと、皇帝に謁見して貢物を献上し、礼物をもらうというパターンであるが、『中興礼書』では皇帝に謁見する様子については記されていないこと、そして殿中から進奉使たちが出て、承受が引率するようになってから記述が続くことを見るとやはり、承受の記録であったことがわかる。

（3）十一月十一日　通訳に殿門と壇殿に入る通行手形の発行

[準備事項　六、文書を宮廷に提出する兵士（四方館のみ）]

入見の際、通訳が殿に入るのに、手形を必要とするので通行手形を発行する。通訳は殿に自由には入れない。進奉使が入見の際、宣賛舎人（宣旨を伝え謁を助けることを掌す）は御筵の拝跪の引揖の際、言葉が通じないと困るので通訳が必要であるとし、通訳二人の殿門に入るための通行手形の号と円壇での礼を行うための壇殿号（通行手形か許可書か）を、各々二道を請求して、認められている。このことから拝跪が行われていること、さらに先祖をまつる円壇にも赴き拝礼していることがわかる。朝見の中の様子を垣間見ることができる。承受は殿門内には入ることができないので、前述した如く皇帝との謁見の様子は『中興礼書』には記されてない。

（4）十一月十三日　朝見　［儀範三、朝見］

十一月十三日、皇帝謁見の朝見の日である。経過を箇条書きにすると次のようである。

（一）五更（午前四時、冬至ごろの四時は暗い）、承受は進奉使副に上馬を促す（承受は殿まで）。（二）押判官と進奉使副とは挨拶して馬で行く。（三）首領（進奉使副以下の使節）は門外で上馬し、待漏で下馬する。（四）内門が開くのを待って押判官と進奉使副は上馬し、皇城門の門外で下馬。（五）殿門外の幕次（臨時の待合所）で班（順番のグループ）を待つ。首領以下は歩いて皇城門に入る。（六）閤門は順番になると、進奉使副を導いて幕次より出て、入殿して朝見する。（七）拝数の儀礼は閤門の儀の如し。（八）朝見が終わると閤門は進奉使副を率いて殿を出る。（九）承受は面会して、幕次にかえる（承受はここから案内が始まる）。（十）客省は伴賜舎人と押判官、進奉使副を率いて挨拶させる。（十一）客省は点茶し酒食し、点湯す。（十二）客省は伴賜舎人と進奉使副を引いて挨拶させる。（十三）伴賜舎人が退き、押判官と進奉使副は挨拶して退く。（十四）宮門外で上馬し、首領以下は皇城門まで歩き、門外で上馬し、駅に帰る。朝辞も同じ。

以上が朝見であるが、朝四時から準備にかかり、入殿して皇帝への謁見は、閤門が導くので、どのような儀式であったかは、『中興礼書』には記されてない。謁見の様子は担当役人以外では進奉使たちと通訳だけが知っているはずであるが記録がない。

（5）――　十一月十三日　酒食を賜る

十三日の入見の後、進奉使たちは、酒食を殿門外で賜った。

（6）其の日、十一月十三日、十四日か　駅での節料、節儀を賜う　［儀範四、節料］

節料、節儀とも皇帝から賜る金銭や品物のことである。朝見の後、その日とあるので十三日か十四日かわからない。承受は皇帝より賜目と品物が駅に届くと、押伴官に通知する。庁で闕を仰ぎ、賜ったものを敷き並べる。進奉使副はそこに立ち、拝受するに、跪して受ける。首領以下も賜物を拝し跪して受ける。

（7）十一月十五日　占城国王鄒時巴蘭に書簡を出す

学士院から皇帝の意に従って占城の国王に書簡を出す。勅の形式、皇帝の印、包み方などは交趾による。東南アジアは交趾国に倣う（詳細は省略する）。

（8）十一月十六日　御筵を懐遠駅に賜る　［儀範五、御筵］

朝見の三日後、十六日に皇帝から御筵を賜る。皇帝の使いである天使が駅に来て御筵を賜ることを告げ、一連の儀礼が行われる（対面と同じ）。酒食をする。進奉使は謝恩する。進奉使副は跪して謝表を執り拝し表を以て跪して天使に差し上げる。席にもどり、天使と挨拶する。天使は退く。押判官と進奉使副は挨拶する。席を立つ。

（9）十一月十九日　大礼に参加する

四方館からの要請により大礼に参加した（『中興礼書』十月二十八日の条、参照）。大礼は三年に一度の国家行事で、南郊とも言い冬至の日に行われた。天を祀り先祖を祀り国家の安泰を祀る儀礼である。これは、占城の人にとっても、中国の文化を理解する上で良い機会であったといえるし、中国側にとっても、国家行事の権威を見せるチャンスでもあったのであろう。前回の楊卜麻畳の朝貢時にも参加している。前回は政和六年（一一一六）三月のことで、今回は約四十年ぶりの朝貢である。

（10）十一月二十一日　進奉品と回賜（表6「紹興二十五年の進奉品と回賜（手当も含む）」参照）。

朝見が終わり、主要な行事も終了したころ、占城の進奉品に対して回答の数目（回賜）を決めている。このころ、使いを泉州に行かせ、進奉品を調べ、銅銭に換算して十万七千貫とし、それに相当する回賜をきめたのが、朝見も終わり、儀礼の最後の時期である。どのような進奉品であるかは、政府にとっては興味のあるところであるが、最後に記されている。この進奉品と回賜については、すでに筆者は（土肥二〇〇三）述べているので省略するが、数目だけ掲げると次のようである

一、占城の進奉し到れる物。沈香九百五十六斤。附子沈香一百五十斤。箋香四千五百二十八斤。速香四千八百九十斤。象牙一百六十八株、三千五百二十六斤。澳香三百斤。犀角二十株。玳瑁六十斤。暫香一百二十斤。細割香一百八十斤。翠毛三百六十隻。番油一十埕、烏里香五万五千二十斤。

一、回答の数目、錦三百五十匹、生川綾二百匹、生川圧羅四十匹。生樗蒲綾四十匹、生川剋糸一百匹。雑色綾一千匹。雑色羅一千匹。熟樗蒲綾五百匹。江南絹三千匹。銀一万両。

朝貢品の香薬、沈香などは大量で約四十四トンに及び、殆どが占城の特産である。これだけ調達できた背景には、占城を統一した鄒時巴蘭・ジャヤ・ハリヴァルマン一世の即位を知らすためでもあった。朝貢品の収集に努めたのは商人陳惟安であった（後述）。

（11）十一月二十二日　回賜以外に賜う物品

十一月二十二日には回賜以外に贈る品物が記されている。『中興礼書』の十月二日にはすでに礼物を決めており、工部に注文して、この日（十一月二十二日）には製作が終了し届けられている。製作から回賜までの一連の文章である。

表６　紹興25年の進奉品と回賜（手当も含む）

占城の進奉品

沈香	956斤	犀角	20株
附子沈香	150斤	玳瑁	60斤
箋香	4528斤	暫香	120斤
速香	4890斤	細割香	180斤
象牙	168株、3526斤	翠毛	360双
澳香	300斤	番油 烏里香	10 55020斤

合計　69730斤
銭　107000余貫

回賜（中国から賜わったものすべていれる）

１．回答の数目

錦	350匹	雑色綾	1000匹
生川綾	200匹	雑色羅	1000匹
生川圧羅	40匹	熟樗蒲綾	500匹
生樗蒲綾	40匹	江南絹	3000匹
生川剋糸	100匹	銀	10000両

２．回賜の外

翠毛細法錦夾襖子１領	衣着絹300匹
20両金腰帯１条	白馬１匹
銀器200両	80両閙装銀鞍轡１副

３．王に礼物

銀、絹	各々1000匹両	細衣著	100匹
寛衣	１対	金花銀器	200両
20両鏤金帯	１条	衣著	100匹

4．朝見使、朝辞使に礼服を与える

朝見使	紫羅寛衫	小綾寛汗衫	大綾衫夾襪	頭袴	小綾勒帛
	10両金腰帯	幞頭	絲鞋	衣著30匹	紫綺被縟@一副
副使	紫羅寛衫	小綾寛汗衫	大綾夾襪	頭袴	小綾勒帛
	7両金腰帯	幞頭	絲鞋	衣著30匹	
判官	紫羅寛衫	絹寛汗衫	小綾夾襪	頭袴	
	10両金花銀腰帯	幞頭	絲鞋	衣著10匹	
防援官	紫羅絁衫	紫絹汗衫	絹夾襪	頭袴	
	絹勒帛	幞頭	麻鞋	衣著7匹	

（朝見使、副使、判官、各1人、防援官は17人、合計20人）

朝辞使	紫羅窄衫子	小綾窄汗衫	小綾勒帛	銀器50両	衣著30匹
副使	紫羅窄衫子	小綾窄汗衫	小綾勒帛	銀器30両	衣著20匹
判官	紫羅窄衫子			銀器10両	衣著10匹
防援官				銀器10両	衣著5匹

（朝辞使、副使、判官、各1人、防援官は17人、合計20人）

5．朝見後、節料節儀を賜る。

6．国王鄒時巴蘭は、楊卜麻畳と同じ称号をもらう。

金紫光祿大夫検校司空使持節琳州諸軍事、琳州刺史、充懐遠軍節度観察留後兼御史大夫、上桂国占城国王、食邑一千戸食実封五百戸。

7．進奉使、称号を賜る。

進奉使の薩達麻は帰徳郎将の称号を賜る。

8．商人陳惟安　称号を賜る。

陳惟安は、承信郎（従九品）を賜る。

『中興礼書』十月二日、主客の条例（主客司は礼部に属す、朝貢の接待）に、

回賜の外に、次の品を賜う。翠毛細法錦夾襖子一領、二十両金腰帯一条、銀器二百両、衣着絹三百匹、白馬一匹、八十両鬧装銀鞍轡一副。費用は戸部に、製造は工部に、客省に送って回賜とせよ。馬は騏驥院より給う。

とある。この品物がこの時に完成し、祗候庫に送り、学士院が封題して皇帝の印を請い、客省から押判所に送った。この製品も二ヵ月近くかかっているが、回賜の費用は戸部、製造は工部、完成品は回賜として客省へと一連の流れがつかめる、興味深い記述である。

⑿　十一月二十六日　起発の前日に御筵の際に音楽の演奏をする計画

鈐轄鈞容直（軍楽、禁軍で抜擢された儀仗楽隊）所が言うに、起発する前の一日、駅で御筵を賜う。五（本文には九とあるが、五の間違いであろう。九は宮殿で特別な場合しか行われない）盞。節次に、鈞容直の本班五十人で奏でる。特別に勾曲念語（未詳）を取り上げる、という。五十人での儀仗楽による演奏での送別の宴である。起発の日は十二月十日と思われるので音楽は九日であろう。

⒀　十一月二十七日　朝貢要員への支給、その他の手当

表7「引判者への支給」参照。

この朝貢を支えてきた中国の要員への支給。進奉人への礼物の記録はあるが、中国側の要員への労に報いるための支給の記録は管見のかぎりここにしか見当たらないので貴重である。三項目に分かれている。

（一）泉州からの引率者（往復）。（二）都での儀礼の責任者への支給。（三）その他の人員への手当など。

（一）についてみると、引率総責任者、韓全は、銅銭百貫と占射（占射とは、自分の望む職に就職出来る権利のこと）一回、その証明書は吏部から給される。通訳二人と衙前一人は銅銭五十貫、手分は三十貫、軍兵（五人）は各々十五貫

表7　引伴者への手当

韓全引伴使臣以下8人と通訳2人		宴席一回	
韓全	100貫	占射の差遣一次（吏部より）	
訳語2人	各50貫	戸部より支給	
衙前1人	50貫		
手分1人	30貫		
軍兵5人	各15貫		
押伴官	銀100両	絹100匹	私覿
客省の局の主管	銀25両	絹25匹	
当行房分（工匠などの宿泊所）	食費の折食銭は臨安府より支給		

＊金国の支給の半分

ずつ支給する。すると銅銭は合計三七五貫となる。さらに上記の十人は特に等第（位階品級に応じた）の犒設（宴席）の招待一回を賞与とする。これらの費用はすべて戸部が支給する。

（二）については、都での責任者、押伴官には銀と絹各々百匹両を支給する（金国の半額）。これを私覿として収買に充てることができる。私覿とは貿易のこと（『朝野類要』巻二）でこの場合、銀百両と絹百匹を占城の品物と私的に収買することができることである。公に許された自由交易であろう。これは特別な人にしか許されない交易であったのであろうが、他の人々も事情が許せば、交易をしたかったのであろう。この場合は支給と交易であるが、回賜と交易との関係も資料があれば追及したい問題である。私覿は交趾の例もあるのでそれも含めて今後の課題としていきたい。

次に客省の局の主管には毎員、銀・絹各々二十五両匹（銀二十五両と絹二十五匹、押判官の四分の一である。これは金国の半分）を支給し、戸部の支給。当行房分（徴発された工匠などの宿泊所か）の食費の折食銭（食糧を銭におき換えて支払う）は、臨安府が金国人使の半減を支給する。

（三）その他の手当、支出について。『宋会要』四方館の十一月二十一日に、客省内に仕える人の手当について、「客省が局を置き、輪番官一員を置いた。支出した酒菓、喫食などは押判官が負担すること。客省の使臣、行首（班首）、承受

（内侍官）、典書（書物）、文字（文書）を運ぶ兵士の日毎の食費、および使用した紙劄、朱紅は、臨安府より支出し、食銭は入駅の日から起発の日で止めよ」とある。朝貢に従事した人たちの職種、その手当を出費する役所など詳細にわかり、今後の課題である。また食費、文具まできめ細かく規定していることは、実際に占城が滞在中に使ったことであり、朝貢の実務を窺うことができる。

(14) 十一月二十七日　朝辞は十二月三日とする

進奉使が朝辞の旨を願い出た。十二月三日と決まる。願い出ると、ほぼ六日で実行となるようである。

(15) 十一月二十八日

進奉使たちの回程はすべて来程と同じ待遇とする。朝貢は当然であるが、往復とも従者がついての旅であり、優遇されている。朝貢国は、闕での朝貢を望んだであろう。南宋の記録では、闕での朝貢は特別を除いてこの時期に限られている。『中興礼書』は十一月二十八日までの記述しかない。つまり十二月三日の朝辞と、回程までで、これ以降は『宋会要』占城などで補充していく。

(16) 十一月二十八日占城国王への勅書

(17) 十二月三日　朝辞　儀礼は朝見と同じ

朝見と同じく予行演習をし、当日には朝四時から宮殿に向かう準備が始まる。朝見参照。

(18) 十二月六日　楊卜麻畳と同じ称号と帛と銀などの礼物を申請し、許可される

『宋会要』占城、十二月六日の条に、過去の例を調べて国王に称号と礼物、さらに薩達麻に称号を与えることを申請し、皇帝は三日以内を限として準備せよ、という。九日が最後の儀礼であるからであろう。

(19) 十二月九日　国王に称号と礼物の授与、進奉使にも官位を与える

『宋会要』占城、十二月九日の条に、制（勅命を伝える文書）によると、国王鄒時巴蘭は、楊卜麻畳と同じ称号を授与される。皇帝より国王の中国に對する信順を讃え、称号を授与。同時に、進奉使の薩達麻に帰徳郎将の称号を授与されている。『要録』巻一七〇　十二月壬午（八日）によると礼物として使副は金帯、判官は金花銀帯、襲衣著。さらに朝辞のときには、全員に衣服、器幣などを賜わった。

(20) 十二月九日（起発の前、御筵）音楽

十一月二十六日（K）の条によれば、起発の前日、御筵の時に特別の音楽隊五十人の演奏とあるが、明確に出来ない。起発の時、駅で五盞の酒食の時に演奏されたのではないかと考える。

(21) 起発の日、十二月九日〜十日か　進奉使・副と押伴官と相別する　[儀範六、起発、準備事項四、起発]

（一）駅で五盞の酒食。（二）客省承受は押判官、進奉使副を率いて立定し、互いに状で述べ送別する。（三）客省承受は、首領以下を率い押判官に別れの挨拶をさせる。すべて押判官に参り、儀の如くする。（四）伴送の使臣に引き渡し、起発。

これですべて朝貢の儀範の終了となる。あとは、進奉使たちは、往来と同じように約三十余日をかけて、泉州へ帰る。泉州到着は一月十日ごろであろう。すると、十月初めに泉州を出発し、十一月六日に都に着き、約一ヵ月余り滞在し、十二月九日頃都を出て、翌年の一月十日に帰着する。つまり朝貢は、約三ヵ月余り一〇〇日の日数を要したということになる。季節風で往復するので南風の六月ごろに入り、北風の一月〜二月ごろ帰国したのであろう。

(22) 陳惟安、承信郎を授与

年が明けてから、占城の進奉使たちが無事帰国し、朝貢に対するお礼と報告が皇帝に届いたのであろう。『宋会要』蕃夷七歴代朝貢の紹興二十六年二月二十八日に、陳惟安はこの朝貢を引接（誘導）した功により承信郎（武官の従九品、

武官の最下位）の称号を授与されている。占城との交易をしていた陳惟安にとって、授官が名誉なことであり、交易を行う上でも、皇帝の信用を得てのことで、有利であったに違いない。陳惟安について『中興礼書』十一月六日によると客省が言う

今回の朝貢に、進奉使薩達麻とともに綱首（船長、貿易経営者）陳惟安がついて来ている。惟安は毎年占城に行って貿易をしており、二か国の言葉ができ、かつ占城の王と親密な仲である。表（手紙）を見ても明らかなように彼が王を説得して方物を持ってきた。薩達麻は儀礼について何も知らない。通訳が同行しているとはいえ朝廷への礼節ができない。そこで惟安と達麻とを駅に同宿させて、惟安に手引きの手伝いをさせて欲しいと朝廷に願い出たら許可された。

というのである。客省が一介の商人惟安の動向をここまで詳しく調査していること、更にこの朝貢が惟安によって企画、誘導されたこと、四十三万トンの貢物の調達、それを運ぶ船は自らの船を提供していたことなどを知っていることに驚く。しかし、客省も儀礼をスムーズに行うために惟安を利用している。惟安は一行とは一緒ではなく（進奉使ではない）、早く都について一行を待っていたのであろう。このように駅での儀礼は、惟安の通訳と指導によって行われていた。惟安にとっては、朝貢品だけでなく、自分の商業上の貿易品を積み込んでの往来であったに違いない。当然、貿易活動を行っていた。その背後には、占城の国王、ジャヤ・ハリヴァルマン一世が応援していたことは明白である。このように、陳惟安のような中国商人の活躍がみられるが、複数の商人たちがいた。たとえば有名な王元懋も占城で王の娘と結婚して十年も滞在して王室貿易を行った商人で、活躍した時期もこのころである。占城における中国商人の活動も活発であったことがわかる。

四、占城の王たち　この朝貢に関係ある占城王と周辺諸国との関係

これまで紹興二十五年の占城の朝貢についての儀礼を中心に検討してきた。次にこの朝貢を出した占城の王について見ていく。遡って四人の王と周辺諸国との関係などの背景を基にこの朝貢が出されたことも考慮して、占城側の碑文などを通じて見ていこう。

（一）　楊卜麻畳・Harivarman V　（ハリヴァルマン五世、在位一一一四～一一二九？）九王朝

紹興二十五年に朝貢した発端は、鄒時巴蘭の王位就任報告と父の官職と同じものを中国に要請したことに始まる。『宋会要』蕃夷四占城に次のように記す。

紹興二十五年、其の子鄒時巴蘭嗣立す。方物を貢じて爵を封ずるを求む。詔す「以来の父の官を授く」と。

とあり、父とは、『宋会要』占城によると、政和六年（一一一六）三月六日の条に、楊卜麻畳が官位を求め、さらに宣和元年（一一一九）十二月九日、建炎三年（一一二九）正月十日、紹興二年三月八日の条にも官位を授与された楊卜麻畳を指す。このほかにも、翟汝文『忠恵集』巻一、綦崇禮『北海集』巻七にも加恩を受けた記述がある。子は鄒時巴蘭で父と同じ官を請求し授与されたことが、『宋会要』占城、紹興二十五年十二月六日の条にある。ここで父と呼ばれている楊卜麻畳は中国に朝貢をしているがどのような人物であったかを見てみよう。

チャンパ（占城）についてチャンパの碑文を中心にしてカンボジアの碑文、ベトナム（大越）や中国の資料を駆使してチャンパ王国の歴史を復元した古典的名著に、ジョルジュ・マスペロの Maspero, Georges "Le Royaume de

Champa”（チャンパ王国）がある。一九一四年（初版本）に出版された。それを馮承鈞が註を外して抄訳したのが馮承鈞『占婆史』（一九二八年未見。一九六二年商務印書館）である。この（チャンパ王国）はその後、初版本に図版を加え、修正、補足して、一九二八年にパリとブリュッセルで再版された（再版本）。いずれもフランス語で記され、日本語訳はない。本世紀になってウォルターによって（チャンパ王国）の再版本の英訳が出版された。Walter, E. J. Tips. “The Champa Kingdom : The History of an Extinct Vietnamese Culture”（チャンパ王国――消滅したベトナム文化の歴史――）二〇〇二年 Bangkok がある。読みやすいが、漢字はすべて省略している。

さて、マスペロの初版本と再版本とでは、王代の数字がかなりずれており、王の名前の下につく世の数字も違っていることがあるので注意が必要である。初版本では「楊卜麻畳は Harivarman IV、十王朝」とする（初版本二〇三～二〇四頁、三四二頁）。再版本では「楊卜麻畳は Harivarman V 九王朝（再版本一五〇～一五一頁）とし、王代の数も名の後につく四世、五世と異なっている。そのことについて、再版本で著者のマスペロは、初版本の時、Harivarman II は、はじめ Inndoravarman V 世ではないかと考えたため、Harivarman II が欠けてしまったとある（再版本五章）。再版本ではこれを訂正してその個所は Harivarman 二世とある。したがって、次々と順送りされて再版本では、楊卜麻畳は Harivarman V, 五世となる。

彼（楊卜麻畳は Harivarman V）は前王の後を継ぎ、一一一三（政和三）年ごろ王位につき、宮殿、塔をたてた。彼は中国の朝廷と友好関係を持ち朝貢を行う一方で、越とも関係をもち、一一一七（政和七）年には越に黄金の花を送ったり、また塔の除幕式には越の使者が出席した。また一一二〇（宣和二）年～二四（宣和六）年には、越に朝貢したとある。『大越史記全書』李仁宗紀三にも同じく、大観四年、政和二年に白象を献上。七年に金花を捧げる。重和元年、寺の落成に呼ばれた。それ以降も越と朝貢を続けている。しかし紹興二年に彼は、越を真臘と共に攻めている。それ以降、紹興二十二年まで越との記述はない。（マスペロ、再版本一九二八年、6章　一五〇～一五一頁）。

（二）　ジャヤ・インドラヴァルマン三世（Jaya Indravarman Ⅲ　在位一一三九〈紹興九〉年～一一四五〈紹興十五〉年）十王朝。一一四五年～一一四九年（紹興十五～十九年）カンボジアに征服される。

『宋会要』では楊卜麻畳と鄒時巴蘭は父子とするが、マスペロはその間に二人の王がいたとする。父子ではない。ジャヤ・インドラヴァルマン三世は、一一〇六年に生まれ、王族ではないが、地方で王に封じられた。インドの王の号を継ぐ。前王楊卜麻畳・ハリヴァルマン五世には子がないため、一一三九年に王が死ぬとすぐに即位した。一方カンボジア（クメール、真臘）ではスルヤヴァルマンが王になった。また、越国では王が若くして次々と死去した。カンボジアは越の弱みに付け込んでこれを攻撃した。一一三一年にチャンパはカンボジアとともに越を侵略した。しかし一一三六年、ジャヤ・インドラヴァルマン三世は越国を侵略するのを望まず、友好を結んだ。怒ったカンボジアのスルヤヴァルマンは一一四五年にチャンパを攻撃し、ビジャヤを奪った。王（ジャヤ・インドラヴァルマン三世）は間もなく死亡した。

最近、チャンパの碑文（約二百点）を蒐集し、王朝名、王の即位、退位年次、さらに碑文の方位まで調べ、原文のサンスクリット、チャム語をローマ字化して、それに英訳をつけたゴルチオ・カール-ハインツ・編『チャンパの碑文』Golzio, Karl-Heinz (ed.) "Inscriptions of Campa: based on the editions and translations of Abel Bergaigne, Étienne Aymonier, Louis Finot, Édouard Huber and other French scholars and of the work of R. C. Majumdar" Shaker Verlag Aachen 2004 218pp. が出版された。これまで王の碑文を探すことが困難であったが、この本により容易に探すことができる。今後、このような碑文を研究することによってチャンパの歴史があきらかになっていくことを望みたい。さてこの碑文にこの王ジャヤ・インドラヴァルマン三世（一五二～一五三頁）の名が見えるが、ヒンズーの宗教的な世界観を記しているので省略する。彼が実在していたことは明らかである。

（三）　ルドラヴァルマン四世　Sri Rudravarmadeva　一一四五（紹興十五）年

前王朝が滅び、ルドラヴァルマン四世が即位したが、カンボジアの兵を避けて南に逃げ、子が即位した。この王は一一四五年の記録しかない。ジャヤ・ハリヴァルマン一世（次項参照）の父として碑文にある。チャンパは一一四五（紹興十五）から四九（紹興十九）年までカンボジアの占領下にあったために楊卜麻畳の後に、二人の王がおり、ジャヤ・インドラヴァルマン三世とルドラヴァルマン四世であるが、中国に朝貢することはなかった。中国に記録はなく、カンボジアからチャンパを奪回する次の王まで待たなければならなかった。

（四）　ジャヤ・ハリヴァルマン一世(4)・Jaya Harivarman I（一一四五〈紹興十五《または一一四七》年～一一六〇〈紹興三十〉）中国名　鄒時巴蘭（蘭巴）、大越名　制皮羅筆

紹興二十五年に中国に朝貢をだした王である。十一王朝が滅び、ルドラヴァルマン四世が即位したが、クメールの兵を避けてパンドゥランガ（賓童龍）に南奔し、死後、子供が王位についた。一一四五（紹興十五）年である。これがジャヤ・ハリヴァルマン一世で、中国側の資料では鄒時巴蘭（蘭巴）と記される王であり、大越では制皮囉筆と記されている。クメール王（カンボジア）はチャンパに新国王が立ったと聞き、これを攻めたが、敗北した。一一四八（紹興十八）年にクメール王は再び千倍の軍隊を送り報復したが負けた。ジャヤ・ハリヴァルマン一世の妻の弟が反乱をおこしたが、これを撃斬した。勝利した彼はヴィジャに入り、王冠を受け、最高位の王となった。一一四九（紹興十

九）年であった。彼の妻の兄が内乱をおこしたが、かれはこれを撃走させ、妻の兄は越国に逃げ、助けを乞うた。越国は五千人の応援を出した。越王は兵一〇万一〇〇〇（一〇万余兵）人をだした。鄒時巴蘭はこれを撃破し、死者は数えきれないほどであった。此の事については『大越史記全書』巻四に「……占城の主、制皮囉筆がこれを拒んだ。……皆死んだ」とある。これは一一五〇（紹興二十）年、一一五一（紹興二十一）の出来事であった。その後、ジャヤ・ハリヴァルマン一世は各地方の反乱を平定した。神像、両親、妃の像を建て、勝利品などを供物として寄進した。この頃、彼は、中国に使節を遣わし、彼の前王(5)（二代前）のとおなじ称号を請求し、一一五五（紹興二十五）年にそれを与えられた。これが本稿の朝貢である。一一五七（紹興二十七）年にも、そして南方地域にも一一六〇（紹興三十）年に神に贈物を奉じた。複雑であった国内の二十五以上の部落よりなる国の体制を統一し、チャンパ（占城）の内乱を鎮圧し、カンボジアからの外圧を除き、大越に勝利し、チャンパを分裂から統一に導いた英雄でもある。ミーソンに偉大な建造物をのこしたのもジャヤ・ハリヴァルマン一世であった。

前述の Golzio, Karl-Heinz（ed.）"Inscriptions of Campā"（チャンパの碑文）にも彼の名の碑文が六つ残されている。(6)そのうちの一つだけシバ神について記されて、戦いのことには触れていないが、あとの五つの碑文には、彼はチャンパの英雄で、カンボジアとの戦いに十万の兵と戦って勝ったこと、越とも戦い勝利したこと、国内を統一したこと、シバ神のために神殿を建て奉納したことなどが記されている。これらの碑文には長いもの、短いものなど様々であるが、残存している岩に刻まれた小さな碑文にも勝利を讃える文があるところをみると、彼はチャンパの英雄であり、独立したことが人々の喜びであったことがわかる。これらの碑文を丁寧に解読し、中国、越、真臘（カンボジア）との資料とも対照することが出来たら、より深く当時の状態が復元されるであろう（マスペロ再版、一九二八年、七章　一五五～一六〇頁）。

このような背景の中で、ジャヤ・ハリヴァルマン一世、鄒時巴蘭（蘭巴）は、紹興二十五年に、中国に占城王としての就任挨拶を兼ね、従来と同じような爵位を求め、かつ友好を深めるために朝貢使が遣わされたのである。その朝貢品は、これまでのものよりも多く献上している。殆どが土産の沈香や香木である。国を統一した国力の現れともいえる。楊卜麻畳から戦乱に明け暮れた二代飛んでの六十余年ぶりの朝貢である。そして、幸いなことに南宋になってはじめて宮廷での朝貢が許されたのである。一方この朝貢を受け入れる中国も、南宋になり都を杭州に定めて落ち着き、金国との戦いも一時終息した時期でもあった。都で朝貢の使者を迎えるのは、南宋ではじめてで、儀礼文書から整える始末であった。

おわりに

朝貢とは、その形式はさまざまであるが、中国と限らず二国間で友好を結ぶために行われた。中国では周辺諸国と古くから伝統的に歴代にわたって朝貢関係を結んできた。その例の一つとして本稿では、紹興二十五年の占城の中国との朝貢を取り上げた。占城の進奉使が、泉州を発して都で一ヵ月に及ぶ数々の朝貢儀礼を行い、終えて泉州に帰るという一連の朝貢の行程をみてきた。都での一ヵ月の滞在は、進奉使たちとっては、非常に慌ただしい、忙しい日々で、過密スケジュールであることがわかった。朝貢の資料は断片的にはあるものの朝貢の一連の流れということになると把握するのが難しい。幸い『中興礼書』という資料に恵まれて、些かでも流れを捉えることができた。朝貢は二国間の関係であるから、二国の状態が良くならなければ成立しない。特に宮廷での朝貢は尚更である。やっと南宋も安定し都も決まり、闕での朝貢を受け入れることができたのであろう。その最初が東南アジアでは占城であった。それゆえに記録が残ったのである。あとに続く朝貢は「占城に依れ」ということになったのである。

本稿は、『中興礼書』の占城の朝貢という儀礼を中心とする一過程をみてきた。一般に朝貢というと、皇帝への儀礼から始まるが、『中興礼書』占城には、宮廷内の儀礼は記されていないのが特色である。案内役の客省の承受は、宮廷には入れなかったから、その記録がない。宮廷に入る前の儀式の予行演習とか、終わってからの礼物の拝受の様子、献上品の銅銭価格、朝貢を引卒した役人への手当、その額は金国の半分という、朝貢を指導した役人への手当など、進奉使たちへの朝見、朝辞の礼物の数々、これは他の資料では見られないものである。一つ一つ分析することによって朝貢する側、それを迎え入れる側の政府の組織等が鮮明になってくる。この紹興二十五年の朝貢は、それ以後、朝貢として闕で迎えることは、少なくなってきている。しかし少なくなったからと言ってこの朝貢の価値がなくなるものではない。多分北宋時代も同じようなことであったであろう。他の時代でも儀礼というのは、そんなに変わらないと思う。他の時代にはこれと並ぶ資料が無いので比較できない。断片的な資料はあっても全体を通しては少なくない。その点で『中興礼書』は貴重でさまざまな観点から、研究する余地がある。

さて中国側の事情をみると、南宋になって初めての宮廷での朝貢であったため、その慌てぶりは大きく、九月には進奉使たちに贈る衣服の作製にとりかかり、十月には政府が礼部、兵部、工部に受け入れの準備を強化するようにとの命を出し、四方館では朝貢の儀礼の案牘がないのでそれを作成し、到着三日前には準備事項の条令を作成する慌ただしさであった。皇帝も立案通りにせよと命じ、この時に条令ができあがったことがわかる。三十五日に及ぶ都での滞在、朝見を含む進奉使たちの儀礼の指導と各人への礼物と回賜、この朝貢に携わった人員への手当など。更に進奉使たちの泉州から都への往復の交通費など、泉州を出発して帰るまでの約百日間の費用は、中国にとっては、大きな負担だったに違いない。黄純艶氏は（黄純艶二〇一四、四一〇～四一一頁）北宋の朝貢の例をだして、滞在期間が長い

（半年に及ぶ国もある）ので大きな負担だったことを論じている。確かに北宋時の滞在期間の方が長いが、それらの日々の行動については現在のところ詳しい資料が見当たらない。北宋と南宋との違いなどは今後の課題とする。

さて、闕での朝貢は南宋中期以降、特別な場合を除いて殆ど無い。朝貢自体の記録がない。その理由ははっきりしないが、『宋会要』の記述は、中期以降なくなる。しかし朝貢の記録はないが、商人たちの活躍は活発に行われていた。ただ朝貢という形はとらないで、中国商人が海外に出て行って活躍していたのではないだろうか。

一方、占城についてみると、国内を統一したジャヤ・ハリヴァルマン一世は即位を知らせるために四十年ぶりに朝貢を出した。その間朝貢がないのは、それまで混乱が続いたからである。今回の多くの朝貢品の調達などすべて王と懇意である中国商人の陳惟安が企画したことであり、これだけの物品を調達することができるのは商人陳惟安の占城での勢力の強さであり、ここに中国商人の王室貿易との関係がみられる。この朝貢の成功により、惟安は王との信頼関係も深まり、かつ中国からは官位を授与され、彼の貿易活動は朝貢儀礼の前と後に、持参した朝貢品以外のものを交易したと思われる。またこの占城の朝貢を緒として堰を切ったように次々と羅国（タイ）、三仏斉、交趾と闕での朝貢が続くのである。前述したようにこれらの朝貢儀範は南宋で改められたとはいえ、北宋から継続されていたものであろう。

南宋末になると、闕での朝貢の記録は殆どなくなり、朝貢も少なくなってくる。次の時代の元朝への交替期に入り、情勢が変り、元朝で再び海外貿易はマルコ・ポーロなどの往来を含めて活発化していくのである。

註

（1）　紹興六年七月二十七日、大理蒲甘国……赴行在……（『宋会要』蕃夷七歴代朝貢）。紹興七年三仏斉の闕での朝貢を許した

（『宋史』巻一一九）。紹興二十五年四月二十七日、羅殿国、……入貢……赴闕……（『宋会要』蕃夷七歴代朝貢）などの記述がみえる。

（2）研究論文。

和田久徳　前掲書

張祥義「南宋時代の市舶貿易に関する一考察――占城国の宋朝への朝貢を通してみた――」青山博士古稀紀念『宋代史論叢』省心書房、一九七四年。

重松良昭「十～十三世紀のチャンパにおける交易――中国への朝貢活動を通して見た――」『南方文化』三一、二〇〇四年。

黄純艶「転折与変遷：宋朝・交阯・占城間的朝貢貿易与国家関係」湯熙勇主編『中国海洋発展史論文集』一〇輯、二〇〇八年七月。

黄純艶「宋代朝貢貿易中的回賜問題」『厦門大学学報』第三期、二〇一一年。

黄純艶『宋代朝貢体系研究』商務印書館、二〇一四年。

王明蓀「宋代之安南（交阯）記述及其朝貢関係」中華文化資源学会人文叢刊三『宋史論文稿』、二〇〇八年。

土肥祐子「南宋期の占城の朝貢――『中興礼書』にみる朝貢品と回賜」『史艸』四四号。二〇〇三年。

土肥祐子「占城の南宋期乾道三年の朝貢をめぐって――大食人烏師點の訴訟事件を中心に――」『史艸』四六号、二〇〇五年。

土肥祐子「南宋初期・アラブ商人蒲亜里の活躍」『史艸』五一号、二〇一〇年。

土肥祐子「宋代の舶貨・輸入品について――紹興三年と十一年の起発と変売――」『南島史学』八一号、二〇一三年。

Maspero, Georges　“Le Royaume de Champa” Leide 一九一四年（初版）

馮承鈞『占婆史』商務印書館、一九六二年。“Le Royaume de Champa” の初版の翻訳。ただし注の翻訳はない。

Maspero, Georges　“le Royaume de Champa” Paris et Bruxelles 一九二八年（再版）

Walter E. J. Tips "The Champa Kingdom: The History of an Extinct Vietnamese Culture" Bangkok 二〇〇二年（一九二八年再版の英訳、ただし漢字は省略）

Golzio, Karl-Heinz（ed.） "Inscriptions of Campā: based on the editions and translations of Abel Bergaigne, Étienne Aymonier, Louis Finot, Édouard Huber and other French scholars and of the work of R. C. Majumdar" Shaker Verlag Aachen 二〇〇四年　二〇一頁。

（3）『中興礼書』については、池田温先生よりご教示をいただいた。

（4）ジャヤ・ハリヴァルマン一世については、Maspero, Georges "Le Royaume de Champa" 1928 pp.153~168 luttes avec les Khmers参照。巻末の年表、註（6）参照。

（5）前王とあるが、『宋会要』占城によると、政和六年（一一一六）に楊卜麻畳が朝貢をした際に官位を授与された。その後、占城内で混乱が続き、二人の王が交替して、鄒時巴蘭（ジャヤ・ハリヴァルマン一世）が王について楊卜麻畳と同じ官位を授かったのである。それが四十年ぶりのことである。したがって楊卜麻畳は父でも前王でもない。楊卜麻畳はハリヴァルマンⅣ世と通常言われており占城を統一した王とされているが、それは間違いでハリヴァルマンⅤ世が正しい。Maspero, Georges "Le Royaume de Champa" 一九二八年、再版で、初版（ハリヴァルマンⅣ世）を訂正している。ハリヴァルマン五世については、弥永信美先生よりご教示いただいた。初版本の馮承鈞『占城史』もハリヴァルマンⅤ世と訂正が必要である。

（6）Golzio, Karl-Heinz（ed.） "Inscriptions of Campa" には、ジャヤ・ハリヴァルマン一世の碑文が六つ残存しており、サンスクリットから英文に翻訳されている（一五三～一六八頁）。それによると、武勇伝がきざまれており、カンボジアとの戦いで勝ち、カンボジアは何度も強い軍隊をおくってきたが、それを破ったこと。さらに彼は攻めてきたカンボジアとヴェトナムの軍を破壊させ、勝利した。そして国内の反乱を鎮め、シバ神の宮殿を建てた、ということが記されている。外国勢力を一掃させて、国内を統一させ、シバ神の神殿を建てたという。これらの碑文と越（ヴェトナム）や中国の資料をつき合わせて調査すると、もっと多くのことが分かってくると思う。今後、これらの碑文の解読を進めたい。註（4）参照。

2015年２月18日筆者撮影
ミーソン遺跡

付

『宋会要』蕃夷四占城の紹興二十五年十一月二十八日の条の割註に引用されている『中興礼書』の原文を掲げ訓読した。文中のローマ字や数字、改行、句読点などは、本文を理解するために筆者が便宜上付けたものである。本来なら『中興礼書』巻第二百二十七、賓礼六、占城（『続修四庫全書』八二三所収）を掲載すべきであるが、やや誤字があることから、『宋会要』引用の方を採用した。両者の字の校訂はここでは省いた。『宋会要』蕃夷四占城の訳註を発表する予定であるので、その時に両者の校訂をしたい。

『中興礼書』（『宋会要』蕃夷四占城、紹興二十五年十一月二十八日の条の割註）

（A）紹興二十五年十月二日禮戸兵部言、准都省劄、勘會占城國已降指揮許入貢其使副、已到泉州。竊慮非晩到闕、所有合回賜錢物及應合行事件、劄副禮部等處。檢其申取朝廷指揮、逐部勘會、除就懐遠驛安泊、及令客省定賜例物等項目、並依得交趾體例施行外、所有其餘、合行事件、開具下項。（1）一鴻臚寺條、諸番夷進奉人回、乞差檐擎防護兵士、並相度合用人数關歩軍司差、今來占城國入貢到闕。回程合差檐擎防護兵士、欲依條下歩軍司、差撥三十人、内節級一名、赴本驛交割。俟至臨安府界、即令以次州軍差人交替、令押伴所于未起發已前、預報沿路州軍差人、在界首祗備交替。（2）一主客條例占城國進奉回賜外、別賜、翠毛細法錦夾襖子一領、二十兩金腰帯一條、銀器二百兩、衣着絹三百匹、白馬一匹、八十兩鬧装銀鞍轡一副、下戸工部、令所屬計料製造、送客省椿辦、依自來條例、回賜、其馬令騏驥院給賜、詔依。

（A）「中興礼書」（に言う）、（紹興二十五年）十月二日、礼・戸・兵部言う「都省の劄を准《う》く。勘会するに、『占城国は已に降せる指揮もて入貢を許す。其の使・副は已に泉州に到る。窃に慮んみるに晩きに非ず闕に到らん。所有《みぎ》の合に回賜すべき銭物及び応合《まさ》に行なうべき事件は劄して礼部等の処に副す。其れを検し、申して朝廷の指揮を取れ。逐部勘会せよ』と。懐遠駅に就いて安泊し、及び客省をして定賜せしむる例物等の項目は並びに交趾の体例に依り得て施行するを除く外、所有の其の余の合に行なうべき事件は下項に開具す。

一、鴻臚寺の条に、

「諸蕃夷の進奉の人の回《かえ》るに、檐擎防護の兵士を差わすを乞う。並びに用うべき人数を相い度《はか》り、歩軍司に関して差わし来らしむ」と。占城国の入貢して闕に到るの回程にも合に檐擎防護の兵士を差わすべし。条に依り歩軍司に下して三十人を差撥せしめんと欲す。内、節級一名は本駅に赴いて交割す。臨安府の界に至るを俟ちて、即ちに以次の州軍をして人を差わして交替せしむ。押伴所をして未だ起発せざる已前に預め沿路の州軍に報じて人を差わし、界首に在りて祗んで交替に備えしむ。

一、主客の条例に、

「占城国は進奉の回賜の外、別に翠毛細法錦夾襖子一領二十両、金腰帯一條、銀器二百両、衣着絹三百匹、白馬一匹八十両、闘装銀鞍轡一副を賜う」と。戸・工部に下し、所属をして計料して製造し、客省に送りて椿辦し、自来の条例に依りて回賜せしめ、其の馬は騏驥院をして給賜せしめん」と。詔す「依れ」と。

（B）八日、客省言、将來占城國進奉使副到闕、在驛禮數儀範、今條具下項。（1）一進奉使副與押判官相見、其日進奉使副、到驛歸位次、客省承受引譯語、赴押伴位參押伴。復作押伴問遠來不易、參訖。譯語作進奉使副、傳語押伴官、訖退。客省承受同譯語、入進奉使副位次。使副起立與客省承受相見、揖訖。客省承受作押伴官回傳語進奉使副、遠涉不易喜得到來。少頃、即得披見、次客省承受引首領赴押伴位參。復作押伴問遠來不易、參訖退。客省承受次撥人從參押伴、客省承受喝在路不易、參訖退。譯語齎進奉使副名銜分付。客省承受轉押伴訖。復請押伴傳銜、分付譯語訖。少頃、客省承受引押伴官、同進奉使副、陞廳對立。客省承受互展状、相見訖揖、各赴坐點茶畢。客省承受喝、入卓子。五盞酒食畢。客省承受喝徹卓子、次點湯畢。押伴官進奉使副相揖、畢分位。（2）一習朝見儀、其日、候閤門差人赴驛。教習儀範、同客省承受、先見押伴訖。計會譯語、請進奉使副、服本色服。次客省承受、同譯語引教習儀範、入相揖教習。朝見儀訖。相揖畢退。朝辭准此。（3）一朝見其日五更、客省承受、計會譯語、請進奉使副上馬。次押伴官與進奉使副相揖畢。行馬。首領于門外上馬至待漏閤子下馬、俟開内門、押伴官進奉使副上馬、至皇城門裏宮門外下馬。至殿門外幕次待班。其首領已下歩行入皇城門、俟閤門報班、引進奉使副出幕次、入殿朝見。拜数禮儀、並如閤門儀、俟朝見畢。閤門引進奉使副出殿。客省承受、接引歸幕次。客省承受、引伴賜舍人、押伴官、進奉使副、對立相揖畢。客省承受贊坐點茶畢。客省承受喝入卓子、酒食畢。客省承受喝徹卓子。點湯畢。客省承受引伴賜舍人與進奉使副相揖畢。伴賜舍人先退。次、押伴官、進奉使副、相揖畢。引至宮門外上馬。首領已下歩行出皇城門外、上馬歸驛。朝辭准此。（4）一（原文は在）在驛客省、簽賜節料節儀。其日、候客省承受、齎到賜目。管押所賜節料等到驛、客省承受先報押伴訖。於設廳前望闕鋪設所賜物、客省承受引進奉使副立定。引進奉使副拜賜目跪受訖。次引首領以下、拜賜目、跪受賜訖退。（5）一御筵其日、候賜御筵天使到驛、諸司排辦備。客省承受取進奉使副名銜轉押伴看訖。納天使、復取賜御筵天使傳言、分付譯語。少頃客省承受、引天使、押伴官、進奉使副、降階對立定。客省承受、先引押伴官望闕謝恩如儀畢。引依位立。次引進奉使副、謝恩畢。如儀畢。引依位立。天使與進奉使副相揖畢。天使先退。次押伴官與進奉使副、相揖畢。引押伴官、進奉使副、陞廳席後立。客省承受撥首領已下、謝恩如儀訖。赴席後立。客省承受上廳賛揖、赴坐點茶畢。行酒俟酒食畢、客省承受喝徹卓子、點湯畢。引首領已下謝恩。客省承受賛席後立。候首領已下謝恩如儀畢。客省承受引押伴官、進奉使副、降階對立定先引押伴官、謝恩如儀畢。引依位立。次引進奉使副謝恩如儀畢。引依位立、客使承受引天使、依前位立進奉使副令譯語跪執謝表拜訖。進奉使副以表跪授天使訖。引依位立、與天使相揖畢天使退。次押伴官、進奉使副相揖畢。引分位。（6）一起發日進奉使副與押伴官相別。其日就驛酒食五盞畢。客省承受、引押伴官、進奉使副對立定。客省承受互轉狀、相別訖。分位。客省承受引首領已下辭押伴並如參押伴儀畢。次伴送使臣交割起發前去。

（B）（紹興二十五年十月）八日、客省言う、占城国の進奉せる使副を将来し、闕に到らしむ。駅に在りての礼数の儀範は今、下項に条具す。

（1）一、進奉使副と押伴官と相見す。

其の日、進奉使副、駅に到りて位次に帰すれば、客省承受は訳語を引きて押伴の位に赴き押伴に参る。復た押伴をして、遠来易からず、と問わしむ。参りて訖る。訳語は進奉使副をして押伴官に伝語せしむ。訖りて退く。客省承受は訳語と同に進奉使副の位次に入る。使副は起立し、客省承受と相見し、揖し訖る。客省承受は押伴官をして回《こた》えて進奉使副に「遠渉易からず、到来するを喜得す」と伝語せしむ。少頃《しばらく》して即ち披見するを得。次に客省承受は首領を引いて、押伴の位に赴き参る。復た押伴をして遠来易からずと問わしむ。参りて訖り退く。客省承受は次に人従を撥し、押伴に参る。客省承受は「在路易からず」と喝す。参りて訖りて退く。訳語は進奉使副の名銜を齎らし、客省承受に分付し、押伴に転して訖る。復た押伴に銜を伝うるを請い、訳語に分付して訖る。少頃して、客省承受は押伴官を引く。進奉使副と同に庁に陞りて対立す。客省承受は互いに状を展《の》べ、相見せしめて訖る。揖して各々坐に赴いて、点茶して畢る。客省承受は「卓子を入れよ」と喝す。五盞酒食して畢る。客省承受は「卓子を撤せよ」と喝す。次に点湯して畢る。押伴官は進奉使副と相揖して畢る。位を分かつ。

（2）一、朝見の儀を習う。

其の日、閤門の人を差わして駅に赴かしむるを候つ。教習儀範は、客省承受と同に先ず押伴に見《まみ》えて訖る。訳語に計会し、進奉使副に本色の服を服せんことを請う。次に客省承受は訳語と同に教習儀範を引き、入リて相揖す。朝見の儀を教習して訖る。相揖して畢り、退く。朝辞も此れに准《よ》る。

（3）一、朝見、

其の日の五更、客省承受は訳語に計会し、進奉使副に上馬を請う。次に押伴官と進奉使副と相揖して畢る。馬を行かしむ。首領は門外で上馬す。待漏の閤子に至りて下馬す。内門の開くを俟ちて押伴官と進奉使副と上馬す。皇城の門裏に至り、宮門外にて下馬す。殿門外の幕次に至り班を待つ。其の首領已下は歩行して皇城の門に入る。閤門の班を報ずるを俟ち、進奉使副を引いて幕次より出て、入殿して朝見す。拝数の礼儀は並びに閤門の儀の如し。朝見畢るを俟ちて、閤門は進奉使副を引いて殿を出づ。客省承受は接引し、幕次に帰る。客省承受は伴賜舎人・押伴官・進奉使副を引いて対立し、相揖して畢る。客省承受は坐を賛《すす》め、点茶して畢る。客省承受は「卓子を入れよ」と喝す。酒食して畢る。客省承受は「卓子を撤せよ」と喝す。点湯して畢る。客省承受は伴賜舎人と進奉使副とを引きて相揖して畢る。伴賜舎人は先ず退く。次に押伴官、進奉使副は相揖して畢る。引いて宮門外に至りて上馬す。首領已下は歩行して皇城の門外に出て上馬す。駅に帰る。朝辞も此れに准る。

（4）一、（原文は在）駅に在りて客省は僉《みな》に節料、節義を賜う。

其の日、客省承受の賜目を齎到するを俟つ。賜わる所の節料等を管押して駅に到れば客省承受は先ず押伴に報じて訖る。設庁前に於いて闕を望み、賜わる所の物を鋪設す。客省承受は進奉使副を引き、立定す。進奉使副を引き、賜目を拝し跪して受く。訖る。次に首領以下を引き、賜を拝し跪して受けて訖る。退く。

（5）一、御筵

その日、賜御筵天使の駅に到るを候ち諸司、排弁して備う。客省承受は進奉使副の名銜を取りて押伴に転じ、看て訖る。天使に納め、復た御筵を賜う天使の伝言を取り、訳語に分付す。少頃して、客省承受は天使・押伴官・進奉使副を引き、階を降りて対して立定す。客省承受は先ず押伴官を引き、闕を望みて謝恩すること儀の如くして畢る。引きて位に依りて立つ。次に進奉使副を引き、謝恩して畢る。儀の如くして畢る。引きて位に依りて立つ。天使と進奉使副と相揖して畢る。天使先ず退く。次に押伴官と進奉使副と相揖して畢る。押伴官、進奉使副を引き、庁に陞り席後に立つ。客省承受は首領已下を撥《おく》り、謝恩すること儀の如くして訖る。席後に赴きて立つ。客省承受は庁に上り賛揖して坐に赴く。点茶して畢る。酒を行し、酒食して畢るを俟ち、客省承受は卓子撤せよと喝す。点湯して畢る。首領（下は衍字）已下を引き、謝恩す。客省承受は賛席し後立す。首領已下の謝恩すること儀の如くして畢るを候ち、客省承受は押伴官、進奉使副を引き、階を降りて対して立定す。先ず押伴官を引き、謝恩すること儀の如くして畢る。引きて位に依りて立つ。次に進奉使副を引き、謝恩すること儀の如くして畢る。引きて位に依りて立つ。客省（使は誤り）承受は天使を引き、前の位に依りて立つ。進奉使副は訳語をして跪して謝表を執り拝せしめて訖る。進奉使副は表を以て跪して天使に授けて訖る。引きて位に依りて立ち、天使と相揖して畢る。天使退く。次に押伴官、進奉使副は相揖して畢る。引きて位を分つ。

（6）一、起発の日、進奉使副と押伴官と相別す。

其の日、駅に就いて、酒食、五盞して畢る。客省承受は押伴官、進奉使副を引き、対し立定す。客省承受は互いに状を転じ、相別して訖る。位を分つ。客省承受は首領已下を引き、押伴に辞す。並びに押伴に参る。儀の如くして畢る。次に伴送の使臣に交割す。起発して前去す。

（B′）同日 照占城進奉人到闕、在驛主管諸司官就差監驛官、與臨安府排辦事務官同共管幹疾速施行。

（B′）（十月八日）同日、照するに、占城進奉人、闕に到れば、駅に在る主管諸司の官は就ちに監駅官を差わし臨安府の排弁事務官と同共に管幹し、疾速に施行せしむ。

（C）二十八日 四方館言、将來占城國進奉人到闕。遇大禮。其使副幷大小首領、並合趁赴郊壇陪位、及登門肆赦稱賀。詔依。

二十八日（十月）、四方館言う「将に来たらんとする占城国進奉人、闕に到りて大礼に遇う。其の使副幷びに大小首領は並びに合に郊壇に趁赴して陪位し、及び登門し、肆赦し賀を称すべし」と。詔す「依れ」。

（D）十一月一日、客省言、潮梅州巡轄馬遞鋪押伴占城奉使韓全狀、今月十二日押伴進奉人到建州。約十一月六日到闕、及會問使副已下職位姓名、稱呼等第下項

一進奉使、部領、姓薩、名達麻、呼部領、是官資。一進奉使副、滂、姓摩、名加奪、呼滂、是官資。一判官、姓蒲、名都綱、呼大盤、是官資。一蒲翁團、翁但、翁加艷、翁邈、翁僚、亞辛、沙喝、尼累、已上八名。係在番幹辦掌執人、一翁儒、翁雞、翁廖、蟻㸌、亞哪、不隊、班兒、麻菱、日罕、以上九名。係親隨防護禮物人。詔劄下押伴所、懐遠驛、臨安府疾速排辦。

十一月一日、客省言う「潮・梅州巡轄馬逓鋪の押伴占城奉使韓全状するに、今月十二日進奉人を押伴して建州に到

る。約そ十一月六日に闕に到らん。使副已下の職位、姓名、呼称、等第を会問するに及ぶに、下項なり。

一、進奉使、　部領、　姓は薩、　名は達麻、　部領と呼ぶ。是れ官資なり。

一、進奉使副、　滂、　姓は摩、　名は加奪　滂と呼ぶ。是れ官資なり。

一、判官　　姓は蒲　名は都綱　大盤と呼ぶ。是れ官資なり。

一、蒲翁団、翁但、翁加艶、翁邈、翁僚、亜辛、沙喝、尼累、已上八名。番に在りては幹辦掌執に係わる人。

一、翁儒、翁雞、翁廖、蟻蛉、亜哪、不隊、班児、麻菱、日罕、以上九名、親随して礼物を防護に係わる人」と。

詔す「劄して押伴所・懐遠駅・臨安府に下し疾速に排辦せしめよ」。

（E）三日 客省言占城國入貢。其進奉人非晩到闕。今具合行排辦事下件項。（1）㊀欲乞、候進奉人到闕、客省就驛置局主管事務。（2）㊀今來進奉人、候報到至國門日分、客省承受、同合用人從、鞍馬等出城、幕次内計會引伴使臣、祗備使用。候入城到驛、與押伴相見、茶湯畢、排辦酒食五箋、訖分位。所有相見、酒食五盞、令在驛、御厨翰林司隨宜供應排辦。其城外幕次、令臨安府于經由入。國門外側近去處、釘設排辦。（3）㊀所有朝見日分、欲乞、候本省取到進奉人牓子具奏、取旨。引見及朝辭日分、依此施行。所有皇城門外待漏幕次什物等、欲乞從本省關報儀鸞司、排辦釘設。（4）㊀進奉人起發日、就驛排辦酒食五盞、押伴送官相別訖。進奉人交付伴送使臣、起發前去。所有酒食五盞、令在驛御厨翰林司排辦供應。詔依。

三日（十一月）客省言う「占城国入貢す。其の進奉人は晩きに非ずして闕に到る。今、合行《まさ》に排辦すべき事件を下項に具す。

一、欲し乞うらくは、進奉人の闕に到るを俟ちて、客省は駅に就きて局を置き事務を主管せんことを。

一、今、来たる進奉人は、国門に到至する日分を報ずるを候ち、客省承受、合に用うべき人従・鞍馬等と同に城を出で、幕次内に引伴使臣と計会し、祗《まさ》に使用に備う。城に入り駅に到るを候ち、押伴と相見し茶湯し畢れば、酒食五盞を排弁し、訖りて分位す。所有の相見の酒食五盞は駅に在る御厨翰林司をして随宜供応し排弁せしむ。その城外の幕次は臨安府をして経由して入る。国門の外の側近の去処に釘設し排弁せしむ。

一、所有の朝見の日分は、欲し乞うらくは、本省の進奉人の牓子を取到するを俟ちて具奏し、旨を取らんことを。引見及び朝辞の日分も、此れに依りて施行す。所有の皇城門外の待漏の幕次の什物等は、欲し乞うらくは、本省の儀鸞司に関報して排辦し釘設するに従《よ》らんことを。

一、進奉人の起発の日、駅に就きて酒食五盞を排弁し、押伴（送は衍字か）官と相別し訖る。進奉人は伴送の使臣に交付して起発し前去す。所有の酒食五盞は駅に在る御厨翰林司をして排辦して供応せしむ」と。詔す「依れ」。

（F）五日客省言、據押伴占城進奉使臣韓全、申到進奉人姓名幷二十人、幷譯語二人。本省契勘押伴幷進奉人合用鞍馬共二十四匹、乞下馬軍司差撥。詔依。

五日（十一月）客省言う、押伴占城進奉使臣韓全に拠るに、進奉人の姓名共に二十人幷びに訳語二人なり、と申到す。本省契勘するに、押伴幷びに進奉人の合に用うべき鞍馬は共に二十四匹なり。乞うらくは馬軍司に下して差撥せんことを。詔す「依れ」。

（G）六日客省言、占城番使部領薩達麻状、昨蒙番王遣同綱首領陳惟安、領貢奉物色幷章表前來本朝進奉。竊念、達麻等係化外不諳天朝禮儀。全藉綱首陳惟安。遞年興販本番、譯語至熟、正音兩通、兼與番王知熟。今次、說諭番王前來、進奉方物。表内明指陳惟安引進。雖有譯語随行、竊慮、傳聞不盡、禮節乖違。兼緣貢奉物色亦、是陳惟安同共齎領前來。欲乞、申明朝廷取旨、放令陳惟安、同達麻等入驛宿泊。庶圖引進、及傳聞言音。候指揮。詔依。

六日（十一月）、客省言う「占城番使の部領薩達麻状す『昨《さきごろ》、番王の遣を蒙り、綱首（領は衍字か）陳惟安と同に貢奉の物色幷びに章表を領して、本朝に前来し進奉す』と。竊念するに、達麻等は化外に係わりて天朝の礼儀を諳んぜず。全て綱首陳惟安に藉《よ》る。逓年本番に興販し、訳語は熟に至り、正音両通し、兼ねて番王と知熟せり。今次、番王を説諭して前来し、方物を進奉せしむ。表内に明らかに陳惟安の引進するを指す。訳語の随行する有りと雖も窃慮するに、伝聞尽くさざれば、礼節乖違す。兼ねて物色を貢奉するも亦た、是れ陳惟安と同共《とも》に齎領して前来するに縁る。欲し乞うらくは朝廷に申明して旨を取り放《ゆる》して陳惟安をして達麻等と同に駅に入りて宿泊せしめんことを。引進を図り及び言音を伝聞するに庶からん。指揮を候つ」と。詔す「依れ」。

（H）九日客省言、占城進奉使薩達麻等、已于今月六日到驛訖、所有朝見日取聖旨、詔用十三日。

九日（十一月）、客省言う「占城進奉使薩達麻等、已に今月六日に駅に到りて訖る。所有の朝見の日は聖旨を取る」と。詔す「十三日を用ってせよ」と。

（I）十一日客省言、占城使副見辭、係宣贊舍人引揖拜跪緣言語不通、見有随行譯語二人、乞下皇城司給入殿門號、幷壇殿號各二道、随逐進奉人入殿譯語、幷赴圓壇陪位立班、詔依。

十一日（十一月）客省言う「占城使副の見辞は宣贊舎人の引揖拝跪するに係わる。言語通ぜざるに縁り、見に随行せる訳語二人有り。乞うらくは皇城司に下して殿門に入る号幷びに壇殿の号各々二道を給し、進奉人に随逐して殿に入りて訳語し、并びに円壇に赴きて陪位し立班せしめんことを」と。詔す、「依れ」と。

（J）十三日　詔占城進奉使薩達麻等入見。命客省官賜酒食于殿門外如儀。

十三日、詔して占城進奉使薩達麻等、入見せしむ。客省の官に命じて酒食を殿門外に賜わしむること、儀の如し。

（K）十五日　學士院諮報尚書省、准御封降下、客省奏連到占城國王鄒時芭蘭章表、令本院降詔回答。當院契勘、自來未曾行過占城國詔勅書、外所有交趾國進奉方物等、止是給降勅書、用五色銷金綾紙書寫進呈、請寶降下、用黄絹夾複裹、定間金鍍銀裝匣盛鎖鑰紅絲條封全、仍将錦裹再用黄絹夾複、封裹白絹面簽上題寫勅交趾郡王姓名、請寶降下、方行發付禮部前去、所有今來回答占城國詔、即未敢便依交趾國用勅書、及封裹體例、及契勘、交趾占城國、自渡江後來未曾遣使到闕、所有今來回賜勅書、如封裹進呈了。當即未審依大金遣使到闕體例、于使副朝辭前進納、候朝辭日御前給賜、唯復、從本院齎赴懐遠驛押伴官處、交付取。自朝廷指揮後、批送部禮戸部看詳申尚書省。

十五日、学士院、尚書省に諮報す「御封の降下を准ずるに、客省の奏に連到せる占城国王鄒時芭蘭の章表は、本院をして降詔して回答せしむ。当院契勘するに、自来未だ嘗て占城国に詔勅書を行過せず。外に、有る所は交趾国の方物等を進奉するに、止だ是れ勅書を給降せるのみ。五色銷金綾紙を用いて書写し、進呈して、宝の降下を請う。黄絹夾複裹を用いて定間せる金鍍銀装の匣に鎖鑰紅糸条を盛して封全し、仍お錦裹の再た黄絹夾複を用て封裹せる白絹面の簽上に交趾郡王姓名に勅す、と題写せるを将て、宝の降下を請いて、方《はじ》めて礼部に発付して前去するを行う。所有の今来の占城国に回答する詔は即ち未だ敢えて交趾国に用いる勅書及び封裹の体例に依るを便とせず。及び契勘するに、交趾、占城国は渡江自り後来、未だ嘗て使を遣わし闕に到らず。所有の今来の回賜の勅書は封裹の如くして、進呈して了る。当に即ち未だ審らかならず。大金の使をつかわして闕に到るの体例に依り、使副の朝辞の前に進納し、朝辞の日を候ちて御前に給賜するや、唯だ復た本院従り齎して懐遠駅の押伴官の処に赴き交付する。朝廷より指揮を取りて後、礼・戸部に批送し、看詳して尚書省に申せしむ。

（K´）二十八日（十五日カ）、礼部言、准批送下學士院連到占城國王章表、令本院降詔回答、送部看詳、尋行下太常寺看詳、本寺契勘、今來降詔回答勅書制度、除本寺即無典故、該載外、今看詳、欲依學士院検坐到交趾國進奉方物、給降勅書體例制度、候封題、進呈訖送學士院、關送客省交付押伴所、令使副一就附帯前去、詔依、

十五日（二十八日は誤りか）、礼部言う「学士院に下して占城国王の章表を連到し、本院をして詔を降して回答せしむるを批送するを准ずるに、部に送りて看詳せしむ。尋いで、太常寺に行下して看詳せしむ。本寺契勘するに、今来の詔を降して回答する勅書の制度は、本寺に即ち典故、該載無きを除く外、今看詳するに、学士院の検坐し到れる交趾国の進奉の方物に、給降する勅書の体例の制度に依らんと欲す。封題し、進呈して訖るを俟ちて、学士院に送り、客省に関送して押伴所に交付し、使副をして一に就ち附帯して前去せしめん。」詔す、「依れ」と。

（L）十六日賜占城進奉使薩達麻等、御筵于懐遠驛、

十六日、占城の進奉使薩達麻等に御筵を懐遠駅に賜う。

（M）二十一日戸部言、太府寺申、占城人使到闕、所有回賜錢物、准紹興二十五年十月二日指揮、候見得所進物色價直、剗刷參酌應副、其人使雖到行在、緣所進物色尚、在泉州並未起發依熙寧六年指揮、今後諸番進奉如有進貢物色、

令本寺、看估計價、下（不）所屬回賜、今、将所進香貨名色下所屬、看估細計得香貨等錢十萬七千餘貫、本寺劄刷回賜物帛數目、乞下所屬支給、關報客省回賜今具下項（1）㊀占城進奉到物沈香九百五十六斤、附子沈香一百五十斤、箋香四千五百二十八斤、速香四千八百九十斤、象牙一百六十八株三千五百二十六斤、澳香三百斤、犀角二十株、玳瑁六十斤、暫香一百二十斤、細割香一百八十斤、翠毛三百六十隻、番油一十埕、烏里香五萬五千二十斤、（2）㊀回答數目、錦三百五十匹、生川綾二百匹、生川壓羅四十匹、生樗蒲綾四十匹、生川剋絲一百匹、雜色綾一千匹、雜色羅一千匹、熟樗蒲綾五百匹、江南絹三千匹、銀一萬兩、詔依、

二十一日、戸部言う「太府寺申す、占城の人使、闕に到る。所有の回賜の銭物は、紹興二十五年十月二日の指揮に准じ、見に進むる処の物色の價直を得るを俟ちて、劄刷し参酌して応副す。その人使、行在に到ると雖も、進むる所の物色は尚、泉州に在りて並びに未だ起発せざるに縁り、熙寧六年の指揮の、今後諸番進奉するに、如し進貢の物色有らば本寺をして看估計價し、所属に下（不は誤り）して回賜せしむるに依り、今、進むる所の香貨の名色を将て、所属に下し、看估紐計せしむるに、香貨等の銭十万七千余貫を得。本寺は回賜の物帛の数目を劄刷す。乞うらくは、所属に下して支給し、客省に関報して回賜せしめんことを。今（令は今）下項に具《しる》す。

一、占城の進奉し到れる物。沈香九百五十六斤。附子沈香一百五十斤。箋香四千五百二十八斤。速香四千八百九十斤。象牙一百六十八株、三千五百二十六斤。澳香三百斤。犀角二十株。玳瑁六十斤。暫香一百二十斤。細割香一百八十斤。翠毛三百六十隻。番油一十埕、烏里香五万五千二十斤。

一、回答の数目、錦三百五十匹、生川綾二百匹、生川圧羅四十匹。生樗蒲綾四十匹、生川剋糸一百匹。雑色綾一千匹。雑色羅一千匹。熟樗蒲綾五百匹。江南絹三千匹。銀一万両。詔す、「依れ」

（N）二十二日 客省言、占城進奉人、到闕、別賜國信、物色、翠毛、細法錦夾襖子、金腰帯、銀器等、已下所屬製造訖。乞送祇候庫打角學士院、封題請實訖、附客省関送押伴所。詔依、

二十二日、客省言う「占城進奉人、闕に到る。別に賜う国信、物色、翠毛、細法錦夾襖子、金腰帯、銀器等は、已に所属に下し製造せしめて、訖る。乞うらくは、祇候庫に送り打角し学士院は封題し宝（原文は実）を請いて訖れば、客省に附して押伴所に関送せんことを。詔す「依れ」。

（N′）同日 客省言、福建市舶司差到使臣韓全等八人、押伴占城進奉人到闕、回日可就差伴送前去。詔依、

同日（二十二日）、客省言う「福建市舶司の差到せる使臣韓全等八人、占城進奉人を押伴して闕に到る。回る日、就ち差わして伴送し前去せしむ。詔す「依れ」。

（O）二十六日 鈐轄鈞容眞所言、占城入貢、起發前一日、就驛、賜御筵、依例係九盞、節次、合用樂人作樂、緣今降指揮内、止令鈞容直隨宜量度差撥、今（令）乞差本班五十人作樂祇應、其合用勾曲念語、令本班應制製撰、詔依。今後准此。二十六日、鈐轄鈞容直（真は直か）所言う「占城入貢し、起発する一日、駅に就きて、御筵を賜う。例に依りて九盞に係わる。節次に、合に楽人を用いて楽を作（な）すべし。今降せる指揮の内、止だ鈞容直をして宜しきに随いて量度して差撥せしむるのみに縁り、乞うらくは本班五十人を差わして楽を作し祇応せしめ、其の合に用うべき勾曲念語は、本班をし応制し製撰せしめんことを」と。詔して「依れ」と。今度此を准すと。

（P）二十七日 客省言、今具下項、一引伴占城進奉人使臣韓全等八人、幷譯語二人、已就差伴送前去、特與等第犒

設一次、使臣韓全一百貫、與占射差遣一次、令吏部給、據譯語二人、衙前一名、各五十貫。手分一名三十貫、軍兵五人各十一五貫並令戸部支給。　一、占城進奉人到闕、押伴官與依館伴金國使副例、減半支銀絹各一百匹兩、充収買私覿、客省官置局主管、與依國信所主管官例、減半、毎員支銀絹各二十五匹兩、並令戸部支給。其當行房分折食錢、令臨安府、依金國人使到闕例、減半支給。詔依。

二十七日、客省言う、「今、下項に具《しる》す。

一、占城進奉人を引伴する使臣韓全等八人幷びに訳語二人は已に就ち差わして伴送して前去せしむるに、特に等第の犒設一次を与う。使臣韓全は一百貫、占射の差遣一次を与え、吏部をして給せしむ。訳語二人、衙前一名は各々五十貫、手分一名は三十貫、軍兵五人は各々一十五貫に拠り並びに戸部をして支給せしむ。

一、占城進奉人闕に到る。押伴官は与《とも》に館伴金国使副の例に依り、減半して銀絹各々一百匹両を支し、私覿を収買するに充つ。客省の官の置局の主管は与に国信もて主管する所の官の例に依リ、減半して、毎員、銀絹各々二十五匹両を支す。並びに戸部をして支給せしむ。其の当行の房分の折食銭は臨安府をして、金国人使闕に到るの例に依り、減半して支給せしむべし」と。詔す、「依れ」。

（P′）同日 客省言、占城番進奉使薩達麻等狀、欲乞早賜發遣。本省契勘、所有朝辭日取聖旨、詔令十二月三日朝辭。

同日（二十七日）、客省言う「占城番の進奉使薩達麻等状す、『欲し乞うらくは、早く発遣を賜わんことを』と。本省契勘するに、所有の朝辞の日は聖旨を取る」と。詔す「十二月三日朝辞せしめよ」と。

（Q）二十八日 客省言、占城進奉人、回程其沿路差破遞馬宿泊飲食等、並乞、依引伴來程體例、詔依

二十八日、客省言う「占城進奉人の回程は、其の沿路に差破する逓馬・宿泊・飲食等は、並びに乞うらくは、引伴の来程の体例に依らんことを」と。詔す「依れ」と。

【附記】『中興礼書』を読むにあたり、法政大学沖縄研究所研究院の池谷望子からご教示をいただいた。感謝申上げる。

第二節　紹興二十五年の朝貢品と回賜

はじめに

前節では「南宋期、最初の宮殿での占城の朝貢――泉州出発、都での儀礼、帰路につくまで――」として紹興二十五年に行った占城の朝貢のほぼ最初から最後まで、約一ヵ月余りにわたる日程つまり朝貢の一全程をみてきた。本稿では、献上品と回賜、礼物について見ていく。占城は献上品として何を持っていったか、それに対して政府では献上品を銅銭に換算して、それに見合う回賜を与えた。この朝貢品と回賜との関係を記したのは、管見の限り『中興礼書』のみと思われる。朝貢品と回賜の両方が記されているのは珍しい。本稿では、朝貢品と回賜との関係を検討し、さらに回賜以外にも礼物、衣服、官位等の授与についても検討し、朝貢とはどういうものであったかを考察してみたい。(1)

一、朝貢品と回賜

(1) 回賜の決め方

『中興礼書』の紹興二十五年十一月二十一日の条につぎのようにある。

(十一月)二十一日、戸部言う「太府寺申す、(占城の人使、闕に到る。所有の回賜の銭物は、紹興二十五年十月二日の指揮*に准じ、見に進むる所の物色の價直を得るを候ちて剗刷し参酌して応副す。其の人使、行在に到ると雖も進むる所の物色は尚、泉州に在りて並びに未だ起発せざるに縁る。熙寧六年の指揮の、今後諸番進奉するに、如し進貢の物色有らば本寺をして看估計價し、所属に下（原文は不）して回賜せしむるに依り、今、進むる所の香貨の名色を将て所属に下し看估紐計せしむるに、香貨等の銭十万七千余貫を得。本寺は回賜の物帛の数目を剗刷す。乞うらくは、所属に下して支給し、客省に関報して回賜せしめんことを。今（原文は令）下項に具《しる》す。

一、占城の進奉し到れる物。沈香九百五十六斤。附子沈香一百五十斤。箋香四千五百二十八斤。速香四千八百九十斤。象牙一百六十八株、三千五百二十六斤。澳香三百斤。犀角二十株。玳瑁六十斤。暫香一百二十斤。細割香一百八十斤。翠毛三百六十隻。番油一十埕。烏里香五万五千二十斤。

一、回答の数目、錦三百五十匹。生川綾二百匹。生川圧羅四十匹。生樗蒲綾四十匹。生川剋糸一百匹。雑色綾一千匹。雑色羅一千匹。熟樗蒲綾五百匹。江南絹三千匹。銀一万両」と。

詔す「依れ」と。

右の資料は、前節『中興礼書』書き下しの（M）の部分である（四一五～四七頁）。十一月二十一日というと、十三日の朝見も終わり、帰国の仕度にかかっている時でもある。右の資料の大意は、次の様である。

「戸部が次の様に云う。大府寺（貢物の内蔵庫、左蔵庫などの出入を管理）によると占城の進奉人達は都にきている。回賜の銭物は紹興二十五年十月二日の指揮に准じ、朝貢品の価が出るのを待って（回賜の品を）あつめてそろえる。進奉使は都、行在にいるが、朝貢品は泉州にありまだ都に配送されてない。熙寧六年の指揮（未詳）によると進奉品は太府寺が、物の価格を計算して所属の官に令して回賜させることになっているので、今、この進奉品を係の官に下して価格を計算させたところ、香貨等の銭は十万七千余貫であった。太府寺は回賜（これに相当する礼物）の物帛を集

表1　紹興25年占城の朝貢品

資　　料	「宋会要」蕃夷４占城　紹興25年11月14日。「宋会要」蕃夷７歴代朝貢　紹興25年10月14日(1)	「中興礼書」紹興25年11月21日の条。「宋会要」蕃夷４占城　紹興25年11月28日の条の割註より	「宋会要」蕃夷７歴代朝貢　皇祐５年11月21日(2)
朝貢品	資料A	資料B	
附子沈香	150斤	150斤	150斤
沈香	390斤	956斤	956斤
沈香頭２塊	12斤		
上箋香	3690斤	箋香　4528斤(3)(4)	4258斤*
中箋香	120斤		
箋香頭塊	480斤		
箋香頭	239斤		
澳香	300斤	300斤	300斤
上速香	3450斤	速香　4890斤	4890斤
中速香	1440斤		
暫香	120斤	120斤	120斤
細割香	180斤	180斤	180斤
烏里香	55020斤	55020斤	55020斤
象牙	(3526斤)(7)　168株	3526斤168株	3526斤168株
犀角	20株	20株	20株
玳瑁	60斤	60斤	60斤
翠毛	360隻	360隻	160隻**
番油	10燈	10埕	10埕
銅銭に換算	(107000余貫)(8)	香貨等銭（合計）107000余貫	
合計斤	69177斤	69730斤(5)	
合計kg	43t　581.51kg	43t　929.9kg(6)	

（1）「宋会要」蕃夷４占城、紹興25年11月14日、ならびに同、蕃夷7歴代朝貢、紹興25年10月14日の条に朝貢品の項目、数量とも同じである。

（2）「宋会要」蕃夷７歴代朝貢（皇祐）５年11月21日の条に、品目、数量とも「中興礼書」と同じである。明らかにこれは錯簡である。注意を要する。

（3）資料Aの４種の箋香を合計すると4529斤となり、１斤多い。

（4）「宋会要」蕃夷７歴代朝貢（皇祐）５年11月21日の箋香は4258斤とあり、4528の52が入れ替わっているだけである。

（5）69730斤は斤のみの合計である。株、隻、燈の数は入っていない。

（6）１斤＝630g（宋代）で計算した。約44tとなる。

（7）3526斤は資料Aになし。

（8）107000余貫は資料Aになし。

（9）＊、＊＊、皇祐５年の朝貢で（A）(B）資料と異なる箇所を記した。

表2　紹興25年占城の朝貢品の回賜の資料一覧

		資　　料	年　　月　　日
占城の朝貢品		・「宋会要」蕃夷4占城 ・「要録」170 ・「中興礼書」	紹興25年11月14日 紹興25年11月14日（戊午） 紹興25年11月21日
回賜	1．朝貢品に対する回賜	・「中興礼書」	紹興25年11月21日
	2．定賜	・「中興礼書」主客条例 ・「中興礼書」 ・「宋会要」蕃夷4占城 ・「宋会要」職官35-17四方館 ・「宋会要」礼62-66賚賜	紹興25年10月2日 紹興25年10月22日 紹興25年10月2日 紹興25年11月22日 紹興25年11月22日
	3．朝見使・朝辞使などに与えた品物	・「宋会要」礼62-66賚賜 ・「宋会要」蕃夷4占城 ＊「中興礼書」にこの記事なし	紹興25年9月30日 紹興25年9月25日

めて、これを担当の官に支給し、客省に知らせて回賜させよ。以下の通り。

＊十月二日の指揮とは『中興礼書』の十月の二日の条（前節『中興礼書』書き下しの〈A〉）に「礼・戸・兵部言う。……勘会するに……所有の合に回賜すべき銭物及び応《まさ》合に行なうべき事件《ことがら》は箚して礼部の処に副す。其れを検して申ねて朝廷の指揮を取れ。逐部勘会せよとある指揮である。

一、占城の進奉し到れる物（省略）

一、回答の数目（省略）

（ここまでが太府寺と戸部の言）。詔が出て「その通りにせよ」と。

とある。ここには回賜は、どの様にして決まるかが記されているので、右の記述をまとめてみる。他の国の回賜の場合もこのような方法で銅銭の査定を行ったのであろう。

一、太府寺は朝貢品の値がわかるのを待ってから回賜の品物を剋刷（かき集める）して用意する。

二、進奉使は都にいるが、朝貢品はまだ泉州にあり、起発しないことになっている。それは熙寧六年の指揮（未詳）により、これから諸蕃の進奉があったら、その物色は太府寺が値をだして計算して、所属の者に回賜させることになった。これによると、北宋熙寧六年からこのような方式がとられていたのであろう。元豊年間には、都に送らないで地元（ここでは泉州の市舶司）で処置するようになっていた。

三、いま、この朝貢品はすべて計算し、その結果、香貨などの銭は十万七千余貫としてととのえる。
四、太府寺はこの数字の分の金額を回賜として帛や銀などを集める。
五、それらを所属に支給して、客省に報告して回賜とする。
六、十万七千余貫文相当の品を集めた帛、物、と銀は回答の数目に記す。

この様な経過を経て、朝貢品に対する回賜が決まることが記されているのは、これが初めてであろう。

（2）　朝貢品の換算

次に、朝貢品を十万七千余貫と換算したことについて見てみよう。この換算の方法が宮中での基準であったのであろう。それが高いのか安いのか判断は出来ないが、これを宮中の内の価でなく、市井の人々の香薬の値などから見てみよう。

品目の内容について見てみると、これらの朝貢品は趙汝适の『諸蕃志』、藤善眞澄訳注『諸蕃志』（関西大学、一九九〇年）をみると、沈香をはじめとして殆どが占城の特産品である。沈香は真臘に次ぐもので高価である。『中興礼書』では九五六斤とあり、『宋会要』占城の条では三九〇斤とある。ここでは『中興礼書』の方で計算した。沈香は山田氏の研究によると（山田憲太郎『東亜香料史研究』中央公論美術出版社、一九七六年）樹木にある原因で刺戟が加わり、その部分に樹脂が沈澱し材質の一部分に凝集して沈香木となる。これを焚けば芳香を放つ。薬としても使用された。箋香、速香、暫香等については『諸蕃志』の「生香」の条によると、この木（沈香）に含まれる香密度により名前が変わり沈香を十とした場合、七～六分は箋香、五分が速香、三分が暫香であるという。朝貢品の中で分量が一番多い五万五千斤の烏里香は黒檀である。翠羽は鳥かわせみの羽。隻は鳥一羽の羽の単位。この美しい羽をまぜて布や緞子を織る（翠はかわせみの雌でみどり色もえぎ色で美しく、雄は翡で赤色という）。番油は一名蘇合香油ともいい、皮膚病やハンセン病にきく。象牙も特産品であるが大食、真臘より質が劣る。一六八株が三五二六斤なので一株二十一斤。小振りである。大食産の大きい象牙は一株五十～七十斤以上あり一斤二貫六百文で取引された（『宋会要』職官四四市舶紹興元年十一月二十六日の条）。一株二十一斤であるから、これよりは安価であろう。それにしても、政府は安価の査定である。

さて、この献上品の価格を太府寺は十万七千余貫とした。当時の香薬の価格と比べてみる。沈香の様に高価のもの、烏里香の様に多分に安い物などがあり一律には計算できないが、林天蔚『宋代香薬貿易史』の「香薬価格約変動」（三三〇～三三四頁）に記されているので、これに基づいて考えてみる。北宋の真宗の時には上等の香薬は毎斤四貫であった（『宋会要』食貨三六榷易、景徳三年五月）。仁宗になると価格が低くなり一斤三貫九百文で、安いのは、一斤三貫三百文であった。劣香は、もっと安価であった。南宋になり、香薬の価格が高くなり乳香は一斤十三貫となる。『宋史』四〇四張運伝に紹興のはじめ三仏斉は、乳香九一五〇〇斤を持参し、直は一二〇余万緡であった。一斤十三貫となる。これを売り軍餉にあてたという。この外に龍涎などは、法外に高い価格が『游宦紀聞』七巻などにあるが省略する。すると紹興二十五年頃はどの位の値であったのであろうか。乳香一斤が十三貫の高値ではないにしても、南宋は北宋より値が高い。今、北宋とほぼ同じく一斤四貫として計算してみる。ただし、香薬のみとし（単位が斤のみとする）、犀、翠毛、番油は除いている。『中興礼書』によると香薬（斤）は合計約六万九七三〇斤となる。一斤四貫で計算すると、二七万八九二〇貫となり、査定の十万貫の約三倍に近い。一斤三貫とすると二〇万九一九〇貫となり、査定十万貫に対して二倍となる。一斤二貫とすると一三万九四六〇貫となり、十万貫に近い。十万七千貫を六万九七三〇斤で割ってみると一斤一・五貫となる。つまり朝貢品は一斤一・五貫で計算されている。犀角や翠毛などを入れると一斤一・二〜三貫位の価格となるのである。献上品とはいえ非常に安価に抑えられていることが解る。一般の価格よりかなりかけ離れた安い査定額になる。この計算で行くと、実際の価格の三分の一ぐらいの価格の査定になる。犀角や翠毛、番油などを入れると、もう少し安くなる。これが政府がきめた朝貢品に対する査定価格なのである。

この六万九七三〇斤はどのくらいの重さであろうか。一斤は宋代では約六三〇グラムなので（『漢語大詞典』附録「中国歴代衡制演変測算簡表」一八頁）、これで計算すると、四三トン九三〇キログラムとなり、約四十四トンとなる。かなりの量と重さである。この量を陳惟安の船に便乗して福建省泉州市舶司のところに持ってきたのである。朝貢品だけではなく陳惟安の貿易品も積み込んだのであろうから一隻ではなかったはずで、幾隻かで来たのであろう。

この朝貢品について注意しなければならないことは、『中興礼書』と同じものが、『宋会要』の蕃夷七―二九歴代朝貢の皇祐五年（一〇五三）十一月二十一日の条に記されていることである。異なるところは、箋香の四五二八斤が四二五八斤となっており、翠毛が皇祐には一六〇隻で、紹興二十五年は三六〇隻と異なっている。一方、紹興二十五年十月十四日にも同じ朝貢品の記述がある。これは日が異なるが同じ朝貢であろう。しかし北宋の皇祐と南宋の紹興で、同じ朝貢品を持参するはずがない。これは、明らかに皇祐五年の条は錯簡と思われる。『宋会要』の編纂者が占城の条の皇祐五年四月に占城の朝見使、朝辞使達が多くの公服、絹を回賜としてもらっている記事をみて、献上品を皇祐年間に入れてしまったのであろうか。いずれにせよ「歴代朝貢」の皇祐五年十一月二十一日の条は錯簡であり、紹興二十五年十一月の条に入るものであることを指摘しておく（表1参照）。

（3）朝貢品に対する回賜――帛と銀貨――

次に太府寺が朝貢品を査定した十万七千貫に対して回賜をしなければならない。劄刷した回賜の帛は次のとおりである（重複するが記す）。

回賜の品は（表3「紹興二十五年占城への回賜」参照）、

一、回答の数目、錦三百五十匹、生川綾二百匹、生川圧羅四十匹、生樗蒲綾四十匹、生川剋糸一百匹。雑色綾一千匹、雑色羅一千匹、熟樗蒲綾五百匹、江南絹三千匹、銀一万両。詔す「依れ」と。

とあり、回賜は絹織物と銀一万両である。生川綾の生は練らない。漂煮していないこと（煮て柔らかにすることを熟という）。川は四川省のこと。つまり練らない四川省産で模様をつけて織り出した絹織物のこと。四川の絹は北宋時代河北・山東の絹に次ぐものとして有名であった。生川圧羅の圧は未詳であるが圧花は浮模様の意なので、浮模様のある薄絹のことであろう。これは高級なもので四十匹と少ない。次の生樗蒲綾四十匹。樗蒲とは賭博のことで、これに用うる道具の形を模様に織り込んだ綾のことであろう。道具は楕円形の板の面を白く塗って雉子を描き、もう一面は黒くして牛を描いたサイコロであったというが、その模様であったかは未詳。両浙の杭州・湖州で樗蒲綾が織られていた。生川剋糸の一百匹。剋糸は刻絲のことで色糸を使って模様を織り出したもので綴織ともいう。分量が多いのが江南絹の三千匹。江南絹は経糸が粗で緯が細かく、南絹という。質的には河北か山東が良質、次いで川絹、最後が南絹であったという。絹については、斯波義信氏『宋代商業史研究』の「絹織物」二七一～二九五頁を参照。絹を合計すると六二三〇匹となる。これを産地別にみると四川省が三四〇匹、両浙の樗蒲綾五四〇匹、江南絹三千匹、雑色羅

表３　紹興25年占城への回賜

1　朝貢品に対する回賜

「中興礼書」紹興25年11月21日（「宋会要」蕃夷４紹興25年11日28日の割註より）

錦	350匹	生川綾	200匹	生川圧羅	40匹
生樗蒲綾	40匹	生川剋糸	100匹	雑色綾	1000匹
雑色羅	1000匹	熟樗蒲綾	500匹	江南絹	3000匹
	銀1000両	絹匹の合計	6230匹		

2　回賜の以外の礼物

「中興礼書」紹興25年10月２日、「宋会要」礼62〜66賚賜紹興25年11日22日

翠毛細法錦夾襖子	１領	20両金腰帯	１条	銀器	200両
衣着絹	300匹	白馬	１匹	80両鬧装銀鞍轡	１副

3　朝見と朝辞の時に賜った品*

「宋会要」蕃夷４紹興25年９月25日、「宋会要」礼62－66賚賜紹興25年９月30日

朝見

朝見使	紫羅寛衫 十両金腰帯	小綾寛汗衫 幞頭	大綾夾襪 絲鞋	頭袴 衣著30匹	小綾勒帛 紫綺被縟氈一
副使	紫羅寛衫 七両金腰帯	小綾寛汗衫 幞頭	大綾夾襪 絲鞋	頭袴 衣著20匹	小綾勒帛
判官	紫羅寛衫 十両金花銀腰帯	小（原文は絹）寛汗衫 幞頭	小綾夾襪 絲鞋	頭袴 衣著10匹	
防援官**	紫羅（原文は官）絁衫 絹勒帛	紫絹汗衫 幞頭	絹夾襪 麻鞋	頭袴 衣著７匹	

朝辞

朝辞使	紫羅窄衫子	小綾窄汗衫	小綾勒帛	銀器50両	衣著30匹
副使	紫羅窄衫子	小綾窄衫	小綾勒帛	銀器30両	衣著20匹
判官	紫羅窄衫子			銀器10両	衣著10匹
防援官**				銀器７両	衣著５匹

*　この表は蕃夷４によった。礼62とは品目名が異っている。**　防援官は17人。

と綾が各々一〇〇〇匹ずつで二〇〇〇匹である。すると全体の半数を江南絹が占め、雑色絹、羅が三分の一で、余り六分の一が錦綾などの高級品であった。即ちこの絹と銀一万両が占城が進奉した香薬等を銭で換算した十万七千貫の返礼である。

では、この絹と銀を銅銭に換算するとどの位になるのであろうか。前

述したとおり正確な値は算出できないまでも、大まかな値は出ると思うので検討してみたい。絹の値については、全漢昇『中国経済史論集』新亜研究所、一九七二年（香港中文大学）、二四七～三五四頁、「南宋初年物価的大変動」の「江・浙絹価的変動」の表によると、絹の値は北宋期は一匹ほぼ一～二貫位であったが、南宋になって高騰し、紹興二年には二貫から五貫となる。四年には十貫になるが八年に八・四貫に下がり、紹興二十六年には四貫となったとある。『要録』巻一七一紹興二十六年二月甲午に「市価毎匹四貫に過ぎず。乃ち下戸をして六貫を増納せしむ……」とある。二十六年八月四日には絹五貫五百文とする（『宋会要』食貨九～八、賦税雑録）。紹興二十五年では一匹五貫として計算してみる。絹六二三〇匹は三一一五〇貫となり、約三万余貫となる。一匹六貫と値上げしても三七三八〇貫である。高級なものは、値段が高い可能性がある。一匹十貫とすると六万貫となりこんなことはあり得ないが、計算上ではこの位の計算をしている。

次に銀一万両を銅銭に換算する。これは通貨であるから、ほぼ金額は決まっている。加藤繁『唐宋時代に於ける金銀の研究』東洋文庫、昭和四十五年再版ならびに全漢昇前掲論文を基礎にして検討する。紹興四年は銀一両が二貫三百文であり（岳珂『金佗続編』巻五「朝省行下事件省箚」）、紹興三十年には、銀一両三貫～四貫であった（『要録』巻一八六　紹興三十年九月丁丑の条）。したがって紹興二十五年は三貫～四貫の中間をとり、一両、三・五貫として計算すると、銀一万両は三万五千貫となる。前の絹の価格が三万余貫（一匹五貫として計算）銀は三万五千貫（一両三・五貫とする）となり、両者を加えると六万五千余貫となる。太府寺の計算では十万七千貫に相当するものが、実際には六万五千余貫しか与えていないことになる。

以上朝貢品と回賜についてみてきた（表4「朝貢品と回賜の価格試算」参照）。以上、要約すると次の様になる。政府は朝貢品の価格を十万七千貫とし、それに見合う回賜として絹と銀を与えたということである。今、この当時の価格

表4　朝貢品と回賜の価格試算

		数量	価格	計		太府寺
朝貢品	香薬のみ	69,730斤	1斤 3貫とする	209,190貫		107,000貫
			1斤1.5貫とする	104,595貫		
回賜	絹	6,230匹	1匹 5貫	31,150貫	合計66,150貫	
	銀	10,000両	1両3.5貫	35,000貫		
	絹	6,230匹	1匹 10貫	62,300貫	97,300貫	

から計算してみると、朝貢品の香薬等の価格は安く見積もっても二六万余貫となり、設定価格（十万七千貫）のほぼ二倍となる。一方回賜をみると絹は三万貫、銀は三万五千貫で両者を合わせると六万五千貫である。この試算に誤りがないとすると政府は朝貢品の値を安く設定し、回賜も設定した十万余貫の半値強位のものしか与えていない結果となる。政府が朝貢品を非常に安く見積もり、それに相当する回賜の品は、高く見積もっていることになる。単純に計算するならば、香薬は一斤を一・三貫とし、絹は一匹十貫として計算すると合う。銀はほぼ価格が決まっているので、変動はない。一般的に見ると香薬は安く、絹は高い。

以上、朝貢品と回賜の関係を見てきた。これだけを見ると、朝貢品はけして高い評価を受けず、それと同価格の回賜を貰った。すると朝貢品の数倍の回賜をもらって帰るということはなかったと考える。しかし、この場合は闕での朝貢である。往復の旅費、駅での一カ月に及ぶ滞在費、進奉使副たちに朝見、朝辞の際の礼服の授与、礼物など、中国側の費用は多かったと考える。次にどのような礼物、官位を授与したかなどを見ていく。

二、回賜以外の礼物

中国側からはこの回賜とは別に礼物として授与するものがあった（表3「紹興二十五年占城への回賜」の2「回賜以外の礼物」参照）。『中興礼書』十月二日の条の主客条例と十一月二十二日、『中興礼書』書き下し文（A）と（N）。『宋会要』占城十月二日。同書、礼六二～六六賚賜十

一月二十二日の条にある。『中興礼書』の主客条例によると

一、主客条例に、

「占城国は、進奉の回賜の外、別に翠毛細法錦夾襖子一領、二十両金腰帯一條、銀器二百両、衣着絹三百匹、白馬一匹　八十両鬧装銀鞍轡一副を賜う。戸・工部に下し、所属をして計料して製造し、客省に送りて椿辦し、自来の条例に依りて回賜せしめ、其の馬は騏驥院をして給賜せしめん」と。詔す「依れ」と。

とあり、又、同書十一月二十二日の条にも

二十二日、客省言う「占城進奉人、闕に到る。別に賜う国信、物色、翠毛、細法錦夾襖子、金腰帯、銀器等は、已に所属に下し製造せしめて訖る。乞うらくは、祇候庫に送り打角し学士院は封題し宝（原文は実）を請いて訖れば、客省に附して押伴所に関送せんことを」と。詔す「依れ」と。

とある。主客（礼部に属し、朝貢などのことを司る役所）条例に別の礼物として規定されていることを示すものであろう。その物品とはかわせみの羽を使用した錦のあわせの上着一揃、金腰帯（黄金で鏤めた帯）で、これを作るために使用した金の重さ二十両一条、銀器二百両、絹三百匹、白馬一匹、鬧装（模様つきの装飾のある帯）鞍轡（くらとたづな）を作るのに使用した銀の重さ八十両一副である。戸部（財務担当で物を作る費用などを調達）と工部（製造担当）に製造させ、客省（朝貢の時の接待賜物などを準備）に準備させて条例に依って回賜させる。馬は騏驥院（馬を養成する役所）から与えよと命が下る。そして十一月二十二日によると、すべて製造が終わり、祇候庫（太府寺に属し、銭帛、器皿等を掌り、皇帝の賞賜等を行う）に送り、学士院で皇帝の印で封印し、客省に附して、押判所に送り、回賜させたとある。十月二日には条例によって準備に入るが、進奉使達はまだ都に到着していない。入貢を許可した段階でもう準備に入る様子が記載されている。実際に礼物が出来上がったのは二ヵ月後の十一月二十二日である。

三、朝見使と朝辞使に贈る品

皇帝に謁見すると、その度に各二十人に品物（礼物）を与えている。進奉使らは朝見と帰国する時の朝辞計二回謁見している。これは伝統的な習慣であった。『宋会要』占城、紹興二十五年九月二十五日と同書礼六二—六六賚賜、同年九月三十日の条にある占城と礼六二賚賜は少し品目の内容が異っている。（表3「紹興二十五年占城への回賜」の3「朝見と朝辞の時に賜った品」参照）。

『宋会要』占城には次の様にある。改行、（　）は筆者による。

（紹興二十五年）九月二十五日　尚書省言う「将に来たれる占城国の進奉人は闕に到り、其の朝見使に給せんと欲す」と。

朝見使　紫羅寛衫（衫は肌着、上着）、小綾寛汗衫（汗衫は、汗を取る下着）、大綾夾襪（夾は合わせ、襪は靴下）、頭袴、
　小綾勒帛　十両金腰帯（十両の金を使用した帯）、幞頭（ずきん）、糸鞋（鞋はくつ）、衣著三十両　紫綺被
　縟氈一副

副使　紫羅寛衫、小綾寛汗衫、大綾夾襪、頭袴、小綾勒帛、七両金腰帯、幞頭、糸鞋、衣著二十匹

判官　各紫羅寛衫、絹寛汗衫、小綾夾襪、頭袴　十両金花銀腰帯、幞頭、糸鞋、衣著十匹

防援官　各紫官（官は羅か）絁衫、紫絹汗衫、絹夾襪、頭袴、絹勒帛、幞頭、麻鞋、衣著七匹（十七人分を用意する）

（朝辞の時に賜った品）

朝辞使　紫羅窄衫子、小綾窄汗衫、小綾勒帛、銀器五十両　衣著三十匹

副使　　紫羅窄衫子、小綾窄汗衫、小綾勒帛、銀器三十両　衣著二十匹
判官　　各紫羅窄衫子、銀器十両、衣著十疋
防援官　　各銀器七両　衣著五疋（十七人分を用意する）
之に従う。
*進奉使らは合計二十人であるから防援官は十七人となる。
『中興礼書』にはこの記述はない。『宋会要』占城によると、占城の入貢については、八月二十一日に提挙福建市舶の鄭震から報告があり、一ヵ月後の九月二十五日に、尚書省より朝見と朝辞の時に二十人全ての人に与える公服や布・鞋等の製造準備に入れ、回賜や回賜外の物より早く準備するようにとあり、回賜の品物は掻き集めればよいが、朝貢使たち与える服は時間を要するので急いでいる。このように闕で朝貢使たちを迎えることは中国側にとっても準備が大変であったことを伺わせる。朝見と朝辞に与えられた一式の服装、使、副使、判官、防援官の各々の服装は、右に示したが、この服装は、中国ではどの品級の官位の人が着用するものだったのであろうか。形式上のものだったのであろうか。官位の服装、公服、朝服等、服装の観点から解明できればより朝貢の実態が判明するであろう。
以上占城からの朝貢品に対して、中国側は（一）回賜、（二）回賜外の礼物、（三）進奉使への礼物、上記三項目の礼物を大きな意味では回賜として与えたのである（表3「紹興二五年占城への回賜」1、2、3、参照）。

四、朝貢要員への手当、その他の手当

進奉人への賜与ではなく、この朝貢を成功させた中国側の要員への手当の授与が記されている。進奉使でなく、内

部の中国側要員への手当は、ここにしか見当たらないので次に記す。これについては前節「南宋期、最初の宮殿での占城の朝貢」の表4「引判者への手当」を参考。

都での朝貢儀礼の（12）十一月二十七日の条と一部重複するが記す。表6参照。

まず、泉州から案内、護衛した人たち十人に手当がでる。

『中興礼書』十一月二十七日の条（P）

二十七日、客省言う、「今、下項に具《しる》す。

一、占城進奉人を引伴する使臣韓全等八人并びに訳語二人は已に就ち差わして伴送して前去せしむるに、特に等第の犒設一次を与う。使臣韓全は一百貫、占射の差遣一次を与え、吏部をして給せしむ。訳語二人、衙前一名は各々五十貫、手分一名は三十貫、軍兵五人は各々一十五貫に捌り並びに戸部をして支給せしむ。

一、占城進奉人闕に到る。押伴官は与《とも》に館伴金国使副の例に依り、減半して銀絹各々一百匹両を支し、私覿を収買するに充つ。客省の官の置局の主管は与に国信もて主管する所の官の例に依り、減半して、毎員、銀絹各々二十五匹両を支す。並びに戸部をして支給せしむ。其の当行の房分の折食銭は臨安府をして、金国人使闕に到るの例に依り、減半して支給せしむべし」と。詔す、「依れ」と。

泉州からの引率（往復）総責任者、韓全は、銅銭一〇〇貫と占射（占射とは、自分の望む職に就職出来る権利のこと）。通訳二人と衙前一人は銅銭五十貫、　手分は三十貫、軍兵（五人）は各々十五貫ずつ支給する。十人分の銅銭は合計三七五貫となる。さらに十人は特に等第（位階品級に応じた）の犒設（宴席）の招待がある。

次に、都での朝貢の世話係の責任の者、押伴官にも、手当が給される。押判官には銀と絹各々一百匹両を支給する（金国の半額）。これを私覿として収買に充てることができる。私覿とは貿易のこと（『朝野類要』巻一）でこの場合、銀百両と絹百匹を占城の品物と私的に収買ができることである。公に許された自由交易であろう。これは特別な人にしか許されない交易であったのであろうが、私覿については今後事例を集めて検討していきたい。私覿は交趾の例もあるのでそれも含めて今後の課題としたい。

次に客省である。局の主管は毎員、銀・絹各々二十五両匹。つまり銀二十五両と絹二十五匹、押判官の四分の一である。当行房分（宿泊所か）の食費の折食銭（食糧を銭におき換えて支払う）は、臨安府が金国人使の半減を支給する。金国への優遇をみる。その他、客省内の輪番官等、様々であるが省略する。

五、占城国王に礼物と官位を賜る

十二月三日に進奉使たちは最後の挨拶、朝辞を行っている。そして帰りの出発も十日に決まった。進奉使たちは、この朝貢の目的であった国王に官位と礼物を授かるという使命を果していないのでこのまま国に帰ることは出来ないことであった。そこで進奉使は、皇帝にその旨を申し出ている。それも六日の事である。

『宋会要』蕃夷四占城　の十二月六日の条に、占城の進奉使は皇帝に、占城の国王に官位と礼物を頂きたいと願っている。皇帝は前例を調べて官位と礼物を授ける。その礼物とは、「銀、絹各々一千匹両、寛衣一対、二十両鏤金帯一条、細衣著一百匹、金花銀器二百両、衣著一百匹」である。さらに、国王は父と同じ官位を授与された。それも皇帝は三日を限りとして授与するように命じてやっと授与されているようである。これも進奉使が申し出なかったら、果たしてもらえたかどうか疑問である。三日とあるのは、帰路に就く日、十日ぎりぎりである。これで、占城の進奉使はこの朝貢の目的が達せられた。そして進奉使もこの時に官位を貰っている。帰国後、翌年二月に商人陳惟安も官位を授与されている。

おわりに

南宋の淳熙十二（一一八五）年に編纂された『中興礼書』の逸文から、紹興二十五（一一五五）年の占城の朝貢に関する一部を垣間見ることができた。この朝貢は『中興礼書』が編纂される三十年前であったので、資料がかなり整っていたのであろう、細部にわたる記述がある。

この朝貢は二十三年ぶりに行われたもので(2)、国王の即位による冊封のために朝貢品を持って入貢し、都で皇帝に謁見し、爵位と回賜をもらい帰国した、という典型的な朝貢の様相である。入貢しても都に行くことを許されず、港の市舶司で中央から役人がきて取り行うことも多くあり(3)、また不正が発覚した場合には、その時点で朝貢自体を取り止め、都に送った朝貢品を市舶司に戻すということもあったのである。

占城という東南アジアでは交趾、三仏斉などより小さい国の朝貢について、なぜこのような記録が残ったのであろうか。それは、この朝貢が南宋になって初めての闕での朝貢であったからである。それは次のような資料から明白になる。『宋会要』職官三五、四方館に、この紹興二十五年の占城の朝貢の際、どの様な方法で使者を迎えるかなど朝貢に関する過去の規範が紛失しており、四方館では過去の条令などを参考にして条文として書き上げたという。この条文の部分は『中興礼書』にも記されている(4)。この時期は、北宋から南宋に移り落ち着きをとりもどした時でもあるので、儀礼などの規定もつくられたのであろう。この時期に当ったのが、紹興二十五年の占城の朝貢であったのである。

本題にもどり、この朝貢を王に勧め実行したのが一人の中国商人、陳惟安で、彼の活動なくしてこの朝貢は成り立たなかったと思われる。彼は毎年のように中国と占城を往復して貿易を行い、国王と密接な関係にあった。王室貿易を行っていたのであろう。さて彼の助言により集められた香薬を主とする朝貢品は約四十四トンもあった。彼の船で貨物と朝貢使を載せて入国した。この朝貢の成功により政府から官位を与えられた。これは商業をする上で大きな利益をもたらしたたに違いない。当時彼だけでなく、このように二、三ヶ国を行き来する中国商人たちが多くいたと思われる。華僑のはじまりであろう。

さて、中国政府はこの朝貢品の価格を十万七千貫とし、回賜として絹六二三〇匹と銀一万両を与えた。この朝貢品の価格と回賜の価格だけをを考えてみるに、市井の価格によると、朝貢品の価格は安く、回賜の帛は高価である。香薬は一斤一・五貫弱で、絹は一匹十貫という計算となる。これが当時の朝貢と回賜の計算の仕方であったのであろう。単純に朝貢品と回賜だけを見ると占城は、経済的に見ると大きな利益にはなっていないと思われる。

中国では、朝貢国にこの回賜以外に国王に礼物を授与し、皇帝に謁見した時（朝見、朝辞）進奉使ら各人に公服や絹、銀などを賜与するなど、朝貢自体に多くの費用がかかっている。南宋の場合、占城の後に、数ヵ国の朝貢が続くが、闕に行くことは少なくなり、国境や市舶司で朝貢を行っている。この場合は、皇帝に謁見しないので衣服などは授与されなかったのであろうか。闕以外の朝貢の様子の資料が見当たらないので、詳しいことはわからない。

以上、紹興二十五年の占城の闕での朝貢を見てきた。一節二節にわたって、南宋に入っての最初の朝貢であったから記録が残り、客省承受の案内により一連の朝貢儀礼を全うすることが出来た。残存する『中興礼書』という記録により忠実に復原しようと試みた。これは朝貢を行った紛れもない事実である。これは時代的な変化はあるにせよ、古代から続いてきたものであろう。南宋になったから、違うものができたのではなく、北宋でもこのような朝貢儀礼が行われていたと考える。その点『中興礼書』の記述は断片であるが、貴重であったといえる。

今回は、回賜、朝貢品という経済的な要素を見てきたが、朝貢は決してそれだけに止まらず、二国間の外交的な友好を計るという面もあり、そこには政治的、社会的、文化的な要素が総合して成立するものと考える。朝貢を単に形式として捉えるのではなく、総合的な要素を以て検討していきたい。

註

（1）『中庸』十九章に「往を厚くして、来を薄くするは諸侯を懐くる所以なり」とある。坂野正高氏は『近代中国政治外交史』（東京大学出版、一九七三年）の中で、「朝貢関係とは、宗主国と朝貢国との関係をいう。前近代的な国際関係の一つの形態である。一、中国は朝貢国の支配者を国王に「封」じ、印を与える。冊封の関係である。皇帝はひとり。一、朝貢は国王から皇帝に上奏文「表」と「貢」を捧げ、「貢」に対して皇帝からお返しをあたえる。すなわち「朝貢回賜」という関係である。「朝貢回賜」は「往を厚くして、来を薄くする」という関係である」とする。七七～八三頁。

（2）紹興二十五年の前の朝貢は、紹興二年三月八日である。『宋会要』蕃夷四占城。

（3）たとえば『宋会要』蕃夷四交趾、紹興十四年六月八日。

（4）四方館（『宋会要』職官三五）の記述とほぼ重なるところは、『中興礼書』の十月八日（B）、十一月三日（E）、二十二日（N）、二十七日（P）、二十八日（Q）の部分である。

第三節　占城の南宋期乾道三年の朝貢をめぐって

――大食人烏師点の訴訟事件を中心として――

はじめに

宋代は海のルートによって西アジア・東南アジア諸国との交易、交流が盛んに行われた時期である。中国商人、アラビア、東南アジアの商人や朝貢の使節達が、各国の特産物等をもってこれらの国々を行き交った。中国の政府は国家財政の一部を担う海外貿易による利益に着目し、外国人に対しては蕃夷招致策、優遇策を行い、中国商人にも海外での商業活動を奨励した。

前節では、紹興二十五年の朝貢と、朝貢品と返礼の回賜との関係を論じてきた。本稿では、二十五年の次の朝貢である乾道三年（一一六七）の占城の朝貢を取り上げる。次々と問題が起こる朝貢である。この年、占城は大量の朝貢品を持参して入貢した。手続き中に大食（アラビア）人により、その朝貢品は大食から強奪したものであることを訴えられるという事件が起きた。朝貢という立場上、皇帝は占城、大食、また朝貢品に対してどのように対処したか。また海賊行為を行った占城国王についてもなぜこのような行為をしたかなどを検討してみたい。この問題についてはいくつかの研究[1]があるが専論はない。先学の研究を基礎にして東南アジアの一国である占城の朝貢について考察してみる。

前回の朝貢と今回の朝貢のシステムが変わっていることにも留意し、比較検討してみたい。

一、乾道三年の入貢

占城（チャンパ）は現在の中部から南ベトナムに位置する。宋代では趙汝适『諸蕃志』によると、泉州から船で順風であれば二十日余りで到着する。北は交趾、南は真臘、西は雲南に接している。インド文化を受容し、ヒンズー教の要素が強い国である。中国に近いこともあり、朝貢の回数の記録も多く、宋代では六十四回を数える。[2] 東南アジア諸国でも特別に占城は多い。本稿では、これらの朝貢の中で乾道三年（一一六七）をめぐる占城国の入貢について年次を追ってみてゆく。このことに関する詳細な記述は『宋会要』蕃夷四—八二〜八四占城（以下『宋会要』占城と略す）の乾道三年十一月二十八日の条から淳熙三年三月五日の条、ならびに『宋会要』蕃夷七—五〇〜五一歴代朝貢（以下『宋会要』歴代朝貢と略す）の乾道三年十月一日と同年十一月二十八日の条から乾道四年三月九日条にかけてある。まず『宋会要』占城の乾道三年十一月二十八日の条から検討する。この記述は『宋会要』占城の乾道元年六月八日の条の割註に『中興礼書』（『続修四庫全書』巻二二七、賓礼六、占城、所収）を引用して乾道三年の入貢を記したものである。次のようにある。

乾道元年（一一六五）六月八日、鄒時芭蘭に食邑五百戸、食実封二百戸を制す。[3]

（割註）中興礼書（に言う）。乾道三年十一月二十八日、提挙福建路市舶司程祐之言う、本司（市舶司）、元勧《もと》（勘か）発せる占城蕃にて興販の綱首陳応等の船は已に回船し、正副使楊卜薩達麻等幷びに随行人計一十二名を分載す。已に入貢の体例に照（原文は昭）応し、官を差して来遠駅に引伴し安泊す。其の附到の進貢の乳香、象牙、沈箋香等の数目は、合に紹興二十五年の指揮に依り、貢する所の物貨を将て計綱せしむるを許し、随いで、進奉人使を逐《すみやか》に闕に赴かすべきに無《あら》ずや（闕に赴かすべし）。及び使副の薩達麻等に拠りて、本番首の鄒亜娜の表章、番字一本、唐字一本、及び唐字物貨一本を齎到す。

とある。この『中興礼書』は淳熙十二年（一一八五）に太常寺が儀礼について編纂したものである[4]。したがってここで扱う乾道三年の事件は『中興礼書』成立の二十一年前のことであるのでこの資料は信憑性が高い。要約すると次の様である。「乾道三年（一一六七）年十一月二十八日に提挙福建路市舶の程祐之が言うに、以前占城に行って貿易していた綱首陳応等の船が戻ってきた。そこに占城の正副使楊卜薩達麻等十二人を乗せてきた。入貢の体例に照らして来遠駅に引率した。朝貢品の乳香、象牙、沈箋香は紹興二十五年（前の朝貢）の例によって計綱して、使節達は都に行くようにする。蕃首鄒亜娜の手紙は、占城語一通、中国語一通、中国語の朝貢品名と数を記したもの一通を持参してきた」というのである。この朝貢の受け入れの様子がよくわかる。海外に出る商人は出発した港（手続きをした市舶司）に帰らねばならない規則になっていたので、福建に戻ってきた陳応は福建商人であったに違いない。陳応等の船に乗ってきた占城の使節らは泉州にある来賓のための宿泊所の来遠駅（『宋会要』職官四四市舶政和五年七月八日参照）に安泊した。提挙福建路市舶の程祐之は、朝貢の手続きを紹興二十五年の例によってはじめた（朝貢品の調査や皇帝への謁見など）。この段階では、占城の使者は、紹興二十五年の例の如く都に行くはずであった。しかし後にとりやめとなる。さらに朝貢書類は、一、蕃首の鄒亜娜からの表章（皇帝への正式な手紙）は蕃字（サンスクリット）一通と中国語一通の二通。二、朝貢の品物名は中国語一通である。これが一般の入貢であり、受け入れの形であった。

次に『宋会要』歴代朝貢七―五〇にもこの朝貢の記述があり、朝貢品など詳細に記されている。

乾道三年十月一日、福建路市舶司言う「本土の綱首陳応等、昨に占城蕃に至る。蕃首、使副を遣わし、乳香、象牙などを恭齎し、前《すす》みて大宋（原文は太宗）に詣《いた》り進貢するを欲す」と称す。今、応（陳応）等船五隻自ら物貨を販するを除くの外、各々乳香、象牙等並びに使副人等を載せて前み来たらんと為す。継いで綱首呉兵の船人有りて齎到す。占城の蕃首鄒亜娜の開具せる進奉物数は白乳香二万四百三十五斤、混雑乳香八万二百九十五斤、象牙七千七百九十五斤、附子沈香二百三十七斤、沈香九百九十斤、沈香頭九十二斤八両、箋香頭二百五十五斤、加南木箋香三百一斤、黄熟香一千七百八十斤」と。詔す「使人闕に到るを免ず。泉州に官を差わして礼を以て章表を管設せしめよ。先ず逓に入りて前来し到を候つ。学士院をして敕書を降して回答せしむ。貢せし所の物は、進奉の十分の一を許すに抛りて、余は条例に依りて抽買せよ。如し価銭闕《か》くれば朝廷に申ぜよ。次に先んじて取撥し見実数の估價の定を俟つ。市舶司より左蔵南庫に発納し、旨を聴きて回賜せよ」と。

十一月二十八日、市舶司言う「綱首陳応祥等の船回る。正副使楊卜薩達麻等併びに随行人計一十二を分載し、蕃首鄒亜娜の表章は、蕃字一本、唐字一本及び唐物貨数一本を齎到す。人を差わして訳写し、官に委して対に臨むも増減の外無し」と。

とあり[5]、『中興礼書』が十一月二十八日に対して、十月一日と十一月二十八日の二回の入貢を記す。綱首の名が陳応は十月一日、陳応祥は十一月二十八日の条にある。この二つの資料をよく読むと、重複している言葉は鄒亜娜だけで、一つの朝貢を無理に二つに分けて記しているように思える。この「歴代朝貢」の編者は二回の来航を認め、そのため綱首の名も一字だけ変えている。しかし綱首の名は『中興礼書』に陳応とあるので、陳応祥ではなく陳応であろう。もし綱首の名を書くとすると呉兵であろう。あるいは陳応祥は呉兵である可能性もある。この朝貢には問題が多く捕虜の大食人烏師点が乗船したり、強奪品を乗せたり、また同資料の十二月七日の条には前に持ってきた品物をこの朝貢品に添えたいという要請など、また綱首陳応と呉兵が「継いで」とあるので同時に入貢したとは考えられず、したがって一回の来航ではなく、何回かに分けて来たために混乱が生じ『宋会要』の編者のいう如く二回の朝貢となったものと思われる。

さて、資料の内容に入ると、十月一日の条の大意は次の様である。

福建提挙市舶（朝貢、貿易を司る長官）の言である。「占城に貿易のために行っていた綱首（船長、貿易管理者）陳応が帰国するときに、自分の貿易品に附随して、占城の蕃首（鄒亜娜）から頼まれた進奉使節と朝貢品を載せて五隻の船を連ねて港に帰ってきた。続いて綱首呉兵の船も帰ってきた。鄒亜娜の進奉物は乳香、象牙などであった。これを提挙市舶が朝廷に報告すると詔が出て、使節は闕（宮廷）に来るのを免ずる（都に来なくてよい）。そこで皇帝は、泉州に官を遣わして表章（皇帝あての手紙）を受け取り、学士院（詔勅などを起草する）に勅を降させて回答させた。朝貢品は進奉の十分の一だけ許す。残りの十分の九は条例によって抽買せよ。もし価銭（買取るための銭）が欠乏していれば朝廷に申せ。まず先に送って（進奉の十分の一）実数の估価をきめ、市舶司は左蔵南庫[6]（皇帝の私的な財庫で内蔵（皇帝の庫）と左蔵（政府の庫）との中間の役割をもつ）に納め、回賜（返礼の品、進奉の十分の一）せよ」というのである。

上記のことを箇条書きにまとめると次のようである。

（1）前述したが海外より綱首陳応や呉兵は福建市舶司に戻っていることから（海外から帰国する商人は出発した港、つまり手続きした市舶司に戻らなければならない規則があった）彼らは福建商人であろう。東南アジア諸国の朝貢は中国商人によって、商人所有の船に便乗して行なわれた。この場合も陳応の船五隻と呉兵の船に自分の交易品以外に、占城国王より委託された多くの朝貢品、十一万斤、約七十トン（表1「乾道三年の占城の朝貢品」参照）を載せて来航している。

（2）前回の紹興二十五年[7]（一一五五）の朝貢の際には、都に行き皇帝に謁見し、天を祀る南郊にも参加している。し

表1　乾道三年の占城の朝貢品

<table>
<tr><th>品目</th><th>数量(斤)</th><th>数量(kg)</th><th>合　計</th><th>割合(%)</th><th colspan="2">重量の割合</th><th colspan="2">朝貢品を銅銭で換算</th></tr>
<tr><td rowspan="2">白乳香</td><td rowspan="2">20,435斤</td><td rowspan="2">12,874.05
kg</td><td rowspan="5">108,525斤
68,370.75kg
(乳香
100,730斤
63,459.9kg)</td><td rowspan="2">18.20%</td><td rowspan="4">大食産
乳香
89.8%</td><td rowspan="5">乳香と
象牙
96.7%</td><td>＊＊＊
(A)1斤7貫</td><td>143,045貫
(＝7×20,435)</td></tr>
<tr><td>(B)1斤10貫</td><td>204,350貫
(＝10×20,435)</td></tr>
<tr><td rowspan="2">混雑乳香</td><td rowspan="2">80,295</td><td rowspan="2">50,585.85</td><td rowspan="2">71.6</td><td>(C)1斤5貫</td><td>401,475貫
(＝5×80,295)</td></tr>
<tr><td>(D)1斤8貫</td><td>642,360貫
(=8×80,295)</td></tr>
<tr><td>＊＊象牙</td><td>7,795</td><td>4,910.85</td><td>6.9</td><td></td><td>1斤2貫</td><td>15,590貫
(＝2×7,795)</td></tr>
<tr><td>附子沈香</td><td>237</td><td>149.31</td><td rowspan="6">香薬の合計
3,655.8斤
2,302.65kg</td><td>0.2</td><td rowspan="6" colspan="2">占城産の香薬
3.23%</td><td rowspan="6">香薬は
1斤5貫</td><td rowspan="6">18,275貫
(＝5×3,655)</td></tr>
<tr><td>沈香</td><td>990</td><td>623.7</td><td rowspan="2">0.96</td></tr>
<tr><td>沈香頭</td><td>92.8</td><td>57.96</td></tr>
<tr><td>箋香頭</td><td>255</td><td>160.65</td><td>0.23</td></tr>
<tr><td>加南木箋</td><td>301</td><td>189.63</td><td>0.26</td></tr>
<tr><td>黄熟香</td><td>1,780</td><td>1,121.4</td><td>1.58</td></tr>
<tr><td rowspan="2">合計</td><td rowspan="2">12,181.08</td><td rowspan="2">70,673.4
70t　673.4
kg</td><td>大食産68t</td><td rowspan="2">99.93%</td><td rowspan="2" colspan="2">99.93%</td><td colspan="2">・578,385貫(乳香安価)〔(A)＋(C)＋象牙15,590＋香薬18,275〕</td></tr>
<tr><td>占城　2.3t</td><td colspan="2">・880,575貫(乳香安価)〔(B)＋(D)＋象牙15,590＋香薬18,275〕</td></tr>
<tr><td rowspan="2">備考</td><td rowspan="2">約11万斤</td><td rowspan="2">約70.6t</td><td>乳香　10万斤
63t</td><td>乳香、象
牙で97%</td><td rowspan="2" colspan="2">大食産：占城産
97：3</td><td colspan="2">・銅銭での割合(%)
大食：占城＝97：3</td></tr>
<tr><td>象牙　5t</td><td>香薬で
3%</td><td colspan="2">・約90万貫～60万貫
＊約130万貫となる。</td></tr>
</table>

・1斤630gとする。
・白乳香は、1斤7貫(A)と1斤10貫(B)の場合を計算
・混雑乳香は、1斤5貫(C)と1斤8貫(D)の場合を計算
＊乳香1斤13貫とすると、乳香だけで130万貫となる。(『宋史』404)
＊＊象牙は占城の特産であるが、この場合、資料により、大食産とした。
＊＊＊乳香安価(A)＋(C)＝143,045貫＋401,475貫＝544,520貫
　　　乳香高価(B)＋(D)＝204,350貫＋642,360貫＝846,710貫
(出典『宋会要』蕃夷7–50～51 歴代朝貢、乾道三年十月一日の条)

かし乾道三年には三年に一度の南郊が行なわれているものの都への招聘はない。朝貢使節が都に行き、皇帝に朝見することは、朝貢国にとっては名誉なことであるが、往復の費用、滞在費、案内人の人件費、朝見、朝辞に与える贈り物、宴会など、すべて中国側の負担であるからかなりの出費となる。このころの資料をみると占城、交趾などは都に行く記事は見当らない。

（3）朝貢品（進奉品）の取り扱いが今までと変わっているのは注目すべきである。朝貢品は皇帝は十分の一だけ進奉を許す、つまり一分（一割）だけ受け取るということである。その一分に対してだけ返礼の回賜をする。残りの十分の九（九割）は抽買（買い上げ）して価銭で返す（後述）ということになったのである。これまで一般的には貢ぎ物はすべて皇帝が収受し、それに対して数倍の返礼をするというのが宗主国と朝貢国との関係であった。いつから進貢品にたいしてこのような措置がとられたのか、いつ条令ができたかは定かでないが、この時が初出である。

（4）この朝貢の進奉品はどのような種類のものであったか。それは時価にしてどの位のものであったか。試算を出してみる。種類、分量については本文ならびに表1「乾道三年の占城の朝貢品」を参照されたい。この進奉品の特色は乳香の多さである。白乳香二万〇四三五斤、混雑乳香八万〇二九五斤、合わせて一〇万〇七三〇斤（約六十三・四トンとなる）、象牙七七九五斤（約四九一〇キロ）を合わせると、三者（白乳香と混雑乳香と象牙）の合計が一〇万八五二五斤（約六十八・三トン）になる。これは全体の重さ（約七十・六トン）の九六・七％にあたる。後述するが、この三者は大食産のものと考えてよい。残る香薬の類、占城産の附子沈香二三七斤、沈香九九〇斤、沈香頭九十二斤八両、箋香頭二五五斤、加南木箋香三〇一斤、黄熟香一七八〇斤、合わせて二三〇二斤（斤以下省略）となるが、全体の重さの割合は、三％に過ぎない。

これらの物品はどの位の価格のものであろうか。九割を占める乳香の価格が明確でないのではっきりしないが、『宋史』巻四〇四張運伝に、紹興年間のはじめごろ三仏斉は乳香九万一千五百斤を持参し価格は一百二十余万緡であったという。すると一斤十三貫となりかなり高価である。これを軍費に使っている。この時期の乳香の値を記す資料はみあたらないが、年次は少し下るが淳熙元年（一一七四）～二年に福建提挙市舶であった張堅は乳香が貴重で、それを買うための資金調達についてつぎのように述べている。

治薬には乳香を須《もち》うるも亦た市せざるを畏る。朝廷、経・総制銭及び度牒を降して乳香を博買するに、数常に不足す。堅、榷貨務、自今乳香を変買するに、ならびに銭十の三を留めて専ら本銭に充つるを請う。是れより本銭には余り有り。舶商には滞り無し。（『京口耆旧伝巻七張堅』）

とあって乳香は薬として使用しており、乳香不足で収買が順調に行われてない。朝廷は経・総制銭や度牒を降して博買するがいつも品不足である。そこで榷貨務に乳香を変買（金銭に変える）するのに十のうち三は乳香を買う本銭に充てようにしたところ本銭が余り商人達も乳香の流通がよくなったので滞ることが無くなった、というのである。当時乳香が重宝されていたことがわかり、値も安くはなかったと思われる。このような時に、占城が乳香を十万斤（六十三トン）を進奉したのであるから、これを見た福建提挙市舶の程祐之、その報告を受けた皇帝は驚き、喜んだに違いない。程祐之は早速、規定通り良い品一割を選んで都に送り出したのである（後述）。

さて、この乳香の値であるが、(9) 紹興年間の一斤十三貫を考慮にいれて本資料は乾道三年であるので、少し安く見積もり、白乳香は一斤十貫、混雑乳香は一斤八貫として計算すると、白乳香は二〇万四三五〇貫、混雑乳香は六四万二三六〇貫となり、合計八四万六七一〇貫となる。乳香の価格を下げて、白乳香一斤七貫とすると一四万三〇四五貫、混雑乳香一斤五貫とすると四〇万一四七五貫となり合計五四万四五二〇貫となる。この計算によると乳香は八十四万貫から五十四万貫となる。次に象牙の値をみるに大食の大きいものは一斤二貫六百文（『宋会要』職官四四市舶紹興元年十一月二十六日の条）であるので今、一斤二貫として計算すると象牙は七七九五斤で一万五五五九〇貫となる。香薬は一斤五貫とし、三六五五五斤であるから、一万八二七五貫となる。すると総合計は乳香の高価で計算すると、八八万〇五七五貫となり、安価で計算すると、五七万八三八五貫ということになる。つまりこの朝貢品を銅銭で換算すると八十八万貫〜五十八万貫位、四捨五入すると九十万〜六十万になる（表1参照）。高く見積もると、商人の買値は百万貫にもなるのであろうか。大量の進奉品であった。重松氏前掲論文の「朝貢品目別朝貢瀕度表」をみると宋代を通じてこの年の乳香の量が桁外れに多い。次が紹興二十五年の香薬の量が異常に多いことかわかる。紹興二十五年の朝貢品の試算額は二十四万〜三十三万貫であった。しかし太府寺の朝貢品の査定額は十万貫であったが、これは政府が十万貫分の回賜をしなければならないので査定額は極力安く見積もられた。以上の試算でいくと、乾道三年は乳香という特異性もあり価格にすると紹興二十五年の三倍も多い進奉品を持って来たことになる。にも拘らず朝廷での朝見は叶わなかった。この時点ではまだ事件は発覚してない。だから程祐之は朝見を勧めようとしていたのであろうか。

以上進奉品の試算——八十八〜五十八万貫——をしてみた。進奉品の九割、七十九万〜四十三万貫分を政府が買い上げ、一割約九〜六万貫分を朝廷が受け取り、これに対して回賜をする規定であった。

二、大食人烏師点の訴訟事件

（1）占城国王の海賊行為

これまで述べてきた様に乳香六十三トン、象牙五トン、香薬二トン計七十トンという朝貢品を持って占城は泉州港に入り、朝貢の手続きをした。ここで大食人烏師点は提挙市舶の程祐之にこの朝貢品（乳香と象牙）は大食から強奪したものであることを訴えた。占城はどのような方法で、誰の命令で海賊(10)行為を行ったのか。それがなぜ発覚したのか。それに対して皇帝はどのような対策、態度をとったのか、またこの様な事柄を通して朝貢とはどのようなものであったかを考察してみたい。『宋会要』歴代朝貢の乾道三年十一月二十八日に続けて程祐之の言は続く。

又、大食国の烏師点等の訴えるところに拠るに、本国（大食）の財主仏記霞囉池は、各々宝具（貝か）・乳香・象牙などを備え、大宋に赴き進奉せんとし、占城国の外洋に至りて暫らく駐《とど》まりて風を俟つ。其の占城の蕃首は土生の唐人及び蕃人を差《つか》わして、仏記霞囉池等の船を招引して国（占城）に入れ、及び烏師点等の船、衆を拘管し、尽く乳香・象牙などを奪いて己れの物と作《な》して進貢す。

と事件の真相を大食の烏師点が提挙市舶程祐之に訴える。大食の財主（資本家）仏記霞囉池は宝貝や乳香や象牙などを持って宋に進奉しようとして占城の外洋で風待ちをしていたところ、占城の蕃首（鄒亜娜）が占城生まれの中国人と占城人を遣わして仏記霞羅池の船を占城国に招き入れて烏師点等の船や人々を拘束し、すべて乳香、象牙などを奪い、自分（鄒亜娜）のものとして進貢したというのである。

『宋会要』占城所引の『中興礼書』にはもう少し詳しく記されている。前掲の歴代朝貢の記述と重複する部分があるが記す。

乾道三年十一月二十八日の条に続けて

又、大食国烏師点等の状に拠るに「本国の財主仏記霞囉池、各々宝貝・乳香・象牙等を備え、大宋に赴き進奉するを得たり。占城国の外洋に到りて暫駐す。占城の番首、土生の唐人及び番人を差《つかわ》し小舟に打駕し、仏記霞囉池等を招引し、占城国に入れて拘管し、進奉の宝貨を将て数を尽くして般上す。只に乳香、象牙のみを撥得して、烏師点等と与に、却って他の国《か》（ここでは占城）の番人を差して己物（占城のもの）と作し、前み来りて進奉せしむ」と。

とある。ここでは大食国烏師点がどのようにして捉らえられたか、そして自分が進奉品と共に中国にきたかを説明する。右の資料をみていくと、宋に進奉しようとして宝貝、乳香、象牙を積んで占城の外洋で暫駐していた。そこに占城の蕃首（鄒亜娜）が中国人の二世三世（占城生まれの中国人、言葉や品物に精通しているためか）と占城人（地理に強いか、労役か）を差して、小舟に乗って大食の船に近づき占城の港に招き入れて拘束し、宝貨を全部運んでしまった。しかし乳香と象牙だけを選んで取出し、烏師点等は乳香等と共に中国に入った。他国（大食ではない）の蕃人（占城）を差わして、占城のものとして進奉させた、というのである。占城の国王鄒亜娜が先頭に立って海賊行為をしており、その手下に中国人の二世、三世、つまり後に華僑と呼ばれる人を使って[11]強奪を成功させていることは興味深い。また発覚する可能性が高い大食人烏師点等をなぜ中国に行かせたのか[12]不明なことも多いがともあれ、かれらは乳香と共に中国入りしたのである。たぶん烏師点は船を操縦することができたか、船は烏師点のものであったか、また乳香や象牙の管理に精通していたか、何かの理由があったと思われる。烏師点は中国入りしてその事情を程祐之に訴え、程祐之はこれを無視せず朝廷に伝え、朝廷からの指示待ちをしたのである。

（2）　占城国王鄒亜娜・ジャヤ・インドラヴァルマン四世について

大食国の朝貢品を強奪して、占城国の朝貢品として入貢させた国王鄒亜娜とはどういう王であったのであろうか。なぜ鄒亜娜は海賊行為をしてまで中国に入貢したのであろうか。中国側の資料にはこれまで記したように鄒亜娜と記されているだけなので、占城側の資料を使ったマスペロの研究を見てみたい。Maspero, M. Georges “Le Royaume de Champa" Paris et Bruxelles 1928（再版）の Chapitre Ⅶ／Luttes Avec Les Khmèrs（七章クメールとの戦い）pp. 153-169. に沿って考察する。この書"Le Royaume de Champa"（チャンパ王国）、はマスペロがミーソン遺跡のサンスクリット碑文、古代チャム語碑文などを駆使しながら、チャンパ王国の復元を試みた古典的な歴史書である。残念なことに邦訳はなく、フランス語である。中国語訳の馬司倍羅著、馮承鈞訳『占婆史』（商務印書館、台北、一九六二年、ただし、この訳は初版一九一四年のもので、再版の訂正は入れてない）がある。ただ逐語訳でないのと、マスペロの膨大な研究を記した註は翻訳されていないのが惜しまれる。前述したが、マスペロの再版『チャンパ王国』がウォルターによって英訳され「チャンパ王国――消滅したベトナム文化の歴史――」として二〇〇二年に出版された。

鄒亜娜の先先代の王からみてみよう。これまで述べてきたが（前節第一節「紹興二十五年の朝貢と回賜」参照）、紹興二十五年の朝貢は、鄒時蘭巴乂は巴蘭で国王に冊封された。占城（チャンパ）の名をジャヤ・ハリヴァルマン一世（Jaya Harivarman Ⅰ）（在位一一四五（紹興十五）年～一一六七（乾道三）年）という。彼は勢力を持ち、一一四九（紹興十九）年にカンボジア軍を破り、ヴイジャヤを解放し、同時に大越（ベトナム）軍も攻撃した。一一五一（紹興二十一）年には諸地域の連合に成功した英雄の王として記されている。

その息子であるジャヤ・ハリヴァルマン二世（Jaya Harivarman Ⅱ）、つまり鄒亜娜の先代の王については不明な点が多い。前掲書一六二頁に次のように記す。

このJaya Harivarman二世は実を言うと、実像がよく分かっていない人物の一人である。彼のことはMison（ミーソン）の83と84の碑文にしか出てこない。碑文83によれば「彼は王たちの中でも最高の大公である。Jaya Indravarman, Sakan-Vijaya の Harideva 公、王たちの中でも卓越した人物 S. M.（Jaya）Harivarman（一世）の孫、偉大な王 S.M. Jaya Harivarman（二世）の息子……」また碑文84では「かつて一人の王がいた、Cri Harivarmadeva

(Jaya Harivarman 一世) の偉大な孫、すなわちそれは Cri Jaya Indravarman, Cri Harivarmandeva (Jaya Harivarman 二世) の息子であった……」彼の治世のただひとつの手がかりは、息子が彼にささげている「偉大な王」という敬称である。

と記されている。つまりジャヤ・ハリヴァルマン二世のことは不明瞭であるが、唯一彼の息子が、父ジャヤ・ハリヴァルマンのことを「偉大な王」と書いているので、彼が短期間、王であったことがミーソン碑文の二つから分かる。さらに、次のように記す（一六二頁）。

Jaya Harivarman 一世が、その死もしくは、まだ知られていない全く別のできごとによって、息子の Jaya Indravarman 二世にその王位を残したとき、Jaya Indravarman de Gramapura には、その息子を王位から遠ざけるに充分な影響力があったか、または、息子の王位を剝奪して、自らがとって代わるのに充分な味方を従えていたのだった。

とあり、ジャヤ・インドラヴァルマン・オン・ヴァトゥンによって王位が奪われたことを知る。このジャヤ・インドラヴァルマン・オン・ヴァトゥンがジャヤ・インドラヴァルマン四世で中国では鄒亜娜と呼ばれている人物である。

また、インドラヴァルマン四世について

この Jaya Indravarman 四世は簒奪者であった。だが、王はそのことを隠そうとはせず、四層の化身に頼って（?）……わが身を先王たちに結びつけようとはしなかった。彼は述べている。「君主たるものなによりもまず、世の人々の幸せのために統治した」と。王は Jaya Indravarman on Vatun と称し、みずから「Gramapuravijaya という名で知られている高名な地」の出身だとしている。

とある。彼は王位簒奪者であり、それを隠さず堂々としていた。そして彼は、王位につく前にも武力的能力にすぐれ、博識であり、占星術に精通していた。かれは寺院を寄進し、神像の制作には大量の金、銀、真珠が施されていたという。彼は、王になる前にもこれほどの財力や勢力を有していた。

ではいつ彼は王位を簒奪したのであろうか。マスペロは「かれの簒奪は一一六六年の末、もしくは一一六七年の初め頃のことであったとする。それというのも新王がその信任を得るべく孝宗に遣わした使者は一一六七年十月三《ママ》日に宮廷に現われているからである。……」（一六二頁）とする。これが、これまで述べてきた乾道三年（一一六七）の鄒亜娜の朝貢である。鄒亜娜（インドラヴァルマン四世）は先代の王ジャヤ・ハリヴァルマン二世を殺して王位を簒奪し、宗主国中国に新王としての報告と貴重な価値ある進貢品をと思っていたところ、丁度占城を通過しようとした大食人の船、乳香、象牙などを奪いそれを占城のものとして持参したことは、前掲で述べた通りである。したがってこのインドラヴァルマン四世の海賊行為は王位簒奪の直後となる。それほどまでに、中国の皇帝、権威あるものに新王として認めてもらいたかった理由の一つには、クーデターを起したものとして、国内の統一のために、国内の人々にも納得してもらうためにも、そして国外の国々にも大きな権威を利用してでもその正統性を主張したかったからである。朝貢は経済的な利益のみを求めるものではなく、小国であればあるほど偉大な中国の権威を借用する大義名分的な要素もあったのである。そして彼は先々代のジャヤ・ハリヴァルマン一世（紹興二十五年入貢、封冊と爵位の授与）を手本にしていたのではないだろうか。

乾道三年以降の鄒亜娜についてマスペロの前掲の書を通じて簡単に見てみる。一六三頁以降につぎのようにある（一部省略し、要約した箇所もある）。「ジャヤ・インドラヴァルマン四世（鄒亜娜）は（中国への入貢）拒否には何とも思わなかった。彼には別の計画があった。彼はカンボジアを征服したいと思っていた。彼は大越に朝貢使と貢物を送ることによってその中立を確かなものとし、北方の国境を憂えずに、カンボジャ＝クメール王国を攻撃した。しかし両陣営共おなじ数の象と互角の戦力をもっていた。……チャンパの沿岸で難破した一人の中国兵が騎兵戦略と馬に乗ったまま矢を射る戦術を王に進言した（一一七一〔乾道七〕年）。ジャヤ・インドラヴァルマン四世はこの新戦法が気に入り中国人に馬を連れてくるように命じ、馬のおかげで王は優位に立つことが出来た。王は翌年（一一七二〔乾道八〕年）多くの馬を買い付けるために部下を海南島の瓊州に送ったが要求に応じないため、報復として住民たちを連れ去った。人々は恐れて渡さざるを得なかった（一六四頁以降）。皇帝は一一七五（淳熙二）年には領外への馬の輸出を禁ずる措置をとった。再び一一七二年に捕らえた人々を瓊州に帰国させた上で海南島で馬を買う許可を出して欲しいと頼んだが皇帝の返答は馬を国外に出すことは厳禁であるというものであった（一一七六〔淳熙〕三年）」とある。鄒亜娜が乾道三年の事件のあと、中国との交渉が途絶え、朝貢を再開するのは淳熙元年のことである。その間に馬の戦術や馬の購入をめぐる捕虜の問題が起こっている。このことについては『宋会要』占城、乾道七年、淳熙二年九月十日、三年七月十三日の条、『文献通考』巻三三二四裔九『宋史』巻四八九外国五占城に詳しい記述があり、マスペロも『文献通考』『宋史』の資料から前掲の論を立てているのであるから、本来は漢文資料から見なければならないが紙数の関係で省略した。

マスペロの前掲の書（一六四頁以下を要約する）によると、「その後ジャヤ・インドラヴァルマン四世は、カンボジアの侵入に陸路をあきらめて水路によりクメールの首都まで入り、莫大な戦利品を手中におさめた。淳熙四年のことである。しかし一一八一（淳熙八）年にカンボジアのジャヤヴァルマン七世はチャンパ軍を撃退させた。その後、ジャヤヴァルマン七世は一一九〇（紹熙元）年チャンパの首都を攻撃させ、ジャヤ・インドラヴァルマン四世を捕らえて捕虜としてカンボジアに連れてきた」とある。ここでマスペロは王が捕えられたのは『宋史』巻四八九では「慶元（一一九五〜一二〇〇）年間以来」とし、『文献通考』巻三三二では「慶元己未（五年）（一一九九）年」とするが、いずれも間違いでミーソン碑文には「一一九〇（紹熙元）年に、カンボジア王がインドラヴァルマンを捕らえた」とあり、王が捕らえられたのは一一九〇年であると強調している。さて一年後、一一九一（紹熙二）年にジャヤ・インドラヴァルマン四世は釈放され、王位復帰をめざしたが部下に裏切られ殺された（省略）」とある。(13)

以上、マスペロの書、Maspero, M. Georges "Le Royaume de Champa" 1928（再版）の Chapitre Ⅶ/Luttes Avec Les Khmèrs によってジャヤ・インドラヴァルマン四世（鄒亜娜）についてみてきた。その概略を記すと次のようである。彼の出自はわからないが、ジャヤ・ハリヴァルマン二世を殺して自分が新王となり、ジャヤ・インドラヴァルマン四世と名乗った（『宋会要』では鄒亜娜）。早速中国の皇帝に王として認めてもらうために入貢した。乾道三年十一月のことである。その際、進奉品がないため大食の船を襲い、大食の進奉品を強奪して占城のものとして献上した。しかしそれが発覚して、南宋の孝宗より朝貢を取り消された。その後、インドラヴァルマン四世は再び中国への朝貢を開始し、事件の七年後の一一七四（淳熙）年から再び乳香、象牙を以て入貢するなど中国との交流は続いていた。一一七七（淳熙四）年に彼はカンボジアのアンコールを襲った。しかし一一八一（淳熙八）年には逆にカンボジアのジャヤヴァルマン七世の攻撃により撃退させられた。更に一一九〇年にとうとう彼はジャヤヴァルマン七世に捕らえられた。翌年一一九一年釈放されるが部下たちに裏切られて殺されるという波瀾万丈な生涯であった。その王位は一一六七（乾道三）年から一一九〇（紹熙元）年に至る二十三年であったことになる。ちなみにジャヤヴァルマン七世は、カンボジアの王で一一七七年にチャンパ（占城）による攻撃で首都が陥ちたが、チャンパ人を追い出し、十七年間チャンパ（占城）を支配し、首都（アンコール・トム）を再建した王である。

（3）　政府の対応

さて中国政府の対応について記す。占城の進奉品は大食国からの強奪品であることが明らかになった時、孝宗はどの様な対応をしたのであろうか。朝貢自体を拒んだのであろうか。『宋会要』蕃夷七―五一歴代朝貢乾道三年十一月二十八日の条に次の様にある。

詔す、進奉の物色は既に争訟有りて以て収受し難し。給還す可し。説諭して理を以て遣回し、其の余りの物貨は市舶司もて斟酌し条に依りて抽買せしむ。

とあり、進奉の品は争訟が有るので受け取ることはできない。給還（返却）せよ、余りは市舶司で抽買（政府が強制的に買い上げること）せよというのである。『宋会要』占城の『中興礼書』引用部分ではもう少し詳しく記されている。続けて次の様にある。

又、人命殺害を将てするは、委実《まこと》に痛傷なり。欲し乞うらくは、備さに朝廷に申し施行せんことを。指揮を候つ。勘するに「已に指揮を降し、貢する所の物は十分を以て率と為すに抛り、進奉の一分を許す。余数は条例に依りて抽買せしむ」と。聖旨を奉ずるに「進奉の一分の物色は既に争訟有りて、以て収受し難し。給還す可し。程祐之をして説諭し理を以て遣回せしむ。有る所の其の余りの物貨は市舶司をして斟量し条に依りて抽買せしむ」と。

とあり、事件は人命殺害にもおよび痛傷の極みである。朝廷に報告して朝廷の沙汰を待つ。よく考えてみるに、既に朝廷からの命令が下されて、進奉物は十分を率とし一分を進奉するを許し、他は条令によって抽買せよ、ということであった。いま聖旨がくだり、進奉の一分も争訟があるので受け取れない。そのことを程祐之に説諭させせよ。余りは市舶司が斟量して抽買せよということである。ここで注意したいことは「已に指揮を降し進奉物の一分を進奉として許す。余は抽買する」という一分の進奉を許すという皇帝の命令が、乾道三年には既に出ているということである。この事については後で考える。

進奉物の一分を返却するということは、具体的にどういうことをするのであろうか。占城に返すということであろうか。このことについて一部重複するが詳しくまた興味深い記述が『宋会要』歴代朝貢　乾道四年二月八日の条にある。

市舶司言う「已に降せる旨に準《よ》りて「占城国の進貢せる一分の物色を給還す。余りは本司（市舶司）をして斟量し、条に依りて抽買せしむ」と。本司未だ指揮を承《うけたまわ》（原文は丞）ざる以前に一分の進奉の物色を将《もっ》て先に已に起発（中央におくること）するに縁る。「乞うらくは、改めて撥《おく》りて抽買と作《な》す。数を照して本銭を降じ、併せて給還せんことを」と。仍お「乞うらくは、特に詔旨を降して占城に開諭し、已に並びに優価をして収買せしめ、及び尽く大食人を拘するを釈見し、本国に還さしめんことを」と。之に従う。学士院をして詔を降さしむ。

程祐之の言である。大意をとると、朝廷からの命令で占城国の進奉品の一分は返却す。余りは市舶司が抽買せよ、ということであるが、市舶司ではこの命令が届く前に、一分の進奉品はすでに朝廷に送ってしまった。事情が変わり進奉品の一分を返すということなので、市舶司に送りかえしてほしい。抽買とする。その時に返却する分の数を調べて買い取る分の本銭を下して欲しい、あわせて給還する。もうひとつは特別に詔をくだして占城に諭し、かつ進奉品は高い値段で買い取ったのであるから、拘束している大食人を釈放し、本国に還すようにして欲しいと程祐之は要求した。皇帝はこれを受け入れ、学士院から詔が出されたというのである。問題のある進奉品の一分の返却は、結局市舶司が買い取ったということである。するとこの朝貢品、乳香を中心とした七十トン（試算額八十八万貫、乳香斤十三貫とすると、乳香だけで一三〇万貫）すべてを政府が抽買したことになる。それも優価である。それと引き替えに、大食人は釈放するということであった。

本来の朝貢は、冊封して官位などを与え、進奉品に対しては回賜を授けるが、今回の朝貢は強奪品ということで、朝貢は認めず、持参した品物はすべて抽買したということである。中国側にしてみれば、南海交易品が多量に入ったのであるから、商業的、財政的にみればこれは大きな利益を生んだに違いない。一方、占城にしてみれば、強奪品とはいえすべて買い取ってくれたのであるから、朝貢を認めないにしても莫大な利益を獲得できた。大食人は海賊行為を受けたとはいえ、烏師点が中国にきて朝廷に訴える事ができ、捕虜の釈放を獲得できた。このように考えていくと、大食は別にして占城も中国も商品の流通という点で商業的に大きな利益を得たことになる。

（4）　進奉品の一分収受、九分抽買

これまで見てきたように朝貢品のうち、十分の一だけ皇帝が受け取り、十分の九は抽買するという。「貢する所の物、進奉の十分の一を許す。余りは条例に依りて抽買せよ。如し価銭闕くれば朝廷に申せ」（『宋会要』歴代朝貢乾道三年十月一日）とあるが如きである。すると朝貢国が持参した献上品（進奉品）はいつからこのような配分の仕方になったのであろうか。特定の国だけなのだろうか。占城の場合、十二年前の紹興二十五年（一一五五）の朝貢のときには、進奉品はすべて受け取り、それに対して回賜を出している。乾道三年（一一六七）には「条例に依りて」とあるのですでに条令が出されていること、また「已に降した指揮……」とあるようにすでに決まっていたことがわかる。したがって一一五六（紹興二十六年）〜一一六六年（乾道二年）の十年のあいだに制度が変わったことになる。『宋会要』蕃夷一〜七ならびに文集などを調べる限り、進奉の一分収受は表2「交趾の一分収受」、表3「占城の一分収受」に示

表２　交趾の１分収受（淳熙元年より安南となる）

年　　代	記　　述	出　　典
乾道　９年（1173）　１月６日	貢物は10分の１を収受	『宋会要』歴代朝貢
〃　　　　　　　６月11日	〃	〃
淳熙　３年（1176）　６月１日	〃	『宋会要』蕃夷４交趾
〃　４年（1177）　１月28日	貢物は10分の１を率とするが、３分を収受	〃
〃　７年（1180）　５月13日	貢物は３分を収受	〃
〃　９年（1182）　11月11日	貢物は10分の１を収受（象は運搬に労するので無用）	〃
＊紹熙元年（1190）　11月４日	貢物は10分を以て率とし１分を収受	〃

＊『宋会要』蕃夷4-54　交趾には紹興元年とある。これは前後の内容からみて「興」は「熙」の誤りである。

◎再検討項目（『宋会要』蕃夷４交趾）
　乾道元年３月17日の条には回賜をしない。
　隆興２年「若来受十一之数、却恐本国致疑」

表３　占城の１分収受

年　　代	記　　述	出　　典
乾道３年（1167）10月１日	貢物は10分の１を収受	『宋会要』歴代朝貢、占城『中興礼書』
淳熙３（２？）年（1175）３月	貢物は10分の１を収受。回賜品の記述あり。	『文忠集』111「賜占城嗣国王鄒亜娜進奉勅書」

すように、乾道三年が初出であり、国は占城と交趾（淳熙元年から交趾は安南となる）の条に見られるのみである。この進奉品の一分収受は二国だけに見られるものなのか、他の国については明らかにできない。ただ表２「交趾の一分収受」で淳熙三年と七年は三分収受とあるので、一律に一分のみとはいえない。三分もあったことからみるとに、流動的であったことに留意しなければならない。

なぜ、この様に制度が変わったのであろうか。ここで制度が変わる前の紹興二十五年の進奉品と回賜との関係を見てみる。この時点で、すでに進奉品と回賜とのバランスが崩れていたように思われる。この時の占城の進奉品は、特産の香薬を中心としたもので七万斤（四十四トン）、その価格（試算）は安く見積もって二十万貫～三十万貫であった。政府は、それを十万七千貫とした。その分（十万七千貫）に相当する回賜として絹織物と銀一万両を与えた。これを銭で換算すると、六万貫位にしかならない。ということは、三十万貫位の進奉品を献上しても返礼の回賜は六万貫位のものしかもらえない。中国からは献上品の五分の一から三分の一位のものしか返礼としてもらえないという実状であった。これを続けると、中国への朝貢は減少することになる。中国は財政難の中で、朝貢国に何倍もの回賜をする余裕がなく、この様な状況を政府は知っていたのであろう、回賜は止めて一分だけにし、九分の抽買となったのは当然の成り行きであったのであろう。この制度が北方の国にも適応されたかどうかは明らかに出来ない。

また、この様な制度になった原因として、進奉品は贅沢で奢侈品であるから、無用であるという論をとなえる者もいる。張守『毘陵集』巻二「論大食故臨国進奉箚子」に蕃商達が朝貢と称して中国に、真珠、犀牙乳香などを持参してくるが、それは無用の品で賜答の価は数倍となる。無駄使いであるから、無益なことはやめる様に、質素倹約にすべきであると皇帝に申し出ている。これは紹興七年頃である。この様な要望は、これに限らず多くある。必需品ではないから必要なしという。南宋初の建炎元年六月十三日にも市舶司は無用の物を扱うところだから、役所は必要ないと転運司に併合されたりしている（『宋会要』職官四四市舶）。これらの事柄は南海貿易の一面性を示している。また反面、国内にない高級品で珍物であるが故に政府は専売制をとり、買い上げて税を取り、政府も商人も利益を得ていることも確かである。この南海交易品は常に二面性を有している。

さて、本論に戻り乾道三年の朝貢では制度が変わっていたが、占城の海賊事件発覚のため、この制度は施行されなかった。六年後の淳煕元年に占城は入貢している（後述）。ここではこの進奉品の一分収受という制度が実行されており、回賜の品目、数も明記されている（表4「淳煕元年と紹興二十五年の回賜」）。

周必大『文忠集』巻一一一に朝貢にきた占城国にあてた皇帝の勅書がある。その中に次のような一節がある（後述）。

表4　淳熙元年と紹興25年の回賜

品目	淳熙元年（1174）回賜は朝貢品の10分の1		紹興25年（1155）回賜は朝貢品全額		淳熙元年の紹興25年に対する割合
錦	30疋		350疋		12分の1
生綾	20		200	（生川綾）	10分の1
川生押羅	20		40	（生川圧羅）	2分の1
生樗蒲綾	20		40		2分の1
川生克糸	20		100		5分の1
雑色綾	150		1,000		7分の1
雑色羅	150		1,000		7分の1
熟樗蒲綾白	50		500		10分の1
江南絹	500		3,000		6分の1
絹の合計	960疋	（1疋5貫）4,800貫	6,230疋	（1疋5貫）31,150貫	6.3分の1
銀	1,000両	（1両3.5貫）3,500貫	10,000両	（1両3.5貫）35,000貫	10分の1
絹と銀の合計		8,300貫		66,150貫	8分の1
出典	周必大『文忠集』111賜占城嗣国王鄒亜娜進奉勅書		『宋会要』蕃夷4、占城、紹興25年11月28日　割註		

将に貢する所の物、十分を以て率と為し、一分を留むるを許し、その余りは条例に依りて抽買し、価銭を給還すべし。

とあり、進奉品は一分は留め、余りの九分は抽買して価銭で返済せよというのである。すなわち朝貢国の進奉品の一分を皇帝が受け取り、それに対しては回賜をもらう。残り九分は、見方を変えれば朝貢国はそれを中国政府に売り銭でもらうということである。

一分収受で回賜を与えていることは、この他にも安南にみられるので一例を挙げてみる。（淳熙元年で交趾は安南と変わる）

『宋会要』蕃夷四、交趾

淳熙三年六月一日　……詔す、本司（経略司）、入貢の物を将て十分を以て率と為し、止だ一分を受く。界首にて交割し、優して回賜を与う。

とあり、安南は、陸続きなので経略司が境界のところで進奉品の一分をうけて、優価な回賜をあたえている。淳熙七年では進奉の三分を収受している。また淳熙九年十一月十一日には象は無用な物であるから、その入貢の物を受けないとある。中国では進奉といえども、必要な物だけを受け取っていたことがわかる。皇帝が進奉品の一分を収受することは、正式な朝貢を認めていることであり、一分に対して回賜を与える。余り九分は抽買である。買い上げ価格には条令が有り、両者とも極端な損得がないように調節されていたのであろう。

（5）　再入貢の要請

前述した如く朝廷は占城に対して、今回の朝貢には問題があり正式な朝貢と認めることが出来ないので、修正して再入貢すれば、詔書を与えようという。その要請を占城に書くにあたり次のように言う。『宋会要』占城、乾道四年三月四日の条に

詔す「礼部、開具せる紹興三（二か）十五年の占城に答うる詔書の制度を尚書省に送れ」と。……（事件のこと省略……是に至りて宰執進呈す「占城国に答うる詔書は直ちに学士院に答勅せしむ」と。洪邁奏す「宜しく崇寧故事の白背金花綾紙匣襆を用うるべし」と。而して李燾「紹興二十五年嘗て其の貢を受けるを引きて答詔には只に麻紙を用うるのみ。況や今、進貢は誠に非ずして却け、而して受けず。豈に更に其の礼に優るに宜らんや」と。上曰く「李燾の論、理有りて検す可し。二十五年の案沓（牘）有るが如きは即ちに近例を用うるに拠る可し」と。

とあり、皇帝は礼部に紹興二十五年に出した詔書を尚書省に送るように命じている。占城に出す詔書を学士院が書くにあたり、どの様な紙を使うかなどが問題となる。この箇所は省こうと思ったがあまりにも有名な李燾と洪邁との意見の遣り取りがあるので紹介する。洪邁は紙背が白で金泊のある花模様の綾紙(14)で匣襆（ふたつきの箱で箱をつつむ布のことか）を用うるべきだという。洪邁は前掲の『夷堅志』や『容斎五筆』の著者である。それに対して『続資治通鑑長編』の編者でもある李燾は「紹興年間の貢のときにも麻紙であった。今は朝貢を却けているのだからそれより優るものはいらない」とする。皇帝が李燾の論に賛成し、近例を用うるべしとして麻紙にしたとある。麻紙(15)は一般に公文

書のときに用いられた。この麻紙に、これまでの事件の経過を述べ、再度礼に叶う朝貢を行えば、国王に任じ爵位を与えようというのである。前掲の資料に続いて、三月九日の条に、内容が重複する部分もあるが次の様にある。

中書門下省言う「勘会するに、提挙市舶程祐之、詔旨を降し占城の入貢は向化の意を備悉するを開諭するを乞う。進する所の物貨は大食の詞有るを以て収受するを欲せず。已に尽く収買し、優に価銭を支す。見に大食人を拘するも宜しく尽く本国に放還すべし」と。学士院をして詔を降せしむ。既に而して臣僚言う「占城、王既に死せるが故に、鄒亜娜承襲す。若し礼を以て入貢すれば則ち当に議して爵に封ずべし。既に大食争訟あれば、即ちに詔を降し難し。乞うらくは程祐之をして大食の争訟を以て、市舶司従《よ》り其の因を牒報し、再貢を俟つは礼の如し。然る後、敕書を賜して、告命を降せしめんことを」と。之に従う。

中書門下省の言で、内容は程祐之の意見を取り入れたものである。程祐之は占城に、入貢は仁政を慕いて来るものであることを明らかに諭す詔を降してもらいたい。さらに進奉品は大食の詞があったので収受出来ない。しかし既にすべての進奉品を収買して多くの価銭を支払った。その見返りとして大食人全員を釈放して本国に返すようにという趣旨の勅書を学士院で草案して、詔を降したという。臣僚の言（程祐之か）として、占城では先の王が死んで鄒亜娜が踏襲した。礼を以て入貢すれば封爵を議する。今は大食と訴訟で争っているので詔を出すことは出来ないが、礼に従って再貢すれば、勅書を賜して封爵が降される、ということであった。事件の結果を見る限り、朝廷の占城への対応は緩やかなものである。これは諸外国への懐柔政策であり、外国人に対する優遇政策を示すものであろう。

（6）　中国商人の活動

この進奉品や使節十二人を乗船させた福建商人の陳応や呉兵達は、これらの進奉品が大食からの強奪品であったことは知っていたはずである。あるいはこれらの中国商人たちも鄒亜娜と共に海賊行為に荷担していたことも考えられるし、あるいは鄒亜娜に助言し誘発したのかもしれない。手引きした中に占城生まれの中国人がいたことが記されているからである。陳応や呉兵達は占城の朝貢を手伝うという名目で自分達の貿易活動を有利にしていたのであろう。朝貢品の様な高価な品物であればあるほど、本国に持参すれば利益があがる。朝貢品の調達にも一役買っていたのであろう。中国商人たちは占城の蕃首や王室と深い関係を持ち王室貿易を通して利益を得ていたと考えられる。この頃紹興年間の後半から乾道年間にかけて、福建商人が活躍していた例として、紹興二十五年の陳惟安、王元懋、今回の陳応や呉兵などは互いに同郷出身者として交流があり同郷仲間を組んで活躍していたのであろう。

占城での福建商人の活躍といえば、有名な王元懋がいる。彼は『夷堅三志』（己第六）に記されているように泉州の寺の雑役から身を起し、占城に行き南海貿易で利をあげ、王の娘と結婚して十年留まり帰国した。その蓄利は百万緡もあったという。彼はいつごろ占城で活躍していたのであろうか。彼は帰国してから資本主となり中国に留まり、弟子の呉大が淳熙五年から十五年にかけて貿易を行なっている。すると王元懋は、淳熙五年（一一七八）以前に帰国していることになるので、淳熙三～四年（一一七六～七七）頃とすると、十年遡ると乾道二～三年（一一六六～六七）となり、このころから淳熙四年ごろまで占城で活躍していたことがわかる。すると乾道三年（一一六七）の烏師点の強奪事件の時、王元懋が占城で活躍していた時期と重なることも考えられる。すると王元懋はこの事件を知っていた可能性が強い。『夷堅三志』に見られる王元懋は物語の上での人物ではなく、実在の人物であることは、江文叔の墓誌銘に「大商王元懋、因押解例輸白金、君峻却之」（周必大『文忠集』巻七二「広南提挙市舶江文叔墓誌銘」）とあり、淳熙のはじめごろ江文叔が泉州の通判であった時、大商王元懋が護送される際に、白金を賄賂として差し出したが、江文叔はこれを却けたという。江文叔の美談として書かれている。この時期彼が海外貿易に関与していたことは間違いない。

ちなみに江文叔が広南提挙市舶になったのは淳熙十三年～十五年のことである。

（7）　福建提挙市舶程祐之

この乾道三年の占城の朝貢、そして大食人烏師点の訴えによる一連の事件と事態の収拾を朝廷との連絡を密にしながら円満に解決できたのは、朝貢の船を受け入れた市舶司の長官である福建提挙市舶程祐之の力量による。程祐之とはどのような人物であったのであろうか。『宋会要』職官六〇―三四久任官に

乾道二年（一一六六）十二月十六日、詔す、「提挙福建路市舶程祐之、職事修挙し、一官を転じ再任す」、と。

再任とあるので、程祐之は二～三年前もその任にあった。すると隆興元年（一一六三）～二年ごろ任につき、職務を遂行し業績を（市舶司の収入を増加させたのであろう）上げた功により一官を昇進させたとある。また『宋会要』職官四四市舶の乾道三年四月二十二日の条に、

詔す「広南、両浙市舶司、発する所の船回日す。内、風水不便、船身破漏、檣柂損壊、と妄託す。即ち抽解を拘截するを得ず。若し別路の市舶司、発する所の船、泉州に前来する有るも亦た、拘截するを得ず。即ち官に委して押発して岸を離れ、元来公験を請いて去処して回りて抽解す」と。福建路市舶程祐之の請に従うなり。

とあり、船が回って、風水のため船が破損したなど、偽りを言って抽解（税を納める）を逃れたりしている。船は公験（通行証明書）の発船した場所に戻り抽解する。これは程祐之の要求に拠ったとある。かれは船の発着を厳しくし抽解をおこなった。その後乾道三年十月の占城入貢の事件である。解決するまでに翌年の三月までかかっている。

程祐之は、事件が落着した九月広東の提刑司に転出昇進する。福建省泉州には晉江を遡ると小高い九日山がある。泉州港（当時は市舶司）が一望できるところである。九日山の中腹に摩崖石刻があり、宋代のものが多く五十八にも

及ぶ。其の中に程祐之の名が刻まれているものがある。筆者は一九八七年と一九九二年に船の往来のために順風を祈る祈風碑文を調査するためにここを訪れている。程祐之の碑文は内容が祈風ではないが、残存石刻のなかでも保存状況がよく字も鮮明である。つぎの様にある。

河南程祐之、吉老、提擧舶事／以課最聞、得秘閣、移憲廣東／……（六人の友人名省略）、飲錢于延福寺實／乾道四季九月二十有九日

河南の程祐之は字は吉老、提挙舶事の時に税収が最高であったと聞く。秘閣（天子の書籍を蔵する庫、高い地位を得る）を得、広東の提刑司に赴任することになったため親しい友人六人が集まり、九日山の延福寺で送別の酒宴を設けた。乾道四年九月二十九日のことであった。「以課最聞」と有る如く、任期中に収入が増したことをいうが、一つには、占城の朝貢品七十トン、内、乳香六十三トンという膨大な品物を全部市舶司の釆配で抽買することになった。それは抽買とはいえ、見方を変えれば乳香の売買であるから、多くの利益をもたらしたに違いない。それ故の栄転であろう。

泉州九日山石刻　１行目「程祐之……提擧舶事」、最後の行「乾道四季九月……」とみえる（『文物』1962—11）。

程祐之は前述した如く、福建提挙市舶を重任している。いま南宋で提挙市舶に就任した（広東、福建、両浙を含む）者のなかで、再任（重任を含む）になった者を調べてみると、非

常に少なく、二一八人中、僅か十六人を数えるだけである。その中には活躍した張書言や楼壔などがいるが再任が少ないことは外国商人との接触や南海交易品を扱うので、長期間の就任を避けたのであろう。その中で程祐之は前任中の業績を認められて、一官昇進しての重任であるから、市舶司の仕事は熟知していた。その直後に、占城の大量の進奉品を持参しての朝貢と強奪事件が起きたのである。程祐之はすぐに朝廷に連絡をとり、朝廷の面目を保ちながら損わず、占城にたいしても優価で買取り、大食にも訴えを聴き入れ、人命を救助しようと務めた。三者とも満足行くような解決策を打ち出したのはやはり彼の実力といえる。見逃してしまいそうな海賊事件であるが、事件性があった故に記録が残り、当時の朝貢の実態がわかり、興味のある事件である。

三、その後の朝貢――淳熙元年と勅書――

この事件の後、占城の朝貢はどうなったのであろうか。占城は前の事件など気にとめもせず、六年後の淳熙元年（一一七四）年七月三日に朝貢にきている。『宋会要』占城の同日の条と十二月二十三日の条にある。福建路市舶張堅によると、進奉使の楊卜薩達麻、翁畢頓、付使の教領離力星翁令、判官の霞羅日加益王遅惻が表章と進奉物数一通ずつ各々銀筒に入れて朝見（皇帝に謁見）を願いでている。皇帝は「免到闕」（都に来なくてよい）であった。この進奉使の楊卜薩達麻は前の乾道三年の朝貢の時にも進奉使として入貢している。同一人物に間違いない。さらに紹興二十五年の朝貢使も薩達麻である。紹興二十五年から淳熙元年まで十八年であるので、あるいは薩達麻は三回来航している可能性もありうる。とすると占城に進奉使専門の人物がいたことになる。

さてこの朝貢に関して、同資料の十二月二十三日の条に学士院が回答するのに、鄒亜娜の肩書きが問題になり、鄒亜娜は正式に冊封を受けていないために国王とは認めることは出来ないので「占城嗣国王」とするという。すると今回の朝貢で「国王」とは認められなかったのであろうか。冊封と朝貢というシステムをとっている宗主国と朝貢国との間ではこの呼称は大問題なのである。時代は下るが、明清時代の琉球国の場合も冊封儀式が行なわれないと「国王」ではなくいつまでも「世子」であった。

この淳熙元年七月三日の朝貢、十二月二十三日の肩書きを「占城嗣国王」とすることを述べてきた。年が明けた淳熙二年三月に、皇帝からのこの占城の朝貢に対する返書、即ち勅書が周必大『文忠集』巻一一一にある。次にそれをみてみる。ただこの勅書の前に淳熙三年とあり、三年に書かれたことを記しているが、勅書の内容と、進奉使の名前が楊卜薩達麻であること、肩書きが「占城嗣国王」であること、更に三年三月には別の進奉使が朝貢にきていること（『宋会要』占城三年三月五日の条）から、三年は二年と考えて間違いない。ここには淳熙元年の朝貢に対する規定や回賜の品が詳細が記されている。朝貢と勅書の両方の記述があるのは珍しく興味深いことなのでここに勅書の全文を紹介する。

淳熙三（二か）年　　三月

占城嗣国王鄒亜娜の進奉に勅書を賜う

占城嗣国王鄒亜娜に勅す。昨《さき》に提挙福建路布（市）舶張堅の繳奏に拠るに、卿遣わす所の進奉使副楊卜薩達麻、翁畢頓等は表章一通を齎到し、幷びに象牙、乳香、沈香等を貢する事あり。維《これ》乃ち海邦、旧《ひさ》しく国制を尊び、逮《つづ》いて服を纂《つ》ぎ、継述して忘れず。仍歳以来、使航洊《しき》りに至り、方貢を旅陳し、郊禋を祇慶す。載《すなわ》ち勤誠を念《おも》い、良《まこと》に眷矚を深くす。已に指揮を降し、将に貢する所の物、十分を以て率と為し、一分を留むるを許し、其の余りは条例に依りて抽買し、価銭を給還すべし。外に今卿に回賜す。錦三十疋　　生綾二十疋　　川生押羅二十疋

生樗蒲綾二十疋　　川生克糸二十疋　　雑色綾一百五十疋　　雑色羅一百五十疋　　熟白樗蒲綾五十疋　　江南絹五百疋　　銀一千両　　至れば領す可きなり。故に茲に示諭す。想うに宜しく知悉すべし。春暖、卿比《このごろ》好しきや否や。書を遣わすも指するに多く及ばず。

＊語句の説明　「卿」ここでは鄒亜娜を指す。「逮」及ぶ、つらなる。「仍歳」多年。「旅」陳に同じ、つらねること。「郊禋」は天を祀る儀式、南郊のこと。「洊至」しきりにいたる。「眷矚」親族、ここでは占城のこと。「指するに多く及ばず」指は書くこと、不宜とおなじ。「川生押羅」川は四川省、生は漂煮してないこと。煮て柔らかすることを熟という。押は未詳であるが、圧を書くこともある。浮き模様のことか。「樗蒲」とは賭博のことでこれに用うる道具の模様か。「克絲」刻絲のことで、色糸で模様を織りだしたもので綴織ともいう。

上の勅書は占城国の鄒亜娜の朝貢を労い、回賜として絹織物九種類と銀一千両を与えたことを記す。前述したがこの勅書にも明白に「進奉品は十分の一は留め、残りの十分の九は抽買し、価銭で給還せよ」と進奉品の十分の一は留め、十分の九は抽買してその分を価銭で返すという、乾道三年の「一分収受、九分抽買」が実行されている。朝貢とはいえ、条令に依って政府が買いあげてくれるのであるから占城も損することはない。一方、中国側も紹興二十五年の時のごとく、朝貢品を非常に安価で引取り（試算によると半額か三分の一位の価格）回賜を与えている。そのことから考えると、回賜は一割だけ、九割は買取って、銭で支払うという合理的な方法に変わっていったのである。朝貢といえども、九割は商人扱いのようである。両国とも損をしない方法が取られていたのであろう。

次に回賜の品について考えてみる。回賜は錦以下江南絹まで絹織物の合計九六〇疋と銀一千両である。この回賜の品は進奉品の十分の一に対する返礼品と考えてよい。そしてこの回賜の品物、その種類を紹興二十五年の回賜と照合してみると数量が異なるだけで、絹織物の種別、記述順序も全く同じである。数量は少なくなったとはいえ、回賜の品目には一つの様式があったことがわかる。進奉の十分の一の回賜と制度は変わっているが、いま淳熙元年と紹興二十五年の回賜の数量を比較してみると、絹織物の合計額は淳熙が九六〇疋、紹興は六三二〇疋であるから淳熙は紹興の約六分の一となる。しかし絹でも錦などの高級品は十二分の一強、生綾も十分の一と少なく、江南絹の様な安価のものは六分の一と量は多い。全体の量は六分の一である。銀は淳熙の千両に対して紹興は一万両であるから十分の一となる（表4「淳熙元年と紹興二十五年の回賜」、表5「淳熙元年の朝貢品の試算」を参照）。

淳熙元年の朝貢品は金額にしてどの位のものであろうか。進奉品の十分の一に対する回賜をもとにして試算してみる。これはどこまでも概数である。絹織物一疋五貫として絹の合計九六〇疋を計算すると、四八〇〇貫となる。銀は一両三・五貫として一〇〇〇両は三五〇〇貫となる。絹と銀を合わせると、八三〇〇貫となる。この計算でいくとこの八三〇〇貫が十分の一の回賜分となる。この数字を基礎にして計算すると、十分の九は抽買分で七万四七〇〇貫、全体の朝貢品の金額は回賜分の十倍であるから、八万三〇〇〇貫となる（表5「淳熙元年の朝貢品の試算」を参照）。乾道三年の時には、特別に乳香が多いため概数八十八万～六十万貫となる。乾道と比べると、今回の朝貢は十分の一の分量である。これが通常の朝貢の進奉品なのであろう。

淳熙元年の朝貢品はどの様なものであったか。本文に記す様に前回同様の乳香、象牙、沈香などであった。乳香は南アラビア半島のイエメン、オマーンやソマリア地方の特産であったから、アラビア商人によって運ばれたものであり、象牙も占城でもとれるが、大食のものが良質であった。今回の場合の象牙は占城産であろう。沈香は占城の特産である。この様な

表5　淳熙元年の朝貢品の試算

回　賜（A） 朝貢品の10分の1	8,300貫
抽　買（B） 朝貢品の10分の9	74,700貫
朝貢品　乳香、象牙、沈香 （＝回賜（A）＋抽買（B））	83,000貫

品物を占城では進奉品としてそろえるのであるから、中国商人達はアラビア商人から買い取ったり、また、アラビア商人や中国商人は占城の王室と結託して品物蒐集に奔走したのであろうし、商人自らもこれにより大きな利益を得たにちがいない。

次に朝貢に来るのは淳熙三年三月五日で占城蕃主事官館寧が蕃首鄒亜娜の表章をもってきている（『宋会要』占城）。これ以降朝貢の記述は『宋会要』占城、歴代朝貢にも記されていないので、交渉があったか定かではない。今後商人の往来を示す石刻や墓石、東南アジアでの陶器などの発掘調査が進むと、さらに新しい見解が出てくると思うし、それを期待したい。

おわりに

乾道三年の占城の朝貢をめぐる諸問題についてみてきた。占城の進奉使薩達麻は福建商人の陳応等の船に便乗し、国王鄒亜娜の表章と乳香を中心とする進奉品を携えて泉州の市舶司に入り、提挙市舶程祐之の指示に従って手続きをとり迎賓館である来遠駅に安泊した。ここまでは一般の朝貢である。しかしここで一つの事件が起きた。大食人烏師点が訴えるに、この進奉品（朝貢品）は大食国のもので占城国に強奪されたものであるという。政府はどの様な処置をとるかが問題になり、調査する過程で朝貢に対して詳細が分かってきた。見過ごされて記録にも残らなかったことが、この事件を契機に明らかにされたことも多い。まとめてみると次の様である。

（1）進奉品の量は約十一万斤（七十トン）という多さである。宋代の占城の朝貢の中では一番多い。諸外国の朝貢品の中でも多い方ではないだろうか。特に乳香が十万斤、価にして高いと百万貫にもなる。占城とか大食とかの国の区別でなくこれだけ多量なアラビア産の乳香がアラビア人の手によって東南アジア経由で中国に入ってきていたことに注目したい。

（2）進奉品は「一分収受、九分抽買」である。このような制度はいつから行われたのか、他国にも施行されていたのか定かではないが、管見の限りこのときが初出である。交趾には後に行われている。皇帝は一分だけ収受し、一分に対して回賜を与える。九分は抽買し価銭で支払われた。これはどの様に解釈したらよいのであろうか。中国側では良いものを一割受け取り、残りは買い取ることが経済的に一番効率が良かったからであろう。進奉品全部に回賜をすると、不必要な進奉品にも回賜をすることになり、中国側では国家財政面でも大きな負担であったに違いない。合理的な方法である。このように考えると、九割は商人による商業行為とあまり違わない。朝貢という名目で政府は禁榷（専売）という商業行為をしている。一方朝貢国にしてみれば、進奉品として持参すればすべて政府が買い取ってくれることになり、有利になるということであろうか。しかし、それ以上のものはもらえない。一分を強調したが、前述したとおり安南では貢物の三分を収受し七分抽買という例もあり、幅をもたせた方が良い。しかし一分であろうと三分であろうと、朝貢の考え方・体制が少し変わってきていることは、確かである。

そもそも朝貢というのは古典的な考え方として、「往を厚くして来を薄くす」（『中庸』十九章）とある如く来る時は少なく、帰る時には沢山の品物を持たせるということであるが、「一分収受」はこの考え方とは異なる。淳熙年間以降になると、蕃商たちが来なくなったという記述が多くみられ、朝貢の記録もほとんどない。或いは進奉品の制度を変えたこと、その合理性が朝貢国にとり不利であり、朝貢の利益がなくなったことにも一つの原因がある様に思える。また南宋という国力が弱くなると、朝貢は少なくなる。

（3）占城の強奪事件に対する中国の処理について。政府は朝貢として認めなかった。つまり冊封をしないこと。一割の進奉品も市舶司を通して返却した。つまり進奉品全部を優価で買い取り、価銭で支払った。その代わりに大食人を釈放せよという命が出ただけである。これは寛大な処置であり外国人を優遇する懐柔政策の一環といえる。

（4）鄒亜娜について。インドラヴァルマン四世すなわち鄒亜娜は、乾道三年に先王ハリヴァルマン二世を殺し、王位を簒奪した人物で、出自も不明である。それ故に、彼は大国の中国に正式な国王として認めてもらいたかったために、国内統一のためにも王位に就くや、すぐに朝貢を行った。しかし進奉品が特産の香薬位しかなかったために、占城を通過しようとした大食船を王自ら指揮し、乳香、象牙など強奪して占城のものとして進奉したのである。鄒亜娜は中国から王として冊封され、周辺諸国カンボジア、交趾などにも認めてもらいたかったために、焦ったのであろう。

（5）この様な複雑な事件を、上手に処理し、三者とも円満に解決させたのが提挙市舶の程祐之である。彼は職務が優秀なので提挙市舶の重任となった。重任直後に、この事件が起きたのである。経験が豊かなこともあり、この様な処置が出来たのであろう。そして彼は、この朝貢で進奉品全てを抽買したことにより、大きな利益をもたらしたのである。その功により広東提刑司に栄転になり、のちに知広州（乾道八年）となった。

（6）この事件の後、六年後淳熙元年に何事もなかったかの様に鄒亜娜は朝貢使節を出している。中国はまだ「国王」と認めず「嗣国王」である。この朝貢の返書、つまり「勅書」が文集に収録されていることは貴重である。この時の朝貢の詳細がわかる。進奉品は、乳香、象牙、沈香など。皇帝は十分の一を収受し、十分の九は抽買し、価銭で支払う。十分の一の分の回賜は、絹織物と銀千両であった。今、回賜の数量から価格を試算すると進奉品は八〜九万貫である。乾道の朝貢の規模とはほど遠く十分の一位のものであった。これが通常の朝貢であろう。

以上、乾道三年の朝貢を通して、南宋期の海外交易の実態を垣間見ることができた。今後は占城一国ではなく、アラビア、東南アジア諸国全体の物の移動、人物の交流を考察する所存である。

註

（1）和田久徳「東南アジアにおける初期華僑社会（九六〇～一二九九）」『東洋学報』四二―一、一九五九年、張祥義「南宋時代の市舶貿易に関する一考察――占城国の宋朝への朝貢を通してみた――」青山博士古稀紀念『宋代史論叢』省心書房、一九七四年、重松良昭「十～十三世紀のチャンパーにおける交易――中国への朝貢活動を通して見た――」（『南方文化』三一、二〇〇四年を参照。また占城について桃木至朗「唐宋変革とベトナム」『岩波講座東南アジア史2』二〇〇一年、同「南の海賊世界――中国における南海交易と南海情報――」『岩波講座、世界歴史9』岩波書店、一九九九年、遠藤正之「10―15世紀チャンパ王国の構造」『東洋史学論集』（立教大学大学院）二、一九九六年等を参照。

（2）重松論文「五代宋代占城朝貢表」参照。

（3）占城の国王に形式的に与えられたものである。新国王が決り、冊封されるまで同内容の文章が続く。例えば、『宋会要』占城、乾道四年正月七日の条など。

（4）拙稿「南宋期の占城の朝貢――『中興礼書』にみる朝貢品と回賜――」『史艸』四四号、二〇〇三年、二一～五頁。

（5）占城の入貢については、『宋史』三四本紀「乾道三年冬十月乙未朔、占城入貢」とある。『文献通考』巻三三二、四裔九に乾道三年の入貢を記す。

（6）「左蔵南庫」とは軍事上の非常事態に対処するため、御前椿管激賞庫が紹興三十二年に左蔵南庫に改められ、太府寺に隷した。御前椿管激賞庫は毎年天子、太后、皇后などの生辰・春秋の内教・寒食節のときに献上された金幣を収納した庫のこと。梅原郁「宋代の内蔵と左蔵」『東方学報』四二、一九七一年。『宋史食貨志訳註』（一）一九八、九頁。

（7）拙稿前掲論文参照。

（8）『宋史』三四本紀「乾道三年十一月丙寅、合祀天地于圜丘、大赦」とあり、南郊で大礼が行われている。

（9）北宋の煕寧九年（一〇七六）の乳香の値が『粤海関志』にあり安価である。乳香は西と南の値がすこし違う。西は回紇の乳香で六等に分かれ（高級品から崩れた下級品まで）、毎斤三貫三百文から三百文まであり、南香も六等に分かれ、毎斤四貫九百文から一貫三百文まであり、南香の方が高い。南宋になると高価になる。乳香の値については、検討の余地がある。なお、香薬、絹、銀などの価格については本書……頁参照。

（10）占城付近は海賊が出没するところといわれている。周去非『嶺外代答』巻二占城国、趙汝适『諸蕃志』渤泥国などにも記されている。占城は耕作面積が少なく、土地も痩せているため早くから海上活動を行っていたことによる。いつも海賊を行っていたわけではない。ただ具体的な記述があるのは、これがはじめてである。これは、朝貢に関わることなので、公の取り調べを受け、その記録が残っている貴重な資料である。

（11）国王はなぜ現地生まれの中国人（華僑）を使ったか。（一）大食船が中国に朝貢に行く船であるので、中国人が対応したほうが、相手（大食人）が信用するためである。（二）は彼らの親が海外貿易を行っており、彼らも地理、気象、交易、朝貢品等の知識を有していたこと。（三）彼らは何よりも国王の側にいて、国の政治、経済に関与できる立場にいたこと。この場合は海賊行為に荷担したが、彼らは国王、貴族と結びつき王室貿易の実権を握っていたに違いない。今回も強奪した品物の中から、宝貝（装飾、螺鈿）ではなく、中国人が喜ぶ乳香、象牙を選んだのも彼らであったし、その直後、正式な朝貢として中国に入るが、その際の国王の章表（現地語と中国語）と朝貢品は中国語で品目と数量を書かなければならなかったが、それを書いたのも、現地生まれの二世、三世であった。王元懋など王の娘と結婚し、王の側近として王室貿易の実権を握っていた。

（12）疑問に思うことは、占城は海賊行為が発覚する可能性が高い大食人烏師点をなぜ中国に行かせたかということである。前述したごとく、資料には「ただ乳香と象牙のみを選び、烏師点とともに、却って他（占城）の国の番人を差して、己れの（占城）ものとして進奉した」と記されているだけで、行かせた理由は記されてない。烏師点の言であるから自分の不利なことは言わない。占城が烏師点を抹殺するか、国外に出さなければ発覚しなかった。ではなぜ中国入りしたか。（一）には、彼には何か必要とされるものがあり、例えば船の操縦、朝貢品の管理など、彼を必要としたこと（朝貢品は中国商人の船に便乗していた）そして他の大食人は人質にして拘束されていた。（二）は烏師点は、占城と利益を共有する約束になっていたとは考えられないだろうか。占城側につき、大食側の利益を独占し、自分が使者として中国に入ろうとした（占城と大食の二国が朝貢する）。しかし占城と不都合なことがおこり分裂し、烏師点は合意を破り、占城を告訴した。資料に「（自分ではなく）他の国の番人を差わして、占城のものとして」とあるのは、実際は烏師点が使者として来ることになっていたのであろう。この様に考えないと、なぜ烏師点だけが中国入りしたのか疑問が解けない。後考をまちたい。前に記したが、占城の朝貢が、一回の来航でなく、二ヵ月後に別の船が入ったりして、多分数回にわたって来航したものと見られ、複雑な入貢であった。そのためか、混乱し、二回の朝貢になったのであろう（歴代朝貢）。

（13）“Le Royaume de Champa”のフランス語からの翻訳については大妻女子大学松田孝江教授より、多くのご教示をいただいた。感謝申上げる。

（14）『宋史』巻一六三、官告院に「五色銷金花綾紙一等……（割注）…占城、真臘、闍婆国王之を用う」とある。

（15）『文献通考』巻三三二の乾道三年の条には「白藤紙」とある。『朝野類要』巻四「文書」の白麻の項には白麻と黄麻紙の使用の違いを述べる。

第四節　南宋の朝貢と回賜――一分収受、九分抽買――

はじめに

これまで占城の紹興二十五年（一一五五）の朝貢、ならびに乾道三年（一一六七）の朝貢を検討してきた。それぞれに問題があり、朝貢とはどの様なものであるかを探求してきた。本稿では、これまで述べてきた中で、南宋の中期ごろ（乾道年間）から、朝廷の外国の献上品（朝貢品）に対する取り扱い方が、変わってきているのに注目したい。皇帝は朝貢品にたいして、「一分収受、九分抽買」としている。それは、どういうことを意味するのであろうか。また、いつ頃からこのようになったのであろうか。朝貢の特色を知るためにも、もう少し深く考えてみたい。朝貢品に対する返礼の回賜について、また抽買した朝貢品はどこに使用されていったのであろうか。また、金国との国境に設けられた榷場、交易所と南海品との係わりについてもふれてみる。

一、淳熙元年の勅書

朝貢品「一分収受、九分抽買」がはっきり記されているのは、前節でも述べたが、占城の朝貢への返礼の勅書である。勅書に記されているのですでに決っていたことがわかる。このときの朝貢は、占城（チャンパ、中部ベトナム）で、淳熙元年（一一七四）七月三日に、蕃王、鄒亜娜は三人の使者を遣わし、中国皇帝孝宗へ表章（手紙）と朝貢品の目録を銀筒に入れて中国にきた（宋会要蕃夷四占城淳熙元年七月三日、十二月二十三日）。それに対する中国の皇帝からの返書の勅書がありそこに明確に記されている。周必大『文忠集』巻一一一に次の様にある（表1、表2参照）。

淳熙三（二カ）年

賜占城嗣国王鄒亜娜進奉勅書　三月

勅占城嗣国王鄒亜娜、昨拠提挙福建路市（原文は布）舶張堅繳奏、卿所遣進奉使副揚卜薩達麻、翁畢頓等、賷到表章一通、並貢象牙、乳香、沈香等事。維乃海邦、旧尊国制、逮而纂服、継述不忘、仍歳以来、使航洊至、旅陳方貢、祗慶郊禋。載念勤誠、良深眷矚。己降指揮、将所貢物、以十分為率、許留一分、其余依条例抽買、給還価銭、外今回賜卿

錦三十疋　生綾二十疋　川生押羅二十疋

生樗蒲綾　二十疋　川生克糸二十疋

雑色綾一百五十疋　雑色羅一百五十疋

熟白樗蒲綾五十疋　江南絹　五百疋

銀一千両

至可領也。　故茲示諭　想宜知悉、　春暖、卿比好否、　遣書指不多及。

とある。表題には、淳熙三年とあるが、進奉使の名前が同じであること、鄒亜娜の称号が嗣国王であることから、淳熙元年の朝貢の返書とみてよい（第三節「乾道三年の朝貢、四六九頁参照）。この年の十二月に鄒亜娜の称号ついての記述があることから、勅が出たのは淳熙二年であろう。

表１　淳熙元年と紹興25年の回賜

品目	淳熙元年（1174）		紹興25年（1155）		淳熙元年の紹興25年に対する割合
錦	30疋		350疋		12分の１
生綾	20		200	（生川綾）	10分の１
川生押羅	20		40	（生川圧羅）	２分の１
生樗蒲綾	20		40		２分の１
川生克糸	20		100		５分の１
雑色綾	150		1,000		７分の１
雑色羅	150		1,000		７分の１
熟樗蒲綾白	50		500		10分の１
江南絹	500		3,000		６分の１
絹の合計	960疋	（１疋５貫）4,800貫	6,230疋	（１疋５貫）31,150貫	6.3分の１
銀	1,000両	（１両3.5貫）3,500貫	10,000両	（１両3.5貫）35,000貫	10分の１
絹と銀の合計		8,300貫		66,150貫	８分の１
出典	『文忠集』111賜占城嗣国王鄒亜娜進奉勅書		『宋会要』番夷４、占城、紹興25年11月28日　割註		

表２　淳熙元年の朝貢品の試算

回賜（A） 朝貢品の10分の１	8,300貫
抽買（B） 朝貢品の10分の９	74,700貫
朝貢品　乳香、象牙、沈香 （＝回賜（A）＋抽買（B））	83,000貫

意訳をすると、次のようである。

「占城の嗣国王、鄒亜娜の進奉に対する返答の勅書を賜う。三月。

占城の嗣国王、鄒亜娜に勅す。昨に提挙福建路市舶、張堅の奏書によると、卿（鄒亜娜）が遣わした進奉使副揚卜薩達麻、翁畢頓等は、表章（鄒亜娜の手紙）一通と象牙、乳香、沈香などの朝貢品を持ってきた。占城は、昔から国制を尊び、中国の一領土であることを忘れない。多年ずっと使者が方物を持って来航し、天を祀る南郊にも参加している。すなわち謹誠であり、まことに親族として親密である。

すでに指揮（皇帝の命令）が下り、持参した朝貢品の十分を率として、一分（一割）を皇帝が受け取る。其の余（九割）は、条例によって抽買（政府が買い取ること）し、其の分の価格を占城に支払うべし。

鄒亜娜への回賜（朝貢に対する皇帝からのお返しの品）は、つぎの如し。

錦三十疋、生綾（生は練らない、漂煮してないこと）二十疋、川生押羅二十疋（川は四川省、押は、圧と書くこともある。浮き模様のことか）、生樗蒲綾二十疋（樗蒲とは賭博のことで、これに用いる道具の模様のことか）、川生克糸二十疋（克糸とは、綴織のことで、色糸を使い模様を織り出したもの）、雑色綾一百五十疋、雑色羅一百五十疋、熟白樗蒲綾五十疋、江南絹五百疋、銀一千両

以上　受け取られたい。春暖の候、身体大切に」

ということである。前述したが、ここで注目すべきことは、占城の朝貢品に対するその取り扱い方である。朝貢品の十分を率として、一分を留むるを許す、つまり皇帝は一分だけ受け取るという。余りの九分は政府が買い取り、その資金は国が支給する。朝貢品は、一分収受、九分抽買ということになる。次に、ここで皇帝からの回賜として、十種類の絹織物、合計九六〇疋と銀一千両を与えられている。この回賜は何に対して賜ったのであろうか。朝貢全体に対するものか、それとも、朝貢品の一分、一割に対するものなのか、また、朝貢の「一分収受、九分抽買」ということは、いつからこのようなことになったのであろうか。占城だけだったのであろうか。またこれは、他の国に対しても同じだったのであろうか。次にこのような観点から資料を再検討してみる。事例を遡って考えるので、年号も乾道、紹興と古い時代へと溯る。

二、乾道三年の朝貢

朝貢品の「一分収受、九分抽買」は、いつごろからはじまったのであろうか。占城の場合、この淳熙元年の前の朝貢は、乾道三年（一一六七）である。この乾道三年の朝貢は大きな問題を引き起こし、朝貢を取り消された。占城の王、鄒亜娜、現地では、ジャヤ・インドラヴァルマン四世とよばれる（詳しくは前節四五一～四五六頁）。前節の淳熙元

年の朝貢も同一人物。この鄒亜娜は、前の王を弑して、王になった人物で（即位乾道三、一一六七年）、中国に王として承認してもらおうと中国商人の船に便乗して朝貢してきた。その際、彼は、中国に持参する朝貢品不足に悩んでいたときに、ちょうど、大食（アラビア）の船が占城の沖を通りかかったので、その船を略奪して、乳香、象牙などを奪い、それを占城の朝貢品として献上したのである。その海賊行為が発覚して、皇帝はこの朝貢を認めないという大きな事件があった。この一連の事件を通して、当時の朝貢品の取り扱い方が明確にわかる。『宋会要』蕃夷七歴代朝貢の乾道三年十月一日の条に、鄒亜娜が持参した品物と朝貢品と回賜の方法が記されている。

占城蕃首鄒亜娜、開具進奉数、
白乳香　二萬四百三十五斤　　混雑乳香八萬二百九十五斤、
象牙　七千七百九十五斤　　附子沈香　二百三十七斤
沈香　九百九十斤　　沈香頭　九十二斤八両　　箋香頭　二百五十五斤
加南木箋香　三百一斤　　黄熟香　一千七百八十斤。
……拠所貢物、許進奉十分之一、余依条例抽買、如価銭闕、申朝廷。先次取撥、
候見実数、估価定、市舶司撥納左蔵南庫、聴旨回賜

とある。鄒亜娜の使者は貢ぎ物を持参して中国に来た。その進奉品をみて、驚くことは、乳香の多さである。白乳香、混雑乳香合わせて約十万斤強である。当時一斤は六〇〇グラムなので、キロになおすと、六万三〇〇〇キロとなり、トンになおすと、約六十三トンにもなる。象牙も多く約五トンとなる。乳香も象牙も大食（アラビア）の特産である。

さて、この朝貢品の手続きを見ると、資料に記す様に、「貢ぎ物は、十分の一の進奉を許す。余は条例に依って抽買する。もし銭が欠乏すれば朝廷に申せ」とあり、続いて一分収受については「先ずはじめに、（進奉物を）を選んで

取れ。取った実数、価格の定まるを待て。市舶司は（これらを）左蔵南庫におさめよ。旨を聴きて（その分のものを）回賜せよ」とある。朝貢品のうち良い品を一分（一割）えらんで、その数、と値段にするといくらになるかを確定してから、市舶司はそれを左蔵南庫に納入する。納入された分だけ、その価格だけ、それ相当の回賜が与えられることになる。したがって回賜は、この一分に対して下されたものである。左蔵南庫とは、軍事上の非常事態に対処するために設けられたもので、皇帝の私的な財庫で、内蔵と左蔵の中間的な役割を持ち、戸部の財計を補助していた庫である。このことからも、進奉品の重要さと皇帝が私的に使用できるものであったことがわかる。

さらに詳しく「一分収受、九分抽買」については、進奉物が不正行為のものであることがわかり、皇帝は一分の進貢物も受け取ることが出来ないとの命が下る。そこで事件の事後処理として、市舶司の言がある。前掲『宋会要』蕃夷七歴代朝貢の乾道四年二月八日の条に、

市舶司言、准已降旨、給還占城国進貢一分物色、余令本司斟量、依条抽買、縁本司未承指揮以前、将一分進奉物色、先已起発、乞改撥作抽買、数照降本銭、併以給還……

とあり、「占城国の進奉品の一分を給還せよ。余りは、市舶司でよく考えて条に依りて、抽買せよ」という皇帝からの旨が降された。市舶司では、この命令が出るまえに、すでに一分の進奉の品物を先に中央に送った。だから、改めて送り返してほしい（すでに送った一分）。その分を抽買するので、送り返した品物の数を調べて、（それを買い取るので）その分の本銭を欲しいので、あわせて給還するように」というのである（この事件の状況については、前節参照）。すこし補足すると、このときの朝貢は中国商人の船、四、五艘に便乗して来航している。七十トンもの朝貢品は一艘では乗り切れず、分乗してきたのであろう。この朝貢を受け入れたのは、経験豊富な提挙福建路市舶の程祐之（提挙市舶の職は再任、二度目）で、彼は船が着いたら朝貢の手続きを行ない、献上品が多かったからであろうこの時点では使節

一行を都（杭州）に行かせようとした（しかし、事件が発生したからであろう皇帝より都に来なくてよいという命があった）。また、朝貢品についてもすぐに、規則に従って良いもの一割をえらんで、中央に送った。ここまでは順調であったが問題が起きた。アラビア人烏師点が、この朝貢品はアラビア船のものを強奪したことを訴えた。それを知った皇帝はこの朝貢を認めず、この朝貢品の一割も受け取ることはできないので、返還するという。事態が変わったので、提挙福建路市舶の程祐之は、事後処理として、一、すでに朝廷に送ってしまった一割分の朝貢品をこちらに送り返してほしいこと。二、さらに、返却と同時に、それを買い取るだけのお金も一緒に送ってほしいと請うた。ここで朝貢品を買い取ることを抽買ということが明確となる。ここでは、十分抽買である。このようなことから、確実に「一分収受、九分抽買」が行われていたことがわかる。すると、すでに乾道三年には、これが行われていたことになる。ではいつから、朝貢品の「一分収受、九分抽買」が始まったのであろうか。管見の限り、乾道三年が初見である。

三、紹興二十五年の朝貢

占城の乾道三年以前の朝貢では、どうなっているのであろうか。十二年前の紹興二十五年に占城が来貢していることは前述した。この朝貢には、福建の泉州を出発した朝貢使節二十人（ほかに中国商人一人、都で合流し駅で礼儀を教え世話をする）が、都に行き皇帝に謁見し、歓待され、泉州に帰るまでの記録がある（第二節参照）。宋代でこれだけ一貫して朝貢に関する詳細な記録が残っているのは珍しい。朝貢品と回賜の表を重複するが記すと次の様になる。『宋会要』蕃夷四、占城の紹興二十五年の条（『中興礼書』を引く）による。

今将所進香貨名色、下所属看估紐計、得香貨等銭十万七千余貫。本寺（太府）剗刷、回賜物帛数目、乞下所属支

給、関報客省、令具下項

とあり、「今、進奉品を係の官に下して価格を合計させたところ、香貨等の銭は、十万七千余貫であった。太府寺は回賜の品を買い集めて客省に知らせて回賜させた」という。ここには、続けて、占城の進奉品と回賜が記されている。

一、占城の進奉し到る物
沈香　九百五十六斤　附子沈香　一百五十斤
箋香　四千五百二十八斤　速香　四千八百九十斤
象牙　一百六十八株、三千五百二十六斤　澳香　三百斤
犀角　二十株　玳瑁　六十斤　暫香　一百二十斤
細割香　一百八十斤　翠毛　三百六十隻　蕃油　一十埕
烏里香　五万五千二十斤
一、回答賜の数目
錦三百五十疋　生川綾　二百疋　生川圧羅　四十疋
生樗蒲綾　四十疋　川生克糸　一百疋
雑色綾　一千疋　雑色羅　一千疋
熟樗蒲綾　五百疋　江南絹　三千疋　銀一万両

とある。朝貢の資料で、進奉品と回答（回賜）品の両者が記されていることは貴重である。当時の朝貢の詳細がわかる。

さて、紹興二十五年の朝貢では、進奉品を値格で換算し、それが、十万七千余貫となり、それ相応の回賜の品物を

集めて、「回答の数目」とした。その仕事は太府寺が行っている。これまで見てきたように、朝貢品の十分の一を受け取り、その分を回賜として与え、九割は抽買するというやり方は、この紹興二十五年にはなかったことになる。すると、占城の朝貢に見る限り、「一分収受、回賜、九分抽買」は紹興二十五年にはその条例はなく、乾道三年には、これまで見てきたようにすでに条例が出来ており、スムーズに行われていた。とすると、紹興二十六年（一一五六）から乾道二年（一一六六）の間のこの十年の間に、朝貢品の取り扱い方とそのお返しの回賜の制度が変わったことになる。このことは、朝貢する国々にとっても、朝貢を受ける宗主国中国にとっても、朝貢と回賜を扱う礼部、大府寺にとっても大きな問題であり、この変化が両国に取って、政治的、経済的にどちらがどのように有利になるのかは、今後検討しなければならない課題である。

ここで注意しておきたいのは、中国では、通常、朝貢を拒むようなことはしない（例外は除く。占城の乾道三年の事件以来、しばらく朝貢を認めなかった）。宋代を通して、朝貢を促し、蕃商の往来を歓迎し、官位をあたえ、また中国商人にも南海諸国の物貨を多くもたらした者を優遇した。中国政府は、利益をもたらす南方の物貨を熱望し、あらゆる方法でそれを獲得しようとした。その様な背景の中での朝貢品の「一分収受、九分抽買」を少し考えてみる。

前述した紹興二十五年の回賜と淳熙二年の回賜をみてみる。二十五年は、朝貢品の一分収受が始まらない時期、淳熙年間は一分収受が始まった時のものである。その中間の乾道三年の朝貢は、事件が起きて朝貢は成立しなかった。朝貢が成立した時のものを比較してみる。回賜の種類と数量を比較してみると、次のようなことがわかる。

（一）回賜は、紹興、淳熙年間の両者とも、絹織物と銀である（表1参照）。

（二）絹織物の九種類は、両者ともほぼ同じ種類である。ということは、回賜の種類は決まっており、回賜用のものが、準備されていた。

（三）朝貢品の分量によって、回賜の量が異なることは当然であるが、銀は一万両（紹興）、千両（淳熙）と淳熙は紹興の十分の一である。また絹織物は、十分の一とはいかないが約八分の一である。とすると回賜の種類、量はこれまでの十分の一ぐらいに設定されていたとも考えられる。

次に、紹興年間の進奉物と回賜について、検討してみる。回賜が十分の一になった原因の要素がこのようなところにもあるのではないかと思われるからである。それは、前述した紹興二十五年の進奉品と回賜との価格のバランスである。概算であるが、香薬が七万斤（四十四トン）その他象牙などがあり、安く見積もってもその価格は二十万貫から三十万貫になる。それを政府は十万七千貫とした。それに相当する回賜として、絹織物と銀一万両を与えた。これの回賜を換算すると六万貫位にしかならない。もう少し詳しく計算方法を記すと、香薬など単位が斤のものを集めて、合計すると、六万九七三〇斤となる。いま、一斤五貫として計算すると、三三万〇七二〇貫となる。しかしこれには、象牙、犀、玳瑁、翡翠の羽、薔油は斤でないので、計算に入れていない。政府はこの六万九七三〇斤と象牙などを、換算して一〇万七〇〇〇貫とした。これが政府からの一〇万七〇〇〇貫を香薬六万九七三〇斤で割ると、一斤が一・五貫となる。象牙などを加えると、もっと安くなる。つまり、朝貢品は、非常に安い値で政府は換算している。しかし政府には、換算する規定、条例があるはずであり、それに則り計算しているのであるから法外なものではなく、これが当時の朝貢品に対する計算であったと解釈したい。

次に、この朝貢品に相当する回賜として、絹織物と銀一万両を与えた。これを銅銭に換算すると、六万貫ぐらいにしかならない（表1参照）。朝貢品一〇万七〇〇〇貫に対する回賜六万貫である。ここでも、朝貢品と回賜との割合は、半分である。これらの試算が正しければ、朝貢品十に対して回賜は三～四である。非常に少ない。

回賜が少ないということは、南宋期に入り、財政難になり、等分の返礼ができなくなった証拠である。一分だけ収受し、一分の回賜をし、九分は買い取りとする制度にせざるをえなかったことが、はや紹興二十五年の朝貢品の回賜に現れているのではないだろうか。それ故に、紹興二十五年以降、すぐに「一分収受、九分抽買」を取り入れたと考える。他国の例がないので、明確なことは判らないが資料で見る限りこの様な結果になる（一部、交趾にみられる）。

さて、「一分収受、九分抽買」ということは、政府にどのような有利さをもたらしたのであろうか。また一分の回賜は政府にとって経済的負担は少ない。九分抽買は、朝貢品の九割を政府が安く買い上げるとすると、政府は非常に有利である。紹興二十九年に市舶の利益は、抽解と和買で約二百（万）とある（『宋会要』職官四四市舶紹興二十九年九月二日）。その前の紹興七年には市舶の利益は百万という。海外貿易の利益の増大を示めすものであるが、朝貢とは直接関係がなく、抽解（関税）と和買（政府の強制買上げ）の利益の結果である。ここで和買と抽買との関係をもう少し明確にできれば、朝貢との関係が出てくるかもしれない。今後の課題でもある。

一方、朝貢国側の記録がないのでわからないが、中国から冊封を望まず、商業的な要素が強ければ、朝貢品が安い値で買い上げられることを知ると、朝貢という形では来なくなってしまうのではないだろうか。すると南海品は商人によって中国にもたらされるようになるのではないだろうか。南宋中期から末期にかけて、朝貢の記録は非常に少なくなる。これは来貢しなくなったのか、記録上のことなのか、定かではないが、来なくなった原因の一つにこのような事情があったのではないかと考える。

紹興二十五年の朝貢品と回賜の記述から回賜が少ないということを述べてきたが、留意しなければならないのは、中国にしてみれば、紹興二十五年の朝貢は、泉州から都への往復の旅費と滞在費、付き添った役人の人件費、国王への贈り物、都での贈り物、進奉使たちへの朝見と朝辞の時に贈った衣服など、三カ月にわたる進奉使たちの滞在費を負担することは、大変な費用だったと考えられる。このような経済的な負担を考えての回賜だったのかもしれない。

一般に、中国への朝貢は、返礼品が数倍にもなるので、その利を求めて朝貢するといわれているが、回賜、つまり返礼はけして多くなく、極めて少なかったことを資料によって解明した。

四、交趾（安南）の朝貢品と回賜

これまで、占城について見てきたが、占城以外の国ではこのような例は見られないのであろうか。『宋会要』蕃夷四と七歴代朝貢をみるかぎり、交趾（淳熙元年から安南と名が変わる）にその例が見られるのみである。その時期は乾道九年（一一七三）から紹熙（原文は紹興、興は誤）元年（一一九〇）の間に七件あり、そのうち淳熙四年一月二十八日の条、七年五月十三日の条は三分収受であり、後の五件は、一分収受である。現在のところ、資料で確認できるのは、占城と交趾だけである。二国が特別な関係であったのかどうか、検討の余地があるが、他の国にも行われていたと考えられる。交趾の例を挙げると『宋会要』蕃夷七歴代朝貢、

乾道九年一月六日……

令広西経略安撫司、将入貢物十分受一、就界首交割、優与回賜

とあり、交趾では、朝貢品の一分収受は、乾道九年が初出である。占城では、乾道三年であった。六年も早い。交趾は陸続きなので朝貢の仕事は、広西経略安撫司が行い、国境近くで朝貢品、回賜の受け渡しをしている。次に、一分ではなく三分の収受については、同『宋会要』蕃夷四　交趾（安南）に

淳熙七年五月十三日、進謝表方物、詔収受三分外、

とあり、三分を受け取っている（表3）。安南（淳熙元年から交趾は安南となる）からは、一分だけでなく、時によって

表3　交趾の１分収受（淳熙元年より安南となる）

年　代	記　述	出　典
乾道９年（1173）１月６日	貢物は10分の１を収受	『宋会要』歴代朝貢
〃　6月11日	〃	〃
淳熙３年（1176）６月１日	〃	『宋会要』蕃夷４交趾
〃　４年（1177）１月28日	貢物は10分の１を率とするが３分を収受	〃
〃　７年（1180）５月13日	貢物は３分を収受	〃
〃　９年（1182）11月11日	貢物は10分の１を収受（象は運搬に労するので無用）	〃
＊紹熙元年（1190）11月４日	貢物は10分を以て率とし１分を収受	〃

＊『宋会要』蕃夷4-54　交趾には紹興元年とある。前後の内容からみて「興」は「熙」の誤りであろう。

◎再検討項目（『宋会要』蕃夷４交趾）
乾道元年３月17日の条には回賜をしない。
隆興２年「若来受十一之数、却恐本国致疑」

は三分も受け取っており、流動的だったのかもしれない。しかし三分というのは、前述した如く一分だけでないことに注意しなければならない。一分は規則ではないのかもしれない。安南という地域によるものか、占城が特別なのか、資料がこれしかないので明確なことはわからないがこのような傾向にあることは確かである。中国では、朝貢品にも注文をつけ、象は重く運搬が大変だからいらないなどと拒否している。

交趾の資料をみていくと、北宋では、進奉と回賜の例が多くみえる。一例をあげると、

仁宗乾興元年七月、三司言、交州進奉使李寛泰等各進貢、方物……紫砿、玳瑁、瓶香等、買人計価銭、千六百八十二貫。詔、回賜銭二千貫、以優其直、示懐遠也。

とあって、南海物品を持参して、朝貢にきた商人が朝貢品の値を計算して、一六八二貫と言ったので、皇帝は回賜銭として、二千貫与えた。これは、遠方の人を慈しむことと、持参した品より、高い値で回賜を与るためであるという。一般に朝貢に対する回賜の考え方、朝貢品と回賜との関係は、朝貢してきた国、人に対して、厚くもてなすことであった。それが、政府の朝貢品に対する

政策が変わり、九分の抽買である。政府は何の目的でこのような、政策の変換をしたのであろうか。

南宋では、財政難から、朝貢品に対して、等分の回賜が出来ないため、一分収受とした。一分だけ貰ったのだからそれに、回賜をだす。等分である。更に九分は政府が朝貢品を買うのである。買い取った朝貢品は、珍しい香薬、象牙などが多く、政府が財政上、自由に使用できるものであった。北宋時代、熙寧十年に広州市舶司に入った乳香三十四トンを政府は抽買し（この場合は朝貢ではない）、国の財政改革（王安石の市易法）に使用されていることを前節（二一六～二一七頁参照）でのべたが、今回の場合もこれと同じように抽買し、それを財政の面で使用したものと考える。

五、榷　場

南宋では、金との交易をするために榷場を置いた。榷場とは、対金貿易のために置かれたもので、国境の官営交易所である。宋と金との和議が成立するのが、紹興十一年十一月であるが翌年の紹興十二年五月に榷場が盱眙（安徽省盱眙県）に置かれた。そのことについて、『宋会要』食貨三八互市紹興十二年五月四日の条に、

戸部言「近承指揮、於盱眙建置榷場博易、買南北物貨。為和議已定、恐南北客人私自交易、引惹生事、……」

とあり、盱眙の榷場で南北の品物が売買され、南北の商人たちが、密かに交易して問題がおきないかと心配するほどであった。次に南北の商人の交易の規定が記されているが、ここでは省略する。榷場を開く際に、資本金を政府は十六万余貫出しているが、その資本金の一部は、南海の物品である香薬等であることが、同資料の隆興二年（一一六四）十二月十八日の条に、知盱眙軍胡昉の上奏に次の様にある。

詔盱眙軍依旧建置榷場、……知盱眙軍胡昉言、紹興十二年創置榷場、降到本銭十六万五千八百余貫、係以香薬、

雑物等紐計作本、今欲従朝廷斟量支降、

とあって、紹興十二年に盱眙榷場を創置するにあたり、その資本金が香薬雑物を換算通計して、十六万五千余貫であったという。香薬がどのくらいの比率で出されたかは明らかではないが、香薬を使ったことは確かである。これ以降、榷場を置くときに、政府が資本金の一部に必ず香薬を使っていることは、興味深い。その例を二、三見てみたい。同資料（『宋会要』食貨三八互市）乾道元年（一一六五）三月十一日の条に

湖北京西路制置使沈介言、今於鄧城鎮修置榷場。……依例支降、本銭五万貫、於湖南総領支撥、令用博易物色匹帛香薬乃類、従朝廷支降、付場博易。

とあり、鄧城鎮（襄陽府）に榷場を置くために本銭五万貫と匹帛、香薬を博易（貿易）するために、支給したとある。また同じく、光州に榷場を置く際にも、香薬を支給している。同資料（『宋会要』食貨三八互市）の乾道元年九月十五日の条に、

詔光州光山県界中渡市建置榷場。於是知光州郭均申請「乞従朝廷支降本銭、或用虔布、木綿、象牙、玳瑁等、物折計降下……

とあって、光山県中渡市榷場に本銭と布のほかに、象牙、玳瑁という南海交易品が支給されている。象牙、玳瑁などの舶来品は北方では、需要が多く高価な品物であったし、利益も多かったのであろう。

以上見てきたように、榷場（国が管理する国境貿易場）で交易するための設置費用として本銭と香薬の類が必ず支給されている。

また榷場の設置ではないが、安豊軍榷場に檀香三十斤を支給している。同資料の乾道九年（一一七三）二月七日の条に

臣寮言「昨来朝廷嘗差使臣般発檀香前去安豊軍、同本軍知軍措置博易糸絹。今乞将庫管檀香依昨来体例般発、委本軍措置」。詔於左蔵庫支給三分以上檀香三十斤、吏部差短使一員管押前去。

とある。榷場を設置する際に、準備金として規模の大きな盱眙では十六万余貫を支給し、光州のような小さな榷場では五万貫であったが、準備金の中に本銭と共に香薬が必ず入っていることに注目したい。

次に北方諸国と榷場で互いに品物を交易するわけであるが、中国から、北方諸国に売買される品物の中に、香薬、象牙など南海諸国の産物が多く見られるので、以下事例を挙げて見てみる。まず金に宋から輸出される品の第一はなんと言っても茶であるが、ここでは茶については省略する。南海交易品についてみると、『宋史』巻一八六食貨互市舶法の宋初の記述であるが、次の様にある。

太平興国二年、始令鎮、易、雄、覇、滄州、各置榷務。輦香薬、犀、象及茶与交易。

これは、契丹のことであるが、太平興国二年（九七七）に始めて、国境地帯の州に榷務（交易所）を各々に置いた。交易の品物は香薬、象牙、犀と南海産のもので、舶来品であり、中国でも貴重な品であった。茶と共に南海の貨を早速、交易品として使用している。当時宋初から契丹では、需要が高かったことがわかる。北方の地域には南方からの海上交易品はなく、中国から交易によって入手できるものだけに、榷務を通じて多くの香薬、象牙、乳香などが売買された。当時は銀で取引していたので、銀が中国に流入した。中国にとっては非常に利益があった。また、『宋会要』食貨三八互市の熙寧八年二月二十五日に、

都提挙市易司言「乞借奉宸庫象牙、犀角、真珠直總二十万緡於榷場交易、至明年終償見銭」従之

とあって、南海交易品の象牙、犀角、真珠を借りて、榷場で交易したら、明年全部償えたという。象牙などは、榷場ですぐに完売するほどであった。また、交易を禁じているものに、同資料の紹興二十六年六月二十六日に

詔「黎、雅州博易場見収買珠、犀、水銀、麝香並罷、已買者赴激賞庫送納。日後蕃蛮将到珠、犀等、並令民間依旧交易。

とあって、黎、雅州での場での真珠、犀、麝香などの交易を禁じている。ということは、これまで、これらの品を交易していたことになる。後に交易を許しているが、これらの事例からも、南海品の重要性が窺われるし、需要が考えている以上に高かったことがわかる。加藤繁氏はこのことについて次のように言う「金と南宋においての官民の合法・違法の貿易において、宋から輸出された主要な物資は、茶、象牙、犀角、檀香などの香薬類、生薑、陳皮の江南産の薬物、絹織物……牛、米などである。金から輸入されたものは、北珠、貂革、人参、甘草の薬物、北絹、馬などである。これは、宋に於いて輸出超過であり、金では輸入超過であった。それは、銀が宋に流入したことによって推定される。特に南海舶来の香薬は、一層高価であり、北方における需要もかなり多かったことに因る」（加藤繁『支那経済史校證』下「宋と金国との貿易に就いて」東洋文庫、一九五三）と。宋が金に対して輸出超過の原因のひとつとして、需要の高かった高価な南海舶来の香薬があったことを指摘している。とすると、紹興末年ごろから、朝貢品の九割を政府が買い上げるという条例を作り、実行したことをみてきたが、その買い上げた高価な朝貢品は、金に流れた可能性が強い。宋政府にとっても、香薬によって利益が上がり、金と和平を保つためにも、朝貢品の九割の買い上げは、必要なことであったのであろう。

おわりに

前近代的な国際関係の一つに朝貢がある。朝貢関係とは、宗主国と朝貢国との関係を言う。宗主国中国は、朝貢国の支配者を国王に封じ、印を与たえる、冊封である。国王は、皇帝に上奏文「表」と「貢」を捧げ、貢に対して皇帝からお返しをあたえる、すなわち「朝貢回賜」という関係である。「朝貢回賜」は「往を厚くして、来を薄くするは諸侯を懐くる所以なり」（『中庸』十九章）とある。つまり帰国するときは、土産を多く持たせ、来るときは、持参する品は少なくてよいという意であり、これが理想であり、理念であった。

南宋の資料を見ていくと、「朝貢回賜」の関係が上記のようなことではない。実際にどのようなことであったかを分析してみた。南宋の紹興年間の末ごろから、「朝貢物は一分を許し、余は抽買し価銭で給還せよ」と、皇帝は一分を受け取り、それに回賜を与え、九分は買いとる、というように変わった。占城にその例がかなり明確にみられた。他国については資料がなく、確かめることは出来なかったが、交趾には資料があり、一分の場合、三分の例もみられた。

紹興二十五年、占城の朝貢をみると、まだこの制度は始まってないが、朝貢と回賜の関係は等分ではなく、回賜の量が非常に少ない。この年以降、「一分収受、九分抽買」が始まったと考えられる。この規定は、政府側にとっては、財政的に有利である。なぜなら、南海品の多くを安価で買い取ることができ、回賜は一割分でよいからである。一方、朝貢国にとってはどのような反応を生じたのかが今後の課題である。

中国に産出しない乳香、象牙、香木などは、特別な高価なものであった。市舶司の手続きを経て宮中での使用や、一般商人によって売買されて各地に広がっていった。その一つに、金との交易があったことが注目される。金との交易所である榷場の設置の費用には、いつも香薬が充てられているし、交易品として珍重され、銀と取り引きされていた。

今後、香薬などの南海品が、朝貢によるもの、商人の売買によるものなども含めた海外交易品が国内でどのように流通していたか、特に金との関係を見てゆきたい。また南海の品物をもたらすアラビア、東南アジアの国々との朝貢や友交関係も考え、とくに南宋が海外に目を向け発展した実状、中国商人、蕃商の活動などについても、考えていきたい。

第四章　南海貿易の発展と商人の活躍

第一節　南宋初期来航のアラブ人蒲亜里の活躍

はじめに

これまで述べてきた如く、宋代は北方に遼、西夏、金などの国々が興り、陸上による西アジア、中央アジアとの交易が阻害されたため、海上による交易が盛んになった。そのため、海外の多くの国々からの特産品と共に人々の往来が盛んにあった。本節では、南宋初期に大食国（アラブ地域一般を指す）から往来した蒲亜里という人物を取り上げる。これまで蕃商として活躍した人物は多くいるし、大きな仕事もしているが、その記述が一度限りで、その人物の足跡をたどることが出来ない。蒲亜里は、管見の限り紹興元年から十年の間に五点の資料（別表「蒲亜里資料一覧表」参照）にその名が見える。これらの資料を検討しながら、蒲亜里をめぐる五点の資料の関連性、同一人物かどうか、また当時の外国人（蕃商）の国内での活躍を見てみたい。曾て桑原隲蔵氏は古典的な名著『唐宋時代に於けるアラブ人の支那通商の概況殊に宋末の提挙市舶西域人蒲寿庚の事蹟』（前出）を著し、その中で海外貿易で富を得た蒲寿庚は南宋末から元初に政治的な活動をした人物である。本節で取り上げる蒲亜里は、五点の資料（後述）を同一人物とすると、政治的に活躍した形跡はなく、朝貢使であり、一蕃商で、海賊に襲われ貨物を奪われて負傷し、中国官僚の妹（娘）を妻に娶り、中国に定住しようとすると、皇帝から帰国勧告を受けて出国したらしく、後に故臨国の進奉使として入国したらしい。そして回賜銭を誤魔化されたとして不正を訴え、高官数人を罷免に追いやったという人物でもある。

蒲亜里についての研究は古く、はじめてその名を紹介したのは（「蒲亜里資料一覧表」参照）、古く一九一六（大正五）年に桑原隲蔵氏(1)（資料3）であり、続いて翌年一九一七年に藤田豊八氏(2)が『宋会要』を引用して（資料1、2、3、5）を紹介した。田坂興道氏(3)は回教との関係と曾訥の貿易（資料3）について論じ、佐藤圭四郎氏(4)は（資料1、2）の回賜銭について論じ、同じく全漢昇氏(5)も回賜銭で銀を買ったことに注目している。また大食国の朝貢の面からは渡辺宏氏(6)（資料4）が資料を紹介しているが論じてはいない。その他多くの先学者たちも蒲亜里にふれることはあっても、資料1～5の資料を各々単独の資料として見ており、関係ある資料として見ることはなく、紹興元年から十年間を通して検討をすることはない。そこで本稿では、これまで引用されなかった資料も加え、資料1～5の資料を比較検討しながら、連続するものとして、一人のアラブ人蒲亜里の活動を見ていきたい。中国での活動、持参した朝貢品の見返りに何を買って帰国しようとしたのか、また政府の朝貢反対の理由、また蕃商に対する対応についてなどを考察し、南宋初期のアラブ人の商業的活動の一端を見ていく。これから検討する五つの資料の目次は次の表に示す。

蒲亜里資料一覧表

資料番号	内　容	出　典
資料1	紹興元年（一一三一） 蒲亜里の入貢	『宋会要』蕃夷四―九三大食、紹興元年十一月二十六日 『宋会要』職官四四市舶　紹興元年十一月二十六日
資料2	紹興三年（一一三三） 蒲亜里、海賊に襲われる	『宋会要』蕃夷四―九三大食、紹興四年七月六日 『要録』七一紹興三年十二月甲申（四日）
資料3	紹興七年（一一三七） 蒲亜里結婚と帰国勧告	『宋会要』職官四四市舶　紹興七年閏十月三日 『要録』一一六紹興七年閏十月辛酉（三日）
資料4	蒲亜里、大食故臨国の使として入貢	張守『毘陵集』二「大食故臨国の進奉を論ずるの劄子」
資料5	紹興十年（一一四〇） 蒲亜里は官吏の不正を訴える。提挙市舶、知州ら免職となる	『要録』一三六紹興十年閏六月癸酉（一日） 汪応辰『文定集』一三「王（師心）墓誌銘」

一、蒲亜里の紹興元年の入貢（資料1）

南宋期に来航した大食人蒲亜里について、その記述を年代順に整理（「蒲亜里資料一覧表」参照）してみると、最初に見られるのは、『宋会要』職官四四市舶（以下『宋会要』市舶と略す）紹興元年（一一三一）十一月二十六日の条である。これを、**資料1**とする。同内容の記事が『宋会要』蕃夷四—九三大食にもある。大食国の進奉使、蒲亜里が象牙、犀角を持参して広州市舶司に入貢した記録である。もし蒲亜里が一商人として来航したならば、政府は商品に対して約一割の抽解（関税）をつけて、売り出した。しかし、今回のように朝貢として入ると、手続きは異なってくる。本資料には、それが克明に記されている。次のようにある。

資料1　紹興元年十一月二十六日

提挙広南路市舶の張書言、上言す「契勘するに、大食人蒲亜里の進する所の大象牙二百九株、大犀三十五株は、広州の市舶庫に在りて収管す。前件の象牙は各々五十七*斤以上に係わるに縁るに、市舶条令に依りて、毎斤価銭二貫六百文九十四陌、約本銭五万余貫文省を用う。欲し望むらくは、如《も》し数目（日は目）稍や多く、行在にて以て変転し難ければ、即ちに指揮を乞いて、一半を起発し、本司をして官に委して秤估し、将に一半は就《ただち》便に搭息して出売し、銭を取りて添用（原文は同）し、蒲亜里の本銭に給還するを、詳酌せんことを」と。詔す「張書言をして大象牙一百株、幷びに犀二十五株を練選して、起発し行在に赴かしむ。笏に解し、帯を造り、臣僚に宣賜するの使用に準備せしむ。余は依れ」と。

＊原文は五七十とあるが、『宋会要』蕃夷により五十七とした。

（句読点、改行、（ ）内の説明などは筆者による。以下同じ）

大食人の使者（『蕃夷』には大食人使とある）蒲亜里が朝貢使節として、進貢品、象牙と犀角を持参して広州市舶司に入貢した。その様子が克明に記されている。これは、商人ではなく、朝貢としての手続きである。商人ならば、商品に対して、市舶司で一割の抽解（関税）を徴収しているからである。意訳しながら見ていくと、南宋になってからまだ四年しか経ていない紹興元年十一月二十六日のことである。提挙広南路市舶の張書言が言うには、「蒲亜里は進奉品として、大象牙二百九株、大犀角三十五株を持参してきた。それらは市舶庫に収納してある。市舶条例によって値段を調べて見ると、象牙は一株五十七斤以上なので、引き取り価格一斤につき二貫六百文九十四陌とすると、五万余貫となる。品物の分量が多いので、都（この時はまだ都が定まらず、紹興府にいた。杭州にきまるのは紹興八年一月である）に送っても、数が多く転売（売り捌く）が難しければ、半分を起発（都に送ること）し、あとの半分は、官に値段を決めさせて、かつ利息をつけて（高く）売り出し、それを亜里の支払いに充てたらどうか」と張書言は提案した。その提案に対し皇帝は「大象牙一百株、大犀二十五株の良い物を厳選して都に送れ。象牙は、笏にし、犀角は帯の装飾品として臣僚への賜物として使う。その他は張書言の言う様に市舶司で値をつけて売れ」といった、というのである。

朝貢で入港した場合、まず、進奉品の品物、量を調べ、条例によって買い取る値段が決まっており、銅銭で査定すると、本条の場合は五万貫であった。紹興二十五年の占城の朝貢の場合も、朝貢品を調べて銅銭で査定している。(7) そのほか都に送らずに朝貢の場合は、皇帝が回賜（返礼）を与えなければならなかった。朝貢品は、運送費が高くつくので一般には舶司で出売していた。『宋会要』市舶に「宣和四年（一一二二）五月九日に詔す、応に諸蕃国の進奉物は、元豊法に依りて更に起発せず。本処に就いて出売すべし」とあって必要なものは都に送るが、普通は市舶司で売ることになっていた。これは、北宋の例であるが、南宋の場合もこれを踏襲していた。

（1）象牙の値と九十四陌

つぎに蒲亜里が朝貢品として持参した象牙と犀角を政府が比定した値段について見てみよう。犀角の値段が記されていないので、象牙について検討する。象牙は一株五十七斤[8]（三十四・二キロ）以上という。これらの大きな象牙は一斤当たり二貫六百文九十四陌とした。趙汝适『諸蕃志』象牙（藤善眞澄訳註『諸蕃志』関西大学三〇八～三〇九頁）によると「象牙は大食のものが一番良く、大きいものは五十斤～百斤（三十～六十キロ）もあり、真白で文様がきめ細かい。象牙は、真臘（カンボジア）と占城（中、南ベトナム）のものも上等であるが、大食と比べて質が落ちる。小さく紅い色をしており、重さも二、三十斤（十二～十八キロ）である。それにとがった牙は、箱の材料にしかならない」とある。この記述はかなり正確で、紹興二十五年の占城の朝貢のとき、占城の象牙は一六八株で重さ三五二六斤とあり、一株の重さを計算すると、平均二十一斤[9]となる。このことからも今回の象牙がいかに大きく、貴重であったかがわかる。

一斤が二貫六百文九十四陌、これが朝貢時の政府の査定価格である。多分朝貢でなければもっと高値で引き取ったのであろう。さて「九十四陌」とは、九十四文で百文と見なすことをいう。この場合、六文の不足であるが、（六％引き）百とする。二貫六百文九十四陌ということは、実際は、二貫六百文のところを、百文につき六文引くのであるから、一五六文（6文×26＝156文）差し引いて、二四四四文（2貫600文－156文＝2444文）つまり二貫四四四文として、中国は大食に支払うことになる。優遇である。

なぜなら当時は一般に、国内では七十陌、七十七陌であった。七十七陌で取引するとすると、大食にとって、七十七陌は、七十七文で百文とするのであるから、百文につき二十三文の減少になる。七十七陌とすると「2600－（23×26＝598）＝2002となり、二〇〇二文で取引されることになり、大食の朝貢品はは安く買い取られる。一方中国にとっては、安く品物を買うことができるので得をする。一斤二六〇〇文は、九十四陌では、二四四四文。七十七陌では、二〇〇二文となり、一斤に就き、四四二文の減少となる。大食にしてみれば、九十四陌のほうが、断然有利である。この資料では一斤の値はわかるが、象牙の一本の重さが明確でないので、計算しても推定でしか答えが出ない。また犀角については、値が記されてない。全体で価格五万貫ということしかわからず計算が出来ないのは残念である。しかし、中国政府が、あえて九十四陌としたことは、大食に対して有利になるように取り計らった措置である。この数字は他にないので、朝貢（貿易）を考える意味で貴重である。これは進奉国に対する宋朝政府の優遇措置であった。

象牙は貴重なもので需要が多かった。皇帝は厳選された象牙一百株、犀角二十五株を用い官服に使用する。象牙は笏にし、犀は官位を表す帯の装飾に造り、臣僚に賜下した。こうしてみると象牙、犀角は皇帝にとって必要なものであった。『宋史』一五三輿服に笏の項目に、唐代では五品以上は象牙を用い、宋代では文官は五品以上が象牙で、九品以上は木を用い、武官も同じく象牙を用いた。帯には、宋代では、玉、金、銀、犀を用い、その下の位は銅、鉄、角、石で、墨玉は郡、県の役人であったという。官僚は公式には、朝服を着て笏を持ち、帯の着用が義務づけられていた。本条の象牙、犀角は、これらの高級官僚に与えるものであった。南海貿易品はこのようにして必需品として使用されたのである。一方、中国に来る商人たちは、象牙を三斤（一・八キロ）以下に砕いてしまう。三斤以下のものは、使い物にならないため、官ではそれを買い取らない。そのため商人は三斤以下にして、一般の人々に売りさばいていたのである（『萍洲可談』二）。

（2）市舶本銭と度牒

進奉品は条例により五万余貫を用いるようにしたことについては前述した。この五万余貫は、政府が準備するものであるが、この場合市舶本銭を使用した可能性が強い。市舶本銭とは、市舶のための準備金で、貿易、専売品などの品物を買い取るための資本金のことである。市舶司に準備金は蓄えられていた。つまり海外貿易は、政府専売であったため、政府買い上げのためには、市舶本銭が必要であった。この市舶本銭が、蒲亜里の時に使ってしまったのか、広東市舶司には不足し、提挙市舶張書言は朝廷に本銭を請求し、すぐに貰っていることが『宋会要』市舶の紹興二年四月二十六日にみえる。

戸部言う「提挙広南路市舶の張書言の剳子に拠るに、「近年以来、朝廷の給降せる本銭を蒙らず。而るに転運司又た本司（広南路市舶司）の見銭五万貫文を取撥過す」と。今見に委実に闕乏す」と。詔す「礼部をして広南東路の空名度牒三百道、紫衣、両字師号各々一百道を給降し、本司に撥還し、博買せる本銭の支用に充てしめよ」と。

とある。蒲亜里が入貢したのが十一月末であり、市舶本銭の請求が翌年の四月である。張書言は近年来、本銭を貰っていない上に、転運司が五万貫を持ち去ったので、本銭がないという。転運司は一路の財政を司るものであったが、市舶司の本銭を勝手に使用することがあり、同資料の紹興三年九月九日の条にも「提挙姚焯言う、本司（市舶司）の本銭は多く転運司が旨を画し、取撥するを為す。以って蕃商に応副（給付すべきもの）する無きを致すの故なり」とあり、ここでも転運司が常備している市舶本銭を取撥してしまうので、蕃商に給付することができないという。本銭を持っている市舶司は転運司に狙われてしまうのである。転運司が市舶司の本銭を持ち去ることは、泉州にも見られる（本書第二篇二章四節「南宋中期以降の泉州貿易」を参照）。

さて、本銭不足に対して、朝廷はすぐに空名度牒三百道と、紫衣、両字師号各々一百道を給降し、市舶本銭に充てよという。ここに朝廷の貿易に対する積極性をみる。この度牒と紫衣、師号はどのくらいの金額になるのであろうか。度牒とは、官が発給する僧籍であることの証明書である。その値段は時代によって違うが、紹興元年は「度牒一道二百貫」[10]であった。すると、三百道は、六万貫となる。紫衣は朝廷より特に着用を許された名誉の衣で、これも一つにつき一百貫であった。師号は僧にたいする尊号二字が普通であったが、四字、六字の師号もありこれは高価であった。名誉が金銭で政府と僧侶との間で売買される様になった。師号も当時一道一百貫であったと考えてよい。これらを合せると、紫衣と両字師号各々一百道で二万貫となり、度牒三百道で六万貫となり、合計約八万貫となる。すなわち市舶本銭として八万貫を朝廷から直ちに貰ったのである。ということは、蒲亜里への五万貫は市舶本銭を使用した可能性が強い。

この入貢の事務処理をスムーズにこなした提挙市舶の張書言は、広州番禺の人で、元符三年（一一〇〇）に進士及第。宣和元年（一一一九）五月に広東提挙市舶となり、蕃商たちの便を計った。服喪のため去ったが、再び建炎四年（一一二七）に提挙市舶として再任された時には蕃商が大喜びしたという。そして本条に見る活躍である。このほかに、ジャワの蕃首勤堅が知広州と提挙市舶（書言）に賄賂を贈ろうとしたがそれを断った（『宋会要』蕃夷四闍婆。紹興元年七月二十日）。後に瓊管安撫使となり、民間人を募って社をつくり防衛を計った。二度（再任）の提挙市舶の例は少ない。張書言は事情に通じたベテランであった。

二、蒲亜里、海賊に襲われる（資料2）

朝貢使蒲亜里は朝貢を終えて帰る途中、広州沖で海賊に襲われすべてを失った。皇帝は監督の怠慢として担当官僚への罰則を科した。このことが『宋会要』蕃夷四大食、紹興四年七月六日、ならびに『建炎以来繋年要録』（以下『要録』と略称）七一、紹興三年（一一三三）十二月甲申の条にある。この一連の資料を資料2とする。まず『宋会要』蕃

夷四—九三、大食に

資料2紹興四年七月六日

広南東路提刑司言う「大食国の進奉使人蒲亜里、進貢の回賜到銭を将て、大銀六百錠及び金銀器物、疋帛を置す。賊数十人刃を持ちて船に上がり、蕃僕（原文では牧）四人を殺死し、亜里損傷するを被る。尽数の金銀などを劫奪して前去す。已に広州に帖し、火急に捕捉するの外、乞うらくは施行せんことを」と。詔す「当職の巡尉は先次特に一官を降し、職位姓名を開具して枢密院に申ぜよ。その盗賊は安撫・提刑司をして捕盗官に督責せしめ、一月を限として須らく収穫するを管すべし。如《も》し満を限として獲えざれば、仰じて逐司、名を具して聞奏し、黜責を重行すべし」と。

とある。同内容の記述が『要録』七一、紹興三年（一一三三）十二月甲申（四日）の条に、この事件は紹興三年十二月四日に起こったことが記されている。そして上記の『宋会要』蕃夷資料2によると、提刑司が調査に当たり皇帝に報告し罰則の指示が出たのが、紹興四年七月六日のことである。上記の資料を要約すると、広南東路提刑司が言うに「進奉使人蒲亜里は貰った回賜銭で、大銀六百錠、金銀製の品物、絹織物を買った。亜里は賊数十人に襲われ、すべての財物は奪われ下僕四人も殺され亜里自身も傷を負った。早急に犯人を捕まえるように指示した」と。すると皇帝は「職務怠慢として担当官の巡尉の官位を一官降格させて名前を枢密院に提出させ、捕盗官には、一ヵ月以内に賊を逮捕しないときには、名前を朝廷に提出させ、官職を取り上げ、官界から追放せよ」と厳命したというのである。かなり細かく被害金額、物品が判かることは、朝貢使の被害であり、国の責任において、提刑司が調べて皇帝に報告したからである。以上が蒲亜里をめぐる一連の朝貢の事件の始末である。これまで**資料1と2**を連結して考えることはなかった。**資料1、2**とも広州に来た朝貢使蒲亜里であること、時期が紹興元年と三年であり、また連続の事柄として記されていることからも、両者は連続の記述であることが明らかであるが、これまでの研究では連続しているとは、考えられていない。

次に蒲亜里が回賜銭で何を購入したかである。回賜銭とは、朝貢であるから、朝貢に対する朝廷からの返礼の品、銭を回賜、回賜銭と言った。この場合、回賜銭をいくら貰ったかは記されていないが、蒲亜里は朝貢品の象牙、犀角に対する五万貫（五〇三頁参照）と、回賜銭を含めて、何を購入したかである。購入したものは大銀六百錠、金銀製の品物、絹織物である。まず大銀六百錠が主な品物であり、中国に来た主な目的はこれにあったに違いない。それでは、この大銀六百錠は、銅銭に換算するとどの位になるのであろうか。加藤繁『唐宋時代に於ける金銀の研究』（東洋文庫、一九七〇年再版）（「銀価表、紹興四年の例　四七三頁」）の研究によると、紹興四年では、大銀一錠は銀五十両である。当時銀一両は、銅銭二三〇〇文に相当する。すると大銀一錠は（2300文×50＝115000文）、一一五貫となる。従って六百錠は（600×115＝69000）、六万九千貫となる。約七万貫である。その他に金銀の装飾品や高級な絹織物などがある。これらの数量が記されていないので銅銭に換算できないが、銅銭に換算してほぼ二万貫～三万貫位であろうか。合計、十万貫位になる。多分、蒲亜里は、回賜銭や五万貫も含めて、購入した銀錠などは、持参したものより多かったに違いない。その中でも大部分を銀錠の購入に当てていることに注目したい。彼が中国にきた目的は、銀錠が欲しかったからである。ということは、当時東南アジア、大食で一番通用するもの、そして利益があるものは、銀錠であったことを知る。東南アジア、アラブ地域での銀の流通はかなり進んでいたのであろう。この点については今後の課題にしておく。またそのほかに、金銀製の精緻な器物、高級な絹織物も需要が大きかったものと思われる。

朝貢使蒲亜里は、大象牙二〇九株、犀角三十五株を持参し、五万貫と回賜銭で、銀錠六〇〇錠、金銀器物、絹織物を購入した。その価格は、十万貫に及ぶ。朝貢とはいえ、商業的要素が強い。ある意味では、この二つの資料から、当時の商取引的要素が窺える貴重な資料でもある。

三、蒲亜里の結婚と帰国の勧告（資料3）

次に蒲亜里の名をみるのは、三年後の紹興七年のことである。『宋会要』職官四四市舶、紹興七年閏十月三日を資料3とする。

（紹興七年）閏十月三日、上曰く「市舶の利、最も厚し。若し措置宜に合わば、得る所動《やや》もすれば百万を以て計す。豈、民に之をとるに勝えざらんや。朕、此れを留意する所以は、少しく民力を寛らぐのみを以てす可きに庶幾からん」と。是れより先、詔す「知広州連南夫をして市舶の弊を条具せしむ」と。南夫奏す「其の一項、市舶司は全て蕃商の来往の貨易に籍るに至る。而るに大商蒲亜里は既に広州に至り、右武大夫曾訥（原文では納）有りて、其の財を利して妹を以て之に嫁す。亜里因りて留まりて帰らず」と。上、「今、南夫に委して亜里に帰国往来し、蕃貨を幹運するを勧誘せん」と。故に聖諭之れに及ぶ。

同じ内容の記述が『要録』巻一一六に紹興七年閏十月辛酉（三日）の条にある。ここでは妹ではなく「女（むすめ）」、右武大夫は「武官」とある。なお「納」については後述する。この記述は財政の面で南宋の初め市舶の利益が百万貫に及ぶこと、かつ大商蒲亜里は武官の妹と結婚し、南海交易品を持ち込むようにと皇帝より帰国勧告されたことなどで桑原隲蔵氏をはじめ多くの先学達に引用されてきた資料である。ここでは、この資料を単独の記述として扱わずに、前後の関連性のなかで蒲亜里という人物を見てみる。

右の資料を要約すると次のようである。皇帝は、市舶の利が百万貫となり、民の力を寛やかにすることが出来てよろこばしいことである。以前、知広州連南夫に市舶の弊害を箇条書きにして提出せよというと、弊害の一つに、市舶司はすべて蕃商の往来による物貨の売買に依っているのに、大商蒲亜里は広州で、右武大夫（武官正七品）曾訥の妹を娶ったため、帰国しないことを掲げた。そこで皇帝は、亜里に帰国して蕃貨を持ってくるように勧告せよと言ったというのである。皇帝の積極的な蕃商招致政策がみられる。北宋末には、市舶の利益も百万貫を超えていたが、金により、華北地方（淮河より北）を占領された南宋では、江南の開発と共に、南海貿易にも積極政策が取られ、その成果として、紹興末年には市舶の利益は二百万貫にも上昇した。南海の品物には税をかけ、かつ官市（政府が安く商品を買い取る）をするため、政府にとっては、蕃商などによる交易品の到来は、財政源でもあったので、亜里にも往来を勧めたのである。亜里だけでなく、このころ多くの蕃商たち、中国商人たちも、乳香などを中国にもたらし利益をあげた者には、国籍を問わず、褒賞として金銀、絹をあたえ、実際に官位を与えた（『宋会要』蕃夷四大食）。

（1）曾　訥

さて、亜里の財を見込んで妹を亜里と結婚させた曾訥とはどういう人であったのであろうか。曾納と曾訥は、資料によって異なる。『宋会要』市舶紹興七年閏十月三日、『要録』巻一一六、同年月日には「曾納」とある。『宋会要』補編、『東洋文庫手抄本、市舶』では、「曾訥」とある。王明清『揮麈後録』巻八、熊克『中興小紀』巻九、八三も「訥」とあり、ここでは「訥」にしたがう。曾訥が海外貿易に関与していたことは、桑原氏が『揮麈後録』巻を引用して紹介し、田坂氏がさらに詳しく指摘している。しかし『要録』など使用してない資料が有るので、それを取り入れながら、王明清『揮麈後録』巻八を検討すると、曾訥について次のようにある。

宣和中（一一一九〜二五）、鄭良なる者有り。本、茶商なり。閹寺（宦官）と交結して以って進みて秘閣修撰、江南転運使に至る（宣和二年転運使となる『広東通志』）。恩を恃みて自恣す。部内（管轄区内）に巨室有り、一瑪瑙盆を蓄う。毎に水を盛れば、則ち、二魚其の中に躍る有り。良、之を聞き、厚く其の価を酬ゆるも售らず。適ち、一番船の曾訥なる者の得る所と為る。良、人を遣わし経営せしむるに、「已に進御せり（皇帝に差し出した）」というも、初めより未だ嘗てせざるなり（そんなことはしていなかった）。良、即ち奏して以て謂く「訥は宝貨を厚蔵し、服用は乗輿（天子が乗る車、天子）に僭擬す」と。旨を得るに、実を究せしむ。良、即ち兵を以て其の家を囲み、其の妻孥を捕え、械繫（枷をつけて牢に入れる）し之を捜索す。訥の弟諠、方に酔臥し、はじめ其の繇（はかりごと）を知らず。剣を仗ちて出で、遂に紛敵するに至る。良、即ち諠の命を拒み人を殺すを以て聞奏す。奏下り、諠は誅に伏し、訥は沙門島に配せらる。靖康初元（一一二六）、（曾）訥、赦を以て自便するを得、京師に至り、時事の変を知り撃鼓して冤を訟う。

とある。北宋末の宣和二年（一一二〇）ごろ、曾訥は、転運使鄭良に珍奇な瑪瑙盆を巡って妬まれ、罪に陥れられて島流しにあい、南宋になって恩赦で許され、冤罪を訴えたという。「一番船」とは、一人の海外貿易、または一番の海外貿易者か明らかでないが、貿易で富を得た大商人で、瑪瑙盆を買い取り、天子の真似をするほど、宝財を有していたというのである。その接点に蒲亜里がおり、曾訥と蒲亜里の二人は、貿易上密接な関係を持っていたに違いない。だから紹興七年に曾訥の妹は蒲亜里と結婚したのである。曾訥は「蒲亜里の財を利して」身内と結婚させたのである。話は前後するが、曾訥について『要録』巻三五、建炎四年（一一三〇）七月戊午（十八日）の条に、次のようにある。

武功大夫（武官、正七品）新肇慶府（広東省）兵馬鈐轄曾訥罷む。訥、初め貢献を以て官を得る。後、梁師成に忤らい、広南転運使鄭良の劾するに、宝貨を多蔵し、服用は乗輿に擬するを以てする所と為る。旨を得るに、良をして実を究せしむ。良、即ち兵を以て其の家を囲む。其の弟諠、拒捕に座して誅死し、訥も亦た海島に配せらる。

靖康末、旧官に復す。是に及び、上、其の辜《つみ》無きを憐れみ、輔臣諭して此の授有り。訥、猶お、上書し郡（知県か）を乞いて已まず。言う者謂く「請託に因り之を得」と。上曰く「朕、何ぞ嘗て此れ有らん」と。其の命を罷む」

とあり、王明清『揮塵後録』と重なるところが多い。なお熊克『中興小紀』七月辛亥（十一日、曾訥が罷免された日）と戊午（十八日、罷免された理由を記す）の条にも同内容の記述がある。内容を見ていくと、曾訥は、建炎四年七月に、武功大夫（武官、正七品）新肇慶府兵馬鈐轄の職を罷免となった。其の理由は以下の通りである。彼は、貢を献上して官を得た人である（貢物は海外貿易品であろう）。鄭良の弾劾を受けたことは、前述と同じ（省略）。島流しから、靖康年間（一一二六）に官に復帰した。皇帝が罪がないのに劾されたことを憐れみ、広東の兵馬鈐轄の職を与えたのに、郡の職に就きたいと文句をいったので、その官を罷めさせられた、という。このような経歴を持つ人物である。

そして次に資料に現れるのが、前述した資料3の「紹興七年（一一三七）、大商蒲亜里は既に広州に至り、右武大夫（正六品）曾訥有りて、其の財を利して妹を以て之に嫁す」である。曾訥は、紹興七年には、官位が上り、右武大夫となっている。何の職に就いているかは判らないが、七年前の建炎四年には、武功大夫（正七品）であったから、罷免されたとはいえ、七年間で一官上っている。また、罷免されるまで新肇慶府（広東省）兵馬鈐轄であったが、肇慶府は広州と隣り合わせである。多分広州の蕃坊に蒲亜里は居住していたに違いない。地理的にも近い蒲亜里と曾訥とは互いに、海外貿易に関係していた間柄だったのであろう。

さて問題は、資料1、資料2の蒲亜里と、この資料3の蒲亜里とは、同一人物であろうか、という点である。蒲亜里の職名が資料1、2とも「進奉使」であり、資料3では「大商」となっているのは、蒲亜里は海賊に襲われて、回賜銭で買った銀錠、金銀器物、絹織をすべて奪われてしまったため、亜里はそのまま広州に留まっていたのではないだろうか。本文に「大商蒲亜里は既に広州に至り」とある、「既に」はいつからか明らかにすることは出来ないが、紹興元年に入貢し、三年に海賊に襲われ、広州にいて活躍していたとは考えられないだろうか。広州の蕃坊に住み、同郷のアラブ人たちとのネットワークもあり、商業に従事し活躍していたと思われる。その間に、蒲亜里は海外貿易で財を成した曾訥と知り合い、あるいは、共同経営して成功し、妹を嫁にしたのであろう。従って資料3の蒲亜里は資料1、2の蒲亜里と同一人物である可能性は高いと考える。

四、大食故臨国の使として入貢（資料4）

次に、大食故臨国の進奉使として蒲亜里は入貢している。張守『毘陵集』巻二に「大食故臨国の進奉を論ずる箚子」と題する文に蒲亜里の名が記されている。この箚子は、張守が、大食故臨国の朝貢使蒲亜里の入貢に対して、入貢そのものに反対の意見を皇帝に上奏した一文である。これを資料4とする。少々長く難解なので、原文を記し、訓読を付けた。

資料4

張守『毘陵集』巻二

論大食故臨国進奉箚子

本部準尚書省箚子。（節文）據廣南市舶司奏、近據大食故臨国進奉人使蒲亜里等状、中奉本國蕃首遺齎表章、眞珠・犀牙・乳香・龍涎・珊瑚・梔子・玻璃等物前來進奉。七月十六日、三省・枢密院、奉聖旨、眞珠等物令市舶司估價回答。其龍涎・珊瑚・梔子・玻璃、津發赴行在。　箚付本部施行。臣契勘、自來、船客利于分受回答（原文は剳）誘致蕃商、冒稱蕃長姓名前來進奉。朝廷止憑人使所持表奏、無從驗實。又其所貢多無用之物、賜答之費数倍所得。臣竊以謂、方朝廷汲汲于自治之時。而又陛下躬履儉素、珍奇之物亦復何用。所有今来大食故臨国進奉、伏望聖慈、令廣州諭旨卻之、以示聖明不寶遠物、以格遠人之意、兼免財用之侵蠹、道路之勞費。仍乞、自今、諸國似此稱貢者、竝令帥司諭遣、庶幾漸省無益之事。取進止。

（　）は割註、句読点は筆者による。

張守『毘陵集』巻二

大食故臨国の進奉を論ずる劄子（上奏文）

本部（礼部か）、尚書省の劄子を準ず。節文するに「広南市舶司の奏に拠るに「近ごろ大食の故臨国の進奉の人使蒲亜里等の状に拠るに申すらく、『本国（大食故臨国）の蕃首の遣を奉じ、表章、真珠、犀牙、乳香、龍涎、珊瑚、梔子、玻璃等の物を齎して前来し進奉す、と』」と。七月十六日、三省・枢密院、聖旨を奉ずるに「真珠等の物は市舶司をして估価して回答せよ。其の龍涎、珊瑚、梔子、玻璃は津発して行在に赴かしめよ」と」。本部に劄付して施行せしむ。

臣（張守）、契勘するに、自来、舶客は回答（劄は答の誤りか）を分受するを利とすれば、蕃商の、蕃長の姓名を冒称して前来して進奉するを誘致す。朝廷は止だ人使の持つ所の表奏に憑るのみ、実を験ぶるに従る無し。又其の貢する所は無用の物多く、賜答の費は得る所に数倍す。

臣窃に以《おも》謂うに、方に朝廷は汲汲として自治の時と于《な》す。而してまた陛下躬ら倹素を履《ふ》む、珍奇の物も亦た復た何ぞ用いん。所有《みぎ》の今来る大食故臨国の進奉は、伏して望むらくは聖慈（皇帝のこと）、広州をして諭旨して之を却けて、以って聖明の遠物を宝とせざるを示し、以て遠人の意を格《いた》し、兼ねて財用の侵蠹、道路の労費を免れしめんことを。仍お乞う、自今、諸国の此くの似《ごと》く貢を称する者は、並びに帥司をして諭して遣《や》らしむれば、無益のことを漸省するに庶幾《ちか》からん。進止を取る」と。

とある。右の劄子を説明を加えながら意訳すると次の様である。

張守が「大食故臨国の進奉を論ずる」と言う題で皇帝に上奏した（劄子）文。本部（礼部か）は、尚書省からの劄子（上奏文）を準ず（受け取るの意）。節文（要約した文）するに［広南市舶司の奏に拠るに「近ごろ大食の故臨国の進奉の使、蒲亜里等の状に拠るに申すらく、〔本国（大食故臨国）の蕃首は使者（蒲亜里など）を遣わし、表章（蕃首から皇帝への上奏文など）、真珠、犀牙、乳香、龍涎、珊瑚、梔子、玻璃等の物を賷して前来し進奉す〕」（蒲亜里の状、市舶司の奏おわり）と。七月十六日、三省、枢密院は聖旨（皇帝の言葉）をいただいた。『真珠等の物は市舶司をして估価（値段）をきめて回答せよ。これらの物の中で、龍涎、珊瑚、梔子、玻璃は津発（水路で運ぶ）して行在（臨安）に赴かしめよ』（聖旨終わり）］と（尚書省の劄子、節文の終わり）。本部（礼部か）に劄付（上級が下級に下す公文）して施行させよ（ここまでが、入貢の状況。入貢を受け入れ、朝貢品を評価し、そのうち竜涎など四品目は都に送れ）。

　臣（張守）が（これ以下は張守の意見、終わりまで）契勘（調査）するに、そもそも舶客（貿易商人、舶商）は、持参した朝貢品に、市舶司が値段をつけて収買する回答（劄は答の誤りか）つまり、評価価格（収買価格）が高く、分別して受ける利益が多い（舶商の取り分が多い）ので、蕃商が、蕃長の姓名を偽称して進奉するようにと、舶客（貿易商人）に勧誘された。朝廷は、それが偽称だと分かっていても、（偽の）進奉使が持参した表章にたよるほかなく、実際に調べる方法がない。さらに進奉品といえば、無用の物が多く、其の上、返礼の賜答（回賜）の費用は、進奉品の値段よりも数倍も高くなる。

臣（張守）、窃に以謂《おも》うに、方に朝廷は努力して自ら治めようとしている時に、今来ている大食故臨国の進奉は、どうか、聖慈（皇帝のこと）が、広州に諭旨させて、この朝貢を却下させて欲しい。皇帝は遠物を宝としないこと、遠人の意を汲み、合わせて財用の無駄使い（侵蠹）、道路の労費を免除させてくださることをお願いしたい。また、どうか、これからは、これらの諸国のように偽称して進奉にくるものは、すべて帥司（安撫使）を遣わして諭せしめれば、無駄なことはやめるようになるのでそのようにお願いしたい。進止を取る（上奏文の結語）」と。

註　全体の文は張守が尚書省に提出した上奏文の要約（節文）で「　」まで。
・『　』は広南市舶司の奏文。
・〜〜は進奉使蒲亜里の状。
・乳香は橄欖科の香木、樹脂。南アラビア半島特産、焚香。珍重がられた。
・龍涎はマッコウ鯨の結石性の分泌物。香りが良く非常に高価なもの、アラビア、アフリカ、スマトラで取れる。梔子はくちなし、香料のほかに、黄色の染料。玻璃はガラス。
＊『　』は皇帝の旨

というのである。朝貢の反対理由が記されており、興味ある資料である。

さて、この箚子は、いつ書かれたのであろうか。箚子には、「七月十六日」とあるだけで、年次が明確でない。年次がわかれば蒲亜里の入貢の時期もわかので、この資料4の箚子の前後の箚子の年次を見てみる。張守『毘陵集』巻一〜四は「箚子」で、これらの「箚子」は、ほぼ年代順に記されている。[12] これから類推して、紹興八年一月以降、九月二十七日以前に書かれたものと考えられる。したがって文中の「七月十六日」は紹興八年七月十六日の可能性が強い。すると蒲亜里は、故臨国から紹興八年七月十六日以前に中国に入ったものと考えられる。このころ著者の張守は、紹興六年十二月から八年一月まで二度目の参知政事を歴任しており、その後、知婺州に赴任しているが、時期からみて、蒲亜里のこと、また朝貢について何か知っていた可能性もある。またこの劄子を読むと、張守は枢密院に関係していたのではないかと考える。『宋史』巻三七五、列伝張守によると、「紹興六年十二月、召見、即日除参知政事、明日兼権枢密院事」とあって、枢密院事も兼任していたことを知る。したがって本条の「劄子」に「本部」とあるのは、あるいは、枢密院に関係している部署なのかもしれない。また本文に「三省・枢密院、聖旨を奉ずるに」とある枢密院は、張守もなんらかの形で関係していたことが考えられる。

故臨国は、どこに位置するのであろうか。大食はアラブ地域を指し、その中の故臨国という国を指しているのであろうが、大食故臨国という記述は見当たらない。故臨国とは、『諸蕃志』「故臨国」によると、「泉州から四十余日で藍里国に到着。ここで冬住して翌年一ヵ月で大食につく（『諸蕃志』藤善眞澄訳註故臨国）。また「広州から四十日で藍里につき、そこで風待ちのため住冬し、次年に一ヵ月でその国（大食）に到着する（『嶺外代答』）」とあり、インドのキーロンに比定している。

そのため、広州から故臨（キーロン）まで、冬の季節風に出て四十日で到着し、次の夏の季節風で帰国することができる。つまり一年で故臨なら楽に一往復できるのである。実際に元初の楊庭壁は、南インドの倶藍（クイロ、キーロン）に派遣され、一二七九年〜八二年の三年間に三回往復している。[13] 冬モンスーンで行き、夏モンスーンで帰国しているのである。また、故臨をクーラム・マライとし、[14]「インド南西海岸のラベール地方の主要港の一つで、中国資料には故臨、倶臨、小葛欄とある。現在のクイロン（Quilon）のこと。中国ジャンク船が頻繁に出入りする貿易港として栄えた。そこでは、アラビア海を越えてきたアラブ系・イラン系ダウ船と中国ジャンク船とが出会い、商品の交換取引が行われた」、と『中国とインドの諸情報1　第一の書』家島彦一訳注、にある。すなわち、故臨はインドのクイロンで、中国からは季節風に乗って一年に簡単に一往復できた所で、中国からの船とアラブからの船とが出会う貿易港で、東西交渉の出会いの中継地点であった。

資料4の内容を箇条書きにまとめてみると、重複するが次のようになる。

（一）この箚子（上奏文）を書いた人、は張守（参知政事、兼権枢密院）。

（二）テーマ「大食故臨国の進奉を論ずる箚子」。

（三）内容　前半は、故臨国の朝貢、後半は、張守の朝貢に対する反対意見とその理由。

（四）進奉人は大食故臨国（インドのキーロン）の蒲亜里。

（五）進奉品　表章、真珠、犀角、象牙、乳香、龍涎香、珊瑚、梔子、玻璃。

（六）入貢の時期（紹興八年か）七月十六日に皇帝の聖旨があり。

（七）聖旨は、三省と枢密院が受け取る。その内容は、（イ）朝貢品は、市舶司でどのくらいの値段であるかを調べて回答せよ。（ロ）これらの朝貢品のうち、龍涎香、珊瑚、梔子、玻璃は、水路で都（臨安）に送る。それ以外の真珠、犀角、象牙、乳香は、都に送らないで、市舶司で売る。**資料**1の蒲亜里の例と同じ。

（八）本文の「臣、契勘するに」から終わりまでは、この朝貢を調査した張守の意見で、以下（イ）〜（ヘ）まで。その前は、この朝貢の詳細を記したもの。

（イ）船商（商人）は、朝貢品の値段の回答を分受（利益を分けてもらう）することに利益があるので、蕃国の長の姓名を偽称させて蕃商に進奉させる様に誘う。

（ロ）中国では、偽称と知りつつも、進奉使が持参した表章に頼るほかなく、事実関係を調査することは出来ない（イ、ロで、この蒲亜里の朝貢が偽称であり、蕃国の長のものでなく、商人が朝貢品を高く買ってくれるその利益を分かちあうためのものである、と張守に見破られている、ことに注意したい）。

（ハ）朝貢品は、無用のものが多く、回賜（返礼）の費用が、朝貢品の数倍に達している。

（ニ）皇帝は、自ら質素倹約に励んでいるので、珍奇なものは用いない。

（ホ）この様な事情から、皇帝は、遠物を宝とせず、財用の無駄遣いと、運搬の浪費を免除するためにも、広州でのこの朝貢を却下してもらいたい。

（ヘ）今後、諸国がこの様な偽称の朝貢をした場合には、安撫使を派遣して説諭させて、無益なことはやらないようにする。

というのである。この朝貢が張守の言うとおり、拒否されたかどうかは、明らかにできない。朝貢品を皇帝は受け取っている以上、この朝貢を受入れたに違いない。

朝貢品を受け取りながら、朝貢を拒否した例は、乾道三年の占城朝貢にある。これは、朝貢後、不正が発覚したためである(15)（『宋会要』蕃夷四―八二～三、乾道三年十一月二十八日、四年三月四日の条）。張守の反対理由に贅沢品、無用のもの（『宋会要』市舶建炎元年六月十三日、十四日の条など）とみなしているが、この例は多くある。しかし、（イ）のごとく、舶商が蕃商に蕃国の長の名前を偽称させて朝貢させていることは、注目すべき記述である。舶商とあるのは、中国人のことである。この舶商が朝貢品の分け前の利益のために、蕃商を使って、国の王の姓名も偽名を使わせて入貢させているのである。中国では、偽名をつきとめることが出来ないからである。この場合、蒲亜里はどうなのであろうか。舶商に命じられて、この朝貢をしたのであろうか。その可能性もある。あるいは、嫁の兄の曾訥が資本をだして、蒲亜里に偽の朝貢をさせることだって、可能である。

さて、これまで述べてきた蒲亜里、大食の南海品を持ち帰るようにとの帰国勧告を皇帝から受けた資料3の蒲亜里と、本項の資料4の蒲亜里はどのような関係があるのであろうか。資料に残された期日をみると、資料3は、紹興七年閏十月のことで、資料4は紹興八年七月と推定される。その間、約一年足らずであるが、冬のモンスーンと夏のモンスーンの期間でもある。皇帝より帰国勧告をうけた蒲亜里は直ちに帰国したに違いない。ただし大食ではなく（大食は風待ちのため二年かかる）故臨からの入貢である。元の楊庭璧のごとくモンスーンをつかえば、楽に一年一往復月ごろ帰国することは、容易であった。

また、蒲亜里自身が行かなくても、誰かに頼んで中国の船に便乗して入貢することも可能である。中国の船は大きく頑丈なので、中国船の往復に合わせて、東南アジアの国々の蕃商たちは便乗した。例えば、乾道三年（一一六七）の占城の朝貢のときも、中国の綱首陳応などの船五隻に象牙、乳香などを大量に乗せて入貢している。[16] もし蒲亜里がこれを実行したとしたら、その背景に、商人たちの緊密な連携があり、短期間で高級な南海交易品の調達ができることは、貯蔵しておく倉庫、店舗が完備していないとできない。それができるということは、当時かなり大きな市場があったのであろう。

五、蒲亜里、不正を訴え、高官らは免職となる（資料5）

（提挙茶塩権市舶の晁公邁の罷免と高官免職の疑獄事件）

次に蒲亜里の名が見えるのは、紹興十年のことで、蒲亜里に訴えられた提挙市舶は罷免、さらに高官も免職となるという疑獄事件がおこった。『要録』巻一三六、紹興十年（一一四〇）閏六月癸酉（一日）条を資料5―1とし、汪応辰『文定集』巻二三「王公（師心）墓誌銘」を資料5―2とする。まず『要録』から検討していく。

資料５―１『要録』巻一三六

紹興十年閏六月癸酉朔、尚書戸部侍郎晁謙之、工部侍郎に移る。時に広東提挙茶塩公事晁公邁、市舶を権す。貪利を以て大食進奉使の蒲（原文は満）亜里の訟する所と為す。詔す「監察御史祝師竜、大理寺丞王師心、広州に往きて劾治せよ」と。謙之引嫌す。乞うらくは、閑慢に差遣されんことを。故に是の命有り。是に於いて公邁座して免官す。而して顕謨閣待制知広州張致遠、因りて亦罷去す。師心は金華の人なり。割注（公邁の罷は甲戌（二日）に在り。致遠の罷は戊寅（六日）に在り）

とある。紹興十年六月一日に中央政府の高官である戸部（財政）侍郎（副官）の晁謙之が工部（製品の製造）に移った。その理由は、以下のようである。広東提挙茶塩公事晁公邁は市舶を兼任していた。彼は市舶の利を貪り、其の不正故に大食進奉使蒲亜里に訴えられた。皇帝は、早速それを取り上げ、監察御史の祝師龍、大理寺丞（副司法官）の王師心を広州に遣わして、罪を取り調べよ、と命じた。そこで、晁謙之は引嫌（疑われることを避けるために責任を取って辞める事）し、閑職に就くことを願い出て工部侍郎に移ったのである。晁公邁は、其の罪により免官し、（六月二日のこと）さらに六日には、知広州の張致遠も責任をとって辞めた。

資料５―２

汪応辰『文定集』巻二三「顕謨閣学士王公（師心）墓誌銘」に、

初め、大食国、蒲（原文は満）亜里を遣わして入貢せしむ。而して広東市舶司、例して回賜を計置（数えはかる）す。官吏併びに侵刻するに縁りて訟久しく決せず。詔し、公（王師心）、御史（祝師竜）と同に広州に往きて、即に訊獄す。乃ち竟る。

とある。前掲の『要録』の記事と同内容である。王師心の墓誌銘であるので、貴重である。そこには、蒲（原文は満）

亜里が入貢し、広東市舶司は、条例によって、進奉品に対する回賜（返礼の品）を計算した。それを官吏（晁公邁）が横領してしまった。蒲亜里はそれを訴えても久しく埒が明かなかった。そこで皇帝が師心と師龍を遣わして厳しく問いただし、解決したというのである。ここで明らかになったのは、官吏の回賜（返礼）の不正の故である。

ここで回賜銭というのは、いつの朝貢であろうか。回賜銭は資料2に出てきたが、資料1との関係で、解決済である。すると次の朝貢は、資料5の紹興八年と思われる大食故臨国の朝貢であろうか。蒲亜里はこの時の回賜銭を請求したのであろう。とすると資料4と資料5はつながることになる。

この事件は、晁公邁が蒲亜里の回賜を誤魔化し、蒲亜里が其の不正を皇帝に訴え、これを皇帝が取り上げたことであり、大きな事件になってしまった。中央政府の高官の引嫌、そして知広州をも免職にさせた大きな疑獄事件である。不正を働いた晁公邁は紹興八年に広東提挙茶塩公事権市舶（茶と塩と市舶の仕事を兼任していた）になり、十年に罷免となる。『嘉靖広東通志』巻九の提挙市舶をみると、常平茶塩の市舶の兼任は、このときの紹興八年～十年の晁公邁だけである。罷免された晁公邁の後には、広東提挙市舶として楼璹が後任となり、後に彼は福建提挙市舶になる。『宋史翼』巻二〇楼璹によると、「楼璹が紹興十年九月に広東提挙市舶になったのは、広州で蕃商が市舶使を訴えても埒があかない。そこで参知政事の孫近が璹を薦めた。璹が広南市舶に赴仕すると前弊を改めた。珍貨を較べ量るに、賈胡自らに権衡（はかり）を持参させた。蕃商達は感服した」とある。市舶の任命に参知政事の孫近が楼璹を薦めている。つまりこの事件が参知政事まで届いていることに注目したい。ちなみに福建の提挙市舶では、紹興二年～十二年まで市舶の仕事は茶事司が行っていた。広東も茶塩が市舶を兼任していたのである。この事件は晁公邁の余波を受け、戸部侍郎晁謙之は疑われることを避けて閑職を申しでる。ちなみに晁謙之と晁公邁とは姻戚関係にない。晁謙之は、工部侍郎に移るがそれ以降活躍することなく、江州太平観（失脚）となる。疑われるのは、彼が財政を司っていた戸部侍郎であったからであろうか。さらに知広州の張致遠も連坐である。張致遠は、活躍した知広州連南夫の後を受けて紹興八年十一月に乞われて知広州となった人である（『要録』巻一二三紹興八年十一月戊戌、『宋史』巻三七六伝あり）。一方、厳しく調査して事実を明らかにした王師心と祝師龍はその功により二人は、昇進している。『要録』巻一四〇紹興十一年四月癸巳（二十五日）の条に広州の鞫獄より還り、その功により監察御史の祝師龍は太府少卿に、大理寺丞王師心は将作少監と栄転している。

おわりに

蒲亜里について、紹興元年から紹興十年までに、資料1〜5の資料の中に蒲亜里の名前が出てくる。資料1〜5の資料を検討してみた結果、同一人物と考えても、無理がないという結論に達した。資料1と資料2は、一セットの資料であることが判明した。さらに、資料4と資料5は、資料的には、異なったものであるが、回賜銭という観点で考えると、一セットと考えられる。これらの資料の内容を纏めてみると次の様になる。南宋の初め紹興元年、蒲亜里は、大食（アラブ地域）の進奉使として広州市舶司に象牙二〇九本と犀角三十五本を持って来航した。その価格は、五万貫とした。蒲亜里に回賜として与えた金額であろう。皇帝は、これらの半分を都（都が定まらず当時は紹興府）に送らせ、象牙で笏（五品以上）を、犀角で帯を（装飾）を作り、家臣たちに与えた。皇帝は、これらを下賜することに依って家臣を繋ぎ留めておいたのであろう。残りの半分は、市舶司で高値で売り、蒲亜里への資本銭の一部とした。それでも政府はこの五万貫に事欠き、度牒、紫衣、師号を市舶司に与えてそれに充てた（資料1）。蒲亜里は、紹興三年、帰国の際、海賊に襲われ、品物は全部奪われ、彼自身も負傷した。奪われた品物は、回賜銭で買った大銀錠六百錠

（約七万貫）、絹織物、金銀器物（一、二万貫？）であった（資料2）。したがって、蒲亜里は、象牙、犀角を持参し、回賜銭として五万貫をもらい、それで銀錠、絹など八～九万貫のものを購入したのである。これらは、東南アジア、大食に持っていけば、数倍の値がついたはずである。この様に考えていくと朝貢とはどのようなものであったのであろうか。今後の課題である。当時は、朝貢という形式をとって、中国に入った方が取引も便利であったのであろう。

紹興七年、蒲亜里は海賊に襲われ広州に留まり、商業活動をしており、かなり業績を挙げていたのであろう。蒲亜里は海外貿易者曾訥の妹を娶った。中国に居座る蒲亜里に、帰国して南海品を持参せよ、という帰国勧告が皇帝からあった。この頃、海外貿易は盛んになりその利益が北宋末と同じ百万貫に達したと皇帝は喜んだ（資料3）。

帰国勧告をうけた蒲亜里は、翌年紹興八年に、大食故臨国の進奉使として南海特産品を多く持って来航したと思われる。皇帝は歓迎し、品物の一部を都（紹興二年から杭州）に送らせている。しかし一方、張守は朝貢不要論を唱え、この朝貢は、偽の朝貢で商人が自分の利益のために、蕃商を唆して朝貢をやらせていることを見抜き、贅沢品の禁止のためにも朝貢は不必要であることを皇帝に上奏している。結果として朝貢不用論は消されてしまったと思われる（資料4）。

紹興十年、蒲亜里は回賜銭を官僚に誤魔化されたことを訴え、皇帝はこれを調べさせた。その結果、不正をした常平茶塩兼市舶の晁公邁は罷免、戸部侍郎晁謙之は引嫌のため工部へ、知広州の罷免、中央政府の高官を配置替えさせるという疑獄事件を引き起こしたのである。調査をした二人は、その功により、昇進している。

以上、蒲亜里、アラブ商人が広州で十年間活躍した事跡である。蒲亜里の行動を追っていく中で、南宋の社会状況がうかがえる。朝貢使として入り、回賜銭でかなりの利益を得ていること、回賜銭の不正行為は、皇帝の追求が厳しく、一商人蒲亜里の訴えにより、高官まで巻き込み疑獄事件まで起こしたことなど、故臨国の朝貢も偽りの要素が強いといわれていることなど、多くの事件に関係している。

大食という大きな地域で、国、国王の名前も確認できないので、入貢に対して宋朝では、かなり寛大に扱っている。たとえば、交趾、占城などは、朝貢の際非常に厳しい規制があった。中国に近い東南アジア諸国は、かなり情報が入っているところは厳しく、アラブ（大食）は、規制が緩かったと考えられる（資料4）。蒲亜里は、これを利用して活躍していたことも考えられる。

もし、資料1〜5の関連性が欠けることがあっても、各々の時期に大食人蒲亜里という人物が広州で朝貢、そして貿易を行っていたということは、事実である。ただ単数なのか複数なのか、現在の時点では明白に出来ない。

今後、もう少し多方面から文献を収集し、それと同時に遺跡調査の記録などからも考察し、アラブ商人活躍の全体像を探求していきたい。

註

（1）桑原隲蔵『蒲寿庚の事蹟』岩波書店、一九三五年。蒲亜里については、四八、七二頁。最初は、『史学雑誌』二七編二号、一九一六（大正五）年二月に掲載。当時桑原氏は『宋会要』は見ることができなかった。『粤海関志』に引用された『宋会要』（現在の職官四四市舶のうち、広東関係のみ）を使って論を展開している。

（2）藤田豊八「宋代の市舶司及び市舶条例」『東西交渉史の研究　南海篇』荻原星文館、一九四三年、三八四、三九一頁。『東洋学報』七巻二号、一九一七（大正六）年初出。蒲亜里については、氏は、後述する本論の資料1、2、3、5を部分的に論じており、資料1と5は年代的にかけ離れているので、年代が間違っているのではないかと疑問視している。氏はこれらに記されている蒲亜里は同一人物としている。

氏の「市舶」の資料について、ひとこと触れておきたい。氏の論文は『宋会要』「市舶」を世に表した最初の研究である。

氏は『宋会要』市舶の部分を羅振玉を通して書写した。その書写したものが（あるいは、さらにそれを書写したものか）財団法人東洋文庫に手抄本「宋会要巻二一八　食貨三十八市舶」として収蔵されている。さらに氏は蕃夷も使っている。氏はそれらをベースにしてこの論文を書いている。この文庫の手抄本の市舶は、現在の『宋会要補編』の市舶の部分であり、かつて食貨三十八に収録されていたものである。市舶に関する資料の詳細については、本書五章を参照されたい。この市舶の資料については、『宋史食貨志訳註』六、互市舶法、三九九～四〇一頁、斯波義信氏による解説に詳しい。

（3）田坂興道「唐宋時代における中国の回教徒」『回教の伝来とその弘通』東洋文庫、一九六四年、四四六～五一頁。曾訥は海外貿易に関わっており、その関係で蒲亜里を述べている。

（4）佐藤圭四郎「南宋時代における南海貿易について」『イスラーム商業史の研究――坿東西交渉――』同朋舎出版、一九八一年、三四四～六六頁。回賜銭について論じている。

（5）全漢昇「宋代広州的国内外貿易」国立中央研究院歴史語言研究所集刊』八―三、一九三九年（『中国経済史研究』中冊、新亜研究所、一九七六年所収）。この回賜銭を使って、中国の輸出、輸入を論じている。

（6）渡辺宏「宋代の大食国朝貢」『白山史学』一三号、一九六七年。

（7）拙稿「南宋期の占城の朝貢――『中興礼書』にみる朝貢品と回賜――」『史艸』四四号、二〇〇三年。「太府寺……今、進むる所の香貨の名色を将て所属に下し、看估紐計せしむるに香貨等銭十万七千余貫を得」とある。『宋会要』蕃夷四占城紹興二十五年十一月二十八日。

（8）註（7）の表一「紹興二十五年占城の朝貢品」象牙、一一頁。

（9）ここでは、一斤六〇〇グラムで計算した。『漢語大詞典』付録「中国歴代衡制演変測算簡表」一八頁では、一斤が約六三〇グラムとなっている。

（10）度牒『建炎以来朝野雑記』甲集巻一五　祠部度牒に「熙寧之直為百二十千、渡江後増以至二百千」とあり、南宋初期には、一道二百貫であった。

（11）紫衣・師号　建炎二年に四字師号が二百貫で売り出されていた。南宋・志磐『仏祖統紀』四七。師号が単独で売りに出されている例である。四字で二百なら、二字なら百貫くらいであろうか。『建炎以来朝野雑記』乙集巻一六　東南収兌会子に「紫衣・師号帖三百道、計価銭三万緡、毎帖一百貫。とあり註に「一」原作「二」。とある。紫衣・師号は一帖一百貫で売られていたとあるが、註によれば原文には、二百貫とあるという。紫衣で一百、師号で一百とも考えられる。本文には「紫衣・師号各々一百道」とあるので、各々一百貫と解した。

(12)　張守『毘陵集』巻一〜四は「劄子」で、これらの「劄子」は、ほぼ年代順に記されている。この資料4の前の劄子には、「乞除豁上供充軍糧劄子」と題するものに「紹興七年閏十月十四日」の日付があり、さらにその前の劄子「乞支軍糧劄子」には、「自紹興八年正月十八日指揮」、とあるので、資料4は、紹興八年一月以降の記述となる。この資料4の後の劄子をみると、年次のない劄子が数点続くが、「措置江西善後劄子」に、「紹興八年九月二十七日、……紹興九年分……」とあり、紹興八年九月二十七日以前となる。したがって、資料4の劄子の年次は、紹興八年一月以降、九月二十七日以前に書かれたものと考えられる。文中の「七月十六日」は紹興八年七月十六日の可能性が強い。すると蒲亜里は、故臨国から紹興八年七月十六日以前に中国に入ったものと考えられる。

(13)　深見純夫「元代のマラッカ海峡——通路か、拠点か——」『東南アジア』三三、二〇〇四年。詳しく実証されている。

(14)　『中国とインドの諸情報1　第一の書』家島彦一訳注、東洋文庫（平凡社）注一一〇、クーラム・マライ、一二六頁。

(15)　本書第二篇第三章第三節を参照。初出は「占城の南宋期乾道三年の朝貢をめぐって——大食人烏師点の訴訟事件を中心に——」『史艸』四六号、二〇〇五年。

(16)　註（15）七四頁。

第二節　南海貿易の発展と商人たち

はじめに

これまで見てきたように、宋代では東南アジア、インド、西アジア諸国との交流や交易は海路によって盛んに行われた。ここでは中国に来航した外国商人蒲囉辛、蒲亜里、烏師点など、また海外に出て活躍した中国商人たち陳惟安、黄瓊、王元懋、林昭慶などの具体的な活動を通して、当時の貿易の実態や状況、商人を輩出するその社会的な背景や寺院との関係、さらに資料には記録されていない商人たちの活動なども含めてこれからの課題として考えてみたい。

一、外国商人の活躍

(イ)　蒲　囉　辛

紹興六年（一一三六）に大食国（アラブ諸国）の蒲囉辛は、自分で船を造って、乳香を積んで広州ではなく泉州に到着し、乳香を齎した。彼は朝貢使ではないので、一商人として来ている。その乳香に対する関税は抽解銭三十万貫を数え、喜んだ皇帝は、彼に承信郎（従九品）の官位と官服、履《くつ》と笏を与えた。そのうえ乳香などの品物を中国に持ってきた者には、接待の他に銀、綾などを与えるので、再来訪してほしい。さらにその旨を帰国したら他の人にも伝えて南海品を持ってきて欲しいと云っている（『宋会要』蕃夷四大食紹興六年八月二十三日）。ここで関税三十万貫とあるが、関税はほぼ一割である。するとその十倍の三〇〇万貫の乳香を持参したことになる。どのくらいの量であるか、量と価格の関係が明確でないのでわからないが、かなりの量であったと考えられる。南宋の始めの一年の市舶の利益額が九十八万貫であるので、三十万貫はその三分の一を占める。紹興二十五年の占城の朝貢品が十万七千貫となるので、その二倍となるし、紹興二十九年の市舶の利は和買と抽買で二百万貫とあるので、当時の三十万貫の利益の大きさがわかる。さらに自分で船を造り大食から泉州まで、これだけの量の乳香を運ぶのであるから、大きく頑丈な船であったに違いないし、記録されている位であるから珍しかったのであろう。一般に東南アジア諸国の品物を運ぶのは中国船が多かった。中国への朝貢は中国商人の船で、自分の交易品以外に、朝貢の使者、献上品などを運んだ。また、蕃商が授官されることは本人にとって名誉であり、中国内での交易も授官により中国人の信頼を得て商売も円滑に進んだことであろう。

蔡景芳は、建炎元年から紹興四年（一一二七～一一三四）までの八年間に多くの貨物を泉州にもたらし、その浄利銭（利益）が九十八万貫にもなったので、その功により蒲囉辛と同じ承信郎（従九品）をもらっている（『宋会要』職官四四市舶紹興六年十二月十三日）。一年平均十二万貫となる。蔡景芳についてはじめ中国人と思っていたが、蕃舶の綱首とあるので、中国人ではなく、蕃商である可能性が強い。あるいは蕃商の二世であったかもしれない。蕃商の姓の研究が進むと明確になるであろう。

このように蒲囉辛、蔡景芳にしても、中国に交易品を齎し、市舶の利をあげた人を賞賛し、授官し奨励する。一方『宋会要』市舶や『要録』などを見ていくと、不正を行った場合などは厳しく官吏を罰している。来航が少ないと、管理が厳しいからであるとする。海外交易品は専売であっただけに政府にとって利益はあるが、不定期で臨時的なものであり、確実ではない。交易品は茶、塩の如く国内生産でないため、専ら来航に依存している。不安定な要素が強いため来航すると厚遇する。次を期待するからである。

（ロ）蒲亜里

大食国の商人蒲亜里についてはすでに前節で見てきたが、ここでまとめてみたい。蒲亜里は、南宋初めの紹興元年（一一三一）から十年までに五点の史料があり、名前は蒲亜里、場所は広州である。この五点の蒲亜里の史料が、連続する事件の同一人物であるのではないかという疑問が出てくる。別人物としたら、広州で大食人蒲亜里という人物が複数で活躍したことになる。短い十年間であるが彼の足跡を見てみよう（前節、一節を参照）。大食（アラブ）人蒲亜里は、紹興元年、進奉使として、大象牙二〇九株と大犀三十五株を持って広州にきた。これを便宜上（一）とする。その処理の仕方が詳述されている。時期は南宋になってまだ落ち着かないころである。二度目の提挙広南市舶である張書言は適切な処理をした。まず進奉品を条例の通りの金額で、本銭五万余貫で買った（博買）。これらの進奉品を二分し、一つは市舶司に留めて、税をつけて売り出し、本銭の一部に充てた。後の半分は、皇帝の要請通り、臣下に与えるための笏《しゃく》や帯の飾り（官位を表す）を造るのに使う良質な象牙一百株、犀二十五株を都に送った（『宋会要』職官四四市舶、紹興元年十一月二十六日）というのである。ちなみに象牙は大食のものが上等とされていた。なお本銭五万貫はなかなか用意できなかったとみえ、翌年、度牒（出家許可書。当時貨幣と同様に用いられていた）を売ってやっと五万貫をつくったと思われる（同上、二年四月二十六日）。朝貢できているが、都で皇帝と謁見することなく、市舶司で形式的な儀礼が行われたのであろう。

次に蒲亜里の記述が出てくるのは、紹興四年（『宋会要』蕃夷四大食紹興四年七月六日）である。これを（二）とする。

亜里は強盗に襲われたと見える。紹興四年の記述によると、亜里は進貢の回賜で大銀六百錠、金銀の器物、絹織物を買ったが、帰路の途中であろうか、船上にて、数十人の賊に襲われて四人が殺され亜里も傷つけられたうえ、金銀などすべて強奪されてしまった。この報告をきいた皇帝は、怒って担当役人を罰し、提刑司に命じて捕盗官が一ヵ月以内に犯人を捕まえるようにうながし、捕まえることができなかった場合には、関係者を処罰すると厳命している（『宋会要』蕃夷四大食紹興四年七月六日）。資料には、これ以降の記述はなく、蒲亜里がどうなったか明らかに出来ない。果たして（一）と（二）との関係は、蒲亜里とはいえ同一人物なのか明確にはわからない。数少ない資料の中で、広州で、名前が同じで、どちらも朝貢であること、年代が一年と三年（海賊に遭遇）であるので、同一人物であろうと推定した。亜里は海賊に遭ったためか、帰国せずに広州に滞在していたのであろう。広州には外国人が住む居留地があった。それは蕃坊と呼ばれ、彼も蕃坊に居たと考えられる。

南宋時代、広州の蕃坊に住むアラブ商人がどのような生活をしていたかその様子が岳珂『程史』巻一一「番禺海獠」に記されているので、一部紹介する。著者の岳珂は岳飛（金との戦）の孫で、父霜が経略安撫使、兼知広州として紹熙三年（一一九二）に広州に赴いたとき、岳珂は十歳であったが、実際に見た広州の蕃坊のアラブ商人の様子を記している。一例をあげるとアラブ人の中で一番金持ちは蒲姓である。壮麗な大きな家を建て、庭には、沈香を柱にした家（休み所）を作り、金銀で壁を塗っている。贅沢を極めているが、市舶による国の財政に寄与しているため官吏は何も言えない。彼らは熱心なイスラム教徒であり、礼拝は文字に向って唱える。像を持たない。食事は金銀製の椀に焼魚と良質の米を混ぜ合わせ薔薇水を加えて龍脳を入れる。それを右手（原文は左手）で食べる。四、五月になると南風に乗って船が入ってくるので、塔に上って順風を大声で祈る。ある日、父（霜）が労をねぎらうため、宴を設け蕃商を招待した。自分（岳珂）はその様子を帳で見ていた。蕃商が歩くとき、金をまき散らすこと糞土のようである。

召使にまで気前よく宝石などを与えている。彼らが座った後には周りに宝石や貝の器（高級な貝の杯）などが散らかっている。これは彼らの通例であるという（一部省略、要約）」。蒲を名のるアラブ商人の豪華な生活がうかがえる。あるいは蒲亜里などもこの様な生活をしていたのかもしれない。

さて蒲亜里に戻り、紹興七年には皇帝は海上貿易の利益が多く、一百万貫にもなる、と言って非常に喜び、不都合なことはないかとの問いに、知広州の連南夫が、市舶司は専ら外国商人だけを頼りにしている、それなのに大商人の蒲亜里は、広州に住みついて帰国しない。その理由は右武大夫（正六品の武官）の曾訥が、利益のために妹を亜里に嫁がせたことによるといった。皇帝は南夫に、亜里を直ちに帰国させて、大食の品物を運んで来る様に勧告せよ、と命じた（『宋会要』市舶、紹興七年閏十月三日）。これを（三）とする。前述した（二）と（三）との関係は明白にすることができないが、なんらかの関係があるとおもわれる。皇帝の輸入促進政策、つまり蕃商招致政策である。ここで、蒲亜里と曾訥の妹（女）との結婚であるが、蕃坊には、アラブ人と中国人との間に子供が生まれ、中国の中で二世が出てきてやがて、貿易を担う二世、三世が出てくるようになるのである。広州や泉州にはイスラム文化も定着する様になる。泉州のイスラム寺院である清浄寺などはその著例である。

次に蒲亜里の名を見ることができるのは、紹興八年ごろ大食故臨国進奉使として入貢している（張守『毘陵集』巻二「大食故臨国の進奉を論ずる劄子」）。これを（四）とする。故臨国とは南インドで、キーロンと呼ばれ、中国船がアラビアに向かうときに季節風のため、冬住するところであり、交易所である。そこから蒲亜里という進奉使が朝貢に来ているのである。宰相を歴任した張守は贅沢な朝貢には反対で、今回の朝貢使は偽称で国王の使いではなく商人の企みではないかと訝っている。一方の皇帝は、南海の特産品を持参した朝貢を歓迎している。さて、（三）との関係で、皇帝より帰国勧告が出た蒲亜里は、出国して、故臨国から入国しているのではないかと考えた。季節風を使うと、一年で一往復できるという（元代）。七年に出国して八年に入貢することが可能であること、海外に近い広州に入貢していることと、宰相歴任の張守にこの入貢は怪しいと見破られている。自分がインドまで行かないで、品物を揃えて入貢することだって可能である。このように考えていくと（三）と（四）との関係があるのではないかと推察する。

次に蒲亜里は、二年後の紹興十年に、広東の茶塩と市舶兼任の晁公邁を、回賜に関して利を貪った理由で訴えている。政府から派遣された監察御史の祝師龍や大理寺丞の王師心などの調べにより、公邁は免官となった（『要録』巻一三六紹興十年閏六月癸酉、汪応辰『文定集』巻二三）。（五）とする。公邁の後に厳選された楼璹が就任した。この事件は中央政府を揺るがし、戸部侍郎の晁謙之は引嫌のため工部侍郎に移り、知広州の張致遠を罷免に追い込んだ疑獄事件にまで発展していく。回賜とあるので、蒲亜里の朝貢の返礼の品である。いつの朝貢であるか、明らかにできないが、前の紹興八年とすると十年の訴えは妥当な線であろう。これも（四）と（五）関係は一致すると思われる。

以上五つの蒲亜里についての資料を見てきたが、同一人物として連続して考えることができる。しかしそれが不可能ならば、一つ抜けても、その一つは、アラブ人蒲亜里が広州でその時期重要な海外貿易問題にかかわっていたことには変わりはない。蒲亜里の名はこれ以降みあたらない。亜里は朝貢使節として来航したものの、海賊に遭遇し広州に留まり、結局中国の女性と結婚して、十年以上滞在し、貿易に関与していたのであろう。この間大食の入貢や蕃商の来航などが相次いでおり、これらの人々を世話し交易していたので、大商人蒲亜里といわれたのであろう。このような蕃商は多くいたと思われる。また蕃商達の長期滞在は土着化する傾向をともない二世、三世が生まれてくることになるのである。蕃商が多く居住していた広州や泉州にはイスラム文化も定着する様になる。泉州のイスラム寺院である清真寺、イスラム寺院にある墓碑などはその著例である。

（八）烏師点

次に大食国の烏師点を取り上げてみたい。この事件は、大食の朝貢船が占城で襲われ、強奪した物品を占城が朝貢品として中国に持参したという複雑な事件が乾道三年にあった。事の詳細を大食国の烏師点が福建路市舶司程祐之に訴えたことに始まる。烏師点の身分がはっきりしないが、大食の綱首か朝貢使であったのであろう。大食の人々が拘束されたのに、なぜ彼だけが中国に来ることが出来たかが疑問である。朝貢にきた占城、品物を強奪された大食、朝貢を受けた中国、この三者をどの国も傷つけることなくどの様に解決したかに注目したい。中国は蕃夷招致策を掲げているので、外国船が来なくなると困るのである。事の次第は次の様である。

乾道三年（一一六七）十一月二十八日、福建路市舶司程祐之の報告によると、「大食国烏師点より訴えがあった。大食は財主の仏記霞囉池が中国に朝貢するため、大食から宝貝、乳香、象牙などを載せて占城（ベトナム中部）まできて、風待ちをしていたところ、占城国王鄒亜娜が土着の中国人や現地の人々を使って船を国内に入れ、烏師点を拘束し、乳香、象牙を強奪した。それを占城は朝貢品として進奉した」（『宋会要』蕃夷七歴代朝貢、同、十月一日）というのである。占城の朝貢品を見ると、およそ乳香十万斤、象牙七八〇〇斤、その他沈香など三六〇〇斤などである。乳香と象牙は大食産で沈香などは占城産であろう。

中国では、占城の朝貢品が大食国からの強奪品であることが解った以上、この占城の朝貢を認めるわけにはいかないのでこの朝貢を無効とする。朝貢品の一割を宮廷に送るという規定があるが、已に送ってしまったものも返却する。さらに朝貢品として持ってきたものの処置はどのようにするか。これが大きな問題であるが泉州の市舶司が抽買（政府が資金を出して買い取る）することにした。その条件として、占城は拘束している大食人を解放することとした。このように迅速に問題なく事をはこぶことが出来たのは福建提挙市舶程祐之の尽力による。

このような結末であるが、この事件は中国にしてみれば、乳香十万斤、沈香、象牙などの品物が朝貢品でなく、商品として、南海交易品が政府に入るのであるから有益である。程祐之はこの事件を解決し、利を得たため提刑司に栄転している。

占城にしてみれば、国王の海賊行為が暴露され、朝貢は無効にされてしまったが、朝貢品は商品として中国が買い取ってくれるのであるから、損はしていない。そもそも強奪品であるから大きな利益となる。信用は損ねてしまったが、占城はこれ以降も朝貢にきている。

大食は、海賊に捕らえられたら、殺されるか、奴隷として売り飛ばされるかであるが、解放せよという約束のもとで、殺されずに解放されたに違いない。告発した烏師点の存在は大きい。

この様に見ていくとこの事件は、三者ともそれぞれの立場で解決され、中国が円満に解決した事件と思われる。ほかに、宋末に、福建提挙市舶となり、元に寝返り、元では高官に就いて活躍した蒲寿庚がいる。彼については、多くの研究[1]があるので省略する。

二、中国人の活動

中国人が海外に出て、活発に貿易活動を行ったことは、和田久徳氏[2]、斯波義信氏[3]、佐藤圭四郎氏[4]の研究がある。これらの研究を基にして、福建商人、泉州に続いて漳州の社会的な背景についても考察してみたい。

（イ）陳惟安

占城の紹興二十五年の朝貢を計画し実行した人である。この事の詳細については第三章第一節（三六三頁）で触れたが、ここではもう少し考えてみたい。この朝貢を実際に宿泊所の懐遠駅に案内し、すべての儀礼を説明、さらには儀礼の練習を行い、助言をした客省（諸蕃の朝貢、進奉などを掌る役職、内侍）が、陳惟安について次のように言う「占城の朝貢使、薩達麻らは、朝廷での礼儀もしらず、すべて綱首（船長、経営者）の陳惟安に依っている。陳惟安という人物は、毎年占城に往き、貿易をしており、占城語と唐（中国）語の二か国語が出来、かつ占城の王と親密な仲である。今回の朝貢は、彼が王を説得して方物を持って朝貢してきた。手紙をみても明らかなようにこの朝貢は彼の指導によるもので、いくら通訳が同行しているとはいえ、朝廷への礼節が出来ない。それでは引卒の客省（自分のこと）も困るので、陳惟安と薩達麻とを同駅に同宿させて（一連の儀礼など）陳惟安に通訳を頼みたいと、客省が朝廷にその旨を申し出て許可された」とある。この朝貢は、四十年ぶりで、南宋に入って都での朝貢はこれがはじめてである。一方占城では内乱を治めたジャヤ・ハリヴァルマン一世の即位の挨拶も兼ねたもので、献上品も多く、香薬など四十三万トンにもおよぶものであった。

陳惟安について、客省が一人の商人をここまで詳しく調べていることは驚きである。というのは、四方館（朝貢の規定、条令などを行うところ）では、占城が都で行う朝貢の儀礼の調節を三日前になってやっと整える状況であったし、中央政府でも、南宋になって正式な朝貢儀礼を行うのははじめてで、文書が整っていないし、占城に与える衣服など準備が整わず急がせている様子である。一方の客省は、じっくりと陳惟安の情報を集めていたのである。

一人の商人、陳惟安の行動をまとめてみると、一、彼は毎年占城に貿易のため往来している。二、綱首である。三、中国と占城の言語ができる。四、地元の王と密接な関係にある。五、この朝貢の準備の指導権は一商人である彼が握っていたこと。六、朝貢品も地元の特産物など、王の背景があるにせよ調達できたこと。七、結果的には、最後は泉州で、朝廷が好むものを整えたこと。八、陳惟安の場合、都の宿泊所に泊まり、儀礼の通訳、練習の通訳は勿論のこと、礼儀を教えたのであろう。九、朝貢の使者、朝貢品は、陳惟安の船に乗せて往復した。

さらに、朝貢で、一つ加えると、朝貢には、正式な文書が必要である。それは「表章　蕃字一本、唐字一本、及び唐字物貨一本」（『宋会要』蕃夷四占城所収『中興礼書』乾道三年十一月二十八日）とあり、蕃首からの手紙は自国語（蕃字）一通、中国語（唐字）一通と物貨（朝貢品）は中国語（唐字）一通が必要であった。見過ごしがちであるが朝貢には、皇帝への挨拶状は蕃字と唐字の手紙各々一通と朝貢品の唐字一通が必要で、それを書くためには中国人でなければできないし、朝貢品を揃えるにも王室と関係の深い中国商人がいたはずで、それを運ぶ船は中国商人所有の船であった。このようにして中国商人は各国の王や家族と密接な関係をもち、交易ならびに朝貢にも助言するようになった。一概に東南アジアからの朝貢などとあるが、ひとつの朝貢を出すためには、その国の王室と関係を持つ中国商人が必ずいたに違ない。すると、中国の商人たちは東南アジア、インド、アラビア方面まで行き来していたことになる。陳惟安の場合は、客省が記して記録してあったからその様子が明確に把握できたわけであるが、殆ど一般の商人たちの記録は残っていない。特別な場合か事件にまで発展すると残る。かつて、中国商人の動向を見るために東南アジア、西アジア関係の朝貢表を作成したことがあったが、朝貢使、副使の名前は出てくるが、これらは、すべて現地の人か、インド関係の人で、中国人は出てこない。中国人は実際の売買をしていても朝貢という事項には出てこない。商人の動きを把握しようとしても、記録としては残ってないのである。その点でも陳惟安の資料は貴重である。

（ロ）黄瓊

福建省漳州の百姓黄瓊は、南海貿易をしていたが、自分の船を没収されたことで、中央政府に直訴し、知南外宗正、知西外宗正の二人を免官に追い込んだ事件である。この黄瓊の事件については、これまであまり紹介されなかった。黄瓊については、『宋会要』職官二〇宗正司の紹興三十一年二月二十一日の条にある。『要録』巻一八八同年二月甲子に同内容の記述があるが、黄瓊という名が記されてない。要約すると次のようである。

紹興三十一年二月二十一日、宗正司は南・西外宗正司を交替させた。その理由は、近ごろ、漳州百姓の黄瓊は南蕃で商売をしていた。父が南蕃で死亡し物貨はすべて横領されて空船だけが帰ってきた。官司が借財を追及しその船を売りにだした。知西外宗正趙士衎が他人名義でその船を買った。黄瓊はここには何か事情があると思ったが、州・県・監司に訴えることが出来ず、数千里も離れた都（杭州）に往き、冤罪を登聞鼓院へ訴えた。政府はこれを取り上げ本路（福建）提刑司に調べさせた。その舟が返却されても、父は賠償の息（二倍の利子）を負っているので、それを返却しなければ、この舟は知宗の家にはいってしまう。そこで法を立てて兩宗正司は今後蕃舶で興販してはいけないという条文をたてる。それを実行するために、毎年官吏が泉南に行って監督する。二人には、在任期間が長いのでやめて別な人と交替したというのである。知南外宗正の趙士䛒と知西外宗正趙士衎は約十年の職を退任した。知宗は皇室趙氏一族を統括する官職であり、任官は趙氏の中から選ばれた。南宋期の大宗正司は杭州に置かれ西外宗正司は福州に、南外宗正司は泉州に置かれた。その知西・南宗正が同時に罷免となったのは、一大事件であった。その一原因が一商人の直訴にあったのである。当時の泉州における宗室による船の強奪、銅銭の不法の持ち出し並びに泉州の宗室への財政援助など、州の疲弊に通ずるほど負担が大きかった。

なお、登聞鼓に関しては、石田肇氏の研究(5)がある。その方法は、不満を訴える者はまず鼓院に行き、登聞鼓を打って上訴する。もし、上訴が棄却されたらまた近くの検院に行って投書する。棄却されたら次に、これを理検院に訴える。原則としてこの様な経過をたどる。黄瓊は理検院には行っていないようなのは、『要録』によってわかり、この事案の担当者は、右諫議大夫何傅であった。『宋史』巻一六一中に鼓院と検院の担当官が記されており、諫議大夫が検院を管轄していた。鼓院を掌ったのは司諫正言、検院は諫議大夫であり、これによって黄瓊のこの事案は右諫議大夫何傅の管轄する検院が取り扱うこととなった。そして、おそらく黄瓊はまず先に鼓院に訴えたが棄却され、これに不服で後に再び上書して検院に投書したのだろう。この事案を調べた何傅は、司諫正言から諫議大夫、権吏部尚書に栄転している。黄瓊の一件は、検院の取り調べによって政府の記録に残ることになった。百姓の記録など、通常では残らない。その点で貴重である。一百姓が文書の書き方から誰かに頼み、数カ月の歳月を都で過ごし、今回は取り上げられたものの、その負担は大きかったと思われる。漳州商人の意地をみる感がある。

当時の利息について少しふれると、「倍称の息」すなわち利息と元金は同額であった。その期限も一年ではなく、海外から帰ってから返すのであった。『萍洲可談』巻二によると、海外に出て十年、利息もまた同量で倍となる。しかし、借金と利息は、人の死後も返さなくてはいけない。債務は家族に及ぶのである。黄瓊の父は、異郷の地で客死し、貨物は人の強奪にあって、空の船で帰り、収益は無となった。このような状況であっても、元金と、元金と同額の利息は返さなければならない。黄瓊は借金を返すことができなくて、官吏は船を売ってしまった。そして、船を買ったのが趙士衎だったのである。想像するに、士衎は黄瓊の父に巨額の資本を貸し出し、商売が失敗し、借金のかた（抵当）として黄瓊の舟を取ったのであろう。この点に関して、もし黄瓊が検院に訴えなければ、士衎は黄瓊の舟で海外貿易を行っていただろう。

次に、宗室の船に関して一言加えておきたい。曾て一九七四年、泉州湾で、南宋末の古船が発見された。その中に木牌（荷札）が九十六点あり、「南家」と記されたものは十九点のうち十六点は発見された船の第六船倉に集中していた。木牌の総数二割を占める「南家」は何を意味するか学者の間で諸説がある。傅宗文氏によると、「南家」とはすなわち「南外宗正」であり、この古船は南外宗正司の所有だったということである。(6) 所有していたかどうかはわからないが、南という姓は見当たらず、南家はあるいは南外宗正と関係があるのではないかと考える。というのは、船倉十三の内、一番安全なのは中央といわれている。六倉というのは中央で一番良いところではないかと考えるからである。何傅は知宗に対して「蕃船の興販するを禁ず」という禁令を下したが、南外宗正は船を有し、かつ貿易も行っていた可能性が強い。後考を待ちたい。

次の元代になると、モンゴル人の支配体制のなかで、海外貿易は、皇帝、皇室などが資本を出して商人に貿易をさせて、その利益を配分していたことが元典章などに見られる。

（八）王元懋

福建省泉州の大商人で有名な人物である。(7) ここでは彼が占城《チャンパ》に往き、貿易を行い、占城の王と懇意となり、王女を嫁にして十年、その後中国に帰り貿易を大々的に行った。占城滞在中での王とは誰であるか、なぜ占城王に非常に気に入られたのか。その占城の社会的背後にはどのようなものであったのかについて考察してみたい。

王元懋の経歴について少しふれると（『夷堅三志』己六巻）、彼は泉州出身で、幼い時に寺に預けられ、雑役をしていた。師僧より南蕃の知識や外国語（サンスクリット）を学び、占城に貿易にでかけた。ここで、二か国語が出来る王元懋を王は気に入り厚遇し娘を王元懋に嫁がせた。王元懋は、ここで十年間過ごした。帰国後、海外商人として淳熙五年（一一七八）には、弟子の呉大が綱首となって貿易を行い、十年後（淳熙十五年）に帰国し、その利益は数十倍にもなったという。また彼はその間政界、財界の人と婚姻関係を結んだ。

王元懋と占城との関係であるが、彼はいつ頃占城に行ったのであろうか。淳熙五年（一一七八）には彼は帰国して貿易活動を行っている。その前に、十年間は王の娘と結婚しているので、淳熙五年（一一七八）から、十一～二年逆算すると、占城に行ったのは、一一六六～六七年となり乾道二～三年となる。

このころ占城では、内乱が続いている。前述した陳惟安誘導の朝貢は紹興二十五年（一一五五）で占城国王は鄒時巴蘭・Jaya Harivarman 一世（在位紹興十五年から乾道三年）であった。王の死後、彼の息子は不明となり、そこにクーデターが起こり、血筋と関係ない鄒亜娜・Jaya Indoravarman Ⅳ ジャヤ・インドラバルマン四世（在位一一六七～一一九〇年　乾道三年～紹熙元年）が周囲の反乱を収め、王の位についたのである。これらの経過は、Maspero, Georges "Le Royaume de Champa" 1928年再版の七章　Luttes, Avec Leo Khmers pp. 1531-69. Ⅰ に詳しく記述されている。これによると、鄒亜娜・Jaya Indoravarman Ⅳ ジャヤ・インドラバルマン四世は「自分は王位簒奪者で、世の幸せのために統治した」という。彼は精力的に領土を広げ、文化面でもミーソンの聖地にヒンドウの建造物を建て信仰を深めた。またカンボジアとも戦い、勝利している。

王元懋とこの鄒亜娜・Jaya Indoravarman Ⅳ ジャヤ・インドラバルマン四世との接点であるが、資料には記されてないが、王元懋が占城に行った時期と鄒亜娜が王位に就いた時期の一一六七年、乾道三年がほぼ重なるのである。推定であるが王元懋は鄒亜娜が王位に就くときに、財政的に援助したのではないだろうか。それと、乾道三年、占城による大食国の朝貢品強奪事件では、王元懋が関わっていたのではないだろうか。鄒亜娜が王位に就くとすぐに海で強奪事件をおこし、乳香など数隻に中国商人で、綱首の陳応、呉兵に運ばせていることなどからも背後に中国商人がいなければ、このように早く物事は進まなかったと考える。それが王元懋であったのではないかと思われる。さらに鄒亜娜の統一はその年である。王元懋は、内乱を統一するのに、なんらかの形で応援し、あるいは乾道三年の強奪事件にも関わり、鄒亜娜の信頼を得て、王の娘を嫁にし、十年も占城にくらしたわけである。何もしなければ、王の娘を嫁にすることは出来ない。その間にも王元懋は占城、東南アジア諸国と中国との関係を密にし、貿易、商業を行っていることは確実である。

では、なぜ十年で帰国したのか。乾道三年の朝貢の失敗以来、次々と朝貢を占城からだしているが、問題を指摘され順調にいかない。淳熙年間には国が弱体化しカンボジアに敗北する。そこで王元懋は占城に見切りをつけて引き上げ、中国を根拠地として弟子たちを海外に遣わし、貿易の利益を増していったものと考える。

三、福建商人の社会的背景――漳州と寺院――

（一）

海外貿易に携わった商人たちは、福建省出身の人が多かった。その要因のひとつに福建は耕地が少なく、人口が多く「福建一路は海商で身を立てている」と言われている。沿岸地方の漳・泉・福州、興化軍の地では、人々は自分で船を造り、財を備え利を求めて遠くまで行き貿易活動をしている（『宋会要』刑法二―一三七嘉定五年九月二十八日の条）。特に漳州では著しく、漳州商人の多くは巨船で番貨を売買し、利益を得ていた（『万暦漳州府志』巻三二）とある。これまで掲げてきた商人、陳惟安（出航の地に帰ることから泉州商人であろう）、黄瓊（漳州）、王元懋（泉州）などそのほかにも多くいる。漳州に関係の深い林昭慶と寺院との関係について見てみる。

林昭慶については、吉川幸次郎氏の研究(8)がある。林昭慶は禅宗臨済宗の高僧で、慶禅師と名付けられた。彼の生涯は秦観『淮海集』巻三三「慶禅師塔銘」に記されている。

林昭慶は天聖五年（一〇二七）に、泉州普江県に生まれ、諱は昭慶、字は顕之で、俗名は林。両親は貧困のため、彼を漳州開元寺の僧に預けた。彼は寺で成長した。郷里の同好者と結託して、海商団体を組織し、福建・広西・山東間を航海して貿易活動を行い、十数年後には富裕な海商の一人となった。皇祐年間（一〇四九～五三）得度の際に、彼は自分の全財産を組合に託し、一部を両親の養育費に充てた。自分は無一物で再度僧になった。そして元祐四年（一〇八九）八月十六日没した。六十三歳であった。僧籍にあること四十一年であったという経歴の人物である。つまり彼は、泉州出身で貧困のために、泉州でなく漳州の寺に預けられ、後に僧から海商になり、裕福な商人として活躍した。海商団体を組織したとあるのは、活躍は泉州を根拠にして行われた。その後、すべてを組合と両親に預け、自分は何も持たずに再び漳州の寺に戻った。つまりまた僧になったということで珍しい経歴の人としてとらえられている。商人の中で、僧から海商になった人は、王元懋など、海商から僧になった人は林昭慶、常担などがいる。僧人・寺院と海商との関係が深いことが解る。

（二）

福建では貧困のために寺院に子供を僧にすることはよくあることである。例えば「福建は土地が狭く財産には限りがあるのに、人が多い。家で子供が三人いれば、一人か二人を俗を捨てて寺院に入れて僧とする（汪応辰『文定集』巻一三「請免売寺観賸剰田書」）とある。寺院は、子供を引き受けることが出来るほど裕福であったのであろう。漳州の寺院の財政的な状態がわかる資料があるので見てみる。「漳州には、僧寺が極めて多く、極めて裕福である。田産十のうち七は、寺院の占有するところであった。それゆえ、民産が占めるところは甚だ少なく、たったの三割だった」（陳淳『北渓大全集』巻四七、劄「上傅寺丞論民間利病六条」）とあり、漳州の田地の割合が、寺院が七割、民が三割であると漳州の寺の裕福さを物語っている。著者の陳淳は、漳州龍渓の人、朱熹の弟子で、嘉定十六年（一二二三）に卒している。彼が記すのは、南宋中期の寺院の情況であり、地元であるから確実なデータであろう。さらに寺院の富裕な状態について、寺院と民間とを比べて米の生産高の割合を具体的な数字で述べているので見てみよう。

「漳州は、七分の六（八六％）の田産が寺院の占有するところであり、上寺では数万斛、中寺では一万〜数千斛、下寺では六、七百〜三、五百斛、小寺でも百斛はあったという。これに対して、民戸ではたった七分の一しか占有しておらず、その中の千斛を有する富戸はとても少なく、数百〜百斛の者もまた多くはなかった。ほとんど均しく三、五十斛であって、その下にいる者も少なくなかった。だから、漳州の仏寺は、巨大な資産を有していた」（陳淳『北渓大全集』巻四七、劄「擬上趙寺丞改学移貢院」）とある。漳州は寺院が八六％の田産を有し、民は一四％しかない。そこからの収入は寺院の上寺は数万斛、民の一般は、三〜五十斛である。その落差が大きい。そのために民は貧困であり、寺院は巨大な資産を有していると陳淳はいう。この記述は必ずしも誇張したものではない。地志に「漳州は山におわれ、一方は海につながり、耕す田地は非常に少なく、大半は僧寺が所有し、民は貧困に苦しんでいる」（『漳州府志』一一「訪求民瘼碑」）とある。

福建には寺院が非常に多く、仏国と称されるほどであったが、[9] 漳州以外の地ではどうなのであろうか。資料がないので比較することはできないが、福州の寺院が所有する田産についての記録が『淳熙三山志』巻一〇版籍類一にある。墾田、園林、山地の寺観戸と民戸とに分け各々詳細な数字が記されている。詳しい数字は省くが割合を計算してみると、墾田は、寺院約一七％、民戸は八三％である。園林山地では、寺院は二五％、民戸は七五％とあり、民戸のほうが断然多い。漳州の寺院が田産の七～八割を占めていたことは、漳州が特別であったのであろうか。漳州の寺院が富裕であったため、また林昭慶の両親は泉州ではなく彼を裕福な漳州の寺に預けたのであろう。これは林昭慶だけでなく、多くの人々が寺院に幼児を託したに違いない。彼は海商から僧に戻った時にも、漳州の寺に帰還している。彼が海商になったのは、王元懋と同じく、寺院で海商となるべき知識、言語、計算などを学んだのであろう。寺院にはかつて海商か、商人の経験者がいたことが考えられる。林昭慶にしても僧になって、海商の方法が教えられた。

この開元寺は、唐の嗣聖（六八四～七〇四）年間に漳浦に初建され、玄宗二十六年開元寺と名付けられ、貞元二年（七八六）龍渓に遷された。寺院は九十六という多さであったが、嘉定年間は六十となり、宋末淳祐年間には三十に減った。宋末寺院の勢力は衰退したが、かつては相当な勢力を有していたのである。寺院は裕福で寺の人口も多く、労働力もあったため、土地の開墾などを行い、土地を広げていったこと、また産業、社会福祉にも勢力を増していったのであろう。

漳州は海外貿易で黄瓊や林昭慶を出したところであるが、肝心の貿易に関してはどうであったのであろうか。「漳州には蕃船の往来がないので、大商人（大経商）もいなかった。富室上戸もまたそれほど財力があったわけではなく、大部分を占める下戸もとても貧しかった」（『北渓大全集』巻四四、劄「上趙寺丞論秤提会子」）とある。さらに「民間では大経商はおらず、衣食にも困窮していることがわかる。住居の九割は貧困で、豊かで豊饒な泉州と土地が貧しくやせている漳州を比べてみて、温陵（泉州）の市船に雲のように集まった大戸がぎっしりと並んでいるのには遠く及ばない」（同書二七）とあり漳州では民の九割は貧困で、市舶司が置かれている泉州と比較して、船は来るし、金持ちは多いしと泉州の豊さを述べている。泉州には市舶司が置かれているので、海外に行く船、帰国船は泉州の市舶司を通らなければならなかったので、泉州の賑わいは当然である。漳州出身の黄瓊も活躍は泉州である。

さて漳州の寺院と海商との直接的な資料は見当たらないが、富裕な寺院と海商との間に何らかの関係があったと思われる。香を含む南海交易品という高級品を寺院は欲しかったに違いないからである。実際に寺院ではあらゆる儀式に使用される焼香、この焼香の原料は南海交易品の沈香や乳香などであった。寺院では大量の香が使用されたので、南海交易品の需要は高かったと考えられる。寺院の祭り、縁日などには、店に高級は南海交易品などが並べられている資料はいくつか見られる。もう少し寺院と海商との関係が把握できれば、大きな発展が見られるであろう。後考を待ちたい。

おわりに

宋朝政府は、概して海外交流、貿易に対して寛大な態度を取ってきた。一定の規定はあるものの外国人による海外からの出入船を歓迎し、中国人に対しても出入を奨励した。その背後には、南海交易品による市舶の利があったからであるが、このような開放的な海外政策は、歴代の王朝でも珍しいと思われる。一方、西アジア、東南アジアの諸国も海路によって諸国の特産物などを求めて交流が行われた時期でもあった。両者が相俟って海路の交通が盛んになっていった時期である。具体的には自ら船を作って乳香を持つてくる西アジアの商人もいたし、東南アジア諸国からの朝貢も多かった。この朝貢を支えたのが、中国商人であった。まず朝貢品の収集には中国商人がその国の王室と結びつき、王室貿易によって特産物を準備し、かつ朝貢に必要な皇帝への手紙は中国語と自国語（蕃語）の二通を必要とし、使節や朝貢品などは、中国商人の船に乗せて往復した。すべて中国商人の手によって準備され、実行されていたと思ってよい。中国人がいなければ手紙すらかくことが出来ない。しかしこれらを実行した中国商人の名前、その他の記録は殆どない。つまり陳惟安のような商人がいなければ、朝貢は成り立たない。偶々陳惟安は記録に残ったのでその詳細が解ったが、大部分の人はわからない。この様な商人たちの出身地は福建の沿岸地方が多かった。それは田土が少なく貧困のため、二男以下は寺に入る人も多かったが元気で知識欲のある者は、商人になった。福建省は寺が多く、漳州に見られる如く貧困のために寺に預けられる子供も多かった。寺は知識の習得のための文化センター的な教養の場でもあった。彼らは船を造り、貿易に関与していた。

漳州は明代になり、海防同知が置かれ、市舶税の徴収に当たることになり、大きく発展していくのである。

この海路による交易、交流は、これ以降時代の特色もあり、形態などの変化はあるものの、元代、明代、清代へと受け継がれていった。

註

（1）桑原隲蔵『蒲寿庚の事蹟』（前出）のほか、向正樹「蒲寿庚軍事集団とモンゴル海上勢力の台頭」（『東洋学報』八九―三、二〇〇七年一二月）。

（2）和田久徳「東南アジアの初期華僑社会（九六〇～一二七九）」『東洋学報』四二―一、一九五九年。

（3）斯波義信『宋代商業史研究』風間書房、一九六八年、「福建商人の活動」四二一～四六六頁。

（4）佐藤圭四郎『イスラーム商業史の研究――坿東西交渉史――』同朋舎出版、一九八一年。

（5）石田肇「北宋の登聞鼓院と登聞検院」『中嶋敏先生古稀記念論集』上巻、汲古書院、一九八〇年。

（6）傅宗文『海交史研究』一九八九年二期「后渚古船―宋季南外宗正海外経商的物証」。

（7）王元懋は和田、斯波両氏のほかに、本田精一「王元懋の大悪事――南宋時代の南海貿易犯科帳――」『アジア遊学』七〇（特集　波騒ぐ東アジア）二〇〇四年。チャンパ王との係わりについてはふれてない。

（8）吉川幸次郎「海商であった二人の僧」『東方学会創立十五周年記念東方学論集』東方学会編一九六二年。

（9）竺沙雅章『中国仏教社会史研究』同朋舎出版、一九八二年「福建の寺院と社会」一四五〜一八七頁。黄敏枝『宋代仏教社会経済史論集』台湾学生書局、一九八九年。

補註　近藤一成は高麗と泉州商人との関係、貿易を行なったこと、ならびに密州市舶司設置（元祐三年）を通じてその交流を研究されている。近藤一成『宋代中国科挙社会の研究』汲古書院、平成二一年、四三八—四六六頁参照。なお、今回本書では、高麗、日本との関係を省いた。

第五章　東洋文庫蔵手抄本『宋会要』食貨三十八市舶について

はじめに

東洋文庫には、「手抄本『宋会要』巻一二八　食貨三八　市舶」一帙、一冊、不分巻、横一八センチメートル、縦二七・六センチメートル、和綴、三十八葉、書架番号Ⅱ―15―A―16という冊子本がある（後掲写真1参照）。これは、宋代に編纂された『宋会要』という書物の中に食貨門という分類があり、その三十八番目に市舶（海外貿易に関する記述）に関する資料があり、それを手で書き写したものである。この資料は非常に貴重な文献である。

この東洋文庫蔵手抄本『宋会要』巻一二八食貨三十八市舶（以下、『文庫本食貨市舶』と略称）の入手の由来は、藤田豊八博士が大正五年（一九一六）に羅振玉氏を通じて劉承幹氏より借抄したものである。東洋文庫にあるものはその副本である。これまで『宋会要』は、抜書きはある（『粤海関志』）にせよ、『宋会要』を資料として公表したのはこれがはじめてである。

藤田氏の『宋会要』市舶に刺激をうけた東洋文庫では、『宋会要』の内容を知るべく昭和四年ごろから五年にかけて、劉承幹が収蔵する『宋会要』の内、食貨門と蕃夷門を上海で書写させて一般に公開した（Ⅱ―16―A―17）。これは、中国よりも早くに公表されたものである。特に『宋会要』食貨の研究は、東洋文庫を中心として加藤繁氏らによって盛んに進められた。

このように、『文庫本食貨市舶』は『宋会要』紹介の嚆矢となったが、残念なことに、東洋文庫で書写させた食貨門の中に市舶の項目は入っていない。(1)　一九三六年（昭和十一）に刊行された『宋会要輯稿』（国立北平図書館）にも、食貨門の中に文庫本食貨市舶はない。除外されている（これは重複資料として外されたのである〔後述〕）。したがって、東洋文庫で編集された『宋会要輯稿』を底本として食貨門に見える『人名篇』、『地名篇』、『職官篇』、『詔勅篇』、及び『社会経済用語集成』[2]などには、『文庫本食貨市舶』の記述はない。それを追求することなく、そのうちに文庫本食貨市舶に対する関心は薄れていったようである。

一九八二年に藤田豊八氏が抄写した市舶の自筆本の一部が紹介され、自筆本があったことがわかったが、現在その自筆本の行方は不明である。[3]

一九八七年に陳智超氏が『宋会要輯稿補編』（以下『補編』と略す。全国図書館文献縮微複製中心出版）を刊行した。陳氏の説明によると、「『宋会要輯稿』を刊行した際に、入らなかったもの、残存冊、断簡、複文とみなして省いたもの、……を集めて出版した」という。その中に職官参照として所属不明の市舶がある。

筆者は、二〇〇八年四月に中国国家図書館で『宋会要』を調査する機会に恵まれた。その際『補編』にある市舶の部分ならびに市舶の前後を調査することができた。これらを検討することによって、文庫本食貨市舶と『補編』市舶との関係が明らかになってきた。本章では、文庫本食貨市舶をめぐる諸問題も含めてその報告をする。

一、徐松と『宋会要』と市舶

本論に入る前に、『宋会要』と徐松について触れておきたい。『宋会要』は勅選の書で、宋代の歴史を研究、解明していく上で非常に重要な根本資料であり、この書を避けて通ることは出来ない。斯波義信氏は、「『宋会要』という政書は、各級、各職掌の行政機関が処理した実務を上行、平行、下行の文書によって発信し、中央の裁定ないし、批准

表１　『宋会要』の市舶に関する資料六種

番号	所　属	永楽大典巻数	字韻	年　号（下限）	行の字数行数	字　数	備　　考	
1	職官門44市舶 1～34	1124	司	～嘉定６(1212)年４月７日	１行21字半葉11行	15534字	1936年　国立北平図書館より出版『宋会要輯稿』	
2	補編　市舶	17552	貨	～乾道９(1173)年７月12日	１行21字半葉11行	13319字	陳智超1981年『宋会要輯稿補編』 市舶	
3	東洋文庫手抄本食貨門三八市舶	17552	貨	～乾道９(1173)年７月12日	１行20字半葉10行	13319字	藤田豊八が書写1916年　東洋文庫の印あり。	
4	藤田豊八の自筆本	(17552)	貨	首、原稿用紙一枚尾、原稿用紙一枚	１行20字半葉10行	首１７０字尾75字	大正５年（1916）12月16日書写終了とある。	曾我部静雄収蔵『東方学』63、昭和57(1982)年１月
5	『粤海関志』巻２～３　職官44市舶より広東のみ抽出	(1124)	司	～嘉定６(1212)年４月７日		9092字	1840年ごろ梁廷枏編、職官44市舶から67項目を抽出。	全体の字数は、10301字で職官44市舶からの抽出は9092字にのぼり、88%を占める。
6	藤田豊八の市舶論文からの引用	17552	貨	～乾道９年７月12日			「宋代の市舶司及び市舶条例」	『東洋学報』7-2大正６(1917)年５月

をへて執行に至った経過を委細に記録したもので、……宋一代について記録していて膨大な本源資料の宝庫である。こうした内容ゆえに……行政運用の実態を詳細に復元する……社会経済の基底的な事実関係を分析するための資料源としても活用することができる」と『宋会要』の特色を述べられる（『宋会要輯稿食貨篇――社会経済用語集成――』はじめに〔東洋文庫、二〇〇七〕）。

この『宋会要』は、明の永楽帝が『永楽大典』を編集した時には多く引用されており、当時はまだ残存していた。その後、『宋会要』は、いつのまにか散逸してしまった。

清代になってから、『宋会要』は徐松によって注目されることになる。清の嘉慶年間の時、『全唐文』の編纂が行われ、編纂者の一人であった徐松が編纂の傍ら、『永楽大典』の中に引用されている『宋会要』を収集した。『宋会要』だけでなく、『中興礼書』『元河南志』なども収集している。『永楽大典』の殆どが散逸してしまった現在、『宋会要』の復元は難しく、徐松が抽出し編纂した『宋会要』だけが、残存した唯一のものになる。しかし、徐松の死後、書籍の殆どは散逸してしまった。『宋会要』も多少分散したらしいが、弟子の繆荃孫が守り、一八八七年に張之洞が広雅書局を創設すると、『宋会要』は広雅書局に入り、繆荃孫が編集にあたった。その後、王秉恩の手に一時入り、一九一五年ごろ（民国四）、嘉業堂の劉承幹が所有することになった。ここでさらに編纂が続けられ、北平図書館から一九三六年（昭和十一）に刊行されるに至った。実に、徐松が『永楽大典』より抽出してから一二六年、死後八十八年が過ぎていた。

以上述べたように、『宋会要』は徐松の手を離れてから所有者や編纂者が変わったりして転々としたために、分散されたところもある。その『宋会要』の市舶に関する資料は、現在六種見ることができる。項目を揚げると以下のごとくである。表1「『宋会要』の市舶に関する資料六種」参照。

（一）職官門四十四、市舶にある。『永楽大典』巻一一二四　司字韻から纂輯したもの。年次は北宋の開宝四年から南宋の嘉定六年までである。一行二十一字、半葉十一行、一五五三四字。『宋会要』は一九三六年（昭和十一）に北平図書館から出版された。

（二）陳智超『宋会要輯稿補編』一九八一年。市舶の資料があるが、所属門が記されていない。『永楽大典』巻一七五五二、貨字韻　一三三一九字

（三）東洋文庫蔵手抄本食貨門三十八市舶　一行二十字　半葉十行。藤田豊八書写　一九一六年。東洋文庫の印あ

り。『永楽大典』巻一七五五二　貨字韻　一三三一九字

（四）藤田豊八自筆本　食貨門三十八市舶　一行二十字　半葉十行。一九一六年十二月十六日抄了とあり。首と尾の二枚のみ。故曽我部静雄藏。

（五）『粤海関志』（巻二、三、前代事実）、職官四十四市舶より広東関係を抽出。一八四〇年ごろの出版。徐松が生前に見せた可能性あり。

（六）藤田豊八「宋代の市舶司及び市舶条例」大正六年（一九一七）五月『東洋学報』七―二に引用されている資料は、（三）（四）の東洋文庫食貨市舶。藤田書写。

以下、この項目について検討していかなければならないが紙数の関係で省略し、章末に附として『東洋文庫本市舶』の全文と、これを中心にして「補編」市舶、「藤田論文」市舶、宋会要職官四十四市舶の語句との異同資料対照表稿を作成した。不完全なものであるが、一つの資料として提示する。(4)

次に、『宋会要』を『永楽大典』から取り出す仕事をした徐松という人物についてみてみよう。収集していながらなぜ『宋会要』をまとめることができなかったのか、その理由も考えてみたい。

＊東洋文庫蔵の書をすべて複写することは禁じられているので活字にした。

（1）　徐松の生涯と『宋会要』（一七八一～一八四八、乾隆四十六～道光二十八）

徐松の略歴については、榎一雄「徐松の西域調査について」（『近代中国』一〇～一四　一九八一年十二月～一九八三年十二月）、陳垣「記徐松遺戊事」（『陳垣史学論著選』上海人民出版社、一九八一年）に詳しく、略歴はこれによった。(5)

徐松は、一七八一年（乾隆四十六）に浙江省上虞県に生まれる。のち父が京師に移り、戸籍を大興県（北京）に移す。

九歳のころ大興県で童試を受ける。試験官の金士松に文章を誉められる。嘉慶五年二十歳で郷試に合格する。二十二歳、陳氏と結婚。一男をもうける。一八〇五年（嘉慶十）進士合格。殿試は二甲第一名、朝考一等一名という抜群の成績で、翰林庶吉士となる。優秀であるため以後、エリートの道を保証されたかにみえる。一八〇八年（嘉慶十三）、全唐文館が開設され、編纂官となる。編輯を監督する董誥の推薦による。翰林院編修となり、南書房勤務。ここで董誥に認められ、天子の下問に応答する文は徐松が代筆するようになる。一八〇九年（嘉慶十四）このころ全唐文館の中にある『永楽大典』から『宋会要』、『元河南志』『中興礼書』などを収集する。

翌年の一八一〇年には文潁館総纂となる。湖南の学政となり、湖南に赴いて省試の監督をしたが、その行為を御史趙慎畛に糾弾される（その原因など、詳細なことはわからない）。取り調べを受け、「杖一百、流三千里」という有罪判決が出された。三千里は流の中では最も重い。流刑地は伊犂《イリ》（新疆ウイグル自治区）である。その主な理由は、受験生から賄賂をうけとり、書籍を売りつけて、銀四七六両の不正利益を得たという、計九条に及ぶ罪状の判決である。その中に父親の失敗問題もからみ、複雑で明確でない。たかが銀四七六両である。密告されたか、陥れられたのであろうか。今後の課題でもある。一八一二年に判決がくだったときは、三十一歳であった。一八一三年に伊犂に到着する。流刑地までの費用は自弁という。到着時から刑期が始まる。一八一九年まで（三十二〜三十八歳）伊犂にとどまり、多くの人が、滞在三か月、一年とかで帰る中、減刑されることなく、六年間の刑を全うし、北京に帰る。三十八歳になっていた。流刑中、一八一四年（嘉慶十九）に『全唐文』が完成する。『全唐文』の始めに編纂者八十九人の名前があり、十九番目に提調兼総纂官として徐松の名がある。この時点では、徐松は流刑の地にいる罪人であるが、編纂者に名前を加えているのは興味深い。刑に服している間に『新疆賦』『漢書西域伝補注』『西域水道記』『新疆識略』などの名著を次々に著している。

足掛け九年の刑を終えてからの徐松はあまり重要な役職についてない。『新疆識略』を賞されて内閣中書に任ぜられたのが一八二一年（道光二）四十一歳。一八二五年妻に死なれ、子延租にも先立たれた。厳可均（徐松と同期の進士）から徐松の『宋会要』の写出を有用なものと認める（鉄橋漫稿三）という手紙をもらう。このころから『宋会要』のことが理解されてきたのであろうか。その後礼部主事、礼部鋳印局員外郎となる。

一八三九〜四〇年ごろ『粤海関志』が編纂される。アヘン戦争に備えての防備策でもあったのであろう。歴代の海関の歴史を述べる中で、宋代については、巻二、三「前代事実」に書かれている。その内容は、『宋会要』の職官門四十四の市舶のうち、広東だけを抜き出したものである（詳しくは次項参照）。『宋会要』の記述を抜書きとはいえ公にしたのは、これが初めてである。この時、徐松はまだ存命で、この資料を持っているのは徐松だけであるから、自分が『宋会要』を『粤海関志』の編纂者梁廷枏に見せたに違いない。湯中氏は、二人の関係について、「このとき徐松は京師におり、梁廷枏と学者同志、意気投合して抄本などを伝えたことは、きわめて当たり前のことであった」と述べている（湯中『宋会要研究』巻一付記二、二〇頁、上海商務印書館、一九三二年）。具体的な二人の接点を見つけることは出来ないが、国の一大事とあって徐松はよろこんで、資料を提供し協力したにちがいない。

さて、徐松の生涯にもどり、一八四三年六十三歳で江西道監察御史から江南道を転掌す。翌年楡林府知府に任ぜられるが、病と称して辞退。一八四八年（道光二十八）三月一日大興で死す。六十八歳であった。徐松の書籍は、家族に先立たれ、著書、資料など保管整理する人なく分散された。『宋会要』は徐松の存命中には刊行されず、死後も持ち主が転々とし、編集者も入れ替わり、資料も一部転売されて分散したりしたが、最後は劉承幹によって保管整理され、いささかの問題はありつつも一九三六年（昭和十一）北平図書館で刊行することができたのである。徐松の死後八十八年のことである。

徐松が『永楽大典』から『宋会要』を抽出し編纂した功績は計り知れないほど大きい。彼は研究する過程でその価値を知ったのであろう。『宋会要』の価値を知りながらまとめることができなかったのは、以下の三つによる。一つには五百巻という膨大な分量であったこと(6)。二つには『永楽大典』から『宋会要』を抜き出し書写する作業は、全唐文館での本来の仕事ではなかったこと。内密に行われたのであろう。その証拠に書写に使った用紙が「全唐文」という名入りのものであり、そのようなことからも公にはできなかったのである。三つには、致命的なこととして、賄賂の罪で流刑に六年間服したことである（足掛け九年）。北京を離れるとき『宋会要』はどこに置いていたのであろうか。分量が多いので伊犂には持っていかなかったと思われる。さらに刑を終えて北京に戻ってきてから、彼は以前のような重要な役職につくことはなかった。ましてや問題のある『宋会要』を刊行したいなどと言って、また弾劾されるようなことがあってはならないと思っていたであろう。このようなことから、彼の死後、『宋会要』は不完全なまま転々とするようになったのである。

（2）『粤海関志』に見える『宋会要』市舶について

『粤海関志』は、清代末の道光十九年ごろ（官員表に道光十八年まで記述があるため、それ以降とする）梁廷枏によって編纂された。アヘン戦争を目前に控え、海外との出入り口である広東の海関についての意識が高まり、アヘン戦争に備えることもあり、海防策の一環として歴史の編纂を行った。宋代については、巻二、三の「前代事実」に記述がある。その内容を見ると、ほぼ『宋会要』の職官門四十四の市舶のうち、広東だけを抽出したものである。年代順に記されており、開宝四年から嘉定六年四月七日までの七十二項目にのぼる。そのうち五項目だけは、『宋会要』の職官市舶以外のもので、『宋史』巻一八五（雍熙二年九月）、『宋史』巻一八五（淳化二年）、『文献通考』巻二〇（仁宗）、『文

表２　徐松年譜と死後の『宋会要』

西暦	年号（中国）	年号（日本）	事　項
1781	乾隆46		徐松　生まれる。浙江省上虞県。後に父が京師に移り、戸籍を大興県に移す。
1789	54		徐松　９歳、この頃大興県で童試を受ける。試験官金士松に文章を誉められる。
1800	嘉慶５		20歳、郷試に合格。
1802	7		結婚（陳氏）
1805	10		進士合格、殿試は、二甲第一名、朝考一等一名、翰林庶吉士となる。
1808	13		全唐文館が開設。董誥は編輯を監督、徐松は彼の推薦による。翰林院編修となり、南書房に勤務。総司の董誥に認められ、天子の下問に応答する文は、徐松が代筆する。
1809	14		このころ、全唐文館の『永楽大典』から、『元河南志』、『宋会要』、『中興礼書』を写す。
1810	15		文潁館総纂となる。湖南の学政となる。省試の監督をするがその行為を御史趙慎畛に糾弾される。伊犂への判決を受ける。礼科給事中趙慎畛の弾圧をうける。工部左侍郎彭齢、湖南巡撫広厚、により合同取調をうける。その理由：徐松は受験生から賄賂を受け取り、書籍をうりつけて銀、476両の不正利益をえたとして９条の理由で有罪「杖一百、流三千里」。
1812	17		判決
1813	18		伊犂に流される。この年に到着。
1814	19		全唐文完成。 全唐文の始めに89人中19番目に提調兼総纂官として、徐松の名が見える。
1819	24		恩赦、伊犂より帰る。宣武門大街付近に住む。
1821	道光１		「新疆識略」を賞され、内閣中書に任せらる。
1825	5		妻死す。子延租も先立つ。没年不明
1834	14		厳可均は徐松の宋会要の写出を有用なものと認める。鉄橋漫稿３
1836	16		礼部主事に昇進。
1838	18		礼部鋳印局員外郎
1843	23		江西道監察御史から江南道を転掌。
1844	24		陝西楡林府知府に任せられるも、病と称して辞退。
1846	26		再び楡林府知府に任せらる。辞職
1848	28		徐松、３月１日大興で死す。68歳

徐松死後の『宋会要』

西暦	年号（中国）	年号（日本）	事　項
1849	道光29		徐松死後、宋会要散出。繆荃孫が購得。

1861	咸豊11		梁廷枏　死。
1880	光緒 6	明治13	『水道記』北京琉璃廠の「善成堂」で発見。
1882	8	15	劉承幹（嘉業堂）生（～1963まで）呉興の南濤鎮の人。
1884	10	17	張之洞、両広総督
1887	13	20	両広総督の張之洞、広雅書局を創設。繆荃孫は翰林院編修（繆1872進士）、繆、屠寄（1885挙人のち進士）と会要の編纂にあたる。
1889	15	22	張之洞、湖広総督となる。
1912	民国 1	大正 1	藤田豊八、北京で宋会要の抄本を見て、南海に関する一部分を抄録。
1915	4	4	劉承幹が「広雅稿本」を買い入れる。（劉承幹は王秉恩より、高価にて買う）劉富曾、費用容が編成にあたる。繆と屠は職官まで済む。劉富曾は民国4年～13年まで校勘。これ（13年）以降は費有客が受け継ぐ。桑原騭蔵「蒲寿庚の事跡」発表（大正 4 ～ 7 年、『史学雑誌』）。
1916	5	5	藤田、羅振玉を通して、市舶（食貨38）を抄録。「12月16日抄了」とある。
1917	6	6	藤田、市舶論文を発表（大正 6 年 5 月、東洋学報7-2）。
1919	8	8	繆死。
1921	10	10	屠寄死。
1924	13	13	東洋文庫創立。（東洋文庫の印はこれ以降）
1929	18	昭和 4	藤田、 7 月15日逝去。
1930	19	5	東洋文庫「藤田文庫漢籍目録」出版。この中に藤田の抄本市舶はなし。東洋文庫、中国にて「食貨」「蕃夷」を写させる。

献通考』巻二〇（元祐元年）、『宋会要』の蕃夷四―九七闍婆国（紹興元年）からの引用。ここで『宋会要』の蕃夷の記述があるということは、蕃夷も見ていたことになる。そのほか、年代順の項目とは別に、『中書備対』の熙寧、元豊年間の乳香（前述□□□参照）、ならびに『宋史』列伝から向（白とするは誤）敏中、楊覃、馬亮、張田、王渙之の五人で、知広州として海外貿易で功を上げた人である。資料的にはこのような構成になっている。ちなみに、『粤海関志』の宋代の記述は、全部で一万〇三〇一字の内、『宋会要』職官四十四、市舶からの引用は、九〇九二字、市舶以外は一二九一字で、約八八％が『宋会要』の市舶で占める。このとき、『宋会要』についてすべてを知っている徐松が存命なので、食貨門の市舶も見せたのではないだろうか。食貨門の市舶は乾道九年までしかないので、あるいはそれ以降を職官でみたのかもしれ

ない。

徐松が『宋会要』を公開したのは『粤海関志』編集の道光十九年（一八三九）ごろと思われ、とても早い。藤田豊八氏が書写した一九一六年から数えると、七十六年も前のことである。『宋会要』を公にしたのは、これが初めてのことである。その後中国ではあまりこの『宋会要』に注目する人はいなかったのであろう。徐松の死後、『宋会要』はしばらく所有者を失ってしまったが、張之洞が受け入れ、繆荃孫により整理された。日本では『粤海関志』に引用された『宋会要』の市舶に注目したのが桑原隲蔵氏であり、『蒲寿庚の事跡』に引用されている（表2参照）。

二、藤田博士と『宋会要』食貨三十八市舶について

藤田氏が『宋会要』を知ったのは、大正元年（一九一二）のことである。藤田氏は、「その前年辛亥革命の時期北京で宋会要の抄本を目賭し、南海に関する一部分を抄録した」（「唐宋時代南海に関する支那史料」『東亜研究』三―一　大正二年二月）と述べている。論文を書いたのは大正二年（一九一三）であるので、前年は元年となる。彼は北京で『宋会要』を見て、南海に関する部分を抄録したというが、北京のどこかは明確にしていない。このときの所有者も明確ではない。この時期には、まだ劉承幹の手には入っていない。この抄録した箇所は、『宋会要』の蕃夷四の占城と大食の項目であろうと思われる。それは市舶の論文が出る前の大正五年に発表した論文のなかに、蕃夷四占城、大食の引用があるからである。これに継いで藤田氏は「宋代の市舶司及び市舶条例」を大正六（一九一七）年五月『東洋学報』（七―二）に発表する。その後、桑原隲蔵氏の推薦によりこの論文（市舶）で文学博士を授与された。その骨子になる資料が前述した如く『宋会要』食貨三十八市舶である。入手に関して同論文の註7に、

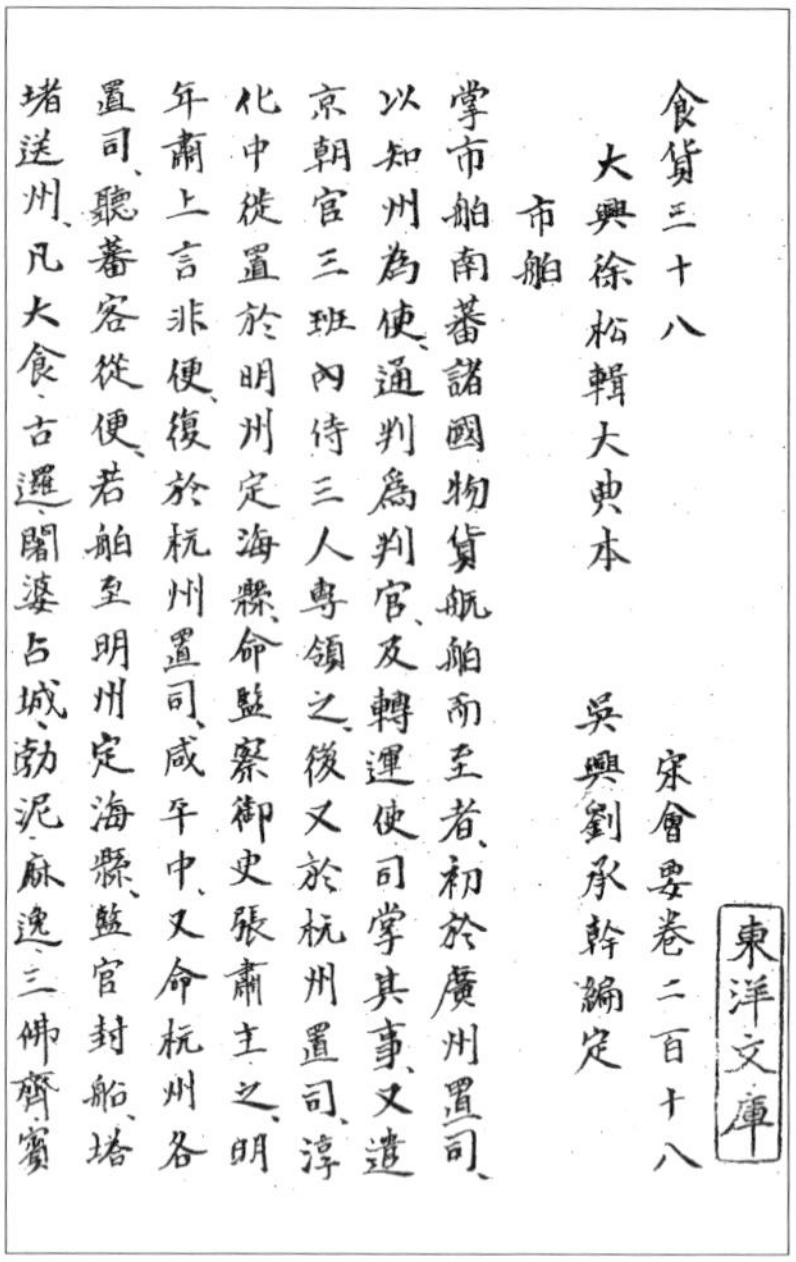
食貨三十八
大興徐松輯大典本　宋會要巻二百十八
市舶　呉興劉承幹編定
掌市舶南蕃諸國物貨航舶而至者、初於廣州置司、以知州為使、通判為判官、及轉運使司掌其事、又遣京朝官三班內侍三人専領之、後又於杭州置司、淳化中徙置於明州定海縣、命監察御史張肅主之、明年肅上言非便、復於杭州置司、咸平中、又命杭州明州各置司、聽蕃客從便、若舶至明州定海縣、監官封船、搭堵送州、凡大食、古邏、闍婆、占城、勃泥、麻逸、三佛齊賓
東洋文庫

写真1

宋会要、食貨三十八市舶の部、永楽大典巻一七五五二より抄出せしものに係る。この書今呉興劉承幹氏の蔵に帰しなお刊行に至らず。余輩は、去冬羅叔蘊君を介してその市舶の部を借鈔するを得たり。以下引くところ是なり。

とある。『去冬は大正五年』のこと、羅叔蘊は羅振玉のことで、劉承幹所蔵のものを借りて書写している。その資料を市舶の論文に引用している。

さて、文庫本食貨市舶は藤田氏が抄録したものを、生前に東洋文庫に寄託されたといわれてきた。このことについて私は少し疑問を持っていた。藤田氏の抄本であり、藤田氏がこれほど大切にしていたものであるなら、蔵書印があっても良いとおもわれるが、寄贈記録もなければ蔵書印もない。あるのは、「東洋文庫」という印だけである（写真1参照）。藤田氏は昭和四（一九二九）年七月に逝去、遺言により漢籍すべてが東洋文庫に寄贈された。翌年の昭和五年（一九三〇）に東洋文庫では『藤田文庫漢籍目録』が出版されたが、書写した市舶の記述はない。さらに「（藤田）博士記念展覧会」が開かれ、陳列図書目録（Ⅱ―展―33）によると、一、藤田博士著作の部、附手稿本、二、藤田文庫稀覯書の部、三、東洋文庫近獲本の部、の三部があり、文庫近獲本の部の中に、東洋文庫が書写させた『宋会要』の食貨、蕃夷が展示された。しかしどこにも藤田本とよばれる食貨市舶は見当たらない。このことについて、中嶋敏氏は『文庫本食貨市舶』について、藤田氏の抄写本で大切な資料ならばなぜ上記の藤田関係資料と無関係なのかと、疑問視している（中嶋敏「藤田豊八博士と宋会要」（『東洋史学

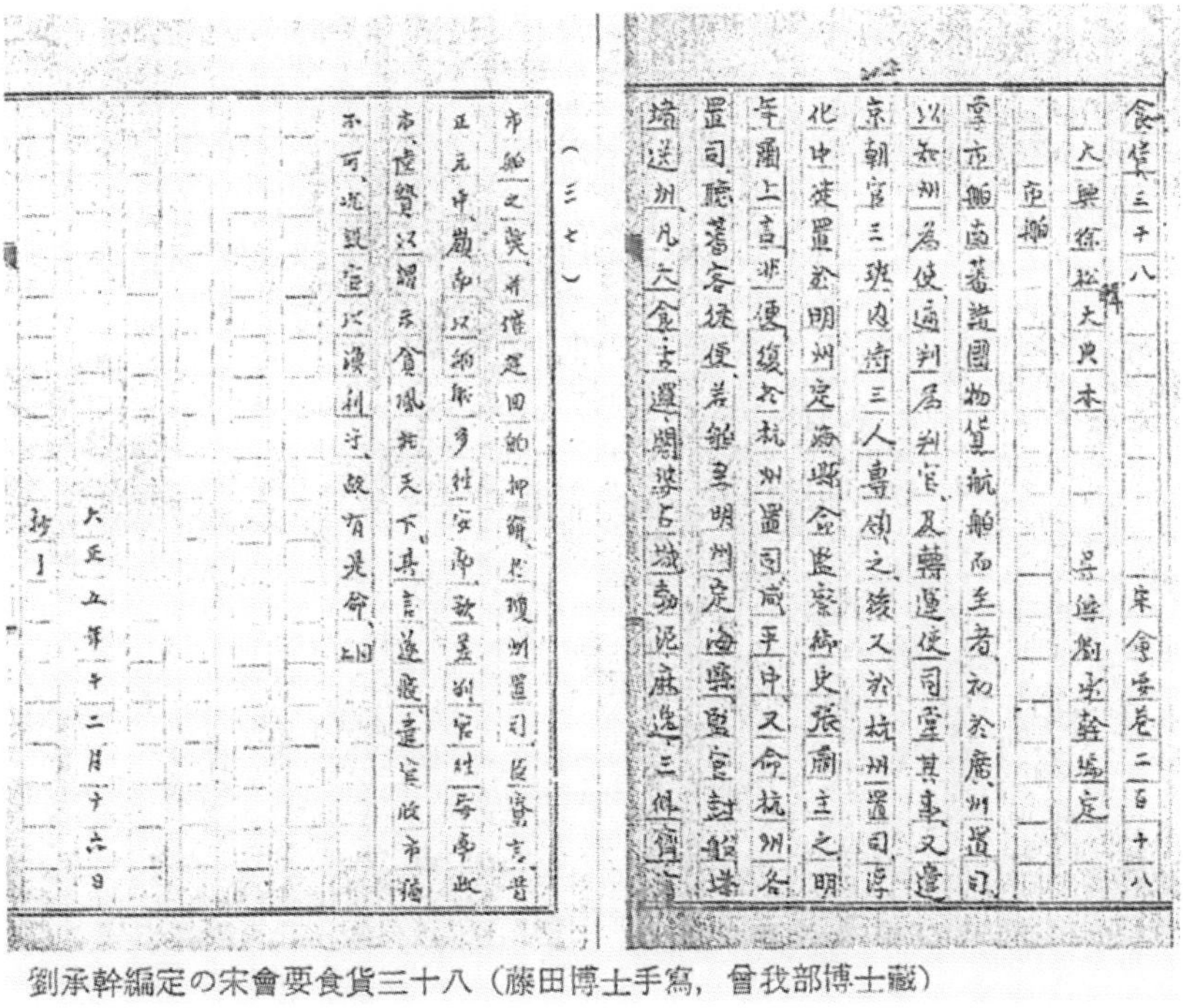
劉承幹編定の宋會要食貨三十八（藤田博士手寫，曾我部博士藏）

写真２　藤田氏自筆の食貨市舶について
食貨三十八　市舶　右頁が首、左頁が尾。
「先学を語る――藤田豊八博士」『東方学』63輯　1982年１月より

論集』続編二〇〇二年）。

『東洋文庫本食貨市舶』をあらためてみると、「東洋文庫」という朱印だけである。この印は「東洋文庫」が発足してからの印で、大正十三年（一九二四）十一月二十日東洋文庫創立以降のものである。すると、以前に入手して登録されなかったか、また文庫本食貨市舶がこのころ入手されたのではないかという一つの目安になる。このことについて、斯波義信氏に伺ったところ、これらの諸条件から考えて、東洋文庫が独自に藤田本を借りて誰かに写させたのではないかという可能性もある、というアドバイスをいただいた。これを跡付けるかのごとく、藤田氏の市舶の自筆本が別に存在することがわかった。次に述べる。

（1）藤田氏自筆の食貨市舶について

最近、藤田氏が書写した『宋会要』食貨三十八市舶があることを知った。「先学を語る――藤田豊八博士――」（『東方学』六三輯、昭和五十七年一月、対談は、昭和五十五年九月三十日東方学会にて）に二枚の写真が掲載されており、その表題に「劉承幹編定の宋会要食貨三十八　藤田博士手写、曾我部博士蔵」とある。（写真2参照）。その二枚とは、一枚目が市舶の最初の部分で、二葉目が最後の部分で、後ろに奥書があり、大正五年十二月十六日抄了とある。この奥書の部分は、東洋文庫抄本市舶にはない。一行二十字、半頁十行の原稿用紙に書いてある。すなわちこの写真によると、藤田豊八博士は原稿用紙に食貨市舶を抄写し、大正五年十二月十六日に写し終えている。そして文庫抄本と同じく、一行二十字、半頁十行である。さらに、五年の冬に借抄したと論文に書いていることも合致している。この自筆本は藤田氏の甥にあたる曾我部静雄博士が所有され、今回二枚だけ（首、尾）公開したのである。このことについて、「先学を語るに」に榎博士と曾我部博士との対談があり、次のようにいう。

榎……『宋会要』のことなど何かおっしゃっていませんでしたか。先生が向こうで写されて、東京に送った……

曾我部……あれは余りいわなかったですね。あれはまだ残っておりますが……

榎……宋代の市舶使のことなども、あれを使ってお書きになりましたね。

曾我部……ええ、あれだけです。写しとったのは、

と短い対話であるが、いろいろなことがわかる。1、この食貨市舶は、藤田氏が中国で写し、東京に送ったこと、2、藤田氏の自筆抄写の食貨市舶は、この時点で（昭和五十五年一九八〇）曾我部静雄氏が所有していたこと、3、当然のことながら、この資料を使って市舶の論文を書いたことの三点である。

藤田氏の自筆本市舶は首尾しかなく、途中がないのは残念であるが、自筆本といわれる資料があったわけである。今自筆本（二枚）と、東洋文庫本食貨市舶（写真1）の記述とを比べてみると、素人の私でさえも、打ち込み、はね、文字のくせを見て、筆蹟が違うとわかる。両者は別々の手である。すると、『東洋文庫抄本食貨市舶』は、藤田氏の直筆本を藤田氏から借用して、書写したことが明白になる。藤田氏からの寄託でもなく、文庫本そのものであったのである。そこで「東洋文庫」という印を押したのであろう。文庫抄本が自筆本を写したことがわかるところがある。藤田自筆本では「輯」を書き忘れ（写真2二行目参照）、後で横に書き加えている。文庫本では「輯」の字は文章の中に入っている（写真1二行目参照）。ということは、自筆本をみて訂正して書いたのである。また自筆本には「大正五年二月十六日抄了」と記されているが文庫本にはこの記述はない。文庫本もこの様な奥書は省いている。

自筆本が発見されたからといって、『東洋文庫本食貨市舶』の価値がなくなるということはない。前述したが、自筆本は現在のところ首尾しか見られず、中身がない。したがって、東洋文庫が自筆本すべてを書写させた価値は大きい。食貨三十八市舶が完全な形で残っているのは文庫抄本だけだからである。

藤田氏は羅振玉氏の斡旋により中国で食貨市舶を書写し、終わったのが大正五年十二月十六日であった。大正元年には、中国での辛亥革命動乱の中、翌年藤田氏は羅振玉氏と王国維氏を日本の京都に住まわせ、彼らは大正八年まで滞在した。藤田氏も中国を離れ、二年から六年まで池袋に住まい、研究に専念し、その間に論文を次々と発表した。市舶の論文もこのときである。この頃羅振玉氏は日本にいながら藤田氏の『宋会要』の斡旋をしたのであろう。藤田氏も東京に帰ってきてからの『宋会要』であり、抄写のために中国への往復であったのであろう。藤田氏は『宋会要』の食貨門の市舶を劉承幹氏から借用し抄写したのである。なぜ食貨の市舶だったのか、職官の市舶ではなかったのか、大正元年に見ている蕃夷ではなかったのか、などを考える。

表3　『補編』市舶と文庫本食貨市舶との関係

『補編』市舶	文庫本食貨市舶
タイトルなし　市舶　赤字を黒でなぞる。	タイトルあり。食貨三十八
1行　21字　半葉　11行	1行　20字　半葉　10行
年、月、日の文頭の右横に「另行」の印あり。すべての日付の横に必ず印あり。	日付に「另行」の印なし。「另行」（改行）を実行し、日付順に書く。
勅の後その理由を述べるとき、○印あり。	勅の後の理由を述べるとき、○印が補編についている場合は一字空白か○印となる。
「雙行」と「雙行止」について 勅の後に、その理由を述べるとき、雙行にしようとしたため、その文のはじめに、「雙行」の印を押し、文の終わりに「雙行止」の印を押した。それを消す場合、「雙行」と「雙行止」を丸印をして消している。一セットで消しているのが26項目に及ぶ。一セットでないとき、一方を消さない時には双行となる。	抄本には、「雙行」「雙行止」の印はない。雙行がある時には補編の雙行にしたがって書いている。

三、『宋会要輯稿補編』と『文庫本食貨市舶』との関係について

これまで見てきた文庫本と『宋会要輯稿補編』（『補編』と略す）の市舶についてみてみたい。この二つの記述は同じものなのか、異なるものなのか、異なるとしたら、どのように違うのか、などについて検討してみたい（表3参照）。

1．表題

二者の最も異なる点は、文庫本には前述した如くタイトルがあることである。

食貨三十八　　宋会要巻二百十八

大興徐松輯大典本　　呉興劉承幹編定

市舶

（東洋文庫蔵手抄本食貨市舶）（写真1参照）

このタイトルは文庫本だけにあって、ほかには見当たらないものである。何が重要かというと、食貨門の三十八に市舶という記述があったという唯一の証拠が存在するからである。周知

のごとく、通行本の『宋会要』には、食貨門三十八には和市と互市しかなく、市舶司は存在していない。文庫本の食貨門には、市舶が存在するので、藤田氏が借用した時には、市舶はまだ外されていない状態だった。つまり通行本の『宋会要』が編纂される前の大正五年（一九一六）に書写したものが、東洋文庫本といわれているものになるのである。そして昭和五年（一九三〇）に東洋文庫が上海で書写させた『宋会要輯稿』の食貨門にはすでに食貨三十八市舶は排除されていた。昭和五年の段階でもう食貨門の市舶は切り離されていたのである。それ故に、『文庫本食貨市舶』は切り離される前のものを完全な形で保存しているものであることがわかる。そのために東洋文庫本の食貨門市舶は大切な資料なのである。

『補編』はタイトルはないが市舶という朱字があり、それを黒でなぞったものである。市舶はタイトルがないので明らかにあとで書き入れたものである。

2. 行の字数、一頁の行数

『文庫本食貨市舶』と藤田自筆本は毎半葉十行、一行二十字である。

『補編』は毎半葉十一行、一行二十一字である。これは一般的常識であろうか、『宋会要』のほかの箇所でも、ほぼ十一行一行二十一字、である。すると、文庫本は、『補編』を手本に写したのではなく、別なものがあったのかも知れない。

3. 『補編』に見える四つの印判と文庫本食貨市舶との関係

『補編』市舶には、四種類の印判が押してある（写真3・4参照）。

①　另行（改行）
②　雙行（二行）
③　雙行止（二行終り）
④　○（朱印）

の四種である。これらの印判の意味から、『宋会要』を編集する一過程を垣間みることができるので、以下その事例を見てみたい。

①　另行（改行）の印について

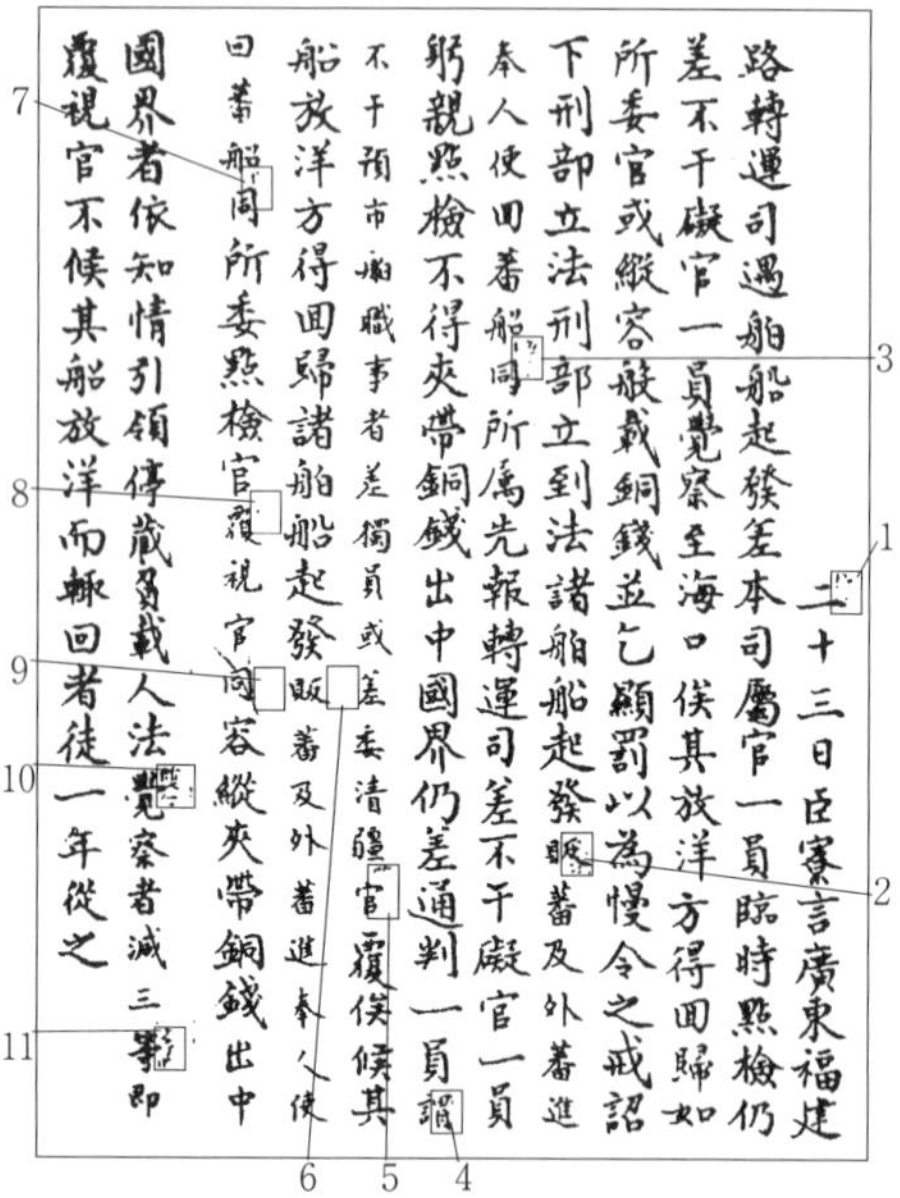
二十三日臣寮言廣東福建路轉運司遇舶船起發差本司屬官一員臨時點檢仍差不干礙官一員覺察至海口俟其放洋方得回歸如所委官或縱容般載銅錢並乞顯罰以為慢令之戒詔下刑部立法刑部立到法諸舶船起發販蕃及外蕃進奉人使回蕃船同所屬先報轉運司差不干礙官一員躬親點檢不得夾帶銅錢出中國界仍差通判一員謂不干預市舶職事者差獨員或差委清強官覆視候其船放洋方得回歸諸舶船起發販蕃及外蕃進奉人使回蕃船同所委點檢官覆視官同容縱夾帶銅錢出中國界者依知情引領停藏負載人法覺察者減三等即覆視官不候其船放洋而輒回者徒一年從之

写真３　『宋会要』補編　市舶　紹興11年11月

1　另行＝改行
2　雙行 ⎫ 消していないため文庫本では、双行とする（A）。
3　雙行止 ⎭
4　雙行 ⎫ この印を消してないので、文庫本では、双行と
5　雙行止 ⎭ する（B）。
6　雙行 ⎫ 右に同じ。印を消さないので、文庫本では、双
7　雙行止 ⎭ 行とする（C）。
8　雙行 ⎫ 右に同じ。印を消さないので、文庫本では、双
9　雙行止 ⎭ 行とする（D）。
10　雙行 ⎫ 右に同じ。印を消さないので、文庫本では、双
11　雙行止 ⎭ 行とする（E）。

＊写真では見えにくいが、赤い印が原本にはついている。文庫本では、印の通りに双行（A）～（E）にしているのに注目したい。

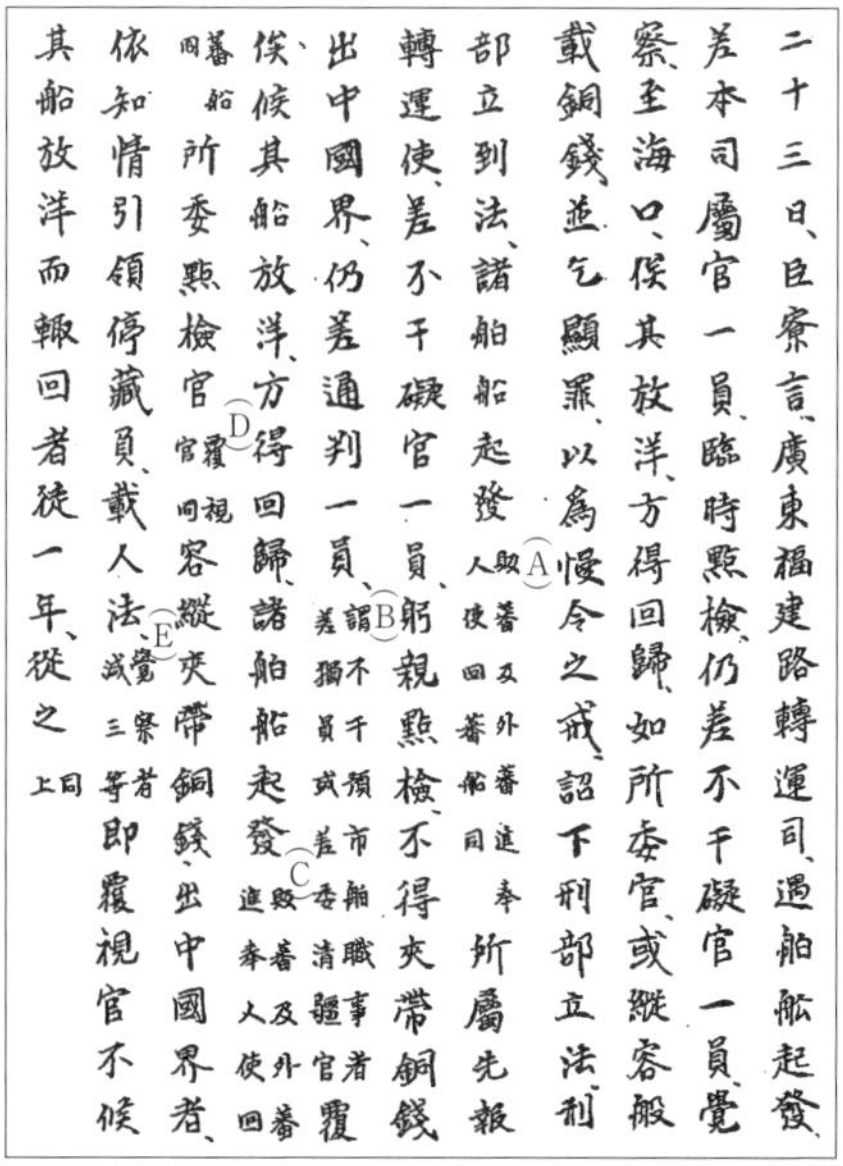
二十三日、臣寮言、廣東福建路轉運司、遇舶舩起發、
差本司屬官一員、臨時點檢、仍差不干礙官一員、覺
察至海口、俟其放洋、方得回歸、如所委官、或縱容般
載銅錢、並乞顯罪、以爲慢令之戒、詔下刑部立法、刑
部立到法、諸舶船起發（A）販番及外番進奉人使回蕃船同所屬先報
轉運使、差不干礙官一員、躬親點檢、不得夾帶銅錢
出中國界、仍差通判一員、（B）謂不干預市舶職事者差獨員或差無清廉官覆
俟、候其船放洋、方得回歸、諸舶船起發（C）販蕃及外蕃進奉人使回
蕃船同所委點檢官（D）覆視官同容縱夾帶銅錢、出中國界者、
依知情引領停藏負載人法、（E）覺察者減三等即覆視官不候
其船放洋而輒回者徒一年、從之同上

写真4　東洋文庫蔵手抄本　紹興11年11月

＊（A）～（E）の双行は、『宋会要』補編市舶の指示通り、双行、双行止の印に従っている。一般には、全部両方とも消されている（例外一つあり）。

『補編』の市舶では、すべての日付の横に必ず另行の印が押されている。另行とは改行のことである。『宋会要』は日付順に記されているが、順送りで改行はしていない。それが『補編』では、改行を指令する另行の印を押すのである。編集の段階のものであろう。文庫本では、見事に另行の印に従って、日付、年月日順に記されているのである。藤田氏が書写したものは、すでに改行されている写本だったのであろうか。あるいは、『補編』の另行の印を見ながら写したのであろうか。疑問を持つところである。

② 「雙行」と「雙行止」について

『補編』には一つの編集方針があったらしく、文章の中に「雙行」の印と「雙行止」の印を押している。では、どのような場合に双行（小字二行にすること）にするのであろうか。調べてみると、詔の後、その理由を述べるところを双行にするために、最初の文字に「雙行」の印を、最後の文字に「雙行止」の印を押している（写真3・5・6参照）。

しかし、この雙行と雙行止は、編集方針の変更により中止になったらしく、これらの印を墨で消している。「雙行」と「雙行止」の印を押した上から墨で丸く消しているのである（写真3・5（1）・6参照）。はじめ何という字の印かわからなかったが、中国国家図書館で実物を見ると、はっきりと下の印、つまり「雙行」と「雙行止」と読むことが

（1）補編

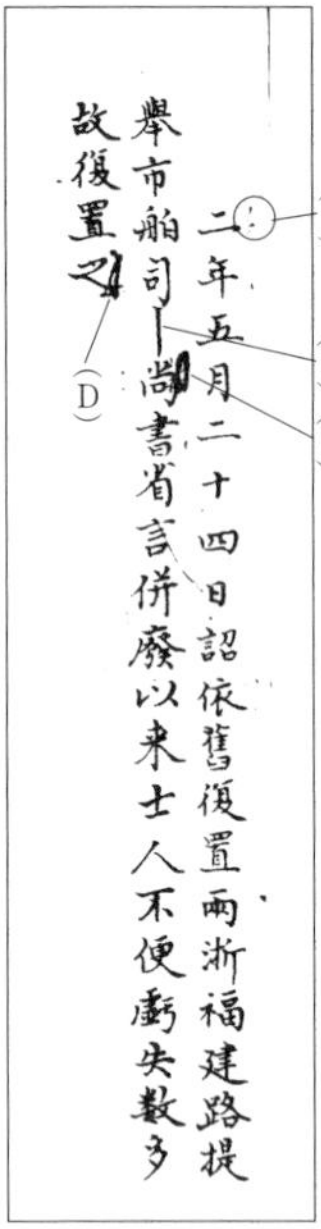

（A）另行、（B）縦棒、（C）雙行を消す（D）雙行止」を消す

（2）文庫本

補編（A）另行通りに改行、（B）縦棒は一字空白、（C）（D）は双行になっていない

（3）藤田論文三五九頁

「二年五月二十四日、詔依㆑舊復置㆓兩浙福建提擧市舶司㆒、
○尚書省言、併廢以來、士人不㆑便、虧失數多、故復置㆑之

補編（B）縦棒は○印になっている

写真5　大中祥符2年5月24日の項目（58番）の三種

できたのである。

具体例として、一例を挙げると、建炎二年五月二十四日の条に（写真5参照）、

詔依旧復置、両浙、福建路提挙市舶司——尚書省言、併廃以来、士人不便、虧失数多、故復置之

とある。両浙、福建路提挙市舶司を再び以前のように置くようにという詔を出した。その理由は、市舶司を廃止したことで人々が不便になり、品物も損失していると、尚書省から言ってきたためである。そこで詔が出た。その理由を双行とするために、尚書省のところに「雙行」の印をおし、最後に「雙行止」の印をおしたのである。ここの場合は棒線が引かれており、ここからが双行というしるしである。この場合には、「雙行」、「雙行止」とも、消されているので、文庫本では双行となっていない。棒線のところは一字空けである。藤田論文○印となっている。ほかには、一字空白を作る場合、または、○印をつ

けることが多い。具体例を文庫本でみると、至道元年六月の条11番に

……如違当重置之法□先是……

とあり、法と先の間に一字分空白（□）になっており、空白の下からが、双行となることになっていた。しかし実際には、前述した如く「雙行」、「雙行止」は消されているため、資料はそのままの状態で残ったのである。前の状態で残ったのはよいが、編集の過程のものが資料に残っている。一字空白はそのなごりである。

『文庫本食貨市舶』を調べている時、一字空白や○印があり、資料を書写する際、空白は何の意味があるのか、○は何であろうかと考えていたが、勅の理由を述べる双行のためのもので、それが取り消された時、結果的に印だけが残ってしまったのである。勅の理由だけでなく、語句の説明をするときにも、双行は使うことがある。

『東洋文庫本食貨市舶』を見ると、『補編』の指示通りに空白、○を厳守して書写している。今ここに、『文庫本食貨市舶』、『補編』の中から、雙行と雙行止の印があるものを抽出してみると、次のようになる。ただし二つの印は消されているものであるが、『補編』に見えるひとつの編纂の過程と、たぶんそれを写したであろう東洋文庫本を検討するために、五七九～五八二頁に表で示した。（章末の東洋文庫本の活字化した市舶を参照のこと。番号は巻末の年代順に記されている番号である）。

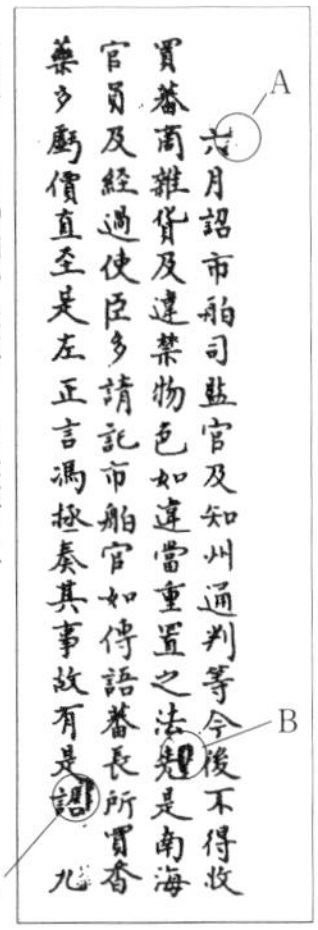

A另行　B○印、雙行　C雙行止

写真6　『補編』市舶
至道元年6月

(ア)雙行と雙行上の印があって消されている例

5番　太平興国七年閏十二月
11番　至道元年六月（写真6参照）
14番　大中祥符二年八月九日
27番　熙寧七年七月十八日

33番　元豊六年十一月十七日
39番　崇寧三年五月二十八日
40番　崇寧四年五月二十日
44番　政和二年五月二十四日
48番　政和五年八月十三日
58番　建炎二年五月二十四日（写真5参照）
76番　紹興三年七月一日
78番　紹興三年九月九日
82番　紹興六年十二月十三日
85番　紹興七年閏十月三日
89番　紹興十二年十月二十八日
93番　紹興十六年九月二十五日
94番　紹興十七年十一月四日
95番　紹興十八年閏八月十七日
99番　紹興二十九年九月二日
101番　隆興二年七月二十五日
104番　乾道二年六月三日
107番　乾道三年四月二十二日

108番　乾道三年十二月二十三日
109番　乾道七年十月十三日
110番　乾道九年七月十二日

以上二十五件に及ぶ。

次に、上記では「雙行」を消したが、双行になっている場合もある。以下、そのことについてみてみたい。

(イ)「雙行印」が残っている例、双行にする。つまり「雙行印」を消し忘れた場合には文庫本では双行とする。

『文庫本』

A　72番「紹興二年八月六日……尋詔市舶司属官不罷同上」

『補編』をみると、

紹興二年八月六日……雙行　尋詔市舶司属官不罷

と「雙行」の印があり、消されてない。したがって文庫本のほうは右のように双行としているのである。

B　80番紹興十一年十一月二十三日（写真3、4参照）

写真3の『補編』では見えにくいが、「雙行」、「雙行止」の印がある。それを消していない。その結果、写真4に見える如く、文庫本では双行とする。写真3が補編で写真4が文庫本である。両者を比べてみると明確になる。

文庫本（写真4）　(A)は、『補編』（写真3）の(2)～(3)雙行～雙行止の印あり。
〃　(B)は　〃　(4)～(5)　〃
〃　(C)は　〃　(6)～(7)　〃
〃　(D)は　〃　(8)～(9)　〃

〃　（E）は　〃　（10）～（11）　〃

右に示すように『補編』では最初の「雙行」、最後の「雙行止」の印を消さないため、文庫本では双行としている。この場合は勅の説明ではなく語句の説明である。

これまで見てきたように、『補編』の市舶にある印判四種にはそれぞれの意味があった。文庫本食貨市舶は、『補編』市舶の印判通りに訂正して清書している。『補編』の市舶は、写真で見たように（写真3参照）印判などが多く読みにくい。そのような中、藤田氏は忠実に抄写したのであろうか。それとも、『補編』市舶を指示通りに清書したものが何かあったのであろうか。明確にできない。

以上、文庫本と『補編』との関係を述べた。両者は、密接な関係にあることがわかった。

四、中国国家図書館での調査　『宋会要』市舶と残簡

——「宋会要　葉渭清本」一四〇三——

中国国家図書館善本特蔵部所蔵　『宋会要　葉渭清本』（請求番号一四〇三）は、『宋会要輯稿』を刊行した際に、それから落ちてしまったもの、重複資料として取り除かれたもの、編集の段階で切り取られたもの、断片など、刊行されなかったものが製本されている。このなかには、『補編』として刊行されたものも含まれている。私は『宋会要葉渭清本』から市舶に関係するもの、断片など五点を取り上げて撮影してもらった。以下の写真はそのときのものである（整理番号がついていない）。

（1）表紙　食貨三十八

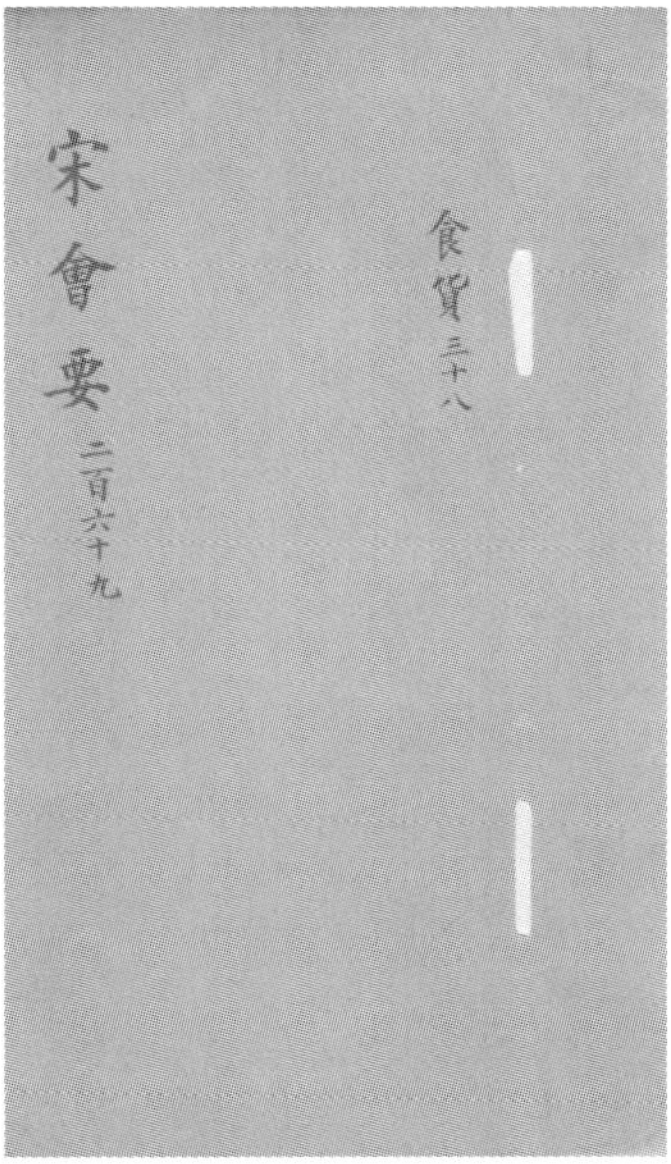

写真７

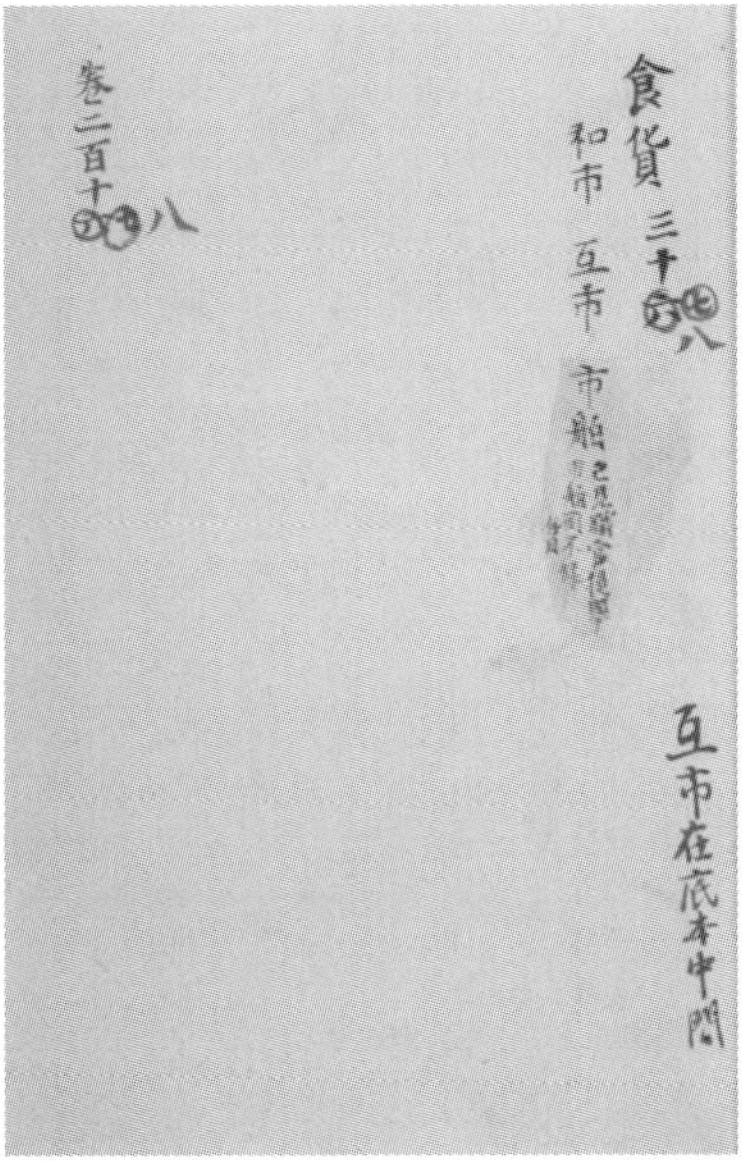

写真８

（２）食貨三十八　和市、互市、市舶

（３）食貨三十八　宋会要二百十八

（４）互市のあと、市舶についてのメモ書き

（５）『補編』の市舶の一頁目の欄外に市舶に関する記事あり

以下一点ずつ写真を見ながら説明をしていきたい。

（１）

宋会要　二百六十九　食貨三十八

（写真７参照）

縦三一・九センチ　横一八・九センチ　綴じ紐のあとあり。

これは、ただの表紙であるが、食貨三十八とあり。

（２）（１）の次頁につぎのようにある（写真８参照）。

食貨三十八（六七を消す）　互市在底本中間 和市　互市　市舶　已見職官提挙市舶司不録存目 巻二百十八（六七を消す）

互市は、底本では中間にある。食貨三十八は、和市・互市・市舶である。市舶は、割注に已に職官の提挙市舶

にあるので、目録には記録しない、とある。すなわち市舶は、食貨三十八に和市、互市、市舶の順番であったこと。市舶が外れる前は、このような状態であったこと。通行本では、食貨三十八には和市、互市があり市舶はないが、本来ならこの最後に市舶が入っていたことが確実になった。また巻二百十八は『文庫本食貨市舶』と同巻数で文庫本食貨市舶は、「食貨三十八、巻二百十八、市舶」である（写真1参照）。あるいは中国国家図書館にあるのはタイトルだけであるが、巻数が一致していることから、その中身の市舶は、『東洋文庫本食貨市舶』と同じだった可能性がある。また、写真をみるとわかるが、市舶は紙を貼って、ここに市舶があったことを強調している。

（3）

食貨三十八	宋会要巻二百十八
大興徐松輯大典本	呉興劉○○編定

（写真9参照）

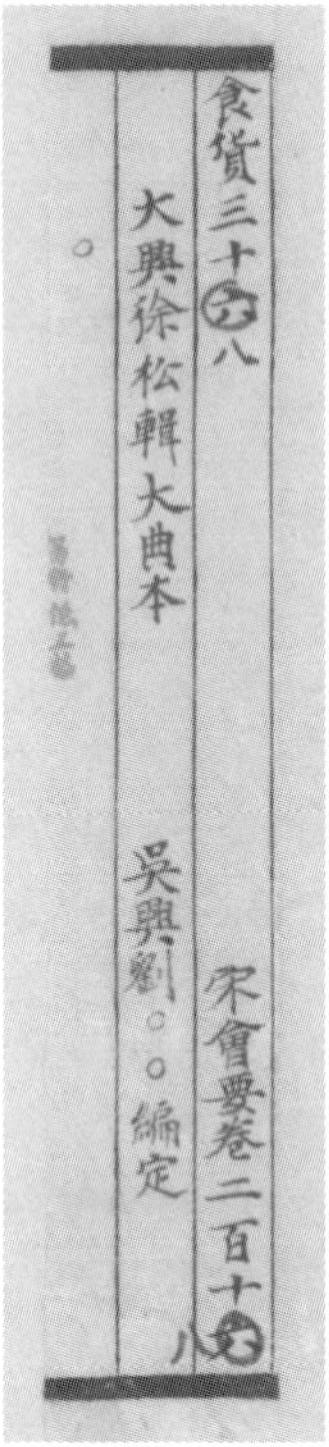

写真9

タイトルだけであるが、『文庫本食貨市舶』と食貨の数字、『宋会要』の巻数ともに、全く同じである。○○は承幹とはいることになる。次の行に市舶が入れば、『文庫本食貨市舶』とおなじである。

（4）これは裏文書である（写真10）。表が互市の項目の最後までのべる。嘉定十年三月一日……とある。その裏に走り書きで写真10がある。

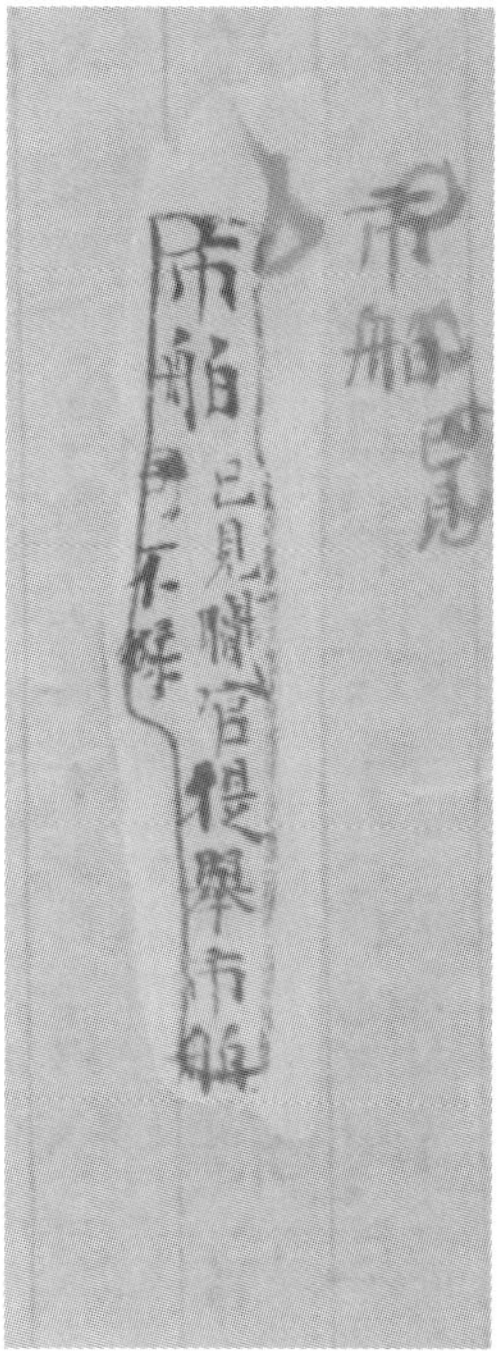

写真10

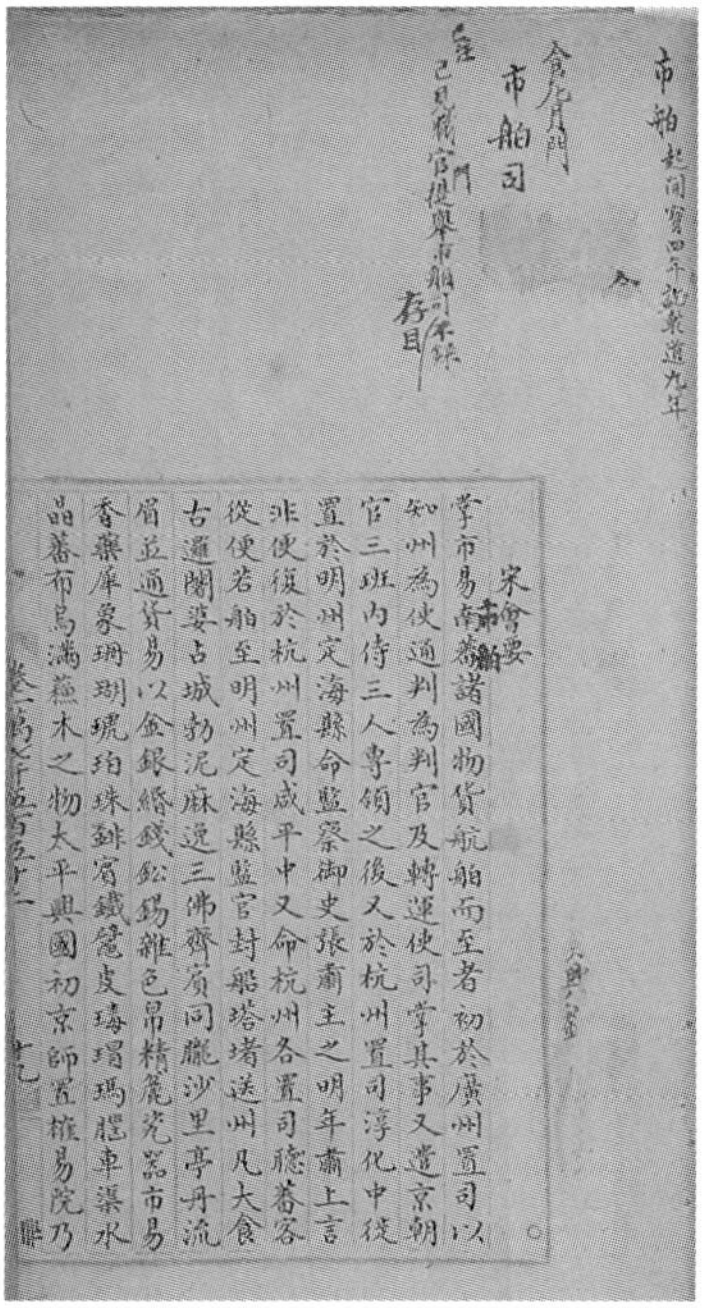

宋會要

掌市易南蕃諸國物貨航舶而至者初於廣州置司以
知州為使通判為判官及轉運使司掌其事又遣京朝
官三班内侍三人專領之後又於杭州置司淳化中徙
置於明州定海縣命監察御史張肅主之明年肅上言
非便復於杭州置司咸平中又命杭州各置司聽蕃客
從便若舶至明州定海縣監官封船塔堵送州凡大食
古邏闍婆占城勃泥麻逸三佛齊賓同朧沙里亭丹流
眉並通貨易以金銀緡錢鉛錫雜色帛精麄瓷器市易
香藥犀象珊瑚琥珀珠琲賓鐵鼊皮瑇瑁瑪瑙車渠水
晶蕃布烏樠蘇木之物太平興國初京師置榷易院乃

写真11

市舶　已見（朱字） 市舶　已見職官提挙市舶司不録

市舶……は紙に書いて貼り付けてある。紙は縦六・五センチ、横一一・三センチ。つまり互市の後に市舶が入らなければならないのに職官提挙市舶司にすでに存在するのでここでは記録せずに、メモ書きにして遺しておいたのであろう。小さな一つの断片であるが、抜き取ったことへの思いが感じられる。

（5）『補編』市舶（写真11参照）

縦三〇・五センチ×横一九センチ。中の朱の罫紙、縦一六・五×横一一・三センチ毎半葉十一行毎一行二十一字。『補編』と同じであるが、欄外に、書き込みがある。『補編』では書き込みはカットされている。その書き込みを見てみる。次の様にある。

市舶　起開宝四年訖乾道九年
食貨門
　市舶司
已注　已見職官門提挙市舶司存目不録

「市舶　開宝四年より起こし、乾道九年に訖る」とある。かなり大きく細長い付箋が貼ってあった跡がある。次に上方に「食貨門　市舶司　已注　已見職官門提挙市舶司存目不録」とある。

ここで注意しておきたいのは、この『補編』に記されている市舶の記事は、欄外の書き込みによって食貨門　市舶司にあったということが判明し、この食貨門の市舶司は、前述した如く職官門の提挙市舶司に現存するのでここには取り上げない、としていることである。『補編』の市舶が職官を参考としながら所属を明確にしてなかったが、この欄外の記述により、市舶の部分は食貨門所属であることが判明した。

以上五点、市舶に関する資料を抜き出した。一点は『補編』にあるものであるが、欄外に記されている覚書は『補編』には記されていない。五点とも断片であり、いずれも『補編』には記されていない資料である。これらの共通点は、「食貨門の市舶の記述は、職官門の提挙市舶司にすでに見存しているので、食貨では外す」ということである。これまで見てきたように、なんども覚書として、あるときは紙を市舶があったところに貼り付けたりして、何か執念のごとくになんども覚書を記している。その中に、『東洋文庫手抄本食貨市舶』と巻数、表題などが同じものがあったが、いずれも断片であった（写真9参照）。

この「宋会要　葉渭清本」を編集した葉渭清氏自身の一文があり、自分が受け継いだ時には『宋会要』は割裂、改竄されて、元の状態には復元不可能であったこと、その中で編集の仕事を続けなければならなかったとあり、『宋会要』の編集がいかに大変であったかを述べているので、参考までに紹介したい。

清の大興の徐氏松、既に宋会要を輯す、而れども未だ編せざるなり。是に於て江陰の繆氏荃蓀・武進の屠氏寄より以て呉興の劉氏承幹に至るまで、乃ち始めて因りて之を編す。繆、諸類に於て成す所無し。屠氏は独《た》だ職官を成せども、粤局未だ之を刻せず。惟だ劉氏、最も晩く出でて成書有るを為すのみ。

吾、茲に注する所は即ち劉編の目録なり。其の書、功は過ちを補わず、尚お幸いに未だ刊布せざるのみ。而れども徐氏の原本は乃ち割裂する所と為ること甚だしく、且つ刪併に因りて焉を削棄す。夫《か》の会要の全きは、吾固《もと》より得て観る可からず。今其れ幷びに徐（の）輯（せる）の旧をば復た得て読む可からざるを奈何せんや。凡そ劉の去る所も又真を失うを累《わずら》う。則ち何若ぞ之の編の愈を為さざらんや。

吾知る、吾が注の出づるや、人或いは将に咎を劉氏に帰せんとするを。実は則ち改竄増削は繆・屠已に先ず之を為す。其の遷流は極まる所なるも、亦た割裂削棄に至らず。止《た》だに詩に云わざるのみならざらんや、誰か厲階を生じて今に至るまで梗を為すや、と。繆・屠、之を階せり。劉氏を何ぞ尤《とが》めんや。吾、此の注を為《つく》るに、縄愆糾繆して此の階を徹去して、以て多く逸書を存せんと期欲す。故に覚えず、其の言の切至れるなり。苟も我が庸を罪するをば敢て辞すること有らんや。

中華民国二十二年十一月十一日　葉渭清

（写真12参照）

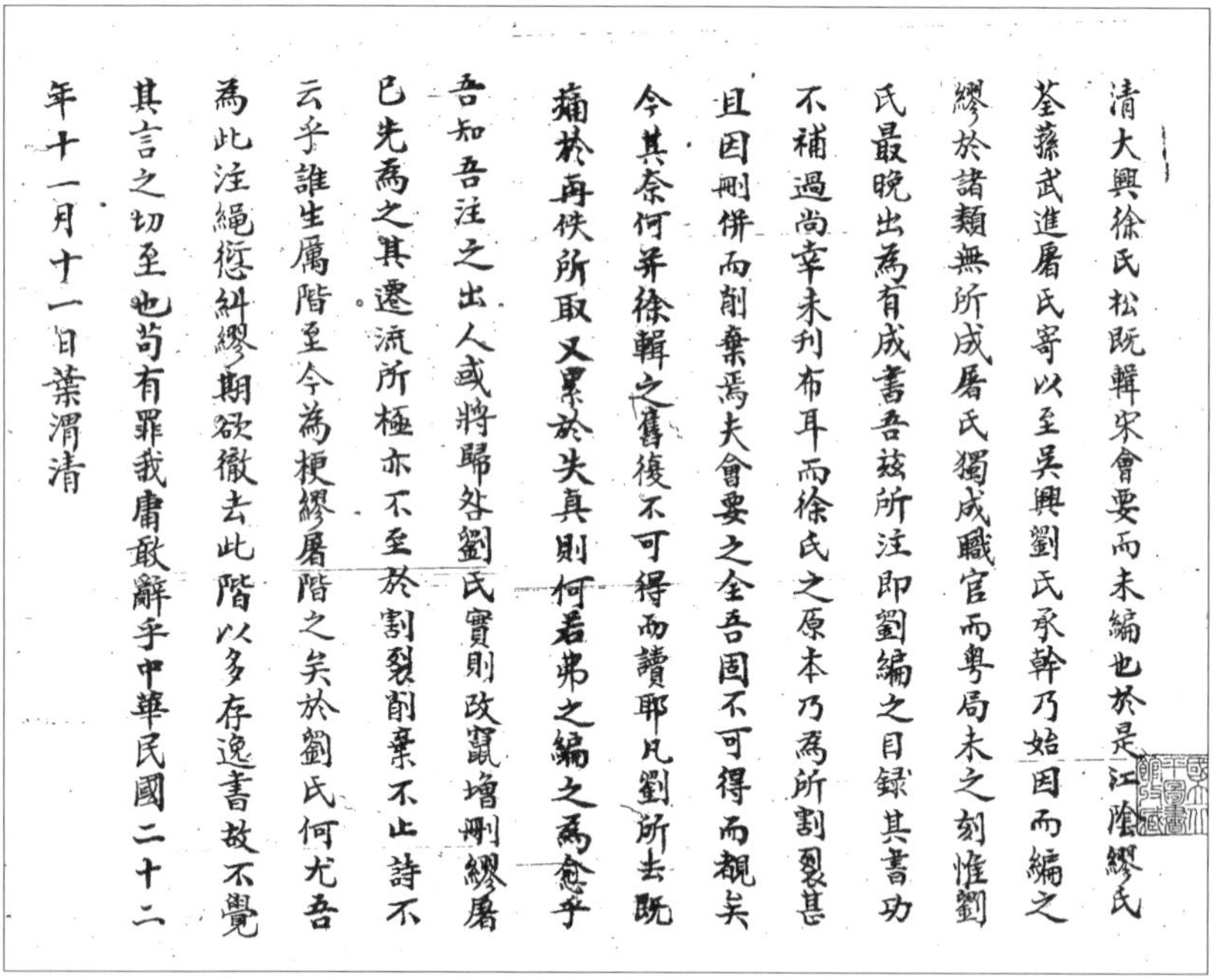

清大興徐氏松既輯宋會要而未編也於是江陰繆氏
荃蓀武進屠氏寄以至吳興劉氏承幹乃始因而編之
繆於諸類無所成屠氏獨成職官而粵局未之刻惟劉
氏最晚出為有成書吾玆所注即劉編之目録其書功
不補過尚幸未刊布耳而徐氏之原本乃為所割裂甚
且因刪併而削棄焉夫會要之全吾固不可得而覩矣
今其奈何并徐輯之舊後不可得而讀耶凡劉所去既
痛於再佚所取又累於失真則何若弗之編之為愈乎
吾知吾注之出人或將歸咎劉氏實則改竄增刪繆屠
已先為之其遷流所極亦不至於割裂削棄不止詩不
云乎誰生厲階至今為梗繆屠階之矣於劉氏何尤吾
為此注繩愆糾繆期欲徹去此階以多存逸書故不覺
其言之切至也苟有罪我庸敢辭乎中華民國二十二
年十一月十一日葉渭清

写真12「宋会要　葉渭清本」

五、『文庫本食貨市舶』と職官四四市舶と『補編』との関係

現在、『宋会要』に関係する中に市舶の記述が三か所ある。この三者の関係についてみてみたい。

斯波義信氏は早くから『宋会要』と『文庫本食貨市舶』との関係を研究されており、『東洋文庫八十年史1』（平成十九年）に「藤田文庫」について、「この手抄本は『永楽大典』巻一七五五二（貨字韻）よりの抄写である点で、通行の北平図書館影印本と異なるほか標題に（食貨三八）と門類を明記して通行本のように「職官四四」に編入しない点でも注目に値する」（二二～二三頁）と記している。氏は手抄本と『宋会要』（職官）との違う点は、『永楽大典』の巻数と字（韻）、さらに表題が職官ではなく、食貨三十八とあることに注目している。更に氏は、『宋史食貨志訳註』六（東洋文庫平成十八年「互市舶」斯波義信訳註）の互市舶法の中で、『補編』との関係について述べ、「手抄本は補編と同じであり、下限が乾道九年七月十二日までを収めていること、「大典」巻一七五五二より収録されていることでも同一である。しかしこれは『宋会要輯稿』（職官四四）とは異なる。そのほかに、『補編』が市舶を職官四四に属させていること……、『宋会要輯稿』と手抄本とは語句が等しいのに、手抄本は食貨三八と明記していることは注目できる。さらに、市舶が食貨三八とあるのは、『宋会要輯稿』では食貨三六には榷易、三七には市易、三八には和市・互市の事目が収められていることから、市舶が食貨三八にあるのは分類としては理にかなっているものの、一つの謎として後考を待ちたい（要旨）」（四〇〇～四〇一頁）とある。複雑なので一覧表にまとめると、つぎの様になる。

表4　市舶の記述＝『文庫本食貨市舶』（文庫本食貨市舶）『補編』『職官（四十四市舶）』

市舶記述	大典巻	字韻	分類	下限	備考
文庫本	一七五五二	貨	食貨三八	乾道九年（一一七三）七月十二日	複文のため删去。
補編	一七五五二	貨	食貨三八（職官四十四参照とする）	乾道九年（一一七三）七月十二日	文庫本と同じ。
職官	一一二二四	司	職官四四	嘉定六年（一二一三）四月七日	一部食貨と同じ。

三様の矛盾点を指摘している。これらの疑問点は、最近公開された『宋会要葉渭清本一四〇三』や『補編』などを参照することによりほぼ解るようになったので、次に記す。

一、『文庫本食貨市舶』は『宋会要』編纂の過程で、複文として職官四四市舶に併合され、巻数、表題、本体とも削除された。削除（あるいは破棄）される前の段階で藤田氏が書写した。それが文庫本食貨市舶である。長い間、文庫では文庫本食貨市舶の出所がわからず、疑問を持ちながらも放置され忘れられていた。

二、それが解ったのは、『宋会要葉渭清本一四〇三』（『補編』に収録）の中に、市舶について破棄、削除されたいくつかの資料があり、その一つの表紙に（写真8）食貨　和市、互市、市舶、とあり、市舶にはすでに職官にあるので記録しないという覚書がついていた。そのことにより、市舶は項目と本文本体と共に削除されたことが分かった。したがって『宋会要』の食貨三八には和市、互市しかない。斯波氏が前述した如く、「文庫抄本の食貨三八の市舶」は分類上は理にかなっているといわれたがその通りで、実際に食貨の市舶は、三八にあったものを、削除してしまったので、三八には現存しない。削除する前、または削除したものを藤田氏が書写し、それが現在文庫にあるのである。

三、外された（削除された）市舶が『宋会要葉渭清本一四〇三』に残存している（『補編』に収録）。これが藤田氏書写の原本であり、『文庫本食貨市舶』である。中国国家図書館では、削除された食貨三八市舶の抄録が東洋文庫にあることを知らず、『補編』の市舶の欄外の覚書（写真11、7、8、10参照）などもまだ検討していないので、これが食貨三八市舶であったことを認識していないと思われる。

以上が『宋会要葉渭清本一四〇三』の調査からわかったことであり、文庫本食貨市舶についての疑問は解消できたと思う。それにしても『宋会要』を編纂する過程で多くの人が参入し、所有者も転々と変わり、編集方針も変わり、分量も多く、更に韻で統一しようとすることにもむずかしさがあったことであろう。ここでは食貨市舶の項目に限ってみてきたが、『宋会要』のそのほかの項目にもいろいろな問題があることが予想される。

六、『文庫本食貨市舶』に記されていない記述
――『宋会要』職官四四市舶の淳熙年間以降について――

東洋文庫本『宋会要』食貨三十八市舶の下限は乾道九年であることは前に述べたが、ここではそれ以降の市舶の記述について考えてみたい。つまり複文でない記述が職官四十四市舶にあるので、それを検討していきたい。

年代的に言うと『文庫本食貨市舶』の下限は南宋期の乾道九年（一一七三）七月十二日である。一方の『宋会要』職官四十四市舶は、嘉定六年（一二一三）まで続く。つまりこの乾道九年七月十二日以降から嘉定六年までの約四十年間が、両者が重複してない部分、職官四四市舶のみの記述である。年代、日付毎にすると十六項目、字数にして二二〇六字で、淳熙元年から嘉定六年までである。表5を参照されたい。この『文庫本食貨市舶』に記されてない部分、つまり職官四四市舶の淳熙年間以降の資料を検討していく過程で、市舶に直接関係のないものがかなり混入していることに気付いた。以下、それを提示したいと思う。

表５　『宋会要』職官44市舶、淳熙元年～嘉定６年――東洋文庫本『宋会要』食貨38市舶に記されていない後半の部分――

番号	年号　年　月　日	内　容	字数	市舶以外の記述のため、移動すべき個所
111	淳熙元年(1174) 7月12日	市　舶	99字	
112	淳熙元年(1174)10月10日	市　舶	118字	
113	淳熙２年(1175) 2月27日	市　舶	106字	
114	淳熙２年(1175)12月５日	市　舶	90字	
115	淳熙６年(1179) 1月22日	降　官	36字	『宋会要』職官72、黜降官
116	淳熙６年(1179) 1月23日	榷　易	139字	『宋会要』食貨36榷易、38互市
117	淳熙７年(1180) 8月３日	互　市	84字	『宋会要』食貨38互市、36榷易
118	淳熙11年(1184)12月14日	塩　法	201字	『宋会要』食貨28塩法
119	淳熙13年(1186)11月27日	塞の回易	119字	『宋会要』食貨38互市、36榷易
120	淳熙15年(1188) 9月24日	四川の博易場	53字	『宋会要』食貨38互市、36榷易
121	淳熙15年(1188)11月22日	泗州の榷場	333字	『宋会要』食貨38互市、36榷易
122	紹熙元年(1190) 3月８日	市　舶	159字	
123	開禧元年(1205) 8月９日	市　舶	128字	
124	開禧元年(1205)10月11日	市　舶	31字	
125	開禧３年(1207) 1月７日	市　舶	146字	
126	嘉定６年(1213) 4月７日	市　舶	344字	
合計			2186字	

＊115～121の合計　965字　全体の44.1%
（市舶以外）
＊111～114、122～126　1221字　全体の55.8%
（市舶）

年月日毎に一項目ずつ本文を記し、その後に内容を示す簡単な要約をつけた。資料の上の番号は、巻末付に文庫本食貨市舶の全文を紹介した時の番号の続きで、文庫本食貨市舶の最後が（一一〇）番であったので、（一一一）からとした。

なぜ市舶と直接関係のない項目が混入したかはこれからの課題であるが、これまで検討してきた『文庫本食貨市舶』、ならびに職官四四市舶の場合も乾道九年までは、別な項目の混入はなかった。これは職官四四市舶の場合も乾道九年までは同じである。そこで、市舶と異なる記述が混入したものを市舶の項目から外した場合に、外した項目を『宋会要』中でどこの部門・項目に移動させたらよいかを検討し、「移動個所」として記した。「移動箇所」をみると、そこで年代的にも内容的にも重なることはなかった。しかしこれはあくまでも筆者の判断である。

以下、十六項目を見てみよう。

〔一一一〕（孝宗）淳熙元年（一一七四）年七月十二日

淳熙元年七月十二日、戸部侍郎蔡詵言、乞委幹辦諸軍審計司趙汝誼、往臨安府、明、秀、温州市舶務、将抽解博買、合起上供、幷積年合変売物貨、根括見数、解赴行在所属送納、趁時出売。従之。既而汝誼申、若尽数起発、切恐無本博易、乞為量留。詔存留五分。

〔要約〕浙江の市舶務（臨安府、明・秀・温州）に上供、変売物などの数を調べて都に送納せよ。ただし全部起発すると博易する資本金がなくなるので、五分は存留せよ。九十九字。

〔一一二〕（淳熙元年）十月十日

十月十日、提挙福建路市舶司言、舶司素有羇綱之弊、部綱官皆求得之、換易、偸盗、折欠、稽遅、無所不有。今乞将細色歩担綱運、差本路司戸、丞、簿合差出官押、麤色海道綱運、選差諸州使臣諳暁海道之人管押。其得替待闕官不許差。従之。二年、市舶張堅有請、以見任官可差出者少、乞依旧差待闕官。従之。

〔要約〕提挙福建路市舶司が言うに、市舶司には羇綱の弊があるので、細色、粗色とも運送する人選を厳しくせよ。

一一八字。

〔一一三〕（淳熙）二年二月二十七日

二年二月二十七日、戸部言、市舶司管押綱運官推賞、今措、広南限六月程、到行在無欠損、与比倣押銭帛指揮推賞。如不及全綱、以五［万カ］斤為則作十分組計、亦依押銭帛綱地里格法等第推賞。従之。

〔要約〕綱運について。粗細の物貨は五万斤を一綱とし、福建は三か月、広南は六ヶ月を限りとして都に送る。欠損がなければ、推賞す。一〇八字。

（一一四）（淳熙二年）十二月五日

十二月五日、提挙福建路市舶蘇峴言、近降旨、蕃商止許於市舶置司所貿易、不得出境。此令一下、其徒有失所之憂。乞自今諸蕃物貨既経征権之後、有往他者、召保経舶司陳状、疏其名件、給拠付之、許令就福建路州軍興販。従之。

〔要約〕提挙福建路市舶蘇峴が言うに、貿易は市舶司が設置されているところだけに限り、出境は許さない。今後、税の手続き、保証人、舶司の陳状、名件、拠などを整えれば、福建路州軍に興販するのを許してほしいと願い出て、許された。九十字。

次の（一一五）からしばらく、市舶と直接関係の無い項目が続く。

（一一五）（淳熙）六年（一一七九）正月二十二日

六年正月二十二日、詔前広州鄭人傑特降三官。以人傑任内透漏銅銭、銀宝過界、故有是命。

〔要約〕前広州鄭人傑は銅銭、銀宝を透漏した罪で三官の特降となった。二十九字。

＊この記述は銅銭、銀の透漏であるから海外貿易と無関係ではないが、降官に関する箇所がある。

「移動個所」『宋会要』職官七十二黜降官には、汚職などによって降格された官吏とその理由が記されている。黜降官九を見ると、淳熙五年十二月の次が淳熙六年八月になっており、本条の六年正月が欠けている。したがって、この記事は淳熙五年十二月の次に入るべきもので、入れば降官の事例として役立つであろう。

（一一六）（淳熙六年一月）二十三日

二十三日、詔復置光州中渡市榷場主管官両員。従朝廷於文武官内、選差一次。既而宰臣趙雄等言、光州復置中渡榷場官、御前恐有曾経在榷場幹事人、可以差充監司、庶可検察禁物、不令過界。上曰、御前自来不曾差人在淮上買物、如淮自北界之属、宮中並無令榷場官、卿等宜一面選差、須戒其禁絶銅銭等違禁之物過界。於任内無透漏、当与陞擢差遣。

〔要約〕光州中渡市（河南省）に榷場を復置せよ。榷場官の任命にあたり、北界に面しているので人選をきびしくせよ。任内に透漏がなければ陞擢させる。二〇一字。

＊この記事は、海上貿易、市舶とは関係がなく、辺境の榷場での陸上貿易に関係する記述である。

「移動箇所」この榷場の記述は、『宋会要』食貨三六榷易では北宋だけで、建徳二年から宣和二年まで。淳熙年間の記述はない。榷易であるからこの項目か、食貨三八互市である。互市は海上に対して陸上貿易を指す。互市も建徳四年から嘉定十年までであるが、淳熙年間から嘉定九年まで欠けている。

（一一七）（淳熙）七年（一一八〇）八月三日

七年八月三日、臣僚言、黎州塞外諸戎多以珠、玉、犀、麝之属互市、任官自欲收買、減剋時直、嘱付牙儈、不許外人増価、黷貨啓怨、引惹辺事。乞行禁約、詔守倅輒買者、令諸司按劾。州県官令守臣按劾。監司違戻、許行互察。

〔要約〕黎州（四川省）塞の外での互市について。官吏が珠玉などを勝手に収買しているので禁約を行い、諸司は管理下の官吏の取り締まりを強化せよ。一〇五字。

「移動箇所」これも辺境地、黎州の互市である。前述したように食貨三八の互市であるが、淳熙年間が無く、ここに入る。互市は淳熙年間がなく次の紹熙五年（一一九四）が一点あるが、嘉定十年（一二一七）の次に在って年代が不統一である。慶元、嘉泰、開禧年間が無く、嘉定十年が一点あるだけである。本条の淳熙年間の記事はその点で貴重である。ちなみに互市にも、蕃商の難破による広州市舶司での取り調べ（天禧二年十一月）、福州商人林振の隠税（天禧三年十月）、日本の硫黄の綱運について（元豊七年二月八日）、海道による商人の興販の規則（紹聖元年閏四月二十五日）など、互市の中に海外貿易が混入している。

（一一八）（淳熙）十一年（一一八四）十二月十四日

十一年十二月十四日、中書門下省検会淳熙十年九年［月カ］四月［日カ］已降指揮。今後与蕃商博易解塩之人徒二年二十斤加一等。徒罪皆配隣州、流罪皆配五百里、知情引領、停蔵人為同罪、許人捕。若知情引領、負載減犯人罪一等、仍依犯人所配地里編管、許人告。透漏官司及巡察人各杖一百。獲犯人并知情引領、停蔵人、徒罪賞銭二百貫、流罪三百貫。如告獲知情負載人減半。其提挙官并守令失覚察、並取旨重作施行。詔令逐路提挙官并州軍守臣各照応已降指揮、常切覚察禁止、毋令違犯、毎季検挙、多出文牓諭。

〔要約〕解塩（山西省）の売買とその取り締まりと違反した場合の罰則規定が記されている。二〇一字。

＊この項目は市舶でなく塩法である。

「移動箇所」本項目と同じことを扱った内容のものが、『宋会要』食貨塩法二八―一九、淳熙十年七月十七日の項目にあるが、本項目の内容は記載がない。この二つの内容を検討すると、淳熙十年七月十七日に詔がでて、塩の私販の禁止と罰則規定が記されている。

本項目は、十年の勅を受けて、「指揮（勅の事）を降した通り塩の私販の禁止と罰則規定を各々路の提挙官、知州などに命じてそれを徹底させよ」という詔である。したがって、塩法の淳熙十年七月と本項の淳熙十一年は内容的に一セットになっているのである。故に本項目は、市舶に入っているのは間違いで塩法に入るべきものである。なぜ職官の市舶に入ったのか疑問が生ずる所である。もともと『永楽大典』の司にその通りに入っていたのか、それとも編集の段階で混入したものかが問題である。

（一一九）（淳熙）十三年（一一八六）十一月二十七日

十三年十一月二十七日、宰執進呈前知雷州蘇詵奏、広西軍寨向来有回易処、蓋以備一寨之用、即無差人在外之例。兵官貪婪者不循三尺、差破兵卒已私、所差兵卒因而彊買貨物、多致生事。乞今本路軍寨旧有回易処、只於本寨置局、不許輒差兵卒出外、因而営私。上曰、此説可採、可厳行禁戢、毋致擾民。

〔要約〕広西軍の塞には回易する所があったが、今は兵士が貨物を彊買して事件をおかしている。今後は塞に局を置いても兵士の派遣をやめて、私貿易を行わないようにする。一一九字。

「移動箇所」『宋会要』食貨三八の互市であろう。前述した如く、淳熙年間に記載がない。

（一二〇）（淳熙）十五年（一一八八）年九月二十四日

十五年九月二十四日、宰執進呈四川制置司相度永康軍置博易場不便事。上曰「博易場是不可置、非惟引惹生事、不廉之吏便啓貪心。

〔要約〕四川制置司が永康軍（四川省）に博易場を置くと問題が生じるので置かないようにした。五十三字。

「移動箇所」永康軍は四川省のチベットとの国境である。そこに博易場の設置という記述であるから、『宋会要』食貨三八の互市に入るべきものである。


（一二一二）孝宗淳熙十五年（一一八八）十一月二十二日

十一月二十二日、知盱眙軍葛揆言、臣僚奏陳発客過淮関防更夜之弊、奉旨令葛揆日下措置聞奏。契勘本軍与北界泗州対境、設置榷場、毎遇客人上場通貨、已自互相結甲、五人毎一保、榷場書塡甲帖、付保頭収管。榷場又開到申数客人単名物貨件段、牒付淮河渡、本渡憑公牒辨験甲帖真偽、同榷場主管官幷本軍所差官当面逐一点名捜検随身幷応干行貨、若無夾帯禁物、方得過淮。其渡口捜検官下合干人幷渡載棹梢各与来往客人相、自是不容夾帯外来姦細作過之人。本軍前後措置関防非不厳備、止縁冬間日晷向短、客人過淮不許経宿商議交易、彼此図利、難便円就、是致遅延、有至夜晩日分。今措置、令榷場毎両日一次発運、毎場不得過五百人。遇放客日、須管侵晨装発給由、淮河渡衆官捜検通放、至日未没前向載尽数過淮。如有般未了物貨、於次日装発。及再行伝語泗州、已従本軍措置。所有溝壍、才候来年春暖、即便開撩。従之。

〔要約〕北界の境の泗州での榷場を設置し、金との交易の規定を細かく記す。三三二字。
＊商人との取引の詳細は本項目だけである。
「移動箇所」金との交易を行う場合の詳細な規定が記されているのはこの条だけで、重要な資料ではあるが、この項目は海上の市舶ではない。これは、食貨三八互市に入るべきものである。

以上七項目について、市舶以外のものが混入している。次項目からは、本来の市舶に関するものが続く。

（一一二）紹熙元年（一一九〇）三月八日

紹熙元年三月八日、臣僚言、福建市舶司毎歳所発綱運有粗細色陸路綱、有粗色海道綱、其押綱官並無酬賞。至於海綱、人畏風濤、多不願行。毎差副尉、小使臣、多有侵欺貿易之弊。窃見饒州銭監起発銭綱、綱官押及二万三千貫、地満三千里、例減磨勘二年。銭宝与香貨、皆所以助国家経常之費、况銭由江行、香由海行、乞今後市舶司綱官押海道粗色綱及十万斤、委無少欠、乞紐計価直、比附銭綱推賞。従之。

〔要約〕市舶物資（粗・細）の界・陸の綱運について。海綱は風濤の難があり、弊害が生じる。今後は銭綱を参考にするように。一五八字。

（一一三）開禧元年（一二〇五）八月九日

開禧元年八月九日、提轄行在榷貨務都茶場趙善謐言、泉、広招買乳香、縁舶司闕乏、不随時支還本銭、或官吏除剋、致有規避、博詐作飄風、前来明、秀、江陰舶司、巧作他物抽解収税私売、攙奪国課。乞下広、福市舶司多方招誘、申給度牒変、不得容令私売。従之。

〔要約〕泉・広州市舶司は乳香の招買するのに本銭が不足することが無いように、かつ商舶の招誘につとめ、度牒を売って本銭とせよ。両浙では乳香の私売を禁じ、博買につとめよ。一二八字。

（一一四）（開禧元年（一二〇五））十月十一日

十月十一日、詔泉、広市舶司将逐年博買蕃商乳香、自開禧二年為始、権住博買。

〔要約〕泉・広市舶司は開禧二年より乳香の博買をやめよ。三十五字。

（一一五）（開禧）三年（一二〇七）正月七日

三年正月七日、前知南雄州聶周臣言、泉、広各置舶司以通蕃商、比年蕃船抵岸、既有抽解、合許従便貨売。今所隷官司択其精者、售以低価、諸司官属復相囑託、名曰和買。獲利既薄、怨望愈深、所以比年蕃船頗疏、征税暗損。乞申飭泉、広市舶司、照条抽解和買入官外、其余貨物不得毫髪拘留、巧作名色、違法抑買。如違、許蕃商越訴、犯者計贓坐罪。仍令比近監司専一覚察。従之。

〔要約〕蕃船の抽解手続きが済んでおれば貨売を許す。官吏の不正の取り締まりを徹底し、違反すれば蕃商の越訴を許す。一四八字。

（一一六）嘉定六年（一二一三）四月七日

嘉定六年四月七日、両浙転運司言、臨安府市舶務有客人於泉、広蕃名下転買、已経抽解胡椒、降真香、縮砂、荳蔻、藿香等物、給到泉、広市舶司公引、立定限日、指往臨安府市舶務住売、従例係市舶務収索公引、具申本司、委通判、主管官点検、比照元引色額数目一同、発赴臨安府都税務収税放行出売。如有不同并引外出剰之数、即照条抽解、将収到銭分隷起発上供。今承指揮、舶船到臨安府不得抽解収税、差人押回有舶司州軍、即未審前項転販泉、広已経抽解有引物貨船隻、合与不合抽解収税。詔令戸部、今後不得出給興販海南物貨公憑、許回臨安府抽解。如有日前已経出給公憑、客人到來、並勒赴慶元府住船。応客人日後欲陳乞往海南州軍興販、止許経慶元府給公憑、申転運司照条施行。自余州軍不得出給。其自泉、広転買到香貨等物、許経本路市舶司給引、赴臨安府市舶務抽解住売、即不得将元来船隻再販物貨往泉、広州軍。仍令臨安府転運司一体禁戢。従之。

〔要約〕泉・広州市舶司で抽解した物品を臨安府市舶務で転売する場合の手続きの方法。南海の物品を興販する者は慶元符で証明書を発行してもらって手続きをする。三四四字。

以上、『宋会要』職官四四市舶の淳煕年間以降の記述、つまり『文庫本食貨市舶』に記されていない部分をみてきた。これまでみてきたように、市舶と関係の無い項目が目立った。十六項目の内、七項目が市舶と関係のないもの、塩法、陸上の辺境貿易の互市、黜降官などにいれるものが混入していた。字数で見ると、二二〇六字のうち、市舶関係が字数にすると一二二八字で五五・七％、市舶以外が九七八字、四四・三％で、約半分弱が市舶以外のものである。市舶以外の項目（表5参照）で、別の項目に移動した方がよいとおもわれるものは、互市が五点（内、榷易が一点）、塩法一点、黜降官一点である。それがすべて淳煕年間に集中している。『文庫本食貨市舶』では、記述は乾道九年までであるが、その中に別の項目が混入していたことはなかっただけに（『宋会要』職官四四の乾道九年までは、殆ど『文庫本食貨市舶』に同じ）問題がある。周藤氏が「『宋会要』は原書とは同じからず、『永楽大典』も韻に分かって原書の形を乱されているので、問題も多かった。」（〔論文目録（16）〕参照）と述べているように、矛盾も多い。その矛盾点を追求していくのも『宋会要』研究の一つである。

互市（辺境貿易に入るもの）が職官四四市舶に混入していることについてであるが、『宋会要』では互市と市舶とは項目も別にして区別している。市舶に関係する事なので、少し説明しておきたい。宋代では、互市と市舶とは同じではない。本来、互市は辺境貿易（陸上、海上）を指すものであった。唐代に入り海上での交易が盛んになり、海上での交易を市舶と呼ぶようになった。宋代になると、海外貿易が繁栄をきたし、国家の財政にも有用となり、市舶は独立して海外貿易を指すようになった。互市は陸の榷場を通じて辺境貿易を行い、市舶は市舶司を通じて海外貿易というようになった。したがって互市と市舶の項目があるのであるから、市舶の項目に互市の内容のものが原則として入ることはないのである。七点も連続して市舶でないものが入っていることは、内容も互市だけでなく塩法もあることから、単なる錯簡ではないように思われる。つまり『宋会要』職官四四市舶は、淳熙二年から十五年までの連続する七点は、市舶関係ではないものが混入しているということを指摘しておきたい。

職官四四市舶のうち、『文庫本食貨市舶』に記されてないものの検討はこのくらいにして、最後に、『文庫本食貨市舶』の価値について述べたい。

これまで述べてきたように、「藤田豊八氏が今から約百年前に、中国で書写したものを東洋文庫が更にそれを書写し副本をつくったものである（前述）。現在、藤田氏が書写したものの行方が分からないので、文庫本が唯一の『宋会要』食貨三十八市舶である。これを、職官四四市舶の複本として取り扱われ取り除かれる前に、藤田氏が劉承幹氏より借りて書写したものが曾我部静雄氏蔵のものである。しかしそれは、東洋文庫が『宋会要』の食貨と蕃夷を上海で書写させた中にも、通行本の『宋会要』の食貨にも、複本として整理された後なので、食貨三十八市舶は入っていない。したがって、藤田氏の東洋文庫本『宋会要』食貨三十八市舶は、だれにも顧みられることなく放置されていった。一方、東洋文庫では『宋会要』食貨の研究がすすめられ、食貨に関する目録、索引が次々と出されたが、文庫本食貨三十八市舶は通行本に入っていないため、気に留める人もなくそのままになってしまった。

『宋会要』のような会要を整理し編纂する際に、曾て存在していた項目（門）などを除外してしまうと、書物として完全な形でなくなってしまう。『宋会要』食貨（門）三八市舶が複本として除外されてしまったことはこれまで幾度となく述べてきたが、『文献通考』を見ると、巻二〇、市糴考一「市舶互市」があり、巻六二、職官一六「提挙市舶」があり、両者に記述がある。『宋史』も巻一六七職官一「提挙市舶司」と、巻一八六食貨下八「互市舶法」の項目があり、職官と食貨の両者に市舶の記述が記されている。『宋会要』も本来は、食貨門と職官門に市舶があったのである。それが編纂の時、複本として食貨三八市舶は除外されてしまったのである。したがって通行本『宋会要』にはこの部分は入ってない。しかし藤田豊八氏は除外される前の一九一六年（大正五）に書写した。これが『文庫本食貨市舶』である。貴重な文献であることを重ねて強調したい。

結びにかえて

文庫本食貨市舶について多方面から検討してきた。解明できたこと、また疑問のまま途中になっているものも多々あるが、まとめてみると次の様である。

（1）藤田豊八博士の自筆本があったこと

これまで文庫本食貨市舶は、藤田氏が書写したものを文庫に生前寄託したものと言われてきた。しかし、藤田氏が書写したもの、つまり自筆本は、曾我部静雄博士が所蔵していたことが明らかになり、その一部が「先学を語る」（『東方学』一九八二年）で紹介された。したがって『文庫本食貨市舶』は、藤田氏の自筆原稿を東洋文庫が書写させたものであることが判明した。このことにより、これまで疑問だった『文庫本食貨市舶』には藤田氏の所蔵印はなく東洋文庫の印だけである理由がわかった。また自筆本と『文庫本食貨市舶』を比較すると、各々別人が書いたものである。藤田氏はこの抄本を基にして市舶の論文を発表されたが、そこに引用されている資料は『文庫本食貨市舶』と殆ど同じであるが、一部疑問とするところがあった。書き間違いもあったのであろう。章末に附として、『文庫本食貨市舶』の全文と[文庫本食貨市舶を中心にした『補編』市舶、「藤田論文」『宋会要』職官四四市舶の語句の異同資料引用の資料対照表稿]を作成し、語句の異同を調べた。不備もあり補充しなければならないところも多々あるが、ひとつの研究データとして、資料対照表稿として提示した。

（2）辛亥革命の時期に所有者が王秉恩から劉承幹へ

藤田氏がこの抄本を入手したのは、大正五（一九一六、民国五）年のことである。羅振玉氏を通じて藤田氏が中国まで出向いて劉承幹氏より借りて書写したものである。劉承幹氏が広雅書局蔵稿本を購入したのが大正四年（民国四）ごろであり、その前の所有者は王秉恩氏で借金に追われて手放したといわれている。このころは辛亥革命後の混乱の中、羅振玉一家は京都に避難していた。同じく藤田氏も東京に帰国していた。その中での藤田氏の市舶の書写であった。藤田氏が書写したのが大正五年の十二月で、「宋会要　食貨三十八　市舶」である。そしてほぼ十年後、東洋文庫が上海で宋会要食貨門を書写させたときには、市舶は食貨門からすでに削除されていた。したがって、文庫の『宋会要』食貨門の書写には、市舶が欠けている。いつどのようにして誰が削除したかは、明らかでない。この市舶は劉承幹氏が王氏より買い受けて一年も経っていないので、劉氏の編集と考えるのは無理であろう。湯中氏は自身の目録（昭和七年出版）の中で、職官と重複であるから食貨市舶は削除すると述べている。このことがいつ頃誰により行われたか不明であるが、一九三六年（昭和十一）に出版の通行本『宋会要』にも食貨市舶は除外されている。藤田氏書写市舶と削除の時期との関係が明確に出来ない。

（3）中国国家図書館での調査

中国国家図書館善本特蔵部の一四〇三（請求番号）は『宋会要　葉渭清本』で『宋会要輯稿補編』の原本であるが、『補編』はそのまま編集されたものではない。編集前の多くの資料が残されている。切り取られた断片、表紙、メモなど、刊行されなかったものが多くある。その中で市舶に関係するものを調査した。五点あり、一つは『補編』にある市舶であるが、欄外の書き込みにはまだ紹介されていない重要な記事があった。あとの四つは、市舶を移動する際、移動の前にはどこに入っていたかというメモ書き、走り書きのようなものであった。重要な資料で、そこには、互市のあとに市舶が続くはずであるのに市舶は職官に入ってしまい、その結果除外されてしまったこと、互市は和市と市舶の中間にあったことなど、元の形を推察できる覚書として添付されている。これは、市舶が本来存在していたことの証拠になり、非常に大切である。これらの断片は印刷されていないし公表されてもいない。実物を見ることで、それを根拠に『文庫本食貨市舶』の存在を明確に位置づけることが出来たことは、大きな収穫であった。これによりわかったのは、『文庫本食貨市舶』は、外す前の旧態制を保存していることで貴重なのである。

ところで『補編』の市舶は、欄外に「食貨門、市舶司」と記している。それは欄外であって本文には記されていない。惜しいことである。また『補編』の市舶をみると、文庫本食貨市舶と同じ字配りであるが、『補編』は一行二十一字、毎半葉十一行、『文庫本食貨市舶』は二十字、十行で、同じではない。書写する場合は、そのとおり写すものである。『補編』の複雑な記号のついたものを清書するのは労を要したであろう。あるいは、『補編』の記号つきのものを、二十字十行で清書したものがあり、藤田氏はそれを手本にして書写したのではないだろうか。『補編』がその原本と考えると、複数の写本があったことになる。

（4）『文庫本食貨市舶』は乾道九年まで

『文庫本食貨市舶』は乾道九年で終わっている。一方の職官四四市舶にはその後の記述があり、嘉定六年まで続く。そこで、食貨市舶にない乾道九年以降嘉定六年までの記述、その内容を検討してみた。その結果、市舶と異なる別の内容の物がかなり混入していることがわかった。塩、内陸貿易、金との交易等である。字数にすると五割以上が別の内容の記事であった。十六項目の内七項目である。別内容のものが入ることは食貨市舶では見られない。それが職官市舶の未整理によるものか、『永楽大典』の司字韻による整理のしかたによるものなのか、明らかに出来ない。内容共に今後の課題である。

（5）東洋文庫『宋史食貨志訳註』（一）～（六）

東洋文庫では『宋史食貨志訳註』（一）から（六）を、四十六年（一九六〇～二〇〇六）かけて完成させた。『宋史』巻一八六の食貨志では互市舶として本文に入れ、巻一六七職官には提挙市舶があり、二箇所に市舶が掲載されている。『文献通考』も二箇所に掲載されている。けして除外はしない。本来的に編集の基本は、こういった部分を残すべきである。『宋会要』の食貨門の市舶の完全な形が、東洋文庫に藤田氏書写による副本が存在していたことで復元された。重複の資料とはいえ貴重である。

【付記】

この小論を書くにあたり、東洋文庫長斯波義信先生より関係資料などについてご指導を賜った。厚く御礼申し上げる。中国国家図書館善本特蔵部史睿先生には、特蔵部が移転の最中にも拘らず、特別の閲覧許可と文献の撮影許可をいただいた。感謝申し上げる。また、『宋会要』の資料につきましてご助言をいただいた東海大学片山章教授に感謝申し上げる。

註

(1) 湯中『宋会要研究』上海商務印書館、一九三二年、宋会要目録に「巻三百四十　食貨六十　互市　市舶已見職官提挙市舶司存目不録」とある。すなわち本書では、すでに市舶は職官提挙市舶に入っているので、食貨からはずしている、と説明される。巻三百四十食貨六十については未詳。

(2) 「文献目録」No.24—27。『宋会要輯稿　食貨索引』人名・書名篇、年月日、詔勅篇・職官篇・地名篇。『宋会要輯稿　食貨篇社会経済用語集成』「論文目録」の、No.24～28参照。

(3) 曾我部静雄博士が教鞭をとられた東北大学ならびに国士舘大学の研究室、図書館で、関係資料がないかどうか調査していただいたが、現在のところないとのことであった。調査にあたって下さった東洋大学高橋継男教授、国士舘大学石橋崇雄教授に感謝申し上げる。自筆本は散逸したかと思われるが、まだ三十年ぐらいしかたってないので、どこからか見つかるのではないかと期待している。

(4) 『宋会要』の市舶に関する記述は六種ある。その中から(一)職官四十四、(二)『補編』、(三)東洋文庫手抄本食貨市舶、(六)藤田豊八「宋代の市舶司及び市舶条例」の市舶関係の資料を対比させたのが、後掲［『東洋文庫抄本』市舶、『補編』市舶、「藤田論文」市舶、『宋会要』職官四十四市舶の語句の資料対照表」である。文庫抄本を基礎にして三種の資料を対比させた。不完全な部分、説明不足の部分が多いが、一応表にしてまとめた。

(5) 徐松については、このほかに『清史列伝』巻七三、繆荃孫『芸風堂文集』「徐星伯先生事輯」巻一、『畿輔通志』巻二二六、『大清畿輔先哲伝』巻二五などを参照。

(6) 兪正燮『癸巳類稿』巻一二「徐松日宋会要世無伝者、余於永楽大典中、輯出、無慮五六百巻」とある。

宋会要輯稿　論文目録

1　藤田豊八「宋代の市舶司及び市舶条例」（『東洋学報』七―二　大正六年五月）、『東西交渉史の研究――南海篇――』一九三二年所収）
2　湯中『宋会要研究』（一九三二年　商務印書館）
3　石田幹之助「三松盦読書記」（『史学雑誌』四三―九　一九三二年）
4　仁井田陞「永楽大典本宋会要稿本二種」（『東洋学報』二二―三　一九三五年）
5　桑原隲蔵「注（一四）宋会要」（『蒲寿庚の事跡』一九三五年　岩波書店）
6　江田忠「徐輯宋会要稿本目録（一）～（六）」（京城帝大『史学会誌』九～一四　一九三六年～一九三九年）
7　浅海正三「宋会要の編纂に関する宋会要の記載について」（『斉藤先生古希記念論集』一九三七年）
8　小沼正「宋会要稿食貨目録」（『史学雑誌』四八―七　一九三七年）
9　山内正博「冊府元亀と宋会要」（『史学研究』一〇三　一九六八年）
10　青山定雄「序」（『宋会要研究備要　目録』一九七〇年　東洋文庫宋代史研究会）
11　王雲海『宋会要輯稿研究』（一九八四年　河南師範大学報増刊）
12　王雲海「『宋会要輯稿』校補（続）――附関于藤田本『宋会要』〝食貨・市舶〟底本的探討」（『王雲海文集』二三〇～二四一頁　二〇〇六年　河南大学出版社所収）
13　伊原弘「解説――『宋会要輯稿　食貨索引　年月日・詔勅篇』編集の意義と問題点」（『宋会要輯稿　食貨索引　年月日・詔勅篇』一九八五年　東洋文庫宋代史研究委員会）
14　陳智超「整理説明」（『宋会要輯稿補編』一九八七年　全国図書館文献縮微複製中心）
15　陳智超「《宋会要》食貨類的復元」（《文献》一九八七年二、三期　一九八八年三、四期）

16　周藤吉之「王雲海著『宋会要輯稿考校』」（『宋・高麗制度史研究』一九九二年　汲古書院）
17　陳智超『解開《宋会要》之謎』（一九九五年　社会科学文献出版社）
18　梅原郁「私と『宋会要輯稿』――データ・ベース化によせて」（『東京大学東洋文化研究所・東洋学文献センター報』センター通信№35　一九九五年）
19　中嶋敏「藤田豊八博士と宋会要」（『東洋史学論集』続編　二〇〇二年　汲古書院）
20　陳智超「宋代史料の収集、解読、利用――『宋会要輯稿』と『清明集』を中心として――」（「文献資料学の新たな可能性」（『大阪市立大学東洋史論叢』別冊特集号　二〇〇六年）
21　陳智超「解開《宋会要》之謎（摘要）」
22　陳智超『陳智超自選集』（宋会要に関する論文五点いずれも、前掲著書、論文に収録）二〇〇三年　安徽大学出版社
23　斯波義信「宋会要の職官門の市舶の説明」（『宋史食貨志訳註（六）』三三九頁～四〇一頁　二〇〇六年　東洋文庫）
24　斯波義信「市舶についての説明」（『東洋文庫八十年史Ⅰ』二三頁）
25　『宋会要輯稿　食貨索引　人名・書名篇』一九八二年　東洋文庫宋代史研究委員会
26　『宋会要輯稿　食貨索引　年月日・詔勅篇』一九八五年　東洋文庫宋代史研究委員会
27　『宋会要輯稿　食貨索引　職官篇』一九九五年　東洋文庫宋代史研究委員会
28　『宋会要輯稿　食貨篇　社会経済用語集成』二〇〇七年　東洋文庫前近代中国研究班
29　『中国社会経済史用語解』斯波義信編著、東洋文庫、二〇一二年、一二二～三頁互市、市舶。

『東洋文庫抄本』市舶、『補編』市舶、「藤田論文」市舶、『宋会要』職官44市舶の語句の資料対照表

番号	頁	年号	年	月	日	西暦	注	文庫抄本	補編	藤田論文	藤田頁	北京図書館本
1	1オ	市舶司の沿革					(1)	「食貨～編定」	記述無		298, 314, 321～2, 326, 342, 343	
							(2)	市舶	市舶を赤で黒をなぞる			文頭に「市舶司」とある
							(3)	市舶	市易			市易
							(4)	杭州				杭明州
							(5)	塔				荅
							(6)	並				竝
							(7)	鋍		鑌		鉚
							(8)	賓	賔	賓		賔
							(9)	銕（後では鐵とする）	鐵			鐵
							(10)	浙				淛
							(11)	三州				二州
							(12)	止		止（差）		
							(13)	大典一萬七千五百五十二	大典の記述あり			記述なし（大典）
2	2オ	開宝	4年	6月		971	(1)	並		竝		
							(2)	虜		處		處
							(3)	「同上」は項目毎にある。	「同上」は項目毎にある。			記述無し
3	2オ	太平興国	1年	5月		976	(1)	太祖	太宗（正しい）	太宗	326	太宗
							(2)	満	蒲			
							(3)	割注は双行	小字で1行	双行の説明無し		割り注ではなく本文
4	2オ		2年	1月		977					299	
5	2オ		7年	閏12月		982	(1)				326	
							(2)	並	幷	幷		幷

							(3)	虜	處	處		處
							(4)	販」の下１字分余白	「凡」～「榷」印あり、消去（※１）参照			余白無し
							(5)	禁榷～瑇瑁	小字で記す			
							(6)	銕	鐵			鐵
							(7)	巴				芭
							(8)	海桐皮				海海桐皮
							(9)	薑	姜			薑
							(10)	箋				煎
6	3ウ	雍熙	4年	5月		987	(1)	虜	處		380～1	處
7	3オ	端拱	2年	5月		989	(1)	浙			313，370	淛
8	3オ	淳化	2年	4月		991	(1)	它			360	他
							(2)	粗				麤
9	3オ	至道	1年	3月		995	(1)	摩、頭注「摩殆靡」とある	靡	靡	389	靡
							(2)	苡		苡		苡
							(3)	宜	冝			冝
10	3ウ		1年	4月		995					なし	
11	3ウ		1年	6月		995	(1)	「法」の下１字空白	「法」の下○印	「法」の下○印	389～90，347	空白無し
							(2)		「先」～「官」印あり、消去			
							(3)	頭注「如殆若之譌」（※２）		「如」を「若」とする		如
							(4)	極	拯（正しい）			拯（正しい）
12	4オ		1年	9月		995	(1)	則			なし	後から書き加えている
13	4オ	咸平	2年	9月		999	(1)	虜	處		314	處
14	4ウ	大中祥符	2年	8月	9日	1009	(1)	明州		「明州」なし	359	

							(2)	「百」の下1字空白	「百」の下○印、「以」〜「数」に印あり、消去	「百」の下一字空白		空白なし
15	4ウ		9年	9月	18日	1016	(1)	副			348	副使
16	5ウ	天禧	1年	6月		1015	(1)	德（まちがい）	禧（正しい）	禧	383	禧
							(2)	雑				「雑」字無し
17	5オ		3年	3月	10日	1019	(1)	音同御名（双行）	小字で1行（音同御名）	曙	368	時其昌
							(2)	頭注「輸或轉之譌」		輸、輪？		輪
18	5オ		4年	6月		1020	(1)	保	係（正しい）	係	348	係
							(2)	使	「使」の下○印なし	「使」の下○印		
							(3)	市舶		市舶の下に〔使臣〕とする		
19	5オ	天聖	3年	8月		1025	(1)	吏	員	吏	326, 377	員
							(2)	令		使		
							(3)	將		將		
20	6ウ		4年	10月		1026	(1)	處	處	處	383	
							(2)	叓	敢（正しい）	敢？		敢（正しい）
							(3)	頭注「叓殆敢之譌」	なし	なし		
21	6オ		5年	9月		1027	(1)	奉聞	奏聞	奉聞（補「奏聞」・北「聞奏」）	368〜9	聞奏
22	6オ		6年	7月	16日	1028					381	
23	6オ		8年	6月		1030	(1)	「近年蕃舶罕至」北京本欠落			349	「監市舶司使臣」文庫本欠落
							(2)	終	「終」なし	「終」なし		終
							(3)	賓	實（正しい）	實（正しい）		實（正しい）
24	6オ	景祐	5年	9月	7日	1038	(1)	銜（二ヶ所）			344	銜（二ヶ所）

							(2)	並（三ヶ所）		幷（三ヶ所すべて）		
							(3)	外				兩
							(4)	市舶司事		「司」なし		
							(5)	○印なし	○印なし	「申状」の下○印あり		
25	6ウ	熙寧	4年	5月	12日	1071	(1)	衘			369	衘
							(2)	元符三年の記事あり。「至」～「之」双行	「至」～「之」小字で1行	双行の指示なし		本文と同じ文字。元符三年の記事あり
							(3)	並		幷		
26	7オ		7年	1月	1日	1074	(1)	頭注「諸殆漳之譌」		なし	326, 378, 379	
							(2)	並		幷		
							(3)	擄		據		
							(4)	驗	驗	驗		驗
							(5)	得		到		
27	7ウ			7月	18日		(1)	「邈」の下1字空白	「邈」の下○印あり、「以」～「故」印あり、消去	「邈」の下○印	299	
28	7ウ				19日						299	
29	7ウ		9年	1月	2日	1076	(1)	正月	正月	正月	315	五月（長編は五月）
							(2)	處	處	處	315	處
30	8オ	元豊	3年	8月	27日	1080	(1)	転運使孫逈		転運（副）使	300	
31	8オ		5年	10月	17日	1082	(1)	佛			381	なし
							(2)	段	叚			疋
							(3)	差				「差」字無し
32	8ウ			12月	21日						379～80	
33	8ウ		6年	11月	17日	1083	(1)	於			339～40	之

							(2)	此				是
							(3)	析				息
							(4)	「以聞」の下1字空白	「其」～「行」○印あり、消去	引用無し		
34	9ウ	元祐	2年	10月	6日	1087					337	
35	10オ		3年	3月	18日	1088					339	
36	10オ		5年	11月	29日	1090	(1)	商	商	蕃と商の間に「國？」とある	373	
							(2)	人	入（正しい）	人		入（正しい）
							(3)	舶	舶	船		
							(4)	擅	擅	擅（行、或）とある		
37	10ウ	元符	2年	5月	12日	1099	(1)	着	着	著	392	
							(2)	極	拯	拯		拯
							(3)	許	詐	許		詐
							(4)	冐	冐	冐の横に「許？」とある		
38	10ウ	崇寧	1年	7月	11日	1102	(1)	寗	寧	寗	315, 352	寧
39	10ウ		3年	5月	28日	1104	(1)			説明で元符としているが、崇寧の誤り	380	
							(2)	詣		詣の横に「審？」とある		
							(3)	「省」の下1字空白	「省」の下に○印あり。「先」～「詔」印あり、消去	「省」の下○印		空白なし
							(4)	與				擧
40	11オ		4年	5月	20日	1105	(1)	並		幷	365	並
							(2)	寔				實

							(3)	「分」の下１字空白	「分」の下に○印あり。「従」…「也」に印あり。消去	「分」の下○印		空白なし
41	11オ		5年	3月	4日	1106	(1)			元符は崇寧の誤り	375～6	
							(2)	解	鮮	解		解
							(3)	頭注「徃殆住之譌」とあり、徃は住とする	徃	徃の横に「住？」とある		徃
42	11ウ	大観	1年	3月	17日	1107					301	
43	11ウ		3年	7月	20日	1109	(1)	二日	二日	二日	315	二〇
44	11ウ	政和	2年	5月	24日	1112	(1)	「舶」の下１字空白	「従」～「也」印あり、消去	「舶」の下○印	316	空白なし
45	11ウ		3年	7月	12日	1113	(1)	官員	官員	官吏	390	官員
							(2)	並	并	幷		幷
							(3)	並	並	幷		並
							(4)	並	併	幷		幷
46	12オ		4年	5月	18日	1114	(1)	並	並	幷	393	
47	12オ		5年	7月	8日	1115	(1)	七月			なし	「宋会要」番夷四―七三には七月が八月とある。
							(2)	幷立				この二字なし
							(3)	已				已が以とあり
							(4)	招				詔
							(5)	使				なし
							(6)	解	斛	斛		斛が正しい
48	13オ			8月	13日		(1)	「官」の下１字空白	「以」～「也」印あり、消去		なし	空白なし
							(2)	招	招			詔

49	13オ		7年	7月	18日	1117	(1)	投官入官		投入官	323～4	投賣入官
50	13ウ	宣和	1年	8月	4日	1119	(1)	頭注「去殆乞之譌」	なし	頭注を引用せず（訂正なし）	317	
51	13ウ			12月	14日						なし	
52	14オ		3年	11月	26日	1121					362	
53	14オ		4年	5月	9日	1122	(1)	尚			365～6, 384	倘
							(2)	吏				「吏」なし
54	14オ		7年	3月	18日	1125	(1)	並	并	并	362	并
55	14オ	建炎	1年	6月	13日	1127					なし	
56	14ウ				14日		(1)	福建の下に「路」なし		福建の下に「路」なし	316	福建の下に「路」あり
57	14ウ			10月	23日		(1)	十月二十三日		二十日は誤り	366, 369	
							(2)	分				分の下に「為」がある
							(3)	粗細		粗？		麤細
							(4)	麁	麁	麤		麤
							(5)	千	千	十（千が正しい）		千
							(6)	是				係
							(7)	麁		麤		麤
							(8)	以				已
							(9)	麁	麁	麤		
58	15オ		2年	5月	24日	1128	(1)	福建路提		福建の下に「路」なし	316	
							(2)	「市舶司」の下1字空白	「尚」～「之」印あり、消去。市舶司に縦線あり	「市舶司」の下○印		
59	15ウ			6月	10日		(1)	二			362～3	一
60	15ウ				18日		(1)	字	字	字	321	宇
61	15ウ			7月	8日		(1)	已			381	以

							(2)	福建				福建の下に「路」あり
62	16オ			10月	17日		(1)	蘇	蕪（蘇の誤り）	蘇	375	
							(2)	並	並	幷		並
63	16オ		4年	4月	26日	1130	(1)	四月			368	二月
							(2)	市				「司」とする。「市」の誤り
							(3)	奏の下に准を欠く	奏の下に准を欠く	奏		「奏」の下に「准」あり
64	16ウ			6月	22日						なし	
65	16ウ			10月	14日		(1)	鎮			318, 322	「州」とする。「鎮」正しい。
66	17オ	紹興	1年	11月	26日	1131	(1)	五六十　※3	五七十	五六十	367	五七十
							(2)	估				價
							(3)	用				同
							(4)	並	并			幷
							(5)	三十五株		二十五株		二十五株
							(6)	準				准
67	17ウ		2年	1月	26日	1132	(1)	配	酌		なし	酌
							(2)	供（供が正しい）	京			京
							(3)	解	鮮			解
							(4)	寔				實
68	17ウ			3月	3日						318	
69	18オ			4月	26日		(1)	劉子	劄（正しい）	劄（正しい）	363	劄（正しい）
							(2)	寔				實
70	18オ			6月	21日		(1)	管		筵？	382	管
							(2)	悦				説
							(3)	準				准
							(4)	勅	敕			敕

							(5)	倫		據？		備
							(6)	邀				懐
71	18ウ			7月	6日		(1)	準	準	准	328～9	准
							(2)	舊	舊			舊
							(3)	今	今	令		今
							(4)	蕃				不明かすれ
							(5)	可				「可」なし
72	19オ			8月	6日		(1)	一分	一分	一部	329	一分
							(2)	「尋詔…罷」双行　※4	小字、「尋」に「雙行」の朱印あり、抹消せず。末尾の「罷」に「雙行止」の印なし。したがって、文庫本では双行となっている。	引用無し		双行
73	19ウ			9月	25日						329	
74	19ウ			10月	4日						329	
75	19ウ		3年	6月	4日	1133	(1)	住			319（一部のみ）	往
							(2)	柄、頭注「錢？」	柄			柄
							(3)	明の下に「分」なし	明の上に「分」あり			明の上に「分」あり
							(4)	不會、頭注「曾？」				不は「取」とする。
							(5)	寔				實
							(6)	申	中（正しい）			中（正しい）
							(7)	月、頭注「月殆日之譌」				頭注に「月殆日之譌」とある。
							(8)	於				如
							(9)	段				半

							⑽	到				致
							⑾	晝				劃
							⑿	州				「州」なし
							⒀	寔				實
							⒁	寔				實
76	21オ			7月	1日		(1)	一日			364	「一日」の下に「詔」あり
							(2)	有力之物	有用之物	「有力之物」の「力」に用？とある		有用之物
							(3)	算				筭
							(4)	躰	體			體
							(5)	参	叅			參
							(6)	「尚書省」の下1字空白	「省」の下に○印あり。「以」～「也」印あり、消去			空白なし
77	21ウ			8月	22日		(1)	已			398	「以」と書こうとしたのであろう。途中でやめている。
							(2)	或	咸	咸		咸
78	21ウ			9月	9日		(1)	撥（正しい）			363	不
							(2)	副				付
							(3)	並	並	幷		
							(4)	持	特			特（正しい）
							(5)	「不行」の下1字空白	「提」～「也」印あり、消去。行の下に「—（縦線）」あり。	「不行」の下○印		空白なし
							(6)	以応副、「無」なし	無以応副	以（難）応副※5		無以應副

79	22オ			11月	12日						363	
80	22オ			12月	17日		(1)	筋			365（香薬名は論文に引用せず）	筋
							(2)	骨				角
							(3)	若		（「若」なし）		
							(4)	宜		なし		冝
							(5)	切		なし		竊
							(6)	「今」、頭注「令？」	令	なし		令
							(7)	筋		なし		筋
							(8)	藤		なし		藤
							(9)	沙	砂	なし		砂
							(10)	「倉」、頭注「蒼？」	倉	なし		倉
							(11)	「脳」の下１字空白	空白に「米」あり	なし		空白に「米」あり
							(12)	脳脳脳	脳脳	なし		脳脳
							(13)	朱	朱	なし		不明かすれ
							(14)	蘇	蘓（三字下も同じ）	なし		蘇
							(15)	姜		なし		薑
							(16)	硫		なし		瑠
							(17)	勺	勺	なし		白
							(18)	烏牛角		なし		頭注に「烏牛角下脱白牛角」とある。従って、本文に「白牛角」は記されていない。
							(19)	白牛角		なし		頭注に脱していることを記す。
							(20)	畫黄		なし		畫黄
							(21)	南		なし		南
							(22)	被		なし		皮

							㉓	被		なし		皮
							㉔	黄	昔	なし		黄
							㉕	黄香	黄熟香、「熟」入る	なし		黄熟香、「熟」入る
							㉖	解	斛（正しい）			斛
							㉗	姜		なし		薑
							㉘	果		なし		菓
							㉙	「苓」、頭注「茯？」本文中に「茯？」を訂正すべき字の指定がないため、筆者が「苓」を茯した。前項に「茯苓」とあり、茯苓が正しい。	茯苓	なし		苓苓
							㉚	鱉				鼈
							㉛	姜				薑
							㉜	姜				薑
							㉝	寔				實
							㉞	麄				麤
							㉟	麄				麤
							㊱	麄				麤
81	24オ		5年	閏2月	8日	1135	(1)	劧	効	効	390	効
82	24オ		6年	12月	13日	1136	(1)	茶	蔡	蔡	385	蔡
							(2)	「郎」の下1字空白	「以」～「也」印あり、消去。「郎」の下に「―（縦線）」あり	「郎」の下○印		空白なし
							(3)	「息」、頭注「息殆恩賞之偽」息は恩賞とする	息	「息」の横に「恩？」とあり		恩

83	24ウ			12月	29日		(1)	麁			なし	麤
							(2)	寔				實
							(3)	眞				「眞眞」とあり一字多い
							(4)	寔				實
84	25オ		7年	7月	2日	1137	(1)	勅			353	敕
							(2)	蕃	蕃	蕃〔藩〕		
							(3)	准				準
							(4)	勅				敕
							(5)	塩	塩			鹽
							(6)	塩	塩			鹽
85	25オ			閏10月	3日		(1)	宜			392	亘
							(2)	「爾」の下1字空白	「先」～「之」印あり、消去。「爾」の下に「—（縦線）」あり	「爾」の下○印		空白あり
							(3)	連南天	連南夫（正しい）	連南夫（正しい）		連南夫（正しい）
							(4)	南天	南夫	南夫（正しい）		南夫（正しい）
							(5)	訥	訥	訥		納
							(6)	亜の後の里が欠落	亜の後の里が欠落	亜里留不歸（正しい）「亜」の下に「里」あり、その下の「因」なし		「亜」の下に「里」を入れる。
							(7)	上令安南夫、安は連か。	上令安南夫安は連か。	上令連南夫とあり正しい。		上今委南夫。
86	25ウ		8年	7月	16日	1138	(1)	僚			なし	寮
							(2)	發	「發」の上に「起」あり（正しい）			「發」の上に「起」あり（正しい）

							(3)	虡				「處」。「處」の上に「本本」とあり、一字多い。
							(4)	切				竊
							(5)	虧				虧
							(6)	並	拜			幷
							(7)	齊				齋
87	26オ		11年	11月	1141		(1)	「是」、頭注「有之偽」とある。「所有」となり、あらゆるの意か。		なし	なし	
							(2)	朱				硃
							(3)	朱				珠
							(4)	箔舶	箔舶			舶。「箔」なし
							(5)	「工」、頭注「上之偽」	工			上（正しい）
							(6)	「葺」、頭注「茸？」	茸			茸
							(7)	竭（正しい）	蝎			蝎
							(8)	已	巴			芭
							(9)	「熟脳～脳」双行	「熟脳～脳」小字			双行小字ではなく、語句毎に一字空けて記す。なお、頭注に「接写不空」とある。
							(10)	麄				麤
							(11)	姜				薑
							(12)	鱉				鼊
							(13)	烏里香				下の欄外に「苓上香中黄熟者」とあり、烏里香以下を欠けているので補充している。

(14)	蕃班布		なし
(15)	烏		五。「烏」であろう
(16)	箋		簞
(17)	麁		麤
(18)	豆		荳
(19)	姜		薑
(20)	漸		斬
(21)	片		片カ
(22)	片		(亍)片カ
(23)	片		(亍)片カ
(24)	果		菓
(25)	「寔〜脚乘」寔字に傍点あり		實
(26)	黄		磺
(27)	蘇	蘇	
(28)	蘇木次下		「蘇木」の下に「次下」なし、二文字白空。
(29)	海南蘇木		「海南蘇木」の四文字なし、四文字空白。
(30)	姜		薑
(31)	枝		板
(32)	涓		滑
(33)	粗		麁
(34)	令		零
(35)	粗		麁
(36)	苓		苓カ
(37)	冷		冷

							(38)	楡				楡
							(39)	粗				麤
							(40)	繭				蠒
							(41)	子				「子」なし
							(42)	「芎崙梅」、ルビ「クモンコルモン」あり。これのみ。貴重である。	ルビ無し	ルビ無し		ルビ無し
							(43)	豆				荳
							(44)	片				庁　片カ
							(45)	被				皮
							(46)	倭條短、重複カ。長倭條、短倭條、短板肩という読み方も出来る。				「倭條短」のみ。
88	28ウ			11月	23日		(1)	(十一年)		十年。「十一年」の誤り。	387	
							(2)	礙				碍
							(3)	罪	罰			罰
							(4)	「販」～「同」双行。	「販」～「同」印あり。「販」に双行の印あり。「同」に双行止の印あり。双行止を消さず。そのため、文庫抄本は双行にしている。	文庫抄本と同じく双行としている。		双行
							(5)	「謂」～「官」双行	「謂」～「官」印あり。上と同じ双行止を消さず。			双行

							(6)	頭注「視？」覆視俟カ	覆俟	視？		覆視俟
							(7)	「販」～「同」双行	「販」～「同」印あり。双行止の印を消さず。			双行
							(8)	「覆～同」双行	「覆～同」印あり。双行止の印を消さず。			
							(9)	「覚」～「等」双行	「覚」～「等」印あり。双行止の印を消さず。			双行
89	29オ		12年	10月	28日	1142	(1)	二十八		二十八	331～2	十八。「二」なし。
							(2)	「事」の下１字空白	「福建」～「詔」印あり。双行と双行止の印を消す。			空白なし
							(3)	絡	給	絡		給
							(4)	専一主管買	専一主管買	「専一買」とあって「主管」なし		専一主管買
							(5)	今		除？とする（藤田のみ）		
90	29ウ		14年	9月	6日	1144	(1)	樓璹（正しい）		樓「鑰？」	382	
							(2)	備	備	備		脩
91	30オ		15年	12月	18日	1145	(1)	「管」の下１字空白	「従」～「也」に印あり。消去	319		空白なし
92	30オ		16年	4月	10日	1146	(1)	曹　市舶曹泳とあり。	「曹」なし　市舶司泳とあり、「司」が入る。		なし	市舶曹泳
							(2)	許	許カ			詳
93	30ウ			9月	25日		(1)	宜			なし	亘
							(2)	虧	阜（正しい）			阜（正しい）

							(3)	之	之			「之」無し。袁復一は人物名。
							(4)	「官」の下1字空白	「官」の下に○印あり。「以」～「命」印あり、消去			空白なし
							(5)	州	南			南
94	30ウ		17年	11月	4日	1147	(1)	並	並	幷	357	並
							(2)	押	抽	押		抽
							(3)	「行」の下1字空白	「先」～「是」印あり、消去	「行」の下○印		空白なし
95	31オ		18年	閏8月	17日	1148	(1)	州　(1)′差			354	「州」なし
							(2)	一員				官一員
							(3)	「任」の下1字空白	「任」の下に○印あり。「従」～「也」印あり、消去	「任」の下○印		
96	31オ		21年	閏4月	4日	1151	(1)	寄			なし	寄
97	31ウ			7月	8日						なし	
98	31ウ		27年	6月	1日	1157	(1)	舶司			385～6	「舶司」の下に「遁年」が入る。他はなし。
							(2)	反	及	反		及（正しい）
							(3)	推息		「推息」は「恩」の譌か		恩（正しい）
							(4)	又（正しい）				人
							(5)	息		息。「恩」の字の誤りであろう。		恩
99	32オ		29年	9月	2日	1159	(1)	宜	亘		342～3	亘
							(1′)	論	論	論		論なし
							(2)	萬（正しい）				「萬」なし

							(3)	宜	宜			宜
							(4)	寔				實
							(5)	進	進			退（正しい）
							(6)	寔				實
							(7)	「奏」の下１字空白	「奏」の下「—（縦線）」○印、「以」～「也」印あり、消去			空白なし
							(8)	切				竊
							(8′)	舶	舶	舶		市舶
							(9)	「及」、頭注「乃？」	及	乃？		及
							(10)	概	槩			槩
							(11)	「侮」、頭注「舞？」とあり	侮	侮を「舞？」とある		舞
							(12)	着				著
100	33オ	隆興	1年	12月	13日	1163	(1)	舩	船		378	船
							(2)	宜				宜
							(3)	虧	虧	虧		虧
							(4)	南				州
101	33ウ		2年	7月	25日	1164	(1)	寗	寧		なし	寧
							(2)	二	二			一
							(3)	通	邇			邇
							(4)	「之」の下１字空白	「之」の下—（縦線）印、「継」～「戻」印あり、消去			空白なし
102	33ウ			8月	13日		(1)	思	懼		356, 376, 377	懼
							(2)	粗				麤
							(3)	虜				處
							(4)	力戸	力戸	力戸。		物力戸

							(5)	目	自カ	目		自
							(6)	並	並	幷		並
103	34ウ	乾道	2年	5月	14日	1166	(1)	紹	給（正しい）	給	379	給
104	35オ			6月	3日		(1)	解	觧		319	
							(2)	「今」、頭注「令？」	（今）	今、令？とある		令
							(3)	「提督」の下1字空白	「督」の―（縦線）あり、「先」～「命」印あり、消去	「提督」の下○印		空白なし
							(4)	寮				僚
							(5)	舩	船			船
							(6)	宜	宜			冝
105	35ウ				27日		(1)	頓	頓		なし	頓
106	36オ		3年	4月	3日	1167	(1)	汎	汎	汎	320	汎
107	36オ			4月	22日		(1)	回	囬	回	376	回
							(2)	驗	驗	驗		驗
							(3)	處				處
							(4)	解	觧			解
							(5)	「解」の下1字空白	「従」～「也」印あり、消去	この部分の引用なし		空白なし
108	36オ			12月	23日		(1)	「錢」の下1字空白	「従」～「也」印あり、消去	この部分の引用なし	363	空白なし
109	36ウ		7年	10月	13日	1171	(1)	広南市舶	広南市舶	「南」なし	370	広南
							(2)	麁		麁		麤
							(3)	並	並	幷		並
							(4)	「指揮」の下1字空白	「従」～「也」印あり、消去	「指揮」の下○印		空白なし
110	36ウ		9年	7月	12日	1173	(1)	「不施行」の下1字空白	「施行」の下に―（縦線）あり。「先」～「命」印あり。消去	「不施行」の下○印	302	空白なし

							(2)	押	押	押		抽
							(3)	寮				僚
							(4)	正元	正元	正元		「正」を「貞」と修正
							(5)	言	事	言		事

※「藤田論文」とは「宋代の市舶司及び市舶條令例」(『東洋学報』7-2、大正６年５月、『東西交渉史の研究――南海――』1932年所収) である。

※『補編』は年号・月・日毎に「另行」という印がある。その印に従って月・日毎にし番号を付した。

※『文庫本食貨市舶』を中心として『補編』市舶、「藤田論文」市舶引用、『宋会要』職官44市舶の記述が異なる部分のみ記した。

※１「凡」に雙行あり。～「権」雙行止の印あり。この印を墨で消している。これを「凡」～「詔」印あり、消去と記す。以下、これに従う。

※２『文庫本食貨市舶』には欄外に注記がある。

※３「五六十」『宋会要』職官44市舶では、「五七十」とある。また『宋会要』蕃夷4―93大食、同日に「五十七斤」とある。五十七斤が正しい。

※４『補編』に「尋」の字に雙行の朱印あり。抹消されていない。末尾に雙行止の印なし。したがって、藤田抄本では、「尋」～「罷」の九字が双行となっている。即ち、『補編』で雙行の印のある文章末尾に雙行止の朱印があり、その両者とも墨で抹消している。そのために双行にすることなく、普通に書いている。このNo.72は、雙行止を抹消し忘れた例として興味深く、藤田本は双行としている。他にも同じような例がある。

※５　藤田の○は『補編』のどのような時にあるのか。No.78は『補編』が―と線があるとき。文庫本は「以応副」とあり、『補編』は「無以応副」とあり、「無」の字がある。意味は「無」があるのとないのでは肯定か否定の違いである。意味上から言って、「無」は絶対に必要である。藤田氏は書写の時に「無」を抜かしてしまった。意味がとれないので、(難) と〔　〕をつけている。

※６　88で文庫抄本では双行とする。補編で双行とせよと記しているからである。つまり、雙行……雙行止の印を消すのを忘れたためと思われる。したがって藤田氏が書写する時に、「雙行……雙行止」とある中の文書をわざわざ、双行にしたのである。このことから藤田氏は実に『補編』を忠実に指示通りに書写したかがわかる。

※７　頁は最初の頁数だけ記した。オは表、ウは裏の意。

附

食貨三十八　　　宋会要巻二百十八

大興徐松輯大典本　　　呉興劉承幹編定

市舶

一、本資料は、東洋文庫蔵手抄本『宋会要』食貨三十八市舶（Ⅱ―15―A―16）を活字化したものである。東洋文庫蔵の書を全文複写することを禁じられているため、写真を使用せずに、活字化した。

二、字は、できるだけ原文によったが、ない場合には、常用漢字によった。

三、半葉十行、一行二十字も原文通りとした。

四、文頭の数字（1）～（110）は、年代順になっているので、便宜上つけた。

五、文の下の数字（1オ）～（37ウ）は葉数であるが、便宜上つけた。

1

東洋文庫

食貨三十八　宋會要巻二百十八

大興徐松輯大典本　呉興劉承幹編定①

市舶②

掌市舶③南蕃諸國物貨航舶而至者、初於廣州置司、以知州為使通判為判官、及轉運使司掌其事、又遣京朝官三班內侍三人專領之、後又於杭州置司、淳化中徙置於明州定海縣、命監察御史張肅主之、明年肅上言非便、復於杭州置司、咸平中、又命杭州④各置司、聽蕃客從便、若船至明州定海縣、監官封船、塔⑤堵送州、凡大食・古邏・闍婆占城・勃泥・麻逸・三佛齊・賓同臘・沙里亭・丹流眉・並[6]通貨易、以金銀緡錢鉛錫雜色帛精麁瓷器、市易香藥・犀象・珊瑚・琥珀・珠鉼[7]賓[8]銕[9]・鼊皮・瑇瑁・瑪瑙・車渠・水晶・蕃布・烏滿・蘇木之物、太平興國初、京師置榷易院、乃詔諸蕃國香藥寶貨、至廣州交趾泉州兩浙[10]、非出於官庫者、不得私相市易、後又詔民間藥石之具、恐或致闕、自今唯珠貝瑇瑁犀牙賓鐵・鼊皮・珊瑚・瑪瑙・乳香禁榷外、他藥官市之餘、聽市貨與民、其後三州[11]知州領使、如勸農之制、通判兼監而罷判官之名、每歲止[12]三班內侍專掌、轉運使亦總領其事、大抵海舶至、十先征其一、其價直酌蕃

貨輕重而差給之大典卷一萬七⑬千五百五十二

2
太祖開寶四年六月、命同知廣州潘美尹崇珂、並①充
市舶使、以駕部員外郎通判廣州謝處②玭、兼市舶判
官同上③

3
太祖①太平興國元年五月、詔敢與蕃客貨易、計其直、
滿②一百文以上、量科其罪、過十五千以上、黥面配海
島、過此數者、押送赴闕、婦人犯者、配充針工淳化五年二月
又申其禁、四貫以上徒一年、遞加③、二十貫以上
黥面配本地充役兵、同上

4
二年正月、命著作佐郎李鵬舉、充廣南市舶使同上

5
七年閏十二月、詔聞在京①及諸州府人民、或少藥物

2オ

6

食用、今以下項香藥・止禁榷廣南漳泉等州舶船上、
不得侵越州府界、紊亂條法、如違、依條斷遣、其在京
並②諸處③即依舊官場出賣、及許人興販④、　凡禁榷物
八種、瑇⑤瑁・牙・犀・賓銕⑥・鼊皮・珊瑚・瑪瑙・乳香・放通行藥
物三十七種、木香・檳榔・石脂・硫黃・大腹・龍脳・沈香・檀
香・丁香・丁香皮・桂・胡椒・阿魏・蒔蘿・蓽澄茄・訶子・破故
紙・荳蔲花・白荳蔲・鵬沙・紫礦・胡蘆巴⑦・蘆薈・蓽撥・益智
子・海桐皮⑧・縮砂・高良薑⑨・草荳蔲・桂心苗・沒藥・箋⑩香・安
息香・黃熟香・烏樠木・降真香・琥珀・後紫礦亦禁榷、同上
雍熙四年五月、遣內侍八人、齎敕書金帛、分四綱、各

往海南諸蕃國、勾招進奉、博買香藥犀牙眞珠龍脳
每綱齎空名詔書三道、於所至處①賜之同上
7 端拱二年五月、詔自今商旅出海外蕃國販易者、須
於兩浙①市舶司陳牒、請官給券以行、違者沒入其寶
貨同上
8 淳化二年四月、詔廣州市舶、每歳商人舶船、官盡增
常價買之、良苦相雜、官益少利、自今除禁榷貨外、它①
貨擇良者、止市其半、如時價給之、粗②惡者恣其賣勿
禁同上
9 至道元年三月、詔廣州市舶司曰、朝廷綏撫遠俗、禁

止末游比來食祿之家、不許與民爭利、如官吏罔顧
憲章、苟徇貨財、潛通交易、闌出徼外、私市掌握之珍、
摩殆靡
公行道中、摩①虞薏苡②之謗、永言貪冒、深蠹彝倫、自今
宜③令諸路轉運司、指揮部內州縣、專切糾察內外文
武官僚、敢遣親信於化外販鬻者、所在以姓名聞同上
10 四月令金部員外郎王澣、與內侍楊守斌、往兩浙相
度海舶路同上
11 六月、詔市舶司監官及知州通判等、今後不得收買
蕃商雜貨、及違禁物色、如違、當重置之法①、先②是南
如殆若之譌
海官員、及經過使臣、多請託市舶官如③傳語蕃長、所

買香藥、多虧價直、至是左正言馮極④奏其事、故有是
詔同上

12
九月王澣等使還、帝諭以言事者稱、海商多由私路
經販、可令禁之、澣等言、取私路販海者、不過小商以
魚乾爲貨、其大商自蘇杭取海路、順風至淮楚間、物
貨既豐、收稅復數倍、若設法禁小商、則①大商亦不行
矣、從之、同上

13
眞宗咸平二年九月、兩浙轉運使副王渭言、奉勅相
度杭明州市舶司、乞只就杭州一處①抽解、詔杭州各
置市舶司、仍取蕃官穩便同上

14
大中祥符二年八月九日、詔杭廣明州①市舶司自今
蕃商齎鍮石至者、官爲收市、斤給錢五百②　以初立
禁科也、時三司定直斤錢二百、詔特增其數

15
九年九月十八日、太常少卿李應機言、廣州勾當市
舶司使臣、自今後望、委三司使副①判官或本路轉運
使、奏廉幹者充選、從之　同上

16
天德①元年六月、三司言、大食國蕃客麻思利等回收
買到諸雜②物色、乞免緣路商稅、今看詳麻思利等將
博買到眞珠等、合經明州市舶司抽解外、赴闕進賣
今却作進奉名目、直來上京、其緣路商稅不令放免、

詔特蠲其半同上

17 三年十月、供備庫使侍其音①同御名言、廣州市舶庫門、舊

輸殆轉之譌

令鈐轄監閲、望止於都監押內輸②司其事從之同上

18 四年六月、右諫議大夫李應機言、廣州通判、保①審官
院差、縁兼市舶公事、望自今中書選差、候得替日、如
不虧遞年課額、特與改官、優加任使其市舶使臣亦
候得替、依押香藥綱使臣例、遷轉親民任使②、詔廣州
通判、於京朝官中選、累有人奏擧者、具名取旨、其市
舶③依所請施行同上

19 仁宗天聖三年八月、審刑院大理寺言、監察御史朱

20

諫上言、福州遞年、常有舶船三兩隻、到鐘門海口、其
郡縣官吏(1)、多令(2)人將(3)錢物金銀博買眞珠犀象香藥
等、致公人百姓、接便博買、却違禁寶貨不少、乞申明
條貫下本州從之（同上）
四年十月、明州言、市舶司牒、日本國太宰府進奉使
周良史狀、奉本府都督之命、將土產物色進奉、本府
寂(3)　殆敢之謁
看詳、即無本處(1)章表、未寂(2)發遣上京、欲令明州只作
本州意度、諭周良史、緣無本國表章、難以申奏朝廷
所進奉物色、如肯留下即約度價例廻荅、如不肯留
下即却給付、曉示令廻、從之（同上）

21 五年九月、自今遇有舶船到廣州、博買香藥、及得一
兩綱、旋具奏聞(1)、乞差使使臣管押 同上

22 六年七月十六日、詔廣州近年蕃船罕至、令本州與
轉運司、招誘安存之、同上

23 八年六月、詔廣州近年蕃船罕至(1)、自今三班院、依揀
走馬承受使臣例、選取三人、各曾有擧主三人已上
者、具脚色姓名、供申樞密院、其差出使臣、如在任終(2)
滿三年、委賓(3)廉愼、別無公私過犯、仍令本路轉運使
副保奏、當與酬奬 同上

24 景祐五年九月七日、太常少卿直昭文館任中師言、

25

臣在廣州、奉敕管勾市舶司使臣三人、通判二人、亦
是管勾市舶司、名銜(1)並(2)同、勘會所使印、是市舶使字、
乞自今少卿監以上知廣州、並兼市舶使入銜、內外(3)
通判、亦充市舶判官、或主轄市舶司事(4)管勾使臣並
申狀(5)、詔知州徐起兼市舶使、今後少卿監已上知州、
兼市舶使、餘不行同上
神宗熙寧四年五月十二日、詔應廣州市舶司每年
抽買到乳香雜藥、依條計綱、申轉運司、召差廣南東
西路得替官、往廣州交管押、上京送納、事故銜(1)替之
人勿差、至元符三年六月十一日廣東轉運司奏欲於上京送納字下、添入如逐路無官願就、即

6ウ

26

不限路分官員並③許召差、如無官、仍約
定綱數申省、乞差軍大將裝押字、從之②、
七年正月一日、詔諸舶船、遇風信不便、飄至逐州界、
速申所在官司、城下委知州、餘委通判、或職官、與本
縣令佐、躬親點檢、除不係禁物・税訖給付外、其係禁
諸殆漳之譌①
物、即封堵、差人押赴隨近市舶司、勾收抽買、諸泉福
縁海州、有南蕃海南物貨船到、並②取公據③驗④認如已
經抽買、有税務給到回引、即許通行、若無照證、及買
得⑤未經抽買物貨、即押赴隨近市舶司、勘驗施行、諸
客人買到抽解下物貨、並於市舶司、請公憑引目、許
往外州貨賣、如不出引目、許人告・依偷税法同上

27
七月十八日、詔廣南東路提擧司、劾廣州市易務勾
當公事呂邈[1]、以擅入市舶司、拘攔蕃商物故也 同上

28
十九日、詔廣州市舶司、依舊存留、更不併歸市易務
同上

29
九年正[1]月二日、中書門下言、給事中集賢殿修撰程
師孟、乞罷杭州明州市舶司、只就廣州市舶一處[2]抽
解、欲令師孟、赴三司、同共詳議利害以聞、三司言、今
與師孟、同共詳議廣明州市舶利害、先次刪立抽解
條約、詔恐逐州有未盡未便事件、令更取索重詳定
施行 同上

30 元豐三年八月二十七日、中書言、廣州市舶條已修定、乞專委官推行、詔廣東以轉運①使孫迥、廣西以轉運使陳倩、兩浙以轉運副使周直孺、福建以轉運判官王子京、迥・直孺・兼提舉推行、倩・子京・兼覺察拘攔、其廣南東路安撫使、更不帶市舶使、

31 五年十月十七日、廣東轉運副使兼提舉市舶司孫迥言、南蕃綱首持三佛①齊詹畢國主・及主管國事・國主之女・唐字書、寄臣熟龍脳二百二十七兩・布十三段②、臣昨奉差③委、推行市舶法、臣以海船法敝商旅輕於冒禁、每召賈胡、示以條約、曉之以來遠之意、今幸

刑戮不加而來者相繼、前件書物等、臣不敢受、乞估直入官、委本庫買綵帛物等、候冬船回報謝之、所貴通異域之情、來海外之貨、從之（同上）

32 十二月二十一日、廣西轉運副使吳潛言、雷化發船之地、與瓊島相對、今令倒下廣州請引、約五千里、不便欲乞廣西沿海一帶州縣、如土人客人、以船載米穀牛酒黃魚及非市舶司抽解之物、並更不下廣州請引、詔孫逈相度於市舶法、有無妨礙（同上）

33 六年十一月十七日、密州范鍔言、欲於本州置市舶司、於板橋鎭置抽解務、籠賈人專利之權、歸於(1)公上、

8ウ

其利有六、使商賈入粟塞下、以佐邊費、於本州請香
藥雜物、與免路稅、必有奔走應募者、一也、凡抽買犀
角象牙、乳香、及諸寶貨、每歲上供者、既無道塗勞費
之役、又無舟行侵盜傾覆之弊、二也、抽解香藥雜物、
每遇大禮、內可以助京師、外可以助京東河北數路
賞給之費、三也、有餘則以時變易、不數月、坐有倍稱
之息、四也、商旅樂於負販、往來不絕、則京東河北數
路郡縣稅額增倍、五也、海道既通、則諸蓄寶貨源源
而來、上供必數倍於明廣、六也、有此②′六利而官無橫
費難集之功、庶可必行而無疑、況本州及四縣常平

庫錢不下數十萬緡、乞借為官本、限五年撥還、詔都
轉運使吳居厚、悉意斟酌、條析③以聞④、　其後居厚言、
其取予輕重之權、較然可見、於今無不可推行之理、
欲稍出錢帛、議其取舍之便、考其贏縮之歸、仍上置
榷易務差官吏牙保法、請自七年三月推行、已而居
厚又言、鍔所請置抽解務、如此則牽制明廣二州已
成之法、非浙廣江淮數路公私之便、海道至南蕃極
遠、登萊東北密邇遼人、雖立透漏法、勢自不可拘欄、
而板橋又非商賈輻湊之地、恐不可施行同上
哲宗元祐二年十月六日、詔泉州增置市舶同上

35 三年三月十八日、密州板橋置市舶司同上

36 五年十一月二十九日、刑部言、商賈許由海道往來、蕃商①興販、並具人②船③物貨名數所詣去處、申所在州、仍召本土物力戶三人委保、州為驗實、牒送願發船州、置簿給公據聽行、回日許於合發船州住船、公據納市舶司、即不請公據而擅④乘船、自海道入界河、及往高麗新羅登萊州界者、徒二年五百里編管、往北界者、加二等配一千里、並許人告捕、給船物半價充賞、其餘在船人、雖非船物主、並杖八十、即不請公據而未行者、徒一年鄰州編管、賞減擅行之半、保人並

減犯人三等、從之 同上

37 元符二年五月十二日、戸部言、蕃舶為風飄着①沿海州界、若損敗及舶主不在、官為極②救、録物貨、許其親屬召保認還、及立防守盜縱許③冒④斷罪法、從之 同上

38 徽宗崇寧①元年七月十一日、詔杭州明州市舶司、依舊復置、所有監官專庫手分等、依逐處舊額 同上

39 三年①五月二十八日、詔應蕃國及土生蕃客願往他州、或東京販易物貨者、仰經提擧市舶司陳狀、本司勘驗詣②實、給與公憑、前路照會、經過官司、常切覺察不得夾帶禁物及姦細之人、其餘應有關防約束事

件、令本路市舶司、相度申尚書省③、　先是廣南路提舉市舶司言、自來海外諸國蕃客將寶貨渡海赴廣州市舶務抽解、與④民間交易、聽其往還許其居止、今來大食諸國蕃客、乞往諸州及東京買賣、未有條約、故有是詔 同上

40 四年五月二十日、詔每年蕃船到岸、應買到物貨、合行出賣、並①將在市寔②直價例、依市易法、通融收息、不得過二分③、　從廣南提舉市舶司請也 同上

41 五年①三月四日、詔廣州市舶司、舊來發舶往來南蕃諸國博易回、元豐三年舊條、只得却赴廣州抽解②、後

往殆住之譌(3)

來續降、沿革不同、今則許於非元發船州住船抽買
緣此大生姦弊、虧損課額、可將元豐三年八月舊條、
與後來續降衝改參詳、從長立法、遵守施行 同上

42 大觀元年三月十七日、詔廣南福建兩浙市舶、依舊
復置提舉官 同上

43 三年七月二(1)日、詔罷兩浙路提舉市舶官、令提舉常
平官、兼專切提舉、通判管勾 同上

44 政和二年五月二十四日、詔兩浙福建路、依舊復置
市舶(1)、從福建路提點刑獄邵濤請也 同上

45 三年七月十二日、兩浙提舉市舶司奏至道元年六

月二十六日、敕應知州通判諸色官員①、並②市舶司官
使臣等、今後並③不得收買蕃商香藥禁物、如有收買、
其知通諸色官員、並市舶司官、並④除名、使臣決配、所
犯人亦決配、縁止係廣南一路指揮、詔申明行下同上

46
四年五月十八日、詔諸國蕃客、到中國居住、已經五
世其財産、依海行無合承分人及不經遺囑者、並①依
戶絶法、仍入市舶司拘管同上

47
五年七月①八日、禮部奏、福建路提舉市舶司狀、昨自
興復市舶、已於泉州置來遠驛、與應用家事什物等
並足、并立②定犒設饋送則例、及已置使臣一員、監市

舶務門兼充接引幹當來遠驛、及本司已③出給公據
付劉著等收執、前去羅斛占城國、說論招④納、許令將
寶貨前來投進外、今照對慕化貢奉諸蕃國人使⑤等
到來、合用迎接・犒設・津遣・差破當直人從・與押伴官
等、有合預先措置申明事件、今措度、欲乞、諸蕃國貢
奉使副判官首領所至州軍、乞用妓樂迎送、許乘轎
或馬、至知通或監司、客位候、相見罷、赴客位上馬、其
餘應干約束事件、並乞依蕃蠻入貢修例施行、如更
有未盡事件、取自朝旨、本部尋下鴻臚寺勘會、據本
寺狀稱、契勘福建路市舶司、依崇寧二年二月六日

朝旨、招納到占城羅解⑥二國、前來進奉、內占城先累
赴闕、係是廣州解發外、有羅斛國、自來不曾入貢、市
舶司自合依政和令、詢問其國遠近大小強弱、與已
入貢何國為比、奏、本部勘會、今來本司並未曾勘會
依條比奏、及申明合用迎接等事、今欲下本司勘會、
依條比奏施行、詔從之同上

48 八月十三日、詔提舉福建路市舶施述與轉一官①、
以招②誘抽買寶貨增羨也同上

49 七年七月十八日、提舉兩浙路市舶張苑奏、欲乞鎮
江平江府、如有蕃商願將舶貨投官入官①、即令稅務

監官、依市舶法博買、內上供之物、依條附綱起發、不
堪上供物貨、關提刑司、選官估賣、從之 同上

50 宣和元年八月四日、又奏、政和三年七月二十四日
聖旨、於秀州華亭縣興置市舶務、抽解博買、專置監
官一員、後來因青龍江浦堙塞、少有蕃商舶船前來
續承朝旨罷去正官、令本縣官兼監、今因開修青龍
江浦通快、蕃商舶船、輻湊住泊、雖是知縣兼監、其華
去殆乞之譌(1)
亭縣係繁難去處、欲去依舊置監官一員管幹、乞從
本司奏辟、從之 同上

51 十二月十四日、詔福建提舉市舶蔡栢、職事修舉、可

特轉一官、勾當公事趙寘轉一官令再任同上

52 三年十一月二十六日、詔諸路市舶本錢、並依茶壚
錢已得指揮同上

53 四年五月九日、詔應諸蕃國進奉物、依元豐法、更不
起發、就本處出賣、尚①敢違戾、市舶司官吏②、以自盜論
同上

54 七年三月十八日、詔給降空名度牒廣南福建路各
五百道、兩浙路三百道、付逐路市舶司、充折博本錢
仍每月、具博買並①抽解到數目、申尚書省同上

55 高宗建炎元年六月十三日、詔市舶司多以無用之

14オ

物、枉費國用、取悦權近、自今有以篤耨香指環・瑪腦・猫兒眼睛之類、博買前來、及有虧蕃商者、皆重寘其罪、令提刑司、按舉聞奏同上

56 十四日、詔兩浙福建①提舉市舶司、併歸轉運司、令逐司、將見在錢穀器皿等拘收、具數申尚書省同上

57 十月二十三①日、承議郎李則言、閩廣市舶舊法、置場抽解、分②粗細③二色、般運入京、其餘麁④重難起發之物、本州打套出賣、自大觀以來、乃置庫收受、務廣帑藏張大數目、其弊非一、舊係細色綱、只是眞珠龍脳之類、每一綱五千⑤兩、其餘如犀牙紫礦乳香檀香之類

14ウ

58

盡是⑥麄⑦色綱、每綱一萬斤、凡起一綱、差衙前一名管
押、支脚乘贍家錢、約計一百餘貫、大觀以⑧後、犀牙紫
礦之類、皆變作細色、則是舊日一綱、分爲之十二綱、
多費官中脚、乘贍家錢三千餘貫、乞將前項抽解麄⑨
色、並令本州、依時價打套出賣盡作見錢椿管、許諸
色客人、就行在中、納見錢齎執允便關子、前來本州
支請、詔依舊依所乞同上
二年五月二十四日、詔依舊復置兩浙福建路①提舉
市舶司②尚書省言、併廢以來、土人不便、虧失數多、
故復置之同上

59 六月十日、詔給度牒師號二(1)十萬貫、付福建路、十萬貫、付兩浙路、専充市舶本錢同上

60 十八日、兩浙路提舉市舶吳説劄子、契勘本司廨字(1)、舊在杭州已經燒毀、伏見杭州神霄宮、依昨降朝旨廢罷、見今空閑、欲乞踏逐一位子量、以本司頭子錢修葺、安着一行官吏、詔依、仍不得過四十間同上

61 七月八日、詔兩浙路市舶司、已(1)降指揮、減省冗費、毎遇海商住舶、依舊例支送酒食、罷毎年燕犒、其上供細色物貨、並遵舊制、團綱起發、罷歩擔雇人、廣南福建(2)市舶司准此同上

15ウ

63　62

十月十七日、司農卿黄鍔奏、臣聞元祐間、故禮部尚
書蘇(1)軾奏、乞依祖宗編敕、杭明州並(2)不許發船往高
麗、違者徒二年、没入財貨充賞、並乞刪除元豊八年
九月内創立、許海舶附帶外夷入貢及商販一條、並
蒙朝廷一一施行、臣近具海、舶擅載外國入貢條約、
稟之都省、蒙劄付臣戒諭、臣已取責舶戸陳志蔡周
迪狀、稱今後不得擅載、如違徒二年、財物没官之罪、
欲望特降處分、下諸路轉運市舶司等處、依應遵守
不許違戾、從之、上同
四年四(1)月二十六日、尚書省言、廣南路提舉市舶司

言、檢准敕節文、廣南市舶司狀、廣州市②舶庫、逐日收支寶貨錢物浩瀚、全藉監門官檢察、欲乞許從本司奏③無贓私罪文武官、充廣州市舶庫監門、庶幾得人檢察、杜絶侵盜之弊、從之　同上

64 六月二十二日、詔諸路市舶司錢物、今後並不許諸司官劄刷、如違以徒二年科罪　同上

65 十月十四日、提擧兩浙路市舶劉無極言、近准戶部符、仰從長相度、將秀州華亭縣市舶務、移就通惠鎭、具經久可行事狀、保明申請施行、今相度、欲且存華亭縣市舶務、却乞令通惠鎭税務監官、招邀舶船到

岸、即依市舶法、就本鎮[1]抽解、毎月於市舶務、輪差専
秤一名前去主管、候將來見得通恵鎮商賈、免般剥
之勞、往來通快物貨興盛、即将華亭市舶務、移就本
鎮置立、詔依同上
紹興元年十一月二十六日、提舉廣南路市舶張書
言言、契勘大食人使蒲亞里所進大象牙二百九株
大犀三十五株、在廣州市舶庫收管、縁前件象牙、各
係五六十[1]斤以上、依市舶條例、毎斤估[2]錢二貫六百
文九十四陌、約用本錢五萬餘貫文、省欲望詳酌、如
數目稍多行在難以變轉、即乞指揮、起發一半、令本

司委官秤估、將一半就便搭息出賣、取錢添用③給還蒲亞里本錢、詔令張書言、揀選大象牙一百株並④犀三⑤十五株、起發赴行在、準⑥備解笏造帶、宣賜臣僚使用、餘依同上

67 二年正月二十六日、詔令戶部、取會兩浙等三路提舉市舶司、配①中年分起發上供②物數、並抽解③博買寔④用過錢數、及賣過物色若干等、自權住起發後來所有抽解買賣到息錢、並依此開具申尚書省、內兩浙係近便、仍責限回報、先次措置同上

68 三月三日、詔兩浙提舉市舶、移就秀州華亭縣置司、

69

官屬供給令秀州應副、同上

四月二十六日、戸部言、攄提舉廣南路市舶張書言劉①子、近年以來、不蒙朝廷給降本錢、而轉運司又取撥過本司見錢五萬貫文、見今委寔②闕乏、詔令禮部給降廣南東路空名度牒三百道紫衣兩字師號各一百道、撥還本司、充博買本錢支用 同上

70

六月二十一日、廣南東路經略安撫提舉市舶司言、廣州自祖宗以來、興置市舶、收課入倍於他路每年發舶月分、支破官錢、管①設津遣、其蕃漢綱首作頭稍工等人、各令與坐、無不得其懽心、非特營辦課利、蓋

71

攄？

欲招徠外夷、以致柔遠之意、舊來或遇發船衆多、及
進貢之國併至、量增添幾數亦不滿二百餘貫、費用
不多、所悦②者衆、今準③建炎二年七月勅④、脩⑤坐前提舉
兩浙市舶吳説劄子、每年宴犒、諸州所費、不下三千
餘貫、委是枉費、緣吳説即不曾取會本路設蕃所費
數目例嘗指揮寢罷、竊慮無以招邀⑥遠人、有違祖宗
故事、欲乞依舊犒設、從之同上
七月六日、福建路安撫轉運提舉司奏、準①紹興二年
四月十一日德音、勘會本路地狹民貧、官吏猥衆、訪
聞市舶、只是泉州一處、舊②來係守臣兼領、今③既有提

72

舉、設屬置吏、費耗禄廩、其利之所入、徒濟姦私、而公
上所得無幾、仰本路帥臣監司、同共相度可與不可
廢罷條具聞奏、逐司今相度到、未置提舉官已前、只
是本路轉運或提刑司官兼領、比置官後、所收課額、
元無漏落、兼毎歳自八月以後、至六月以前、風信不
順、即無販蕃[4]、及海南回船到岸、其提舉司官吏、於上
項月分、並各端閑、委是可[5]以廢還逐司、詔依、仍委本
路提刑司兼領同上
八月六日、詔市舶司廢罷、其本司銀噐錢物、並令起
赴行在左藏庫送納、舊管人吏、以入仕年月日先後、

三分中存留一分①、官吏請給舊費、令提刑司、取見元
支窠名、每月支數依元窠名椿收訖、具狀申尚書省、
尋詔市舶司屬
官不罷②　同上
73 九月二十五日、詔舊市舶司職事、令福建提舉茶事
兼領、前降令提刑司兼領指揮、更不施行　同上
74 十月四日、詔福建提舉茶事司、權移住泉州、就舊提
舉市舶司置司、將今來兼管市舶司職務繫銜　同上
75 三年六月四日、戸部言、昨承朝旨、取會兩浙市舶司
已前酌中年分起發上京物數若干等、數權住①起發
徃來抽解轉買、及一面賣過物數、所用本柄②・收到息
錢？

19ウ

錢、並依此開具供申、仍(3)明聲說、曾如何支使、見在之
數、於何處樁管、候比照驗考、有無虧損侵隱、措置經
曾?
久可行利害、申尚書省、本部行下、本司不會(4)・開具依
應回報去後、今據兩浙提舉市舶司申本司、契勘臨
安府明温州・秀州華亭・及青龍、近日場務、昨因兵火、
寔(5)無以前文字供攢、本司今依應、將本路收復以後
建炎四年紹興元年二月内、取紹興元年酌申(6)一年
一路抽解博買到物貨、比附起發變賣收到本息錢
月殆日之譌
數月(7)開具於(8)後、一本路諸州府市舶務五處、紹興元
年一全年、共抽解一十萬九百五十二斤零一十四

20オ

兩尺錢二字八段⑨段等、本部尋行驅考得、雖有所收
息錢、其間多有一面支使名色不一例、各不見具到⑩
許支條法比、欲再行取會、又恐内有違法擅支數目、
遷延月日、不肯依公回報、若不別作擘畫⑪、又縁市舶
務所管朝廷錢物浩瀚、唯在提舉司、檢察拘轄、似此
深恐得以侵用、因而陷失財計、今相度欲乞委浙西
提刑司、取索市舶司、自建炎四年以後應支使錢物
窠名數千照、并許支條法指揮、逐一年細驅磨將不
合支破錢數、依條追理、撥還入官、添助博買錢本、仍
乞令諸州⑫通判、自今後、遇市舶務抽買客人物貨、須

76

管依條躬親入務、同監官抽買、及自紹興三年爲始、
歳終取會逐務開具的寔⑬買到物貨名色・數目・用過
本錢、營運利息、應支使錢物、夾細帳狀、保明申浙西
提刑司、從本司取索驅考、如稍有隱漏不寔⑭之數、並
依無額上供法施行、若逐州通判、不依法躬親入務
同監官抽買、亦乞令提刑司、按劾施行、詔依同上
七月一日①廣南東路提舉市舶官、今後遵守祖宗舊
制、將中國有力之物②、如乳香藥物、及民間常使香貨、
並多數博買、內乳香一色、客算③、尤廣、所差官自當骵④
國、招誘博賣、仍令戶部、限三日、將市舶司抽解博買

舊法参⑤酌、重別立定殿最賞罰條格、具狀申尚書省⑥、
　以尚書省言、提舉官往往非其人、致蕃商稀少、理
合講究故也同上

77 八月二十二日、新差提舉廣南路市舶姚焯言、嘗恩
付以南海舶事、唯蕃商物貨之職而已、他不與焉、今
赴新任、竊恐入境、已①後、或見本路民間、有的寔利病、
乞依守臣五事例、得以條具聞奏、庶幾遠民或②喩德
意從之同上

78 九月九日、詔廣南市舶庫錢物、除朝廷指定取撥①、合
應副②外、其餘官司、今後並③不得取撥支使、雖奉持④旨、

亦聽本司執奏不行⑤、提擧姚焯言、本司錢本、多爲
轉運司畫旨取撥、致以⑥應副蕃商故也 同上
79 十一月十二日、戶部言、諸路收買市舶司、博易物色
本錢、欲依舊用坊場錢應副、從之 同上
80 十二月十七日、戶部言、勘會三路市舶、除依條抽解
外、蕃商販到乳香一色・及牛皮筋①骨②・堪造軍器之物、
自當盡行博買、其餘物貨若③不權宜④立定所起發窠
令?
名、切⑤慮枉費脚乘、欲今⑥三路市舶司、將今來立定名
色計置起發、下項名件、欲令起發赴行在送納、金銀
眞珠玉乳香牛皮筋⑦角象牙犀腦子麝香沉香上中

蒼?

次箋香檀香烏文木鵬砂朱砂木香人參丁香琉璃
珊瑚蘇合油白荳蔲牛黄膃肭臍龍涎香藤⑧香血碣
華澄茄安息香縮沙⑨降眞香肉荳蔲訶子舶上茴香
茯苓菩薩香鹿茸黒附子油脳蓯蓉琥珀上等螺犀
中等螺犀下等螺犀水銀上等藥犀中等藥犀下等
藥犀鹿速香赤倉⑩・腦⑪　脳脳脳⑫泥木扎脳夾雜銀石
碌白附子銅器銀朱⑬苛子南蕃蘇⑭木髙州蘇木隨風
子青木香乾姜⑮川芎紅花雄黄川椒石鐘乳硫⑯黄勺⑰
木夾雜黄熟香頭上等生香茴香烏牛角⑱白牛角⑲沙
魚皮上等鹿皮魚膠海南蘇木熟速香晝黄⑳龜鼊皮

魚鰾椰心簟・蕃小花狹簟・菱牙簟蕃顯布・海南㉑碁盤
布・海南吉貝布海南青花碁盤被㉒單・下色絣香・海南
白布海南白布被㉓單、楝香・上色絣乳香・中色絣香・次
下色絣香・上色袋香・中色袋香・下色袋香乳香塌香・
黒塌香・水濕黒塌香・青碁盤布紬・生速香・斫削揀選
低下水濕黒塌香黄蠟松子・榛子夾煎黄熟香頭・白
蕪荑・山茱萸・茅木・防風・杏仁・五苓脂黄㉔耆土牛膝毛
絶布・高麗小布・占城速香・生熟香夾煎香・上黄熟香・
中黄㉕香・下箋香・石解㉖、下項名件、欲令本處一面變賣、
薔薇水・御碌香・蘆薈・阿魏・華撥・史君子・荳蔲花・肉桂・

茯?

桂花・指環・脳丁香母・扶律膏・大風油・加路香・火丹子・
紫藤香・蔦芹子・荳蔻・黑篤褥・龜童・没藥・天南星・青桂
頭秦皮・橘皮・鱉甲・蒔蘿・官桂・楡甘子・益智・高良姜㉗・甲
香天竺黄・草荳蔻・藿香・紅豆草果㉘・大腹子肉・破故紙・
苓㉙苓香・蓬莪朮木鱉㉚子石決明木蘭皮・丁香皮殼荳
蔻烏藥・柳桂・桂皮・檀香皮・姜㉛黄相思子・蒼朮・青椿香・
幽香・桂心大片香・姜㉜黄熟纏末潮腦三頼子龜頭枝
寔㉝密木檀香纏丁香枝白膠香椿香頭・鶏骨香・龜同
香白芷亞濕香木蘭茸烏黑香麁㉞熟香・下等丁香・下
等冒頭香・下等麁㉟香頭・下等青桂片香・麝香木蕃檳

椰・肉連皮檳榔舊香連皮大腹麄(36)熟香頭・海桐皮・松
搭子犀蹄土半夏常山𧳜仁遠志暫香・下速香・下黄
熟香、詔依同上

81
五年閏二月八日、詔市舶務監官、并見任官、詭名買
市舶司、及彊買客旅舶貨者、以違制論、仍不以赦降
原減、許人告賞錢一百貫、提舉官知通不舉劾(1)、減犯
人罪二等同上

82
六年十二月十三日、詔蕃舶綱首荼(1)景芳、特與補承
信郎(2)、以福建路提舉市舶司言、景芳招誘販到物
貨自建炎元年、至紹興四年、收淨利錢九十八萬餘

83

恩息殆賞之譌

貫、乞推息故（3）也同上

二十九日、戸部言、兩浙市舶司申、看詳到泉州相度、乞今後蕃商販到諸雜香藥、除抽解外取願不以多少博買外、其抽解、將細色直錢之物、依法十分抽解一分、其餘麁（1）色、並以十五分抽解一分、若依所乞、即於本路、委是利便等事、送戸部勘當、本部言、欲下三路市舶司、更切契勘、如委寔（2）可行、不致虧損課息、即依所乞施行、仍仰今後博買物貨、照應前後節次已降指揮、博買施行、毋致枉有占壓本錢、除象牙乳香眞（3）珠犀、係是寔（4）寶貨之物、合依舊分數抽解外、其諸

雜香藥物貨、欲依已勘當事理施行、詔依同上

84

七年七月二日、三省言、紹興七年三月二十一日勅①節文、監司大蕃②節鎭知州差初任通判資序以上人、軍事州軍監第二任知縣資序以上人、檢准③紹興勅④、諸稱監司、謂轉運提點刑獄、其提點坑冶鑄錢茶塩⑤市舶、未有該載、詔提舉坑冶鑄錢、依監司、茶塩⑥市舶、依軍州事已降指揮施行、同上

85

閏十月三日、上曰、市舶之利寖厚、若措置合宜①、所得動以百萬計、豈不勝取之於民、朕所以留意於此、庶幾可以少寬民力爾②、　先是詔令知廣州連南天③、條

具市舶之弊、南天[4]奏至、其一項、市舶司全籍蕃商來
往貨易、而大商蒲亞里者、既至廣州、有右武大夫曽
訥[5]利其財、以妹嫁之、亞[6]因留不歸、上令安[7]南夫勸誘
亞里歸國、往來幹運蕃貨、故聖諭及之同上
八年七月十六日、臣僚[1]言、廣南福建兩浙市舶司、抽
買到市舶香藥物貨、依紹興六年四月九日朝旨、立
定合發[2]本色、并令本處[3]、一面變轉價錢、赴行在送納
名件、緣合起發內、尚有民間使用稀少等名色、若行
起發、切[4]慮枉費脚乘及虧[5]損官錢、詔令諸路市舶司、
如抽買到、利劑局無用、並[6]臨安府民間使用稀少物

87

貨、更不起發本色、一面變轉價錢、赴行在庫務送納、
内廣南福建路、仍起輕齊⑦同上
十一年十一月、戶部言、重行裁定市舶香藥名色、仰
有之偽
依合起發名件、須管依限起發前來、所是①本處變賣
物貨、除將自來條格內該載合充循環本錢外、其餘
遵依已降指揮、計置起發施行、不管違戾、合赴行在
送納、可以出賣物色、細色、呵子・中箋香・沒藥・破故紙・
丁香・木香・茴香・茯苓・玳瑁・鵬砂・蒔蘿・紫礦・碼腦・水銀・
天竺黃末・朱②砂・人參・鼊皮・銀子・下箋香・芥子・銅器・銀
上之偽
朱③・熟速香・帶梗丁香・桔梗・澤瀉・茯神・金箔④・舶工⑤・茴香・

茸？

中熟速香・玉乳香・麝香・夾雑金・夾雑銀・沈香・上箋香
次箋香・鹿茸⑥・珊瑚・蘇合油・牛黄・血竭⑦・膃肭臍・龍涎香・
華澄茄・安息香・琥珀・雄黄・鍾乳石・薔薇水・蘆薈・阿魏・
黒篤耨・鱉甲・篤耨香皮・篤耨香・没石子・雌黄・鷄舌香・
香螺奄胡蘆巳⑧・翡翠・金顔香・畫黄・白荳蔲・龍脳有九
等熟脳梅花脳米脳白蒼脳油脳亦蒼脳脳泥鹿速脳木扎脳⑨麄⑩色胡椒・檀香・夾
箋香・黄蠟・黄熟香・吉貝布・襪面布・香米・縮砂・乾姜⑪・蓬
莪朮・生香・斷白香・藿香・蓽撥・益智・木鱉⑫子・降眞香・桂
皮・木綿・史君子・肉荳蔲・檳榔・青橘皮・小布・大布・白錫・
甘草・荊三稜・碎箋香・防風・蒟醬・次黄熟香・烏里香⑬・茯

荅香・中黄熟香・冒頭香・三頼子・青苧布・下生香・丁香・
海桐皮・蕃青班布・蕃班布⑭・下等冒頭香・下等烏⑮里香・
荅牙箋⑯修割香・中生香・白附子・白熟布・白細布・山桂
皮・暫香・帯枝檀香・鉛土・茴香・烏香・牛齒香・半夏芎袴
布・石碌紫藤香・官桂桂花花藤麄⑰香紅豆⑱・高良姜⑲・藤
黄・黄熟香・頭・釵藤・黄熟香・片・螺頭漸⑳剉香・生香片㉑・水
藤皮・蒼朮紅花片藤・磂磺・水盤頭・赤魚鰾香纏小片
水盤頭・杏仁・紅橘皮二香大片㉒香・糖霜・天南星・松子・
麄小布・大片㉓水盤香・中水盤香・樟脳・青桂香・斧口香・
白苧布鞋面布・丁香皮・草果㉔生苧布・土檀香・青花蕃

布・蓯蓉螺犀隨風子細丁海母・龜同・亞溼香・菩提子・
鹿角・蛤蚧洗銀珠・花棃木・琉璃珠・椰心簟・犀蹄・蕃糖・
師子綏枝、寔○(25)麄○重○枉○費○脚○乘、○峹木・大蘇木・小蘇木・硫
黄(26)・白藤棒修截香・青桂頭香・蕃蘇(27)木・次下(28)蘇木・海南
蘇木(29)鑊鐵白藤麄鐵水藤坯子・大腹子・姜(30)黄麝香木
跳子鷄骨香大腹檀香皮把麻・倭板・倭枋板頭薄板
板掘短枝(31)肩椰子長薄板合簟・火丹子・蛙蛄乾倭合
山枝子・白檀木・黄丹麝檀木苧麻蘇木稍靸相思子
倭梨木榼藤子涓(32)皮松香螺殼連皮大腹吉貝花布・
吉貝紗・瓊枝菜砂黄粗(33)生香・硫黄泥黄木桂短小零

板松枋厚板松枋海松板木枋厚板令赤藤厚枋海
松枋長小令[34]板板頭松花小螺殻粗[35]黒小布杉板狹
小枋令團合雜木柱枝條蘇木水藤箆三抄香團鐵
脚珠蘇木脚生羊梗黄絲火杴煎盤黒附子油脳藥
犀・青木香・白朮蕃小花狹簟・海南白布單・青蕃碁盤
小布・白蕪荑山茱萸茅木五苓脂黄耆毛施布・生熟
香・石斛・大風油・秦皮草荳蔻・烏藥香白芷木蘭茸甤
仁遠志海螺皮生薑黄芩[36]龍骨草枕頭土琥珀泠[37]缾
密木白眠香欝香鐵熨斗土鍋荳蔻花砂魚皮拍環
脳香栢皮黄漆滑石蔓荊子・金毛狗脊五加皮・榆[38]甘

子・菖蒲土牛滕甲香加路香・石花菜・粗(39)絲繭(40)頭大價
香五倍子(41)・細辛韶脳舊香御碌香・大風子・檀香皮纒
香皮纒末・大食芎崙梅《クモンコルモン》・薫(42)陸香・召亭枝龜頭犀香豆(43)
根白脳香生香片(44)・舶上蘇木・水盤頭幽香蕃頭布・海
南碁盤布・海南青花布被(45)單長木長倭條・短倭條・短(46)
板肩同上
二(1)十三日、臣寮言、廣東福建路轉運司、遇舶舩起發、
差本司屬官一員、臨時點檢、仍差不干礙(2)官一員、覺
察、至海口、俟其放洋、方得回歸、如所委官、或縱容般
載銅錢、並乞顯罪(3)、以爲慢令之戒、詔下刑部立法、刑

89

視？

部立到法、諸舶船起發販蕃及外蕃進奉人使回蕃船同④所屬先報
轉運使、差不干礙官一員、躬親點檢、不得夾帶銅錢
出中國界、仍差通判一員、謂不干預市舶職事者差獨員或差委清疆官⑤覆
候⑥・候其船放洋、方得回歸、諸船船起發販蕃及外蕃進奉人使回
蕃船同⑦所委點檢官覆視官同⑧容縱夾帶銅錢、出中國界者、
依知情引領停藏負、載人法、覺察者減三等⑨即覆視官不候
其船放洋而輙回者徒一年、從之同上
十二年十月二十八日①、詔福建路提舉市舶、令見任
官專一提舉、其已差下替人、令疾速赴任、專一提舉
茶事②、福建路提舉市舶司、昨自紹興二年廢罷、遂

令提舉茶事司兼領、就泉州置司、時朝廷措置福建臘茶、欲就行在置局絡③賣、於是通判臨安府呂斌言、乞將福建路茶事司、依舊復歸建州、專一主管買④發臘茶、而戶部言、今將提舉市舶司未廢併以前官吏、今⑤量減孔目官手分各一名外、每月約支錢止三百九十貫、米止十七碩、比之茶事司見請錢米、其錢歲減二千四百六十貫、米減一百二十六碩、故有是詔

同上

十四年九月六日、提舉福建路市舶樓璹①言、臣昨任廣南市舶司、每年於十月內、依例支破官錢三百貫

文、排辦筵宴、係本司提舉官・同守臣犒設諸國蕃商等、今來福建市舶司每年止量支錢、委市舶監官備②辦宴設、委是禮意與廣南不同、欲乞依廣南市舶司禮例、每年於遣發蕃舶之際、宴設諸國蕃商、以示朝廷招徠遠人之意、從之同上

91 十五年十二月十八日、詔江陰軍依温州例置市舶務、以見任官一員兼管①、從本路提舉市舶司請也同上

92 十六年四月十日、提舉福建路市舶曹①泳言、乞今後本路沿海令佐巡尉批書內、添入本地分內、無透漏

市舶物貨一項、所屬得本司保明、方得批書、及州縣有承勘市舶透漏公事、如或滅裂、許②本司奏劾從之、同上

93
九月二十五日、宰執進呈廣南市舶司繳進三佛齊國王寄市舶官書、且言、近年商販乳香頗有虧損、上曰、市舶之利、頗助國用、宜①循舊法、以招徠遠人、虧②通貨賄、於是降右朝散大夫提舉福建路常平茶事袁復之③一官④、以前任廣州⑤市舶虧損蕃商物價、故有是命同上

94
十七年十一月四日、詔三路市舶司、今後蕃商販到

龍脳沉香丁香白荳蔻四色、並①依舊押②解一分、餘數
依舊法施行③、　先是紹興十四年、一時措置抽解四
分、以市舶司言、蕃商陳訴抽解太重、故降是旨 同上
95 十八年閏八月十七日、詔明州①秀州華亭市舶務監
官、除正官外、其添差官內、許從市舶司、每務移差①′一②
員前去、温州江陰軍市舶務專充監官、主管抽買舶
貨、收支錢物、仍與理爲本任③　從提舉市舶司周奕
請也 同上
96 二十一年閏四月四日、右中奉大夫直顯謨閣知撫
州李莊除提舉福建市舶、上曰、提舉市舶官委寄①非

31オ

輕、若用非其人、則措置失當、海商不至矣、莊可發來
赴闕稟議、然後之任　同上

97　七月八日、廣南市舶司言、廣州通判二員、主管市舶
職事、比之幹辦公事、職事爲蕑、乞將通判賞減定、依
幹辦公事官一等推賞、詔下本司上差通判一員、主
管市舶職事、其賞依本司所乞、與幹辦公事一等、比
監官條法減半推賞施行　同上

98　二十七年六月一日、宰執進呈戶部措置廣南銅錢
出界事、上曰廣南市舶司①、有蕃商息錢、如反②額、許補
官、此祖宗舊制、前兩年有陳乞推息③、又④朝廷不與、恐

99

縁此蕃商不至、今後可與依舊例推息(5)、即非創立法

制同上

二十九年九月二日、宰執進呈御史臺檢法官張闡

論市舶事、上曰、廣南福建兩浙三路市舶條法、恐各

不同、宜(1)令逐司先次開具來上、當委官詳定、朕嘗聞

闡論(1)市舶司、歲入幾何、闡奏、抽解與和買以歲計之、

約得二百萬(2)緡、如此即三路所入、固已不少皆在常

賦之外、未知戶部如何收附、及作如何支使、卿等宜(3)

取見寔(4)數以聞、湯思進(5)奏曰、謹當遵依聖訓行下逐

路舶司、抄録條法、并令取見收支寔(6)數、俟到條數聞

奏⑦、以御史臺檢法官張闡言、比者叨領舶司、僅及
二載、切⑧嘗求其利害之灼然者、無若法令之未修、何
乃?
者、福建廣南、各置務於一州、兩浙舶⑧′務及⑨・分建於五
所、三路市舶、相去各數千里、初無一定之法、或本於
一司之申請、而他司有不及知、或出於一時之建明、
而異時有不可用、監官之或專或兼、人吏之或多或
寡、待夷夏之商、或同而或異、立賞刑之制、或重而或
輕、以至住舶於非發舶之所、有禁有不禁、買物於非
產物之地、有許有不許、若此之類、不可概⑩舉、故官吏
舞?
無所遵守、商賈莫知適從、姦吏侮⑪・文、遠人被害、其爲

患深、欲望有司取前後累降指揮、及三路節次申請、
釐析刪修、着⑫爲一司條制、故上諭及之同上
孝宗隆興元年十二月十三日、臣寮言、舶舩①物貨、已
經抽解、不許再行收税、係是舊法、緣近、來州郡密令
場務、勒商人、將抽解餘物重税、却致冒法透漏、所失
倍多、宜②行約束、庶官司無虧③、興販益廣、戶部看詳、在
法、應抽解物、不出州界貨賣、更行收税者、以違制論、
不以去官赦降原減、欲下廣南④福建兩浙轉運司、并
市舶司、鈴束所屬州縣場務、遵守見行條法、指揮施
行、從之同上

二年七月二十五日、臣寮言、熙寧①初創立市舶二②司、所以來遠人通物貨也、舊法抽解、既有定數、又寛期納税、使之待價、此招致之方也、通③來州郡官吏、趣辨抽解之外、又多名色、兼迫其輸納、貨滯則減價求售所得無幾、恐商旅自此不行、欲望戒敕州郡、推明神宗皇帝立法之意、使商賈懋遷、以助國用、從之④、繼而戸部欲行下廣南福建兩浙路轉運司、并市舶司、鈐束所屬州縣場務、遵守見行條法施行、毋致違戾、

同上

八月十三日、兩浙市舶司申條具利害、一抽解舊法

十五取一、其後十取其一、又其後擇其良者、謂如犀
象、十分抽二分、又慱買四分、眞珠十分抽一分、又慱
買六分之類、舶戶思①抽買數多、所販止是粗②色雜貨、
照得象牙珠犀、係細色、抽買、比他貨至重、非所以來
遠人、欲乞十分抽解一分、更不慱買、一三路舶船、各
有置司去處、舊法召保給公憑起發、回日繳納、仍各
歸發舶處③抽解、近緣兩浙市舶司事爭利、申請令隨
便住舶變賣、遂壞成法、深屬不便、乞行下三路、照應
舊法施行、一商賈由海道、興販諸蕃、及海南州縣、近
限回舶、緣其間或有盜賊風波逃亡事、故不能如期、

103

難以立定程限、今欲乞召力④戸充保、目⑤給公憑日為
始、若在五月内回舶、與優饒抽税、如滿一年内、不在
饒税之限、滿一年已上、許從本司根究責罰施行、若
有透漏、元保物力戸、並⑥當坐罪、從之 同上
乾道二年五月十四日、兩浙路市舶司言、建炎三年
四月四日指揮、應販市舶香藥、紹①引付人戸、遇經過
收税去處、依此批鑿、免兩州商税、當來失寫物貨二
字、致被税務阻節、乞於香藥字下添入物貨二字、詔
依、仍令人戸、於出給文引内、從實開坐所販名件數
目、齎執前去 同上

令?

六月三日、詔罷両浙路提舉市舶司、所有逐處抽解①
職事、委知通知縣監官、同行檢視、而總其數、今②轉運
司提督③、　先是臣寮④言、兩浙路、惟臨安府明州秀州
温州江陰軍五處、有市舶、祖宗舊制、有市舶處知州、
帶兼提舉市舶務、通判帶主管、知縣帶監、而逐務又
各有監官、市舶置司乃在華亭、近年遇明州船舩⑤到、
提舉官者、帶一司公吏、留明州數月、名爲抽解、其實
搔擾、餘州瘠薄處、終任、不到、可謂素餐、今福建廣南
路、皆有市舶司、物貨浩瀚、置官提舉、誠所當宜⑥、惟是
兩浙路置官、委是冗蠹、乞賜廢罷、故有是命 上同

二十七日、兩浙轉運使姜詵言、奉旨提督兩浙市舶
事務、今條具下項、一今來市舶司廢罷、行移文字、欲
就用轉運司印記、元印合行繳納、一市舶司每歲天
申聖節、及大禮、各有進奉銀絹、欲依舊例、將市舶錢
收買發納、一市舶司元於見任官內、差一員兼主管
文字、點檢帳狀、今欲就委轉運司屬官、提舉官廨宇、
今欲充市舶務庫、安頓(1)官物、舊務却有監官廨宇、一
市舶司元管都吏前後行貼司書表客司、共一十一
名、今欲於內、存置前行手分貼司各一名、其餘並罷、
從之 同上

106
三年四月三日、姜詵言、明州市舶務、每歲夏汎①、高麗日本外國船舡到來、依例提舉市舶官、於四月初、親去檢察、抽解金珠等、起發上件、今來撥隸轉運司提督、欲選差本司屬官一員前去、從之同上

107
二十二日、詔廣南兩浙市舶司所發船回①日、內有妄託風水不便、船身破漏、檣柂損壞、即不得拘截抽解、若有別路市舶司所發船、前來泉州、亦不得拘截即委官押發離岸、回元來請公驗②去處③抽解④　從⑤福建路市舶程祐之請也同上

108
十二月二十三日、詔令福建市舶司、於泉漳福州興

化軍、應合起赴左藏西庫上供銀內、不以是何窠名、
截撥二十五萬貫、專充抽買乳香等本錢①、從工部
侍郎提領左藏南庫詵請也同上

109
七年十月十三日、詔今後廣南①市舶司起發麄②色香
藥物貨、每綱以二萬斤正六百斤耗、爲一綱、依舊例
支破水脚錢一千六百六十二貫三百三十七文、省
限五箇月、到行在交納、如別無欠損違限、與依押乳
香三千斤推賞、其差募官管押等、並③依見行條法指
揮④、從戶部尚書曾懷之請也同上

110
九年七月十二日、詔廣南路提舉市舶司申、乞於瓊

州、置主管官指揮、更不施行①、　先是提舉黃良心言、
欲創置廣南路提舉市舶司主管官一員、專一覺察
市舶之弊、并催趕回舶押②解、於瓊州置司、臣寮③言、昔
正元④中、嶺南以舶船多往安南、欲差判官往安南收
市、陸贄以謂示貪風於天下、其言⑤遂寢、遣官收市猶
不可、況設官以漁利乎、故有是命、同上

あとがき

大学二年生（日本女子大）の時、榎一雄先生（東京大学から出講）の東洋史概説の最初の時間、中央アジアのエフタルの民族の興亡史だったと思う、ササン朝ペルシャ、大月氏、クシャン朝などの語句が次々に飛び出す。黒板にユーラシア大陸を描いて説明される。はじめて聞く民族名や国名でさっぱりわからなかったが、一つの民族や国は単独に発展するものではなく、周辺の国々との複雑な関係、歴史の中で興亡するということだけはわかった。その複雑な関係がその時は面白く思い、勉強してみたいと思った。東西交渉史に興味を持つようになったきっかけは、この榎先生の最初の授業である。

卒業論文のテーマを提出しなければならなくなり、石橋秀雄先生に相談すると、まず桑原隲蔵『蒲壽庚の事蹟』と藤田豊八『東西交渉史研究』、森克己『日宋貿易の研究』を読みなさいとアドバイスをいただいた。早速山本書店に行き、『蒲壽庚の事蹟』を購入し夢中で読んだ。こんなに広い分野から考察が出来たらと感激したことを覚えている。一方の藤田豊八の『日宋貿易の研究』も受動的、能動的という貿易の考え方が新鮮だったし、公憑に興味を持った。一方の藤田豊八の市舶の論文は、どうも『宋会要』市舶という資料の解読が主で、漢文ばかりで問題とすることが理解できなかつた。それでも『宋会要』の市舶の資料は東洋文庫にあるということで、東洋文庫に見に行った。長いので写真に撮ることにし、コピーなどない時代、写真の申し込みをした。出来上がって取りにいくと、代金が一か月の寮費とほぼ同額だった。これが『宋会要』市舶との出会いである。東洋文庫で市舶関係の資料をとぼとぼと読んでいたら、榎一雄先生

（東洋文庫の研究部長）が、宋代史に詳しい人がいるので、その人に伺いなさいと宋代史の部屋に連れて行ってくださった。その詳しい人が斯波義信先生であった。斯波先生から、膨大な宋代の資料、これから見なければならない資料などの説明をうけた。そのころ先生は宋代の資料、文集も含めてほぼ見終わっておられ、市舶関係の資料の抜き書きも見せてくださった。今日のようにスイッチ一つで資料が画面に出てくる時代ではない。一頁つづ捲っていたころである。すごい勉強量である。この時に宋代の資料の基礎知識を教えていただいたことは、私にとり大きな財産である。しばらくして先生は熊本大学に赴任された。時は流れて、先生が現在東洋文庫長になられて、先生の主宰する「中国社会経済史用語解」のプロジェクトに現在参加させていただき、再びご指導をいただいている。

卒業論文は市舶関係でまとめた。石橋先生に提出した時、先生から「今後、どんな問題をやってもよいが、一つ決めたテーマからは離れないように、ここで終わってはいけません」と勉強を続けるようにというアドバイスをいただいた。

卒業の時を迎え、高校に決まりかけていたころ、急に、学校の就職課から東洋文庫の公募があるから受けてきなさい、と言われ慌てて試験を受けにいった。筆記が終わり、面接で文庫長の岩井大慧先生が、卒業論文の事を聞かれたので、市舶のことをやりました、と言ったら、あれは藤田先生がご自分で写してこられたのですよ、それを見ましたかと言われた。藤田本を使ってよかった、とはじめて思った。東洋文庫に研究助手として勤務するようになった。最初は見習いで、書庫から本を出してくるのにも一苦労だった。書庫を走り回ったことを懐かしく思い出す。所属は敦煌研究室で池田温先生の指導のもとで、中央アジア関係の文献目録（欧文）の作成の手伝をした。一方で東洋文庫蔵スタイン敦煌文献のマイクロの注文が殺到し、一セット、約一万枚あり、数セットの焼き付けの写真の点検が大変だった。その点検に全員がそれに当たった。また先生方の敦煌文献収集に対する情熱がすごく、一枚でも欲しいとロシア、パリ、ドイツ、イギリスなどに手紙を書いた。勿論返事はなかったが。

しばらくして、ユネスコ東アジア文化研究センターが東洋文庫に併設され、そこの配属になった。すぐに第一回の国際会議が始まった。各国から専門家が集まり、前夜祭は椿山荘で、会議は国際文化会館で一週間くらい続いた。「アジアの階層移動」についての会議だった。日本からは尾高邦夫、中根千枝、京極純一などの諸先生たちであった。我々事務局は、国際文化会館の一室にタイプや文具、輪転機まで持参し、朝から晩までその準備に忙しかった。最後の日、日本の事務能力はすごいとほめられた。一つの会議が終わると、もう次の国際会議の準備に入った。二年に一度くらいの割合で国際会議を開催していたと思う。

それから、お茶の水女子大学の大学院（修士課程）に入り、和田久徳先生から東南アジアや沖縄の琉球時代（『歴代宝案』）の中国との交渉史を学んだ。後に沖縄県から『歴代宝案』の訳注を出版する時には、和田先生のお手伝いをすることになるが、琉球と中国の明末、清代との関係に興味を持った。和田先生からは、第二の商人蒲壽庚のような人を見つけることができれば良い、また元代の市舶を学ぶようにと、指導された。このころ、長女が生まれた。子供を学生の身分で保育園に入れることは出来ず、どうしようかと思っていた時、和田先生が「授業はあなたの家でやりましょう。私があなたの家に行きますよ」とおっしゃって下さった。和田先生からの暖かいお言葉に励まされ、修士論文を提出した。あの時和田先生のお励ましのお言葉がなかったら挫折していたに違いない。感謝である。

その後、東洋文庫での研究会に出席させていただいた。中嶋敏先生主宰『宋史』の「選挙志」、続いて渡辺紘良先生主宰『朝野類要』にも参加させていただいた。一方で東洋文庫の出版物『宋史食貨志訳注』の仕事を手伝った。そして現在、斯波先生の主宰する明代通俗日用類書の『三台萬用正宗』を通して基層社会について学んでいる。メンバーの皆さんから多くの事を学ばせていただいた。感謝である。また池谷望子氏と一緒に「資料を読む会」を持ち、多くの資料を読んだ。池谷氏は資料に対して含蓄が深く、多くの事を教えてもらった。感謝する次第である。

あるとき柳田節子先生から、『宋会要』の市舶を読みませんかというお誘いをうけた。日本と中国との海外関係を見たいので『宋会要』市舶を取り上げたという。メンバーは柳田先生、大島立子、大隅晶子、原美和子（就職のため休会）諸氏である。先生のご自宅を開放してくださった。輪読会であったが先生はご自分の担当はきちんと調べて発表なさった。我々も見習った。先生は修論の時、母上が危篤で、その枕元で書き、原稿用紙をめくるのも音がするので気を使った、とおっしゃり、何かやろうとすると必ず障害が出てくる。それに甘えていては駄目ということをおっしゃりたかったのだと思う。リュウマチで手がご不自由であった。その後、先生が体調を壊され入院されても、我々三人は、先生のお宅で鍵を借りて勉強を続けた。先生のご希望でもあった。先生がお亡くなりになった後も、場所をかえて今も続けている。柳田先生が三人に残した遺産である。メンバーの大島、大隅両氏には、いろいろとご教示いただき感謝している。私には一つの思い出がある。柳田先生のお見舞いに伺ったとき、いろいろな楽しいお話のあと、「あなた、論文を一冊にまとめなさいよ。……頁くらいになるわね。随筆も後ろに入れてね。……あなたの本が私の本の隣に一緒に並んだらうれしいわ」としんみりおっしゃった。これまでまとめるということは考えてもみなかったが、先生の「うれしいわ」という言葉だけが耳に残った。それから間もなくしてお亡くなりになられた。これが遺言となってしまった。この本が出版されたら、先生と並ぶべき本ではないが、先生の本の隣にそっと置き、ご冥福をお祈りしたい。

このころ、毎年「南島史学会」で会長松浦章先生にお会いしいつも暖かいお励ましを頂いていたが、台湾での学会のバスの中で、「これまでの論文をまとめませんか」というお話を頂いた。はじめ何のことかわからなかったが、博士論文として大学に提出しませんかということだった。突然のお話に提出しますと言ったものの、そう簡単にはいかないし、これまで何の準備もしていなかった。私自身の学問の未熟さ故に自信を失い、何度か挫折し、やめようと思ったことは何度もある。人に言われるまでもなく、自分の学問の未熟さは自分が一番よく知っている。そのたびにお励ましのお言葉を頂き、ＵＳＢを持って学校に来なさいと先生に励まされ、資料をリュックに詰め、大きな袋をいくつか持ち、闇屋のおばさん宛らの恰好で学校に行き呆れられた。拙い論文をよく指導してくださったと感謝の気持ちで一杯である。先生からは、学問の厳しさと学問の大らかさを学んだ。二〇一四年に博士の学位を関西大学から授与された。本書は学位論文が中心になっている。

本書の出版に際して、東洋文庫長の斯波義信先生、関西大学教授　松浦章先生のお二人の先生から、身に余るすばらしい前言、序文をいただいた。深謝申し上げる次第である。これからの課題もいただき今後の研究の指針としていきたい。これまでのご指導を感謝するとともに今後ともご指導をお願いする次第である。改めて御礼申しあげる。

この書の出版に際して、東洋文庫研究部主幹研究員會谷佳光氏、研究員山村義照氏、ならびに普及展示部の牧由紀子氏には一方ならぬご配慮をいただいた。感謝申し上げる。また、校正、索引作成などは、東洋文庫研究員石川重雄氏、元東洋文庫職員の広瀬洋子氏、東洋文庫非常勤職員の谷家章子氏、日本語教師の松本かおる氏、東京女子学院高校の河内桂氏、上智大学大学院学生の杉浦廣子氏、同じく酒井駿多氏、諸氏の皆さんにご協力をいただいた。この協力がなったら、とてもここまでできなかった。心から深謝するとともに、私にくださった暖かい友情に改めて御礼を申し上げる。

なお、本書の刊行は、独立行政法人日本学術振興会平成二十八年度科学研究費補助金「研究成果公開促進費」（学術図書）の助成を受けて出版するものである。関係された各位に深謝したい。また出版にあたっては汲古書院社長三井久人氏には大変お世話になった。また編集担当の小林詔子氏には、我儘を通してくださり、さらに格別のお骨折りを頂いた。厚く感謝申し上げる。

最後に私事ながら、自由に研究をさせてくれた夫に感謝する。

二〇一七年　一月

土　肥　祐　子

初出一覧

※本書各章の初出誌を以下に示す。いずれも本書収録にあたり書き直した箇所もあるが、論旨に大きな変更はない。

第一篇　宋代における貿易制度――市舶の組織――

第一章　北宋末の市舶制度――宰相・蔡京をめぐって――　（『史艸』二号　一九六一年一〇月）

第二章　提挙市舶の職官　（『史艸』七号　一九六六年一〇月）

第二篇　宋代における南海貿易

第一章　宋代の南海交易品

第一節　宋代の南海交易品・輸入品について――紹興三年と十一年の起発と変売――　（『南島史学』八一号　二〇一三年一一月）

第二節　舶貨の内容別分類　（『南島史学』七九・八〇合併号　二〇一三年三月）

第三節　乳香考（一）――『中書備対』の記述について――　（『南島史学』八二号　二〇一四年一一月）

第四節　乳香考（二）――『慶元条法事類』と乳香の用途――　（口頭発表　第三回「中国南宋史国際学会」於 杭州　二〇一五年）

第二章　宋代の泉州の貿易

第一節　『永楽大典』にみえる陳偁と泉州市舶司設置　（『史艸』二九号　一九八八年一一月）

第二節　宋代の泉州貿易と宗室――趙士䢼を中心として――（『中嶋敏先生古稀記念論集』下巻　一九八一年）
第三節　『諸蕃志』の著者・趙汝适の新出墓誌（『南島史学』三六号　一九九〇年一〇月）
第四節　南宋中期以降の泉州貿易（『お茶の水史学』第二三巻　一九八〇年四月）
第三章　占城（チャンパ）の朝貢
第一節　南宋期、最初の宮殿での占城（チャンパ）の朝貢
――泉州出発、都での儀礼、帰路につくまで――（『南島史学』八三号　二〇一五年一一月）
第二節　紹興二十五年の朝貢品と回賜（『史艸』四四号　二〇〇三年一一月）
第三節　占城の南宋期乾道三年の朝貢をめぐって――大食人烏師点の訴訟事件を中心として――（『史艸』四六号　二〇〇五年一一月）
第四節　南宋の朝貢と回賜――一分収受、九分抽買――（『史艸』四六号　の一部）
第四章　南海貿易の発展と商人の活躍
第一節　南宋初期来航のアラブ人蒲亜里の活躍（『史艸』五一号　二〇一〇年一一月）
第二節　南海貿易の発展と商人たち（『しにか』一九九七年七月　所収の「海上貿易の発展」を大幅に改訂）
第五章　東洋文庫蔵手抄本『宋会要』食貨三十八市舶について
（一）『東洋文庫書報』第四一号　二〇一〇年三月、（二）『東洋文庫書報』第四六号　二〇一四年三月）

索　引

【凡例】
- 南海交易品の各々の品名は採用しなかった。表「宋代南海交易品の説明」を参照。
- 占城の朝貢品と回賜の各々の品目も表にあるので省略した。
- 提挙市舶の人名、ならびに就任前後の職官についても省略した。
- その他、乳香、泉州貿易、蒲亜里など論文の主題となっているものは、まとめて頁数で記した。

The Historical Study of Nanhai（南海）Trade in Song（宋）Dynasty

by

Yuko DOHI

2017

KYUKO-SHOIN
TOKYO

著者略歴

土肥　祐子（どひ　ゆうこ）

1937年鳥取県生まれ。

1960年日本女子大学文学部史学科卒業。東洋文庫研究助手を経て、1969年お茶の水女子大学大学院人文科史学専攻修士課程修了。東洋文庫研究生を経て、日本女子大学通信教育部、放送大学、大妻女子大学の非常勤講師。2014年文化交渉学博士（関西大学）。東洋文庫研究員。

主要論文：「中琉貿易における王銀詐取事件―歴代宝案第一集より―」（『史艸』35、1994）、「南宋初期・アラブ商人蒲亜里の活躍」（『史艸』51、2010）、「東洋文庫蔵手抄本『宋会要食貨三八市舶について」（一）、（二）（『東洋文庫書報』42［2010］、46［2014］）、「宋代の南海交易品について―『宋会要』職官四四市舶―」（『南島史学』79・80合併号、2013）。

汲古叢書138

宋代南海貿易史の研究

平成二十九年二月二十七日　発行

著　者　土　肥　祐　子

発行者　三　井　久　人

整版印刷　富士リプロ㈱

発行所　汲　古　書　院

〒102-0072　東京都千代田区飯田橋二-五-四

電　話　〇三（三二六五）九七六四

ＦＡＸ　〇三（三二二二）一八四五

ISBN978 - 4 - 7629 - 6037 - 6　C3322

133	中国古代国家と情報伝達	藤田　勝久著	15000円
134	中国の教育救国	小林　善文著	10000円
135	漢魏晋南北朝時代の都城と陵墓の研究	村元　健一著	14000円
136	永楽政権成立史の研究	川越　泰博著	7500円
137	北伐と西征―太平天国前期史研究―	菊池　秀明著	12000円
138	宋代南海貿易史の研究	土肥　祐子著	18000円
139	渤海と藩鎮―遼代地方統治の研究―	高井康典行著	13000円
140	東部ユーラシアのソグド人	福島　　恵著	10000円

（表示価格は2017年２月現在の本体価格）

100	隋唐長安城の都市社会誌	妹尾　達彦著	未　刊
101	宋代政治構造研究	平田　茂樹著	13000円
102	青春群像－辛亥革命から五四運動へ－	小野　信爾著	13000円
103	近代中国の宗教・結社と権力	孫　　江著	12000円
104	唐令の基礎的研究	中村　裕一著	15000円
105	清朝前期のチベット仏教政策	池尻　陽子著	8000円
106	金田から南京へ－太平天国初期史研究－	菊池　秀明著	10000円
107	六朝政治社會史研究	中村　圭爾著	12000円
108	秦帝國の形成と地域	鶴間　和幸著	13000円
109	唐宋変革期の国家と社会	栗原　益男著	12000円
110	西魏・北周政権史の研究	前島　佳孝著	12000円
111	中華民国期江南地主制研究	夏井　春喜著	16000円
112	「満洲国」博物館事業の研究	大出　尚子著	8000円
113	明代遼東と朝鮮	荷見　守義著	12000円
114	宋代中国の統治と文書	小林　隆道著	14000円
115	第一次世界大戦期の中国民族運動	笠原十九司著	18000円
116	明清史散論	安野　省三著	11000円
117	大唐六典の唐令研究	中村　裕一著	11000円
118	秦漢律と文帝の刑法改革の研究	若江　賢三著	12000円
119	南朝貴族制研究	川合　　安著	10000円
120	秦漢官文書の基礎的研究	鷹取　祐司著	16000円
121	春秋時代の軍事と外交	小林　伸二著	13000円
122	唐代勲官制度の研究	速水　　大著	12000円
123	周代史の研究	豊田　　久著	12000円
124	東アジア古代における諸民族と国家	川本　芳昭著	12000円
125	史記秦漢史の研究	藤田　勝久著	14000円
126	東晉南朝における傳統の創造	戸川　貴行著	6000円
127	中国古代の水利と地域開発	大川　裕子著	9000円
128	秦漢簡牘史料研究	髙村　武幸著	10000円
129	南宋地方官の主張	大澤　正昭著	7500円
130	近代中国における知識人・メディア・ナショナリズム	楊　　韜著	9000円
131	清代文書資料の研究	加藤　直人著	12000円
132	中国古代環境史の研究	村松　弘一著	12000円

67	宋代官僚社会史研究	衣川　強著	品　切
68	六朝江南地域史研究	中村　圭爾著	15000円
69	中国古代国家形成史論	太田　幸男著	11000円
70	宋代開封の研究	久保田和男著	10000円
71	四川省と近代中国	今井　駿著	17000円
72	近代中国の革命と秘密結社	孫　江著	15000円
73	近代中国と西洋国際社会	鈴木　智夫著	7000円
74	中国古代国家の形成と青銅兵器	下田　誠著	7500円
75	漢代の地方官吏と地域社会	髙村　武幸著	13000円
76	齊地の思想文化の展開と古代中國の形成	谷中　信一著	13500円
77	近代中国の中央と地方	金子　肇著	11000円
78	中国古代の律令と社会	池田　雄一著	15000円
79	中華世界の国家と民衆　上巻	小林　一美著	12000円
80	中華世界の国家と民衆　下巻	小林　一美著	12000円
81	近代満洲の開発と移民	荒武　達朗著	10000円
82	清代中国南部の社会変容と太平天国	菊池　秀明著	9000円
83	宋代中國科擧社會の研究	近藤　一成著	12000円
84	漢代国家統治の構造と展開	小嶋　茂稔著	10000円
85	中国古代国家と社会システム	藤田　勝久著	13000円
86	清朝支配と貨幣政策	上田　裕之著	11000円
87	清初対モンゴル政策史の研究	楠木　賢道著	8000円
88	秦漢律令研究	廣瀬　薫雄著	11000円
89	宋元郷村社会史論	伊藤　正彦著	10000円
90	清末のキリスト教と国際関係	佐藤　公彦著	12000円
91	中國古代の財政と國家	渡辺信一郎著	14000円
92	中国古代貨幣経済史研究	柿沼　陽平著	13000円
93	戦争と華僑	菊池　一隆著	12000円
94	宋代の水利政策と地域社会	小野　泰著	9000円
95	清代経済政策史の研究	黨　武彦著	11000円
96	春秋戦国時代青銅貨幣の生成と展開	江村　治樹著	15000円
97	孫文・辛亥革命と日本人	久保田文次著	20000円
98	明清食糧騒擾研究	堀地　明著	11000円
99	明清中国の経済構造	足立　啓二著	13000円

34	周代国制の研究	松井　嘉徳著	9000円
35	清代財政史研究	山 本　進著	7000円
36	明代郷村の紛争と秩序	中島　楽章著	10000円
37	明清時代華南地域史研究	松田　吉郎著	15000円
38	明清官僚制の研究	和田　正広著	22000円
39	唐末五代変革期の政治と経済	堀　敏 一著	12000円
40	唐史論攷－氏族制と均田制－	池 田　温著	18000円
41	清末日中関係史の研究	菅 野　正著	8000円
42	宋代中国の法制と社会	高橋　芳郎著	8000円
43	中華民国期農村土地行政史の研究	笹川　裕史著	8000円
44	五四運動在日本	小野　信爾著	8000円
45	清代徽州地域社会史研究	熊　遠 報著	8500円
46	明治前期日中学術交流の研究	陳　捷著	品　切
47	明代軍政史研究	奥山　憲夫著	8000円
48	隋唐王言の研究	中村　裕一著	10000円
49	建国大学の研究	山根　幸夫著	品　切
50	魏晋南北朝官僚制研究	窪添　慶文著	14000円
51	「対支文化事業」の研究	阿 部　洋著	22000円
52	華中農村経済と近代化	弁納　才一著	9000円
53	元代知識人と地域社会	森田　憲司著	9000円
54	王権の確立と授受	大原　良通著	品　切
55	北京遷都の研究	新 宮　学著	品　切
56	唐令逸文の研究	中村　裕一著	17000円
57	近代中国の地方自治と明治日本	黄　東 蘭著	11000円
58	徽州商人の研究	臼井佐知子著	10000円
59	清代中日学術交流の研究	王　宝 平著	11000円
60	漢代儒教の史的研究	福井　重雅著	品　切
61	大業雑記の研究	中村　裕一著	14000円
62	中国古代国家と郡県社会	藤田　勝久著	12000円
63	近代中国の農村経済と地主制	小島　淑男著	7000円
64	東アジア世界の形成－中国と周辺国家	堀　敏 一著	7000円
65	蒙地奉上－「満州国」の土地政策－	広川　佐保著	8000円
66	西域出土文物の基礎的研究	張　娜 麗著	10000円

汲古叢書